证据辩护

徐昕　肖之娥　著

DEFENSE ON EVIDENCE

法律出版社
LAW PRESS·CHINA
北京

图书在版编目(CIP)数据

证据辩护 / 徐昕，肖之娥著. -- 北京：法律出版社，2023(2025.12 重印)
ISBN 978-7-5197-7583-4

Ⅰ. ①证… Ⅱ. ①徐… ②肖… Ⅲ. ①刑事诉讼—辩护—中国 Ⅳ. ①D925.21

中国国家版本馆 CIP 数据核字(2023)第022547号

证据辩护
ZHENGJU BIANHU

徐 昕 肖之娥 著

策划编辑 林 蕊
责任编辑 林 蕊
装帧设计 李 瞻

出版发行 法律出版社
编辑统筹 司法实务出版分社
责任校对 王 丰 李景美
责任印制 胡晓雅
经 销 新华书店

开本 710毫米×1000毫米 1/16
印张 28.75 字数 496千
版本 2023年2月第1版
印次 2025年12月第4次印刷
印刷 天津嘉恒印务有限公司

地址：北京市丰台区莲花池西里7号(100073)
网址：www.lawpress.com.cn
投稿邮箱：info@lawpress.com.cn
举报盗版邮箱：jbwq@lawpress.com.cn

销售电话：010-83938349
客服电话：010-83938350
咨询电话：010-63939796

书号：ISBN 978-7-5197-7583-4
定价：118.00元
凡购买本社图书，如有印装错误，我社负责退换。电话：010-83938349

序

打造一部工具性的刑事辩护教科书

刑事辩护关乎公民的自由和生命,是律师工作中最具挑战性、最展现能力和技巧的领域之一,被誉为律师业务的皇冠。对我们来说,每一起案件都是一项重大课题,无论案件大小、案情繁简、收费多少、耗时长短,我们都要精心准备,研究到极致,并在法庭全力以赴,认真辩护,有时还要庭内辩护、庭外"呐喊"。

本书旨在将我们刑事辩护的经验和教训,庭前的精心准备,庭审时的积极应对,庭外的努力争取,分门别类,提炼整理,汇编出版,供律师同人从事刑事辩护时参考,希望对同行有所助益,为提升中国刑事辩护的整体水平贡献一份力量。说到经验,均是我们针对实践中遇到的真实问题,总结出的发挥过积极作用的应对技巧;说到教训,是指问题处理的效果不够理想,还可以更完善的方面。这并非谦虚,法治建设尚在路上,刑辩的艰难众所周知,刑辩界没有常胜将军,失败不可避免。

检察官、法官自然也希望了解辩护人一步步如何出牌。本书亦可作为信息披露。刑事辩护不是突袭,不是炫技,而应当以充分发现事实、尽可能接近正义为目标。归根结底,控、辩、审三方知己知彼,更有利于案件的公正解决和公平正义的最终实现。刑事辩护的理念既有对抗,也要合作,在多数案件中,控辩双方都有可能超越对抗,寻求共识。我们的分享,即为沟通案件之要约。

可以断言,法学教育应当且必然转向以实践为中心,法科学生有必要学习法庭技巧和刑辩技艺,为今后的法律职业做好充分的"战斗"准备。即使在课堂上,法科学生也可通过本书触摸或理解刑事辩护的真谛,刑辩不似传统教科书中那般轻描淡写,不是法条的堆砌,不是概念和理论的推演,而是以正义和人权之名,惊心动魄的搏击,是罪与非罪、罪重与罪轻、自由与监禁、生与死的较量。

本书也可供民商事律师、行政律师、非诉律师、当事人出席法庭参考,当然也适合关注法治的普通民众阅读。

本书按刑事辩护的程序顺序，从法理、规则和案例三层次进行梳理。法理，不是形而上的理论，没有空洞的概念和无关的议论，而是辩护人可以运用的知识和技巧，是法庭常见问题的归纳和应对。规则，是检方指控、律师辩护、法庭裁判的法律依据，我们针对不同阶段的具体问题，尽可能全面汇集相关法律、法规、司法解释和规范性文件，令此书足以作为法庭辩护中临场应对的速查资料和工具书。尽管汇集相关法条对于辩护人来说很实用，但为了压缩“水分”，本书采取与《庭前会议指引》不同的处理方式，将规则融于法理部分，而不单独汇集。案例，是律师运用知识和技巧进行辩护的实例，平静的叙述背后，是为自由和生命的呐喊。其中大部分当事人作匿名处理的案件，皆为徐昕牵头的大案刑辩团队的实战案例，还有部分同行公开发布的案例，部分案例来自中国裁判文书网等公开资料。* 我们结合案例涉及的事实问题、证据问题，展现证据辩护技巧、内容等。法理和案例部分，对常用规则使用简称，简称在“本书缩略语规则及常用证据相关法规索引”部分示明。法院、检察院也使用简称，如最高法、最高检、江苏高院、江苏省检、无锡中院、梁溪区法院、梁溪区检察院等。

作为辩护人出庭的指引，本书归纳的常见问题和应对策略多涉及程序问题。程序辩护和实体辩护同样重要。实体辩护因个案而异，变化万千，不可能在本书中一一列明。但我们仍尝试通过案例展示程序辩护与实体辩护应当如何结合，今后还将归纳整理辩护人出庭面临的常见实体问题，提炼各罪辩护要点。这部分内容未来有广阔的写作空间，将单独成书，目前纳入写作计划的有《寻找辩点》。

本书由徐昕牵头，是大案刑辩团队的办案总结，因而可以视为“合作”成果，肖之娥承担了初稿的撰写工作，故共同署名。当然，本书也吸纳了大量律师同行的经验。基于团队辩护的理念，我们承办的多数案件，均有优秀的律师合作，每一起案件都是宝贵的学习机会。

中国辩护人如何辩护，尤其在法治建设初期的时代背景下，如何规范、高水平、低风险地进行有效辩护，是每一位刑辩律师接手案件时必须思考的难题和作出的选择，也是所有法律人应当直面的课题。诚然，刑事辩护的经验和教训因人而异，是辩护人办理个案中的技巧、斗争乃至血泪，点滴累积而成，融入了辩护人的品格和

* 案例部分的介绍多为判决节选或辩护人观点节选，旨在介绍相关辩护技巧、证据规则的运用、证据辩护实务中遇到的客观情形等，以展示证据辩护的多个维度，无意评价案例及其判决。——编者注

特性，因而也铸就每位律师独特的辩护风格。同时，刑事辩护面临的大多数问题也是共通的，故本书提炼的常见问题，多数律师也同样会遇到，因此可以为律师办案提供参考。

我们力图将本书打造成一部工具性的刑事辩护教科书。本书展现的刑事辩护技巧、法条运用和案例分析的技术，是争取和实现权利的工具，是法律人必须掌握的知识和技能，任何人都不应视之为“雕虫小技”。并且，本书也并非纯粹的技术手册，不只是律师技能的工具箱。法律技术的背后，是为权利而斗争的法哲学；法理和案例的本身，都充分体现了法的精神；每一个步骤和可能的应对策略，都彰显了无罪推定、人权保障、自由至上、公正优先等法律的理念和价值。进攻型辩护就是依托高超的辩护技术，勇敢地追求自由和公正价值的典型例证。

刑事辩护，既需防守，也要进攻；进攻是最好的辩护。因为刑事辩护，尤其是无罪辩护，是逆转性的工作，需要彻底扭转公检法先前的定论，没有进攻不足以颠覆。进攻与防守、对抗与沟通，是刑事辩护不可分割的两面。

但进攻型辩护光有技术是不够的。“技术极致，适度勇敢，高度智慧”，是我对大案刑辩团队的要求。除了技术之外，当下中国的刑事辩护还要求律师有高度智慧、足够勇敢。勇敢是公民最稀缺的品质，但刑辩律师不能不勇敢，不得不勇敢，因为要从公权力“定调”的案件中拯救出无辜者。但为了尽量规避无所不在的风险，我只能要求自己“适度勇敢”，要求律师同行有一点勇敢，或至少不过于怯懦。当然，技术、勇敢、智慧，哪怕应有尽有，也不能保证辩护的成功。打官司还要靠运气，需天时、地利、人和。

基于辩护人的立场，特别是因为我倡导进攻型辩护，本书的部分观点不免具有一定的偏向性和争议性。但对于辩护人而言，这是校正偏差、恢复正义的必要途径。我相信，最高检编写的《公诉人出庭指南》等司法机关官方出版书籍可能参考本书作适当修改，我也期待未来的立法和司法解释能回应本书提出的问题。

《辩护人出庭指引》全书工程量巨大，需要长时间打磨，应知情群众和编辑的建议，《庭前会议指引》[①]先行出版。该书 2020 年 10 月一经出版即脱销、重印，同行评价为“一部值得刑辩律师连同案卷携带到法庭的书”，并很快在 2021 年 4 月推出第二版。这次出版的《证据辩护》，涉及刑事辩护的关键。打官司就是打证据，证据辩

① 徐昕、肖之娥：《庭前会议指引》，法律出版社 2020 年版。

护是每一位刑辩律师的基础工作,从收集辩方证据、申请调取证据、举证质证到法庭辩论阶段的证据综合运用,证据辩护有可能突破案件甚至颠覆指控。本书不仅是刑辩律师进行证据辩护的实战指南,也能为关注证据审查的法律人和社会人士提供有价值的参考。接下来的写作计划是《法庭发问的艺术》。

由于水平和经验有限,本书必有错漏之处,敬请同行和读者批评指正。《辩护人出庭指引》正式出版时,我们将做必要的修改完善。未来我们也将定期修订,推出新版,吸纳建议,挖掘法理,更新规则,充实案例。

案例是司法实践和律师技巧的重心,通过案例运用法理,解释规则,才能更贴切更生动更有说服力。为了吸收同人的智慧和经验,我们打算引入案例互动栏目,欢迎律师同行和社会各界提供有价值的案例,并请写明适用的具体章节和主题,参考本书风格简要写作,收录时将在案例后署名。欢迎通过电邮 xuxinlaw@ 163. com、微信号 17801230311,提出批评和建议,提供有参考意义的案例。

徐　昕

2022 年 7 月 14 日

本书缩略语规则及常用证据相关法规

一、缩略语规则

本书中，最高人民法院简称为“最高法”，最高人民检察院简称为“最高检”。

对地方法院的简称规则为：对地名，省略“省”“市”“区”等修饰；对法院的简称，按照层级由高至低，分别为“高院”“中院”“法院”。例如，浏阳市人民法院简称为“浏阳法院”。

对地方检察院的简称规则为：对地名，不省略“省”“市”“区”等修饰；省略“人民检察院”的“人民”。例如，深圳市人民检察院简称为“深圳市检察院”。

二、法规索引[①]

《中华人民共和国刑事诉讼法》（1979 年 7 月 1 日通过。1996 年 3 月 17 日第一次修正，2012 年 3 月 14 日第二次修正，2018 年 10 月 26 日第三次修正，简称为“《刑事诉讼法》”）

《中华人民共和国刑法》（1979 年 7 月 1 日通过，1997 年 3 月 14 日修订，根据 1998 年 12 月 29 日全国人民代表大会常务委员会《关于惩治骗购外汇、逃汇和非法买卖外汇犯罪的决定》、1999 年 12 月 25 日《中华人民共和国刑法修正案》、2001 年 8 月 31 日《中华人民共和国刑法修正案（二）》、2001 年 12 月 29 日《中华人民共和国刑法修正案（三）》、2002 年 12 月 28 日《中华人民共和国刑法修正案（四）》、2005 年 2 月 28 日《中华人民共和国刑法修正案（五）》、2006 年 6 月 29 日《中华人民共和国刑法修正案（六）》、2009 年 2 月 28 日《中华人民共和国刑法修正案（七）》、2009 年 8 月 27 日全国人民代表大会常务委员会《关于修改部分法律的决定》、2011 年 2 月 25 日《中华人民共和国刑法修正案（八）》、2015 年 8 月 29 日《中华人民共和国刑

① 本书案例中引用的法条均为案件发生时的版本，若其与本书出版时法条序号或内容不一致，统一标注了法律文件版本（发布年份）。——编者注

法修正案(九)》、2017 年 11 月 4 日《中华人民共和国刑法修正案(十)》和 2020 年 12 月 26 日《中华人民共和国刑法修正案(十一)》修正,简称为"《刑法》")

《中华人民共和国监察法》(2018 年 3 月 20 日通过、公布并施行,简称为"《监察法》")

最高人民法院《关于适用〈中华人民共和国刑事诉讼法〉的解释》(2020 年 12 月 7 日通过,自 2021 年 3 月 1 日起施行,替代自 2013 年 1 月 1 日起的解释,简称为"《最高法院刑诉解释》")

最高法、最高检、公安部、国家安全部、司法部《关于办理刑事案件排除非法证据若干问题的规定》(自 2010 年 7 月 1 日起施行,简称为"《排除非法证据规定》")

最高法、最高检、公安部、国家安全部、司法部《关于办理刑事案件严格排除非法证据若干问题的规定》(自 2017 年 6 月 27 日起施行,简称为"《严格排除非法证据规定》")

《人民法院办理刑事案件排除非法证据规程(试行)》(自 2018 年 1 月 1 日起试行,简称为"《排除非法证据规程》")

《人民法院办理刑事案件庭前会议规程(试行)》(自 2018 年 1 月 1 日起试行,简称为"《庭前会议规程》")

《人民法院办理刑事案件第一审普通程序法庭调查规程(试行)》(自 2018 年 1 月 1 日起试行,简称为"《法庭调查规程》")

最高法、最高检、公安部、国家安全部、司法部《关于办理死刑案件审查判断证据若干问题的规定》(自 2010 年 7 月 1 日起施行,简称为"《死刑证据规定》")

《人民检察院刑事诉讼规则》(2019 年 12 月 2 日通过,自 2019 年 12 月 30 日起施行)

《人民检察院刑事诉讼涉案财物管理规定》(2014 年 11 月 19 日通过,自 2015 年 3 月 6 日起施行)

《人民检察院办理认罪认罚案件开展量刑建议工作的指导意见》(自 2021 年 12 月 3 日起施行)

中央政法委《关于切实防止冤假错案的规定》(2013 年公布并施行)

最高院《关于建立健全防范刑事冤假错案工作机制的意见》(自 2013 年 10 月 9 日起施行)

最高法、最高检、公安部、国家安全部、司法部《关于推进以审判为中心的刑事诉讼制度改革的意见》(自 2016 年 7 月 20 日起施行)

最高法《关于全面推进以审判为中心的刑事诉讼制度改革的实施意见》(自2017年2月17日起施行)

《公安机关办理刑事案件程序规定》(自2020年9月1日起施行)

《公安机关刑事案件现场勘验检查规则》(自2015年10月22日施行)

《公安机关执法细则(第三版)》(自2016年7月5日起施行,简称为"《公安机关执法细则》")

《公安机关涉案财物管理若干规定》(自2015年9月1日起施行)

《计算机犯罪现场勘验与电子证据检查规则》(公信安〔2005〕161号)

《人民检察院电子证据鉴定程序规则(试行)》(自2012年7月13日起施行)

最高法、最高检、公安部《关于办理网络犯罪案件适用刑事诉讼程序若干问题的意见》(自2014年5月4日起施行,已于2022年9月1日起失效)

最高法、最高检、公安部《关于办理信息网络犯罪案件适用刑事诉讼程序若干问题的意见》(自2022年9月1日起施行)

最高法、最高检、公安部《关于办理刑事案件收集提取和审查判断电子数据若干问题的规定》(自2016年10月1日起施行,简称为"《电子数据规定》")

《公安机关办理刑事案件电子数据取证规则》(自2019年2月1日起施行,简称为"《电子数据取证规则》")

《人民检察院办理网络犯罪案件规定》(自2021年1月22日起施行)

目录

第九章
非法证据排除
318

第一章
证据辩护导论

一、证据辩护的重要性

常言道:“打官司就是打证据。”古罗马还有一句法律格言:“法庭上,只有证据,没有事实”。证据辩护的重要性不言而喻。

刑事辩护大致可以分为实体辩护、程序辩护和证据辩护;实体辩护又可分为无罪辩护、罪轻辩护、量刑辩护。证据辩护贯穿于刑事辩护的始终,无论是实体辩护还是程序辩护,无论是无罪辩护还是罪轻辩护、量刑辩护,无论是为自由辩护还是为财产辩护,都必须以证据辩护为基础。

检察院为了指控,会建构一套指控证据体系,由多个单一证据构成证据锁链。辩护人可以通过质疑控方每一项证据的“两力”(证据能力、证明力)、“三性”(合法性、真实性、关联性),进而攻破证据锁链,也可以从指控逻辑的角度直接颠覆指控体系。两者相辅相成,并不矛盾。辩护人既要“破”,也要“立”。所谓“破”,即打破证据锁链,颠覆证据体系。所谓“立”,即收集其他无罪或罪轻证据,围绕辩护观点建立辩方证据体系。

梳理证据,厘清指控逻辑是证据辩护的基础。如作无罪辩护,提出指控本身的根本性错误,便有可能瓦解指控,实现辩护的颠覆性效果。如作罪轻辩护、量刑辩护,辩护人对指控证据提出有力、合理的质疑,也有助于实现辩护目标,说服法官作出对被告人有利的事实认定,争取对被告人更好的结果。

大案刑辩团队办理的不少案件,通过证据辩护颠覆性地实现了无罪结果,近年来我们已经收获了37起无罪案件。

如果说刑事辩护是一座大厦,证据辩护就是拆掉控方大楼的每一块砖,同时用砖、水泥、钢筋建筑一座新的辩方大楼。

二、证据辩护的方法

如何进行证据辩护，见仁见智，本书就是我们进行证据辩护的立场、方法与策略。在此先介绍大案刑辩团队几点常规做法。

第一，魔鬼隐藏于细节之中，成功的证据辩护以辩护人的细致阅卷为前提。

阅卷有很多技巧，但前提是认真。阅卷不认真、不细致、不全面，不可能做好证据辩护。通过阅卷，我们一般会准备好详细的质证意见，提出调取证据、调取同步讯问录音录像、要求重新鉴定、传唤证人出庭作证等各类申请，从指控证据中梳理无罪、罪轻证据作为辩方证据，根据阅卷发现的线索收集新证据，同时形成辩护意见，并不断修改和完善。

有些证据对于辩护至关重要，如电子数据，涉“黑恶”案件、职务犯罪案件的同步讯问录音录像，有可能为辩护提供“重磅炸弹”，必须坚决要求调取。如果法院不调取、检察院不提供，有时可坚决不同意开庭。《庭前会议指引》一书就此提供了较为详细的技巧与应对。

第二，证据辩护贯穿于刑事诉讼的始终，贯穿于开庭审理的各环节。

宣布开庭后的程序辩护，如管辖权异议、回避申请，需要证据支持。发问阶段，需要结合证据核实被告人供述的真实性，揭示同案被告人供述之间的矛盾、与其他证据的矛盾。

法庭调查阶段，控方举证时，辩护人针对每一项证据进行质证，尤其是针对关键证据重点质证，要求控方出示物证，核对证据原件，尽全力争取传唤关键证人、鉴定人和有专门知识的人出庭。辩方举证阶段，辩护人会细致出示证据，包括体积庞大的物证，阐述辩护观点。法庭调查阶段，应尽可能实现诉讼的可视化，我们会争取在法庭播放质证、举证的幻灯片（PPT），以直观、生动的方式向法庭展示证据和辩护观点。

法庭辩论阶段，辩护人不要受制于个别法官限定的法律问题，而要全面运用证据辩护，必要时亦可展示幻灯片（PPT）。在法庭辩论的第二轮，我们还经常针对公诉人所谓的“证据确实、充分”进行反驳，对此还总结出一个演讲“何为证据确实、充分”。

庭后，辩护人可继续要求调取证据，重新鉴定，寻找专家，收集辩方证据。二审、申诉、再审中，都必须高度重视证据辩护。

第三，证据辩护往往从证据的“三性”入手，但不能拘泥于证据的合法性、真实性、关联性辩护。

有时法官要求辩护人仅就证据的“三性”表态，具体意见待法庭辩论时综合发表。辩护人断然不可拘泥于此要求。法庭调查是最重要的诉讼阶段，其重要性甚至在法庭辩论阶段之上，将证据说清道明，无罪还是有罪、罪重还是罪轻就一目了然。因此，辩护人应当以证据为中心展开全面辩护，倘若法官打断，要求只就单项证据发表意见，辩护人应当坚持阐明全部观点，因为质证包括对证据本身的质疑，证据的相互印证关系，质证阶段也应当充分展开论述，甚至可以相互辩论。辩护人要做到质证与辩论融为一体，证据辩护与全案辩护相结合，尽量实现辩护重点的前移，使法庭在早期就理解律师的辩护观点，使“无罪”等核心诉求贯穿于质证的始终。

证据的合法性是很多刑事案件的关键。不只是非法证据应当排除，而且侦查人员、监察人员的违法取证行为本身也可以成为辩方进攻的武器。我们在一些涉“黑恶”案件中发现侦查人员存在刑讯逼供、威胁、诱供行为，通过控告和反映情况，最终促成了和谈，实现了案件结果的最优化。

三、证据辩护要善于运用证据规则

证据规则是证据辩护的灵魂，也是普通刑辩律师的“短板”，律师可通过阅读专业书籍、参与实战、自行研究而逐渐提高此方面能力。我们曾经运用十项证据规则，对一起重大涉黑案件进行无罪辩护，对控方的证据体系进行彻底的粉碎性作业，几十位律师在法庭进行了坚决的无罪辩护。在此以某涉黑案例为例简要说明证据规则及其运用。

（一）证据裁判原则

证据裁判原则要求，指控犯罪必须有证据加以证明。控方指控林氏父子等 37 人涉嫌组织、领导、参加黑社会性质组织罪，但根本没有证据证明这一组织的存在，以及被告人符合黑社会性质组织的四大特征。

(1)组织特征。林氏父子从来没有成立所谓的组织。所谓标志性事件——方某某被破坏生产经营案，与林氏父子毫无关联。2009 年杨某某被故意伤害案，指控实施犯罪的人全是外人，如果真有涉黑组织，清理门户怎么可能找外人帮忙？业务外包？组织成员间互不熟识。多人与林氏父子不认识，无来往，多名被告人从未见过面，在法庭上是第一次见面。指控组织纪律相关的林氏父子的茶室，2016 年才建成，根本无法于 2006 年在此聚集。

(2)经济特征。林氏父子投资的企业大多在2006年前成立,收入均合法。起诉书指控其涉及的12起案件中,没有一起与其企业有关。指控的“豢养”行为,只有2名成员入股,其余人均无获利,其他人均是在工地领取正常工资。指控京东方铁皮屋事件,每人只发200元,而且多年只发了这一次,何来“豢养”?

(3)行为特征。此案没有一起具有暴力、威胁特征的犯罪,没有一起轻伤案件。林某反被人诈骗了几千万元,仅在对方门口叫了几句,连辱骂都没有,何来寻衅滋事?

(4)危害性特征。起诉书指控林氏父子在当地形成全面心理控制,但他们实为处处受制于人,被他人诈骗、敲诈勒索,被公然辱骂,殴打,是被人欺负的“黑社会”。起诉书还提到当地居民因害怕林氏父子不敢上访,实际上个别村民一直在上访、诬告林某。所谓“心理控制”根本不存在。

(二)证明对象

证明对象,即待证事实,指诉讼中需要用证据加以证明的事实。上述案例中几乎每一起指控均存在逻辑错乱、证明对象不明确、张冠李戴的问题。证明对象必须明确具体,不能打包在一起。全案35起寻衅滋事指控,证明对象都不具体,证据基本只有被害方证言。例如,指控强买土地的寻衅滋事案中,所谓强买土地行为是林某一方高价收购,被害方完全自愿的情况下进行的交易。指控的三起非法讨债寻衅滋事,连辱骂、冲突的存在都无法证明。指控破坏基层选举,证明对象错位,匿名投票不可能存在打击报复行为,因为根本无法知道是谁投的票。

指控出现了证明对象无法证明的常识性错误,出现了“欲殴打”“企图暴力殴打”等无法用证据来证明的心理活动。证据必须与证明对象之间建立联系,具有关联性,但此案中,指控的毁坏坟墓案中,没有任何客观证据,主观证据也都是被害人陈述,无法证明相关事实为林某所为。指控一些突发事件为组织犯罪,指控证据与组织之间完全没有关联性。

(三)证明责任

控方应承担证明被告人有罪的证明责任。但此案起诉书出现了多起只有指控事实而没有列举证据的情形。指控涉黑犯罪的“关系网”,亦无证据加以证明。公诉人不提供讯问录音录像,其讯问的合法性无法证明。证明不能违背逻辑,更不能推定相反内容的成立。如起诉书将主动报警推定为聚众斗殴,将高价赔偿推测为暴力威胁,推定的内容完全与事实、常识相反。

（四）证明标准

控方证据不但要证明被告人有罪，还要排除合理怀疑地证明，即证据必须确实、充分。如果转化为数字，刑事证明标准要求证明程度达到99%，民事诉讼中的优势证据标准只需达到51%，而此案很多指控连优势证据标准都达不到。例如，指控黑社会欺压百姓、造成心理强制的被害人陈述、证人证言不超过30人，且其中很多笔录真实性存疑，辩护人提交的一千余户村民联名信（占70%左右）压倒性地证明不存在黑社会，林氏父子是"大善人"。两者对比，所谓欺压百姓的指控甚至达不到民事诉讼的证明标准。

（五）客观证据优于主观证据

证据规则主要是关于证据能力和证明力的规则，如客观证据优于主观证据。此案中大量言词证据与客观证据相矛盾，如杨某某被故意伤害案，完全基于传闻证据，甚至证人明确称为"传说"的证言。因此，应当以客观证据为依据，言词证据的证明力应谨慎评价。关键证人、被害人应通知出庭接受法庭调查，但法庭一概不予许可，没有一位证人、被害人出庭。鉴定意见是重要的客观证据，控方本应充分利用来指控犯罪，但公诉机关基本不用。例如，破坏生产经营案的两起案件，应当鉴定而没有鉴定，竟以被害人陈述的金额直接认定破坏生产经营的损失。

（六）传闻证据、意见证据不可采

此案的指控证据主要是言词证据，许多证言系明确表述为"听说"甚至"传说"的传闻证据和猜测性的意见证据，明显不具可采性。且言词证据之间相互矛盾，与其他证据也矛盾。例如，强买土地寻衅滋事案，所谓的被害人均出具情况说明，证明他们自愿，强卖完全不存在。杨某某被故意伤害案，控方依靠时隔9年、无任何目击证人、无来源的传闻来指证犯罪。

（七）证据的真实性

证据的真实性要求不得伪造证据。此案中侦查人员为了拼凑黑社会，伪造了证据，如立案材料、案件登记表；证人、被害人笔录造假，如不识字的证人在笔录中签"以上笔录我看过，也念给我听，与我所述相符"。案件一审时，一些被害人翻证，出具情况说明表示自己没有受过侵害，之前被威胁签了笔录，证实证言确系伪造。对于此类情形，一方面，办案人员已经涉嫌伪证、徇私枉法。另一方面，不仅伪造的证据不应采信，对该案所有证据的真实性都应该保持高度怀疑。

（八）非法证据排除规则

通过刑讯逼供等非法方法取得的供述，依法应当排除，不得作为定案依据。根据被告人供述，此案中存在残酷的刑讯逼供。例如，对被告人指定居所监视居住长达108天，采取老虎凳、限制饮食、不让睡觉、整天罚站、殴打甚至强制服用不明药物等手段实施刑讯逼供，获取证据，且坚决不提供讯问同步录音录像。

（九）证明妨碍规则

根据证明妨碍规则，拥有证据的一方拒绝提供证据的，推定对方的主张成立，即“隐匿证据者应承担不利于他的推定”。此案58项指控均凭言词证据，被告人均坚称遭遇残酷的刑讯逼供。故定罪与否的关键就在于审查被告人供述的合法性和真实性。为此，必须调取讯问同步录音录像。而该案大量笔录缺失，同步录音录像也完全没有调取。检察院就证据的合法性负有举证责任，不提供录像，推定对控方不利；检察院对刑讯逼供线索，不能给出合理解释，不能排除被告人遭受刑讯逼供的合理怀疑，检察院坚持不提供录像，只能说明录像有问题。因此，检察院不提供录像，则被告人供述应当全部排除。简言之，不依法调取同步录像，就可能制造冤案。

（十）经验法则

证据采信应当符合经验法则，符合常识。经验法则，是指人们从生活经验中归纳出来的关于事物因果关系或属性状态的知识。作为事实推定的中介，经验法则能够实现对待证事实的间接证明，并成为法官采信证据、认定事实的依据和手段。

此案中，买地、迁坟几乎都是高价。依经验法则，应当推定为自愿、无强迫。且事情经过十多年，没有任何纠纷、异议或上访等事件，从经验来看，完全属于自愿的交易。非法讨债寻衅滋事案，被告人被骗3000多万元，依据常理自然会有一些过激行为，但远远谈不上犯罪。指控黑社会性质组织，我们却看到一个组织成员互不认识、相互陌生的“黑社会”；一个组织成员说走就走，毫无组织、无纪律的“黑社会”；一个被敲诈、被诈骗、被公然贴大字报辱骂全家、被人在微信群里公然辱骂、被人在家门口破口大骂、被打的“黑社会”；一个热衷报警、被人上门要人、被害人变成被告人的“黑社会”；一个热心慈善事业、捐款近千万元、村民联名信称为“大善人”的“黑社会”。凭经验法则，从常识判断，这样的“黑社会”不是黑社会。

四、写一本法律人能用的证据法教科书

上述十个证据法常识在此案中的运用，展示了证据规则的力量，也为读者呈现

了如何利用证据规则进行辩护。我们要求大案刑辩团队成员在每一起案件中将证据辩护做到极致，此案只是其中一个典型案例。在我们办理的大部分案件中，证据辩护都发挥着不可替代的作用，通过证据辩护，可以查明案件事实，还原案件真相，实现司法公正。

本书将针对每一种证据种类，深入研究，结合刑事辩护中的常见问题，全方位提炼证据辩护的要点和技巧，梳理相关规则，并提供我们成功或失败、经典或常规的辩护案例，供刑辩律师或检察官、法官参考。

证据辩护，见仁见智，并非千篇一律，并无标准答案，而是与律师的生活经验、诉讼技巧紧密相关。因此，证据辩护是一项没有终点的旅程，需要律师同行不断提高证据辩护的技巧。我们也将日积月累，在未来的每一起案件中创造性地思考和运用证据规则，在法庭内外，为自由和正义据理力争。我们也会继续磨炼和完善证据辩护相关的写作，因而与《庭前会议指引》一样，本书是开放性的，未来将持续修订，并加入更多案例。欢迎法律人提出意见和建议，提供有参考价值的案例。

本书的终点，不止于本书的修订。多年前，我们就曾规划写作一本法律人能用的证据法教科书。

现有的证据法著作，多数带有过度的“西方”风格，律师、法官、检察官若想查一查如何使用，往往得从复杂的学术理论、冗长的论述、国外的案例、西式的表达中抽丝剥茧，才能寻找些许想要的东西，但又因其复杂性而难以确认证据规则到底如何操作。我们未来将写作的《证据法》，将延续本书的风格，简明扼要地解释证据规则，用我们“中国特色”的案例，生动地描述证据规则的运用方法。这本书当然需要一些证据法理论，但以必要为限。希望公众会愿意将这本书作为有趣的读物翻阅，因为文笔和表达是大众接受的风格，特别是案例源于中国实践，故事将引人入胜。这本书，律师可以直接拿到法庭作为速查指南，法官、检察官也可作为必备的工具书。无论法学院如何指定参考书目，法科学生都会以这本书为教科书。

这是一个预告，也是一项正在进行的写作实践，《证据辩护》一书是这一远景规划的前期尝试。

第二章

物证、书证

证据依存在形态和表现形式不同,可以分为言词证据和实物证据。言词证据包括被告人供述与辩解、被害人陈述、证人证言等。实物证据包括物证、书证、视听资料、电子数据等。两类证据在形成时间上也不同,实物证据是伴随案件的发生而同步产生的,言词证据则是犯罪发生后办案人员通过询问或讯问所获取的言词陈述笔录、了解案件事实情况的自然人提供的陈述资料或向法庭作出的口头陈述。因此,两者的调查收集的时间也有先后,审查核实的方式也有不同。言词证据的审查,关键是审查言词证据收集程序是否合法,是否系当事人真实意思表达,然后是被告人、证人、被害人等接受控辩审的发问,看是否存在矛盾或不合理之处,并分析与其他言词证据、实物证据是否存在矛盾,能否与其他证据之间形成锁链或印证关系。实物证据审查的关键:一是要鉴真,审核实物证据的来源、保管链条有无瑕疵、有无调包的可能;二是要通过鉴定、分析等方法揭示实物证据所显示的案件信息。

物证、书证是最重要的两类实物证据,其审查认定有很多相似之处,《最高法院刑诉解释》第四章第二节"物证、书证的审查与认定"也将物证、书证一并进行了规定,故本书合并讨论。视听资料、电子数据的审查,亦可参照本章。

本章每一部分的内容,都应认真对比研读《最高法院刑诉解释》第 82 条:

对物证、书证应当着重审查以下内容:

(1)物证、书证是否为原物、原件,是否经过辨认、鉴定;物证的照片、录像、复制品或者书证的副本、复制件是否与原物、原件相符,是否由二人以上制作,有无制作人关于制作过程以及原物、原件存放于何处的文字说明和签名。

(2)物证、书证的收集程序、方式是否符合法律、有关规定;经勘验、检查、搜查提取、扣押的物证、书证,是否附有相关笔录、清单,笔录、清单是否经调查人员或者侦查人员、物品持有人、见证人签名，没有签名的，是否注明原因；物品的名称、特征、数量、质量等是否注明清楚。

(3)物证、书证在收集、保管、鉴定过程中是否受损或者改变。

(4)物证、书证与案件事实有无关联；对现场遗留与犯罪有关的具备鉴定条件的血迹、体液、毛发、指纹等生物样本、痕迹、物品，是否已作DNA鉴定、指纹鉴定等，并与被告人或者被害人的相应生物特征、物品等比对。

(5)与案件事实有关联的物证、书证是否全面收集。

一、实物证据的鉴真

(一)何为鉴真

证据可分为实物证据与言词证据，实物证据指以物质为载体的证据，包括物证、书证、视听资料、电子证据等。实物证据涉及鉴真问题。鉴真主要解决证据的同一性、载体真实性、形式关联性问题，否则不具备证据资格，即鉴真规则属于证据能力规则而非证明力规则。

鉴真涉及证据的合法性、真实性、关联性审查，但又有所不同。合法性审查与鉴真规则结果是一致的，不具合法性的实物证据应当排除。鉴真仅解决载体真实性的问题，而不涉及证据的事实真实性问题。鉴真仅解决形式关联性，即证据的来源、存在、形成环境等与案件有牵连(如法庭上出示的毛发确属被害人身上发现的，而非调包)，而不涉及证据与案件事实的实质关联性(如毛发系被告人所留)。

鉴真包括两方面工作：一是鉴别证据的同一性，即法庭上出示的实物证据与举证方所声称的具有同一性，证据载体未被调换、伪造或变造；二是鉴别证据的初始性，即法庭上出示的实物证据的内容，如实记录了案件事实，证据未被加工、污染而失真。

学术界和司法解释对鉴真的理解存在一些混乱，以上是我们的澄清和观点。

(二)鉴真的方法

实物证据的鉴真，主要采取独特性确认和保管链验证的方法。现行法律和司法解释有一些规定，但仍需完善。

1. 独特性辨认

(1)对有形物外部特征的辨认，接触过物证、书证、视听资料及电子数据载体、鉴定检材等有形物的证人，通过对其载体外部特征的识别，如物体的形状、大小、颜色、数量等，证明证据的同一性。

(2)对书证字迹的辨认,通过熟知笔迹、书写风格的证人对书证的字迹进行识别。

(3)对视听资料同一性的辨认,证人识别照片、录音、录像等反映的情况,与当时的场景、事件是否一致。

(4)对电子数据独特性的辨认,可以对存储介质的封存状态、数字签名、数字证书、可信时间戳等特殊标识进行辨认,与备份的电子数据进行比对。

2. 保管链验证

(1)审查实物证据的来源,如是否为原物、原件,复制件的制作过程,原件、原物存放于何处。

(2)审查实物证据的收集提取过程,通过笔录类证据及照片、录像等审查勘验、检查、搜查、提取、扣押的过程,侦查人员、物品持有人、见证人的签名,物品特征及标签、编号情况,还可申请侦查人员、见证人、保管人、鉴定人等出庭作证。

(3)审查实物证据在收集、运输、交接、保管、鉴定等各环节是否受到破坏或者改变。

(4)电子数据的保管链验证,除上述证明方法外,还可以通过介质封存、数据冻结固定其原始状态,保管期间是否发生变动可以通过访问操作日志予以证明。司法解释还规定了完整性校验、区块链存证等电子数据技术性鉴真方法,以证明其保管链,识别其同一性。

本节可与第七章电子数据的鉴真一并阅读。

二、物证、书证是否为原物、原件

据以定案的物证、书证应当是原物、原件。这是审查物证、书证的首要内容,如果是复制件,辩护人应当审查是否与原物、原件相符。《最高法院刑诉解释》第82条第1项对此有明确规定。类似的法律规定还包括,《关于推进以审判为中心的刑事诉讼制度改革的意见》第4条规定:"侦查机关应当全面、客观、及时收集与案件有关的证据。对物证、书证等实物证据,一般应当提取原物、原件,确保证据的真实性。需要鉴定的,应当及时送检。证据之间有矛盾的,应当及时查证。所有证据应当妥善保管,随案移送。"

(一)物证是否为原物或与原物相符

《公安机关办理刑事案件程序规定》第64条规定:"收集、调取的物证应当是原物。只有在原物不便搬运、不易保存或者依法应当由有关部门保管、处理或者依法应当返还时，才可以拍摄或者制作足以反映原物外形或者内容的照片、录像或者复制品。物证的照片、录像或者复制品经与原物核实无误或者经鉴定证明为真实的，或者以其他方式确能证明其真实的，可以作为证据使用。原物的照片、录像或者复制品，不能反映原物的外形和特征的，不能作为证据使用。”

《人民检察院刑事诉讼规则》第 209 条第 1 款、《公安机关办理刑事案件程序规定》第 64 条均规定，收集、调取物证应当调取原物。《人民检察院刑事诉讼规则》第 409 条第 1 款规定，公诉人向法庭出示物证，一般应当出示原物。《最高法院刑诉解释》第 83 条规定，据以定案的物证应当是原物。根据上述规定，侦查机关收集、调取的物证应当是原物；检察机关当庭举示的物证应当是原物；法院作为定案根据的物证，也应当是原物。

《人民检察院刑事诉讼规则》第 209 条第 1 款规定：“调取物证应当调取原物。原物不便搬运、保存，或者依法应当返还被害人，或者因保密工作需要不能调取原物的，可以将原物封存，并拍照、录像。对原物拍照或者录像应当足以反映原物的外形、内容。”

《人民检察院刑事诉讼规则》第 409 条第 1 款规定：“公诉人向法庭出示物证，一般应当出示原物，原物不易搬运、不易保存或者已返还被害人的，可以出示反映原物外形和特征的照片、录像、复制品，并向法庭说明情况及与原物的同一性。”

《最高法院刑诉解释》第 83 条规定：“据以定案的物证应当是原物。原物不便搬运、不易保存、依法应当返还或者依法应当由有关部门保管、处理的，可以拍摄、制作足以反映原物外形和特征的照片、录像、复制品。必要时，审判人员可以前往保管场所查看原物。物证的照片、录像、复制品，不能反映原物的外形和特征的，不得作为定案的根据。物证的照片、录像、复制品，经与原物核对无误、经鉴定或者以其他方式确认真实的，可以作为定案的根据。”

只有在极其例外的情况，确实无法调取或出示原物，可不移送原物，而制作和出示照片、录像、复制品。根据《最高法院刑诉解释》第 83 条，《人民检察院刑事诉讼规则》第 209 条第 1 款、第 409 条第 1 款，《公安机关办理刑事案件程序规定》第 64、67 条，有以下五种情形可以制作和出示照片、录像、复制品：(1)原物不易搬运；(2)不易保存；(3)应当由有关部门保管、处理；(4)法应当返还；(5)因保密工作需要不能调取。

侦查机关制作物证的照片、录像、复制品，应当附有关制作过程及原物存放处的文字说明，并由制作人和物品持有人或者物品持有单位有关人员签名或盖章。

法律依据有:《人民检察院刑事诉讼规则》第 209 条第 3 款规定,"调取书证、视听资料的副本、复制件和物证的照片、录像的,应当书面记明不能调取原件、原物的原因,制作过程和原件、原物存放地点,并由制作人员和原书证、视听资料、物证持有人签名或者盖章"。《公安机关办理刑事案件程序规定》第 67 条规定,"物证的照片、录像或者复制品,书证的副本、复制件,视听资料、电子数据的复制件,应当附有关制作过程及原件、原物存放处的文字说明,并由制作人和物品持有人或者物品持有单位有关人员签名"。

根据《公安机关办理刑事案件程序规定》第 64 条第 2 款、《最高法院刑诉解释》第 83 条第 2、3 项,物证的照片、录像、复制品,不能反映原物的外形和特征的,不能作为证据使用,也不得作为定案的根据。物证的照片、录像、复制品,经与原物核对无误、经鉴定或者以其他方式确认真实的,才可以作为证据使用,可以作为定案的根据。

例如,王某某、黄某某盗窃案[(2016)鲁 0211 刑初 780 号]中,法院认为:根据法律规定,据以定案的物证应当是原物,物证的收集程序、方式应符合法律及有关规定。本案中,被害单位青岛某珠宝公司对公安机关扣押的原始物证予以再次提纯、熔炼并获取黄金一块,该被扣押的原始物证未有相关鉴定机构对物品成分及价值的鉴定程序,同时再加工提取程序导致原物灭失且该程序亦非由具有相应资质的独立第三方进行,该扣押提取物证的程序不符合法律及有关规定,故对公诉机关依据公安机关到被害单位经再次提纯、熔炼的黄金块之价值认定为三被告人盗窃物品价值的指控,法院不予支持。

(二)书证是否为原件或与原件相符

审查书证是否为原件或与原件相符,直接关系书证的真实性。复印件有可能是在原件基础上伪造、变造而来,导致书证内容失真。根据《公安机关办理刑事案件程序规定》第 65 条、《人民检察院刑事诉讼规则》第 209 条第 2 款、第 409 条第 2 款,《最高法院刑诉解释》第 84 条,侦查机关收集、调取的书证应当是原件;检察机关当庭举示的书证应当是原件;法院作为定案根据的书证,也应当是原件。

《公安机关办理刑事案件程序规定》第 65 条规定:"收集、调取的书证应当是原件。只有在取得原件确有困难时,才可以使用副本或者复制件。书证的副本、复制件,经与原件核实无误或者经鉴定证明为真实的,或者以其他方式确能证明其真实的,可以作为证据使用。书证有更改或者更改迹象不能作出合理解释的,或者书证的副本、复制件不能反映书证原件及其内容的,不能作为证据使用。"

《人民检察院刑事诉讼规则》第 209 条第 2 款规定："调取书证、视听资料应当调取原件。取得原件确有困难或者因保密需要不能调取原件的，可以调取副本或者复制件。"

《人民检察院刑事诉讼规则》第 409 条第 2、3 款规定："公诉人向法庭出示书证，一般应当出示原件。获取书证原件确有困难的，可以出示书证副本或者复制件，并向法庭说明情况及与原件的同一性。""公诉人向法庭出示物证、书证，应当对该物证、书证所要证明的内容、获取情况作出说明，并向当事人、证人等问明物证的主要特征，让其辨认。对该物证、书证进行鉴定的，应当宣读鉴定意见。"

《最高法院刑诉解释》第 84 条规定："据以定案的书证应当是原件。取得原件确有困难的，可以使用副本、复制件。对书证的更改或者更改迹象不能作出合理解释，或者书证的副本、复制件不能反映原件及其内容的，不得作为定案的根据。书证的副本、复制件，经与原件核对无误、经鉴定或者以其他方式确认真实的，可以作为定案的根据。"

书证须为原件，是最佳证据规则的要求。作为例外情形，书证也可收集、调取、出示复制件。根据《最高法院刑诉解释》第 84 条，《人民检察院刑事诉讼规则》第 209 条第 2 款、第 409 条第 2 款，《公安机关办理刑事案件程序规定》第 65 条，以下两种情形可以收集、调取、出示复制件：(1) 取得原件确有困难；(2) 因保密需要不能调取原件，可以使用副本、复制件。

调取、收集书证副本、复制件，应当书面记明不能调取原件的原因，制作过程和原件存放地点，并由制作人员和原书证持有人、持有单位有关人员签名或者盖章。法律依据有《人民检察院刑事诉讼规则》第 209 条第 3 款、《公安机关办理刑事案件程序规定》第 67 条。

根据《公安机关办理刑事案件程序规定》第 65 条第 2 款，《最高法院刑诉解释》第 84 条第 2、3 款，对书证的更改或者更改迹象不能作出合理解释，或者书证的副本、复制件不能反映原件及其内容的，不能作为证据使用，也不得作为定案的根据。书证的副本、复制件，经与原件核实无误或者经鉴定证明为真实的，或者以其他方式确能证明其真实的，可以作为证据使用，可以作为定案的根据。

例如，青某甲故意毁坏财案［(2015) 顺庆刑初字第 135 号］中，法院认为：公诉机关所举 2014 年 4 月 18 日顺庆区公安分局作出南顺公特行处罚决字 (2014) 365 号、366 号、367 号行政处罚决定书，均是复印件，没有提取、制作和辨认笔录，不能反映该复印件与原件是否相符、是否由二人以上制作及制作过程等事实，审理中未作补正说明，依照2012年《最高法院刑诉解释》第71条，对上述三份书证法院不予采信。

孙某超等非法吸收公众存款案[(2017)京0105刑初1048号]中，法院认为：紫金振兴公司函不能作为定案根据。该函提到协调将紫金资本公司股权质押或变更给紫金华宝基金所有投资人，具体商请郑某2、袁某委托给紫金华宝与紫金基金投资人共同指定人或共同委托律师办理。该函系复印件，且没有紫金资本公司签章或袁某、郑某2签名，该函件是各方合意的结果还是紫金振兴公司单方面意思表示无法判断，真实性无法确定，不得作为定案根据。

案例

案例2－2－1 康某、康某亮合同诈骗案[(2015)双刑初字第128号]

关于证实在双城市临江乡康祥工厂内扣押种子时具体情况的照片，黑龙江双城法院认为：因本案物证未能提供到法庭，根据2012年《最高法院刑诉解释》第70条的规定：据以定案的物证应当是原物，原物不易搬运、不易保存的应当由有关部门保管处理，可以拍摄足以反映原物外形和特征的照片。物证的照片经与原物核对无误或以其他方式确认为真实的，可以作为定案依据。公诉机关提交的照片无法与原物进行比对，故该组证据法院不予采信。

案例2－2－2 方某甲非法持有枪支案[(2014)寿刑初字第00135号]

寿县法院认为：关于公诉机关作为物证向法庭提供的枪支照片，根据2013年《公安机关办理刑事案件程序规定》第63条，2012年《最高法院刑诉解释》第69、70条。公诉机关所举的枪支照片系鉴定机构根据《公安机关涉案枪支弹药性能鉴定工作规定》在《枪支、弹药鉴定书》中应附的样本照片，作为刑事指控的物证采用，其取证程序不符合上述相关规定，故不予采纳。

同一合议庭在徐某某非法持有枪支案中，以同上的理由，不予采纳公诉机关所举的枪支照片。

案例2-2-3 唐某某盗窃案[(2015)顺庆刑初字第294号]

顺庆法院认为:公诉机关在指控唐某某的两起扒窃行为中,出示了手机照片及接受证据材料清单。由于本案中有两起盗窃案,分别被盗两部苹果手机,两部苹果手机外形相同,而两张被盗手机照片,未注明持有人,无法区分各属哪个被害人所有。依照司法解释,“据以定案的物证应当是原物。原物不便搬运,不易保存,依法应当由有关部门保管、处理,或者依法应当返还的,可以拍摄、制作足以反映原物外形和特征的照片、录像、复制品。物证的照片、录像、复制品,不能反映原物的外形和特征的,不得作为定案的根据”,法院不予采信。

案例2-2-4 邓某非法收购、运输、出售珍贵、濒危野生动物、珍贵、濒危野生动物制品、诈骗案[(2019)粤05刑终254号]

汕头中院认为:从原审被告人邓某手机提取的涉案猴子照片看,本案侦查机关没有查获邓某实施犯罪的对象猴子活体,仅有邓某手机中的猴子照片。司法解释规定,据以定案的物证应当是原物,故仅有邓某手机中的猴子照片,不能认定邓某实施非法收购、出售珍贵、濒危动物的行为。

案例2-2-5 王某某非法毁坏国家重点保护植物案[(2019)黑7526刑初17号]

黑龙江迎春林检察院出示扣押清单及照片,证实西丰派出所对王某某非法毁坏的树木依法进行扣押。法院认为:根据2012年《最高法院刑诉解释》第70条的规定,本案涉案关键物证没有随案移送,不能当庭质证,庭审提供的照片不能反映原物的外形及特征,且涉案树木不是由被告人持有,是在现场提取,应制作提取笔录,用扣押清单扣押涉案物证不当。且根据2012年《最高法院刑诉解释》第69条第2项的规定,上述证据不能证明涉案物证的来源合法,无法判断物证的客观性,法院对该证据不予确认。

案例 2-2-6 **王某甲行贿、对非国家工作人员行贿案[(2014)费刑初字第585号]**

辩护人提交了一组证实混凝土、钢材等主材价格在2008年、2009年已发生变动的书证。公诉机关质证:对真实性有异议,部分材料全部是复印件,原件存在哪里,是谁调取的,没有显示;部分材料,如临沂鲁班的报价表,虽然加盖了印章,但没有出具人、调取人签名;还有一部分材料既没有单位印章也没有出具人的签名,来源不明。法院认为上述书证不符合《刑事诉讼法》规定的书证作为刑事证据适用的证据规则,不予采信。

案例 2-2-7 **周某盗窃案[(2015)顺庆刑初字203号]**

南充市顺庆法院认为:公诉机关举出的南充市公安局南公(公交)决字(2008)第73号公安行政处罚决定书是复印件,未说明是否与原件一致、原件存于何处、是何人制作、制作人是否为二人,无法对复印件的真实性、合法性进行核实,根据2012年《最高法院刑诉解释》第69条第1项,第71条第1、3款,法院对该证据材料不予采信。

案例 2-2-8 **唐山李某敏、刘某丽敲诈勒索、重婚案[(2017)冀0283刑初396号]**

本案关键书证都是复印件。涉案90万元暂支条、支票存根、收据、电汇凭证、记账凭证等用以证实涉案款项流向的书证,都是复印件。用以证实李某敏房屋拆迁情况的房屋拆迁补偿安置协议书、房地产估价明细表、补偿款搬迁奖励、促迁奖励支领表、补偿金发放表等书证,都是复印件。司某营铁矿二期拆迁计划及拆迁方案不仅是复印件,连单位公章都没有。公诉人认为,复印件经与原件核对无误可以作为定案依据。辩护人认为,检方未提供原件进行核对,复印件不应采纳作为定案的根据。

三、物证、书证的合法性审查

证据来自何处、如何而来、由谁以何种方式收集,这些也是辩护人重点审查的内容。物证、书证的来源和收集程序、方式是否合法,决定了其是否可以作为证据使用,是否可以作为定案的根据。

物证、书证通常由公安、国安、监察、检察、法院等国家机关收集,嫌疑人、被告人、辩护人、诉讼代理人、被害人等诉讼参与人也可以提交。诉讼参与人收集和提交证据,没有特别的规定和限制。国家机关收集证据通常有三种方式:现场勘验、检查;搜查;向证据持有者调取。对这三种收集证据的方式,法律和司法解释均进行了详细规定,以确保证据的来源和收集规范、合法。

（一）收集主体是否合法

根据《刑事诉讼法》《人民检察院刑事诉讼规则》《监察法》《公安机关办理刑事案件程序规定》等法律规定,现场勘验、检查,搜查,调取物证、书证的人员必须两人以上,且均需具备侦查、调查、检察资质。必要时可以指派和聘请具有专门知识的人,在侦查、调查、检察人员的组织、主持下勘验、检查,提取物证、书证。根据《公安机关刑事案件现场勘验检查程序规则》第6、28条,勘验、检查的侦查人员,应当取得勘验、检查资格,持有《刑事案件现场勘查证》。《刑事案件现场勘查证》由公安部统一样式,省级公安机关统一制发。

《公安机关刑事案件现场勘验检查程序规则》第6条规定:"刑事案件现场勘验、检查由公安机关组织现场勘验、检查人员实施。必要时,可以指派或者聘请具有专门知识的人,在侦查人员的组织下进行勘验、检查。公安机关现场勘验、检查人员是指公安机关及其派出机构经过现场勘验、检查专业培训考试,取得现场勘验、检查资格的侦查人员。"第24条规定,"公安机关对刑事案件现场进行勘验、检查不得少于二人。勘验、检查现场时,应当邀请一至二名与案件无关的公民作见证人"。

根据法律规定,辅警、辅助人员、助理等没有资质的人员参与甚至主导物证、书证收集;检查女性身体的,没有由女性工作人员或者医师进行;公安现场勘验、检查人员未持有《刑事案件现场勘查证》等情形,均属物证、书证收集主体不合法。

（二）收集方式是否合法

1. 勘验、检查是否合法

《刑事诉讼法》将勘验、检查等笔录归为专门的一类证据,故勘验、检查程序的合法性及相关证据审查要点,将在本书第六章"勘验、检查、辨认、侦查实验等笔录"中展开论述。

2. 搜查是否合法

(1)搜查程序是否合法。

搜查须经批准。《公安机关办理刑事案件程序规定》第222条规定:"为了收集犯罪证据、查获犯罪人，经县级以上公安机关负责人批准，侦查人员可以对犯罪嫌疑人以及可能隐藏罪犯或者犯罪证据的人的身体、物品、住处和其他有关的地方进行搜查。”《人民检察院刑事诉讼规则》第 203 条规定：“为了收集犯罪证据，查获犯罪人，经检察长批准，检察人员可以对犯罪嫌疑人以及可能隐藏罪犯或者犯罪证据的人的身体、物品、住处、工作地点和其他有关的地方进行搜查。”

搜查须两人以上，持证搜查。《刑事诉讼法》第 138 条第 1 款规定：“进行搜查，必须向被搜查人出示搜查证。”《公安机关办理刑事案件程序规定》第 223 条规定：“进行搜查，必须向被搜查人出示搜查证，执行搜查的侦查人员不得少于二人。”《人民检察院刑事诉讼规则》第 204 条规定：“搜查应当在检察人员的主持下进行，可以有司法警察参加。必要时，可以指派检察技术人员参加或者邀请当地公安机关、有关单位协助进行。执行搜查的人员不得少于二人。”

无搜查证可进行搜查的五种特殊情况，需在搜查笔录中注明。《公安机关办理刑事案件程序规定》第 224 条规定：“执行拘留、逮捕的时候，遇有下列紧急情况之一的，不用搜查证也可以进行搜查：（一）可能随身携带凶器的；（二）可能隐藏爆炸、剧毒等危险物品的；（三）可能隐匿、毁弃、转移犯罪证据的；（四）可能隐匿其他犯罪嫌疑人的；（五）其他突然发生的紧急情况。”《人民检察院刑事诉讼规则》第 205 条有类似规定。

搜查须有见证人在场见证。《刑事诉讼法》第 139 条规定：“在搜查的时候，应当有被搜查人或者他的家属，邻居或者其他见证人在场。搜查妇女的身体，应当由女工作人员进行。”《公安机关办理刑事案件程序规定》第 225 条规定：“进行搜查时，应当有被搜查人或者他的家属、邻居或者其他见证人在场。公安机关可以要求有关单位和个人交出可以证明犯罪嫌疑人有罪或者无罪的物证、书证、视听资料等证据。遇到阻碍搜查的，侦查人员可以强制搜查。搜查妇女的身体，应当由女工作人员进行。”《人民检察院刑事诉讼规则》第 206 条有类似规定。

（2）制作搜查笔录。

《刑事诉讼法》第 140 条规定：“搜查的情况应当写成笔录，由侦查人员和被搜查人或者他的家属，邻居或者其他见证人签名或者盖章。如果被搜查人或者他的家属在逃或者拒绝签名、盖章，应当在笔录上注明。”

《公安机关办理刑事案件程序规定》第 226 条规定：“搜查的情况应当制作笔录，由侦查人员和被搜查人或者他的家属，邻居或者其他见证人签名。如果被搜查人拒绝签名，或者被搜查人在逃，他的家属拒绝签名或者不在场的，侦查人员应当在笔录中注明。”

根据《公安机关执法细则》第 19－04 条制作《搜查笔录》，搜查笔录的正文要记录搜查的简要情况，制作时应当根据搜查的顺序写明搜查范围，扣押赃物或者证据的名称、规格、数量以及位置等，搜查中有无损坏物品现象，被搜查人及其家属是否配合等。如在搜查中对查获的有关证据进行拍照或者录像，应当在笔录中注明。最后还要写明《扣押物品、文件清单》的交收情况。

3. 调取是否合法

根据《公安机关办理刑事案件程序规定》第 62 条，《人民检察院刑事诉讼规则》第 208、209 条，《监察法》第 25、41 条，侦查、检察、监察人员向有关单位和个人调取证据，应当持有证明文件，如《调取证据通知书》，二人以上执行调取。

调取应当调取原物、原件，无法调取原物、原件的，应当书面记明不能调取原物、原件的原因，制作过程和原件存放地点，并由制作人员和原书证持有人、持有单位有关人员签名或者盖章。

《公安机关办理刑事案件程序规定》第 62 条规定：“公安机关向有关单位和个人调取证据，应当经办案部门负责人批准，开具调取证据通知书，明确调取的证据和提供时限。被调取单位及其经办人、持有证据的个人应当在通知书上盖章或者签名，拒绝盖章或者签名的，公安机关应当注明。必要时，应当采用录音录像方式固定证据内容及取证过程。”

《人民检察院刑事诉讼规则》第 208 条规定：“检察人员可以凭人民检察院的证明文件，向有关单位和个人调取能够证明犯罪嫌疑人有罪或者无罪以及犯罪情节轻重的证据材料，并且可以根据需要拍照、录像、复印和复制。”第 209 条规定：“调取物证应当调取原物。原物不便搬运、保存，或者依法应当返还被害人，或者因保密工作需要不能调取原物的，可以将原物封存，并拍照、录像。对原物拍照或者录像应当足以反映原物的外形、内容。调取书证、视听资料应当调取原件。取得原件确有困难或者因保密需要不能调取原件的，可以调取副本或者复制件。调取书证、视听资料的副本、复制件和物证的照片、录像的，应当书面记明不能调取原件、原物的原因，制作过程和原件、原物存放地点，并由制作人员和原书证、视听资料、物证持有人签名或者盖章。”

《监察法》第 25 条规定，“监察机关在调查过程中，可以调取、查封、扣押用以证明被调查人涉嫌违法犯罪的财物、文件和电子数据等信息。采取调取、查封、扣押措施，应当收集原物原件，会同持有人或者保管人、见证人，当面逐一拍照、登记、编号，开列清单，由在场人员当场核对、签名，并将清单副本交财物、文件的持有人或者保管人”。第41条规定：“调查人员采取讯问、询问、留置、搜查、调取、查封、扣押、勘验检查等调查措施，均应当依照规定出示证件，出具书面通知，由二人以上进行，形成笔录、报告等书面材料，并由相关人员签名、盖章。调查人员进行讯问以及搜查、查封、扣押等重要取证工作，应当对全过程进行录音录像，留存备查。”

例如，唐某某贩卖毒品案［（2015）顺庆刑初字第195号］中，法院认为：公诉机关举出的被告人与周某某通话记录，仅加盖了单位印章，没有完整的提取笔录反映提取时间、地点、提取人、制作人，无法确认其内容的真实性、提取证据的合法性，法院不予采信。

（三）提取、封存是否合法

书证是以其内容来证明待证事实的有关情况的文字材料，不容易毁损灭失，提取方法、程序并没有特殊要求。但不同的物证，提取方法、程序的要求不一样，物证提取方法、程序不合法，极有可能导致物证损坏、破坏、污染甚至灭失。物证不具备合法性、真实性、关联性的，不能作为定案的根据。

1. 提取、封存时间

案发后应及时提取与案件有关的物证。提取程序通常都附带在搜查，勘验、检查，调取程序之后。如果搜查，勘验、检查，调取及时，通常提取也会比较及时。如果搜查，勘验、检查，调取程序本身不及时，物证提取必然受到影响。

关于物证的提取时间，常见的问题有：案发后没有及时提取物证，物证被污染后提取物证，相关笔录没有载明物证提取时间等。审查物证提取时间，要考虑案发时间，收集程序（搜查，勘验、检查，调取）执行时间，提取、封存物证时间，审查时需要结合相关供述、证言、笔录对比分析。

2. 提取、封存方法

物证的提取必须依法依规，符合行业标准，尤其对于较为特殊的物证，如提取方法不当，容易导致物证遭到污染、损坏。

《公安机关刑事案件现场勘验检查规则》第52条第2款规定：“提取现场痕迹、物品，应当分别提取，分开包装，统一编号，注明提取的地点、部位、日期，提取的数量、名称、方法和提取人。对特殊检材，应当采取相应的方法提取和包装，防止损坏或者污染。”

特殊物证的提取、封存，有些有专门规定。例如，《办理毒品犯罪案件毒品提取、扣押、称量、取样和送检程序若干问题的规定》详细规定了毒品的提取方法，对查获的毒品应当按其独立最小包装逐一编号或者命名，不得将不同包装内的毒品混合。

《法庭科学枪支物证的提取、包装和送检规则》（GA/T 955—2011）规定，提取枪支应对枪支分别编号，应对枪支表面的其他痕迹物证（如指纹、微量物证和生物物证等）进行保护，防止上述物证受到污染和破坏，枪支提取后原则上不应擦拭和分解，要尽量保持其原始状态。

《道路交通执法人体血液采集技术规范》（GA/T 1556—2019）规定，活体血液提取，提取血液样本时，皮肤消毒剂宜使用不含醇类的聚维酮碘、0.1%苯扎氯铵溶液、0.1%苯扎溴铵溶液、1.0%醋酸氯己定溶液、双氧水（20%）及不含乙醇的碘伏溶液，不应使用含醇类或其他挥发性有机物的消毒剂。血液样本提取容器应使用有效期内加抗凝剂的具塞干试管。提取的血液样本应分为A管和B管，其中一管用于检测，另一管用于复核备用，每管中采血量应不少于2毫升。

提取、封存方法不当的，可能导致物证、书证不得作为定案的根据。例如，胡某全危险驾驶、容留他人吸毒案［（2019）湘0181刑初892号］中，浏阳法院认为：在案证据无法客观反映血样的来源、血样的提取过程、盛装的容器是否为有效期内加抗凝剂的具塞干试管以及是否按要求低温保存，不足以证明提取、保存胡某全的血样严格依法依规进行，血样存在变质或者受到污染的风险，不能作为定案根据。

3. 提取笔录或《提取痕迹、物证登记表》

任何程序的进行都应当留下记录，提取程序也不例外。因提取程序一般附带于搜查或者勘验、检查程序。实践中，有的侦查人员会制作提取笔录，有的制作《提取痕迹、物证登记表》作为《现场勘验检查工作记录》的组成部分，有的既制作提取笔录也制作提取清单、登记表。提取笔录、《提取痕迹、物证登记表》，是侦查人员进行提取行为的体现，能反映提取过程。

《公安机关刑事案件现场勘验检查规则》第57条第3款规定："提取现场痕迹、物品应当填写《提取痕迹、物证登记表》，写明物品、文件的编号、名称、数量、特征和来源等，由侦查人员、见证人和物品、文件持有人分别签名或者盖章。对于物品持有人拒绝签名或者无法查清持有人的，应当在《提取痕迹、物证登记表》上注明。"《提取痕迹、物证登记表》应当符合该条款的规定。如侦查人员制作了提取笔录或提取清单，笔录和清单也应当符合上述要求，即应当写明物品、文件的编号、名称、数量、特征和来源等，由侦查人员、见证人和物品、文件持有人分别签名或者盖章。

辩护人应当重点审查：第一，是否制作提取笔录、清单或《提取痕迹、物证登记表》,制作是否符合要求;第二,是否与现场录像、照片等其他笔录或清单一致;第三,是否遗漏提取;第四,是否缺少相关人员签名或盖章;第五,相关人员是否参与了提取程序。

（四）扣押是否合法

扣押是物证、书证收集的最后一步,也是容易出现问题的环节。

1. 扣押程序

根据《公安机关办理刑事案件程序规则》第 228、229 条,执行扣押应当经过办案部门负责人决定,制作扣押决定书。在现场勘查或者搜查中需要扣押物品、文件的,由现场指挥人员决定是否扣押。执行扣押物品、文件的侦查人员不得少于二人,并持有有关法律文书、侦查人员工作证件。

侦查人员应向被扣押人出示有关法律文书、工作证件,告知其扣押理由、依据以及如实提供证据、配合扣押的义务。对于扣押的物品和文件,应当会同在场见证人和被扣押物品、文件的持有人查点清楚。

《公安机关办理刑事案件程序规则》第 228 条规定:“在侦查过程中需要扣押财物、文件的,应当经办案部门负责人批准,制作扣押决定书;在现场勘查或者搜查中需要扣押财物、文件的,由现场指挥人员决定;但扣押财物、文件价值较高或者可能严重影响正常生产经营的,应当经县级以上公安机关负责人批准,制作扣押决定书。在侦查过程中需要查封土地、房屋等不动产,或者船舶、航空器以及其他不宜移动的大型机器、设备等特定动产的,应当经县级以上公安机关负责人批准并制作查封决定书。”第 229 条第 1 款规定:“执行查封、扣押的侦查人员不得少于二人,并出示本规定第二百二十八条规定的有关法律文书。”

与案件无关的财物、文件,不得查封、扣押,辩护人可根据具体情况要求退还。《公安机关办理刑事案件程序规则》第 227 条第 1 款规定:“在侦查活动中发现的可用以证明犯罪嫌疑人有罪或者无罪的各种财物、文件,应当查封、扣押;但与案件无关的财物、文件,不得查封、扣押。”

《人民检察院刑事诉讼规则》第 210 条规定:“在侦查活动中发现的可以证明犯罪嫌疑人有罪、无罪或者犯罪情节轻重的各种财物和文件,应当查封或者扣押;与案件无关的,不得查封或者扣押。查封或者扣押应当经检察长批准。不能立即查明是否与案件有关的可疑的财物和文件,也可以查封或者扣押,但应当及时审查。经查明确实与案件无关的,应当在三日以内解除查封或者予以退还。持有人拒绝交出应当查封、扣押的财物和文件的,可以强制查封、扣押。对于犯罪嫌疑人、被告人到案时随身携带的物品需要扣押的，可以依照前款规定办理。对于与案件无关的个人用品，应当逐件登记，并随案移交或者退还其家属。”

2. 扣押笔录和扣押清单

扣押的物证、书证，应当制作扣押笔录或扣押清单。实践中，有的侦查机关会制作扣押笔录，有的不制作扣押笔录，但基本所有案件均会制作扣押清单。制作扣押笔录、扣押清单，应当履行三个当场：当场查点、当场制作、当场签名。扣押清单应当写明扣押财物或者文件的名称、编号、数量、特征及其来源等，以确保扣押物品的同一。

《刑事诉讼法》第142条规定：“对查封、扣押的财物、文件，应当会同在场见证人和被查封、扣押财物、文件持有人查点清楚，当场开列清单一式二份，由侦查人员、见证人和持有人签名或者盖章，一份交给持有人，另一份附卷备查。”

《公安机关办理刑事案件程序规则》第229条第2款规定，“查封、扣押的情况应当制作笔录，由侦查人员、持有人和见证人签名。对于无法确定持有人或者持有人拒绝签名的，侦查人员应当在笔录中注明”。

《公安机关办理刑事案件程序规则》第230条规定，“对查封、扣押的财物和文件，应当会同在场见证人和被查封、扣押财物、文件的持有人查点清楚，当场开列查封、扣押清单一式三份，写明财物或者文件的名称、编号、数量、特征及其来源等，由侦查人员、持有人和见证人签名，一份交给持有人，一份交给公安机关保管人员，一份附卷备查。对于财物、文件的持有人无法确定，以及持有人不在现场或者拒绝签名的，侦查人员应当在清单中注明”。

《公安机关刑事案件现场勘验检查规则》第57条第1、2款也有类似规定：“扣押物品、文件时，当场开具《扣押清单》，写明扣押的日期和物品、文件的名称、编号、数量、特征及其来源等，由侦查人员、见证人和物品、文件持有人分别签名或者盖章。对于持有人拒绝签名或者无法查清持有人的，应当在《扣押清单》上注明。《扣押清单》一式三份，一份交物品、文件持有人，一份交公安机关保管人员，一份附卷备查。”

《公安机关刑事案件现场勘验检查规则》第58条规定，“对应当扣押但不便提取的物品、文件，经登记、拍照或者录像、估价后，可以交被扣押物品、文件持有人保管或者封存，并明确告知物品持有人应当妥善保管，不得转移、变卖、毁损。交被扣押物品、文件持有人保管或者封存的，应当开具《登记保存清单》，在清单上写明封存地点和保管责任人，注明已经拍照或者录像，由侦查人员、见证人和持有人签名或者盖章。《登记保存清单》一式两份，一份交给物品、文件持有人，一份连同照片或者录像资料附卷备查”。《公安机关办理刑事案件程序规则》第231条的规定则有所不同:“对作为犯罪证据但不便提取或者没有必要提取的。”

例如,刘某龙盗窃罪、盗窃罪案[(2021)川3324刑初19号]中,法院确认扣押物品清点、测量不合法。九龙法院认为:对公诉机关出示的2021年6月10日再次测量扣押电缆线的计量笔录和测量视频,因侦查机关未对再次测量的原因作出合理说明,且侦查机关在再次测量过程中被告人不在场,测量过程不符合法律规定,故法院对该组证据予以排除。

3. 贵重财物的扣押

对作为犯罪证据但不便提取或者没有必要提取的财物、文件,如贵重物品,应当拍照或者录音录像,但一般交由物品持有人保管或封存,侦查机关开具《登记保存清单》,侦查人员、持有人和见证人签名。

《公安机关办理刑事案件程序规则》第230条第3款规定:“依法扣押文物、贵金属、珠宝、字画等贵重财物的,应当拍照或者录音录像,并及时鉴定、估价。”

《公安机关刑事案件现场勘验检查规则》第58条规定,“对应当扣押但不便提取的物品、文件,经登记、拍照或者录像、估价后,可以交被扣押物品、文件持有人保管或者封存,并明确告知物品持有人应当妥善保管,不得转移、变卖、毁损。交被扣押物品、文件持有人保管或者封存的,应当开具《登记保存清单》,在清单上写明封存地点和保管责任人,注明已经拍照或者录像,由侦查人员、见证人和持有人签名或者盖章。《登记保存清单》一式两份,一份交给物品、文件持有人,一份连同照片或者录像资料附卷备查”。

《公安机关办理刑事案件程序规则》第231条规定:“对作为犯罪证据但不便提取或者没有必要提取的财物、文件,经登记、拍照或者录音录像、估价后,可以交财物、文件持有人保管或者封存,并且开具登记保存清单一式两份,由侦查人员、持有人和见证人签名,一份交给财物、文件持有人,另一份连同照片或者录音录像资料附卷备查。财物、文件持有人应当妥善保管,不得转移、变卖、毁损。”

案例

案例2-3-1 吴某冬抢劫、盗窃案[(2017)皖10刑终82号]

关于滨海县物证纤维能否作为定案根据,黄山中院认为:第一,现场勘验及复勘并非在侦查人员主持下进行,而是由技术人员独立操作。第二,本案中的物证纤维既不需要依法由有关部门保管,也非依法应当返还不便搬运、不易保存之物,但公诉机关三次庭审中均未出示物证纤维的原物,且提取纤维的过程未拍照或录像对提取过程予以固定,复勘中出示的物证纤维的照片与第一次勘验时拍摄的照片一样,该物证纤维是否存在及从现场提取存疑。第三,根据现场勘验笔录,被害人吴某为现场保护人,而侦查机关整个复勘过程吴某既不在现场,也不知情。现场是否得到完整保护存疑。第四,本案现场勘验及复勘过程的见证人均为侦查机关的聘用人员,不具有见证资格;复勘过程无侦查机关以外的人员在场,复勘过程的客观性存疑。第五,公诉机关提交的两份关于物证纤维提取过程的情况说明均无侦查人员签名,不能作为证据使用。综上所述,侦查机关在物证纤维的提取过程中程序严重违法,该纤维是否从案发现场提取以及是否为被告人所留均存疑,侦查机关的说明不能改变程序严重违法的事实,也无法消除合理怀疑,该物证纤维及相关鉴定不能作为定案根据,原审认定意见正确。

案例 2-3-2 吕某芮走私、贩卖、运输、制造毒品案[(2017)川 1302 刑初 361 号]

顺庆法院不予采信毒品的照片一组、相关扣押决定书及扣押清单。法院认为:作为指控事实查获的超过 47 克毒品,是重要的物证,应当按照 2012 年《最高法院刑诉解释》第 70 条、《办理毒品犯罪案件毒品提取、扣押、称量、取样和送检程序若干问题的规定》第 4 条第 4 款进行证据搜集及举证。在现场勘验、检查、搜查时,对扣押赃物拍照,要按照就地、即时、被告人及见证人在场等要求制作;而公诉机关庭审中提供的"毒品的照片一组",是公安机关办案人员在公诉机关要求补充侦查后提供的,未有制作说明书说明制作时间、经过等,照片上也没有被告人辨认后逐一签字认可的文字,因此,该照片是否是在被告人面前、有见证人见证情况下制作的不明。因此,该组照片的真实性、客观性存疑。法院对该证据不予采信。关于扣押决定书与扣押清单,经审核,扣押决定书与扣押清单记载的含包装的疑似毒品包装物种类、个数、重量不一。合议庭口头要求公诉机关对此予以补正说明,至第二次开庭时,公诉机关未举出新的证据。

法院认为,《办理毒品犯罪案件毒品提取、扣押、称量、取样和送检程序若干问题的规定》对公安机关对于毒品的提取、扣押、称量、取样和送检工作提出了明确、具体的要求，按照《办理毒品犯罪案件毒品提取、扣押、称量、取样和送检程序若干问题的规定》形成的证据材料，能够完整反映从被告人处扣押毒品与称量毒品、理化鉴定毒品是同一的，并未被污染，并且可以通过这些证据回溯工作过程，辨识工作中的错误，解释证据之间的矛盾。但本案中"毒品的照片一组"因未按《办理毒品犯罪案件毒品提取、扣押、称量、取样和送检程序若干问题的规定》要求制作致使真伪不明已被排除；同时缺少对每一袋（包、瓶）毒品逐一称量的照片、被告人对每一袋（包、瓶）毒品逐一指认的照片、逐一封缄的照片等证据，致使《扣押决定书》《扣押清单》（就同一事物的两个证据）之间的矛盾无法排除——该矛盾直接导致《扣押决定书》《扣押清单》的证明力丧失。本案休庭后，法院要求公诉机关对此作出补正说明，但侦查机关未依公诉人要求提供证据以及作出合理说明。因此，依照《办理毒品犯罪案件毒品提取、扣押、称量、取样和送检程序若干问题的规定》第3条，扣押决定书与扣押清单等证据不予采信。由于排除了毒品的照片一组、《扣押决定书》《扣押清单》，起诉书指控从被告人吕某芮处扣押毒品净重47.9775克，含甲基苯丙胺等成分的事实就欠缺关键的证据，故对起诉书指控从吕某芮处扣押毒品净重47.9775克的事实，不予支持。

案例2-3-3　李某走私、贩卖、运输、制造毒品案［（2017）渝05刑终780号］

重庆五中院认为：根据搜查视频，民警从李某住处查获的三处可疑物均未进行现场封存，其中不仅对绿盖储物盒中的毒品疑似物未进行封存，对另外两处明显可以装入证物袋的可疑物亦未进行封存。根据《关于办理毒品犯罪案件毒品提取、扣押、称量、取样和送检若干问题的规定》，公安人员在办理毒品案件时应当对提取、扣押的毒品及包装物进行现场封装。办案民警从李某处查获毒品疑似物或不明物，均未依照该规定进行封存；且现无证据证实该毒品疑似物从查获地点到公安机关的保管人及保管状态，故公安人员在办案地点所称量的毒品与从李某住处查获的毒品疑似物在同一性上缺乏唯一性、排他性。因此，从李某处查获的毒品疑似物均不能认定为毒品。

四、物证、书证保管的审查

物证、书证收集结束即进入保管和流转环节。书证的保管一般没有特殊要求，物证的保管较为关键。在整个诉讼进行过程中，物证的保管链条都应当确保完整、同一。毒品、电子数据有较为完善的规则,《刑事诉讼法》及其司法解释对其他物证暂无系统的规定,应详细查阅相关部门规范性文件及相关鉴定规则。

物证、书证的保管,以办案和保管相分离为原则,必须做到来源去向明晰。《公安机关涉案财物管理若干规定》第 3 条规定:“涉案财物管理实行办案与管理相分离、来源去向明晰、依法及时处理、全面接受监督的原则。”第 8 条规定:“公安机关应当完善涉案财物管理制度,建立办案部门与保管部门、办案人员与保管人员相互制约制度。公安机关应当指定一个部门作为涉案财物管理部门,负责对涉案财物实行统一管理,并设立或者指定专门保管场所,对各办案部门经手的全部涉案财物或者价值较大、管理难度较高的涉案财物进行集中保管。涉案财物集中保管的范围,由地方公安机关根据本地区实际情况确定。对于价值较低、易于保管,或者需要作为证据继续使用,以及需要先行返还被害人、被侵害人的涉案财物,可以由办案部门设置专门的场所进行保管。办案部门应当指定不承担办案工作的民警负责本部门涉案财物的接收、保管、移交等管理工作;严禁由办案人员自行保管涉案财物。”

《人民检察院刑事诉讼涉案财物管理规定》第 7 条第 1 款规定:“人民检察院实行查封、扣押、冻结、处理涉案财物与保管涉案财物相分离的原则,办案部门与案件管理、计划财务装备等部门分工负责、互相配合、互相制约。侦查监督、公诉、控告检察、刑事申诉检察等部门依照刑事诉讼法和其他相关规定对办案部门查封、扣押、冻结、保管、处理涉案财物等活动进行监督。”

（一）保管主体及要求

1. 已扣押物证、书证的保管

对已扣押物证、书证,应当建档管理,专门场所,专人保管,存取登记,严禁侦查人员自行保管。

具体规则如《刑事诉讼法》第 141 条规定:“在侦查活动中发现的可用以证明犯罪嫌疑人有罪或者无罪的各种财物、文件,应当查封、扣押;与案件无关的财物、文件,不得查封、扣押。对查封、扣押的财物、文件,要妥善保管或者封存,不得使用、调换或者损毁。”

《人民检察院刑事诉讼规则》第 669 条规定:“人民检察院负责案件管理的部门对扣押的涉案物品进行保管,并对查封、扣押、冻结、处理涉案财物工作进行监督管理。对违反规定的行为提出纠正意见;涉嫌违法违纪的,报告检察长。”《人民检察院刑事诉讼涉案财物管理规定》第 14 条规定:“案件管理部门应当指定专门人员,负责有关涉案财物的接收、管理和相关信息录入工作。”

《监察法》第 25 条第 2 款规定：“对调取、查封、扣押的财物、文件，监察机关应当设立专用账户、专门场所，确定专门人员妥善保管，严格履行交接、调取手续，定期对账核实，不得毁损或者用于其他目的。对价值不明物品应当及时鉴定，专门封存保管。”

《公安机关刑事案件现场勘验检查规则》第 62 条规定：“对于现场提取的痕迹、物品和扣押的物品、文件，应当按照有关规定建档管理，存放于专门场所，由专人负责，严格执行存取登记制度，严禁侦查人员自行保管。”《公安机关办理刑事案件程序规定》第 235 条规定：“对查封、扣押的财物及其孳息、文件，公安机关应当妥善保管，以供核查。任何单位和个人不得违规使用、调换、损毁或者自行处理。县级以上公安机关应当指定一个内设部门作为涉案财物管理部门，负责对涉案财物实行统一管理，并设立或者指定专门保管场所，对涉案财物进行集中保管。对价值较低、易于保管，或者需要作为证据继续使用，以及需要先行返还被害人的涉案财物，可以由办案部门设置专门的场所进行保管。办案部门应当指定不承担办案工作的民警负责本部门涉案财物的接收、保管、移交等管理工作；严禁由侦查人员自行保管涉案财物。”《公安机关执法细则》第 21 - 03 条“处理调取、登记保存的证据”，对物证、书证的保管也有明确规定。

《公安机关涉案财物管理若干规定》第 11 条规定：“对于不同案件、不同种类的涉案财物，应当分案、分类保管。涉案财物保管场所和保管措施应当适合被保管财物的特性，符合防火、防盗、防潮、防蛀、防磁、防腐蚀等安全要求。涉案财物保管场所应当安装视频监控设备，并配备必要的储物容器、一次性储物袋、计量工具等物品。有条件的地方，可以会同人民法院、人民检察院等部门，建立多部门共用的涉案财物管理中心，对涉案财物进行统一管理。对于易燃、易爆、毒害性、放射性等危险物品，鲜活动植物，大宗物品，车辆、船舶、航空器等大型交通工具，以及其他对保管条件、保管场所有特殊要求的涉案财物，应当存放在符合条件的专门场所。公安机关没有具备保管条件的场所的，可以委托具有相应条件、资质或者管理能力的单位代为保管。依法对文物、金银、珠宝、名贵字画等贵重财物采取查封、扣押、扣留等措施的，应当拍照或者录像，并及时鉴定、估价；必要时，可以实行双人保管。未经涉案财物管理部门或者管理涉案财物的办案部门负责人批准，除保管人员以外的其他人员不得进入涉案财物保管场所。”

《公安机关涉案财物管理若干规定》第 12 条规定：“办案人员依法提取涉案财

物后,应当在二十四小时以内按照规定将其移交涉案财物管理部门或者本部门的涉案财物管理人员,并办理移交手续。对于采取查封、冻结、先行登记保存等措施后不在公安机关保管的涉案财物,办案人员应当在采取有关措施后的二十四小时以内,将相关法律文书和清单的复印件移交涉案财物管理人员予以登记。”

《公安机关涉案财物管理若干规定》第 13 条规定:“因情况紧急,需要在提取后的二十四小时以内开展鉴定、辨认、检验、检查等工作的,经办案部门负责人批准,可以在上述工作完成后的二十四小时以内将涉案财物移交涉案财物管理人员,并办理移交手续。异地办案或者在偏远、交通不便地区办案的,应当在返回办案单位后的二十四小时以内办理移交手续;行政案件在提取后的二十四小时以内已将涉案财物处理完毕的,可以不办理移交手续,但应当将处理涉案财物的相关手续附卷保存。”

《公安机关涉案财物管理若干规定》第 14 条规定:“涉案财物管理人员对办案人员移交的涉案财物,应当对照有关法律文书当场查验核对、登记入册,并与办案人员共同签名。对于缺少法律文书、法律文书对必要事项记载不全或者实物与法律文书记载严重不符的,涉案财物管理人员可以拒绝接收涉案财物,并应当要求办案人员补齐相关法律文书、信息或者财物。”

《公安机关涉案财物管理若干规定》第 18 条规定:“公安机关应当依据有关法律规定,及时办理涉案财物的移送、返还、变卖、拍卖、销毁、上缴国库等工作。对刑事案件中作为证据使用的涉案财物,应当随案移送;对于危险品、大宗大型物品以及容易腐烂变质等不宜随案移送的物品,应当移送相关清单、照片或者其他证明文件。”

2. 不便提取的物证、书证的保管

对不便提取的物证、书证,交被扣押物品、文件持有人保管或者封存。财物、文件持有人应当妥善保管,不得转移、变卖、毁损。

《公安机关办理刑事案件程序规定》第 231 条规定:“对作为犯罪证据但不便提取或者没有必要提取的财物、文件,经登记、拍照或者录音录像、估价后,可以交财物、文件持有人保管或者封存,并且开具登记保存清单一式两份,由侦查人员、持有人和见证人签名,一份交给财物、文件持有人,另一份连同照片或者录音录像资料附卷备查。财物、文件持有人应当妥善保管,不得转移、变卖、毁损。”

《公安机关刑事案件现场勘验检查规则》第 58 条规定,“对应当扣押但不便提取的物品、文件,经登记、拍照或者录像、估价后,可以交被扣押物品、文件持有人保管或者封存,并明确告知物品持有人应当妥善保管,不得转移、变卖、毁损”。

(二)保管期限及时间

物证原则上应在诉讼终结后进行处理。对于易损毁、灭失、腐烂、变质而不宜长期保存,或者难以保管的物品,经批准可变卖、拍卖,变卖、拍卖的价款也应待诉讼终结后一并处理。

《公安机关办理刑事案件程序规定》第 236 条规定:“在侦查期间,对于易损毁、灭失、腐烂、变质而不宜长期保存,或者难以保管的物品,经县级以上公安机关主要负责人批准,可以在拍照或者录音录像后委托有关部门变卖、拍卖,变卖、拍卖的价款暂予保存,待诉讼终结后一并处理。对于违禁品,应当依照国家有关规定处理;需要作为证据使用的,应当在诉讼终结后处理。”

其他特殊的物证,有特殊的管理规定。例如,关于醉驾案件血样的保管,公安部《关于公安机关办理醉酒驾驶机动车犯罪案件的指导意见》第 5 条规定:“规范血样提取送检。交通民警对当事人血样提取过程应当全程监控,保证收集证据合法、有效。提取的血样要当场登记封装,并立即送县级以上公安机关检验鉴定机构或者经公安机关认可的其他具备资格的检验鉴定机构进行血液酒精含量检验。因特殊原因不能立即送检的,应当按照规范低温保存,经上级公安机关交通管理部门负责人批准,可以在 3 日内送检。”可见,血样提取后,应当立即送检,特殊原因不能送检的,可以在 3 日内送检,即血样最多只能保管 3 日。

(三)保管过程中,物证是否发生变化

物证被提取、扣押后,不得改变包装,如密封袋、封条、标记或标签,以确保物证的同一性。如果物证的包装、颜色、数量、质量等发生变化,其同一性无法保证,物证的真实性就无法保证,不能作为定案的根据。

《人民检察院刑事诉讼涉案财物管理规定》第 15 条规定:“案件管理部门接收密封的涉案财物,一般不进行拆封。移送部门或者案件管理部门认为有必要拆封的,由移送人员和接收人员共同启封、检查、重新密封,并对全过程进行录像。根据《人民检察院刑事诉讼规则(试行)》有关扣押的规定应当予以密封的涉案财物,启封、检查、重新密封时应当依照规定有见证人、持有人或者单位负责人等在场并签名或者盖章。”第 19 条规定:“案件管理部门对收到的物品应当建账设卡,一案一账,一物一卡(码)。对于贵重物品和细小物品,根据物品种类实行分袋、分件、分箱设卡和保管。案件管理部门应当定期对涉案物品进行检查,确保账实相符。”第 21 条第 1 款规定:“人民检察院办案部门人员需要查看、临时调用涉案财物的,应当经办案部门负责人批准;需要移送、处理涉案财物的,应当经检察长批准。案件管理部门对于审批手续齐全的,应当办理查看、出库手续并认真登记。”

案例

案例2-4-1 赵某、杜某亮等制造、贩卖毒品案[(2018)豫09刑初33号]

河南濮阳市检察院指控赵某、杜某亮等4人制造、贩卖α-PVP。但涉案物质究竟是不是α-PVP无法排除合理怀疑;即便是,根据法律规定也不能认定为毒品;据以定案的证据没有经法定程序查证属实,物证来源不明,同一性无法确定,鉴定意见不能作为定案根据;杜某亮等人并不知道涉案物质的流向、用途,更不知道会被认定为毒品,没有犯罪故意。本案无论从法律适用还是证据角度,杜某亮等人都不构成制造、贩卖毒品罪。尤其是涉案毒品的保管出现了严重问题,如表2-4-1所示:

表2-4-1 取样情况

样本来源	鉴定编号	名称/标识		性状		重量(克)	
		搜查称重取样笔录	鉴定	搜查称重取样笔录	鉴定	搜查称重取样笔录	鉴定
塑料桶取样	11号检材	1	1液	黄褐色液体	淡黄色液体	0	22.73
	15号检材	1	1固	结晶体	白色晶体	0	9.31
	12号检材	2	2液	黄褐色液体	淡黄色液体	0	24.83
	16号检材	2	2固	结晶体	白色晶体	0	11.29
豫J6Z×××车	13号检材	3	3固	黄色晶体	淡黄色晶体	0	7.27
豫JE5×××	14号检材	4	4固	结晶体	白色晶体	0	12.13
	1-10号检材	A1-10 B1-10 C1-10 D1-10 E1-10 F1-10	A-2 B-5,B-8 C-2,c-6 d-2 e-4 e-5 e-9 f-2	无	白色晶体	0	2.36 3.66,2.91 2.34,3.45 3.29 3.15,5.16,4.04 3.84

鉴定检材的名称/标识、性状均与搜查称重取样笔录记载的不同。可见,涉案毒品在保管过程中,标识、性状均发生了变化,物证的保管违法。

案例 2-4-2 刘某蔚走私武器案/少年网购仿真枪判无期案[(2016)闽刑再8号]

福建高院以走私武器罪判处刘某蔚无期徒刑,我们代理申诉,后法院启动再审,改判7年3个月。该案物证保管违反规定,物证同一性无法保证。涉案枪形物8月31日被扣押,9月12日鉴定机构受理,中间相隔12天。辩护人逐一将扣押时贴标签的枪形物和鉴定意见中的枪形物进行对比。鉴定的24支枪形物与扣押贴标签的枪形物对比:16支枪形物的标签位置明显不同;4支(编号2、7、20、24号)枪形物看不到缉私局贴的蓝白标签;5支(编号4、5、6、15、19号)枪形物的标签明显被重新写过。枪形物的材质、结构、动力不同,检测出的枪口比动能完全不同。涉案枪状物保管不善,标签变化,同一性无法保证。

案例 2-4-3 芜湖谢某卿等63人诈骗案[(2018)皖0222刑初130号]

辩护人提出:物证不具同一性,未当庭出示,对物证的《价格认定结论书》不得作为定案根据。理由如下:(1)侦查机关没有依法及时扣押案涉藏品;(2)扣押清单连照片都没有,很多没有收藏票,更不能证明有实物存在;(3)扣押物品与鉴定数量不一致,大量藏品未进行鉴定;(4)没有见证人签字;(5)未经被告人辨认;(6)扣押、封存、移交鉴定的保管链断裂,不排除被调包的可能;(7)价格认定的藏品不能证明是中金公司出售,如某些藏品系从广州购买;(8)很多客户相信藏品有价值而不愿交侦查机关,《价格认定结论书》虽载明"实物查(勘)验",但未附查(勘)验笔录,无照片或视频,无见证人;(9)物证不到庭,未经当庭辨认。

五、物证、书证的关联性审查

证据的关联性,是指作为证据内容的事实与案件待证事实之间存在某种联系,即证据对于证明对象是否具有证明力。证据是否具有关联性,是对一切证据进行审查的要点。根据《最高法院刑诉解释》第82条第4项,对物证、书证应当着重审查:物证、书证与案件事实有无关联。因为物证、书证本身不会说话,更需要分析物证、书证与案件是否相关。同时,关联性审查需要辩护人结合全案证据进行判断。

物证对于故意杀人、抢劫、盗窃、毒品、强奸等类型的案件极为关键。物证虽然不会说话,却可以颠覆案件结果。案发现场可能有很多物证,但并非都与案件有关,并非都与犯罪嫌疑人或被告人有关。

例如，吴某冬抢劫、盗窃案[（2017）皖1004刑初5号]中，徽州法院一审认为：吴某冬指认收集到的物证砍刀，未按法定程序制作辨认笔录让砍刀持有人进行辨认，故不能确定其与本案案件事实有关联性，故该份证据不作为定案的根据。我们办理的若干案件中，物证可以直接证实被告人无罪或者另有真凶。

经济犯罪案件、职务犯罪案件等，可能有很多书证，但若要搞清与案件有无关联性，需要对其内容进行审查，并与证明对象建立起关联。

案例

案例2-5-1　江西温某萍故意杀人案

我们认为，根据案件公开的事实，一审法院在没有客观证据且有物证证明凶手可能另有其人的情况下，仅依据口供，就认定温某萍杀害了自己的女友邓某波，并以故意杀人罪判处温某萍死刑。二审法院改判死缓。这属于当时最典型的疑罪从轻判决。我们认为，该案重要物证证实有第三人作案的可能：

第一，现场勘验过程中，办案人员提取了四团沾血卫生纸，其中有两团各发现有一根卷曲毛发，经鉴定这两根毛发，一根为被害人邓某波的，一根为第三人的。

第二，纸团上的血与被害人血样属同一个体，并黏附被害人阴毛和他人阴毛，该纸团应当是被害人与他人发生性行为后，擦拭阴部所形成。纸团中的阴毛应为发生性行为时脱落，由于毛发存在于沾血的卫生纸之中，不可能是正常性行为所遗留，故该毛发的所有人作案可能性极大。

第三，被害人邓某波的处女膜在3、6、12点处陈旧性破裂，其中6点处破裂至基底，子宫颈口糜烂，说明被害人有多次性行为。而温某萍未曾与被害人发生过性关系，说明邓某波还有其他关系亲密的男性朋友。不排除第三人作案的可能性。

案例2-5-2　广州罗某阳非法买卖、邮寄枪支案[（2019）粤01刑初1578号]

法院将查获的快递箱及枪形物都认定为罗某阳所发。我们认为，现有证据无法证实这些枪形物全部与罗某阳存在关联性：

第一，罗某阳及同案犯欧某才、周某明、何某通、何某胜等人的供述表明，欧某才自己也买卖枪形物并帮别人发货，故快递箱及枪形物有多少与罗某阳有关，没有查清。

第二，同案犯何某通、何某胜供述称打包枪形物没有配子弹，但查获的是配子弹的枪形物，物证与口供无法印证，不能认为查获的物证均为罗某阳让欧某才所发。

第三，查获快递箱上的运单、物流店提供的运单仅有15个能与寄单群邮寄信息一一对应，无法将查获的快递箱全部认定为罗某阳让欧某才所发。

案例2-5-3 安徽左某刚、陈某宣、杨某庆故意杀人案

法院宣告左某刚无罪后，经被害人家属提出，安徽高院启动再审。在再审阶段，唯一一份新的客观证据是公物证鉴字［2020］337号鉴定文书。针对死者双手各提取到的一根毛发，公安部物证鉴定中心进行DNA鉴定，2020年11月6日作出鉴定意见：左手毛发与周某母亲不排除来源同一母系，系本人或其亲属所留；另一根毛发既不是周某或其亲属所留，也不是左某刚等三人所留。物证毛发是最关键的证据，恰恰证明左某刚等三人无罪，甚至不能排除此毛发系真凶所留。我们认为，司法机关有义务进行全面比对，追查真凶。

案例2-5-4 聊城王某力贪污、挪用公款案［（2015）鲁刑二终字第112号］

农业技术研究所享有的对伊某公司的债权是合法债权，一直挂账，法院却认定被王某力贪污了。我们认为，两份协议就能直接证明王某力不构成贪污罪。

（1）五方协议确定担保关系。信用社申请诉前保全，冻结鑫某种业365万元银行存款，后信用社、伊某公司、鑫某种业、农业技术研究所、农业局项目办公室，经过多个地点的多次谈判，莘县领导参与协调，最终达成五方协议后，经法院认可，信用社撤诉。

五方协议约定："农业技术研究所期限内不能交付土地使用权证，信用社有权追加农业技术研究所为被告，并承担还款责任，农业技术研究所无异议。"农业局项目办公室介入："期限内不交付土地证，农业局项目办公室自愿在200万元的范围内承担连带保证责任。并提供200万元的对公存款作为质押，若不能按期交付土地

证，信用社划拨此款用于归还贷款，农业局项目办公室不得提出任何异议。”

各方当事人的权利义务约定明确，农业技术研究所为伊某公司提供担保，农业局项目办公室为农业技术研究所提供担保。以担保为基础的债权债务关系清楚明了，不存在贪污。

(2)即使按四方协议，也是债务承担关系。五方协议之前，还有个四方协议。基于该四方协议，农业技术研究所介入伊某公司、鑫某种业与信用社的债权债务关系，农业技术研究所为伊某公司承担部分债务的行为属于债务承担，是合法的民事法律行为。

农业技术研究所为伊某公司偿还债务后，取得对伊某公司的债权，有对伊某公司进行追偿的权利。该权利不会消失，也没有消失，双方一直挂账就是明证。而且，农业技术研究所以117.6万元购买56亩土地，取得5,527,375.44元债权，且有农业局项目办担保，本是一笔赚钱的买卖，实现了巨大的投资回报，怎能说王某力贪污了土地？

案例2-5-5　衡水市禹某华玩忽职守案[(2017)冀11刑再52号]

该案有大量书证，均真实有效，且与禹某华一审、二审、再审当庭陈述一致，互相关联，可以互相印证。涉案企业退税不属于禹某华的职责和工作范围，证明其不构成玩忽职守罪。

检方提供了31份禹某华与杨某元或李某2008年3月13日～2011年8月30日出具的桃某区民政局福利企业审核意见；二审期间禹某华提供了6份区民政局对非涉案企业同时期出具的福利企业审核意见。非涉案企业与涉案企业某通公司、某泰公司审核意见样式相同，无任何差异之处。再审程序中，禹某华又提供了民政局辖区内某鑫铜基粉末公司、某泽诚阻尼材料公司、某民间工艺品厂相近时期福利企业审核意见，均不包括是否发放最低标准的工资。

2008～2011年，该民政局辖区内共6个福利企业，除涉案企业某通公司及某泰公司外，其他四个企业4年提交相同审核意见样式进行月审核，相关单位均顺利减退税，民政局审核意见和审核内容只是福利企业残疾人员工人数和占员工总数的比例，并不审核残疾员工工资。6个企业的申请、审核与审批内容与流程均相同，审核通过后，税务部门同意退税。禹某华陈述6个福利企业均一视同仁，没有差别对待。

辩护人指出上述书证，证实禹某华四年审核6个福利性企业是依其岗位职责行使权力，确定退税与否、数额大小的责任在税务部门，与其职责无关。上述书证与禹某华供述、原一审、二审庭审笔录，再审当庭陈述一致，可以互相印证，能证明民政局根本就不审核工资，禹某华也不对此进行审核，证实禹某华不存在不履行职责，或者不正确履行职责的基础，不构成玩忽职守罪。

六、物证、书证的全面性审查

侦查机关应该全面收集证据，检察机关应当向法院全面移送证据，包括有罪证据，也包括无罪或者罪轻的证据。《刑事诉讼法》第 41 条规定："辩护人认为在侦查、审查起诉期间公安机关、人民检察院收集的证明犯罪嫌疑人、被告人无罪或者罪轻的证据材料未提交的，有权申请人民检察院、人民法院调取。"第 115 条规定，"公安机关对已经立案的刑事案件，应当进行侦查，收集、调取犯罪嫌疑人有罪或者无罪、罪轻或者罪重的证据材料"。《关于推进以审判为中心的刑事诉讼制度改革的意见》第 4 条明确要求，"侦查机关应当全面、客观、及时收集与案件有关的证据"。

也正因如此，证据审查应当坚持全面性原则。对于物证、书证的审查，更应当全面审查。《最高法院刑诉解释》第 82 条第 5 项明确规定，对物证、书证应当着重审查："与案件事实有关联的物证、书证是否全面收集。"

因为实践中，物证、书证的收集经常出现不全面的情形，主要体现为三方面的问题：

一是没有发现而遗漏提取。这一般要通过仔细查阅现场勘验、检查笔录、搜查笔录、录像、照片等，从细节中查漏；一旦发现，辩护人应要求办案机关及时固定、提取相关证据。

二是发现缺失但没有及时提取。辩护人应当坚持要求办案机关及时取证，必要时可自行提取。

三是明知存在相关物证、书证，但办案机关拒绝调取或提取。出现这种情况，通常是因为该物证、书证系能证明被告人无罪或罪轻的证据，办案机关怠于或拒绝收集、调取。辩护人应坚持要求办案机关收集，辅以投诉、控告；条件允许的，辩护人可自行调取。

《最高法院刑诉解释》第 85 条规定："对与案件事实可能有关联的血迹、体液、毛发、人体组织、指纹、足迹、字迹等生物样本、痕迹和物品，应当提取而没有提取，应当鉴定而没有鉴定，应当移送鉴定意见而没有移送，导致案件事实存疑的，人民法院应当通知人民检察院依法补充收集、调取、移送证据。”

案例

案例 2－6－1　吴某冬抢劫、盗窃案［(2017)皖1004刑初5号］

徽州法院一审认为:侦查机关第一次现场勘验时已在犯罪嫌疑人入户的窗栅上发现疑似衣服纤维,未及时收集,而只是拍照。故侦查机关未全面客观及时收集犯罪嫌疑人有罪或者无罪、罪轻或者罪重的证据材料。第二次复勘时,侦查机关提取疑似纤维实物。根据规定收集的物证应当是原物,只有在原物不便搬运、不易保存或者依法应当由有关部门保管、处理或者依法应当返还时,才可以拍摄或者制作足以反映原物外形或者内容的照片、录像或者复制品。而侦查人员提取的实物疑似衣服纤维,未见原物。如果是原物不易保存等,可以拍摄成照片、录像等,并附有关制作过程及原件、原物存放处的文字说明,但本案未见提取原物的照片、录像等。故现场勘验中是否收集到疑似衣服纤维存疑。

案例 2－6－2　广西黄某忠、邓某群等故意杀人案

本案现场勘查笔录等证据显示,侦查人员现场收集到大量其他物证,包括一支钢笔、一支两用水笔、一个眼镜框和两个眼镜片以及一盒武鸣卷烟厂出产的“武鸣牌”过滤嘴香烟,一条猪肝色的人造革皮带。现场勘查还发现,现场地上有纷乱的踩压痕,这与前述死者砸伤嫌疑人头部、双方曾相互搏斗的证据吻合。

但在案证据并未显示,在这些物品上提取到了任何指纹,或在现场提取到了脚印。如果真如原审裁判查明的事实,黄某忠从死者身上摸出眼镜、香烟盒、水笔等物弃于现场,后又解开黄某环的裤带,那么这些物品上应该留有黄某忠的指纹。尤其是这些物证具有光滑表面,显然应该能提取到指纹,但案卷中并无相关证据。

七、物证、书证的辨认和鉴定

物证、书证的辨认和鉴定,实质上也是对物证、书证进行鉴真,以确保物证、书证的真实性和关联性。《关于全面推进以审判为中心的刑事诉讼制度改革的实施意见》第27条规定:“通过勘验、检查、搜查等方式收集的物证、书证等证据,未通过辨认、鉴定等方式确定其与案件事实的关联的，不得作为定案的根据。”《关于建立健全防范刑事冤假错案工作机制的意见》第 9 条规定：“现场遗留的可能与犯罪有关的指纹、血迹、精斑、毛发等证据，未通过指纹鉴定、DNA 鉴定等方式与被告人、被害人的相应样本作同一认定的，不得作为定案的根据。涉案物品、作案工具等未通过辨认、鉴定等方式确定来源的，不得作为定案的根据。对于命案，应当审查是否通过被害人近亲属辨认、指纹鉴定、DNA 鉴定等方式确定被害人身份。”

对于具有独特性、鲜明特殊性的物证、书证，应当由相关人员进行辨认，必要时进行鉴定；不具备辨认条件的，应当进行鉴定；有的案件，既需要辨认，也需要鉴定。

具备辨认条件的，如被害人或亲属辨认具有人身识别特征的被害人；被告人辨认作案工具；盗窃案的被害人辨认被盗窃的财物等。辨认必须符合辨认程序的规定。关于辨认笔录的审查，详见本书第六章。

绝大多数案件都会涉及物证、书证的鉴定。例如，毒品案件中，需要鉴定涉案物质是否为毒品及其种类、纯度等；枪支类案件中，需要鉴定涉案枪状物是否为枪支；关键文件需要进行文检鉴定以确认是否为相关人员书写。鉴定应当符合鉴定的程序和规则。关于鉴定意见的审查，详见本书第五章。

通常情况下，侦查机关会组织被告人、被害人或证人等对物证、书证进行辨认，或进行鉴定。如需要辨认、鉴定而侦查机关未组织的，辩护人可以提出申请，要求办案机关组织辨认、委托鉴定，以确保物证、书证的真实性和关联性。

案例

案例 2-7-1 吴某冬抢劫、盗窃案[（2017）皖 10 刑终 82 号]

黄山中院认为：物证砍刀不能作为定案根据。第一，侦查机关制作的吴某冬指认砍刀藏匿地点的指认笔录，见证人为侦查机关工作人员，指认过程不符合法定程序；第二，证人吴某 2 对砍刀的显著特征进行了描述，如刀是红色的把，刀身有七孔等，但此类特征并非独有特征，具有此类特征的刀并非只有一把，且该砍刀也非特定物而系同类物；第三，本案中仅对证人吴某 2 制作了询问笔录，并让其对砍刀图片进行辨认，但辨认过程既未制作辨认笔录，也无侦查人员、见证人签名，不符合办案规程；第四，本案中侦查机关仅将一把砍刀的图片让吴某 2 辨认，辨认过程显然不符合辨认规程，且有给辨认人明显暗示嫌疑。综上，该砍刀的收集程序不符合法律规定,且辨认过程严重不符合法律规定,该砍刀是否与本案存在关联存疑,原审未将该砍刀作为定案的根据正确。

八、物证、书证的补正

物证、书证的收集程序、方式有瑕疵,经补正或者作出合理解释的,可以采信,此为瑕疵证据的补正规则。瑕疵证据补正的方法通常有:(1)以情况说明等方式补正错误;(2)作出合理解释或说明;(3)征得犯罪嫌疑人或被告人的事后认可;(4)重新实施侦查行为并重新制作笔录。

瑕疵证据可以补正的情形,《最高法院刑诉解释》第 86 条第 2 款规定:"物证、书证的收集程序、方式有下列瑕疵,经补正或者作出合理解释的,可以采用:(一)勘验、检查、搜查、提取笔录或者扣押清单上没有调查人员或者侦查人员、物品持有人、见证人签名,或者对物品的名称、特征、数量、质量等注明不详的;(二)物证的照片、录像、复制品,书证的副本、复制件未注明与原件核对无异,无复制时间,或者无被收集、调取人签名的;(三)物证的照片、录像、复制品,书证的副本、复制件没有制作人关于制作过程和原物、原件存放地点的说明,或者说明中无签名的;(四)有其他瑕疵的。"《死刑证据规定》第 9 条第 2 款也有类似规定。

瑕疵指细微的、技术性违规,不是根本性错误,如果获取证据的程序和方式完全违法,则属于根本性错误,不能补正,应直接排除。例如,《最高法院刑诉解释》第 86 条第 1 款规定:"在勘验、检查、搜查过程中提取、扣押的物证、书证,未附笔录或者清单,不能证明物证、书证来源的,不得作为定案的根据。"《死刑证据规定》第 9 条第 1 款规定:"经勘验、检查、搜查提取、扣押的物证、书证,未附有勘验、检查笔录,搜查笔录,提取笔录,扣押清单,不能证明物证、书证来源的,不能作为定案的根据。"即这些违法是根本性错误,不是瑕疵,不可补正。

补正与合理解释能否对物证、书证进行补救,进而被法庭采信为定案的根据,也需要具体问题具体分析。实践中,有的侦查机关会移送先前未提交的物证照片、录像,但更多侦查机关是通过"情况说明""工作说明"的方式来补正瑕疵或合理解释。这些自我证明的"说明",实质上没有证明力,但目前的法律对瑕疵证据的政策极为宽松,因此多数情况下,瑕疵证据经过补正或合理解释都能得到法院的采信,不采信的很少。

案例

案例 2-8-1 卓某坛走私、贩卖、运输、制造毒品案[(2013)深中法刑一初字第234号]

经过非法证据排除程序和法庭审理,法院认为本案的书证、物证之收集不符合法律程序,在证据的真实性和合法性上存在重大瑕疵,可能严重影响司法公正,公安机关不能补正或者作出合理解释,亦应当依法排除:

(1)本案所有物证(包括毒品)的搜查笔录、扣押决定书及扣押清单。被告人称其在毒品扣押决定书及扣押清单上的签字系遭到刑讯逼供后所签,并非其真实意愿。经查,本案毒品的搜查笔录记载时间为2013年3月18日,但扣押决定书及扣押清单制作时间均记载为2013年3月19日。根据《刑事诉讼法》的相关规定,扣押物证书证,应当会同在场见证人及持有人清点清楚,当场开列清单。本案的毒品等物证于3月18日早晨即已缴获,相关扣押清单却相隔一天后才制作并由持有人卓某、见证人严某签字,公安机关对此不能作出合理解释。而如前所述,该段时间被告人可能遭到了刑讯逼供,因此,被告人在相关扣押决定书和扣押清单上的签名由于合法性和真实性存疑,均不应认可。此外,本案见证人严某经法院要求出庭后,公安机关出具证明证实严某系办案单位塘头派出所巡防队员,证据亦显示其参与了本案的侦查抓捕工作。依照相关法律,严某不能作为本案的见证人。综上,本案所有物证(包括毒品)的提取笔录、扣押决定书及扣押清单,制作程序违法,无持有人合法签名,无适格的见证人,对相关扣押过程无录像及其他证据证明,公安机关亦不能作出合理解释或补正,均应予以排除。

(2)本案的所有物证(包括毒品),如前所述,没有合法真实的相关提取扣押笔录、清单,不能证明物证的真实性、合法性,均应予以排除。

(3)与物证有关的本案毒品的公(深)鉴(理化)字(2013)1564号检验报告,由于相关毒品无法证明与本案的关联性,予以排除。

案例 2-8-2 蔡某选、付某假冒注册商标案[(2018)粤0113刑初111号]

法院认为:公诉机关指控犯罪金额2,910,729元主要是通过出库单所记载的出库产品数量进行计算认定,但由于该出库单仅为相关辨认照片,并非原件原物,虽有被告人辨认其真实性，但其来源合法性并未在搜查笔录、扣押清单里反映证实。根据2012年《最高法院刑诉解释》第73条的规定，在勘验、检查、搜查过程中提取、扣押的物证、书证，未附笔录或者清单，不能证明物证、书证来源的，不得作为定案的根据；物证、书证的收集程序、方式有部分瑕疵，经补正或者作出合理解释的，可以采用；对物证、书证的来源、收集程序有疑问，不能作出合理解释的，该物证、书证不得作为定案的根据，故该出库单辨认照片不能作为定案依据，不能以该出库单记载出库数量计算本案犯罪数额。

九、物证、书证的排除

物证、书证被排除的，不得作为定案的根据。物证、书证的排除包括三种情况：一是瑕疵证据无法补正或合理解释而不作为定案的根据，前文已述；二是因来源不明而被强制性排除；三是因非法取证而被裁量性排除。三种情况适用范围不同，法律依据也不同。

（一）强制性排除

来源不明的物证、书证，属于强制性排除的范围，没有可补正和解释的机会，没有可左可右的余地。这正是强制性排除的特点和要求，因为来源不明的物证和书证是绝对不可采纳的，采纳将很可能制造冤案。对此，《最高法院刑诉解释》第86条第1款明确规定："在勘验、检查、搜查过程中提取、扣押的物证、书证，未附笔录或者清单，不能证明物证、书证来源的，不得作为定案的根据。"

但实践中，有的法官不了解强制性排除与瑕疵证据的区别，会让检察机关或侦查人员解释物证、书证从何而来。这一解释实际上就是让其补正，进而法院有可能采信相关证据。这种让强制性排除不具备强制性的做法是违法的，辩护人应当阐述强制性排除的概念和法律依据，坚决反对。

例如，吴某冬抢劫、盗窃案[（2017）皖1004刑初5号]中，公诉机关提交法庭三份情况说明及提请侦查人员出庭，说明收集证据的合法性。徽州法院一审认为：对吴某冬是否入户的关键性物证，遗留在现场的纤维是在第一次庭审后，公诉机关建议延期审理期间补充的，前期的侦查机关、公诉机关均未审查出，在没有纤维来源的情况下委托分析检测中心进行检测。复勘笔录提取的物证纤维不符合法定程序，已影响司法公正，严重影响被告人的定罪量刑，所造成后果已达到严重程度，故对该证据予以排除。这一案例排除证据的结论是正确的，但适用的法律依据不当，应当适用《最高法院刑诉解释》第86条第1款："不能证明物证、书证来源的，不得作为定案的根据”。

夏某交通肇事案[(2015)铅刑初字第177号]中,法院认为:公诉机关提供的第一份《通话记录单》,没有加盖中国移动江西铅山分公司印章,对该《通话记录单》的来源,办案民警李某嵩当庭不能作出合理解释,根据2012年《最高法院刑诉解释》第73条第3款“对物证、书证的来源、收集程序有疑问,不能作出合理解释的,该物证、书证不得作为定案的根据”的规定,法院不予认定。

(二)裁量性排除

侦查人员通过严重侵犯被告人合法权益的手段,以非法方法收集的物证、书证,属于非法证据。例如,没有任何理由和依据,仅凭个人好恶,未经签发搜查证而肆意搜查收集而来的物证、书证。依据法理,非法获取的物证、书证应当直接排除,但考虑到执法水平不足、打击犯罪优先的因素,《刑事诉讼法》规定了“裁量性排除规则”。

《刑事诉讼法》第56条“非法证据排除规则”第1款后半句规定:“收集物证、书证不符合法定程序,可能严重影响司法公正的,应当予以补正或者作出合理解释;不能补正或者作出合理解释的,对该证据应当予以排除。”

《最高法院刑诉解释》第126条第1款规定:“收集物证、书证不符合法定程序,可能严重影响司法公正的,应当予以补正或者作出合理解释;不能补正或者作出合理解释的,对该证据应当予以排除。”

《公安机关办理刑事案件程序规定》第71条第2款规定:“收集物证、书证、视听资料、电子数据违反法定程序,可能严重影响司法公正的,应当予以补正或者作出合理解释;不能补正或者作出合理解释的,对该证据应当予以排除。”

《人民检察院刑事诉讼规则》第70条规定:“收集物证、书证不符合法定程序,可能严重影响司法公正的,人民检察院应当及时要求公安机关补正或者作出书面解释;不能补正或者无法作出合理解释的,对该证据应当予以排除。对公安机关的补正或者解释,人民检察院应当予以审查。经补正或者作出合理解释的,可以作为批准或者决定逮捕、提起公诉的依据。”

《关于推进以审判为中心的刑事诉讼制度改革的意见》第4条规定,“侦查机关应当全面、客观、及时收集与案件有关的证据……侦查机关收集物证、书证不符合法定程序,可能严重影响司法公正,不能补正或者作出合理解释的,应当依法予以排除”。

《关于全面推进以审判为中心的刑事诉讼制度改革的实施意见》第21条第2

款规定:“收集物证、书证不符合法定程序,可能严重影响司法公正,不能补正或者作出合理解释的,对有关证据应当予以排除。”

根据上述法律规定,非法物证、书证的裁量性排除规则的适用有三个条件:一是收集不符合法定程序;二是可能严重影响司法公正;三是不能补正或合理解释。对于何为“可能严重影响司法公正”,《最高法院刑诉解释》第126条第2款规定,“应当综合考虑收集证据违反法定程序以及所造成后果的严重程度等情况”。

注意,非法证据不是瑕疵证据。虽然法律都给了补正或者合理解释的机会,但两者的违法程度不同,适用的法律依据不同,法庭调查的方式不同。对于非法的物证和书证,正如非法言词证据、非法的电子数据,均可以申请排非,并启动排除非法证据的法庭调查。而瑕疵证据不能启动排除非法证据程序,辩护人可以在质证时提出瑕疵证据的合法性问题,提出检方的补正不符合规定、合理解释并不合理,法院不得采纳相关证据作为定案的根据。

案例

案例2-9-1　黄某、周某某、崔某某等组织卖淫案[(2020)皖0291刑初64号]

芜湖经济技术开发区法院以书证来源不明为由,排除了在案的88张单据(反映卖淫票据)。法院认为:在案的接受证据材料清单显示,案涉88张单据系被告人周某某2019年10月21日提交至公安机关,但周某某当庭辩解该单据并非其提交的。公安机关2020年9月9日情况说明显示,该88张单据系2019年10月19日,民警为进一步查明案情对聚龙池浴场进行检查,检查过程中在一楼吧台下面塑料袋内发现并带回,但在案未附相关提取笔录、清单,亦无单据持有人、见证人签名。因此,案涉88张单据来源前后存在重大出入,亦无其他证据证实系从聚龙池浴场提取,且收集程序不符合法律的相关规定。此外,部分单据存在更改等痕迹或背面打草稿。故该88张单据不能作为定案依据。

案例2-9-2　青某甲故意毁坏财案[(2015)顺庆刑初字第135号]

顺庆法院认为:公诉机关指控青某甲用锤子作案,但既没有提供原物,也没有提供反映该锤子的照片或录像、复制品等,其所举证据保全决定书、证据保全清单系复印件,没有办案民警签字,没有提取、制作和辨认笔录,不能反映该复印件与原件是否相符、原件存于何处、是否由二人以上制作及制作过程等事实,对此瑕疵,公诉机关未在审理中补正、说明;公诉机关指控青某甲等人毁损了被害单位大门玻璃等财物,仅举出被损财物照片,但该照片仅由一人制作,不能反映与原物是否无异,没有相应的勘验、提取笔录,不能反映证据材料的来源、反映被损财物的品名、规格、数量、残损程度等,依照2012年《最高法院刑诉解释》第70条、第73条第1款,对该证据保全决定书、证据保全清单不予采信。

案例2-9-3　王某洪、赖某某贩卖毒品案[(2014)遵县法刑初字第174号]

公诉机关指控在王某洪暂住处搜查出29.20克的毒品嫌疑物,经鉴定检出海洛因成分。播州法院认为:涉案毒品嫌疑物系公安机关在王某洪暂住处搜查出的一瓶白色粉末和一瓶黄色粉末的混合物,公安机关搜查到后,未依法分别称量和提取样品鉴定,而是将两瓶粉末混合称量后提取样品进行鉴定,导致无法认定两瓶粉末是否均含有海洛因成分,以及各自重量是多少。王某洪亦对此提出异议,认为公安机关违法提取证据,不应认定该事实。同时,对该毒品嫌疑物,现无证据证明两瓶粉末均含海洛因成分,还是仅有其中一瓶粉末含有海洛因成分,且无法确定两瓶粉末各自的重量,根据2012年《刑事诉讼法》第56条,因证据不足不予认定该事实。

案例2-9-4　江某庆故意杀人案[(2015)浙刑三终字第47号]

金华中院查明:2000年9月某日晚,江某庆在义乌与卖淫女刘某搭识后,到刘某的租房内嫖宿。次日凌晨,江某庆因货款失窃与刘某争执、扭打,用水果刀猛刺刘某数刀,致其机械性窒息合并肺、肝破裂,创伤性,失血性休克死亡。2013年3月某日,江某被抓获归案。法院判决江某庆构成故意杀人罪,判处无期徒刑。

江某庆提出上诉,二审辩护人提出,鉴定检材"沾有被告人血迹的血纱布"没有提取笔录,来源不清,不能作为定案证据采用。

浙江高院经审理认为,案卷中有一个包装检材的信封,封面上书"9·10某村案犯血样",里面有一小片血布片。虽然因时间久远,该血布片从现场何处提取已无法查清,但当时江某庆尚未归案,侦查机关不存在造假的条件。而且,江某庆多次供称，其手指在作案过程中被咬破流了很多血，作案后去衣柜里翻找过。故可以确定该布片源自该案侦破过程，与本案事实存在相关性，不属于来源不清的情形，应当作为定案证据使用。

故浙江高院裁定驳回上诉，维持原判。

该案的裁判要旨为：侦查机关在收集物证、书证过程中，需要依法制作提取笔录和清单，以反映物证的来源，从而在物证与案件事实之间建立起关联性。对于没有制作提取笔录的情形，需要侦查机关作出合理解释，如果能够以其他方式反映物证来源的，仍然可以采纳作为定案证据。针对被告人的供述，如果属于讯问人员未掌握的内容，则属于"先供后证"模式，具有较强的证明力。

十、常见程序性文书的审查

刑事案件每进行一步，自报案、立案、到案、破案、报捕到移送审查起诉，每一个环节都会形成相应的程序性法律文书。司法机关的这些程序性法律文书，看似相应程序的记录，与案件事实无关，但实际上也是审查程序和证据是否合法的重要依据，不容忽视，有时甚至能达到釜底抽薪的辩护效果。

（一）案件来源相关证据

出警登记表、受案登记表、立案决定书、发破案经过、到案经过、抓获经过等是刑事案件中常见的案件来源相关的证据材料。其中发破案经过、到案经过、抓获经过等，属于证人证言性质。

1. 出警登记表、受案登记表

这两类证据材料需重点关注时间问题。第一，首次讯问的时间、时长与受案、立案时间之间的衔接是否合理，以判断是否存在违法羁押、非法拘禁的问题。第二，现场勘验、检查或搜查的时间是否早于出警、受案的时间，以质疑案件来源的真实性，勘验、检查或搜查的合法性。

2. 立案决定书

综合全案指控，审查是否应当立案没有立案。实践中经常出现侦查机关只对一个罪名立案，却侦查其他一个或多个罪名的情况，只对一人立案，却侦查其他人涉嫌犯罪的情况。理论上，没有立案，启动刑事侦查是违法的，所取得的证据不具有合法性。

例如，内蒙古姜某龙非法占有农用地、诈骗罪[（2016）内 04 刑终 40 号]中，诈骗罪没有立案。吉林辽源杨某军等寻衅滋事、窝藏案[（2017）吉 0402 刑初 175 号]

中，窝藏罪没有立案，后该罪名判决无罪。唐山李某敏、刘某丽敲诈勒索、重婚案[（2017）冀0283刑初396号]中，侦查机关并未就重婚罪进行立案，法院支持辩护人的观点，因未立案，取得的证据不具有合法性，重婚罪不成立。我们办理的多罪名案件中，个别罪名未立案的，不在少数。

3. 发破案经过、到案经过、抓获经过等

发破案经过等属于书证还是证人证言，观点不一。我们认为，发破案经过是侦查人员就案件如何侦破、嫌疑人如何到案的概括，特别是描述了犯罪嫌疑人的归案过程，形成于案件事实发生之后，发破案经过等不是书证，而属于证人证言的性质，可在侦查人员出庭作证时进行发问。具体审查的方向，主要包括三方面：

第一，能否认定自首。发破案经过等关于犯罪嫌疑人到案的表述，是否存在主动投案及如实供述，直接关乎自首能否成立。

第二，是否存在立功。有的案件存在嫌疑人到案后规劝另案或同案嫌疑人自首、到案的情况，发破案经过等有相应记录的，可以证实构成立功。

第三，形式是否合法，内容是否真实：（1）是否有民警签名，单位盖章。《最高法院刑诉解释》第142条第1款规定："对监察机关、侦查机关出具的被告人到案经过、抓获经过等材料，应当审查是否有出具该说明材料的办案人员、办案机关的签名、盖章。"（2）核实署名的民警是否参与抓捕或接受嫌疑人投案。（3）破案经过的内容，尤其是到案经过能否与其他证据相互印证。

《最高法院刑诉解释》第142条第2款规定："对到案经过、抓获经过或者确定被告人有重大嫌疑的根据有疑问的，应当通知人民检察院补充说明。"因此，如果对发破案经过等的真实性有异议，尤其涉及自首、立功的重要情节，辩护人可以申请法庭要求检察院补充说明，也可以申请法庭传唤侦查人员出庭作证。

（二）管辖文书

管辖对当事人来说是至关重要的，没有管辖权，一切诉讼程序都是无效的。对管辖的审查，首先要判断是否有管辖权。如果没有法定管辖权，则看是否有指定管辖决定书、指定管辖的批复、改变管辖通知书等。

管辖涉及侦查管辖、检察管辖、审判管辖。需要指定管辖的案件，每一阶段都必须要有指定管辖的文书。如果法院有指定管辖决定书，但检察院没有，则审查起诉、提起公诉均不合法；如果侦查机关没有指定管辖，则侦查行为是非法的，所取得的证据皆不得采纳作为定案的根据。

例如，九江蔡某伟等非法经营案[（2019）赣04刑终59号]中，指定管辖函存在严重错误,因为只有管辖不明确或有争议的案件,经协商无法解决的,才能由共同的上级公、检、法指定管辖。而该案的管辖没有争议,也没有协商环节,江西省公安厅指定九江市公安局和九江市公安局指定修水县公安局的管辖指令均无法律依据,后续指定管辖也是错误的。

管辖是程序辩护的重要支点,有的案件中,通过提出管辖权异议,有可能实现颠覆性无罪辩护。关于管辖问题,详见《庭前会议指引》第二章"管辖常见问题及应对"。①

（三）并案审理与分案审理

对并案审理、分案审理相关文书的审查,实质上是审查案件本身是否有并案审理或分案审理的必要性和法律依据。并案审理和分案审理已成为法院审理案件过程中,控审、控辩双方经常出现激烈争议的问题之一。例如,为了指控受贿人,检察机关对行贿人另案处理,辩护人应当争取并案处理,有时"另案处理"实质上不处理,辩护人更应强烈要求并案处理,最后未得到支持时也应传唤行贿人出庭作证。涉黑恶案件中,但凡被告人可能不配合庭审的,法院往往会分案审理。

1. 要求分案审理

对共同犯罪案件,理论上并案审理更能查明案件事实,更能保障被告人相互对质等诉讼权利,应当以并案审理为原则。辩护人应当根据案件的整体情况,判断是否应当并案审理。

多数案件并案审理更好,但有的案件,基于案件事实、证据、辩护策略,分案处理或审理可能更有利于当事人,例如,需要"大事化小"的轻罪辩护案件,职务犯罪案件中的行贿人一方,需要从涉黑恶案件全案中摘出来的"后排当事人",或涉嫌犯罪的律师等特殊当事人。在这些情况下,辩护人可提出分案审理申请。因为法律对并案审理、分案审理的规定模糊,主要取决于检察官、法官的自由裁量权,故要求分案审理一般无法对抗,更多的是与法、检进行友好沟通和协商。

相关法律依据为《最高法院刑诉解释》第 220 条第 1 款,"对一案起诉的共同犯罪或者关联犯罪案件,被告人人数众多、案情复杂,人民法院经审查认为,分案审理更有利于保障庭审质量和效率的,可以分案审理。分案审理不得影响当事人质证权等诉讼权利的行使"。

---

① 徐昕、肖之娥:《庭前会议指引》(第 2 版),法律出版社 2021 年版,第 2 章;亦可参见徐昕:《论颠覆性程序辩护——以管辖异议的有效利用为例》,载《安徽师范大学学报》2021 年第 6 期。

2. 要求并案审理

如果并案审理更有利于当事人，辩护人应当坚持提出并案审理。但要将已经分开的案件并案审查起诉、分开起诉的案件合并审理，在实践中较难实现。

实践中，另案处理、分案审理，可能变成剥夺被告人、辩护人权利的做法。违法分案审理，将不该分案审理的案件分案审理，是错误的。辩护人可以从如下方面进行反驳：一是可能导致案件事实与证据的割裂，事实无法查清，法官无法准确裁判；二是可能出现矛盾判决，同案不同判，有损司法权威；三是被告人、辩护人无法对其他共犯对质、发问，损害被告人、辩护人对质、质证等重要的诉讼权利；四是浪费诉讼资源。

如果违法分案，辩护人需坚决指出分案审理的违法之处，必要时可依法进行投诉、控告。辩护人应当在所有的环节坚守，例如，在审查起诉阶段不同意分案处理，要求并案处理；在审判阶段不同意分案处理，要求并案处理；对于以另案处理为名、实为不处理的，可以对检察人员等放纵犯罪的行为进行控告；应当坚决传唤相关人员出庭作证，庭前亦可对相关人员进行调查取证；在质证阶段，辩护人应详细说明不同意分案处理的理由，以及分案处理违法的原因。

法律依据：《最高法院刑诉解释》第 220 条第 2 款规定："对分案起诉的共同犯罪或者关联犯罪案件，人民法院经审查认为，合并审理更有利于查明案件事实、保障诉讼权利、准确定罪量刑的，可以并案审理。"《关于当前办理集团犯罪案件中具体应用法律的若干问题的解答》第 3 条规定："办理共同犯罪案件特别是集团犯罪案件，除对其中已逃跑的成员可以另案处理外，一定要把全案的事实查清，然后对应当追究刑事责任的同案人，全案起诉，全案判处。"

2021 年施行的《最高法院刑诉解释》赋予了法院更大的自由裁量权。第 220 条第 1 款规定："对一案起诉的共同犯罪或者关联犯罪案件，被告人人数众多、案情复杂，人民法院经审查认为，分案审理更有利于保障庭审质量和效率的，可以分案审理。分案审理不得影响当事人质证权等诉讼权利的行使。"这一条款出台之后，随意分案的现象可能出现得更频繁。

（四）羁押类文书

传唤证、拘留证、入所体检表、提讯提解证、逮捕证、延长羁押期限通知书等属于羁押类文书。对这类文书的审查，特别要关注时间点、时长、伤情记录，结合讯问笔录等其他证据，以判断是否存在非法拘禁、超期羁押、疲劳审讯、刑讯逼供等非法行为。

案例

案例 2-10-1 李某先、韩某波等寻衅滋事案

2020年5月22日，乌海市公安机关对“李某先、韩某波嫌寻衅滋事案”立案侦查。但早在2020年4月4日韩某波就被拘留。辩护人提出，公安机关立案前取得的韩某波的全部笔录均不具备合法性，依法应当排除。

案例 2-10-2 胡祥某受贿、介绍贿赂案[(2021)黑0521刑初23号]

法院认为：对于公诉机关当庭出示的破案经过，拟证明在孙某主动投案供述犯罪事实后，胡祥某与胡某供述罪行。经查，该经过与监察机关讯问胡祥某、孙某笔录中时间相悖，经法院建议补充侦查，公诉机关未提供明确到案经过材料，故从有利于被告人角度，依据笔录形成情况认定到案经过的事实，对上述破案经过不予采信。

案例 2-10-3 沙某高故意伤害案[(2017)川0422刑初13号]

法院认为：沙某高虽签收了传唤证，但控方并无证据证实公安机关在何地将传唤证送达沙某高，而沙某高在庭审中供述2016年9月11日主动到红格派出所，在派出所签收传唤证后接受讯问，沙某高具有认罪悔改、接受惩罚的主观目的，即其具有归案的自动性和主动性，故法院对公诉机关出示的到案经过不予采信。

案例 2-10-4 徐某槐以危险方法危害公共安全案[(2020)湘0903刑初98号]

公诉机关提交民警夏某2019年8月21日出具的到案经过，拟证明案发后徐某槐系被乘客控制。法院认为：该份情况说明亦与车载视频显示的徐某槐系明知有人报警而等待民警来处理的事实不符，故对该份到案经过不予采信。

十一、情况说明的审查

情况说明是一类极为特殊的证据材料，在刑事诉讼中大量出现，用途广泛，多数时候写成情况说明，也有的写成工作说明、说明、证明等。情况说明主要可分为两类：一是证人、被害人、其他单位等出具的情况说明；二是侦查机关及办案人员出具

的情况说明。两种情况说明的主要内容不同,质证重点也有所不同。

前一类按证人证言进行审查,争议不大。后一类,即侦查机关出具的情况说明,实践中往往被视为书证,但实质上也属于言词证据,即侦查人员提供的证人证言,应当按照言词证据规则进行审查。

侦查机关出具的情况说明的主要功能是侦查机关的自我证明,简单地说,就是侦查人员可以通过写几行字来证明任何问题。作为"万能胶"式的补漏工具,情况说明可谓最具中国特色的证据材料。刑事诉讼的任何事项,如证人证言,被害人陈述,自首、立功,取证的合法性,证据瑕疵的补正,无法查明、提取的一般性说明等,都可能通过情况说明、工作说明来补正、解释或说明,以证明指控方希望的事实。

(一)证人、被害人、单位等出具的情况说明

一些案件中,证人、被害人、单位出具的情况说明,有的是应侦查机关要求出具的,有的是应被告人及家属、辩护人要求出具的,有的是主动出具的。单位出具情况说明,有的由被害单位出具,有的由被告单位出具,有的由鉴定机构、审计机构出具,有的由行政机关出具以解释案涉的相关问题。千奇百样,不一而足。因而,对这些情况说明的审查,要根据不同情况进行,归纳起来,大致可从以下四个方面进行审查:

1. 形式要件是否完备

对个人出具的情况说明,主要审查:是否签名、捺印,由谁书写,是否写明身份证号、联系电话,是否附有身份证复印件,情况说明的来源,提交人与出具情况说明者的关系,是否真实,是否存在非法获取的可能,是否与案件事实有关系,是否与其他证据相矛盾。

如果是侦查机关要求个人以情况说明或证明的方式替代证人证言、被害人陈述,辩护人可以提出异议,要求侦查机关以笔录的形式提交证据。因为笔录类证据的收集有法律规定的程序,必须告知权利、义务,如实记录,交被询问人核对,有的案件必须进行同步录音录像。

单位出具的情况说明,除上述相关审查内容外,还应当审查:是否有相关人员的签名,是否加盖单位印章等。证人证言是证人对案件事实的感知、记忆和表达。因此,证人只能是自然人,单位不能成为刑事诉讼中的证人。因此,单位出具的情况说明,必须有相关人员的签字,才具有证人证言的属性。换言之,可以传唤其出庭作证,就情况说明的相关内容向法庭作出解释,并接受各方的发问。

《最高法院刑诉解释》第 135 条第 3 款规定:"公诉人提交的取证过程合法的说

明材料，应当经有关调查人员、侦查人员签名，并加盖单位印章。未经签名或者盖章的，不得作为证据使用。上述说明材料不能单独作为证明取证过程合法的根据。”参照该款，单位出具的情况说明也应当有相关人员的签名，并加盖单位印章。且最高人民法院《关于适用〈中华人民共和国民事诉讼法〉的解释》第115条规定，“单位向人民法院提出的证明材料，应当由单位负责人及制作证明材料的人员签名或者盖章，并加盖单位印章。人民法院就单位出具的证明材料，可以向单位及制作证明材料的人员进行调查核实。必要时，可以要求制作证明材料的人员出庭作证”。民事诉讼尚且要求单位出具情况说明必须签名、盖章，刑事诉讼对证据的要求更高，应当适用更严格的标准，故刑事诉讼中单位出具的情况说明更应该签名、盖章。

2. 是否具备出具情况说明的资格

对个人出具的情况说明，要审查证人的作证资格。《刑事诉讼法》第62条第2款规定：“生理上、精神上有缺陷或者年幼，不能辨别是非、不能正确表达的人，不能作证人。”

单位出具情况说明，必须在单位本身及相关人员的职权范围内，如果超出职权，或出具的证明材料明显不属于单位及相关人员的职权范围，则其不知道案件情况，无法作证。

例如，陈某定失火罪［（2018）云0381刑初286号］中，法院认为：因林地权属问题应当由县级以上人民政府或林业主管部门依法确权颁证予以确定，宝山镇农业综合服务中心不是林地权属确权的法定机构，其出具的证明不具有证明失火林地权属的法律效力，不能作为本案认定林地权属的证据，不予采信。

3. 内容是否真实

审查情况说明，要结合其他证据，来判断情况说明的内容是否真实。实践中，情况说明不真实，没有其他证据印证，与其他证据相互矛盾、甚至前后矛盾的情况并不少见。

例如，张某某故意伤害案［（2016）苏0723刑初509号］中，灌云法院认为：灌云县人民医院外三科情况说明证明王某1在住院期间使用人血白蛋白共计20支，400元/支。但王某1未提供购买人血白蛋白的发票予以证明，法院对灌云县人民医院外三科情况说明不予采信。

又如，张某波盗窃案［（2016）黔2301刑初622号］中，兴义法院认为：兴义市清华慧源学校财务主管人员龙某出具的情况说明与工资领款单复印件记载的时间矛盾，因情况说明属主观证据，也没有其他证据予以佐证，故对情况说明不予采信。

4. 申请出庭

此类情况说明实际上是证人作为案件事实的经历者、目击者，对案件事实的感知，依据直接言词原则，理应传唤证人出庭。尤其当情况说明与案件关键事实密切相关，且与其他证据相互矛盾时，辩护人应坚持申请相关人员出庭作证。

（二）侦查机关或办案人员出具的情况说明

侦查机关或办案人员出具的情况说明大概包括三类：一是对案件事实的情况说明，如证明是否构成自首或立功、无法提取某项证据、查明某项事实等；二是证明取证合法的情况说明，如取证过程和审讯情况；三是对瑕疵证据的补正或解释。这类情况说明，可从如下四方面进行审查：

1. 形式要件是否具备

侦查机关或办案人员出具的情况说明均必须加盖单位公章，并由调查人员或侦查人员签名，未经签名或者盖章的，不得作为证据使用。实践中，不少情况说明没有侦查人员签字，有的情况说明未盖章，因而成为纯粹侦查人员个人的情况说明。

《最高法院刑诉解释》第 135 条第 3 款规定："公诉人提交的取证过程合法的说明材料，应当经有关调查人员、侦查人员签名，并加盖单位印章。未经签名或者盖章的，不得作为证据使用。上述说明材料不能单独作为证明取证过程合法的根据。"第 144 条规定："证明被告人自首、坦白、立功的证据材料，没有加盖接受被告人投案、坦白、检举揭发等的单位的印章，或者接受人员没有签名的，不得作为定案的根据。"

《人民检察院刑事诉讼规则》第 74 条规定："人民检察院认为可能存在以刑讯逼供等非法方法收集证据情形的，可以书面要求监察机关或者公安机关对证据收集的合法性作出说明。说明应当加盖单位公章，并由调查人员或者侦查人员签名。"

2. 内容是否真实

侦查机关或办案人员出具的情况说明，与其他证据矛盾的情况很常见，不真实的情形很普遍。辩护人应当利用现有证据，揭示情况说明的不真实性，进而要求追究侦查人员出具虚假情况说明的伪证责任。

例如，我们办理一起发生在北京的诈骗案件，被告人手机内的短信被侦查人员删除，侦查人员出具情况说明称是"误删"。该情况说明显然没有较高的可信度，删除短信需要多步操作，不可能"误删"。

我们在一起涉黑案件中申请调取未移送的笔录，提讯提解证显示讯问时间、时长，被告人称制作了笔录并签字，讯问录像有被告人签字画面，但侦查人员出具情况说明称没有制作笔录，显然不真实。

申请调取同步录音录像，会遇到侦查机关各种推诿的情况说明，如没有录像、录像设备损坏、电脑损坏、因技术问题录像卡顿或未存盘等。

3. 能否达到补正或合理解释的目的

很多情况说明远远达不到补正证据或者合理解释的目的。例如，现场勘验笔录显示两位民警参与勘查，但勘验录像显示，只有一位民警在现场。侦查机关出具情况说明称，另一位民警在勘验过程中短暂离开后立即返回。该情况说明显然无法达到补正勘验程序合法的目的，无法补正勘验笔录，勘验笔录不能作为定案的根据。

遗憾的是，在司法实践中，法院只在会改判无罪的案件中否定多项证据，否则可能直接采纳、采信情况说明和被补正、被解释的证据。

4. 申请侦查人员出庭

即使侦查机关或侦查人员提交了情况说明，依据直接言词规则，辩护人一般也应当申请传唤侦查人员出庭作证，尤其涉及自首、立功、关键证据取证是否合法等情形时。申请侦查人员出庭的法律依据很充分，《排除非法证据规程》第20条明确规定，“不得以侦查人员签名并加盖公章的说明材料替代侦查人员出庭”。

案例

案例2-11-1　王某德盗窃案[（2016）甘0821刑初80号]

泾川法院认为：侦查机关在泾川县公安局刑侦大队办案中心对王某德的三次讯问过程的情况说明，因无相关监控录像予以佐证，不足以证明讯问程序的合法性，故对王某德的这三次供述及该情况说明不予采信。

案例2-11-2　法某、张某妮诈骗案[（2016）豫0106刑初58号]

上街法院认为：公安机关2017年5月4日出具的两份关于赌资10万元去向的情况说明，证明该赌资是法某向他人所借并已归还，但没有提供出借人的任何信息。根据法某在庭审中提供的出借人法某涛的个人信息及联系方式，经当庭向法某涛核实，证明法某在庭审中供述向法某涛借款10万元并归还的陈述不实，故对公诉机关提交的两份情况说明不予采信。

案例2-11-3 杨某宏容留他人吸毒案[(2018)湘1230刑初19号]

通道法院认为:县溪派出所民警吴某海、曾某分别出具的莫某某被强奸案办理的情况说明,没有加盖办案单位公章,亦没有附办案人员相关信息,其来源不合法,对两份情况说明不予采信。

案例2-11-4 王某春、王某丹合同诈骗案[(2015)昌刑初字第139号]

吉林市翰银隆小额贷款公司出具的情况说明,证实两被告人还款8万元,两被告人当庭供述还款9.6万元。昌邑法院认为:该情况说明无其他证据佐证,根据有利于被告人原则,对该情况说明不予采信,对两被告人供述还款9.6万元予以采信。

案例2-11-5 张某忠破坏交通设施案[(2020)黔04刑终83号]

安顺中院认为:检察机关二审期间提供了贵州省安顺公路管理局养路工程科出具的《关于S209线擅自拆除安防设施案件情况说明》,因结合公安机关现场勘验笔录及贵州省紫云公路管理段勘验(检查)笔录,在现场勘验时并未对张某忠所剪断缆索护栏以外的其他延伸影响部分进行检测,也未根据当时缆索护栏被破坏的情况委托有关部门出具鉴定意见,该情况说明不符合《刑事诉讼法》第50条的规定,不足以证实涉案缆索护栏被剪断4米后未进行张拉,造成护栏整体失去防护功能,故对该情况说明不予采信。

案例2-11-6 山西晋中张某强贪污案[(2017)晋07刑终204号]

辩护人认为,该案中“情况说明”的使用过于频繁。案卷中出现137份情况说明,其中个人情况说明120份,单位情况说明13份。这些情况说明中有一些内容或形式上存在一些问题,如包含大量推测、意见、记不清、大概、模糊的内容,还有打印出来的情况说明、“我不知道”的情况说明、不明单位的格式化情况说明。

辩护人提出,情况说明不是《刑事诉讼法》规定的法定证据种类,只是一种案件材料,一般不得作为证据使用。如果一定需要作为证据使用,必须进行证据形式的转化。本案中的“情况说明”可以转化为证人证言,由两名侦查人员依法定程序取证,制作询问笔录。单位的情况说明,并非公文书性质,而是单位内部的个人所提供,也应当按照个人作证的方式进行转化。未经证据形式转化的情况说明不得作为证据采纳。而这些情况说明即使转化为证人证言的形式,证明力亦极低。

十二、行政机关收集的证据

行政机关收集的证据,原本只能作为行政处罚的依据。但大量刑事案件系通过行政案件转化而来的,如逃税、侵犯知识产权、交通肇事、寻衅滋事等案件。案件由行政程序进入刑事程序后,有的证据可能无法重新收集。因此,部分行政证据被作为刑事证据不可避免。

《刑事诉讼法》第 54 条第 2 款规定:“行政机关在行政执法和查办案件过程中收集的物证、书证、视听资料、电子数据等证据材料,在刑事诉讼中可以作为证据使用。”

《最高法院刑诉解释》第 75 条第 1 款规定:“行政机关在行政执法和查办案件过程中收集的物证、书证、视听资料、电子数据等证据材料,经法庭查证属实,且收集程序符合有关法律、行政法规规定的,可以作为定案的根据。”

起草小组《最高法院刑诉解释》的理解与适用指出:需要注意的是,《刑事诉讼法》第 54 条规定的是“物证、书证、视听资料、电子数据等证据材料”在刑事诉讼中可以作为证据使用,对其中的“等”,原则上应作等内解释,即通常只限于物证、书证、视听资料、电子数据,不包括鉴定意见、勘验、检查笔录;但是,根据案件具体情况,进入刑事诉讼程序后,如已不具备重新鉴定、勘验、检查的条件,且有证据证明行政机关进行的鉴定、勘验、检查程序合法,相关证据能与其他证据相印证,确有必要作“等外”解释的,则可以个案处理。①

因此,行政机关在行政执法和查办案件过程中收集的证据应当进行如下审查判断:第一,物证、书证、视听资料、电子数据等证据材料,在刑事诉讼中可以作为证据使用,即实物证据可以直接作为刑事诉讼证据。而言词证据如证人证言、被害人陈述、被告人供述和辩解,笔录类证据如勘验笔录、检查笔录、辨认笔录、搜查笔录、扣押笔录、提取笔录、侦查实验笔录,鉴定意见等不得直接作为刑事诉讼证据。第

① 刑诉解释起草小组:《〈刑事诉讼法解释〉理解与适用》(上),载《人民司法》2021 年第 7 期。

二,相关证据可以作为刑事诉讼证据,但要作为定案的根据,还须经法庭查证属实,且收集程序符合有关法律、行政法规规定。

案例

案例2-12-1 朱某辰非法买卖枪支案[(2020)京0111刑初815号]

房山区检察院指控朱某辰非法买卖、制造15支枪支,其中12支从朱某辰的住所及单位宿舍查获。办案机关依据《治安管理处罚法》收集物证,制作检查笔录、证据保全决定书、委托鉴定机构出具鉴定意见,另有四位证人证言也系按照行政执法程序收集。辩护人一审开庭后介入案件,提出依据行政程序收集的上述证据不能作为刑事诉讼证据。一审法院采纳该辩护意见,最终认定朱某辰非法买卖枪支3支,判处有期徒刑4年6个月。

房山法院认为:对公诉机关指控的被告人从他人处购买10支枪及非法制造2支枪的事实,法院经对在案证据进行审查发现,公诉机关提供的证据中,检查笔录、证据保全决定书、枪支鉴定书、证人宋某宇、韩某强等人的证言等证明本案事实的关键证据均是依据《治安管理处罚法》进行取证的,且均系在刑事立案之前取得的证据。根据《最高法院刑诉解释》的规定:行政机关在行政执法和查办案件过程中收集的物证、书证、视听资料、电子数据等证据材料,经法庭查证属实,且收集程序符合有关法律、行政法规规定的,可以作为定案的根据。本案中相关鉴定意见、检查笔录、证人证言均不在前述司法解释规定的范围之内,且经法院要求补充侦查,公安机关出具说明证实涉案枪支在本案审结前已经被销毁,无法对证据进行重新收集,公安机关未依据《刑事诉讼法》在刑事立案之后进行取证,前述证据不符合《刑事诉讼法》关于刑事证据的相关规定,故法院对该证据不予采纳,对公诉机关指控被告人朱某辰从他人处购买10支枪及非法制造2支枪的事实不予认定。

二审检察院抗诉,朱某辰上诉,北京二中院开庭审理后驳回抗诉和上诉,维持原判。北京二中院认为:在案检查笔录、枪支鉴定书、部分证人证言等证明此起事实的关键证据均是公安机关依据《治安管理处罚法》进行取证的,属于行政机关在行政执法和查办案件过程中收集的证据,且部分证据存在严重瑕疵,不符合刑事诉讼证据的法定要求,不能作为刑事诉讼证据予以采信。

案例 2-12-2 王某祥犯贩卖毒品案[(2016)黔04刑终61号]

法院认为:公诉机关提供的证人苗某霞、黄某一、刘某某辨认笔录,系公安机关按行政案件处理程序中对证人进行调查询问后即组织证人进行的辨认,违反了2012年《刑事诉讼法》第52条"行政机关在行政执法和查办案件过程中收集的物证、书证、视听资料、电子数据等证据材料,在刑事诉讼中可以作为证据使用"的限制性规定,不予确认。

案例 2-12-3 李某新开设赌场案[(2020)赣1127刑初217号]

法院认为:李某1、李某2的证言,系2020年2月14日办案干警根据《治安管理处罚法》的有关规定进行调查取证,形成的询问笔录。而该案2020年2月18日才立案侦查。根据2012年《最高法院刑诉解释》第65条第2款的规定,"根据法律、行政法规规定行使国家行政管理职权的组织,在行政执法和查办案件过程由收集的证据材料,视为行政机关收集的证据材料"。两份证言属于行政机关收集的证据材料。

根据《刑事诉讼法》第54条第2款的规定:"行政机关在行政执法和查办案件过程中收集的物证、书证、视听资料、电子数据等证据材料,在刑事诉讼中可以作为证据使用。"2012年《最高法院刑诉解释》第65条第1款规定:"行政机关在行政执法和查办案件过程中收集的物证、书证、视听资料、电子数据等证据材料,在刑事诉讼中可以作为证据使用;经法庭查证属实,且收集程序符合有关法律、行政法规规定的,可以作为定案的根据。"这两份证言不具备刑事诉讼证据资格,不得作为刑事诉讼的证据使用。

第三章

证人证言、被害人陈述

证人证言是证人就其所了解、感知的案件情况，以口头或书面的方式向司法机关所作的陈述。几乎所有的案件都会有证人证言。证人证言作为言词证据，有较强的主观性、不稳定性。由于受主客观多方面因素的影响，证人证言可能真实、不完全真实或完全不真实。对证人证言的审查，既要关注证言的形式，如证人能否作证，取证的程序、方式是否合法等；也要关注证言的内容，如证言是否符合常识、常理，证言是否前后一致，证言能否和其他证据相印证等。证人证言必须在法庭上经各方发问、质证，经查证属实，方能作为定案的根据。故意作伪证或隐匿罪证的，应负法律责任。

被害人陈述实质上是被害人提供的证言，只不过被害人与案件具有直接利害关系，主观性更强，更有可能作虚假陈述。证人证言与被害人陈述的审查没有本质上的区别，故本书未特别说明时，“证人证言”也包含“被害人陈述”。

关于证人证言、被害人陈述的审查，应认真研读《最高法院刑诉解释》第 87、89 条。第 87 条规定：“对证人证言应当着重审查以下内容：（一）证言的内容是否为证人直接感知；（二）证人作证时的年龄，认知、记忆和表达能力，生理和精神状态是否影响作证；（三）证人与案件当事人、案件处理结果有无利害关系；（四）询问证人是否个别进行；（五）询问笔录的制作、修改是否符合法律、有关规定，是否注明询问的起止时间和地点，首次询问时是否告知证人有关权利义务和法律责任，证人对询问笔录是否核对确认；（六）询问未成年证人时，是否通知其法定代理人或者刑事诉讼法第二百八十一条第一款规定的合适成年人到场，有关人员是否到场；（七）有无以暴力、威胁等非法方法收集证人证言的情形；（八）证言之间以及与其他证据之间能否相互印证，有无矛盾；存在矛盾的，能否得到合理解释。”

其第89条规定:“证人证言具有下列情形之一的,不得作为定案的根据:(一)询问证人没有个别进行的;(二)书面证言没有经证人核对确认的;(三)询问聋、哑人,应当提供通晓聋、哑手势的人员而未提供的;(四)询问不通晓当地通用语言、文字的证人,应当提供翻译人员而未提供的。”

一、证人证言的可采性

证据的可采性是证据规则的核心内容,是指一项证据被法庭允许作为证据出示的资格。本部分讨论证人证言的可采性。

一般说来,证据资格问题在英美法系称为可采性,在大陆法系则称为证据能力。有学者认为可采性等同于证据能力,也有学者认为这两个概念分属于不同法系,不能混用,并坚持在中国语境下使用“证据能力”的概念。但传闻证据规则、意见证据规则、品格证据规则等证据规则本身就源于英美法系,与证据可采性同属于一套概念和规则体系,非要以大陆法系的证据能力来强行包容这些证据规则也不伦不类,且无必要。对此,也有学者主张完全照搬英美法系证据法,以可采性为中心,但又与我国的立法及司法实践不符,我国《刑事诉讼法》甚至没有规定可采性的概念,因而可操作性偏弱,也不可取。

我国没有证据法典,现有证据规则分散于诉讼法及其司法解释等法律规范之中,我国的证据法学也没有形成成熟的概念和体系,证据法本来就是实用主义的产物,故本书仅对两个概念稍作限定。

尽管学术界存在争议,但在意指证据进入法庭的资格时,可采性与证据能力的意思是大体一致的,因此,本书涉及证言的相关规则时使用可采性的概念。在英美法系的语境中,可采性的概念与相关性有交叉,本书对此予以扬弃,将可采性仅解释为证据进入法庭的资格,相关性或者说关联性审查作为独立的问题。

(一)证人资格

《刑事诉讼法》第62条规定:“凡是知道案件情况的人,都有作证的义务。生理上、精神上有缺陷或者年幼,不能辨别是非、不能正确表达的人,不能作证人。”《最高法院刑诉解释》第87条第2项规定:对证人证言应当着重审查证人作证时的年龄,认知、记忆和表达能力,生理和精神状态是否影响作证。《公安机关执法细则》第27-01条“证人条件”规定,承办本案的侦查人员、鉴定人和翻译人员,不能充当本案的证人。根据上述条款,证人的作证资格可以从四方面进行审查。

1. 年幼,不能辨别是非、不能正确表达的人

证人的年龄影响证言的真实性、可靠性。年幼且不能辨别是非、不能正确表达的人不能作为证人。

年幼,但能够在其年龄犯罪内辨别是非,能正确表达的人,具备证人资格。这类人虽然可以成为证人,但年幼的人很容易受到暗示、误导,也可能因为各种因素而改变证言。诱导性发问、暗示性发问、言语威胁、法定代理人不在场等因素,都可能导致年幼的人的证言不可靠。年幼的人作证,对其证言也应当慎重审查。

例如,杨某宏容留他人吸毒案[(2018)湘1230刑初19号]中,通道法院认为:戴某妍是一个年仅6岁的小孩,且案发在深夜,究其年龄对事物的感知能力及结合被告人供述和被害人陈述,对案发当晚其证明和奶奶莫某某睡觉的房间进了一个不认识的人的证言予以采信,对证明其他事实的证言不予采信。

2. 生理上、精神上有缺陷,不能辨别是非、不能正确表达的人

生理上、精神上有缺陷的人,如果不能辨别是非、不能正确表达,不具备证人资格。例如,张某、皮某蓉拐卖妇女、儿童案[(2020)粤06刑终817号]中,法院认为:司法鉴定意见书认为被害人胡某月精神发育迟滞(中度),智力水平较同龄正常人明显低下,不能辨认自己的权利和义务,不能表达自己的真实意思,不能保护自己的合法权益。因此,胡某月属于生理上、精神上存在一定缺陷,不能辨别是非、不能正确表达的人,不能作为证人,胡某月的陈述不能作为证据使用。

虽然生理上、精神上有缺陷,但能在其精神正常时辨别是非,也能正确表达的人,仍然可以作证。例如,精神病人非发病期可以作证;盲人也可以就听到的声音作证。如果证言不利于被告人,辩护人可以从否定证人资格的角度来否定证言,必要时可以对证人的精神状态申请鉴定。

3. 明显醉酒、中毒或者麻醉等状态,不能正常感知或者正确表达的人

《最高法院刑诉解释》第88条第1款规定:“处于明显醉酒、中毒或者麻醉等状态,不能正常感知或者正确表达的证人所提供的证言,不得作为证据使用。”对此类证言,辩护人可以提出,某证人是在明显醉酒、中毒或者麻醉等状态下,不能正常感知或者正确表达的情况下作出证言,法庭审查后确实如此,该证言即被排除,不作为证据使用,更无须再审查证言的真实性、关联性。

4. 承办本案的侦查人员、鉴定人和翻译人员

《公安机关执法细则》第27-01条“证人条件”规定,承办本案的侦查人员、鉴定人和翻译人员,不能充当本案的证人。对“承办本案的办案人员”应当作扩充解

释,即承办过本案的侦查人员、调查人员、检察人员、审判人员等均不能充当本案的证人。办案人员与证人的角度直接冲突,如果办案人员可以担当证人,则可以随心所欲地证实办案人员想证明的任何事实,不排除导致冤案发生的可能。

例如,陈某诬告陷害案中,检察官崔某原本负责调查陈某的举报,却凭举报中获取的案件信息,来指控举报人涉嫌犯罪。崔某作为检察官,在该案以普通证人的身份出具证言,其举报调查者、犯罪指控者、法律监督者与证人的角色冲突激烈,与检察官的伦理相悖,直接违反举报工作原则和保护举报人的法定义务。因此,崔某不具有证人资格,其笔录不具可采性。

除上述四种情况外,《公安机关执法细则》第 27－01 条"证人条件"还规定,"单位不能充当证人,但可就规章制度、犯罪嫌疑人履历、户籍证明等出具书证"。刑事诉讼中没有单位证人;《民事诉讼法》有关单位作证的规定长期以来受到了激烈的批评。

(二)传闻证据

传闻证据,主要是指非直接感知或直接体验待证事实的人的陈述,如转述他人的话,甚至道听途说。除特殊情况外,传闻证据一般不具可采性,因为是道听途说,真实性无法保障。有证据法典的国家,基本都规定了传闻证据规则。之所以要排除传闻证据,主要是因为:传闻的内容在传递过程中会失真;且没有办法通过交叉询问检验证言的真假,包括证人是否具备作证能力、证言内容是否真实等。

《最高法院刑诉解释》第 87 条第 1 项规定,对证人证言应当着重审查:"证言的内容是否为证人直接感知。"证人应当对自己亲身感知的案件事实作证。对于非亲身感知的传闻证据,法庭要严格审查传闻的来源,审查能否与其他证据印证,对于来源不明、道听途说的证言,不能采信。

年代久远的案件,如涉黑恶案件通常倒查 20 年,往往无法找到能准确回忆当时真实情况的证言,个别侦查人员便大量收集传闻证言。例如,辽源杨某军等寻衅滋事、窝藏案[(2017)吉 0402 刑初 175 号]涉及传闻证据。以刘某强相关案件事实为例,控方所有的 11 位证人、3 位被害人,除房某民外,所有证人都不认识动手打人的人,无法描述那些人的特征,无法指认到底谁动手打人。房某民称:"当时谁和谁打仗了? 我不知道,应该是修路的和某村北区的老百姓。""看见杨某文领着被告人等五人,还有好几个工人从打仗的现场往回来,他们还唠刚才打仗的事"。这是典型的传闻证据,而且是多年以前的传闻,无来源的传闻("听大伙议论的"),还是不准确的传闻("还说什么我就没听清"),完全不可采。且房某民与举报人刘某鹏是同学、同事，与本案有重大利害关系。

传闻证据一般都带有诸如“听说”之类的表达。例如，湖州李某华受贿案[（2017）浙05刑终72号]中，指控的核心证据有姜某的证言，其证言表述为：“我听说杜某霖在2010年拜访过李某华家……”法院判决认定杜某霖2011年、2012年、2013年春节前后分别送100万元给李某华，甚至与2010年无关。上述证言不只是不具有关联性，而且真实性也存疑，因为甚至连杜某霖本人都从来没有说去过李某华家。

又如，无锡邵某春诈骗案中，夏某没有亲自经办熙某公司、锦某公司的业务，不是直接了解案件真实情况的人，夏某所述均是听蒋某所说。蒋某已出庭作证，故夏某所了解的传闻毫无证明价值。陶某伟听不懂宜兴方言，其证明报案当天的事实，是经周某翻译而来的；而周某出庭作证时称，他在旁边，其他人讲什么他没参与，也没有听清。吴某宁证明的关于邵某春不愿抵押的内容，是听蒋某、夏某汇报而来的。这样的传闻证据显然不具可采性。

再如，李某超、金某宣等开设赌场案[（2020）浙0381刑初618号]中，法院认为：证人陈某1、鲁某（均系涉案赌场股东）的证言，证明金某宣不是涉案赌场股东。而被告人粟某健和证人蔡某1、郑某、林某1、谢某、蔡某2、侯某、陈某2关于金某宣是赌场股东的陈述均系传闻证据，与证人陈某1、鲁某证言不符，不能相互印证。

黄某文交通肇事案[（2020）赣1130刑初213号]中，法院认为：虽然有证人证言证明黄某文系酒后驾驶，但系单方证据，且为传闻证据，双方各执一词，亦没有其他更为客观的证据印证。

潍坊陈某亭高利转贷案中，指控的关键证据是于某的证言。但于某称，当时他没有参与，不清楚和陈某亭是如何具体商议的，他是后续通过马某才得知和陈某亭一系列合作细节的。辩护人申请传马某出庭作证，否则于某的证词应以传闻证据为由排除。

（三）意见证据

证人只能就自己亲身感知的案件事实作证。证人就案件事实发表的评论、观点、猜测、推断或预测，即为意见证据。除特殊情况外，意见证据不具可采性。《最高法院刑诉解释》第88条第2款规定：“证人的猜测性、评论性、推断性的证言，不得作为证据使用，但根据一般生活经验判断符合事实的除外。”

例如，无锡邵某春诈骗案中，周某群、吴某宁、夏某、蒋某关于熙某公司无力偿还贷款的证言，是他们根据所感知的事实作出的意见或推断。蒋某、殷某盛关于邵某春不愿抵押的证言，也是推断而来的。吴某宁等关于不可能先开银行承兑汇票的陈述，是一种基于知识的判断。这些意见证据皆不具可采性。

杨某某、蒋某某拒不执行判决、裁定案［（2016）桂0102刑初348号］中，法院认为：杨某从其弟弟处听说蒋某某的年收入有二三百万元；王某称其于2009年至2015年5月帮蒋某某看工地，蒋某某的工地每个月有进度款，工程总价款有的达600多万元。两位证人所做证言不是其直接感知，而是传闻证据或者是具有推理性的，根据2012年《最高法院刑诉解释》第75条第2款，证人的猜测性、评论性、推断性的证言，不得作为证据使用，故法院不予采信。

郭某挪用资金案［（2016）鄂96刑终10号］中，合同会签审批表上签有孙某强（已去世）的姓名，公诉人在分别询问证人邓某、李某时，两人均称应该是孙某强本人所签。法院认为：根据2012年《最高法院刑诉解释》第75条第2款，“证人的猜测性、评论性、推断性的证言，不得作为证据使用”，证人邓某、李某推断性证言不能作为认定案件事实的依据。

刘某招走私、贩卖、运输、制造毒品案［（2015）鄂安陆刑初字第00172号］中，法院认为：公诉机关指控的第四起犯罪事实，仅有施某的证言，郭某只是推测毒品应该是刘某招，不清楚是否存在贩卖行为。证人应就其所知晓的事实作证，证人的猜测性、评论性、推断性的证言不得作为证据使用。对郭某推测毒品是刘某招的证言，法院不予认可。该起指控因仅有施某证言，无其他证据佐证，公诉机关指控证据不足，法院不予支持。

有时证人感受的事实和主观判断没有明确界限，证言或多或少可能带有一些意见和观点，较难区分出意见证据。此类意见如果证据符合《最高法院刑诉解释》第88条第2款规定的例外条款——“根据一般生活经验判断符合事实的除外”，亦并非不可采纳。

（四）品格证据

品格证据，是指有关被告人品行、一贯表现的证据。作为量刑的考虑因素，品格证据具有可采性；作为定罪的考虑因素，除特殊情况外，品格证据一般不具可采性。2021年《人民检察院办理认罪认罚案件开展量刑建议工作的指导意见》首次明确了品格证据的使用规则。该意见第8条第2款规定：“有关个人品格方面的证据材料不得作为定罪证据，但与犯罪相关的个人品格情况可以作为酌定量刑情节予以综合考虑。”

品格证据可能是书证，也可能是证人证言，均在本节进行论述。

1. 作为犯罪构成要件的品格证据

指控犯罪一般应当排除品格证据。例如，姚某昌故意伤害案[（2014）芜中刑初字第00004号]中，公诉机关出示繁昌县公安局治安管理处罚裁决书、行政处罚决定书，证明姚某昌2001年因无证驾驶被行政处罚，2005年因赌博被行政处罚。法院认为，该证据属品格证据，与本案无关联，不予采纳为定案证据。

作为例外，有些罪名将品格作为犯罪构成要件，控方会提供前科及行政处罚记录以证明犯罪。例如，对逃税罪进行认定时，5年内是否因逃税受到刑事处罚或行政处罚；扰乱国家机关工作秩序罪要求多次扰乱国家机关工作秩序，经行政处罚后仍不改正；非法种植毒品原植物罪中，经公安机关处理后又种植的构成本罪。

又如有的罪名，如涉黑恶案件，要求有"为非作恶、称霸一方"的特征。这就属于对品格的评价，控方通常会提供大量证人证言、被害人陈述来证明被告人的"为非作恶、称霸一方"。这些证人证言既是品格证据，也是意见证据，依据法理，不能作为定案的根据，但实践中法院普遍采纳。

品格证据作为辩方证据可以用于击溃指控证据链条，例如，在涉黑案件中，辩护人可以提供诸如慈善捐款、参与公益、帮助他人、带动就业等方面的证据来证明被告人不黑、不恶、不坏，甚至是造福地方的大好人来否认控方的指控。我们办理了大量涉黑恶案件，大多提供了此类品格证据，包括上千村民自发的联名信。这些材料可直接否定控方的指控，以及控方提供的证人证言、被害人陈述。参见本书第一章介绍的某涉黑案例。

2. 作为量刑情节的品格证据

品格证据在量刑中运用较多。法定量刑情节，如累犯、再犯；酌定量刑情节，如被告人的平时表现、他人的评价、初犯、偶犯、个人贡献、荣誉、公益行动等，均为法院量刑的考量因素。辩护人应积极收集被告人的品格证据，尤其是争取适用缓刑的案件、毒品犯罪案件、死刑案件、企业家犯罪案件、涉黑恶案件等，品格证据可能发挥重要作用。

根据《最高法院司法解释》第276条第2款第4项的规定，法院除应当审查被告人是否具有法定量刑情节外，还应当根据案件情况审查以下影响量刑的情节："被告人平时表现，有无悔罪态度。"最高法、最高检《关于涉以压缩气体为动力的枪支、气枪铅弹刑事案件定罪量刑问题的批复》第1条规定，"在决定是否追究刑事责任以及如何裁量刑罚时……以及行为人的主观认知、动机目的、一贯表现、违法所得、是否规避调查等情节，综合评估社会危害性，坚持主客观相统一，确保罪责刑相适应。”“一贯表现”就是指品格证据。

例如，魏某某、王某甲滥用职权、贪污案[(2016)豫1628刑初26号]中，辩护人提交的保险公司工作人员林某等人的证言，被告人魏某某历年来获得的荣誉证书，证明魏某某以前工作能力突出，品格良好，可以从轻处罚。法院认为，这些品格证据可作为对魏某某量刑的参考。

此外，品格证据还可以用来甄别证言、供述的真实性，因为一个人的品格对陈述的真实性有影响，正直的人的证言可信度相对较高，而经常说谎的人往往不可信。例如，李某盗窃案[(2020)皖1204刑初119号]中，法院认为：基于趋利避害的动机，李某的供述必然会受到诉讼地位和复杂的心理活动的影响，在有反证的情况下，适当运用品格证据规则对其言辞证据进行甄别，其虚假供述的成分较大。

案例

案例3-1-1 段某1等与段某彬抢劫再审案[(2020)京03刑再1号]

原审及再审经法庭质证的证人汪某于2003年3月4日作证称，段某彬让不明身份的一伙人打段某2、段某4。再审期间，一审法院向汪某核实其证言真实性，汪某称其未说过上述证言。经一审法院依法通知，汪某无正当理由未出庭作证。一审法院对其证言的真实性无法确认，不能作为定案的根据。

原审及再审经法庭质证的证人段某5于事发当日作证称，事发时其在与果园一墙之隔的鸭厂，段某彬带人打段某2，段某彬和打人的人在一起，但因有墙阻隔未能看清在干什么。2003年3月4日段某5作证称段某彬站在院子里指手画脚，说什么听不见，没看见段某彬打人，但打人的人肯定是段某彬找的。从以上证言可知，段某5对事发时段某彬的言行并未看清，其关于段某彬带人打段某2等人的证言系自己的猜测和推断，不得作为证据使用。

再审期间，公诉机关调取证人王某的证言并经当庭质证，王某称其案发时任某村治保主任，其当时听说段某彬找人把段某1等人打了。法院认为，该证据系传闻证据，不具有证明力，不予认可。

案例 3-1-2 谭某故意伤害案[(2018)琼 01 刑终 487 号]

法院认为:上诉人谭某提供的一组证据材料,来源和形式合法,内容真实,与其犯罪刑罚执行方式有关联,法院作为评判认定其一贯品行的品格证据予以采纳。考察其社会生活轨迹,其在入伍服役期间获得过优秀士兵,还曾荣立个人三等功一次,在因本案取保候审期间热心从事公益事业,在入伍服役期间和退役到地方工作期间均能为国家、社会做出有益贡献,其行为值得司法肯定。二审改判缓刑。

案例 3-1-3 韩某庄玩忽职守案

控方指控衡水某看守所管教韩某庄借机拿走李某 2000 元,依据是韩某庄、李某、杜某三人的口供。韩某庄借机拿走该 2000 元不属于“玩忽职守”的行为,不在该罪的涵摄范围以内。原裁判强调该情节系将其作为品格证据,混淆审判重点,品格证据与证明指控犯罪无关联性。

案例 3-1-4 阜阳马某娟等诈骗等案

法院认定“迫于马某娟的恶名及势力”之言词证据均为传闻证言、推断性证言。例如,陈某称,“马某娟虽然我不认识但是这个名字我听说过,都知道她有钱有势、喜欢仗势欺人”;陈某刚称,“一开始不认识,不过我听说过她,听说这个人很有钱,作医药生意还开发房子,还听说这个人非常孬,喜欢仗势欺人”;李某霞称,“这事周围人都听说过,马某娟之前占过南边陈大坑村民的土地”;李某华称,“(你为什么说马某娟有钱有势,你说说马某娟的社会背景?)我也不认识她,我也是听说的”。这些均为道听途说,他们从未接触过马某娟。

二、合法性审查

证人证言、被害人陈述的合法性审查围绕证言及陈述的证据能力问题,主要包括以下几方面:第一,非法证据排除规则,针对以暴力、威胁等非法手段取得的证人证言、被害人陈述;第二,因程序违法,丧失证据能力的证人证言或被害人陈述,应予强制性排除;第三,瑕疵证言的补正规则,无法补正或无法合理解释,不得采纳。

（一）非法证言排除

《刑事诉讼法》第56条规定，“采用刑讯逼供等非法方法收集的犯罪嫌疑人、被告人供述和采用暴力、威胁等非法方法收集的证人证言、被害人陈述，应当予以排除”。《最高法院刑诉解释》第125条规定：“采用暴力、威胁以及非法限制人身自由等非法方法收集的证人证言、被害人陈述，应当予以排除。”《公安机关办理刑事案件程序规定》第211条第2款规定：“侦查人员不得向证人、被害人泄露案情或者表示对案件的看法，严禁采用暴力、威胁等非法方法询问证人、被害人。”以非法方法收集的证人证言、被害人陈述，应当予以排除，详见本书第九章非法证据排除。

（二）强制性排除

《最高法院刑诉解释》第89条规定：“证人证言具有下列情形之一的，不得作为定案的根据：（一）询问证人没有个别进行的；（二）书面证言没有经证人核对确认的；（三）询问聋、哑人，应当提供通晓聋、哑手势的人员而未提供的；（四）询问不通晓当地通用语言、文字的证人，应当提供翻译人员而未提供的。”上述四种情况可以概括为三类：

1. 询问证人没有个别进行

《刑事诉讼法》第124条第2款规定了个别询问原则：“询问证人应当个别进行。”《公安机关办理刑事案件程序规定》第210条第2款规定：“询问证人、被害人应当个别进行。”侦查人员、检察人员、法官均不得同时询问多名证人或被害人。我们曾经办理的杜某等盗窃、非法采矿案，就是因为法庭发问对不同被告人未分别进行而被宜春中院发回樟树法院重审。法定代理人陪同未成年人接受询问后又作证的，亦属于询问证人没有个别进行。

例如，段某生故意杀人案[（2020）皖08刑初2号]中，公诉机关在庭审中出示一份座谈会笔录，该座谈会系公安机关主持，桐城市唐湾镇蔡畈村村民华某红、刘某梅、段某安、丰某某、段某林等人参加。记录显示，当地村民知道两被害人在一起共同居住的事实。2012年《最高法院刑诉解释》第76条规定，询问证人没有个别进行的，不得作为定案的根据。法院认为：此份证据取证形式没有分别进行，不符合法律规定，故不能作为本案证据。

2. 书面证言未经核对确认

书面证言没有签名、捺印，视为证人不予认可，或不是证人的真实意思表示，因而证人拒绝签字，甚至有可能系伪造，依法应当排除。例如，赵某军故意伤害案[（2014）铜中刑终字第157号]中，法院认为：根据2012年《最高法院刑诉解释》第

76 条的规定，书面证言没有经证人核对确认的，不得作为定案的根据。证人赵某超没有核对证言并签名确认，一审法院也未通知赵某超出庭作证，故此证言不能作为定案证据，依法应予排除。

实践中出现过证人笔录上书："以上笔录我看过，跟我说的不符""以上笔录我看过，跟你说的相符"。这属于经核对不确认，同样不得作为定案的根据。

我们办理的福清案中，曾出现无书写能力的人"签字"，经法庭调查，证实系侦查人员代签，我们认为此类证据依法本应排除。

3. 没有提供翻译

有两种情况需要翻译：一是询问聋、哑人；二是询问不通晓当地通用语言、文字的证人。应当提供翻译没有提供翻译，证言的真实性缺乏保障，不得作为定案的根据。

例如，永某某等掩饰、隐瞒犯罪所得案[（2016）青 0104 刑初字第 312 号]中，法院认为：依据 2012 年《最高法院刑诉解释》，讯问笔录没有经被告人核对确认的，讯问不通晓当地通用语言、文字的被告人，应当提供翻译人员而未提供的，不得作为定案的依据。庭审情况显示，三被告人汉语交流水平较差，不能完整对答，不懂汉字。公诉人不能对证据收集的合法性加以证明，三被告人在公安机关的供述应当予以排除，不能作为定案的依据。指控三被告人犯盗窃罪，不能成立。

（三）瑕疵证言补正

《最高法院刑诉解释》第 87 条规定，对证人证言应当着重审查，"……（五）询问笔录的制作、修改是否符合法律、有关规定，是否注明询问的起止时间和地点，首次询问时是否告知证人有关权利义务和法律责任，证人对询问笔录是否核对确认；（六）询问未成年证人时，是否通知其法定代理人或者刑事诉讼法第二百八十一条第一款规定的合适成年人到场，有关人员是否到场"。

其第 90 条规定："证人证言的收集程序、方式有下列瑕疵，经补正或者作出合理解释的，可以采用；不能补正或者作出合理解释的，不得作为定案的根据：（一）询问笔录没有填写询问人、记录人、法定代理人姓名以及询问的起止时间、地点的；（二）询问地点不符合规定的；（三）询问笔录没有记录告知证人有关权利义务和法律责任的；（四）询问笔录反映出在同一时段，同一询问人员询问不同证人的；（五）询问未成年人，其法定代理人或者合适成年人不在场的。"

根据上述规定，可以补正或作出合理解释的瑕疵有以下五种，但无法补正或不能合理解释的瑕疵证言，应当排除。

1. 询问笔录的基本信息缺失

询问笔录应当记载清楚基本信息，包括：询问人、记录人、被询问人、法定代理人（询问未成年人时）、翻译人员姓名，以及询问的起止时间、地点等。询问笔录缺乏相关信息，或相关人员没有签名、代签名的，应当补正或作出合理解释。

例如，王某平、王某会故意伤害案［（2018）冀04刑终158号］中，法院认为：公安机关2014年4月27日、9月27日两次在李某5家询问方某1，且询问李某5是2014年4月28日在南沿村派出所，不能排除他们的证言有串供的可能性。方某1的询问笔录上没有填写询问人、记录人的姓名，2012年《刑事诉讼法》第122条和2012年《最高法院刑诉解释》第77条关于询问笔录没有填写询问人、记录人姓名以及询问的起止时间、地点，询问地点不符合规定，不能补正或者作出合理解释的，不得作为定案的根据，故对方某1证言不予采纳。

2. 询问地点不符合规定

《刑事诉讼法》第124条第1款规定："侦查人员询问证人，可以在现场进行，也可以到证人所在单位、住处或者证人提出的地点进行，在必要的时候，可以通知证人到人民检察院或者公安机关提供证言。在现场询问证人，应当出示工作证件，到证人所在单位、住处或者证人提出的地点询问证人，应当出示人民检察院或者公安机关的证明文件。"《公安机关办理刑事案件程序规定》第210条第1款规定："询问证人、被害人，可以在现场进行，也可以到证人、被害人所在单位、住处或者证人、被害人提出的地点进行。在必要的时候，可以书面、电话或者当场通知证人、被害人到公安机关提供证言。"

询问地点，可以是现场，也可以到证人所在单位、住处或者证人提出的地点进行。实践中，证人有时被带到公安机关、监察委、检察院进行询问，在这些地方接受询问，证人通常面临较大压力，可能会影响证人如实作证，证言的真实性会打折扣。个别办案单位甚至对证人施加压力，不按引导作证就不让回家，或者进行威胁、诱导。因此，法律规定"必要时"才可以通知证人到相关办案机关提供证言。对证人询问地点的异议，实际上就是对"必要时"进行解释，办案机关通知证人到办案机关提供证言，是否必要，有何必要。如不能合理解释，证言不得作为定案的根据。

例如，郑某受贿案［（2014）穗中法刑二初字第152号］中，证人江某甲2013年9月28日笔录在广东省纪委办案点进行，公诉人解释当时侦查人员是以犯罪嫌疑人身份对江某甲进行调查询问的。法院认为，江某甲目前在本案中属于证人身份，且未被采取刑事强制措施，故对于江某甲的调查询问应当适用《刑事诉讼法》关于询问证人的规定。根据2012年《刑事诉讼法》第122条，侦查人员询问证人，可以在现场进行，也可以到证人所在单位、住处或者证人提出的地点进行，必要时，可以通知证人到人民检察院或者公安机关提供证言。鉴于2013年9月28日笔录不符合关于询问地点的规定，故不能作为本案证据使用。

3. 没有告知权利义务

《刑事诉讼法》第125条规定："询问证人，应当告知他应当如实地提供证据、证言和有意作伪证或者隐匿罪证要负的法律责任。"《公安机关办理刑事案件程序规定》第211条第1款规定，"询问时，应当告知证人、被害人必须如实地提供证据、证言和有意作伪证或者隐匿罪证应负的法律责任"。权利义务的告知和提示，目的在于督促证人如实作证，预防证言偏见，提示证人有作证的义务，也要承担作伪证或者隐匿罪证的责任。

例如，孙某超等非法吸收公众存款案[（2017）京0105刑初1048号]中，法院认为：公诉机关询问证人李某2制作的笔录，没有填写询问的起止时间，没有告知证人有关作证的权利义务和法律责任。对此瑕疵，公诉机关未作出合理解释。此外，该询问笔录中，证人仅签署了名字和日期，并未签署确认核对笔录内容，询问笔录中亦无向其宣读的记载，笔录内容是否经证人核对无法确认。故该证言不得作为定案的根据。

又如，唐某某犯贩卖毒品案[（2015）顺庆刑初字第195号]中，法院认为：周某某的证言，因为侦查人员未依法告知有意作伪证或者隐匿罪证要负的法律责任和证人的权利义务，也未予以补正说明，依照2012年《最高法院刑诉解释》第77条的规定，不予采信。

4. 同一时段，同样的询问人员询问不同证人

我们办案过程中，曾多次碰到同一时段，同样的询问人员询问不同证人的情况。有的是询问人员在多个询问程序中"串场"，这实质上属于询问证人没有个别进行。有的是办案人员涉嫌违法造假。

例如，我们办理的湖州李某华受贿案[（2017）浙05刑终72号]中，笔录显示，同一时段，同样的询问人员在相隔40公里的两个地点，询问不同证人，显系笔录造假。

又如，杨某某、李某某盗窃案[（2015）汾刑初字第87号]中，法院认为，2014年7月2日对王某、李某刚、王某安的询问笔录，7月16日对李某国、李某晋、杜某雲的询问笔录，因存在同一时间同一询问人询问不同证人，同一时间询问不同证人时由

同一记录人记录等问题，在公安机关补正中也未能做出合理解释，依法应予排除，不作为判决依据。

再如，张某某容留他人吸毒、非法持有毒品案[（2015）长刑初字第00051号]中，法院认为：侦查机关对证人张某丙和张某甲的两份询问笔录是在同一时间段由同一询问人员进行询问的，询问证人程序违法，故对这两份询问笔录依法不予认定。

5. 询问未成年人，没有相关人员在场

《刑事诉讼法》第281条规定了对未成年犯罪嫌疑人的讯问与审判，"对于未成年人刑事案件，在讯问和审判的时候，应当通知未成年犯罪嫌疑人、被告人的法定代理人到场。无法通知、法定代理人不能到场或者法定代理人是共犯的，也可以通知未成年犯罪嫌疑人、被告人的其他成年亲属，所在学校、单位、居住地基层组织或者未成年人保护组织的代表到场，并将有关情况记录在案。到场的法定代理人可以代为行使未成年犯罪嫌疑人、被告人的诉讼权利。到场的法定代理人或者其他人员认为办案人员在讯问、审判中侵犯未成年人合法权益的，可以提出意见。讯问笔录、法庭笔录应当交给到场的法定代理人或者其他人员阅读或者向他宣读。讯问女性未成年犯罪嫌疑人，应当有女工作人员在场"。询问未成年被害人、证人，应同样遵守上述规则。

询问未成年人，应有法定代理人或其他适格成年人在场。询问女性未成年人，应当有女性工作人员在场。如没有适当的人员在场，又不能补正或作出合理解释的，不得作为定案的根据。

例如，刘某峰、赵某岐贩卖、运输毒品罪[（2018）黑0521刑初192号]中，法院认为：根据2012年《最高法院刑诉解释》第74、77条之规定，证人X某出具证言时，其法定代理人或者有关人员未到场，现证人X某经过公安机关多方查找，没有找到，无法对该证言重新取证，无法补正。故未成年证人X某证言不得作为定案的根据。

案例

案例3-2-1　薛某楼贪污案[（2015）临刑初字第242号]

法院认为：控方指控于某某收受韩某某3万元，提供证人武某2、刘某某的证言，辩护人提供武某2的证言，这些印证了该二人在纪检委询问时刘某某对控方指控行贿的事实不能回忆，是通过武某2的帮助才做了询问笔录，但对笔录所证内容也不能确认是否属实，武某2也证实其与刘某某见面共同回忆后才做了材料。这就印证了该二人存在串供，违反了《刑事诉讼法》规定询问证人应当个别进行的规定，对控方提供的该二人的证言依法不能采纳。

案例3-2-2 陈某引诱、容留、介绍卖淫案[(2014)滁刑终字第00137号]

法院认为：2012年《最高法院刑诉解释》第76条规定，书面证言没有经证人核对确认的，不得作为定案的根据。证人潘某、王某拒绝在询问笔录上签名、捺指印。办案人员虽然在询问笔录上注明笔录已交证人阅读及证人不愿签字原因的情况，但不符合2012年《最高法院刑诉解释》第546条第3款关于当事人拒绝签名、盖章、捺指印的，办案人员应当在笔录材料中注明情况，有相关见证人见证，或者有录音录像证明的规定。上述两份无证人签字、捺指印的询问笔录既无相关见证人的见证，也无录音录像证明，无法证实笔录已经证人核对确认，依法不能作为定案证据。

案例3-2-3 湖州李某华受贿案[(2017)浙05刑终72号]

控方提供数份证人证言，以证实李某华会议讲话时推荐了科某尔环保公司的产品。但辩方意见为：明显涉嫌伪证，笔录造假。

辩方证据表明：2009年全市矿山企业现场会，会议签到单并无丁某龙、孙某强、林某祥、朱某飞、盛某培、金某方、王某宝等人。这些人根本没有参会，却说自己参会，他们对该会议的情况和内容根本没有作证资格，却出具证言证明现场会内容。

金某林、张某伟，冯某国、孙某国四人虽然参会，但证言虚假。会议资料显示，发言只有三项：典型矿山企业交流发言、通报开展矿山企业环境专项整治以来的工作情况、市领导讲话。2009年时，李某华任湖州市环保局副局长，并不是矿山整治办公室负责人，主席台更没有李某华的席卡，他根本没有发言资格。当天，环保局局长周某明到会，坐主席台，怎会让时任副局长的李某华发言？

所谓参会人员中，多人的笔录明显不实，系侦查人员杨某华、芮某斌、崔某伪造。

(1)2016年6月6日上午，同样的侦查人员杨某华、芮某斌对林某祥和沈某强的询问，仅间隔5分钟，而询问地点分别是德清某矿、吴兴区检察院，两地距离40多公里，单程至少需1小时。且德清某矿2013年就已关闭，其是否继续办公，该询问地点是否真实存在，有重大疑问。

接下来杨某华、芮某斌又对朱某飞、盛某培分别进行询问，地点从吴兴区检察院到了德清康某山矿业公司，两地相距60多公里，至少需要80分钟，但仅间隔33分钟，还不考虑午餐时间。

一天内，从湖州到德清询问林某祥，再回湖州吴兴区检察院询问沈某强，二到德清询问朱某飞，再回湖州。这是根本不可能的。

(2)2016年4月5日上午，同样的侦查人员杨某华、崔某，对孙某强和丁某龙进行询问，时间仅间隔15分钟，而从长兴某建材公司到湖州美某矿业公司，小路距离就超过9公里，最短行驶时间约需23分钟，走大路至少需要50分钟。从甲地到乙地，再加上找人等烦琐的询问准备工作，15分钟怎么可能完成？

同一天，同样的侦查人员，客观上无法在短时间内从甲地到乙地询问证人。上述六份笔录，询问地点明显造假，涉嫌伪造证据。

三、真实性审查

证人证言、被害人陈述的真实性审查主要针对两种证据所反映内容是否客观、确实。证言的真实性审查内容主要包括：证人与案件当事人、处理结果有无利害关系；证言是否矛盾；证言与其他证据能否相互印证；证言是否符合常识、常理等。

（一）有无利害关系

《最高法院刑诉解释》第87条第3项规定，对证人证言应当着重审查：“证人与案件当事人、案件处理结果有无利害关系”。利害关系有两类：一是证人与案件当事人有利害关系，如证人是当事人的亲友或仇人；二是证人与案件处理结果有利害关系，如证人是当事人的商业竞争对手或合作伙伴，案件处理结果将直接影响证人的商业利益。实践中比较常见的所谓“狱侦耳目”，经常在命案等重大案件中提供证言，也因有获取立功、减刑的强烈动机，属于有直接利害关系，一般只能作为发现犯罪的线索，而不宜作为定案的根据。

因为存在利害关系，证人可能会故意提供有利于当事人的证言，也可能会提供不利于当事人的证言。当然，证人也可能不顾及利害关系，说真话，但他人有理由质疑其真实性。因此，有利害关系的证人证言，证明力会受到影响。辩护人可以提出证言不真实、不客观，法庭应结合其他证据进行综合评判。

《最高法院刑诉解释》第143条第2项规定，对与被告人有亲属关系或者其他密切关系的证人所作的有利于被告人的证言，或者与被告人有利害冲突的证人所作的不利于被告人的证言,应当慎重使用,有其他证据印证的,可以采信。

关于这一条款的运用,如我们办理的韩某庄玩忽职守案中,韩某庄担任衡水某看守所管教期间,因管辖区域出现毒品交易而被指控玩忽职守。控方提供了多份被羁押人员的笔录,证实韩某庄平时工作认真负责,对被羁押人员看管非常严格。从常识推断,原本他们会做对韩某庄不利的证言,因为韩某庄严格负责的管理行为会招致被羁押者的不满,他们作证报复合情合理。因此,这些证人与韩某庄存在利害冲突。根据《最高法院刑诉解释》第 143 条第 2 款,与被告人有利害冲突的证人所作的不利于被告人的证言,应当慎重使用;反向推知,他们做出的对被告人有利的证言,就有很高的可信度,应当予以采信。被羁押人员在与被告人有利害冲突的前提下,仍做了有利于被告人的证言,足以证明韩某庄没有"不负责任",更没有"严重不负责任",而是严格履行职责。

潍坊陈某亭高利转贷案中,指控证据主要有于某、马某等人的证言,他们称将涉案贷款交给陈某理财。按这种说法,这二人才是高利转贷的真正获益人,不能排除二人具有高利转贷罪的嫌疑,二人指控陈某的动机很可能是将责任推卸给陈某。辩护人提出,于某、马某与案件结果有重大利害关系,证言可信度极低,不应采信。

(二)证言矛盾

证人证言因翻证出现矛盾的情况很常见,翻证的原因也有很多。例如,证人看错了,记错了,接受询问时听错了,予以纠正而翻证;证人因遭受到暴力、威胁或其他非法取证而作出不实陈述,后如实陈述而翻证;证人因与当事人的利害关系而作出不实证言,后如实陈述而翻证。翻证未必是改为如实陈述,也可能先前的证言是真实的,翻证后反而是虚假的,也可能前后的证言都虚虚实实。控辩审三方须结合全案证据综合判断。

"世上最难看透的是人心。"证人证言是最难评判的证据,理论上需要洞察证人的内心。对证人的交叉询问,法官对证人的洞察,对证言的评判,因而也可视为辩护或审判的艺术。之所以是艺术,主要是因为很难说得清楚询问证人和评判证言的具体方法和规则,有时甚至只能凭感觉。中国古代的听讼制度,讲究"五听",司法官吏通过辞听(观其出言,不直则烦)、色听(察其颜色,不直则赧)、气听(观其气息,不直则喘)、耳听(观其聆听,不直则惑)、目听(观其眸子视,不直则眊然),在审理案件时观察当事人和证人的心理,以判别其言辞的真假。这就是典型的审判艺术。

因此,证人证言的评判规则实质上是没有规则。理论上,《最高法院刑诉解释》第 91 条第 1、2 款规定:"证人当庭作出的证言,经控辩双方质证、法庭查证属实的,应当作为定案的根据。证人当庭作出的证言与其庭前证言矛盾，证人能够作出合理解释，并有其他证据印证的，应当采信其庭审证言；不能作出合理解释，而其庭前证言有其他证据印证的，可以采信其庭前证言。”

根据上述法条，证言矛盾主要有两种情况：当庭证言与庭前证言矛盾；庭前证言相互矛盾。两种情况的证言审查判断也略有不同。

1. 当庭证言与庭前证言矛盾

当庭证言与庭前证言不一致的，可通过各方发问、质询审查。对证人的交叉询问，有可能揭示证人说谎，证言的矛盾，以至于有的证人会当庭露出说谎的迹象。控辩审三方当庭诘问证人，法官察言观色，更容易判断证人的心理和证言的真假，从而对证言进行恰当的评判。因此，“证人当庭作出的证言，经控辩双方质证、法庭查证属实的，应当作为定案的根据”。

当庭证言与庭前证言矛盾，证人要对翻证作出合理解释，并有其他证据予以印证，这种情况下“应当”采信其庭审证言。如果证人不能作出合理解释，而其庭前证言有其他证据印证的，“可以”采信其庭前证言。此处又是法官的自由裁量权。

实践中常见的是，庭前证言一致，但与其他证据存在矛盾，辩护人有异议，法院却不同意证人出庭，因此辩护人无法当庭揭示证言的矛盾。尽管此种情况下法院一般会采纳庭前证言，但会留下冤案的隐患，证人完全有可能是在说谎。当某一天谎言被揭穿时，法官不采纳辩护人的意见传唤证人出庭，理论上是有责任的，而且是法官责任终身追究制。因此，在申请证人出庭作证时，辩护人可说明理由，建议法庭至少应当提供辩方在法庭对证人进行诘问的机会，保障底线的程序正义。

2. 庭前证言相互矛盾

案卷中有两份甚至多份证言，内容不一致，相互矛盾，真假难辨，但法院坚决不同意证人出庭的，此时该如何审查证言？

首先，当然不能因为法庭不同意证人出庭就轻易放弃。对于证人出庭极为关键的案件如受贿案中，辩护人还可以反复申请证人出庭，申请调取询问证人的同步录音录像，必要时可以指导家属或亲自在庭外对证人进行取证，对不同意证人出庭的法官、检察官进行控告。

客观上，任何人都不可能通过书面方式正确地审查证言。但如果拼尽全力，仍不能让法庭传唤关键证人到庭，辩护人也不得不服从法庭的安排，在质证、辩论时充分揭示证言的相互矛盾、与其他证据的矛盾、与常识常理的矛盾。

例如，吉林辽源杨某军等寻衅滋事、窝藏案[（2017）吉 0402 刑初 175 号]中，控方以大量时隔久远的言词证据指控犯罪,可信度不高。例如,杨某记庭前供述关于杨某文、田某超是否参与出现矛盾,当庭解释系侦查人员诱供而来。杨某记出庭接受发问时,他连案发具体时间甚至是月份都不知道。后杨某记当庭表示,时隔8年,记忆模糊,蒙了,记不清。

又如,郭某挪用资金案[(2016)鄂96刑终10号]中,潜江法院一审认为:证人邓某、黄某的证言存在无法排除的矛盾。(1)邓某、黄某关于"邱氏公司何时开始存在将工程交给其工作人员个人承包的做法"和"咸宁公安1-6栋外墙涂料工程的实际承包人是被告人郭某还是邱氏公司"的证言前后矛盾。(2)邓某、黄某关于咸宁公安1-6栋外墙涂料工程是否有较高利润的证言相互矛盾。该案一审宣告郭某无罪;检察院抗诉后,二审驳回抗诉,维持原判。

(三)证言与其他证据能否相互印证

《最高法院刑诉解释》第87条第8项规定,对证人证言应当着重审查:证言之间以及与其他证据之间能否相互印证,有无矛盾;存在矛盾的,能否得到合理解释。证人证言是最难判断真实性的证据,应当通过证言与其他证据的相关关系来判断,相互矛盾还是相互印证,矛盾能否得到合理解释。这需要通过具体案例来分析,不便抽象地解释。

例如,韩某庄玩忽职守案中,控方指控看守所管教韩某庄借机拿走李某2000元。2014年9月14日,韩某庄供述称杜某让带武侠小说,没说2000元;9月15日,杜某证言称让韩某庄带5本武侠小说,未提账本和2000元;9月16日,李某证言称其只让韩某庄带账本、日记本等,明确说没管过杜某的钱,没提到2000元。但李某10月22日笔录、杜某、韩某庄10月24日笔录却都说带了2000元。三人口供时隔一个月完全矛盾,控方未能给出任何合理解释。因此,韩某庄是否收受李某2000元,证据之间不能相互印证,不应认定。

又如,无锡邵某春诈骗案中,几乎所有书证都不能证明邵某春有罪,其中借款协议、银行承兑汇票批复、银行授信批复、事前的抵押承诺函等,更是直接证明邵某春无罪。关键证人都是与邵某春有直接利害关系的人,且多人的出庭证言前后矛盾、与书面证言矛盾、与客观证据矛盾,进而依控方逻辑,丁某中、蒋某、夏某、吴某宁涉嫌共同犯罪,本应作为本案被告人却变为证人,他们因此趋利避害将事情推在邵某春身上。这些证人对邵洪春不利的证言,证明效力极低,可信度低,不应采信。

书证优于证言,尤其是证人证言明显与书证矛盾时,必须以书证为准。书证是伴随案件事实的发生而产生的,以一定的物质材料为载体而存在,以文字、符号、图画等记载的内容和表达的思想来证明案件事实的书面文件，是客观证据。而证人证言是以证人的感官了解的事实证明案件情况，证言不稳定，容易遗忘，容易受客观环境、感知水平的影响，并发生变化。如无锡邵某春诈骗案中，龙某公司实际控制人问题，书证显示实际控制人是吴某群，吴某群证言也明确确认，故个别证人称邵某春是实际控制人不可采信。

（四）证言是否符合常识、常理

证人证言要符合常识、常理、常情。例如，时隔久远，证人仍能事无巨细地陈述案发场景，恐怕就不符合常识；证人称在月光下看清了被告人的脸，但当时为上弦月，且背对月亮，根本无法看清。如此种种违反常识、常理、常情，不符合常人思维和行为习惯的证言，其客观性、真实性值得怀疑。如何运用常识和经验法则，揭示证言的虚假，需要辩护人具有丰富的生活经验、特定的专业知识、细致的观察能力、认真的研究准备。

还以韩某庄玩忽职守案为例，原审判决认定被羁押人员杜某的证词："后来这部手机被我砸了，当着韩某庄的面扔垃圾堆了。"但如果韩某庄发现了杜某的手机，完全可以直接缴获上交，没必要帮着杜某隐瞒手机，因为手机是杨某带给杜某的，韩某庄事先不知情，也与其无关，故韩某庄任何时候发现杜某使用手机并查获都不晚，向领导报告后自己不但没有责任，反而还会因为负责任的行为而得到嘉奖。故杜某的证言不合常理，韩某庄不可能也必要帮其隐瞒手机。

又如，余某赌博案[（2016）浙0324刑初903号]中，法院认为：余某一直与厉某共同生活，夫妻关系稳定，且厉某第一次证言中还提到有人来家里进行投注，故其称不知道余某是自己投注还是收取投注的证言不符合常理，不具有客观性，对该证言不予采信。

案例

案例3-3-1　无锡邵某春诈骗案

辩护人提出本案证人多与邵某春有直接利害关系。辩护人认为的具体利害关系如下：起诉书列明本案为共同犯罪，用款人丁某中，华某银行宜兴支行蒋某、夏某、吴某宁皆为涉嫌共同犯罪的被告人，彼此之间是罪与非罪、家破人亡与相安无事的重大利害关系。利害关系人的证言，对邵某春有利的可以采信，不利的可信度极低，不应采信。

辩护人举例说明了证人中多位证人证言自相矛盾。如丁某中,出证作证,自相矛盾,证言被其他证人推翻,与客观证据相冲突。丁某中当庭表示,借款协议是到了和桥派出所,邵某春拿出合同,要求丁某中盖章,丁某中才盖的章,事实上借款协议是在银行达成的。关于2500万元借款,丁某中多数时候说是自己借了用了,但还有一次说是邵某春借的钱,不是他借的。关于银行是否提高贷款条件,丁某中反复出现矛盾,甚至在审判长逼问下,当场反复多次自相矛盾,最终承认贷款条件确实提高了。而他前面又说,他看到的华夏银行提高贷款条件的A4纸,是邵某春给他的,实际上是银行给丁某中,丁某中给殷某盛的。伪证者对邵某春不利的证言可信度极低,更不应采纳。

案例3-3-2 王某1故意伤害案[(2019)甘0725刑初23号]

法院认为:关于被害人吴某的伤是否系被史家人拉倒所致的问题。证人许某和王某5在公安机关的首次询问中陈述吴某被史家人拉倒致伤,但许某在民警处警现场陈述系相互推搡中倒地致伤,而证人王某5在第二份询问笔录中也否认吴某的伤系被史家人拉到所致,故吴某的伤系被史家人拉倒所致的事实证据不足,法院不予确认。

关于被害人吴某的伤是否系争抢铁锹时被撞倒致伤问题。被告人王某1的供述、证人王某5、何某的证言,结合被害人吴某左腹衣襟上留有土迹的事实,证据之间不能相互印证,未形成证据链条证明被害人系被争抢铁锹的人或铁锹碰倒致伤的事实,故被害人的损害结果与争抢铁锹的事实之间没有直接的必然的因果关系。被告人王某1、证人何某由抢铁锹事实继而推定被害人受伤的因果关系,依2012年《最高法院刑诉解释》第75条第2款"证人的猜测性、评论性、推断性的证言,不得作为证据使用"的规定,法院不予确认。

关于被害人吴某的伤是否系王、史两家人相互推搡摔倒致伤问题。证人许某在民警处警现场陈述吴某在两家人争吵推搡中跌倒受伤,而许某在询问证言中以吴某被史家人拉倒的事实否认了之前陈述,证言前后矛盾,且本案中再无其他证据证明吴某和他人彼此推搡过,故被害人吴某的伤系王、史两家人相互推搡摔倒致伤的事实无证据证实,法院不予确认。

案例3-3-3 赵某臣贩卖毒品案[(2015)新宾刑初字第00100号]

法院认为:指控主要依据言词证据。证人韩某某证实赵某臣存在贩卖毒品的事实,仅是其自认为赵某臣主观上存在贩卖故意,这是其对赵某臣心理的一种推断与揣测,依据2012年《最高法院刑诉解释》第75条第2款,证人的猜测性、评论性、推断性的证言不得作为证据使用,故其证言依法不应作为定案依据。证人宋某某、王某的证言就毒品交易的数量、种类、地点、时间、方式等均未明确证实,且宋某某的证言自相矛盾,又二证人均称被告人向韩某某贩卖毒品是在小屋进行,没有看见交易过程,依此证人无法确定被告人与韩某某是否在进行毒品交易,而又无间接证据印证。证人赵某某证实"其在2013年7月向被告人购买过毒品,但当时没有其他人在场。"此证言不仅距案发时间久远,且又未证实交易的时间、方式等具体事实,同时亦无间接证据印证。综上,此种情形在被告人不供认贩卖毒品的前提下,不能认定犯罪事实。

案例3-3-4 夏某交通肇事案[(2015)铅刑初字第177号]

法院认为:证人陈某福称9点前赶到事故现场的证言,与《通话记录单》和夏某1证言存在矛盾,不足采信。陈某福发生交通事故后赶往事故现场,没有亲身感知交通事故发生经过,其陈述"凭我从事驾驶的经验,如果倒车车子肯定会往前面一点"的证言系主观推测,与《侦查实验笔录》中"实验结果均为车辆未向前移动"的结论相互矛盾。根据2012年《最高法院刑诉解释》第75条"证人的猜测性、评论性、推断性的证言,不得作为证据使用"的规定,陈某福车会出现惯性前移的证言,因与侦查实验结果矛盾,且缺乏其他证据佐证,法院不予采信。

案例3-3-5 杜某玉故意伤害案[(2015)青刑初字第00153号]

法院认为:证人陆某乙、王某某、唐某、桂某甲、张某某、开某某等人均在案发现场,且陆某乙、王某某、唐某三人相对于其他证人距离中心现场最近。陆某乙庭审证言与庭前证言相矛盾,但庭审中陆某乙对于庭前证据与庭审证据的矛盾作出了合理解释,应当采信其庭审证言。王某某的庭审证言与庭前证言有部分矛盾,但其庭审证言与证人陆某乙的证言、被告人杜某玉的供述与辩解相互印证,可以采信其庭审证言。唐某、桂某甲、张某某、开某某等人关于被告人手持棒球棍如何打中被害人头部的证言,因证言之间有无法排除的矛盾,且无其他客观证据相印证,不能作为定案证据。

案例3-3-6 唐某清滥用职权案[(2014)全刑初字第54号]

辩护人思路如下:庭审中,证人蒋某珍对第二次问话的内容予以否定。其提出当时已是半夜,家中有瘫痪在床的老人和读书的小孩需要照顾,为了尽快回家照看老人和小孩才不得不那样讲,并当庭提供了其所住街委证明和唐某清母亲的住院病历,证实唐某清的父亲在2009年因脑出血导致行动不便,唐某清母亲2010年患脑梗塞、高血压、高血脂住院后瘫痪在床,两人随唐某清夫妇生活。根据2012年《最高法院刑诉解释》第78条第2款,应当采信蒋某珍在庭审中的证言,对其第二次证词中陈述的唐某清退钱给蒋某清的内容不予采信。关于时某东陈述退钱的证词,其前后两次陈述退钱的时间、退钱数额及返给蒋某清的数额均不同,说明其记忆的准确性较差,可信度低,其证词内容不予采信。

案例3-3-7 黄某忠、邓某群等故意杀人案

黄某忠被指控故意杀人,其随身佩戴的手表被认定为来自被害人,当地修表师傅唐某专称,他在事发2个月后帮助黄某忠维修了这块表。但申诉律师认为,这一证词不合常理,思路如下:1990年6月9日为马山街日,黄某被杀为当地重大事件,很多人去现场观看,唐某专对此时间应该极为敏感。假如该手表为黄某忠从被害人黄某手中获得,其修理时间一定是在6月9日之后,侦查机关询问时间为1990年8月17日,相隔不久,唐某专不可能不知道修表的时间,更不可能连月份都不清楚。而且,唐某专与黄某忠同住一条街,相互熟悉,他甚至记得连修理费用都没有要,不可能记不住修理时间,恰恰只有修表时间很早才有可能记不住。同时,根据尸检报告,尸体多处沾有黄泥,该手表及表链很可能在细缝处沾有黄泥,常规清洁难以处理,但唐某专对此根本没有描述。由此可以判断,唐某专修理的手表并非被害人的手表。

案例3-3-8 李某凯、李某文诈骗案

辩护人思路如下:控方主要以卖方的证言,指控买方"平移销售、不留利润"。鑫九洲公司、昊凯公司在交易中要承担巨额风险,高额成本如增值税、企业所得税、印花税、资金占用费、仓储费、港杂费、检验费等,哪有自己承担巨大风险、贴钱做生意的?

公司从事商业交易的目的是营利,销售活动要承担风险、产生成本并承担税负,不可能"学雷锋"、无偿为中某公司销售,不可能承担巨大风险、销售成本和税负、赚了钱却要上交中某公司。根据卖方证言,没有"学雷锋"就构成犯罪,市场中的公司可以坐收渔翁之利,不考虑昊某公司承担的风险和成本,认定销售差价款归中某公司,明显违背大宗商品高风险的交易惯例,有违起码的商业逻辑和经验法则,有悖常识、常理、常情。因此,卖方证言不应采信。

案例3-3-9 湖州李某华受贿案[(2017)浙05刑终72号]

控方指控杜某霖坐出租车从湖州到安吉,送完钱再坐出租车回湖州。辩护人认为,这点有以下几个不合理之处。

第一,包车行贿,毫无必要地增加了安全风险,不合常理。

杜某霖自己有车,且不止一辆,还有专职司机,她哥哥也常开车送她,为什么不开自己的车,为什么不让司机开车,为什么不让她哥哥送她,而要包车、面对一个陌生司机?

拉着装有100万元现金的拉杆箱,普通人都会提心吊胆,杜某霖一个女人,携带巨款,面对的又是包车,是陌生的司机,一男一女处于狭小封闭的环境,她就一点儿不担心安全问题?

如果是在马路上拦出租车,则杜某霖拉着装有100万元现金的拉杆箱将面临更大的风险。仅上车前,她就需要完成如下动作:(1)取出100万元放入拉杆箱,提箱下楼,拉到小区外,走到大马路上;(2)紧握拉杆箱,在大马路上拦出租车,湖州的出租车不多,拦到一部车未必容易,特别是春节期间,大年初三到初六能否打到车、出租车是否同意到异地都有疑问;(3)她一手紧握拉杆箱,跟司机议价,来回外地必定是要议价,若议价不成,还得另外找车。

上车后,整整一个半小时,都得警觉司机。下车后,杜某霖要拉着装有100万元

现金的拉杆箱,寻找约定地点。由于云鸿大厦附近是一个较大的范围,杜某霖必定要在人来人往中寻找更具体的接头地点,此时她得一手紧握拉杆箱一手打电话,找不到具体位置还要拦路人询问。

这些都是毫无必要的安全风险。杜某霖有何必要选择有较大安全风险的行贿方式?控方能排除合理怀疑地证明杜某霖愿意冒这样的风险去行贿吗?

第二,陌生第三人在场的行贿,不合常识。

各种反常,极易引起陌生司机警觉。(1)拉杆箱是放在座位上,还是后背箱?出于警惕,杜某霖通常会较为警觉,这能不引起司机的注意?(2)湖州到安吉距离70多公里,包车至少需要一个半小时,途中杜和司机是否说过话,说过些什么话,这些话是否会引起司机的警觉?(3)开车后、到达前,杜某霖必定要与李某华电话联系,说给领导送东西,李某华多少总要推托吧?电话说这些,能不引起司机的警觉吗?他们还得确定接头地点、时间,特别是到外地,不熟悉道路可能需要电话问路,这些难道不会引起司机的警觉?(4)杜某霖让包车司机等待多长时间?有没有超时?云鸿大厦附近能否停车?停在何处?杜某霖有没有跟司机讨论这些?是否因此发生过争执?这些难道不会引起司机的警觉?(5)一个女人,拖一个拉杆箱,花一个多小时,到外地某个大厦附近见一个中年男子,却只见很短的时间,以类似间谍般的接头方式送完钱,拉杆箱不见了,她空手回到车上,如释重负,包车司机怎能不心生怀疑?

包车行贿,很难不引起司机的警觉,这不仅增加了毫无必要的安全风险,而且多了一个行贿的知情人。行贿通常都是尽量避免第三者知情和在场,杜某霖怎么可能选择包陌生人的车来实施巨额行贿这一见不得光的犯罪行为呢?怎么可能连续三年选择在一个可能产生警觉的陌生司机眼皮底下巨额行贿?这显然不符合行贿人的通常心理和行贿的通常场景,难以排除合理怀疑地证明行贿行为的存在。

第三,春节前后,远道而来,巨额行贿,不入家门,不请吃饭,不合常情。

上班期间,杜某霖在湖州送钱既熟悉又方便,为何不在湖州送?非要等到春节时,大老远跑到既不方便又不熟悉还不安全的安吉去送钱?

杜某霖与李某华见面后,交完拉杆箱就立即离开,还是聊天了?拉杆箱是否上锁?自带的锁是否告诉李某华密码?钥匙锁是否给李某华钥匙?李某华是否知道是100万元?是否推托过?表面上都没有推吗?杜某霖既选择春节前后去送钱,但又为什么选择在大马路上送完钱就走人?为什么不选个适合寒暄的地方送钱进而好好拉近感情?为什么连李某华的家门都不进?众所周知,逢年过节是送礼的旺季，原因就在于春节送礼蕴含浓浓的人情味在里面，如果只是单纯的送钱，有必要非挑春节前后去送吗？能送100万元、能收100万元，特别是后两年，能送200万元、300万元，表明双方非常熟悉和信任，关系非常好，为什么不直接送到家里？春节前后，远道而来，巨额礼金，不上楼到家里坐坐，不一起吃饭，不借洗手间上个厕所，甚至不喝杯安吉白茶？三年三次送钱，李某华甚至都不和杜某霖吃顿饭？这明显违反常情常理。

据李某华向辩护人陈述，每年春节，他们一家人均要回到乡下，初三才会回来。所谓春节期间，本案中也只能限定在初三下午到初六，杜某霖是否真的见过李某华？辩方对此强烈质疑，申请法院调取2011年、2012年、2013年每年1月1日～2月底通话清单，还可以缩小时间范围至这三年的初三到初六。该清单将以客观证据证实杜某霖与李某华春节前后是否有过联系。

案例3-3-10 唐山李某敏、刘某丽敲诈勒索、重婚案[(2017)冀0283刑初396号]

公诉机关指控敲诈勒索主要依靠宁某春、张某斌、刘某民、王某四人证言，但辩护人认为这些证言不但自相矛盾，也与其他证据矛盾，真实性低，不应采信。

关于谈判地点，说法不一。第一次谈判地点，宁某春说在响嘡卫生院王某明办公室，刘某民却说在王某的绿化公司。关于最后一次谈判地点，张某斌说在王某的绿化公司，王某和刘某民却说在宁某春的办公室。正式谈判次数有限，初次谈判与最后达成合意至关重要，但证人关于谈判地点的说法明显不一。

如何给钱，相互矛盾。刘某民说第一次转账，第二、三次现金。王某说第一、二次现金，第三次转账。而书证证实，三次支付款项的方式为：5月5日现金，6月1日现金，7月5日转账。可见，刘某民的证言与书证矛盾，与事实不符。

谁联系付款？刘某民说第一次是李某敏找王某要钱，第三次是刘某丽找他要钱。但王某却说三次都是刘某丽找他要钱。究竟是谁找谁要钱？且钱在王某账上，为何找刘某民付钱？

证明刘某丽参与、帮助谈判的全部是言辞证据，宁某春、张某斌、刘某民、王某四人参与谈判，但四人证言都有矛盾。

案例3-3-11 左某刚、陈某宣、杨某庆故意杀人案

宣告左某刚无罪后，被害人家属表达强烈不满，安徽高院启动再审。该案证人证言之间、证言与其他证据之间有矛盾，前后反复无常，无法相互印证，不能得到合理解释。

例如，石某建关于左某刚、杨某庆、陈某宣三人找到周某的时间，多次重复是在“割稻的时候”“割完稻以后”“割完稻以后1~2个月”。关于割稻的时间，石某建表述得非常清楚，即2006年10月。石某建多次坚称三人找到周某的时间，与指控作案时间2007年1月完全不符。据此，左某刚空调被盗的时间，应该更早，而不可能是李某臣所称的2007年1月。

石某建对其车上是否有作案工具棍子和绳子以及其开车拉左某刚等人找周某的时间前后供述不一。在法院第一次将左某刚死刑案报请最高法复核、石某建犯盗窃罪的刑事判决已经生效的情况下，其翻证称没有开车拉左某刚等人找周某，以前的供述是被逼迫、引导的。在监狱以涉嫌作伪证将其隔离审查40天后，石某建再次将证言翻回去，称此前翻证原因是怕左某刚打击报复。其证言前后反复，翻证原因牵强，不足采信。

关于刘某胜的证人证言。刘某胜2013年9月3日笔录称，其2009年11月入看守所后，就开始举报左某刚故意杀人的事情。其最开始向办理盗窃案的李某欢、蔡某军反映，大概是2009年11月，进看守所没几天；之后向管教王某彪反映；后来一直到2010年时，才向颍上县公安局高某、阜阳刑警队孔某临反映左某刚杀人。

但刘某胜的表述与其他证据存在矛盾，并不属实。生效判决书载明，刘某胜于2009年10月27日到颍上县公安局投案，同日因涉嫌盗窃罪被刑拘，10月30日被逮捕，并羁押于颍上县看守所。蔡某军、李某欢称，在办理刘某胜等人盗窃电缆案件中，刘某胜没有检举揭发过左某刚涉嫌杀人一事。

刘某胜2013年9月18日提审笔录，提审者告知，“你上次说你在2009年11月份向颍上县公安局民警李某欢、蔡某军检举过左某刚等人故意杀人的事情，但是经我们核实，这二人证言没有这回事”。

高某、刘某出具的《说明》称，“2010年5月，时任阜阳市公安局局长许某接待过进京上访的‘20070225颍上县周某被杀案’被害人周某的母亲杨某芬后，遂指令成立高规格的专案组。新的专案组成立后，除常规的侦查措施外，还把开展狱内侦查纳入侦查工作中。专案组成员按照侦查计划，对羁押在颍上县看守所的颍上县江

某某籍的人员进行逐一谈话，以期发现破案线索。当进行到暂住在颍上县江某某镇街上的在押人员刘某胜谈话时，刘某胜主动向专案人员检举周某被杀案有关案件情况”。

刘某胜关于检举左某刚故意杀人的第一份详细证言正是在2010年5月27日接受高某和孔某临对其讯问时做出的。可见，刘某胜称入所后就开始检举左某刚涉嫌故意杀人，并不属实。

刘某胜开始的检举材料称并不掌握案件的线索，只是怀疑是左某刚干的。专案组成立后，刘某胜详细检举了左某刚等人作案的事实，并在2010年5月27日进一步检举了左某刚、陈某宣、杨某庆。

但检举内容与各被告人归案后的供述不一致，刘某胜称左某刚告诉其说周某在高速公路旁被害的，然后拉到区政府厕所里扔了，左某刚自己开吉利车来回，包括运周某尸体。在左某刚、杨某庆作了有罪供述后，阜阳中院第一次开庭并就左某刚故意杀人一案作出判决后，刘某胜在2012年4月17日才改口称之前检举的左某刚自己开车、周某在高速公路旁被害等情节是自己猜测的。刘道胜等盗窃一案和左某刚故意杀人案并案审理，其根据收到的判决书推翻此前的不实供述。

案例3-3-12 阜阳葛某田诈骗、敲诈勒索案

辩护人思路如下：负责摸底的拆迁工作组核心成员陈某刚2019年6月12日证言明确提到其对C115的了解：“C115这块地以前是荒地，没有人使用，上面也没有建筑物，大概2003年，我们社区配合上级政府将C115这块土地给征用了，征用之后还用围墙把这块地给圈了起来，圈的时候依然是一块荒地，这块地位置比较偏僻，以前连道路都没有，社区和上级政府也没有人去管理过。到了2008年左右，葛某田在现在的恒华天地和C115这块土地上面建设了很多钢架棚，面积有3000平方米左右。”

可见，代表拆迁指挥部意志的陈某刚对于C115的来龙去脉一清二楚，何来被骗？虽然陈某刚2022年笔录否认了2019年的笔录，但从2019年笔录内容的详细程度、陈某刚也系陈庄人、陈某刚还承揽过C115建设工程等方面看，显然陈某刚2022年的笔录存疑。

四、关联性审查

证人证言的关联性，是指证言与案件事实的联系程度，能否证明案件事实，能否证明有罪与无罪、罪重与罪轻。这需要律师结合全案证据进行具体、综合判断。

有的案件中，证言非常关键，甚至是定案的唯一证据，如受贿案，证人目击现场的抢劫案、杀人案等。在证言起到关键作用的案件中，辩护人必须坚持申请传唤证人出庭作证。

有的案件中，证言其实无关紧要，如涉税犯罪，主要是通过书证等定案。但许多侦查人员沿侦查惯性制作大量笔录。有时侦查机关收集的证言与案件的关联性很弱，有的甚至完全无法证明案件事实。例如，北京朱某辰非法买卖枪支案中，公诉机关指控朱某辰非法买卖、制造15支枪形物，提交了多名证人的证言，试图证明朱某辰家里和办公室有枪形物，用来把玩。这些证言与指控买卖、制造15支枪形物基本没有关联性。

案例

案例3-4-1　古某芳诈骗案[(2018)甘1228刑初15号]

法院认为：关于古某芳的询问笔录，仅以证人身份进行询问，立案后未讯问，也没有告知被讯问人相关权利和法律规定的记录，又不能补正或作出合理解释，按照2012年《最高法院刑诉解释》第82条第3项的规定，不能作为定案的依据。马某2证言与案件无关联性，法院不予采信。关于张某1证人证言，公诉机关当庭将张某1身份由被害人变更为证人，经审查，询问笔录中虽然记载告知的是《被害人诉讼权利义务告知书》，但其同时又签署了《证人诉讼权利义务告知书》，因此对其证言予以采信。

案例3-4-2　湖北钟祥陈某英寻衅滋事罪案[(2016)鄂0881刑初41号]

指控陈某英强拿硬要22,700元，但陈某英只认可13,200元，其中路费补贴为8200元，人身伤害医药费为2000元，建房放空费政府补偿为3000元。

辩护人思路如下：陈某英认可刘某付向其支付2000元，证人刘某付、杨某珍、王某、周某忠等人的证言均证实：刘某付打了陈某英，陈某英确实受伤，医药费共计

2000 元，陈某英向刘某付索要医药费，合情、合法、合理，与政府无关、与强拿硬要无关，更与寻衅滋事无关联性。

3000 元是政府给付的放空费，因陈某英建房请挖机、农用车耽误动工而产生的费用，政府答应给陈某英补偿。刘某，个体运输户王某、王某晓，邻居项某劲、郢中街道办事处王某勇的证言均可证实，政府答应给陈某英放空费，不是强拿硬要。

陈某英认可路费补助 8200 元，超出的费用应以票据、收条为凭据。证人李某远、彭某祥、施某成、张某义没有证明陈某英收取钱款的证据，且开庭拒不回答辩护人的相关问题，故其证人证言不能证明待证事实。

汪某的证言只能证明他拿了 5000 元给吴某曦，吴某曦的证言只能证明他从汪某处拿了 5000 元给王某勇，并不能证明这 5000 元给陈某英。陈良英否认收到钱，没有票据、收据等证明陈某英收到钱，故不能认定。

案例 3-4-3　李某波信用卡诈骗案[（2018）豫 0621 刑初 177 号]

法院认定：证人吴某的证言只证明李某波给王某 1 办理信用卡的费用，但不能证明李某波是因为办理涉案的信用卡给的王某 1 钱，其证言与案件没有关联性，不应采信。

五、出庭与发问

辩护人对证人、被告人、被害人、附带民事诉讼当事人、鉴定人、有专门知识的人、调查人员、侦查人员或者其他人员的发问，原理类似，技术接近，在此就不做区分，见本书第五章鉴定人发问部分。我们未来将出版的《法庭发问的艺术》一书将对此进行系统讨论。本部分主要就证人出庭、发问等问题进行阐述。

（一）出庭

1. 申请出庭

根据法律规定，申请证人及有关人员出庭有三个条件：第一，控方或辩方对证人证言有异议；第二，证人证言对案件定罪量刑有重大影响；第三，法院认为证人有必要出庭作证。

《刑事诉讼法》第 192 条规定："公诉人、当事人或者辩护人、诉讼代理人对证人证言有异议，且该证人证言对案件定罪量刑有重大影响，人民法院认为证人有必要出庭作证的，证人应当出庭作证。人民警察就其执行职务时目击的犯罪情况作为证人出庭作证,适用前款规定。公诉人、当事人或者辩护人、诉讼代理人对鉴定意见有异议,人民法院认为鉴定人有必要出庭的,鉴定人应当出庭作证。经人民法院通知,鉴定人拒不出庭作证的,鉴定意见不得作为定案的根据。"

《最高法院刑诉解释》第 249 条规定:"公诉人、当事人或者辩护人、诉讼代理人对证人证言有异议,且该证人证言对定罪量刑有重大影响,或者对鉴定意见有异议,人民法院认为证人、鉴定人有必要出庭作证的,应当通知证人、鉴定人出庭。控辩双方对侦破经过、证据来源、证据真实性或者合法性等有异议,申请调查人员、侦查人员或者有关人员出庭,人民法院认为有必要的,应当通知调查人员、侦查人员或者有关人员出庭。"

证人出庭难,难在第三点,法院认为证人没有必要出庭,导致证人无法出庭。个别案件甚至出现过证人要求出庭,且开庭数日,天天在法庭门口等待出庭,法院仍不同意其出庭作证的情况。

基于对《刑事诉讼法》第 192 条第 1 款的实质解释,证人出庭作证的条件实质上只有一项,证言对定罪量刑有重大影响。申请证人出庭,自然对证言有异议,法院认为必要只是程序性规定,若符合证人出庭的实质条件,法院没有理由认为不必要。且证人出庭有助于查明证人证言是否真实,能帮助法庭查明案件事实。如证人证言对于案件很关键,辩护人应当坚持申请证人出庭;如法官坚持不同意证人出庭,可以不断依法反映和控告。证人出庭问题,详见《庭前会议指引》第六章"申请证人等出庭、申请鉴定等常见问题及应对"。

直接言词原则要求证人出庭。证人出庭是判断证言真实性的前提。我国古代历朝历代的听讼制度,要求证人必须出庭,否则不可能施以"五听"之术。但司法现实是证人出庭率较低。在几乎所有的案件中,我们都会坚决申请关键证人出庭作证。而控方几乎无例外地会反对,法庭有时也不同意让证人出庭。所谓的审判,实质上就没有了"审"。

多年来"以审判为中心"的诉讼制度改革不断推进,但在最关键的证人出庭问题上进展堪忧,我们认为根源在于立法层面和司法层面还是缺少落实相关制度的决心。实践中证人不出庭的直接原因就是,基于《刑事诉讼法》第 192 条、《最高法院刑诉解释》第 249 条"法院认为证人有必要出庭作证的"规定,法院对此有自由裁量权。对此,我们认为应对此条款进行修改,限制法官的自由裁量权,有利于充分落实以审判为中心的改革,保障当事人的法定诉讼权利。

值得肯定的是,证人出庭的规则已经有了实质性转变,"法院认为证人有必要出庭作证的”这一条件已经在一些规范性文件中被取消。《关于推进以审判为中心的刑事诉讼制度改革的意见》第 12 条规定,“公诉人、当事人或者辩护人、诉讼代理人对证人证言有异议,人民法院认为该证人证言对案件定罪量刑有重大影响的,证人应当出庭作证”。《关于全面推进以审判为中心的刑事诉讼制度改革的实施意见》第 14 条规定,“控辩双方对证人证言有异议,人民法院认为证人证言对案件定罪量刑有重大影响的,应当通知证人出庭作证”。

《庭前会议规程》第 13 条第 1 款也取消了“法院认为证人有必要出庭作证的”这一条件。该条规定:“控辩双方对证人证言、被害人陈述有异议,申请证人、被害人出庭,人民法院经审查认为证人证言、被害人陈述对案件定罪量刑有重大影响的,应当通知证人、被害人出庭。控辩双方对鉴定意见有异议,申请鉴定人或者有专门知识的人出庭,人民法院经审查认为有必要的,应当通知鉴定人或者有专门知识的人出庭。控辩双方对侦破经过、证据来源、证据真实性或者证据收集合法性等有异议,申请侦查人员或者有关人员出庭,人民法院经审查认为有必要的,应当通知侦查人员或者有关人员出庭。为查明案件事实、调查核实证据,人民法院可以依职权通知上述人员到庭。人民法院通知证人、被害人、鉴定人、侦查人员、有专门知识的人等出庭的,控辩双方协助有关人员到庭。”

即申请证人、被害人出庭,并不需要“法院认为证人有必要出庭作证的”。作为对比,申请鉴定人、有专门知识的人、侦查人员或者有关人员出庭,仍然保留了“人民法院经审查认为有必要的”条件。这一区分是符合法理的。

2. 法院依职权通知出庭

除控辩双方申请证人出庭外,法院可依职权通知证人出庭。《最高法院刑诉解释》第 251 条规定:“为查明案件事实、调查核实证据,人民法院可以依职权通知证人、鉴定人、有专门知识的人、调查人员、侦查人员或者其他人员出庭。”

3. 强制到庭

《刑事诉讼法》第 193 条规定,“经人民法院通知,证人没有正当理由不出庭作证的,人民法院可以强制其到庭,但是被告人的配偶、父母、子女除外”。《最高法院刑诉解释》第 255 条规定:“强制证人出庭的,应当由院长签发强制证人出庭令,由法警执行。必要时,可以商请公安机关协助。”《法庭调查规程》第 15 条规定:“人民法院通知出庭的证人,无正当理由拒不出庭的,可以强制其出庭,但是被告人的配偶、父母、子女除外。强制证人出庭的,应当由院长签发强制证人出庭令,并由法警执行。必要时,可以商请公安机关协助执行。”

虽然法律对强制证人出庭有明确规定,但实践中几乎没有被运用。法院很少传唤证人出庭。

例如,我们办理的重庆孔某文受贿案中,法院通知几位证人出庭作证,有的证人推脱说在外地,有的证人拒收传票,有的证人收到通知却不出庭。

因通知证人出庭的前提是对证人证言有异议,即对证言的真实性产生了怀疑。如证人拒绝出庭,法院也不强制证人出庭,根据《最高法院刑诉解释》第 91 条第 3 款的规定,“经人民法院通知,证人没有正当理由拒绝出庭或者出庭后拒绝作证,法庭对其证言的真实性无法确认的,该证人证言不得作为定案的根据”。辩护人可要求法院不得将该证人证言作为定案的根据。

(二)视频作证

证人出庭通常都是当庭作证,但近年来因受新冠肺炎疫情的影响,很多证人出庭变为通过视频作证,甚至个别情况下出现能当庭也非得线上的情形。

可以视频作证的情形,《最高法院刑诉解释》第 253 条有明确规定:“证人具有下列情形之一,无法出庭作证的,人民法院可以准许其不出庭:(一)庭审期间身患严重疾病或者行动极为不便的;(二)居所远离开庭地点且交通极为不便的;(三)身处国外短期无法回国的;(四)有其他客观原因,确实无法出庭的。具有前款规定情形的,可以通过视频等方式作证。”

证人出庭本就困难,如果出现上述规定的前三种情形,法院一般不会通知证人出庭,也就不存在视频作证的问题。实践中的问题主要是,证人不符合前三种情形,法院可能仍决定让其视频作证,甚至开庭审理时,让证人到隔壁法庭视频作证而不让其当庭作证。法院通常以兜底条款来解释证人视频出庭的原因,有时也声称对作证的证人、侦查人员进行保护。

《法庭调查规程》第 16 条规定:“证人、鉴定人、被害人因出庭作证,本人或者其近亲属的人身安全面临危险的,人民法院应当采取不公开其真实姓名、住址和工作单位等个人信息,或者不暴露其外貌、真实声音等保护措施。决定对出庭作证的证人、鉴定人、被害人采取不公开个人信息的保护措施的,审判人员应当在开庭前核实其身份,对证人、鉴定人如实作证的保证书不得公开,在判决书、裁定书等法律文书中可以使用化名等代替其个人信息。审判期间,证人、鉴定人、被害人提出保护请求的,人民法院应当立即审查,确有必要的,应当及时决定采取相应的保护措施。必要时,可以商请公安机关采取专门性保护措施。”

视频作证的效果远不及出庭作证,为了对证人证言充分质证,辩护人应当坚持要求证人出庭作证,尤其当证人不符合视频作证的条件时。所谓“有其他客观原因,确实无法出庭”,到底是什么客观原因,为何无法出庭,为何需要采取不公开个人信息的保护措施,应当要求法院明示原因,必要时可提出异议。

(三)作证及发问顺序

证人出庭后如何作证,谁先发问,看似是小问题,实则非常重要。

证人到庭后,是先陈述证言,还是直接接受发问,作证的效果有可能完全不一样。《最高法院刑诉解释》第259条前半句规定:“证人出庭后,一般先向法庭陈述证言。”即证人是否要先向法庭陈述证言并不绝对,一般先陈述,也可以不陈述。如果证人的庭前证言对被告人有利,辩护人可以要求法庭让证人先向法庭陈述证言;如果证人的庭前证言对被告人不利,则可考虑反对证人先向法庭陈述证言。辩护人需要结合证人庭前证言综合判断,针对法庭决定及时反应。

关于发问顺序,谁先问、谁后问可能直接影响证人作证的心态、表现,进而影响证人作证的内容。辩护人应当争取先发问的机会。有诉讼代理人参与的案件,庭审往往会变得更加复杂。

1. 谁申请出庭,应当谁先发问

《最高法院刑诉解释》第259条规定,“证人出庭后,一般先向法庭陈述证言;其后,经审判长许可,由申请通知证人出庭的一方发问,发问完毕后,对方也可以发问。法庭依职权通知证人出庭的,发问顺序由审判长根据案件情况确定”。谁申请,由谁先发问,即辩护人申请出庭的,应当先由辩护人发问。有时控辩双方都申请证人出庭,或法庭依职权通知证人出庭,辩护人可争取先发问。

2. 诉讼代理人通常最后发问

《刑事诉讼法》第194条明确规定,“公诉人、当事人和辩护人、诉讼代理人经审判长许可,可以对证人、鉴定人发问”。由此可见,诉讼代理人通常在最后发问。当然,如果诉讼代理人为提请通知证人出庭一方,则顺序可能发生变化。我们办理的无锡邵某春诈骗案中,法庭决定公诉人发问后由诉讼代理人发问,称其均为“控方”,经当庭强烈反对,且陈述理由,法庭未采纳辩护人的意见。

《刑事诉讼法》第61条规定:“证人证言必须在法庭上经过公诉人、被害人和被告人、辩护人双方质证并且查实以后,才能作为定案的根据。法庭查明证人有意作伪证或者隐匿罪证的时候,应当依法处理。”根据该规定,被害人、诉讼代理人可在被告人、辩护人之前先行质证。但这并非发问的法定顺序,也质证的一般顺序,辩方证据的质证就是由辩方首先进行。

《法庭调查规程》第 19 条规定又有所不同:“证人出庭后,先向法庭陈述证言,然后先由举证方发问;发问完毕后,对方也可以发问。根据案件审理需要,也可以先由申请方发问。控辩双方向证人发问完毕后,可以发表本方对证人证言的质证意见。控辩双方如有新的问题,经审判长准许,可以再行向证人发问。审判人员认为必要时,可以询问证人。法庭依职权通知证人出庭的情形,审判人员应当主导对证人的询问。经审判长准许,被告人可以向证人发问。”辩护人也可以根据有利于被告人的原则,选择性引用法条。

3. 补充发问应当在一轮发问结束后进行

无锡邵某春诈骗案中,公诉人发问后,诉讼代理人发问,轮到辩护人发问时,公诉人要求补充发问,辩护人提出反对。公诉人称:“诉讼代理人和公诉人都属于控诉一方,公诉人虽然结束了发问,但控诉方的发问没有结束,公诉人作为控方可以继续发问。”这种发问的“抢麦”行为,导致控辩双方的机会不平等,也可能导致证人疲惫或强化证人对某些事实的记忆,不利于辩护人发问。经辩护人坚决反对后,法庭采纳了辩护人的意见。

《法庭调查规程》第 19 条第 2 款规定:“控辩双方向证人发问完毕后,可以发表本方对证人证言的质证意见。控辩双方如有新的问题,经审判长准许,可以再行向证人发问。”在一轮发问结束后,甚至在发表质证意见后,可以进行补充发问。

《人民检察院刑事诉讼规则》第 406 条第 6 款规定:“当事人和辩护人、诉讼代理人向证人发问后,公诉人可以根据证人回答的情况,经审判长许可,再次向证人发问。”该条也明确了公诉人的补充发问在其他人发问后进行。

(四)发问规则

《最高法院刑诉解释》第 261 条第 1 款规定:“向证人发问应当遵循以下规则:(一)发问的内容应当与本案事实有关;(二)不得以诱导方式发问;(三)不得威胁证人;(四)不得损害证人的人格尊严。”《法庭调查规程》第 20 条除了上述四条规则外,还规定“不得泄露证人个人隐私”。

《法庭调查规程》第 25 条规定:“证人出庭作证的,其庭前证言一般不再出示、宣读,但下列情形除外:(一)证人出庭作证时遗忘或者遗漏庭前证言的关键内容,需要向证人作出必要提示的;(二)证人的当庭证言与庭前证言存在矛盾,需要证人作出合理解释的。为核实证据来源、证据真实性等问题,或者帮助证人回忆,经审判长准许,控辩双方可以在询问证人时向其出示物证、书证等证据。”

根据《法庭调查规程》第 22、23 条,《最高法院刑诉解释》第 263、264 条,不得重复性发问;审判人员认为必要时,可以询问;向证人、调查人员、侦查人员发问应当分别进行。

辩护人要准确把控发问规则,一方面避免自己违规,另一方面对公诉人、诉讼代理人、同案辩护人、法官的违规要保持敏感,及时提出反对。庭审中对违反规则的发问或讯问及时提出反对,主要有两方面的作用:一是避免他人违规发问,误导证人、影响证人作证;二是精准有力的适时反对可以打断对方阵脚,导致对方减少询问甚至不再询问。

《最高法院刑诉解释》第262条规定:“控辩双方的讯问、发问方式不当或者内容与本案无关的,对方可以提出异议,申请审判长制止,审判长应当判明情况予以支持或者驳回;对方未提出异议的,审判长也可以根据情况予以制止。”《法庭调查规程》第21条规定:“控辩一方发问方式不当或者内容与案件事实无关,违反有关发问规则的,对方可以提出异议。对方当庭提出异议的,发问方应当说明发问理由,审判长判明情况予以支持或者驳回;对方未当庭提出异议的,审判长也可以根据情况予以制止。”第22条规定:“审判长认为证人当庭陈述的内容与案件事实无关或者明显重复的,可以进行必要的提示。”

（五）对质

《法庭调查规程》第24条规定:“证人证言之间存在实质性差异的,法庭可以传唤有关证人到庭对质。审判长可以分别询问证人,就证言的实质性差异进行调查核实。经审判长准许,控辩双方可以向证人发问。审判长认为有必要的,可以准许证人之间相互发问。”

法庭可依职权组织证人、同案被告人之间的对质,辩护人也可以申请法庭组织对质。被告人对证人发问时,可以自行进行对质。同案被告人相互之间也可以进行对质。对质是查明证言、陈述的真实性的重要方法,辩护人应当充分利用对质程序。

对质的具体实施,大致包括两种方式:一是对质人之间相互发问,彼此质疑;二是辩护人或公诉人、诉讼代理人、审判人员分别对不同的对质人发问,引出不同的回答。辩护人可以根据案件情况决定选择何种方式,一般说来,后一种方式更容易控制,更容易达到对质的目的。为了提升对质的效果,辩护人应提前对被告人进行辅导,也可以提示辩方证人出庭作证的程序、规则及如何对质。

（六）证人出庭后拒绝作证

证人出庭可能出现三种情况:一是当庭证言与庭前证言一致;二是当庭证言与庭前证言不一致;三是出庭后拒绝作证。关于前两种情况下证言的审查,前文已述。

第三种情况实践中并不少见,主要体现为拒绝回答辩方的发问,因证人多数属于控方证人,控方证人不配合辩护人的情况很常见。

如果证人出庭后只配合控方的发问,而拒不回答辩护人的问题,或者以“笔录都有”“以我的笔录为准”“记不清楚”搪塞。辩护人可提请法庭对证人进行训诫,进而让证人自己说出来“拒绝回答辩护人的问题”,或者阐明证人的表现属于拒绝作证。在质证阶段,辩护人可以提出,根据《最高法院刑诉解释》第 91 条第 3 款,经法院通知,“证人没有正当理由拒绝出庭或者出庭后拒绝作证,法庭对其证言的真实性无法确认的,该证人证言不得作为定案的根据”。

《关于建立健全防范刑事冤假错案工作机制的意见》第 13 条也规定:“依法应当出庭作证的证人没有正当理由拒绝出庭或者出庭后拒绝作证,其庭前证言真实性无法确认的,不得作为定案的根据。”《关于切实防止冤假错案的规定》第 6 条规定,“依法应当出庭的证人没有正当理由拒绝出庭或者出庭后拒绝作证,法庭对其证言真实性无法确认的,该证人证言不得作为定案的根据”。

案例

案例 3-5-1 苏某强、张某、任某奎等故意伤害案[(2013)冀刑三终字第 95 号]

辩护人对孙某甲的证言质疑,法院认为,孙某甲的证言对上诉人任某奎的定罪量刑有重大影响,且有必要出庭作证。但孙某甲在没有正当理由的情况下拒不到庭,根据 2012 年《最高法院刑诉解释》第 78 条第 3 款“经人民法院通知,证人没有正当理由拒绝出庭或者出庭后拒绝作证,法庭对其证言的真实性无法确认的,该证人证言不得作为定案的根据”的规定,对孙某甲的证言不予采信。

案例 3-5-2 湖州李某华受贿案[(2017)浙 05 刑终 72 号]

杜某霖是本案最关键的证人,李某华、辩护人对杜其霖证言有重大异议,其证言存在大量不合常理之处,自相矛盾,与李某华供述和客观证据相矛盾,且其证言对本案定罪量刑有重大影响,杜某霖不出庭作证,无法查明事实真相。辩护人理由如下:

第一,杜某霖笔录存在明显的“拷贝现象”。杜某霖的所有笔录,对 300 万元行贿的描述均高度一致,明显有拷贝的痕迹。特别是连续 3 年春节前后,每次都用拉杆箱装100万元，包车去云某大厦附近送钱，3年完全相同的行贿情节，极为反常。

第二，仅以其2016年2月29日与3月1日两份笔录为例：(1)两份笔录侦查人员完全不同，但第二份笔录的提问，与第一份笔录吃饭、休息之后开始的后半部分完全一致。“你为什么要送给李某华好处？”“你送给李某华的现金都是哪里来的？”“你为什么要送给李某华好处？”等均完全一样，甚至连“接着交代问题”都共同出现过3次。(2)杜某霖对行贿300万元的陈述，描述顺序、送钱说法都完全一样。先联系、后包车到安吉、再接头给钱。杜某霖3年送钱时说的话：“我来给你拜年了”“我给你来拜年了”“我给你来拜年了”，一模一样。(3)杜某霖两次对自己个人情况的描述，除增减几字之外，语序、标点符号都一模一样；两份笔录结尾，问题、回答完全一样。辩护人认为，3月1日的笔录明显是拷贝2月29日笔录，在原稿基础上简单修改而来，有的地方甚至不做任何改动。笔录拷贝现象极其明显。

第三，送钱时间自相矛盾，与李某华笔录矛盾。杜某霖2月27日称：“2010年、2011年、2012年年底，包车到安吉李某华家附近，用拉杆箱装100万元给李某华。”此后笔录全变成了“春节前后到安吉给李某华送钱。”杜某霖2月27日的笔录，是笔录形成时间最早的一次，为何第一次说是年底，往后就统一变成了春节前后？年底和春节前后，相差甚远，约相差2个月。侦查机关是否还有其他笔录，其他笔录又是如何说？辩护人申请调取杜某霖行贿案中所有杜某霖的笔录及同步讯问或询问录音录像，以确认其笔录的合法性与真实性。

杜某霖连何时认识李某华的笔录都不稳定、不一致。杜某霖2月29日称：“2009年左右我认识李某华的时候，他是湖州市环保局的副局长。”3月2日又称：“2008年年底到2009年年初认识李某华”。4月7日却说：“2008年通过北京的老干妈介绍认识的李某华”。三次笔录所称认识李某华的时间都不一样。

杜某霖只是证人，但其与李某华指定居所监视居住在同一地点，湖州市敬业路1313号吴兴区检察院审讯室。这不免让人怀疑杜某霖的自由被限制。辩护人认为笔录的真实性、合法性存在严重问题。

案例3-5-3　唐山李某敏、刘某丽敲诈勒索、重婚案[(2017)冀0283刑初396号]

刘某民出庭作证，当庭证言与庭前证言矛盾，又无其他证据印证，且关键问题均称记不清。

刘某民当庭承认谈判涉及拆迁，而后在出庭检察员的引导下，又转口说记不清。签协议的第二天，刘某民让其妹夫拆迁李某敏母亲的房屋；自己安排、甚至手写的《承诺书》，李某敏在何时、何处签；这些本该记得清楚的关键问题，刘某民一概说记不清。

当庭播放李某敏与刘某民的通话录音。刘某民说："能听出李某敏的声音，听不出有自己的声音，无法确认与李某敏通话的是不是自己，记不清是否通过电话。"此人连别人的声音都能听出来，自己的声音却听不出来，明显不是如实作证。

辩方申请对刘某民与录音证据进行声纹比对，确定电话录音中的另一人是否为刘某民。

第四章

犯罪嫌疑人、被告人供述和辩解

对犯罪嫌疑人、被告人供述和辩解,本书简称为“被告人供述和辩解”。被告人供述和辩解,可分为被告人供述与被告人辩解,庭前供述和辩解与当庭供述和辩解,讯问笔录与自书材料等。被告人供述和辩解与证人证言一样,都属于言词证据,都具有主观性和可变性。相比证人证言,被告人供述和辩解在真实性、合法性和自愿性方面存在更大的争议,是非法证据排除的主要对象。

一、合法性审查

对被告人供述和辩解合法性审查的主要内容,规定在《最高法院刑诉解释》第93条第1~5项,包括:讯问的时间、地点,讯问人的身份、人数以及讯问方式等是否符合法律、有关规定;讯问笔录的制作、修改是否符合法律、有关规定,是否注明讯问的具体起止时间和地点,首次讯问时是否告知被告人有关权利和法律规定,被告人是否核对确认;讯问未成年被告人时,是否通知其法定代理人或者合适成年人到场,有关人员是否到场;讯问女性未成年被告人时,是否有女性工作人员在场;有无以刑讯逼供等非法方法收集被告人供述的情形。

被告人供述和辩解不得作为定案的根据的情形,在此主要讨论被告人供述的强制性排除和瑕疵补正,非法证据排除详见本书第九章。

强制性排除规则规定于《最高法院刑诉解释》第94条:“被告人供述具有下列情形之一的,不得作为定案的根据:(一)讯问笔录没有经被告人核对确认的;(二)讯问聋、哑人,应当提供通晓聋、哑手势的人员而未提供的;(三)讯问不通晓当地通用语言、文字的被告人,应当提供翻译人员而未提供的;(四)讯问未成年人,其法定代理人或者合适成年人不在场的。”出现上述情况,相关供述直接排除,没有任何补正或解释的余地。

瑕疵补正规则规定于《最高法院刑诉解释》第95条:“讯问笔录有下列瑕疵,经补正或者作出合理解释的,可以采用;不能补正或者作出合理解释的,不得作为定案的根据:(一)讯问笔录填写的讯问时间、讯问地点、讯问人、记录人、法定代理人等有误或者存在矛盾的;(二)讯问人没有签名的;(三)首次讯问笔录没有记录告知被讯问人有关权利和法律规定的。”上述程序性瑕疵,不能补正或者作出合理解释的,不得作为定案的根据。关于讯问笔录的瑕疵,辩护人应着重审查补正是否符合要求、解释是否合理,能否达到补正或者合理解释的目的。

(一)讯问人员是否合法

《刑事诉讼法》第118条规定:“讯问犯罪嫌疑人必须由人民检察院或者公安机关的侦查人员负责进行。讯问的时候,侦查人员不得少于二人。犯罪嫌疑人被送交看守所羁押以后,侦查人员对其进行讯问,应当在看守所内进行。”

据此,讯问人员必须是有执法权的人员,包括公安机关或检察院的侦查人员,监察委调查人员,海关、国家安全部门的调查人员。如果讯问人员不具有上述身份或资格,如实践中可见的辅警参与讯问,以及适格讯问人员少于二人,均属于讯问主体不合法,获取被告人供述不具有合法性。

讯问人员不合法的情形还包括:讯问笔录没有讯问人、记录人签名,或为代签名;讯问笔录记载的讯问人、记录人矛盾;同一时间同一讯问人员在不同地点讯问其他人员或参与现场勘验检查等。

例如,邓某精危险驾驶罪案[(2018)川1703刑初31号]中,达川法院认为:公诉机关不能排除只有一名侦查人员参与讯问的合理怀疑,对于邓某精的第一次供述不予采信,且该案关键证据血液乙醇浓度检验报告,因送检不符合法律规定,检验报告不得作为定案的根据,故宣告邓某精无罪。

根据《最高法院刑诉解释》第93条第1、2项,第95条第1项,讯问笔录经补正或者作出合理解释的,可以采用;不能补正或者作出合理解释的,不得作为定案的根据。在司法实践中,控方往往大量使用情况说明进行补正,辩护人对情况说明应认真审核,提出异议。

(二)讯问辅助人员是否合法

讯问辅助人员,通常指翻译人员,如手语翻译、外语翻译、当地语言翻译。

《刑事诉讼法》第121条规定:“讯问聋、哑的犯罪嫌疑人,应当有通晓聋、哑手势的人参加,并且将这种情况记明笔录。”《最高法院刑诉解释》第94条规定:“被告人供述具有下列情形之一的，不得作为定案的根据……（二）讯问聋、哑人，应当提供通晓聋、哑手势的人员而未提供的……”

《刑事诉讼法》第9条第1款规定：“各民族公民都有用本民族语言文字进行诉讼的权利。人民法院、人民检察院和公安机关对于不通晓当地通用的语言文字的诉讼参与人，应当为他们翻译。”《最高法院刑诉解释》第484条规定，“人民法院审判涉外刑事案件，使用中华人民共和国通用的语言、文字，应当为外国籍当事人提供翻译。翻译人员应当在翻译文件上签名”。

《公安机关办理刑事案件程序规定》第204条规定：“讯问聋、哑的犯罪嫌疑人，应当有通晓聋、哑手势的人参加，并在讯问笔录上注明犯罪嫌疑人的聋、哑情况，以及翻译人员的姓名、工作单位和职业。讯问不通晓当地语言文字的犯罪嫌疑人，应当配备翻译人员。”

涉及翻译的供述，一方面要审查是否提供了翻译人员；另一方面要审查翻译人员是否通晓手语、外语或当地语言，是否达到相关专业的能力或要求，以及翻译人员是否存在应当回避的情形。例如，漳州一起涉黑案件中，当地语言的翻译人员为律师，辩护人以其与当地公、检、法存在密切联系而申请回避，法庭采纳了辩护人的意见。

有的犯罪嫌疑人可能不是全聋、全哑的残障人士，而有一定的听力和语言表达能力，但其拥有残疾人证。此种情形下，也应当配备翻译，不能因为其能听能说就不为其提供翻译。应当提供翻译没有提供的，相关供述不能作为定案的根据。

（三）讯问到场人员是否合法

《刑事诉讼法》第281条、《公安机关办理刑事案件程序规定》第323条、《人民检察院刑事诉讼规则》第465条、《最高法院刑诉解释》第555条均规定，对于未成年人刑事案件，在讯问和审判的时候，应当通知未成年犯罪嫌疑人、被告人的法定代理人或合适的成年人到场。讯问女性未成年犯罪嫌疑人，应当有女工作人员在场。《最高法院刑诉解释》第93条第3、4项规定了应当审查是否通知相关人员到场以及相关人员是否到场。第94条第4项规定，讯问未成年人，其法定代理人或者合适成年人不在场的，被告人供述不得作为定案的根据。

讯问未成年人，要求合适成年人到场，一方面有安抚、鼓励未成年人的作用，另一方面也有监督讯问过程是否合法的作用。

具体参见《刑事诉讼法》第281条的规定：“对于未成年人刑事案件，在讯问和审判的时候，应当通知未成年犯罪嫌疑人、被告人的法定代理人到场。无法通知、法定代理人不能到场或者法定代理人是共犯的,也可以通知未成年犯罪嫌疑人、被告人的其他成年亲属,所在学校、单位、居住地基层组织或者未成年人保护组织的代表到场,并将有关情况记录在案。到场的法定代理人可以代为行使未成年犯罪嫌疑人、被告人的诉讼权利。到场的法定代理人或者其他人员认为办案人员在讯问、审判中侵犯未成年人合法权益的,可以提出意见。讯问笔录、法庭笔录应当交给到场的法定代理人或者其他人员阅读或者向他宣读。讯问女性未成年犯罪嫌疑人,应当有女工作人员在场。审判未成年人刑事案件,未成年被告人最后陈述后,其法定代理人可以进行补充陈述。询问未成年被害人、证人,适用第一款、第二款、第三款的规定。”

(四)讯问地点是否合法

根据《刑事诉讼法》第 118 条第 2 款、《人民检察院刑事诉讼规则》第 186 条、《公安机关办理刑事案件程序规定》第 198 条第 2 款,犯罪嫌疑人被送交看守所羁押后,讯问应当在看守所内进行。

《人民检察院刑事诉讼规则》第 186 条规定:“犯罪嫌疑人被送交看守所羁押后,检察人员对其进行讯问,应当填写提讯、提解证,在看守所讯问室进行。因辨认、鉴定、侦查实验或者追缴犯罪有关财物的需要,经检察长批准,可以提押犯罪嫌疑人出所,并应当由两名以上司法警察押解。不得以讯问为目的将犯罪嫌疑人提押出所进行讯问。”

《公安机关办理刑事案件程序规定》第 198 条规定:“讯问犯罪嫌疑人,除下列情形以外,应当在公安机关执法办案场所的讯问室进行:(一)紧急情况下在现场进行讯问的;(二)对有严重伤病或者残疾、行动不便的,以及正在怀孕的犯罪嫌疑人,在其住处或者就诊的医疗机构进行讯问的。对于已送交看守所羁押的犯罪嫌疑人,应当在看守所讯问室进行讯问。对于正在被执行行政拘留、强制隔离戒毒的人员以及正在监狱服刑的罪犯,可以在其执行场所进行讯问。对于不需要拘留、逮捕的犯罪嫌疑人,经办案部门负责人批准,可以传唤到犯罪嫌疑人所在市、县公安机关执法办案场所或者到他的住处进行讯问。”

《公安机关办理刑事案件程序规定》第 198 条、《人民检察院刑事诉讼规则》第 183 条还规定了 4 类讯问地点:紧急情况现场讯问;对有严重伤病或者残疾、行动不便的,以及正在怀孕的犯罪嫌疑人,在其住处或者就诊的医疗机构进行讯问;对于正在被执行行政拘留、强制隔离戒毒的人员以及正在监狱服刑的罪犯,可以在其执行场所进行讯问;对于不需要拘留、逮捕的犯罪嫌疑人,经办案部门负责人批准,可以传唤到犯罪嫌疑人所在市、县公安机关执法办案场所或者到他的住处进行讯问。

讯问地点不合法，通常表现为在办案场所之外讯问，由于缺乏监督，没有讯问录音录像，非法取证的情况较多。因此，侦查机关不能通过规避法律有关讯问地点的要求，外提或变相外提。《关于切实防止冤假错案的规定》第 1 条明确规定，侦查机关不得以起赃、辨认等为由将犯罪嫌疑人提出看守所外进行讯问。

讯问地点不合法，可作为非法证据排除的事由。如《关于建立健全防范刑事冤假错案工作机制的意见》第 8 条第 2 款规定，除情况紧急必须现场讯问以外，在规定的办案场所外讯问取得的供述，应当排除。

（五）讯问时长是否合法

《最高法院刑诉解释》第 93 条第 2 款第 2 项规定，对被告人供述和辩解应当着重审查是否注明讯问的具体起止时间和地点。《关于建立健全防范刑事冤假错案工作机制的意见》第 8 条规定，疲劳审讯收集的被告人供述应当排除。但疲劳审讯的具体标准，法律没有明确规定。根据相关判例，连续讯问 12 小时以上，或在凌晨长时间审讯的，应当认定为疲劳审讯。详见本书第九章。

《公安机关办理刑事案件程序规定》第 199 条第 2 款规定："犯罪嫌疑人到案后，应当由其在传唤证上填写到案时间。传唤结束时，应当由其在传唤证上填写传唤结束时间。犯罪嫌疑人拒绝填写的，侦查人员应当在传唤证上注明。"

（六）首次讯问是否告知权利

《刑事诉讼法》第 120 条规定："侦查人员在讯问犯罪嫌疑人的时候，应当首先讯问犯罪嫌疑人是否有犯罪行为，让他陈述有罪的情节或者无罪的辩解，然后向他提出问题。犯罪嫌疑人对侦查人员的提问，应当如实回答。但是对与本案无关的问题，有拒绝回答的权利。侦查人员在讯问犯罪嫌疑人的时候，应当告知犯罪嫌疑人享有的诉讼权利，如实供述自己罪行可以从宽处理和认罪认罚的法律规定。"

《公安机关办理刑事案件程序规定》第 203 条、《人民检察院刑事诉讼规则》第 187 条均规定，讯问犯罪嫌疑人应当告知其享有的诉讼权利。《最高法院刑诉解释》第 93 条第 2 项规定要着重审查首次讯问是否告知权利和法律规定；第 95 条第 3 项规定，首次讯问笔录没有记录告知被讯问人有关权利和法律规定的，不能补正或者作出合理解释的，不得作为定案的根据。

例如，潍坊陈某亭高利转贷案中，对陈某亭的三份讯问笔录均是在公安机关没有告知其已被刑事立案、没有告知其有犯罪嫌疑人权利的情况下，以帮忙协调债务纠纷为借口诱骗所得的。

又如康某放火案[（2017）鄂 01 刑终 1043 号]中，法院认为：公安机关对康某进行的首次讯问笔录没有记录告知被讯问人有委托辩护人等诉讼权利的内容，取证程序存在问题，不能作为证据使用。

实践中，首次讯问通常都有犯罪嫌疑人签名的权利义务告知书，但需要结合同步录音录像核查是讯问前告知还是讯问后补签，如没有告知或系补签，应当认定为违法，侦查机关对此又不能补正或作出合理解释的，相关供述不得作为定案根据。

（七）是否个别讯问

《公安机关办理刑事案件程序规定》第 202 条第 2 款、《人民检察院刑事诉讼规则》第 182 条第 2 款、《最高法院刑诉解释》第 243 条均规定，讯问同案的犯罪嫌疑人、被告人，应当个别进行。共同犯罪案件中，分别或个别讯问同案的犯罪嫌疑人、被告人是审讯的基本要求，目的在于防止犯罪嫌疑人、被告人串供、翻供，形成攻守同盟或将责任推卸给在逃人员，导致供述不具备真实性。没有个别讯问的，供述不得作为定案的根据。

不仅在侦查阶段，甚至在审判阶段，开庭审理时对同案被告人的发问和讯问，也必须个别进行。例如，我们办理的江西樟树杜某等人非法采矿、盗窃案，对多位被告人未分开进行法庭发问，宜春中院二审直接发回重审。

（八）讯问方法是否合法

讯问方法的合法性审查涉及非法证据排除，采用刑讯逼供或者冻、饿、晒、烤、疲劳审讯等非法方法收集的被告人供述，应当排除。

非法证据排除问题，详见本书第九章。在此仅举一例，邵某鹏盗窃罪案［（2016）云 07 刑终 119 号］中，丽江中院认为，侦查人员讯问邵某鹏时经同步视频证实，确有明确提示和诱供，有罪供述应当依法予以排除，且本案直接证据银行卡、赃款下落不明，随案移送作案人取款时所穿衣物与取款视频人所穿衣物均不一致，其他证据均系间接证据，不具有唯一性，按存疑无罪处理原则，故宣告邵某鹏无罪。

（九）讯问笔录是否经过核对

《刑事诉讼法》第 122 条、《公安机关办理刑事案件程序规则》第 206 条、《人民检察院刑事诉讼规则》第 188 条均规定，讯问笔录需经犯罪嫌疑人核对。

《刑事诉讼法》第 122 条规定："讯问笔录应当交犯罪嫌疑人核对，对于没有阅读能力的，应当向他宣读。如果记载有遗漏或者差错，犯罪嫌疑人可以提出补充或者改正。犯罪嫌疑人承认笔录没有错误后，应当签名或者盖章。侦查人员也应当在笔录上签名。犯罪嫌疑人请求自行书写供述的，应当准许。必要的时候，侦查人员也可以要犯罪嫌疑人亲笔书写供词。”

《公安机关办理刑事案件程序规则》第 206 条规定:“讯问笔录应当交犯罪嫌疑人核对;对于没有阅读能力的,应当向他宣读。如果记录有遗漏或者差错,应当允许犯罪嫌疑人补充或者更正,并捺指印。笔录经犯罪嫌疑人核对无误后,应当由其在笔录上逐页签名、捺指印,并在末页写明‘以上笔录我看过(或向我宣读过),和我说的相符’。拒绝签名、捺指印的,侦查人员应当在笔录上注明。讯问笔录上所列项目,应当按照规定填写齐全。侦查人员、翻译人员应当在讯问笔录上签名。”《人民检察院刑事诉讼规则》第 188 条也有类似规定。

根据《最高法院刑诉解释》第 94 条第 1 项,讯问笔录没有经被告人核对确认的,不得作为定案的根据。个别案件中,犯罪嫌疑人书写的是:“以上内容与我说的不相符”“以上内容与你说的相符”,这样的供述也不能作为定案的根据。

犯罪嫌疑人拒绝签名、捺指印的,侦查人员应当在笔录上注明,但这类供述的真实性难以保障。因此,除非有同步录音录像予以证实,辩护人可以提出证据不应采信。例如,湖北钟祥陈某英寻衅滋事罪案[(2016)鄂 0881 刑初 41 号]中,对连续 10 个多小时的疲劳审讯形成的笔录,陈某英拒绝签名,辩护人认为未经被告人签名确认的笔录不应采信,而应以陈某英当庭陈述为准。

(十)监察调查的讯问笔录

监察机关调查形成的讯问笔录,与公安机关侦查笔录审查方法类似。《监察法》第 41 条规定:“调查人员采取讯问、询问、留置、搜查、调取、查封、扣押、勘验检查等调查措施,均应当依照规定出示证件,出具书面通知,由二人以上进行,形成笔录、报告等书面材料,并由相关人员签名、盖章。调查人员进行讯问以及搜查、查封、扣押等重要取证工作,应当对全过程进行录音录像,留存备查。”第 44 条第 2 款规定:“监察机关应当保障被留置人员的饮食、休息和安全,提供医疗服务。讯问被留置人员应当合理安排讯问时间和时长,讯问笔录由被讯问人阅看后签名。”

案例

案例 4-1-1　李某高破坏生产经营案[(2010)滨刑二初字第 0068 号]

滨海法院认定:李某高 2009 年 7 月 17 日 12 时 40 分被传唤至正红派出所谈话,7 月 18 日 12 时 30 分宣布刑事拘留,看守所接收时间为 7 月 19 日。7 月 18 日

20时10分至当日22时、7月19日14至当日15时被告人作出了两次承认犯罪经过的供述，提讯证上均无记录，被告人在此期间仍被关押在侦查机关的办案点。因违反《公安机关办理刑事案件程序规定》第145条"对被拘留、逮捕的犯罪嫌疑人、被告人应当立即送看守所羁押"的规定，两份供述不能作为证据使用。故法院宣告李某高无罪。

案例4-1-2 北京李某琪诈骗案[(2018)京0102刑初721号]

辩护人提出具体明确的非法证据排除线索，要求排除李某琪庭前6份有罪供述。

第一，李某琪称讯问过程中被威胁、欺骗、引诱。如2016年6月28日提道："当时姓李的警官跟我讲，张某月找人了，她报警了，他们才抓的我，问我是不是想回家，我说我想回家，他说就要配合他，就能办取保候审，但取保候审有条件，并且可以让我母亲找他办取保候审，当时李警官还给我写了一个纸条，上面有他的电话，他还说要我承认冒充香港大师骗张某月钱的事，他还给我讲了一下大概的事情经过。"2016年9月26日笔录提到："我当时被抓之后，刑警的两名警察让我承认这件事，按照他们说的讲，然后我把钱还上就可以把我放了，我就按照他们教我的讲了。也就承认了冒充算命大师诈骗张某月钱的事，但事实上我没有诈骗张某月的钱。"原一审2017年2月21日庭审笔录，李某琪陈述："李某名警官跟我说，张某月已经找到人了，让我认罪，就没事了，并要打我和吓唬我，让我妈拿出一千万就没事了，他做了一份笔录，我就签字了。"

第二，审查起诉案卷中，2016年4月5日17时10分至21时38分，两份时间相同、地点相同、讯问人员相同，但内容完全相反的笔录。这两份笔录的时间被人为涂改为17时10分至19时0分和19时10分至21时38分后，移送法院。

第三，根据中央政法委《关于切实防止冤假错案的规定》第1条，公安部《关于进一步加强和改进刑事执法办案工作切实防止发生冤假错案的通知》第2条，《公安机关讯问犯罪嫌疑人录音录像工作规定》第5、6条，在看守所讯问的，应当全程同步录音录像，本案没有同步录像，且公诉人庭前会议上称侦查人员没有对讯问过程进行同步录音录像。

庭审当日，侦查人员李某名出庭，证实给李某琪留过有其电话的纸条，让李某琪通过律师传出去。侦查人员陈某出庭，称涂改笔录的情况记不清了，李某琪讯问时进行了录像，但录像坏了，只恢复了一份。而仅恢复的这一份，下午开庭时，审判长称没有声音。辩护人当庭申请调取存储李某琪讯问录像的硬盘，再次进行恢复，也要求调取4月5日李某琪在广外派出所接受讯问的录像并进行恢复，以查明侦查人员是否违法讯问。如果法庭不调取录像，根据《关于建立健全防范刑事冤假错案工作机制的意见》第8条、《人民法院办理刑事案件排除非法证据规程（试行）》第26条第2款，应当对讯问过程录音录像的案件没有提供讯问录音录像，笔录应当排除。

对于李某琪4月5日有罪供述，公诉人称时间错误系侦查人员套用格式所致。但出庭的侦查人员陈某，负责了本案审查起诉阶段的补充侦查，他并没有做这样的解释，公诉人给出的解释没有任何证据支持。根据2012年《最高法院刑诉解释》第82条，讯问笔录不能补正或者作出合理解释的，不得作为定案的根据。李某琪的有罪供述，属于依法应当排除的情形。

法院认为：针对李某琪在公安机关的多份供述，法院在对文字记录所记载内容进行审查后认为，李某琪在接受公安机关讯问时的思维逻辑清晰、陈述内容详尽、且其亦在相应的讯问笔录上签名、捺指印，但鉴于李某琪在此后接受讯问过程中已将上述供述予以推翻，且公诉机关未能针对上述文字记录出具对相应讯问过程的录音或录像，故对于该多份李某琪的供述，法院不作为定案依据。

二、真实性审查

因被告人作为被追诉者特殊的诉讼地位，常在被采取强制措施的情况下作出供述和辩解，其作出供述的自愿性、供述和辩解的真实性往往存在很大争议。对被告人供述和辩解真实性的审查内容包括：供述是否全面，是否存在翻供，辩解是否符合常理，能否和其他证据相互印证等方面。

根据《最高法院刑诉解释》第93条第6～9项规定，对被告人供述和辩解应当着重审查以下内容：被告人的供述是否前后一致，有无反复以及出现反复的原因；被告人的供述和辩解是否全部随案移送；被告人的辩解内容是否符合案情和常理，有无矛盾；被告人的供述和辩解与同案被告人的供述和辩解以及其他证据能否相互印证，有无矛盾；存在矛盾的，能否得到合理解释。必要时，可以结合现场执法音视频记录、讯问录音录像、被告人进出看守所的健康检查记录、笔录等，对被告人的供述和辩解进行审查。

辩护人需要综合全案证据，说明被告人的有罪供述为何不真实。侦查机关通常会反复对犯罪嫌疑人进行讯问,形成多份供述。多次讯问、多份供述,供述内容极有可能发生变化,或先认罪后翻供,或从不认罪到认罪再翻供,或从不认罪到认罪等。辩护人需要说服法官,有罪、罪重供述为何不真实,无罪、罪轻供述为何应当采信。

（一）供述是否全面

侦查人员讯问时存在选择性记录的情况,例如,只记录认罪供述,忽视无罪、罪轻辩解;概括性、总结性记录,遗漏可能无罪、罪轻的重要内容;有的直接复制粘贴先前或同案犯罪嫌疑人的笔录。移送审查起诉或移送法院时,选择性移送部分笔录,特别是选择性移送有罪供述,不移送无罪辩解。

全面记录、收集供述是侦查工作的基本要求。《刑事诉讼法》第 120 条规定:“侦查人员在讯问犯罪嫌疑人的时候,应当首先讯问犯罪嫌疑人是否有犯罪行为,让他陈述有罪的情节或者无罪的辩解,然后向他提出问题。犯罪嫌疑人对侦查人员的提问,应当如实回答。但是对与本案无关的问题,有拒绝回答的权利。侦查人员在讯问犯罪嫌疑人的时候,应当告知犯罪嫌疑人享有的诉讼权利,如实供述自己罪行可以从宽处理和认罪认罚的法律规定。”

《人民检察院刑事诉讼规则》第 187、188 条,《公安机关办理刑事案件程序规则》第 203 条也规定,讯问时要让犯罪嫌疑人陈述有罪的情节与无罪的辩解。《最高法院刑诉解释》第 93 条明确规定:“对被告人供述和辩解应当着重审查以下内容:……(七)被告人的供述和辩解是否全部随案移送……”是否移送了全部供述和辩解,是被告人供述和辩解的重点审查内容。

因此,对被告人供述与辩解真实性的判断,首先要考虑供述是否全面。辩护人要查阅提讯证与讯问笔录的次数、时间是否一致;向被告人了解,侦查人员是否存在提讯但未制作笔录、提讯但提讯证上没有记录、没有提讯却有笔录的情形,以核实讯问的次数。供述内容是否全面,一方面要向被告人核实书面供述,另一方面要查阅讯问同步录音录像,看讯问笔录与同步录音录像是否一致。为此,辩护人须申请调取被告人全部讯问笔录及讯问同步录音录像。

（二）供述是否稳定

如果被告人的多份供述前后基本一致,没有翻供或者矛盾,能够与其他证据尤其是客观证据相印证,说明被告人供述真实。稳定的供述更容易让法官形成内心确信。

如果被告人翻供,无论是全面翻供,还是部分翻供,辩护人都要了解翻供的原因。翻供的原因很多,最常见的是非法取证、逃避罪责、认识错误。供述的变化一方面要向被告人核实,另一方面要通过详细阅卷进行比对。庭审时辩护人要充分展示供述的前后矛盾、与其他证据的矛盾,要让被告人解释翻供的原因。

(三)翻供是否合理

认罪后翻供是司法实践的常态。判断是否翻供要建立在被告人供述全面性的基础上,一方面检察机关移送了所有供述,另一方面所有供述都全面客观地记录了犯罪嫌疑人的陈述。如侦查人员未记录无罪辩解的内容,公诉人没有移送无罪辩解的供述,庭审时被告人提出无罪辩解,不能认定为庭审翻供。因此,申请调取全部供述及讯问同步录音录像就十分重要。查看讯问同步录音录像,可以审查笔录是否全面客观,也可以观察被告人翻供和辩解的身体姿态和语言变化,识别被告人翻供是否属实。

被告人翻供的原因是否合理,要结合案情、证据和常情常理分析。实践中最常见的翻供理由是遭到了非法取证,有必要通过非法证据排除程序进行调查。被告人可以提供证据,证明供述是不真实的,如指控受贿的时间段,被告人提供了机票、酒店订单等书证证明当时他正在国外。

(四)翻供后供述如何采信

翻供大体包括两类情况:庭前认罪、庭审翻供;庭前翻供、庭审认罪。关于这两种情况下如何采信被告人供述,《最高法院刑诉解释》第96条有明确规定:“被告人庭审中翻供,但不能合理说明翻供原因或者其辩解与全案证据矛盾,而其庭前供述与其他证据相互印证的,可以采信其庭前供述。被告人庭前供述和辩解存在反复,但庭审中供认,且与其他证据相互印证的,可以采信其庭审供述;被告人庭前供述和辩解存在反复,庭审中不供认,且无其他证据与庭前供述印证的,不得采信其庭前供述。”

《法庭调查规程》第50条规定:“被告人的当庭供述与庭前供述、自书材料存在矛盾,被告人能够作出合理解释,并与相关证据印证的,应当采信其当庭供述;不能作出合理解释,而其庭前供述、自书材料与相关证据印证的,可以采信其庭前供述、自书材料。法庭应当结合讯问录音录像对讯问笔录进行全面审查。讯问笔录记载的内容与讯问录音录像存在实质性差异的,以讯问录音录像为准。”

《死刑证据规定》第22条规定:“对被告人供述和辩解的审查,应当结合控辩双方提供的所有证据以及被告人本人的全部供述和辩解进行。被告人庭前供述一致,庭审中翻供,但被告人不能合理说明翻供理由或者其辩解与全案证据相矛盾,而庭前供述与其他证据能够相互印证的,可以采信被告人庭前供述。被告人庭前供述和辩解出现反复,但庭审中供认的,且庭审中的供述与其他证据能够印证的,可以采信庭审中的供述;被告人庭前供述和辩解出现反复,庭审中不供认,且无其他证据与庭前供述印证的,不能采信庭前供述。”

对于庭前翻供、庭审认罪的情形,如果辩护人已经知晓,尊重被告人选择的同时应为其争取最大的利益。如辩护人庭前不知情,有必要申请休庭并向被告人详细了解认罪的原因,并阐明认罪的后果。如被告人坚持认罪,辩护人应及时调整辩护策略。

(五)是否存在先证后供

对被告人供述的质证,不能仅限于供述本身,而要结合其他证据综合质证。至于先供后证,还是先证后供,必须结合其他言词证据、客观证据进行梳理。一般而言,先供后证的供述真实性较高。如果先证后供,供述并没有为侦查提供任何线索,内容也均是确认已经在案的其他证据。对这样的供述,辩护人需要提示法庭,不排除串供、诱供甚至刑讯逼供的可能。

(六)能否与其他证据印证

相互印证规则是审查言词证据的基本要求。《最高法院刑诉解释》第 93 条第 9 项规定,对被告人供述和辩解应当着重审查:被告人的供述和辩解与同案被告人的供述和辩解以及其他证据能否相互印证,有无矛盾;存在矛盾的,能否得到合理解释。

(七)供述细节是否合理、真实

要判断被告人供述是否合理、真实,必须高度重视细节。纵向对比,注意每次供述的变化、差异。横向对比,供述与供述之间,供述与其他证据之间是否存在矛盾。供述提到的天气、时间、地点等,要核实是否与客观情况一致。还有必要将供述与讯问同步录音录像对比,看记录是否完整、真实;存在实质性差异的,以讯问录音录像为准。

案例

案例 4-2-1 钱某风投放危险物质罪案[(2015)云高刑再终字第 2 号]

本案经云南高院再审改判无罪。云南高院再审认为:钱某风侦查阶段曾供述她在某宝宝园做工期间,因园主朱某对其不好,便将从家中带来的灭鼠药投到宝宝园的多种食物上，并把投放过毒物的食品给孩子食用，以报复朱某。经审查，钱某风的有罪供述对毒物来源、投毒时间、范围、方法的供述前后不一，且没有其他合法、有效的证据予以印证。且经笔迹鉴定、指纹鉴定，钱某风三份有罪供述不是其本人所签，指纹是其右手拇指所留，笔录上没有标注是代签，也没有说明代签的原因。这三份笔录的制作违反了《刑事诉讼法》和2012年《公安机关办理刑事案件程序规定》的相关规定，不能作为定案的证据。

案例4-2-2 文某、胡某盗窃案[(2018)鲁09刑再2号]

本案再审改判两人无罪。关于原审被告人供述，泰安中院认为：文某有罪供述的主要情节自相矛盾：盗窃皮衣数量、藏匿地点、赃物处理情况均不确定。供述经历了否认、承认、否认的阶段，其有罪供述对主要情节表述极不稳定，且一审庭审时否认。其供述不宜作为定罪量刑的证据。

胡某有罪供述的主要情节自相矛盾：行走路线、三人分工、现场窗户铁棂子状况、盗窃皮衣数量、藏匿地点均不确定。供述经历了承认、否认、承认、否认(刑满释放后)的阶段，再审庭审时仍予以否认。其有罪供述对主要情节供述反复不定，不宜独立作为定罪量刑的证据。

文某、胡某有罪供述之间、供述与现场勘查之间在行走路线、现场情况、皮衣数量、藏匿地点、赃物下落等细节方面矛盾，供证一致的真实性、可靠性存疑，依法不得作为定案的根据。

案例4-2-3 余某锋交通肇事案[(2016)粤09刑终17号]

余某锋自首且认罪，但一审、二审法院均认为：其认罪供述前后矛盾，与其他证言矛盾，指认笔录不符合法律规定，不得作为定案根据。道路交通事故认定书之所以认定其为肇事者，并非依据客观性证据和技术性证据，而主要是依据其有罪供述及现场勘验笔录，认定其为肇事者的依据明显不充分，不能作为定案根据。

高州检察院指控：余某锋无证驾车与朱某的二轮摩托车发生碰撞，朱某当场死亡，余坤锋弃车逃离现场，后当天投案自首。交警部门认定余坤锋应负全部责任。被告人认罪，指定的法援律师做无罪辩护。

一审宣告余某锋无罪后，检察院提出抗诉。

二审余某锋仍认罪，但被害人近亲属及其诉讼代理人完全同意余某锋一审指定辩护人的无罪意见，请求法院维持原判。

二审茂名中院认为：全案证据尚未达到确实、充分的法定证明标准，驳回抗诉，维持原判。

案例4-2-4 王某某故意杀人案[(2014)承市刑初字第32号]

承德中院认为：被告人关于作案手段、抛尸现场等有罪供述及现场指认，因发现被害人尸块时，被告人曾到过现场，而被告人关于购买射钉枪和射钉的供述时间是在尸体检验发现被害人颅内有射钉之后，均属先证后供，且被告人在被监视居住期间的有罪供述，没有同步录音，不能达到应有的证明效力。被告人有罪供述的一些细节不能与其他证据相印证，如供述的杀人及分尸地点，没有得到现场勘查等证据的印证，与被害人妹妹李某某所证"失踪第二天发现其姐家屋内正常"不符；被告人关于被害人上衣颜色的供述与尸检中被害人上衣颜色不符；被告人无法准确指认出购买菜刀、塑料布的商店，关于为分尸从市医院附近两元商店购买10多米长塑料布的供述，与店主所证"商店只卖过长、宽为1.5米×1.5米塑料布"不符。被告人的有罪供述有诸多矛盾难以排除，与其他证据不能完全印证。一审宣告王某某无罪。

案例4-2-5 张某、张某2、张某发、许某海、吴某新故意杀人、抢劫案[(2014)皖刑再终字第00005号]

安徽高院再审认为：五被告人归案之初均作无罪供述，随后就故意杀人的情节供述混乱，继而有罪供述逐步趋向一致，后又全部翻供。本案证据均系先证后供，即现场勘查、尸体鉴定、相关证人作证在先，被告人供述在2年之后，各被告人归案之前均知道被害人被害的事实，其供述亦未超出现场勘查、尸体鉴定、证人证言所证明的内容。五被告人虽作过有罪供述，但五人在预谋提议及参加人、与被害人相遇、张某上车地点、几人上车作案及所坐位置、作案及抛尸过程、作案后去向等主要情节上，不但各自供述前后不一致，自相矛盾，且互相矛盾，不能相互印证。五被告人有罪供述对加害并致死被害人后抛尸的情节与现场勘查笔录、法医鉴定等客观证据证明的部分情况不吻合，不能作为定案根据。

案例4-2-6 左某刚、陈某宣、杨某庆故意杀人案

辩护人思路:同案三位被告人的供述明显不一致。在左某刚等三人会面地点、寻找周某的方式、作案地点、过程上,左某刚、杨某庆的供述与陈某宣供述存在矛盾;作案细节不能相互印证;左某刚等三人供述殴打周某的情节与法医尸检记载的情况不能完全吻合;关于作案工具棍子、绳子的来源、棍子的去向,三人供述不吻合、与证人证言亦不吻合。

例如,是否乘出租车寻找周某存疑。陈某宣有罪供述称是从左某刚的网吧一直步行到达现场的;而杨某庆、左某刚有罪供述说是在江某某车站集合,石某建先开车在开发区转一圈,在江某中学门口遇到周某,后又开车到老区政府往南去的路口,左某刚、陈某宣、杨某庆再下车往南去。

案例4-2-7 邱某祥贩卖毒品案

申诉律师认为,本案几乎仅凭言词证据定案,而且相关证据疑点众多,不合常理。邱某祥及亲属长期申诉。辩护思路如下:

第一,邱某祥2008年10月9日供述称:"当天中午我打电话给邱某华的亲戚郑某,告诉他邱某华被黑社会抓了。"如果三人真去广东购买了大量毒品,并因此发生纠纷,他又"黑吃黑",截留了涉案毒品,应当自保,怎敢对外声张邱某华被抓?且之后邱某祥积极配合警方解救被非法拘禁的邱某华、抓获巴某,案卷却只字未提。

第二,如果邱某祥要去巴某尔处购买大量毒品,为何只带6000元?侦查机关的笔录中还记载巴某尔曾生气地说到:要买货怎么就只带这点钱来?从巴某尔的供述中也能看出当时邱某祥并未有购买毒品的意图。且两人只有一面之缘,巴某尔怎么可能只收5000元就将价值6万元的毒品交由邱某祥带走?

第三,证人叶某称,2008年10月8日晚他花300元向邱某祥买了一包冰毒;证人刘某称,2008年10月9日0时许他通过郭某、陈某购买了500元一包的冰毒;证人黄某称,2008年10月9日8时他找到邱某祥还钱,同时又花300元买了一包冰毒。上述人员同时被抓获,为什么公安机关当场查获的毒品只有1.21克冰毒和6粒麻果,而没有登记在现场缴获的毒资呢?按证人所述,现场应该有现金上千元,这么重要的物证为什么没有提取到?

第四,巴某尔的供述一直称邱某祥为"阿强",而据邱某祥亲友反映,他从来没

有这样的外号，社会上的朋友也没有人这么称呼他。巴某尔所说的“阿强”很可能另有其人。

三、同案/另案被告人供述和辩解的审查

同案被告人的供述和辩解的定性问题在实践中存在争议。有人认为，同案被告人就其本人是否实施涉案行为所作的供述和辩解，属于被告人的供述和辩解，但关于其他人的陈述则属于证人证言；也有人认为，同案被告人供述和辩解无论是关于其本人的行为还是同案人员的行为，都是供述和辩解。实践中，公诉机关常常将同案/另案被告人供述作为证人证言出示，法院也作为证言采纳，这种做法是错误的。被告人供述与证人证言虽然都是言词证据，但诉讼地位、权利义务、讯问要求均有所不同，两者性质存在本质区别：

第一，同案被告人还是被告人，同案被告人供述系侦查机关按照讯问犯罪嫌疑人、被告人法定程序所获得的供述，若《刑事诉讼法》没有例外规定，其当然属于被告人供述。

第二，同案被告人供述与本人供述性质一致。共同犯罪案件的各被告人在主观上有共同故意，客观上有共同行为，共同犯罪行为互相形成一个不可分割的整体，共同被告人供述具有牵连性。

第三，同案被告人相互之间可能存在利益冲突，同案被告人与案件处理结果存在利害关系，通常可能推卸责任，虚假陈述。而证人证言相对客观，仅受感官、记忆、表达、利害关系等影响。并且，证人故意作虚假陈述，构成伪证罪。而被告人虚假陈述并无法律责任。证人证言可靠性一般比被告人供述更高。

第四，在只有被告人供述、没有其他证据的情况下，依法不能认定被告人有罪和处以刑罚。控方将同案/另案处理的共同犯罪被告人供述转化为证人证言，是意图规避《刑事诉讼法》第55条第1款的行为，法院若认可，将有损法律权威，有损司法公正。

因此，对同案被告人供述应按照被告人供述的质证规则进行质证。对于部分司法机关为了便于指控犯罪，而将本应同案审理的案件“另案处理”的，其“另案被告人供述”性质与此等同。

此外，案卷中的另案被告人供述，通常不完全，且往往都是被挑选出来或专门制作的不利供述。因此，辩护人经常需要申请法院调取另案被告人的全部供述、讯问同步录音录像甚至全部案卷，申请其出庭接受法庭调查，以全面审查其合法性和真实性。

案例

案例4-3-1　黄某星等诈骗案[(2009)佛明法刑初字第1号]

高明法院认为:同案共犯被告人供述应当认定为"被告人供述",仅有被告人供述,没有其他证据的,不能认定被告人有罪。伍翠婷法官评析,"仅有同案被告人的供述不能认定被告人有罪":第一,同案被告人供述的性质与本人供述的性质一致。共同犯罪案件的各被告人在主观上有共同故意,客观上有共同行为,共同犯罪行为互相形成一个不可分割的整体,共同被告人供述具有牵连性。第二,同案被告人均是该共同犯罪案件的当事人,都与其所陈述的案件的处理结果有直接的利害关系,其中立性与客观性均与"其他证据"有明显区别。第三,从立法目的来看,《刑事诉讼法》第53条的立法原意是防止夸大被告人供述,防止侦查机关仅盯住被告人供述而不去调查其他证据,造成非法取证,是"无罪推定"和"疑罪从无"的现代刑事司法理念的体现。①

四、发问与对质

(一)发问

对被告人、证人、侦查人员、鉴定人、有专门知识的人等出庭人员的发问,皆遵循本书第二章、第五章所列举的规则。辩护人针对被告人的发问,还需要强调几点:发问提纲与被告人事先沟通;辅导被告人清晰、准确、简明地回答问题;辅导被告人如何应对公诉人、法官的讯问和其他辩护人的发问,如必须听清楚问题,避免受到误导,回答避免误解,有话坚持说完;发问需详细展现辩护人希望呈现的事实,如无罪的事实和理由、刑讯的情况;不限制被告人陈述无罪的理由等。

对同案被告人的发问应当格外慎重,必要时才进行发问。有的同案被告人之间利益一致,有的利益相冲突,可能会相互推诿或指责。辩护人庭前需研究同案被告人的供述,庭审时需仔细聆听其当庭陈述,由此找出对当事人有利的事实,通过发问,呈现案件事实,或确认笔录及陈述中矛盾、不合常理的事实。

(二)对质

《最高法院刑诉解释》第269条规定:"审理过程中,法庭认为有必要的,可以传

① 胡云腾主编:《宣告无罪:实务指南与案例精析》,法律出版社2014年版,第292~296页。

唤同案被告人、分案审理的共同犯罪或者关联犯罪案件的被告人等到庭对质。"《人民检察院刑事诉讼规则》第402条第4款规定:"被告人、证人、被害人对同一事实的陈述存在矛盾的,公诉人可以建议法庭传唤有关被告人、通知有关证人同时到庭对质,必要时可以建议法庭询问被害人。"可见,法庭认为有必要可以传唤相关被告人对质,公诉人可以建议法庭进行对质,被告人和辩护人当然也可以申请法庭进行对质程序。

对质往往有颠覆性效果,辩护人应高度重视。例如,肖某、曹某伟、曹某华盗窃案[(2013)湘法刑初字第334号]中,曹某华否认参起诉书指控的第11笔犯罪,肖某、曹某伟当庭对质时表示曹某华未参与,加上无通话详单相佐证,故法院采信了曹某华的质证意见。

对质,可以是相关被告人相互质问,也可以通过辩护人、公诉人对不同被告人轮流发问而进行。被告人之间的相互质问,很可能变成反问、控诉,导致对质无法达到预期效果。因此,如果确需对质的,辩护人需在庭前对被告人进行必要的辅导。

案例

案例4-4-1 刘某军等涉嫌组织、领导、参加黑社会性质组织案

同案被告人刘某存承认参加黑社会性质组织,并签订了认罪认罚协议,对刘某军极为不利,辩护人利用对刘某存的发问机会,向法庭揭示其认罪认罚并非自愿。辩护人的策略是开门见山,首先问认的是什么罪;接着,从黑社会的构成要件入手,让证人向法庭解释,发问对象一连串的"不知道""不领导""没有",印证了认罪认罚的荒谬。总体上,辩护人的发问目的很明确,发问对象的回答也基本在辩护人掌控范围内。

问:你认的是什么罪?你知道吗?

答:涉嫌参加黑社会性质组织,聚众扰乱社会秩序。

问:你知道什么是黑社会吗?

答:检察院指控我是黑社会。

问:你知道黑社会有几个特征?

答:不知道。

问:那我简单讲一些,黑社会有层级组织结构,你们这个黑社会分几级?

答:不知道。

问:黑社会性质组织有领导,谁领导你?

答:不知道。

问:你领导谁?

答:不领导谁,我打更的能领导谁啊?

问:黑社会性质组织得有纪律,你们这个黑社会性质组织有什么纪律?

答:没有宣布过纪律。

问:你在黑社会性质组织打过架吗?

答:没有。

问:你何时参加的黑社会?

答:什么时候参加?我不知道。

问:你不是认罪认罚,参加黑社会了吗?

答:平安种业我去过,其他没有。

问:你周围的人怕你吗?

答:我一个老头子,打更的,谁会怕我呀?

(刘某存回答的意思是,平安种业那次属于参加黑社会,这是辩护人追问导致的意外,暴露了辩护人对问题的预判不足,必须紧急弥补,追问"你去平安种业是参加黑社会吗?"应该可以拉回来。但遗憾的是,辩护人直接问下一个问题。辩护人对发问对象的回答要进行预判,防止得到不利的回答,若有不利,应当尽可能立即补救。但最后的收尾,辩护人与发问对象默契地一问一答,总体上达到了发问目的,即该同案被告人所谓的认罪认罚根本不是自愿的。)

问:你不是黑社会吗?你得跟法官讲清楚。

答:黑社会要由公、检、法机关定,我说了不算,你律师也管不了这事。公、检、法说你是黑社会,那就是。我自己说了算,我早回家了。他们不放我。

案例4-4-2　孙某等涉嫌组织、领导、参加黑社会性质组织案

第一被告人孙某及辩护人朱律师做无罪辩护,但第二被告人陈某某认罪认罚,供述对孙某不利。朱律师对陈某某发问,要其说明参加黑社会的时间、地点等具体情节,陈某某均无法回答,动摇了其认罪认罚的真实性。起诉书指控陈某某与孙某2008年共同实施一起寻衅滋事,陈某某认罪认罚,朱律师要陈某某解释,为什么他

侦查阶段曾供述未参与该起案件,为什么当庭陈述是2009年才加入车队,才认识孙某。这一发问也引发审判长追问,但陈始终无法解释,供述的真实性被动摇。

朱:你参加了哪个黑社会?谁是黑社会老大?你能明确说一下吗?

陈:我现在被你问懵了。

朱:你参加了谁的黑社会?

陈:起诉书上说得很清楚。

朱:我不是问起诉书,我就问你,你是参加哪一个黑社会?你是怎么进去的?你是哪一天、通过什么仪式进去的?你什么时候宣誓了、喝酒了、磕头了、拜跪了?你通过什么样的仪式参加了哪个黑社会?你得有时间、有地点、有人物、有情节啊!你不能说你参加,你认为你犯罪,你总得要参加张三、李四的黑社会,全国扫黑除恶打掉那么多黑社会,你参加哪一个?黑社会的帮规、纪律是什么?你告诉我。如果你不知道,又说参加黑社会,你不是骗法庭吗?

(陈的辩护人反对,审判长制止)

朱:我提醒合议庭,认罪认罚必须认可指控的事实,参加黑社会必须有时间、地点、人物这些情节,这是犯罪最重要的组成部分,这些他都不认,能叫认罪认罚吗?

朱:被告人陈某某,你接受辩护人的发问,有回答的义务。辩护人的问题是本案的事实问题,而不是你的态度问题,不是你认罪不认罪的问题。我问你事实问题,你是哪年哪月参加了哪个黑社会?怎么进去的?通过什么样的仪式参加的?你给我说清楚。

陈:我现在讲话应该语无伦次了,这么长时间没见家人,我五十多岁了,我的情绪已完全失控了,一件件去想这个事情,我现在可能想不起来。

朱:审判长,被告人陈某某多次强调他今天的情绪失控,不能够正确表达,他说认罪认罚是自愿的吗?

审判长:法庭会充分注意到,并记录在案。

……

朱:你告诉法庭,起诉书指控你参与了多起拦截、殴打他人、砸毁车辆的事情,你第一次参加的是哪一起?

陈:我记不起来了。

朱:那我们就一起来盘……陈某某,你刚才向法庭多次陈述说你是2009年6月加入宁波车队的,而且你说这个日子记得特别清楚,这个没错吧?

陈:没错。

朱:起诉书指控你2008年3、4月的一天,孙某带着你到荣某某的家门口,拦截围堵正在上客的客车,一个小时左右,阻止发车。但2008年时你还没有加入车队,你怎么穿越回去一年多,跟着孙某去拦别人的车?

陈:这个问题的细节我还没注意,没注意看。

朱:就是说你对起诉的内容没有注意看,就认罪认罚了?

……

审判长:被告人陈某某,这个事情有没有,记不记得清楚?

朱:起诉书第10页的第3起,2008年3、4月阻止发车,这事情到底存在还是不存在?

陈:我想不起来了,我再想想,我可能也没有,可能不太想起,谢谢你今天提醒我。

朱:你必须解释清楚,2008年你不认识孙某,为什么你说他带领你去拦别人的车?没有发生的事情,你不认识的人,你怎么能扯到一个事情上来?你今天向法庭说了三次,你是2009年经严某的介绍才认识孙某的。

陈:我没讲是经严某介绍认识孙某,我是经严某认识,到宁波车队参加工作。

朱:那你是什么时候认识孙某的?什么时候到车队去工作的?

陈:我脑子已经混乱了,我脑子转不过来了。

朱:你需要转吗?你2008年的时候有没有跟孙某去拦人家的车,有没有这个事情?要么有,要么没有。

陈:我本来是应该能想起来的……

朱:卷宗第七卷第170页,你讲"2008年3、4月的一天,孙某等人到榕城家荣某某家围堵他的车,这次我没有参与过"。你这时就没有加入宁波车队,你说你没有参与,起诉书也认定你是2009年加入车队的,但你又在法庭上说认这起指控。这只是指控的一起犯罪事实,就发现了严重的证据矛盾。陈某某反复强调2008年没有加入车队,是2009年,起诉书也指控他2009年加入车队,他在公安侦查阶段也否认这一起,但在法庭上一而再、再而三认罪。请合议庭注意,类似的事情不只这一起。也希望陈某某慎重考虑,把案件事实查清楚,对你也有好处,没有的事情你去瞎认,还会牵扯很多无辜的人。

案例 4－4－3 杨某浩、刘某冬贩卖毒品、杜某非法持有毒品案［（2016）晋 0802 刑初 89 号］

刘某冬辩称，没有起诉书指控的第六宗犯罪事实，只是帮杨某浩给别人送过毒品，不认识买毒品的人，也没有收过钱。法庭组织杨某浩、刘某冬当庭对质，杨某浩表示认可刘某冬的意见，因该宗犯罪事实没有具体的吸毒人员指证，故运城市盐湖法院对刘某冬的辩解意见予以采纳。

案例 4－4－4 吴某冰、吴某央盗窃案［（2017）赣 1128 刑初 197 号］

指证吴某冰参与第 24 起盗窃事实的证据，只有同案犯吴某的供述，且该供述与同案犯胡某的供述不一致，庭审中被告人吴某经当庭对质，供述记不清楚吴某冰是否参与，与其在公安机关的笔录内容不一致，故江西省鄱阳法院认定吴某冰未参与该起盗窃事实。

第五章
鉴定意见

司法鉴定,是指在诉讼活动中鉴定人运用科学技术或者专门知识对诉讼涉及的专门性问题进行鉴别和判断并提供鉴定意见的活动。2012 年《刑事诉讼法》将原来的“鉴定结论”改为“鉴定意见”。鉴定意见在诉讼中往往具有关键性作用,成为定案的关键依据。因此,是否委托鉴定、鉴定意见是否合法、与案件事实有无关联等,也经常成为控辩双方争议的主要问题。

司法鉴定乱象受诟病已久,如鉴定机构或鉴定人不具备相应资质,违反鉴定程序,检材有问题,鉴定意见的形式要件不完备不规范,鉴定过程和方法不符合专业规范,鉴定意见明确错误,反复修改等。因此,鉴定意见成为很多案件关键定案根据的同时,也成为造成冤假错案的重要原因之一。我们办理的刑事案件,但凡涉及鉴定意见的,无一例外,均有大大小小的问题。刑辩律师应当高度重视对鉴定意见的质证,倘若把握得当,足以颠覆指控。

本章所有部分,都以《最高法院刑诉解释》第 97、98 条有关鉴定意见审查的两个条款为重要依据,应高度重视,在此列明,后文不再引用。第 97 条规定:“对鉴定意见应当着重审查以下内容:(一)鉴定机构和鉴定人是否具有法定资质;(二)鉴定人是否存在应当回避的情形;(三)检材的来源、取得、保管、送检是否符合法律、有关规定,与相关提取笔录、扣押清单等记载的内容是否相符,检材是否可靠;(四)鉴定意见的形式要件是否完备,是否注明提起鉴定的事由、鉴定委托人、鉴定机构、鉴定要求、鉴定过程、鉴定方法、鉴定日期等相关内容,是否由鉴定机构盖章并由鉴定人签名;(五)鉴定程序是否符合法律、有关规定;(六)鉴定的过程和方法是否符合相关专业的规范要求;(七)鉴定意见是否明确;(八)鉴定意见与案件事实有无关联;(九)鉴定意见与勘验、检查笔录及相关照片等其他证据是否矛盾;存在矛盾的,能否得到合理解释;(十)鉴定意见是否依法及时告知相关人员,当事人对鉴定意见有无异议。”

第98条规定:“鉴定意见具有下列情形之一的,不得作为定案的根据:(一)鉴定机构不具备法定资质,或者鉴定事项超出该鉴定机构业务范围、技术条件的;(二)鉴定人不具备法定资质,不具有相关专业技术或者职称,或者违反回避规定的;(三)送检材料、样本来源不明,或者因污染不具备鉴定条件的;(四)鉴定对象与送检材料、样本不一致的;(五)鉴定程序违反规定的;(六)鉴定过程和方法不符合相关专业的规范要求的;(七)鉴定文书缺少签名、盖章的;(八)鉴定意见与案件事实没有关联的;(九)违反有关规定的其他情形。”

该解释第98条及第99条明确规定了鉴定意见不得作为定案根据的情形。以上三个条款非常关键,是打掉鉴定意见的制胜法宝。第98条列举了9种情形,还规定了1项兜底的“违反有关规定的其他情形”,每一项都可对比本章提供的案例认真研读。

兜底条款较为宽泛,实践中出现过没有将鉴定意见告知被告人,法院认为是违反有关规定的其他情形,没有将鉴定意见作为定案根据的案例。符合前9种情形的,有的法院也采纳鉴定意见,这属于明显的违法,可以根据司法责任终身追究制,坚持控告法官。

第99条规定,“经人民法院通知,鉴定人拒不出庭作证的,鉴定意见不得作为定案的根据”。亦即,鉴定人拒不出庭作证的,也属于鉴定意见不得作为定案根据的情形。辩护人可以首先要让法院决定并通知鉴定人出庭。

一、鉴定主体是否合法

2005年制定、2015年修订的《关于司法鉴定管理的决定》确立了现行司法鉴定体制,明确对四大类鉴定的司法鉴定机构和鉴定人实行登记管理制度。根据全国人大常委会《关于司法鉴定管理问题的决定》第2、17条的规定,四大类鉴定分别为:(1)法医类鉴定,包括法医病理鉴定、法医临床鉴定、法医精神病鉴定、法医物证鉴定和法医毒物鉴定;(2)物证类鉴定,包括文书鉴定、痕迹鉴定和微量鉴定;(3)声像资料鉴定,包括对录音带、录像带、磁盘、光盘、图片等载体上记录的声音、图像信息的真实性、完整性及其所反映的情况过程进行的鉴定和对记录的声音、图像中的语言、人体、物体作出种类或者同一认定;(4)根据诉讼需要由司法部商最高法、最高检确定的其他应当对鉴定人和鉴定机构实行登记管理的鉴定事项。2015年,最高法、最高检和司法部发布《关于将环境损害司法鉴定纳入统一登记管理范围的通知》,将环境损害司法鉴定作为第四类之一纳入统一登记管理范围。

鉴定机构必须依法成立,具备从事司法鉴定业务所必需的名称、人员、设备、场所等。《关于司法鉴定管理问题的决定》第5条规定了设立社会鉴定机构设立所需要的条件:"(一)有明确的业务范围;(二)有在业务范围内进行司法鉴定所必需的仪器、设备;(三)有在业务范围内进行司法鉴定所必需的依法通过计量认证或者实验室认可的检测实验室;(四)每项司法鉴定业务有三名以上鉴定人。"《公安机关鉴定机构登记管理办法》第10条规定了侦查机关设立鉴定机构所需要的条件。

四大类司法鉴定之外,鉴定、检验的标准、规范、方法相对成熟的鉴定类别主要有:产品质量检验、食品检验、价格认定、文物鉴定等。社会鉴定机构,由国务院司法行政部门进行统一管理。公安机关设立的鉴定机构,由公安部或公安厅、局登记管理部门负责登记管理工作。其他鉴定,没有统一的管理规范,分散于不同领域的专门法规中。

(一)鉴定机构和鉴定人是否有法定资质

鉴定机构和鉴定人是否具备相应资质,是鉴定意见能否作为定案根据的前提。只有具备法定资质,才能从事司法鉴定业务,出具的鉴定意见才具有证据能力。如果缺乏资质,无论其提供的鉴定意见是否科学、权威,均不得作为定案的根据。

例如,计某奎职务侵占案[(2017)冀07刑终18号]中,张家口中院认为,某司法会计鉴定中心出具的司法鉴定意见书中,两名签字鉴定人之一无司法鉴定人执业证,违反《司法鉴定程序通则》中应当有两名鉴定人员共同进行鉴定的规定,不能作为定案的根据,二审改判被告人无罪。

某盗窃案中,法院认为,公诉机关先后三次提供鉴定结论,证实犯罪行为足以使汽车发生倾覆、毁坏的危险,但三份鉴定结论均未提供鉴定机构具有鉴定资格的相关材料,无法采信。最终,法院认为被告人不构成破坏交通设施罪,而判处盗窃罪。

龙某华、潘某华放火、非法猎捕、杀害珍贵、濒危野生动物案[(2015)牟刑初字第14号]中,法院认为:牟定县林业调查规划设计队出具的鉴定意见书,因该规划设计队无鉴定资质,鉴定意见不能作为证据使用。

马某失火案[(2018)辽04刑终24号]中,法院认为:古塘村失火案起火点、时间、原因的鉴定报告系抚顺市森林防火指挥办公室于案发1年以后形成的,且该办公室没有鉴定资质,故不能作为定案的根据。二审驳回抗诉,维持无罪判决。

古某芳诈骗案[(2018)甘1228刑初15号]中,法院认为:本案中鉴定的是护坡工程,涉及工程造价,非实行市场调节价的有形产品、无形资产或服务,鉴定机构鉴定资格存疑,不予采信。

关于鉴定机构、鉴定人是否具备资质,可从省司法厅官网、司法部国家司法鉴定人名录中查询。即使鉴定人名录中有某人,还要注意该鉴定人是否符合申请登记从事司法鉴定业务的资格。例如,深圳鹦鹉案[(2017)粤03刑终1098号]中的一位鉴定人,仅具有中级职称,有可能不符合申请登记从事司法鉴定业务的资格。《关于司法鉴定管理问题的决定》第4条规定:"具备下列条件之一的人员,可以申请登记从事司法鉴定业务:(一)具有与所申请从事的司法鉴定业务相关的高级专业技术职称;(二)具有与所申请从事的司法鉴定业务相关的专业执业资格或者高等院校相关专业本科以上学历,从事相关工作五年以上;(三)具有与所申请从事的司法鉴定业务相关工作十年以上经历,具有较强的专业技能。因故意犯罪或者职务过失犯罪受过刑事处罚的,受过开除公职处分的,以及被撤销鉴定人登记的人员,不得从事司法鉴定业务。"

侦查机关设立的鉴定机构和鉴定人,根据"两高三部"《关于做好司法鉴定机构和司法鉴定人备案登记工作的通知》,实行所属部门直接管理和司法行政机关备案登记相结合的管理模式,且编制和更新国家鉴定机构、鉴定人的名册并公告。《公安机关鉴定机构登记管理办法》第26条规定:"登记管理部门应当按照有关规定,对核准登记的鉴定机构进行备案登记。"故对于侦查机关设立的鉴定机构,除了查阅鉴定意见所附的鉴定资质外,还要核查是否有备案登记。除查询之外,公民还可通过政府信息公开,要求相关登记管理部门公开,是否对相关鉴定机构进行了备案。

对于有授权签字人的鉴定意见,需要核实该授权签字人是否为国家认证认可监督管理委员会检验检测鉴定机构认可的授权签字人,以及其授权签字领域是否与鉴定范围一致。

其他鉴定的资质有不同规定和要求,判断较为复杂,可根据相关领域法规进行具体审查。例如,《产品质量法》第19条规定,产品质量检验机构须经省级以上人民政府市场监督管理部门或者其授权的部门考核合格后,方可承担产品质量检验工作。《涉案文物鉴定评估管理办法》规定了涉案文物鉴定机构和鉴定人资格条件。国家发改委《价格认定规定》明确了涉案财物的价格认定由县级以上政府价格主管部门的价格认定机构承担。《会计师事务所执业许可和监督管理办法》规定,会计师事务所须向所在地的省级财政部门申请执业许可;未取得许可的,不得从事出具审计报告等业务。鉴定机构需要符合相关法律要求的资质,才能进行检验或鉴定。

司法鉴定人执业证的期限也需要审查。我们办理许昌李某远等诈骗案[(2019)豫10刑终352号]时,就发现鉴定人贾某亮、张某红2018年7月24日出具鉴定,但其司法鉴定人执业证却于2018年3月31日到期。

(二)鉴定事项是否超出鉴定范围

《最高法院刑诉解释》第98条规定:"鉴定意见具有下列情形之一的,不得作为定案的根据:(一)鉴定机构不具备法定资质,或者鉴定事项超出该鉴定机构业务范围、技术条件的;(二)鉴定人不具备法定资质,不具有相关专业技术或者职称,或者违反回避规定的……"超范围鉴定在实践中非常常见,通常包括以下三种类型:

1. 鉴定事项超出鉴定机构业务范围、技术条件

"法医类、物证类、声像资料、环境损害"四大类司法鉴定中的每一类都细分了很多具体的鉴定事项,如对应不上就属超范围鉴定。声像资料司法鉴定在本书第七章展开论述,本章涉及法医、物证及环境损害司法鉴定。

《法医类司法鉴定执业分类规定》第3条规定:"法医类司法鉴定依据所解决的专门性问题分为法医病理鉴定、法医临床鉴定、法医精神病鉴定、法医物证鉴定、法医毒物鉴定等。"《法医类司法鉴定执业分类目录》将每一类鉴定都细分为不同项目,使鉴定分领域项目更加明确。如鉴定事项为视觉功能鉴定,其为人体功能评定的一项,属于法医临床鉴定;如鉴定机构的业务范围为法医病理鉴定,则不能受理该视觉功能鉴定。

《物证类司法鉴定执业分类规定》第2条将物证类鉴定分为三类,包括:文书物证、痕迹物证、微量物证鉴定。其附表《物证类司法鉴定执业分类目录》细化了每类物证的类目。如微量物证鉴定运用痕迹物证方法来鉴定火灾原因,就属超范围鉴定。

《环境损害司法鉴定执业分类规定》将环境损害司法鉴定分为七类,包括:污染物性质鉴定、地表水与沉积物环境损害鉴定、空气污染环境损害鉴定、土壤与地下水环境损害鉴定、近岸海洋与海岸带环境损害鉴定、生态系统环境损害鉴定、其他环境损害鉴定。同样,《环境损害司法鉴定执业分类目录》对每一类鉴定进行了细分。如鉴定事项与鉴定范围无法对应,则属超范围鉴定。

关于是否超越鉴定机构的业务范围,一方面要明确鉴定的类型,另一方面要确认鉴定机构的业务范围,两者对比看能否对应。鉴定机构的业务范围,在司法鉴定许可证上都有明确标注。如仲诺咨询(北京)有限公司司法鉴定中心,其业务范围为:痕迹鉴定(限于交通事故)。该鉴定机构只能就交通事故相关的痕迹进行鉴定,对其他痕迹鉴定如枪弹、火灾等均无权出具鉴定意见。

例如，方某旗诈骗、骗取贷款、票据承兑、金融票证案[（2015）上刑二初字第70号]中，法院认为：鉴定单位鉴定的工程造价128,598.45元，但其建筑工程鉴定业务范围与所鉴定的道路工程不符，属超范围鉴定，不予采信。

又如，王某兴非法收购、运输、出售珍贵、濒危野生动物、珍贵、濒危野生动物制品案[（2017）内2501刑初23号]中，法院认为：关于涉案的马鹿角价格认定问题，因国家林业局森林公安司法鉴定中心东营分中心具有物种鉴定资质，对其作出的物种鉴定意见予以采纳，但其并非价格认证机构、无价格认定资质，故对其作出的涉案马鹿角价格结论不予采纳。

再如，黄某走私珍贵动物、珍贵动物制品案[（2015）防市刑二初字第54号]中，法院认为：防城港市价格认证中心作出防价认字（2016）9号价格认定结论书，证实查获291张暹罗鳄鱼皮于价格认定基准日的认定价值为8,730,000元（资源保护费价值）。鉴于该意见所认定的价值并非市场价格，而防城港市价格认证中心仅有权对市场价格进行认定，对该鉴定意见，法院亦不予采纳。

2. 鉴定事项超出鉴定人的专业范围

鉴定事项是否超出鉴定人的专业范围，判断方法与上文类似，即鉴定人的专业范围与鉴定事项、鉴定分领域的专业要求一致，如不一致，显然属于超范围鉴定。难点在于，有的鉴定，专业领域并不明确，属交叉学科，较难认定是否超越鉴定人的专业范围。此时有必要咨询其他专业人员，申请鉴定人出庭。

深圳鹦鹉案[（2017）粤03刑终1098号]中，华南某动物物种鉴定中心鉴定人胡某佳的专业是昆虫学，其动物学助理研究员资格是广东省科学院昆虫研究助理研究员资格评审委员会评审通过的，并不具有对鸟类进行鉴定的专业知识。另一位鉴定人阳某，任职于广东省昆虫研究所，主要从事动物遗传学、动物养殖研究，也不具备鸟类鉴定专业知识。鉴定事项超出了鉴定人的专业范围，鉴定人并不具备鉴定领域的专业知识。

3. 鉴定事项超出委托事项

超越委托事项在鉴定意见中对鉴定对象进行额外的法律评价，也是常见的超范围出具鉴定意见的情况。

例如，有些价格认定书会同时对物品进行真伪鉴定和“有无收藏价值”的鉴定，这是违法和无效的。在芜湖谢某卿等63人诈骗案[（2018）皖0222刑初130号]中，18名神秘的“幽灵”专家将范增、爱新觉罗·文嘉、李庚、孙菊生等人的作品鉴定为伪作，超出鉴定范围作出了无权鉴定。画作的真伪鉴定很难很复杂，本应极为慎重，

18 名“幽灵”专家是否有此能力、资质无证据证明。而辩护人提出了景德镇中国陶瓷博物馆副馆长徐桃生、中国国家博物馆原副馆长马英民出庭证明案涉藏品系真作、艺术水平高、定价合理、鉴定价格荒谬，还申请大量专家、作者、厂家代表出庭作证；不过未被同意出庭。“有无收藏价值”，超出了委托书的鉴定范围，价格认定人员无权置评。事实上，“有无收藏价值”是由个人兴趣等诸多因素决定的，正如俗语“黄金有价玉无价”。

关于枪弹痕迹鉴定中气枪散件的鉴定，濮阳一起案件委托鉴定“气瓶”的要求是，“送检的气瓶是否认定为《枪支管理法》所指枪支或配件”，而鉴定意见表述为“送检的气瓶认定为 N 套不成套的气枪散件”。委托鉴定是否为枪支散件，而枪支散件是否折算、如何折算，是司法裁判事项，而非鉴定机构的鉴定事项。

会计鉴定中，经常出现鉴定意见对财产性质作出鉴定的情形。私分国有资产罪案件中，鉴定意见可能出现相关资金属于国有资金的鉴定结论。非法吸收公众存款罪案件中，鉴定意见可能出现“某某对外吸收公众存款汇总表”，而这属于对被告人吸收资金性质的认定，属超范围鉴定。

（三）鉴定人有无回避情形

作为诉讼参与人的鉴定人应当遵守法律有关回避的规定，以确保鉴定人的中立客观，确保鉴定意见的真实性。根据关于《司法鉴定管理问题的决定》第 9 条及《刑事诉讼法》《最高法院刑诉解释》《司法鉴定程序通则》的相关规定，鉴定人有如下情形或行为，应当回避：是本案的当事人或者是当事人的近亲属的；本人或者他的近亲属和本案有利害关系的；担任过本案的证人、辩护人、诉讼代理人、翻译人员的；与本案的辩护人、诉讼代理人有近亲属关系的；与本案当事人有其他关系，可能影响公正处理案件的；违反规定会见本案当事人、辩护人、诉讼代理人的；为本案当事人推荐、介绍辩护人、诉讼代理人，或者为律师、其他人员介绍办理本案的；索取、接受本案当事人及其委托的人的财物或者其他利益的；接受本案当事人及其委托的人的宴请，或者参加由其支付费用的活动的；向本案当事人及其委托的人借用款物的；有其他不正当行为，可能影响公正审判的；司法鉴定人曾经参加过同一鉴定事项鉴定的，或者曾经作为专家提供过咨询意见的，或者曾被聘请为有专门知识的人参与过同一鉴定事项法庭质证的，应当回避。鉴定人应当回避而未回避的，鉴定意见不得作为定案的根据。

《司法鉴定程序通则》第 20 条规定：“司法鉴定人本人或者其近亲属与诉讼当事人、鉴定事项涉及的案件有利害关系，可能影响其独立、客观、公正进行鉴定的，应当回避。司法鉴定人曾经参加过同一鉴定事项鉴定的,或者曾经作为专家提供过咨询意见的,或者曾被聘请为有专门知识的人参与过同一鉴定事项法庭质证的,应当回避。”第 21 条规定:“司法鉴定人自行提出回避的,由其所属的司法鉴定机构决定;委托人要求司法鉴定人回避的,应当向该司法鉴定人所属的司法鉴定机构提出,由司法鉴定机构决定。委托人对司法鉴定机构作出的司法鉴定人是否回避的决定有异议的,可以撤销鉴定委托。”

例如,史某顺故意伤害案[(2010)济刑初字第 324 号]中,焦作某司法鉴定所做的司法鉴定,与先前焦作某附属医院出具鉴定的鉴定人均为高某、寇某禄。鉴定人应当回避而未回避,故济源法院对该司法鉴定不予采信,判决史某顺无罪。

(四)鉴定人行为是否规范

法律对鉴定人的鉴定行为也有要求,例如,《司法鉴定程序通则》第 4 条规定:“司法鉴定机构和司法鉴定人进行司法鉴定活动,应当遵守法律、法规、规章,遵守职业道德和执业纪律,尊重科学,遵守技术操作规范。”第 5 条规定:“司法鉴定实行鉴定人负责制度。司法鉴定人应当依法独立、客观、公正地进行鉴定,并对自己作出的鉴定意见负责。司法鉴定人不得违反规定会见诉讼当事人及其委托的人。”因此,辩护人可以研究,鉴定人是否遵守技术操作规范,是否独立、客观、公正,是否违规会见诉讼当事人及其委托的人等。

如果认为鉴定人的行为不规范或违法,可以根据《司法鉴定程序通则》第 9、10 条,向司法行政机关进行投诉和控告。《司法鉴定程序通则》第 9 条规定:“司法鉴定机构和司法鉴定人进行司法鉴定活动应当依法接受监督。对于有违反有关法律、法规、规章规定行为的,由司法行政机关依法给予相应的行政处罚;对于有违反司法鉴定行业规范行为的,由司法鉴定协会给予相应的行业处分。”第 10 条规定:“司法鉴定机构应当加强对司法鉴定人执业活动的管理和监督。司法鉴定人违反本通则规定的,司法鉴定机构应当予以纠正。”

案例

案例 5-1-1 九江蔡某伟等非法经营案[(2019)赣 04 刑终 59 号]

原国家新闻出版广电总局出版产品质量监督检测中心和九江市文化广电新闻出版局出具鉴定书,认为被告人印刷的电子期刊是非法出版物。辩护人提出,司法鉴定机构必须持有省级司法行政机关准予登记的决定及司法鉴定许可证才能开展司法鉴定活动,上述机构没有司法鉴定资质。并且,原《新闻出版署出版物鉴定规则》第6条规定,非法出版物由发行司负责鉴定,原国家新闻出版广电总局出版产品质量监督检测中心属于下设的事业单位,没有鉴定资质。进而,两份鉴定意见均没有鉴定人签字,没有机关负责人审核签发,违反了《出版管理行政处罚实施办法》第29条及原《新闻出版署出版物鉴定规则》第11条关于鉴定人签字及主管领导签发的规定。

案例5-1-2 司某义故意伤害案[(2018)豫1302刑初911号]

宛城法院认为,南阳市公安局物证鉴定所出具的鉴定书,第一、二次鉴定人是主检法医师,第三、四次重新及补充鉴定人是法医师,比前两次鉴定人的专业职称低,违反2008年《公安机关鉴定规则》第39条第3款"进行重新鉴定,鉴定机构应当从列入鉴定人名册的鉴定人中,另行选择与原鉴定人专业技术职务或者专业技术资格同等以上的鉴定人实施"的规定,故鉴定意见不得作为定案的根据。二审发回重审后,宛城法院判决司某义无罪。

案例5-1-3 浙江福某化工公司、张一某、缪某某侵犯商业秘密案[(2014)滨汉刑初字第66号]

作出《专项审计报告》的中某华会计师事务所未在北京市司法局核准登记,未取得《司法鉴定许可证》。华某恒资产评估公司出具的《评估报告》由未在评估报告书中签字的陈传知制作,违反评估程序。法院认为,两项报告均不能作为定案根据使用。

案例5-1-4 李某越故意杀人案

广州中院认为,某附属第三医院不具备精神病医学鉴定资格,所作出的李某越患有精神分裂症,实施危害行为时没有完全丧失辨认能力,具有部分责任能力的精神疾病司法鉴定,不予采纳。辩护人提出李某越患有精神分裂症,在实施危害行为时丧失实质性辨认能力,无刑事责任能力,不负刑事责任,请求对其强制医疗的辩护意见,符合事实,判决李某越不负刑事责任,不承担附带民事赔偿责任。

案例5-1-5 郑某生故意伤害案[(2013)汕中法刑一终字第56号]

汕头中院认为,检察机关在立案监督中不得进行侦查。《鉴定书》系抗诉机关在履行侦查监督职能过程中,委托鉴定机构作出的鉴定,目的是监督侦查机关对本案立案侦查。《鉴定书》并非由有侦查权的侦查机关通过侦查行为取得,不合法,不得作为定案根据。最终,汕头中院二审不支持抗诉,维持一审濠江法院的无罪判决。

案例5-1-6 黄某梅掩饰、隐瞒犯罪所得、犯罪所得收益案[(2017)川11刑终63号]

乐山法院认为,两次价格认定除了电缆线数量发生变化外,根据调查的"重置价格"确定的"基准日市场价格"不同,确定的"每米折算的重量,回收价格、残值率、成新率"等数值均不一致,第二次属于重新鉴定。两次价格认定均是由同一家认证单位、同一个鉴定人作出,鉴定人违反回避规定,故该价格认定依法不作为定案的根据,二审改判无罪。

案例5-1-7 张某等组织领导黑社会性质组织等案

辩护人经查询国家司法鉴定名录网,发现鉴定书签字人陈某某2018年8月17日才首次获准登记为鉴定人,故其2008年6月27日出具《法医学人体损伤鉴定书》时不具备法定资质。据检方提供的情况说明,另一鉴定人王某受聘担任的是临床法医师,没有鉴定资格证书,且深圳市物证检验鉴定中心的聘书显示,其于2013年7月21日才受聘,系出具鉴定书5年后。鉴定书复核人周某,侦查机关仅提供了其资质的情况说明及《鉴定人资格年度审验表》,经查询国家司法鉴定人名录网,并无周某的信息。因此,辩护人提出了人体损伤鉴定书不得作为定案根据。

案例5-1-8 东莞周某等三人侵犯商业秘密案

辩护思路如下:本案的鉴定机构与被害人具有直接利害关系,属于应当回避的情况。易某公司早在2015年前后多次委托广东省知识产权研究与发展中心知识产权司法鉴定所进行鉴定,并出具10号、12号、22号等多份鉴定意见。易某公司与原鉴定机构长期接触,时间达2年之久。公安局立案后竟委托同一家机构对商业秘密问题进行鉴定,委托鉴定的专家竟然与10号、12号、22号意见的专家2/3相同,黄某、郑某再次出现。这是明显的不中立、不客观、不公正。《司法鉴定程序通则》第20条明确规定:司法鉴定人曾经参加过同一鉴定事项鉴定的,或者曾经作为专家提供过咨询意见的,或者曾被聘请为有专门知识的人参与过同一鉴定事项法庭质证的,应当回避。根据该条及2012年《最高法院刑诉解释》第84条第2项、第85条第2项,违反鉴定人应当回避的规定,鉴定意见不得作为定案根据。

为证明代码不存在相似性,辩护人收集了若干辩方证据:第一,委托若干专家出具专家意见。第二,委托北京国威知识产权司法鉴定中心对此进行鉴定。鉴定专家组对五部分的相应源代码程序进行了分析,分别从程序的定义、结构、调用、数据元、输入参数等多方面进行了比较,结果表明,没有证据能够支持材料1中的源代码与材料2中的源代码有本质的相同。因此鉴定专家组一致认为材料1中的源代码与材料2中的源代码不存在相同或等同的关系。这些鉴定意见足以证实,R1平衡车中使用的源代码与易某主张为技术秘密的源代码不存在相同或等同关系,二者不具有同一性,充分证明周某等人并无实施侵犯商业秘密行为的事实。

案例5-1-9 魏某明玩忽职守案[(2017)黔06刑初3号]

法院认为:《贵州省林业科学研究院司法鉴定中心[2016]林某第006号鉴定意见书》的鉴定人员为何某、李某。《贵州省林业科学研究院司法鉴定中心贵州省林科院司鉴[2015]林某第004号司法鉴定意见书》的鉴定人员为朱某、潘某权、李某。两份鉴定意见书均对赵某1涉嫌毁坏林地面积做出鉴定。根据《司法鉴定程序通则》第20条第2款"司法鉴定人曾某加过同一鉴定事项鉴定的,或者曾经作为专家提供过咨询意见的,或者曾被聘请为有专门知识的人参与过同一鉴定事项法庭质证的,应当回避"的规定,鉴定人员李某了违反回避原则。国家林业局森林公安司法鉴定中心的鉴定业务范围为法医类检验鉴定、痕迹检验鉴定、理化检验鉴定、文件检验鉴定、声像资料检验鉴定、电子证据检验鉴定、心理测试。鉴定人方某、张某4、吴某2鉴定专业均为法医类检验鉴定。本案涉及标的鉴定业务为林木(地)资源鉴定。国家林业局森林公安司法鉴定中心及其鉴定人员并无相关鉴定资质。根据2012年《最高法院刑诉解释》第85条第1、2项关于"鉴定意见具有下列情形之一的,不得作为定案的根据:(一)鉴定机构不具备法定资质,或者鉴定事项超出该鉴定机构业务范围、技术条件的;(二)鉴定人不具备法定资质,不具有相关专业技术或者职称,或者违反回避规定的”的规定,该两份鉴定意见书不能作为定案依据。

案例5-1-10 宋某、张某非法采矿案[(2017)豫09刑终59号]

法院认为:作为本案关键证据的宋某非法私自挖砂破坏资源储量价值勘测核算报告、国土违法案件鉴定书上没有鉴定人的签名,且未提交鉴定人的鉴定资质证明,根据2012年《最高法院刑诉解释》第85条,鉴定意见具有下列情形之一的,不得作为定案的根据:鉴定人不具备法定资质,不具有相关专业技术或者职称,或者违反回避规定的;鉴定文书缺少签名、盖章的,故对本案中的鉴定意见不予采信。

二、检材的鉴真

检材是鉴定的基础。根据《最高法院刑诉解释》第97、98条,对检材的质证主要涉及检材的来源、取得、保管,送检是否符合法律、有关规定,与相关提取笔录、扣押清单等记载的内容是否相符,检材是否可靠;送检材料、样本来源是否明确,是否被污染;鉴定对象与送检材料、样本是否一致。简言之,就是鉴定检材是否真实可靠。同时,检材不充足,鉴定意见也不具备可采性。

(一)检材的来源是否清楚、合法

检材来源即送检检材从何而来。刑事案件检材,通常由侦查机关提取、扣押,提取和扣押情况应当有相应笔录。如鉴定检材无笔录对应,则检材来源不明,鉴定意见不能作为定案根据。例如,王某伟、刘某长盗窃案[(2009)广铁中法刑终字第28号]中,法院认为,指纹鉴定因侦查机关没有调取检材附着物——“娃哈哈”AD钙奶及外包装的清单或提取笔录,检材指纹的来源不明。且鉴定书记载开始检验时间是2009年3月16日,落款时间3月17日,而刘某长3月26日才被抓获归案,其指纹样本来源不明。

各类鉴定对检材的送检有不同规定。有的鉴定对检材的完整性有要求,如电子数据、司法会计鉴定。有的鉴定对检材的取样有严格要求,如毒品鉴定、生态环境损害鉴定。有的鉴定对检材提取、送检时间有要求,如血液鉴定。陈某涉嫌危险驾驶案[(2018)川07刑终346号]中,因提取血样时使用了含醇类药品对皮肤进行消毒,血样收集不符合法定程序,鉴定意见不得作为定案根据。

有的案件中,鉴定检材由被害人等相关当事人提供,辩护人可主张检材来源不明。我们办理的东莞周某等三人侵犯商业秘密案中，鉴定涉及的源代码及相关材料均为被害单位自行提取、提交，而不是由侦查机关提取、固定，真实性无法确定；是否被用于 M1、M2 平衡车产品，能否正常运转，是否为产品真实配套的程序，也无法确定。检材来源不明，鉴定不应被采信。后东莞某检察院作出不起诉决定。

少数情况下，也可能由鉴定人提取检材，此时应当有委托单位的人员在场，否则属于检材来源不合法。有的案件出现了鉴定人主动向某单位或个人调取材料后鉴定的情况，鉴定检材并非委托方提供，也属检材来源不合法，鉴定意见不能采信。

检材不符合规定，按照《司法鉴定程序通则》第 15 条，鉴定机构不得受理鉴定。如果受理并出具鉴定意见，不得采纳作为定案的根据。

实践中甚至出现过先出具鉴定意见后调取检材的情形，这也明显违反鉴定程序。例如，姜某故意伤害案[（2018）黑 11 刑再 1 号]中，鉴定意见落款时间为 2002 年 5 月 10 日，关键鉴定检材于某的鼻 CT 检查报告单落款时间却为 2002 年 5 月 13 日，鉴定意见作出时间先于 CT 检查报告时间。又如，刘某等故意伤害案[（2018）桂 0224 刑初 170 号]中，鉴定机构 2018 年 1 月 30 日作出鉴定意见，但送检材料却是 1 月 29 日、3 月 9 日、3 月 12 日才调取，可见鉴定意见是在没有送检材料的情况下作出的，法院不予采信该鉴定意见，并判决三被告人无罪。

（二）检材的提取是否合法

如果检材的提取方式不合法、不规范、不科学，将导致送检材料不能准确反映鉴定事项，有可能导致鉴定意见不准确、不客观、不真实。因此，检材的提取必须合法。

检材的提取，应当遵守《最高法院刑诉解释》《公安机关办理刑事案件程序规则》《公安机关刑事案件现场勘验检查规则》《司法鉴定程序通则》中物证提取的相关规则。

例如，《司法鉴定程序通则》第 24 条规定："司法鉴定人有权了解进行鉴定所需要的案件材料，可以查阅、复制相关资料，必要时可以询问诉讼当事人、证人。经委托人同意，司法鉴定机构可以派员到现场提取鉴定材料。现场提取鉴定材料应当由不少于二名司法鉴定机构的工作人员进行，其中至少一名应为该鉴定事项的司法鉴定人。现场提取鉴定材料时，应当有委托人指派或者委托的人员在场见证并在提取记录上签名。"

检材应当由侦查机关提取，特殊情况下鉴定人员可以在侦查人员主持下参与提取。例如，东莞周某等三人侵犯商业秘密案中，鉴定意见所用检材来源不明，后三人被不起诉。该案非公知性鉴定及同一性鉴定涉及的源代码及相关材料，均为易某公司自行提取、提交，而非公安提取、固定。易某公司主张为技术秘密的代码，代码形成时间没有固定，代码的真实性、客观性无法确定，代码、文件是真实来自易某公司，是否被用于 M1、M2 平衡车产品上，且能正常运转，是否为产品真实配套的程序，均无法确定。而且，易某公司主张为技术秘点的源代码被编辑。15 号鉴定意见的检材目录，多份文件的修改时间为 2014 年、2016 年，而周某等人 2012 年 10 月就离开易某公司。这说明：第一，易某公司主张为技术秘点的源代码形成时间错误，只能主张周某等人离开易某公司前的部分代码为技术秘点；第二，文件和文件夹修改时间的改变，证明代码内容被修改、编辑过，其真实性已经无法保证。

检材的提取也有很多专门规定。例如，对毒品的提取，不得将不同包装内的毒品混合。

中毒案件检材的提取，参照《中毒案件采取检材规则》（GA/T 193—1998）。

吸毒人员尿液提取，参照《法庭科学涉嫌吸毒人员尿液采集操作规范》（GA/T 1586—2019）。

法医学检材，如血液（斑）、唾液（斑）、精液（斑）、毛发、骨骼等检材的提取、保存与送检，参照《法医学物证检材的提取、保存与送检》（GA/T 169—1997）、《法医生物检材的提取、保存、送检规范》（GA/T 1162—2014）。

病理检材的提取，参照《法医学病理检材的提取、固定、取材及保存规范》（GA/T 148—2019）。

白骨化尸骨的提取，参照《现场白骨化尸体骨骼提取、保存、运输规范》（GA/T 1189—2014）。

足迹提取，参照《法庭科学平面水渍足迹提取方法》（GA/T 1675—2019）、《法庭科学血足迹提取规程》（GA/T 1676—2019）。

枪支提取，参照《法庭科学枪支物证的提取、包装和送检规则》（GA/T 955—2011）。

电子数据提取，参照《法庭科学现场勘查电子物证提取技术规范》（GA/T 1564—2019）、《法庭科学电子数据收集提取技术规范》（GA/T 756—2021）、《手机电子数据提取操作规范》（SF/Z JD0401002—2015）。

（三）检材的保管、送检是否合法

检材从提取到鉴定，中间的保管、送检环节如果发生差错，就有可能出现检材被污染、被改变、被调包的情况。《公安机关办理刑事案件程序规定》第 250 条规定:“侦查人员应当做好检材的保管和送检工作,并注明检材送检环节的责任人,确保检材在流转环节中的同一性和不被污染。”尤其对于容易灭失、变质、腐败的检材,检材的保管和送检尤为关键。如果检材被替换、伪造、变造、剪裁、篡改、污染,则无论鉴定人多么专业,鉴定程序多么合规,鉴定过程多么科学,均无法保证鉴定意见的可靠性。

例如,危险驾驶罪案件中,血样应立即送检,无法立即送检的血样要求低温保存,如未低温保存,血样性状发生变化,鉴定结果无法确保准确。如在邓某精危险驾驶案[(2018)川1703刑初31号]中,侦查机关未经上级公安机关交通管理部门负责人批准的情况下,迟延送检血样,且公诉机关亦未出示血液样品是否在低温下保存的证据,一审判决邓某精无罪。又如在马某湘危险驾驶案[(2018)湘12刑终519号]中,血样抽取后9天才送检,且提取血液量为2管每管4毫升,送检血液量却为2毫升,相差明显,二审改判马某湘无罪。

公安机关送检检材时可以介绍情况,但不得暗示作出某种鉴定意见。《公安机关办理刑事案件程序规定》第249条规定:“公安机关应当为鉴定人进行鉴定提供必要的条件,及时向鉴定人送交有关检材和对比样本等原始材料,介绍与鉴定有关的情况,并且明确提出要求鉴定解决的问题。禁止暗示或者强迫鉴定人作出某种鉴定意见。”

《司法鉴定程序通则》对检材的保管、送检、接受、核对、记录、受理、使用、退还有明确规定。第12条规定,“委托人委托鉴定的,应当向司法鉴定机构提供真实、完整、充分的鉴定材料,并对鉴定材料的真实性、合法性负责。司法鉴定机构应当核对并记录鉴定材料的名称、种类、数量、性状、保存状况、收到时间等”。第14条规定:“司法鉴定机构应当对委托鉴定事项、鉴定材料等进行审查。对属于本机构司法鉴定业务范围,鉴定用途合法,提供的鉴定材料能够满足鉴定需要的,应当受理。对于鉴定材料不完整、不充分,不能满足鉴定需要的,司法鉴定机构可以要求委托人补充;经补充后能够满足鉴定需要的,应当受理。”第22条规定:“司法鉴定机构应当建立鉴定材料管理制度,严格监控鉴定材料的接收、保管、使用和退还。司法鉴定机构和司法鉴定人在鉴定过程中应当严格依照技术规范保管和使用鉴定材料,因严重不负责任造成鉴定材料损毁、遗失的,应当依法承担责任。”第15条明确规定了司法鉴定机构不得受理鉴定委托的情形,发现鉴定材料不真实、不完整、不充分或者取得方式不合法的,不得受理。

（四）鉴定对象与检材是否一致

根据《最高法院刑诉解释》第98条第4项的规定，“鉴定对象与送检材料、样本不一致的”，不得作为定案的根据。因此，辩护人需要将鉴定意见中的鉴定对象与送检材料进行细致对比，确定两者是否一致。标签、数量、重量、性状、颜色、长短、大小、位置、完整性校验值等，均是常见的鉴定对象可能与送检材料的不一致的细节。一旦发现不一致，根据上述规定，鉴定意见就不得作为定案的根据。

例如，朱某虎危险驾驶案[（2018）新40刑终252号]中，血样提取登记表显示抽取血样4毫升，鉴定意见书上血样3毫升，医护人员解释是因目测不准造成血样提取登记表填写错误，法院不予认可。且血液样本中因未添加抗凝剂，使检材存在瑕疵，致使血液酒精含量检验鉴定意见不准确。

（五）检材是否可靠、充足

检材是否可靠，实际上就是检材能否被鉴真。检材是否充足，也事关鉴定的客观性和科学性。虽然2021年《最高法院刑诉解释》第97条第3项将2012年《最高法院刑诉解释》第84条第3项“检材是否充足、可靠”改为“检材是否可靠”，但检材不充足仍为审查事项。《司法鉴定程序通则》第15条第2项规定，“发现鉴定材料不真实、不完整、不充分或者取得方式不合法的”，鉴定机构不得受理。因此，检材不充足的鉴定意见，不得作为定案的根据。

有的案件因物证数量多而需抽样送检，如果抽样不随机、抽样数量不达标，也会导致检材不可靠、不充足。例如，赵某、位某红等涉嫌销售假冒注册商标的商品案[（2016）冀0108刑初424号]中，公安机关委托日丰公司对查获物品进行真伪鉴别，但扣押物品包括PPR管四种，用于鉴别的样品仅一种，扣押的管件共九种，用于鉴别的样品仅五种。该鉴定对鉴别的样品没有随机取样的过程，且仅对部分物品进行真伪鉴别，以此推断不同种类、型号的其余物品均为假冒注册商标的商品，显然证据不足。一审判决三被告人无罪。

案例

案例5-2-1 福建念某投放危险物质案[（2012）闽刑终字第10号]

福建高院认为：第一，标注为被害人俞某尿液和标注为标样的二份质谱图相同，标注为俞某心血、呕吐物的两份质谱图也相同，有悖常理。第二，鉴定机构在对俞某的尿液、心血和呕吐物的检验过程中,均未按照专业规范进行“空白”对照检验,难以排除检材被污染的可能。第三,根据俞某心血、尿液检材的检验数据,能否判定检出氟乙酸盐鼠药成分,双方聘请的专业人员提出的意见严重分歧,故控方的检验结论可靠性存疑。

案例5-2-2 肖某某涉嫌故意伤害案[(2015)深罗法刑二初字第116号]

罗湖法院认为,证明被害人受轻伤的法医学人体损伤程度鉴定书存在以下问题:

一是鉴定主体不明确。鉴定文书加盖深圳市公安局法医验伤鉴定的专用章,但该鉴定人王某、陈某凯不是公安机关司法鉴定人员,其中陈某凯是深圳市物证检验中心鉴定人,王某是深圳市第二人民医院法医临床司法鉴定所的受聘人员,且鉴定文书载明的鉴定机构地址及联系电话均属该医院的地址和电话。

二是鉴定人鉴定资格不适格。陈某凯、王某二人均未按照《公安机关鉴定人登记管理办法》在公安机关登记备案,并获得公安法医鉴定人资格,且在案证据没有鉴定人陈文凯法医临床司法鉴定资质证明。

三是送检程序违法。鉴定单位接受委托时间是6月16日,但鉴定依据里有被害人6月17日门诊病历及鼻骨眼眶CT,该检查报告系被害人自行提交鉴定机构,公安人员在检材的保管和送检环节均未在场,检材送检程序不合法。

综上,证明被害人所受损伤为轻伤的鉴定结论,程序不合法,不能作为定案的依据。一审判决肖某某无罪。

案例5-2-3 宋某富故意杀人案[(2014)内刑初字第4号]

内江法院认为,鉴定意见送检检材来源不清。一是送检的现场提取可疑血迹有六处,而现场勘查中提取的可疑血迹、斑迹仅有五处。二是送检的死者伍某丁指甲、血样、矿泉水瓶、蚊帐上的可疑斑迹、宋某富的血样无提取笔录或扣押清单。三是鉴定委托书所载送检检材与鉴定意见书中送检检材不一致。一审判决宋某富无罪。

案例 5-2-4 王某、王某典、白某琦工程重大安全事故案[(2017)冀 07 刑终 150 号]

法院认为:《河北建工鉴定意见书》鉴定结论之一明显超出了委托鉴定事项;且依据的鉴定材料是委托方提供的建筑结构施工图、岩土工程勘察报告、施工技术资料、施工日志、检测报告等,而上述鉴定材料均属在历次一审、二审程序中原有的,其中部分材料还是双方当事人存在较大争议及未被采信的;现作为依据的鉴定材料中没有现场勘查、实物勘验等具有客观性、物证性材料,故得出的鉴定结论缺少客观证据支持。《河北建工鉴定意见书》不能作为定罪依据而予以认定。

案例 5-2-5 商某、王某甲等职务侵占案[(2012)杭江刑初字第 1153 号]

公诉机关当庭举示检测报告及价格鉴定结论书,用于证明三被告人非法占有被害单位回收金的价值为 129,956.54 元。法院认为,物证是指以外形、质量、规格、特征等形式载有案件事实信息的物质和痕迹,据以定案的物证应当是原物。公安机关在案件侦查过程中改变物证原物的外形、质量、规格、特征等形式不当。涉案的单层金、四层金、垃圾金熔炼加工成金块,已改变了原物的价值,以提炼加工的金块为检测评估对象得出的鉴定意见,不能正确评价涉案赃物的价值和纯度。故对于公诉机关出举的检测报告及价格鉴定结论书,因缺乏证据的客观性,不能证明本案事实,法院均不予确认。

案例 5-2-6 福建邱某祥贩卖毒品案

申诉代理人认为,本案三份鉴定意见的检材来源与保管流程均存在严重问题。

公(泉港)鉴(法化)字[2008]04 号鉴定意见中,送检物品未附照片,送检物品特征没有描述,送检物品是否为查获物品无法保障。物品被查获后如何保存,何时送检,检验完毕移交给谁,由谁保管,均没有记载,送检物品与查获物品同一性无法保障,不排除送检物品被污染、被调包、被增重的可能。

泉公禁毒化字[2008]262 号鉴定意见中,送检材料的描述仅为红色药丸和白色晶体。送检几克白色晶体,几粒红色药丸没有描述。送检白色晶体状态,红色药丸特征也没有描述。无法得知送检和检验了多少物品。鉴定意见底部注:所提取样品全部用完。但提取多少样品？从多少送检物品中提取？如何提取？是否每袋白色晶体、每粒红色药丸都有提取？鉴定意见对这些问题均没有说明。

闽警院司鉴中心[2008]毒检字第0704号鉴定意见中，没有对查获麻古的特征进行描述，也无照片表明麻古是否有英文字母。送检的麻古，没有拍照，也无法与查获的麻古进行对比，或让被告人邱某祥辨认。查获的麻古装在2个透明塑料袋中，每袋有3粒。送检只送检2粒，只能是从其中一袋或两袋中拿出来的。如何拿出来？谁拿出来？拿出时是否戴手套？戴何种手套？拿出来后放在哪里？是否放在透明塑料袋中？还是直接搁置，接触空气？何时拿出来？送检当天拿出还是送检前拿出？鉴定意见对这些问题均没有说明。

案例5-2-7 辽源杨某文、杨某军等寻衅滋事等案[(2017)吉0402刑初175号]

辩护人提出：被害人叶某明、叶某刚的鉴定意见书皆为复印件，没有附鉴定机构资质证书，只加盖了办案机关派出所印章，鉴定意见的骑缝章都无法对应。两份鉴定依据的损伤照片也是复印件，拍摄时间是2012年5月14日，距案发已3天，不排除检材被污染可能。两份鉴定依据的医院诊断证明涉嫌造假，不能作为鉴定依据。叶某刚的鉴定结论还与诊断证明矛盾，诊断证明说是右眼钝挫伤，鉴定意见却成了双眼外伤构成轻微伤。鉴定机构中英文名称不一致，某公安司法鉴定中心，英文写成 Public Judicial Identification Centre（公共司法鉴定中心）。

被害人刘某强的鉴定意见存在同样的问题。鉴定依据的照片是2008年10月14日拍摄，距案发16天，不排除检材被污染的可能。庭审中证人王某说刘某强的牙是假牙。到底是不是假牙，刘某强的牙齿在案发后、鉴定前是否受到其他创伤，法庭未核实。

案例5-2-8 汪某盗窃案[(2015)屯刑初字第00167号]

法院认为，根据《最高法院刑诉解释》第84条第3项，对鉴定意见应当着重审查以下内容：检材的来源、取得、保管、送检是否符合法律、有关规定，与相关提取笔录、扣押物品清单等记载的内容是否相符，检材是否充足、可靠；第85条第3项规定，鉴定意见具有下列情形之一的，不得作为定案的根据：送检材料、样本来源不明，或者因污染不具备鉴定条件的。

根据上述规定，作为价格鉴定基础的检材必须客观、真实、充分。也就是说，公安机关委托价格鉴定机构对被盗物品的价格进行鉴定时，一般应当依法提供被盗实物作为检材；如果被盗物品已被销赃、挥霍、丢弃或毁坏，无法追缴或者几经转手，最初形态被破坏，也应当根据被害人陈述、证人证言、有效书面凭证及被告人供述等证据综合确定检材的具体情况。

本案中，被告人汪某盗窃电瓶15组、三轮电瓶车1辆，其中三轮电瓶车被公安机关依法扣押，存在实物，与被害人张某某的陈述及其提供的出库单相互印证，证实该鉴定标的的具体情况；被害人张某某被盗电瓶，虽然实物灭失，但在案有被害人张某某的陈述及其提供的收款收据，在被盗电瓶的型号、购置时间、价格等特征上能够印证一致，证实该鉴定标的的具体情况；其余14组电瓶，由于实物已经灭失，且被害人无法提供被盗物品有效权属证明材料及状况资料，仅根据被害人的陈述不能认定被盗物品的基本情况，即检材来源不明，尚未达到充足、可靠的标准。

综上，法院依法采信被害人张某某被盗电瓶及三轮电瓶车的价格鉴定结论；对其余14组电瓶的价格鉴定结论依法不予采信，根据刑事存疑有利于被告人的原则，以被告人汪某供述的销赃数额认定该14组电瓶的价格。

案例5-2-9 蒲某强奸案[(2018)川1304刑初260号]

法院认为：南充市公安局物证鉴定所南公物鉴(DNA)字(2018)108号鉴定书及附件是对本案物证的鉴定，而本案物证(蒲某及郭某血样、流产胎儿组织)未附提取笔录或清单，也不能证明物证来源；仅有侦查人员证实以上物证提取事实，不能充分说明公安机关对物证提取的程序合法性。依照2012年《最高法院刑诉解释》第85条第3项“鉴定意见具有下列情形之一的，不得作为定案的根据：……(三)送检材料、样本来源不明，或者因污染不具备鉴定条件的”之规定，本案送检样本来源不明，该鉴定意见当然不得作为定案的根据。

三、鉴定意见的形式要件是否完备

鉴定意见的制作有明确要求，包括鉴定文书的格式、内容、鉴定人的人数、签名、鉴定机构的盖章等。这些要求构成鉴定意见的形式要件。

鉴定人签名是鉴定的必备要素。我们办理的一起案件中，公诉人引用2007年《司法鉴定文书规范》第11条，称鉴定人签名或者盖章即可，不要求签名并盖章。

但该规范已经废止，司法部《关于印发司法鉴定文书格式的通知》（司发通〔2016〕112 号）明确要求鉴定人亲笔签名。2016 年《司法鉴定程序通则》第 37 条也规定，“司法鉴定意见书应当由司法鉴定人签名”。

《公安机关办理刑事案件程序规定》第 251 条规定：“鉴定人应当按照鉴定规则，运用科学方法独立进行鉴定。鉴定后，应当出具鉴定意见，并在鉴定意见书上签名，同时附上鉴定机构和鉴定人的资质证明或者其他证明文件。多人参加鉴定，鉴定人有不同意见的，应当注明。”

《司法鉴定程序通则》第 36 条规定：“司法鉴定机构和司法鉴定人应当按照统一规定的文本格式制作司法鉴定意见书。”第 37 条规定：“司法鉴定意见书应当由司法鉴定人签名。多人参加的鉴定，对鉴定意见有不同意见的，应当注明。”第 38 条规定：“司法鉴定意见书应当加盖司法鉴定机构的司法鉴定专用章。”

司法部 2016 年《关于印发司法鉴定文书格式的通知》有相关规定，如鉴定人应当签名，加盖司法鉴定专用章，并提供了各类文书模板。有些鉴定有特别的文书规范，例如，《法庭科学枪弹痕迹检验鉴定文书编写规范》规定了枪支鉴定文书的编写要求，《涉案文物鉴定评估管理办法》规定了形式要件，附有涉案文物鉴定评估报告。

《最高法院刑诉法解释》第 97 条第 4 项明确了对鉴定意见应当着重审查鉴定意见的形式要件是否完备，是否注明提起鉴定的事由、鉴定委托人、鉴定机构、鉴定要求、鉴定过程、鉴定方法、鉴定日期等相关内容，是否由鉴定机构盖章并由鉴定人签名。而根据《最高法院刑诉法解释》第 98 条第 7 项，如果鉴定文书缺少签名、盖章的，不得作为定案的根据。

例如，陈某甲等故意毁坏财物案［（2014）顺庆刑初字第 143 号］中，法院认为：鉴定意见无鉴定人签名，依 2012 年《最高法院刑诉解释》第 85 条第 7 项，不能作为定案依据。又如，马某登盗窃案［（2016）桂 1081 刑初 285 号］中，法院认为：鉴定意见没有鉴定人签名，鉴定机构未盖章，不能作为证据使用。

补充鉴定或补充说明同样应当遵守鉴定的形式要件。我们办理的一起案件中，鉴定报告出现大量疏漏，鉴定机构事后又做出了几份补充说明，甚至改变了鉴定意见，却无鉴定机构的钢印，也没有鉴定人的签名或印章。原《司法鉴定文书规范》第 12 条明确规定，“司法鉴定文书应当同时加盖司法鉴定机构的司法鉴定专用章红印和钢印两种印模”。补充说明形式不合法，违反了鉴定的基本规范和要求。补充说明及鉴定本身还违反《司法鉴定文书规范》，没有声明、鉴定机构的地址、联系电话，许多必需的附件未予附录。

例如，邹某云盗窃案[（2015）夹江刑初字第45号]中，法院认为：本案对被盗兰花价格有两份鉴证意见，即夹价认鉴（2014）49号价格鉴证意见及补充鉴证意见，但该补充鉴证意见并非对原鉴证意见的补充或修正，而是依据相关行业协会人员对被盗兰花重新作出的价格评定所出具的新的鉴证意见，且该补充鉴证意见缺少鉴定人签名，故该补充鉴证意见不得作为定案的依据。

案例

案例5－3－1　陈某佳盗窃案[（2017）粤52刑终101号]

揭阳中院认为，《图像鉴定意见书》形式上存在瑕疵，仅有签章，缺乏两名鉴定人员签名；内容上也欠缺客观性，从所附检验照片看，鉴定时选取的特征有多处系眼睛以下部位，而检材中嫌疑人戴有口罩，口鼻被完全遮挡，故鉴定机构在选取特征时的科学性和合理性存在疑问。法院二审改判陈某佳无罪。

案例5－3－2　郭某照故意伤害、掩饰、隐瞒犯罪所得、犯罪所得收益案[（2016）皖1621刑初字第434号]

法院认为：对于涡阳县价格认证中心涡价鉴字（2015）108号价格鉴定结论书关于黑色豪爵摩托车价值为6658元、红色两轮“铃木”摩托车价值6197元的鉴定意见，因鉴定基准日错误，故对该鉴定结论书不予认定。

对于涡阳县价格认证中心涡价鉴字（2016）123号价格认定结论书重新作出关于黑色豪爵摩托车价值为5148元、红色两轮“铃木”摩托车价值4760元的鉴定意见，因该鉴定违反法定回避程序、鉴定结论无鉴定人签名，该价格认定结论书属于非法证据，应依法予以排除。

四、鉴定程序是否合法

从委托与受理，再到鉴定的实施、鉴定意见书的出具、告知、鉴定人出庭作证等，均应当遵守法律规定和技术操作规范。鉴定程序违法，鉴定意见不得作为定案的根据。鉴定程序违法，除前文论述的鉴定检材不合法、鉴定人应当回避等情形外，还涉及鉴定的告知、复核、补充鉴定与重新鉴定、鉴定意见的补正、鉴定人出庭作证等方面。

（一）鉴定意见是否依法告知相关当事人

《刑事诉讼法》第 148 条规定:“侦查机关应当将用作证据的鉴定意见告知犯罪嫌疑人、被害人。如果犯罪嫌疑人、被害人提出申请,可以补充鉴定或者重新鉴定。”《最高法院刑诉解释》第 97 条第 10 项明确了对鉴定意见应当着重审查鉴定意见是否依法及时告知相关人员,当事人对鉴定意见有无异议。

鉴定意见作出后,应当及时将鉴定意见告知犯罪嫌疑人、被害人,由被送达人在鉴定意见通知书上签名。鉴定意见的送达是相关当事人重要的程序权利,否则犯罪嫌疑人、被害人提出补充鉴定或者重新鉴定的权利无法得到保障。实践中存在鉴定意见没有送达给当事人的情形,辩护人可以提出鉴定意见违反有关程序规定,不得作为定案的根据。

（二）鉴定的复核

《司法鉴定程序通则》第 35 条规定:“司法鉴定人完成鉴定后,司法鉴定机构应当指定具有相应资质的人员对鉴定程序和鉴定意见进行复核;对于涉及复杂、疑难、特殊技术问题或者重新鉴定的鉴定事项,可以组织三名以上的专家进行复核。复核人员完成复核后,应当提出复核意见并签名,存入鉴定档案。”根据该条规定,所有司法鉴定都应当进行复核。

有的鉴定存在特殊规定,如公安部 2019 年修订的《公安机关涉案枪支弹药鉴定工作规定》,删除了此前鉴定意见需要复核的规定。但辩护人仍可坚持适用《司法鉴定程序通则》,未经复核,不得采纳作为定案的根据。

所谓复核,并非鉴定过程的参与与监督,而是一个新的程序,即在鉴定完成之后,按照鉴定操作流程,复核人对鉴定的全过程进行复核。

例如,周某芳受贿案[(2016)赣 71 刑终 27 号]中,该案二审期间,辩护人提出周某芳还存在腰椎损伤情况,法院从江西省监狱中心调取周某芳 2016 年 11 月 9 日的 MRI 影像学报告、CT 片,2017 年 3 月 2 日江西省监狱局中心医院出院记录,后委托江西南昌司法鉴定中心进行法医鉴定。法院认为,该鉴定没有进行复核,违反《司法鉴定程序通则》第 35 条的规定,依 2012 年《最高法院刑诉解释》第 85 条第 5 项,法院不予采信。

（三）鉴定意见的补正

根据《司法鉴定程序通则》第 41 条,司法鉴定意见书出具后,图像、谱图、表格不清晰的,签名、盖章或者编号不符合制作要求的,文字表达有瑕疵或者错别字但不影响司法鉴定意见的,司法鉴定机构可以进行补正。补正应当在原司法鉴定意见书上进行,由至少一名司法鉴定人在补正处签名。必要时,可以出具补正书。

辩护人应注意:补正是否符合上述形式要求,是否实质性改变司法鉴定意见,是否属于不能补正的情形,是否无法补正,并视情况进一步提出应当排除补正,不得采纳鉴定意见。特别是补正不得改变司法鉴定意见的原意。实践中,一些鉴定意见的补正实际上修改了鉴定意见的结论,违反了鉴定意见补正的基本要求。例如,我们办理的内蒙古姜某龙案中,鉴定机构两次补正,修正了毁坏林地的数量,直接改变了原鉴定结论。违法补正恰恰证明原鉴定意见的错误,鉴定意见与补正意见均不能作为定案的根据。

有必要研读《司法鉴定程序通则》第41条原文:"司法鉴定意见书出具后,发现有下列情形之一的,司法鉴定机构可以进行补正:(一)图像、谱图、表格不清晰的;(二)签名、盖章或者编号不符合制作要求的;(三)文字表达有瑕疵或者错别字,但不影响司法鉴定意见的。补正应当在原司法鉴定意见书上进行,由至少一名司法鉴定人在补正处签名。必要时,可以出具补正书。对司法鉴定意见书进行补正,不得改变司法鉴定意见的原意。"

(四)补充鉴定与重新鉴定

《司法鉴定程序通则》第30条、第31条规定了补充鉴定和重新鉴定的情形,两者概念和条件并不相同。但有些案件中,办案机关却将两者混淆,将重新鉴定当作补充鉴定,从而规避鉴定人回避的制度。补充鉴定与重新鉴定在形式上都表现为对原有鉴定意见的扩展、增补或变更。但补充鉴定是指在原有鉴定意见的基础上,为了使鉴定意见更加完备、全面、可靠,或出现了与案件有关的新证据、新事实,遇到了新问题,而对原鉴定意见的个别问题进行修改、补充的鉴定行为。而重新鉴定则是委托主体在对鉴定意见进行审查后,认为原鉴定意见存在实体上不可靠、程序上不规范等问题,对原鉴定意见进行彻底否定,并将原案材料另行委托其他鉴定机构进行鉴定的行为。

可以补充鉴定的情形规定在《司法鉴定程序通则》第30条第1款:"(一)原委托鉴定事项有遗漏的;(二)委托人就原委托鉴定事项提供新的鉴定材料的;(三)其他需要补充鉴定的情形。"第30条第2款规定:"补充鉴定是原委托鉴定的组成部分,应当由原司法鉴定人进行。"《公安机关办理刑事案件程序规定》第254条规定,"经审查,发现有下列情形之一的,经县级以上公安机关负责人批准,应当补充鉴定:(一)鉴定内容有明显遗漏的;(二)发现新的有鉴定意义的证物的;(三)对鉴定证物有新的鉴定要求的;(四)鉴定意见不完整,委托事项无法确定的;(五)其他需要补充鉴定的情形"。

补充鉴定不同于补充说明。实践中,补充说明被运用很多,但往往超出可补正的范围,有的改变了原鉴定意见,有的甚至没有鉴定人签名。辩护人可以提出,这些补充说明不得作为定案的根据。司法部《司法鉴定文书格式目录及样本》共有 7 种格式,其中第 6 种是《司法鉴定意见补正书》,所补正的是"不影响鉴定意见原意的瑕疵性问题",且明确要求鉴定人亲笔签名。

例如,许昌李某远等诈骗案[(2019)豫 10 刑终 352 号]中,鉴定意见显示张某孟涉嫌诈骗资金 2,166,249 元,补充说明修改为 2,106,899 元,另一份补充说明又称张某孟在虚拟平台中某商品交易中心涉嫌诈骗资金 2,631,049 元。补充说明修改了鉴定意见。且两份补充说明均只有鉴定机构盖章,没有鉴定人签字盖章,违反了《司法鉴定程序通则》和《司法鉴定文书格式目录及样本》,即便将之视为鉴定意见,也不得作为定案根据。

关于可以重新鉴定的情形,《司法鉴定程序通则》第 31 条规定如下:"(一)原司法鉴定人不具有从事委托鉴定事项执业资格的;(二)原司法鉴定机构超出登记的业务范围组织鉴定的;(三)原司法鉴定人应当回避没有回避的;(四)办案机关认为需要重新鉴定的;(五)法律规定的其他情形。"《公安机关办理刑事案件程序规定》第 255 条第 1 款规定:"经审查,发现有下列情形之一的,经县级以上公安机关负责人批准,应当重新鉴定:(一)鉴定程序违法或者违反相关专业技术要求的;(二)鉴定机构、鉴定人不具备鉴定资质和条件的;(三)鉴定人故意作虚假鉴定或者违反回避规定的;(四)鉴定意见依据明显不足的;(五)检材虚假或者被损坏的;(六)其他应当重新鉴定的情形。"

法律对重新鉴定的要求更高。补充鉴定由原司法鉴定人进行,重新鉴定应当委托其他鉴定机构,特殊原因可以委托原鉴定机构,但要指定其他鉴定人进行鉴定。补充鉴定是原司法鉴定的组成部分,重新鉴定则是新的鉴定。《司法鉴定程序通则》第 32 条规定:"重新鉴定应当委托原司法鉴定机构以外的其他司法鉴定机构进行;因特殊原因,委托人也可以委托原司法鉴定机构进行,但原司法鉴定机构应当指定原司法鉴定人以外的其他符合条件的司法鉴定人进行。接受重新鉴定委托的司法鉴定机构的资质条件应当不低于原司法鉴定机构,进行重新鉴定的司法鉴定人中应当至少有一名具有相关专业高级专业技术职称。"《公安机关办理刑事案件程序规定》第 255 条第 2 款规定:“重新鉴定,应当另行指派或者聘请鉴定人。”

对于补充鉴定和重新鉴定的启动,根据《刑事诉讼法》第 148 条、《最高法院刑诉解释》第 99 条第 2 款,委托人、犯罪嫌疑人和被害人都可以提出申请,法院、检察院也可以依职权启动。

《人民检察院刑事诉讼规则》第 334 条规定:“人民检察院对鉴定意见有疑问的,可以询问鉴定人或者有专门知识的人并制作笔录附卷,也可以指派有鉴定资格的检察技术人员或者聘请其他有鉴定资格的人进行补充鉴定或者重新鉴定。人民检察院对鉴定意见等技术性证据材料需要进行专门审查的,按照有关规定交检察技术人员或者其他有专门知识的人进行审查并出具审查意见。”

《法庭调查规程》第 46 条规定:“通过勘验、检查、搜查等方式收集的物证、书证等证据,未通过辨认、鉴定等方式确定其与案件事实的关联的,不得作为定案的根据。法庭对鉴定意见有疑问的,可以重新鉴定。”

当然,辩护人也可以申请重新鉴定,并可以此为由要求延期审理。《刑事诉讼法》第 204 条规定:“在法庭审判过程中,遇有下列情形之一,影响审判进行的,可以延期审理:(一)需要通知新的证人到庭,调取新的物证,重新鉴定或者勘验的;(二)检察人员发现提起公诉的案件需要补充侦查,提出建议的;(三)由于申请回避而不能进行审判的。”

《最高法院刑诉解释》第 273 条规定:“法庭审理过程中,控辩双方申请通知新的证人到庭,调取新的证据,申请重新鉴定或者勘验的,应当提供证人的基本信息、证据的存放地点,说明拟证明的事项,申请重新鉴定或者勘验的理由。法庭认为有必要的,应当同意,并宣布休庭;根据案件情况,可以决定延期审理。人民法院决定重新鉴定的,应当及时委托鉴定,并将鉴定意见告知人民检察院、当事人及其辩护人、诉讼代理人。”

(五)应当鉴定而未鉴定的情形

《刑事诉讼法》第 146 条规定:“为了查明案情,需要解决案件中某些专门性问题的时候,应当指派、聘请有专门知识的人进行鉴定。”《最高法院刑诉解释》第 85 条规定:“对与案件事实可能有关联的血迹、体液、毛发、人体组织、指纹、足迹、字迹等生物样本、痕迹和物品,应当提取而没有提取,应当鉴定而没有鉴定,应当移送鉴定意见而没有移送,导致案件事实存疑的,人民法院应当通知人民检察院依法补充收集、调取、移送证据。”第 100 条第 1 款规定:“因无鉴定机构,或者根据法律、司法解释的规定,指派、聘请有专门知识的人就案件的专门性问题出具的报告,可以作为证据使用。”但上述法条中的“可能”“应当”都很模糊，对于是否委托鉴定，办案机关的自由裁量权非常大。

例如，《公安机关办理刑事案件程序规定》第 342 条规定：“公安机关发现实施暴力行为，危害公共安全或者严重危害公民人身安全的犯罪嫌疑人，可能属于依法不负刑事责任的精神病人的，应当对其进行精神病鉴定。”

我们认为，在吴某宇弑母案中，吴某宇很可能是精神病人，但侦查、审查起诉、一审阶段均未对吴某宇进行精神病鉴定，二审辩护人申请对吴进行精神病鉴定还长期未被采纳。我们办理的湖北钟祥陈某英寻衅滋事罪案[（2016）鄂 0881 刑初 41 号]中，公诉人、法官均称陈某很偏激，我们会见陈某后，提出对陈某的精神状况进行鉴定，法院表示同意。

案件涉及专门性问题时，辩护人首先应当审查侦查机关是否对专门性问题委托鉴定，是否对所有专门性问题进行了鉴定。如果没有，辩护人可以申请鉴定或重新鉴定。辩护人也可以按照无罪推定和证据裁判的原则，提出证据不能达到“事实清楚，证据确实、充分”的证明标准，则不能认定被告人有罪。为了获取无罪或罪轻证据，辩护人也可以律师事务所的名义委托鉴定，从而直接提出有利的鉴定意见或专家意见。

案例

案例 5-4-1 张某委等窝藏、包庇、诈骗案[（2014）景刑初字第 273 号]

关于三人共同诈骗三辆车的指控，景洪法院认为，公诉机关未提交鉴定意见通知书，对鉴定意见是否及时告知被告人无证据证实，且两份价格鉴定书中鉴定人未签名，仅有签章，价格鉴定结论不得作为定案的根据。

案例 5-4-2 汪某新故意伤害案[（2015）峨眉刑初字第 39 号]

峨眉山法院认为，公安机关未依法将定案的关键证据鉴定意见告知被告人，也未制作相应的告知笔录、讯问笔录。依 2012 年《最高法院刑诉解释》第 85 条第 9 项“违反有关规定的其他情形”，不得作为定案的根据。一审判决汪某新无罪。

案例 5－4－3　王某达、王某友非法经营案[(2015)北刑二终字第 105 号]

二审中,出庭检察员认为,公安机关未将被查扣猪肉的估价意见告知二上诉人,建议法院不予采信该估价意见。法院采纳检察员意见。

案例 5－4－4　祝某忠危险驾驶案[(2017)浙 08 刑终 157 号]

衢州中院认为:被提取的血样未按规定时间在 24 小时内送检,亦未经上级公安机关交通管理部门负责人批准在 72 小时内送检;鉴定机构对本应不予受理的血样予以受理,自受理之日起又超过 3 个工作日进行检验。血液乙醇含量鉴定程序违法,难以重新鉴定,且侦查机关无法补充侦查或重新鉴定,鉴定意见应予排除。

案例 5－4－5　李某祥危险驾驶案[(2018)甘 0402 刑初 326 号]

法院认为:公诉机关庭审出示的甘肃陇通司法鉴定所的鉴定意见书与鉴定人出庭提交的鉴定意见书及辩护人提交的证据 5 属同一鉴定,但鉴定意见书在检验方法、鉴定人签名方面不符合相关专业的规范要求,酒精分析报告打开的谱图文件显示的时间在涉案之前,无法排除可能打开他人的酒精分析报告的合理怀疑,故对甘肃陇通司法鉴定所的鉴定意见不予认定。

案例 5－4－6　稂某燕故意伤害案[(2019)湘 0424 刑初 36 号]

法院认为:衡阳市中天司法鉴定所根据《法医临床学理论与实践》中所述骨折愈合过程,成人原始骨痂形成期在伤后 3 周后,因此认为伤后 12 天不能形成骨痂,据此得出是陈旧性骨折。但该书在骨折愈合分期中又提到骨折愈合速度受到年龄、健康状况、骨折部位供血、软组织损伤情况、伴发感染、复位不良等很多因素影响,《外科学》一书中亦提到影响骨折愈合快慢的诸多因素,法院亦查阅了《〈人体损伤程度鉴定标准〉适用指南》一书,其中第七节肋骨骨折中描述"一般伤后两周左右骨痂开始形成或者出现骨膜反应时骨折线能够比较清晰地显现",通过对鉴定人赵某的询问,鉴定人也表明成人 3 周后形成骨痂是一般情况,不具有绝对性,也未否认两周左右骨痂开始形成的情况。据此,衡阳市中天司法鉴定所的鉴定意见缺乏科学论证。

根据《司法鉴定程序通则》第 41 条的规定，司法鉴定意见书出具后，发现有下列情形之一的，司法鉴定机构可以进行补正：文字表达有瑕疵或者错别字，但不影响司法鉴定意见的。补正应当在原司法鉴定意见书上进行，由至少一名司法鉴定人在补正处签名。必要时，可以出具补正书。可见，鉴定意见在文字表达有瑕疵时允许补正，衡阳市中天司法鉴定所在鉴定意见出现文字错误时采取了重新打印的方式，显然程序上不合规定。

案例 5－4－7　福建邱某祥贩卖毒品案

申诉代理人认为，本案毒品鉴定意见存在三个程序性错误：

第一，该鉴定虽然在鉴定书上写委托机关是泉州市公安局泉港分局，但未见委托书，无鉴定资料；鉴定机构是否超越委托鉴定，无从得知。

第二，鉴定机构与鉴定人员不对应。鉴定报告显示此鉴定为福建省警察学院司法鉴定中心鉴定，但三位鉴定人员来自福建公安高等专科学校实鸣司法鉴定所。

第三，鉴定结论通知书下方被告人签字的时间有涂改，巴某尔、郭某的签字时间明显在 2008 年 12 月某天，时间为鉴定报告书作出之前，后又涂改为 2009 年 1 月 6 日。

案例 5－4－8　王某刚等聚众斗殴案［（2006）盐刑一终字第 108 号］

因被告人与辩护人对鉴定意见提出异议，一审法院委托司法鉴定机构重新鉴定。后经国家司法鉴定科学技术研究所司法鉴定中心鉴定刘某龙的损伤程度为轻伤。法院据此认为，检察院起诉指控被告人王某刚犯故意伤害罪的罪名不当，应以聚众斗殴罪追究其刑事责任。

案例 5－4－9　王某、王某典、白某琦工程重大安全事故案［（2017）冀 07 刑终 150 号］

法院认为：《国检中心鉴定报告》系由原万全县住房和城乡规划建设局在刑事立案前委托国检中心所作，鉴定人出庭亦证实建研地基公司在打孔挖探井时涉案的相关当事人及国检中心人员均不在场。现无法证实国检中心所依据的建研地基的勘察报告，系严格按照相关规范要求所实施的；另在一审、二审期间，原审被告人一方均曾提出申请要求对地基不均匀沉降的原因进行重新鉴定，但因现场条件发生重大变化，已不具备重新鉴定的条件，致使鉴定终止。故《国检中心鉴定报告》不能作为定罪依据予以认定。

案例 5-4-10 夏某受贿、滥用职权案[(2019)黔06刑终7号]

法院认为：两次鉴定意见均系同一鉴定机构所作，且鉴定机构、鉴定人员并无测绘资质，第一次现场检测系一名工作人员所作，第二次鉴定系审判机关委托补充鉴定，但鉴定机构却作出了重新鉴定，第二次现场检测人员不明，故两次鉴定意见和第一次鉴定意见中的《工程现场实勘记录表》，均不能作为定案依据。

案例 5-4-11 叶某危险驾驶案[(2019)皖10刑终80号]

法院认为：2017年10月25日安徽诚安司法鉴定所[2017]毒鉴字第17285号司法鉴定意见书，其中一名鉴定人杨某的签名系由另一鉴定人曹某1代签的。根据《司法鉴定程序通则》第37条，司法鉴定意见书应当由司法鉴定人签名。因本案存在代签情形，口头或书面授权代签均无法律依据，且公诉机关未举证证实鉴定系由二名鉴定人共同作出，明显违反上述规定，属于严重程序违法，该鉴定意见不能作为定案依据。

2019年5月10日杭州华硕司法鉴定中心杭州华硕[2019]毒鉴字第2929号司法鉴定意见书，也不能作为定案依据。理由如下：(1)公诉机关启动重新鉴定的依据不足。根据《司法鉴定程序通则》及《刑事诉讼法》等规定，一般是对鉴定有异议或鉴定存在问题不能作为定案证据的情况下才启动重新鉴定，在公诉机关认定其第一份鉴定意见合法有效的情况下自行启动重新鉴定的理由依据不足。(2)重新鉴定系重大诉讼程序节点，会严重影响案件的诉讼程序、审理结果和当事人的诉讼权利，而公诉机关自行启动重新鉴定程序未通知法院，亦未向法院申请，未告知被告人叶某，不符合相关法律规定，重新鉴定的公正性和正当性不能体现。(3)根据《司法鉴定程序通则》第12条的规定，委托人委托鉴定的，应当向司法鉴定机构提供真实、完整、充分的鉴定材料，并对鉴定材料的真实性、合法性负责。经查，从2017年10月23日叶某被抽血日期至鉴定日，时隔564天，且在案材料显示抽取的血液样本是4毫升,杭州华硕司法鉴定中心收到的血液样本却是2毫升。因此,第二次鉴定的叶某血液样本短少一半,送检材料发生了重大变化,不具有真实性、完整性、充分性。同时,血液样本短少一半也说明叶某血液样本的保存方法、条件存在重大问题。(4)公诉人当庭表示第二份鉴定意见是对第一份鉴定意见的补强或补充,但两份鉴定意见的结论明显不同(第一次鉴定叶某血液中酒精含量为268.98毫克/100毫升,第二次鉴定为192.2毫克/100毫升),第二份鉴定意见无法补强或补充第一份鉴定意见,二者相互排斥和否定,只能存一。况且在第一份鉴定意见本身不成立的情况下,第二份鉴定意见的补强或补充作用就没有了基础。

案例5-4-12 李某琪诈骗案[(2018)京0102刑初721号]

北京二中院将该案发回重审后,侦查机关委托鉴定机构对被告人手机进行了第二次鉴定。鉴定机构与鉴定人均为第一次鉴定的鉴定机构和鉴定人。鉴定意见与第一次鉴定意见差异巨大。

《司法鉴定程序通则》第20条规定,“司法鉴定人曾经参加过同一鉴定事项鉴定的,或者曾经作为专家提供过咨询意见的,或者曾被聘请为有专门知识的人参与过同一鉴定事项法庭质证的,应当回避”。第32条规定,“重新鉴定应当委托原司法鉴定机构以外的其他司法鉴定机构进行;因特殊原因,委托人也可以委托原司法鉴定机构进行,但原司法鉴定机构应当指定原司法鉴定人以外的其他符合条件的司法鉴定人进行”。辩护人提出两次对李某琪手机鉴定均由同样的鉴定机构、同样的鉴定人完成,鉴定人未依法回避,第二次鉴定程序严重违法,鉴定意见不得作为定案的根据。

公诉人辩解为补充鉴定,而非重新鉴定。该观点是错误的,第二次鉴定是对李某琪手机内容的重新提取,明显属于重新鉴定。

案例5-4-13 杨某东等销售伪劣产品、虚报注册资本案[(2007)通中刑二终字第0031号]

南通市海安质量技术监督局委托湖北省冶金产品质量监督检验站检验的,仅是涉案产品的铁损和磁感,并未委托鉴定涉案产品是否符合取向硅钢的国家标准,故该检验报告的结论不全面。因为《冷轧晶粒取向、无取向磁性钢带(片)》

(GB/T 2521—1996),不仅对取向硅钢的磁感、铁损有具体规定,还对取向硅钢的尺寸、外形、表面质量、绝缘涂层、包装、标志、质量证明书等均有明确规定。一审审理过程中,钢铁研究总院接受海安法院委托,对涉案硅钢片进行了全面勘察检测。

案例 5-4-14 谢某福为父治病抢劫女子案

法院认为,谢某福以非法占有为目的,采用暴力手段强行劫取他人财物,构成抢劫罪;在实施抢劫过程中,因被害人呼救、积极反抗,导致被告人未能劫走财物;在作案过程中,被告人的行为致被害人受伤,但公诉机关未提供伤情鉴定,证明被害人的伤情达到轻伤以上严重程度,故谢某福的抢劫行为属于意志以外的原因未得逞,是犯罪未遂,可比照既遂犯从轻或减轻处罚。

案例 5-4-15 尚某咚等生产、销售伪劣产品案[(2019)豫 1628 刑初 295 号]

鹿邑县检察院指控:尚某咚等 17 人回收、翻新、销售汽车轮毂以次充好,构成生产、销售伪劣产品罪。最高人民法院《关于审理生产、销售伪劣商品刑事案件有关鉴定问题的通知》明确要求,生产、销售的产品是否属于"以次充好""以不合格产品冒充合格产品"难以确定的,应当由公诉机关委托法律、行政法规规定的产品质量检验机构进行鉴定。但公安局出具情况说明称:多次与县、市、省、国家市场监督局等联系,尚某咚等 17 人涉案翻新二手、废旧汽车轮毂是否伪劣产品,相关部门均无法进行质量鉴定。一审期间,鹿邑法院从全国寻找鉴定机构想对涉案轮毂进行鉴定,但全国无一机构可以鉴定。不仅如此,翻新轮毂并无任何标准,导致根本无法鉴定。该案属于应当鉴定而没有鉴定的典型案例。

五、鉴定过程和方法是否符合专业规范

司法鉴定是对专门性问题的科学判断,根据《司法鉴定程序通则》第 23 条的规定,应当依顺序遵守和采用该专业领域的技术标准、技术规范和技术方法:(1)国家标准;(2)行业标准和技术规范;(3)该专业领域多数专家认可的技术方法。上述层级标准应当按顺序进行选择。

各类鉴定往往有该领域的专业规范,门类繁杂,高度专业。例如,枪支弹药鉴定

的依据有《公安机关涉案枪支弹药性能鉴定工作规定》《枪支散件检验方法、抽样方案》《枪支致伤力的法庭科学鉴定判据》《法庭科学枪弹检验实验室建设规范》《法庭科学枪口比动能测速仪法测试规程》《法庭科学枪械射击弹头痕迹检验规范》等。

危险驾驶类案件有三种鉴定标准方法：血液酒精含量的检验方法、生物样品血液、尿液中乙醇、甲醇、正丙醇—气相色谱检验方法、血液中乙醇的测定顶空气相色谱法，且三种鉴定标准方法的适用条件也不完全一致。

计算机软件功能鉴定，有《软件功能鉴定技术规范》《破坏性程序检验操作规范》等技术性规范，须审查鉴定过程是否符合软件功能、破坏性程序鉴定的规范要求。

关于鉴定标准的相关规定，可查阅司法部司法鉴定管理局编写的《司法鉴定技术规范》（北京大学出版社 2017 年版）。

许多司法鉴定中，实地考察是很重要的一环，对于核实案件信息、固定证据起重要作用。但凡需要实地考察的司法鉴定，鉴定人员时常有可能未真正实地考察，或只是走个形式。例如，内蒙古姜某龙非法占有农用地、诈骗罪[（2016）内 04 刑终 40 号]中，实地考察就出现了三大错误。第一，未向熟悉情况的人核实位置。要确定被告非法占用林地的位置、面积等基本情况，首先要确认土地的边界位置，这需要当地居民的协助。龙某基地长年有人值班，2014 年 4 月 2 日，至少有三人在公司里，而且被告人当时也有人身自由。但鉴定机构既不通知被告人，也没有告知公司的任何人员。第二，鉴定的实际过程存疑。土地勘察不是几个人就能完成的小工程，要投入大量时间和人力，还要检测先前是否有林地，丈量林地面积，被毁林的面积等。根据鉴定报告，至少有 9 人，3 台车到过公司现场。这么多人在现场勘察、拍照，且因面积极大，鉴定所耗时间肯定不短，必将引起周围人的关注。但公司员工却没有发现鉴定人员来过。第三，鉴定未依据清晰的土地标识。公司土地与四周并无明确的实体标识，根本无法仅凭肉眼确认边界，鉴定人在没有公司员工陪同的情况下就指定了违法边界，不能排除划分错误、随意划分的可能性。

鉴定过程需要适当描述。我们办理的一起毒品案件，鉴定意见对实验过程的描述仅一句话："理化检验 1. 化学性实验：阳性。2. GC/MS 分析：检材中检出甲基苯丙胺色谱峰。"化学性实验如何进行？用哪些试剂？各多少克？检验物多少克？何种顺序？反应多长时间？GC/MS 分析，样品如何处理？用何种仪器？如何进行？以上关键问题均未说明。

如果鉴定方法不符合技术标准、技术规范和技术方法，辩护人可提出异议。例如，胡某某交通肇事案[（2017）湘 0321 刑再 2 号]中，湘潭法院认为，鉴定人员依据尸表摸排手段即认定死者系血气胸,左肺挫裂伤导致死亡,结论明显不客观、准确,故再审改判胡某某无罪。又如,董某甲故意毁坏财物案[(2017)冀1003刑初235号]中,广阳法院认为,鉴定人出庭证实只是单纯依据照片作出的鉴定意见,董某甲锯掉主干或主干上全部主枝不属于正常修剪嫁接行为,认为毁坏程度视为整株毁坏,并无相关的技术规范予以支持,鉴定意见不具有科学性和准确性,不作为定案的根据。再如,一起假冒注册商标案中,法院认为,鉴定人未严格遵守鉴定依据的规定,在未实际调查的情况下仅依据被侵权方出具的价格证明认定涉案硒鼓的价格,鉴定过程和方法不符合价格鉴定的规范要求,不能作为定案依据使用。

辩护人可对相关实验室资质提出质疑。例如,《计量法》第22条规定,为社会提供公证数据的产品质量检验机构,必须经省级以上人民政府计量行政部门对其计量检定、测试的能力和可靠性考核合格。《检验检测机构资质认定管理办法》第3条第1项规定,"为司法机关作出的裁决出具具有证明作用的数据、结果的"检测机构必须强制性经过中国计量认证(CMA认证),使用CMA标志。很多鉴定需要在合格的实验室进行,如枪弹痕迹鉴定,若实验室没有获得CMA认证,出具的鉴定不符合专业规范。辩护律师可以通过中国计量网查询相关实验室是否通过CMA认证。

除检索相关规定、文件、标准外,辩护人还可向相关领域专家咨询,由专家出具书面意见,或申请专家作为有专门知识的人出庭。

案例

案例5-5-1 周某超危险驾驶案[(2018)鄂08刑终141号]

荆门中院认为:司法鉴定所及鉴定人刘某、朱某不具有对机动车属性进行鉴定的资质;二鉴定人在既未对涉案车辆进行路测,也未对同品牌同型号车辆进行路测的情况下,仅依据同类型车辆的路测结果得出鉴定结论,违反相关鉴定方法的要求;鉴定依据的国标《电动摩托车和电动轻便摩托车通用技术条件》(GB/T 24158—2009)早在2009年12月15日已被国家标准管理委员会(国标委工〔2009〕98号)通知决定暂缓实施;2018年5月15日国家市场监督管理总局、国家标准化管理委员会《电动自行车安全技术规范》(GB17761—2018)对电动自动车的技术规范进行了重新定义。鉴定意见不具有合法性、科学性,不能作为定案的依据,二审改判周某超无罪。

案例 5-5-2　倪某甲盗窃案[(2016)兵 0901 刑初 8 号]

法院认为,被告人盗窃他人财物,经额敏县价格认证中心鉴定,被盗物品按废铁 130 吨计算金额 5.2 万元。鉴定仅简单写明鉴定方法是市场调查法和成本法,就得出一个数字化的价格结论,并没有就估价方法、依据及得出结论的理由和过程作出说明,且被盗物品已灭失,物价鉴定部门仅凭材料关于赃物的描述和记载作出鉴定结论,显然有失证据的客观性。

案例 5-5-3　张某等组织领导黑社会性质组织等案

辩护人委托北京某鉴定中心出具审查意见,认为《鉴定报告》违反鉴定规程。因为根据鉴定规范,对于毁容的损伤程度鉴定,要在损伤 3 个月后进行鉴定。本案中,被害人的面部伤情,如果在 3 个月后进行鉴定,其疤痕长度明显达不到 3.5 厘米,从而不构成轻伤。且构成轻伤二级的条件是,面部单个创口或瘢痕长度 4.5 厘米以上,本案中被害人李某某的面部瘢痕也未达到这个标准,所以不构成轻伤二级。

案例 5-5-4　原某添故意伤害案[(2017)粤 01 刑终 1573 号]

鉴定人认为,只要撕脱性骨折发生在膝关节内就可以直接认定为功能障碍,定为轻伤二级(长骨骨折),无须看恢复状况。但广州中院二审认为,"轻微撕脱性骨折"区分为有功能障碍和无功能障碍,无功能障碍的,仅构成轻微伤,鉴定意见在鉴定时机、鉴定依据和标准上均违反了《人体损伤程度鉴定标准》相关规定,不具有科学性和客观性,不能作为定案的依据。

六、鉴定意见的关联性审查

鉴定意见的关联性审查涉及面广,既包括鉴定意见与案件事实有无关联,也涉及鉴定意见是否明确,鉴定意见与其他证据是否矛盾等证据的综合审查问题等。

(一)鉴定意见与案件事实有无关联

鉴定意见与案件事实的关联性体现在两方面:鉴定检材是否与案件相关;鉴定意见是否与案件相关。如果鉴定检材来源不明,或被污染、篡改,或与案件事实没有关联,则鉴定意见与案件事实无关。如果委托鉴定事项以及鉴定意见与案件待证事实无关,则鉴定意见与案件事实也无关联性。

例如,电子数据鉴定系嫌疑人被捕后的数据,该鉴定当然与案件无关。非法占用农用地案件,鉴定的土地并不能确定是嫌疑人的涉案土地,鉴定意见显然与案件无关。

(二)鉴定意见是否明确

鉴定意见不明确通常表现为鉴定意见没有给出与案件密切相关、排他性的结论。这样的鉴定意见没有关联性,无法证明待证事实。如果鉴定意见出现"不排除""可能是""倾向是""推断是"这样的表述,或鉴定意见为同类鉴定、同类认定、种类鉴定,均为鉴定意见不明确。鉴定意见的不明确可能表现为鉴定结论不具有排他性、唯一性。例如,呼格吉勒图案中,刑事科学技术鉴定证实呼格吉勒图左手拇指指甲缝内附着物检出O型人血,与杨某某的血型相同,但血型鉴定为种类物鉴定,不具有排他性、唯一性,故不能证实其实施了犯罪行为。

案例

案例5-6-1 九江蔡某伟等非法经营案[(2019)赣04刑终59号案]

辩护人认为:本案鉴定意见认为涉案电子期刊包含违法内容,是非法出版物,但案件的争议点是期刊是否公开发行,而非涉案的期刊内容本身是否违法,更何况该公开发行的期刊并不包含违法内容。事实上,委托鉴定的样本是否公开发行,需要侦查机关调查确定,而非鉴定所能得出。因此,鉴定意见与定罪无关联性。

案例5-6-2 李某高破坏生产经营案[(2010)滨刑二初字第0068号]

滨海法院认为,本案唯一能印证指控事实的鉴定结论,就是塑料薄膜上检出农药成分。而侦查机关扣押的是被害人持有的塑料薄膜,证明这2张塑料薄膜是从鱼塘水面上提取的,只有被害人刘某平夫妻的陈述,无其他证据证实。侦查人员对被害人夫妇的陈述内容,亦未收集其他证据佐证。公诉机关当庭出示的在李某高家扣押的塑料袋,看不出里面有薄膜内胆被撕掉的痕迹。提供的塑料薄膜的鉴定结论,只能证实鱼塘现场提取的2张塑料薄膜和被告人家中扣押的2个塑料口袋内胆的红外光谱相同,均为聚乙烯塑料薄膜,不能证实是被告人家的这2个塑料口袋的内胆。一审判决李某高无罪。

案例 5-6-3 康文良故意杀人案[《刑事审判参考》第 1272 号案例]

亳州法院三次判处康文良死刑,最高院复核阶段发回安徽高院重审,最终安徽高院改判康文良无罪。最高院复核认为,不能依据 DNA 鉴定意见得出排他性的唯一结论。

(1)康文良家与徐某某家是对过邻居,徐家的马扎曾出借给其他邻居使用,马扎本身是能随意搬动之物,按照农村人经常搬动马扎或小凳随地而坐的生活习惯,难以全面彻底排除作为邻居的康文良接触徐家马扎的可能性。

(2)康文良在审判阶段辩称,案发前一两个月,其路过徐某某家门口徐要把借他家的铁锹还给他,叫他在门口坐一会儿,他不知道当时坐的是不是涉案马扎。现有证据无法排除康文良当时曾接触该马扎的可能性。

(3)康文良的上述辩解与其在侦查阶段关于不知道徐某某家有马扎,更没接触过徐家马扎的供述相矛盾,但不能据此就认定其没有见过、接触过徐家马扎:一是接触马扎是生活中的小事,未留下深刻记忆也属正常;二是徐某某被发现遇害时,康文良也到场围观,知道马扎是作案凶器,因此其在侦查阶段声称自己从未见过、接触过徐家马扎,不排除基于避祸心理,对马扎避而远之,以免引火烧身。

(4)一审法院的两次咨询未针对康文良"在案发前一两个月曾接触过马扎"的辩解进行。在复核阶段,承办法官就涉案混合 DNA 能否检出先后附着的时间,以及接触 DNA 能在物体表面保存多久的问题进一步咨询公安部出具该鉴定意见的鉴定人员,得到的答复是:保存时间取决于保存条件等因素,有的汗斑、唾液可以保存几个月甚至几年,他们曾从一枚烟头上检出嫌疑人几年前留下的唾液;康文良和徐某某先后接触马扎,也可能从马扎上检出该两人的混合 DNA,且检验不出附着的先后顺序。因此,DNA 鉴定表明康文良曾经接触过马扎,而不能从科学层面否定康文良有关案发前一两个月曾接触过马扎的辩解。故该鉴定意见与案件事实的关联性很弱。

(5)证据材料显示,可以确定案发后至少有三人接触过涉案马扎,而 DNA 鉴定却未检出该三人的 DNA,说明在马扎上未检出 DNA 并不代表未接触马扎。也就是说,如果另有真凶,虽然使用了马扎作案,也可能检不出其 DNA,这从另一方面说明该 DNA 鉴定意见对证明案件事实不具有排他性。

综上，在马扎上检出康文良和徐某某的混合DNA，只能表明康文良曾接触过该马扎，不能得出康文良使用该马扎杀害徐某某的唯一结论。

案例5-6-4 李某全交通肇事案[(2020)晋0924刑初54号]

法院认为：忻州市公安司法鉴定中心的鉴定文书作出的"现场遗留头盔面罩、面罩外框碎片与李某全血样经鉴定，检出混合基因型，包含李某全的DNA分型"鉴定结论，该证据仅能证实，李某全的DNA分型是该头盔面罩上遗留基因中的一种，不具有排他性。

案例5-6-5 唐某某、李某某故意伤害案[(2014)双桥刑初字第376号]

法院认为：承德市公安局双桥分局出具的公(冀承双)鉴(法)字(2013)0634号法医学损伤检验鉴定书，分析说明中对被害人尹某某右下2牙齿脱落未排除其他原因所致；对右侧第2、3肋骨骨折使用"请办案单位结合受伤部位调查情况，使用此鉴定意见"，鉴定意见不明确。此鉴定意见无法采信。

案例5-6-6 盛某海、张某文等涉嫌故意毁坏财物案[(2017)皖0122刑初124号]

本案有三份价格认定意见和一份评估报告，肥东法院认为均不能作为定案的根据，一审宣告6名被告人无罪，二审发回重审后检察院撤诉。

(1)肥东县价格认证中心东价证鉴(2016)058号、(2016)059号、(2016)111号等三份鉴定意见，不能作为定案的根据。

首先，公安机关在对现场勘验、检查后以被毁坏的电视机背景墙和板材等检材较多、没有保管条件为由，将检材交由与本案有利害关系的被害人陈某1保管，检材保管明显不符合法律及有关规定，导致此后检材的真实性存疑。

其次，2016年4月14日、8月5日公安机关委托鉴定，肥东县价格认证中心接受委托后到现场对检材进行核对登记并拍摄照片，但没有委托方的有关人员见证签名，不符合《司法鉴定程序通则》第24条第2款的规定，鉴定程序不合法。因被害人保管的检材真实性存疑，鉴定机构到现场对被害人保管近3个月或6个多月的检材进行核对登记并拍摄照片的内容的真实性必然存疑。

最后，公安机关委托鉴定仅提供了检材明细表，鉴定的主要依据是该表。由于勘验、检查笔录不能作为证据使用，鉴定机构对检材进行核对登记并拍摄照片的程序不合法且内容的真实性存疑，又无其他在案证据印证明细表，故鉴定机构作出鉴定的依据明显不足。

(2)北京大展资产评估公司的评估报告，不能作为定案的根据。

首先，2016年7月19日鉴定机构接受委托后，据以作出评估的相关材料均由被害人本人直接提供。被害人提供的研发会呼吸和净化空气的多媒体背景墙的各项成本支出材料均为统计表，未附相关票据，工资支出亦无领取人签名。鉴定机构据以作出评估的相关材料来源不清，材料的取得、送检等均不符合法律和有关规定，鉴定程序不具有合法性，鉴定材料的真实性存疑。

其次，鉴定机构评估背景墙市场价值642,800元；被害人陈述背景墙的生产成本68,000元；证人陈某3证明2015年其装修房屋时在印象饰家肥东店购买一套智能背景墙用去58,000元。鉴定意见与被害人的陈述、证人陈某3的证言存在重大矛盾，鉴定意见的真实性存疑。

最后，公安机关委托对背景墙被损毁的价值进行评估，而鉴定机构评估的对象为其市场价值(含研发成本)，与委托要求不一致，鉴定意见与本案待证事实不具有关联性。

七、鉴定意见与其他证据是否矛盾

证据审查应当结合案件的具体情况，从各证据与待证事实的关联程度、各证据之间的关联与矛盾等方面进行全面、综合审查判断。只有证据之间具有内在的联系，共同证明同一待证事实，且能合理排除矛盾的，才能作为定案的根据。综合全案证据对某项证据进行审查判断，是证据审查判断的基本方法。

《最高法院刑诉解释》第140条规定了间接证据印证规则："没有直接证据，但间接证据同时符合下列条件的，可以认定被告人有罪：(一)证据已经查证属实；(二)证据之间相互印证，不存在无法排除的矛盾和无法解释的疑问；(三)全案证据形成完整的证据链；(四)根据证据认定案件事实足以排除合理怀疑，结论具有唯一性；(五)运用证据进行的推理符合逻辑和经验。"

就鉴定意见的审查而言，尤其要重视鉴定意见与勘验、检查笔录及相关照片是否矛盾，因为后者很可能对鉴定意见的效力产生颠覆性影响。故《最高法院刑诉解释》第97条第9项规定,对鉴定意见应当着重审查鉴定意见与勘验、检查笔录及相关照片等其他证据是否矛盾;存在矛盾的,能否得到合理解释。如果存在矛盾,且不能得到合理解释,鉴定意见不得作为定案的根据。

案例

案例5-7-1 张某峰等盗窃、掩饰、隐瞒犯罪所得案[(2015)牡监刑再终字第3号]

对本案两份鉴定意见,法院认为均不能作为定案的根据。

公诉机关根据扣押物品清单记录的杨木站杆规格和侦查实验确定的数量委托鉴定,以及黑龙江省价格认证中心作出的黑价鉴字(2012)第25号价格鉴定,因委托鉴定的标的和证据错误,不能作为定案的根据。

黑龙江省公安厅鉴定意见认为,王某某外伤后有轻度蛛网膜下腔出血,有一过性意识障碍和近事遗忘,以此评定为轻伤。但王某某在穆棱林区医院和牡丹江林业中心医院的住院病案中均未诊断"蛛网膜下腔出血";法院向牡丹江林业中心医院调查核实,医院出具诊断情况说明"化验结果不支持诊断蛛网膜下腔出血";法院委托北京法源司法科学证据鉴定中心专家出具专家咨询意见书:"现有材料表明王某某不存在头部外伤所致明确的昏迷史和近事遗忘现象。"故法院认定鉴定意见的科学性存疑,不能作为定案的根据。

案例5-7-2 张某盗窃案[(2013)佛中法少刑终字第77号]

法院认为,公诉机关提供的《司法鉴定意见书》证实张某在2013年3月21日的骨龄相当于18周岁(±0.5岁),即张某当时的年龄介乎17周岁零6个月至18周岁零6个月。据《户籍证明》记载的出生日期推算,张某2013年3月21日的年龄是18周岁零6个月,正好在上述骨龄鉴定的误差值范围内。相反,根据张某自报的出生日期推算,其2013年3月21日的年龄是17周岁零3个月,不在上述骨龄鉴定的误差值范围内。其父母的询问笔录均可与《户籍证明》相互印证。故法院认定张某出生于1994年9月6日,在实施指控犯罪时已满18周岁。

案例 5-7-3 刘某甲交通肇事案[(2014)临刑重字第1号]

山东交院司法鉴定中心的鉴定意见,与三被告人一致的供述相矛盾,在委托鉴定事项、检材来源、取得、保管、送检内容都一致的情况下与司法部鉴定中心退卷情况说明的分析意见相矛盾,与公安机关尸体检验鉴定意见相矛盾,鉴定过程和方法不符合相关专业的规范要求,故该鉴定意见不能作为定案的依据,法院不予采信。

八、专家意见的质证

司法鉴定涵盖的领域有限,有些专业领域尚不确定,专业知识尚处于不完善、不成熟的阶段,其理论、原理和方法尚未达到一般接受或法律上认可的程度,由此产生了其他专家证据的举证与质证问题。《最高法院刑诉解释》第100、101条规定,因无鉴定机构,或者根据法律、司法解释的规定,指派、聘请有专门知识的人就案件的专门性问题出具的报告,可以作为证据使用。这类报告包括食品安全危害认定、测谎结论、概率论与统计数据、人格特征分析报告、事故调查报告、地质遗迹毁损报告等。对于这类专家证据,辩护人除自己研究外,还可以向专家咨询。

例如,张永明、毛伟明、张鹭故意损毁名胜古迹案(最高人民法院审判委员会讨论通过,2020年12月29日发布的指导案例147号)中,三被告人打入26个岩钉的行为对巨蟒峰造成严重损毁的程度,目前全国没有法定司法鉴定机构可以进行鉴定。侦查机关委托四名地学专家,依据专业知识和现场实地勘查、证据查验,从专业的角度对打岩钉造成巨蟒峰的损毁情况给出了专业意见,并共同签名。经法院通知,四名专家中的两名专家以检验人的身份出庭,对“专家意见”的形成过程进行了详细的说明。

辩护人有时也可提交有专门知识的人出具的对现有鉴定意见或专家报告的书面审查意见,并申请其出庭。这类专家证据也能帮助辩护人对专业问题进行质疑。

案例

案例 5-8-1 陕西反杀案/王某涉嫌故意伤害案[(2018)陕刑终243号]

辩护人向二审陕西高院提交专家出具的《法医学书证审查意见书》,并申请专家出庭。庭审过程中,出庭检察员认为该证据属于鉴定意见,而鉴定机构没有资质,还提出《刑事诉讼法》没有审查意见这种证据形式，不同意辩护人出示。辩护人反驳称，该案中的审查意见实际是专家就专业问题提供专家证言的一种方式，帮助辩护人对控方证据进行质证，并非鉴定意见。合议庭否定了检察员主张该材料不是证据、不能出示的意见，允许辩护人出示。

案例5-8-2 徐州周某投毒案[(2013)苏刑三终字第0044号]

原审裁判认定：周某因家庭成员之间的生活琐事嫉恨其姐周某春，为报复周某春，故意用农药杀害周某春3岁的儿子胡某豪。申诉代理人认为，周某没有杀人动机，向复查的检察机关提请对周某进行测谎测试。以下为申请书：

由于本案中定案证据疑点众多，申请人也聘请了法医专家对本案相关法医学问题作出了《评鉴意见书》，原审裁判于情于理均有诸多不合理之处，周某本人及死者胡某豪的家属经年累月均在申诉。为进一步查清事实，根据最高人民检察院《关于CPS多道心理测试鉴定结论能否作为诉讼证据使用问题的批复》之规定，特此申请对申诉人进行司法鉴定，请求对申诉人周某进行"测谎测试"，利用已有的科学技术手段对申诉人"关于胡某豪中毒过程"是否说谎进行测试，以进一步认定本案事实。

案例5-8-3 潘某明、杨某明破坏电力设备、抢夺案[(2012)南刑初字第88号]

法院认为：骨龄鉴定是指专家运用科学方法、技能，按照法定的鉴定程序对于被告人的生物年龄进行鉴定后所作出的书面评定，是一种具有科学根据的意见。骨龄鉴定由于受到被告人本身、技术能力、客观干扰、主观条件、业务水平等多方面的限制，虽然可以作为证据使用，但其证明力仅为专家意见，因此，在审理案件的过程中不能过于迷信骨龄鉴定，应当慎重审查，如要将其作为证据使用，只能对相关的书证、被告人供述或证人证言起到补强作用。换言之，在没有其他证据印证的情况下，不能将骨龄鉴定作为唯一的定案依据。

案例5-8-4 梁某爆炸案[(2019)内0222刑初52号]

法院认为：公诉机关举示的固阳县住房和城乡建设局出具的证明、包头港华燃气公司出具的委托书及燃气专家意见，委托主体相互矛盾，专家意见不是专业机构出具,无鉴定机构盖章,且专家资质不全,故不予采信。

案例5-8-5　吴某明等侵犯商业秘密案[(2003)深宝法刑初字第1545号]

公诉机关出示"司法鉴定书"和"科技查新报告"两份证据。其中最核心的是由中国科技法学会华科知识产权鉴定中心出具的鉴定,该鉴定认为被害人的爪链模具技术有多个技术点是不为公众所悉的。

法院认为此份鉴定存在两方面的问题。在法律形式要件方面,华科知识产权鉴定中心出具的鉴定报告上存在严重瑕疵。在实质内容方面,针对鉴定书认可的非公知技术点,辩方提交的由上海模具技术协会资深专家委员会五位专家出具的《专家意见书》以及模具专家丁某聚当庭的证言,都认为鉴定书所列的"非公知技术点"均为模具行业的一般技术,出庭鉴定人郑某智也认可这一说法,只是提出这些在模具行业公知的技术和设计原理具体应用在爪链模具的设计制造上是"非公知的技术"。因此,合议庭认为,该司法鉴定书据此认为被害人的爪链模具技术是不为公众所知悉的技术信息,结论过于牵强,难以令人信服。鉴于该鉴定书在形式上存在重大瑕疵,在实质内容上不具有说服力,从而无法认定本案涉及的被害人的技术信息是否为公众所知悉。

浙江省科技信息研究所《科技查新报告》,认为被害人的技术信息在所检文献中未见有报道。法院认为:仅据此就认为被害人的技术信息是不为公众所知悉的,明显不具有说服力。

九、鉴定人、有专门知识的人出庭与发问

(一)鉴定人、有专门知识的人出庭

鉴定意见实质上属于言词证据。鉴定的科学性和真实性在很大程度上并不取决于鉴定意见本身,而依赖于鉴定人的专业资格、鉴定过程和判断能力。因此,对鉴定意见的审查判断应该建立在当庭质证之上,而非仅仅宣读书面意见。

鉴定人有出庭作证的义务,尽管辩护人申请鉴定人出庭经常不被法院同意。《刑事诉讼法》第192条第3款规定,"公诉人、当事人或者辩护人、诉讼代理人对鉴定意见有异议,人民法院认为鉴定人有必要出庭的,鉴定人应当出庭作证"。《刑事诉讼法》明确规定,公诉人、当事人或者辩护人、诉讼代理人对鉴定意见有异议,法院认为鉴定人有必要出庭的,鉴定人应当出庭作证。控辩双方均有申请权,法院认

为有必要出庭，鉴定人应当出庭。法院也可依职权通知鉴定人出庭。对于有专门知识的人，《刑事诉讼法》《最高法院刑诉解释》同样分为两种情形：控辩双方申请加法院认为有必要，以及法院依职权通知出庭。

当然，辩护人应当细致说明对鉴定意见的异议所在，为了进一步说服法庭，也可以在庭前提交对鉴定意见的简要分析。

实际上，辩护律师应该清醒地意识到：当法官出于非正常因素认为没有必要通知鉴定人出庭，法庭上的常规辩护基本上意义不大，有必要改变辩护策略。

可能，鉴定人出庭的难点在于"法院认为有必要"。实践中，有时无论辩护律师如何坚持，法官均以认为没有必要。特别是存在案外因素影响、开庭时间可能较长的案件，法官作出如此判断可能也有避免麻烦，顺利走完程序，而不愿意出现任何可能拖延诉讼或可能出现不确定的事项的考虑。这种情况下，辩护律师能做的，只有坚持，适当时还可以对法官进行控告。这一难点的根源还是在法律规定本身，我国《刑事诉讼法》中有大量"法院认为有必要"的自由裁量条款，还比如证人是否出庭、二审是否开庭审理等方面，在当前的司法改革中，法官自由裁量权的适用应被关注。

尽管有法律依据，但辩护人申请有专门知识的人出庭难度仍旧很大。《最高法院刑诉解释》第250条规定："公诉人、当事人及其辩护人、诉讼代理人申请法庭通知有专门知识的人出庭，就鉴定意见提出意见的，应当说明理由。法庭认为有必要的，应当通知有专门知识的人出庭。申请有专门知识的人出庭，不得超过二人。有多种类鉴定意见的，可以相应增加人数。"对于申请有专门知识的人出庭作证，辩护人可视情况先提交有专门知识的人关于鉴定意见或涉案专业问题的相关证据材料，说服法院其出庭作证能向法庭解释专业问题，帮助法官甄别鉴定意见，就专业问题作出科学的判断。

（二）对鉴定人、有专门知识的人发问

有关发问、反对的规则与方法，同样适用于对鉴定人、有专门知识的人发问，未来《法庭发问的艺术》一书将系统讨论。对鉴定人发问的特殊之处在于，《法庭调查规程》第27条规定的对鉴定人发问不受分别发问规则的限制，即"同一鉴定意见由多名鉴定人作出，有关鉴定人以及对该鉴定意见进行质证的有专门知识的人，可以同时出庭，不受分别发问规则的限制"。

对鉴定人、有专门知识的人发问规则是一样的。对有专门知识的人发问，主要是针对鉴定意见。《法庭调查规程》第49条第2款规定："有专门知识的人当庭对鉴定意见质疑,鉴定人能够作出合理解释,并与相关证据印证的,应当采信鉴定意见;不能作出合理解释,无法确认鉴定意见可靠性的,有关鉴定意见不能作为定案的根据。”

对鉴定人、有专门知识的人发问涉及科学证据和专业知识,目的是质疑鉴定意见的合法性、客观性和科学性。鉴定人的专业技术水平直接决定鉴定意见是否客观、科学。辩护人应当提前做好功课,查找资料,了解出庭人员的背景,对专业问题进行深入研究,必要时事先咨询专家。

法庭发问,首先应当审查鉴定人、有专门知识的人的专业资质。《法庭调查规程》第 18 条第 1 款规定:“证人、鉴定人出庭,法庭应当当庭核实其身份、与当事人以及本案的关系,审查证人、鉴定人的作证能力、专业资质,并告知其有关作证的权利义务和法律责任。”针对鉴定人、有专门知识的人的专业技术水平,辩护人发问可包括学历、职称、工作年限、业绩、专业知识水平、相关领域的学术成果等。

有的鉴定人并未实际参加鉴定,只是署名。庭审中,如有必要,可就鉴定人是否实际参加鉴定进行发问,如询问其鉴定时间、地点,鉴定使用的方法、标准,鉴定过程等。

鉴于专家的身份,辩护人对出庭人员一般应显示尊重,在不经意间揭示疑问或错误。对于明显不客观的出庭人员,可以适当选用进攻型发问。

法庭发问的重点,是针对鉴定意见或专门意见本身。《人民检察院办理死刑第二审案件和复核监督工作指引(试行)》第 63、64 条对鉴定人、有专门知识的人的发问重点提供了指引。第 63 条规定:“对于鉴定人出庭作证的,检察人员应当重点围绕下列问题发问:鉴定人所属鉴定机构的资质情况,包括核准机关、业务范围、有效期限等;鉴定人的资质情况,包括执业范围、执业证使用期限、专业技术职称、执业经历等;委托鉴定的机关、时间以及事项,鉴定对象的基本情况,鉴定时间,鉴定程序等;鉴定意见及依据。”第 64 条规定,“有专门知识的人出庭对鉴定意见发表意见的,检察人员应当重点询问鉴定的程序、方法、分析过程是否符合本专业的检验鉴定规程和技术方法要求,鉴定意见是否科学等内容”。

(三)经法院通知,鉴定人拒不出庭,鉴定意见不得作为定案的根据

《刑事诉讼法》第 192 条第 3 款规定,“经人民法院通知,鉴定人拒不出庭作证的,鉴定意见不得作为定案的根据”。《最高法院刑诉解释》第 99 条规定:“经人民法院通知,鉴定人拒不出庭作证的,鉴定意见不得作为定案的根据。鉴定人由于不能抗拒的原因或者有其他正当理由无法出庭的,人民法院可以根据情况决定延期

审理或者重新鉴定。鉴定人无正当理由拒不出庭作证的,人民法院应当通报司法行政机关或者有关部门。”经法院通知,鉴定人拒不出庭的,根据上述规定,鉴定意见不得作为定案的根据。

案例

案例 5-9-1 其某某、三某某盗窃案[(2017)青 2625 刑初 12 号]

本案涉及两份鉴定意见,久治法院一审认为均不能作为定案的根据,判决其某某、三某某无罪。检察院抗诉。二审法院不支持抗诉,维持无罪判决。

久治县发展改革和经济商务局的价格鉴定结论书,因鉴定机构不具备法定资质,不能作为定案的根据。

果洛藏族自治州价格认证中心的价格认定结论书,也不能作为定案的根据。一是该鉴定意见没有鉴定人员的签字。二是该鉴定中记载的价格鉴定基准日期为 2017 年 9 月 26 日,而车辆被盗时间为 2017 年 2 月 8 日,鉴定意见与案件待证事实是否有关联需要进一步解释。三是公诉人向法庭递交鉴定人出庭的申请,鉴定人经法院通知未出庭,也未向法庭说明不到庭理由。

案例 5-9-2 福建某公司、刘某生等工程重大安全事故案[(2016)闽 03 刑终251 号]

本案涉及两份鉴定意见,一审法院均没有将其作为定案证据,判决无罪。检察院抗诉并提交新证据,二审莆田法院维持无罪判决。

工程质检中心鉴定的鉴定检验报告书显示的在场人员为陶某、谢某,司法鉴定人栏内有陶某、谢某签名,朱某 2 在审核栏上签名。现有证据证实到场人员系陶某、谢某二人,不足以证实朱某 2 到现场提取检材并参与鉴定。谢某不具备司法鉴定资质,故该鉴定只能认定为一名司法鉴定人到场作出,不能作为定案的根据。

工程造价鉴定书不能作为定案根据。原审被告人及其辩护人对该鉴定意见有异议,莆田市秀屿法院通知鉴定人出庭作证,而鉴定人拒不出庭作证。故该工程造价鉴定书不能作为定案的根据。

案例5-9-3 脱臼案①

以子之矛,攻子之盾,用专家证人本人先前不一致的陈述进行驳斥。

问:施密特医生,你说盖博先生的肘关节可以恢复到完全的活动范围?

答:是的。

问:而你对于盖博先生现在只有有限活动范围的解释是,他不愿意完成恢复治疗?

答:我相信这是个主要原因。

问:你说他的肘部的伤势,并不是导致现在活动受限的原因?

答:是的。

问:你有一篇论文《脱臼及治疗》发表在2000年1月《整形外科杂志》上?

答:是的。

问:《整形外科杂志》在这一学科上具有相当高的权威性,是吗?

答:是的。

问:施密特医生,我现在要念你的文章第40页的一段内容。对方律师,请跟着我一起阅读,确定我念得是否准确。您的文章写道:"医学文献中到处都有这样的实例,及相对较小的关节伤也会引起疼痛和永久性的活动范围丧失。"医生,我念得是否准确?

答:是的。

案例5-9-4 云南普某伟故意伤害案

当没有有专门知识的人出庭协助辩方质证,也没找到对方专家此前发表的相反观点时,可以委托专家出具《专家审查意见》或寻找更权威的专家观点,交由法庭审查判断应采信何种观点。以下是本案辩护人关于死因鉴定的发问:

问:张法医,你们法医不会总是意见一致的,对吗?

答:是的。

问:您见过一名法医是一种意见,而另一名法医则是另一种不同意见的情况吗?

① 案例来源:[美]托马斯·A.马沃特:《庭审制胜》,中国人民大学出版社2012年版,第317页。

答:是的。

问:那在你的死因鉴定工作中也有发生吗?

答:有时。

问:在这起案件中,您的意见是出血性休克死亡,是吗?

答:是的。

问:本案出具专家审查意见的庄法医和胡法医的意见是创伤性休克死亡,与您的意见是不同的,是吗?

答:是的,这是他们的个人意见。

问:张法医,您认识庄法医和胡法医,对吗?

答:认识。

问:你们合著过法医学著作,一起参加过论坛?

答:是的。

问:您毕业于昆明医科大学并在该校任教是吗?

答:是的。

问:四川大学的法医学比昆明医科大学的法医学排名更高,实力更强是吗?

答:是的。

问:庄法医和胡法医毕业于四川大学法医学并在公安部任职退休,所以,他们也是经验丰富、认真负责的权威法医,对吗?

答:我认为是的。

问:作为一名同行,你们彼此尊敬,对吗?

答:是的。

问:而且你也很尊重他们的专业意见,对吗?

答:是的。

问:而这是一起专家意见不一致的案件,对吗?

答:是的。

问:张法医,当专家意见不一致时,应当是由合议庭来决定相信谁,对吗?

答:是的。

问:这也是为什么我们的"鉴定意见"不再叫"鉴定结论"的原因?

答:是的。

问:而你对于我们的案件事实最终由合议庭来决定,没有质疑,对吗?

答:是的。①

案例 5-9-5 陷阱式发问②

辩护人可以通过给对方证人设计发问,揭露出庭的医学专家完全是个“骗子”。

律师:医生,从您对许多著作旁征博引,以及您作证的方式,我推断您非常熟悉这个专业的相关文献,特别是关于脑部伤害。

医生:为此我感到很骄傲,我不只拥有很大的私人图书馆,还花了好几个月的时间在维也纳、柏林、巴黎和伦敦的图书馆查看资料。

律师:那么您熟读过安德鲁颇受好评的作品《论头部伤害的短期和长期影响》了?

医生(很自满地微笑):噢,我想是的。上个礼拜我才读过这本书。

律师:那么您读过《夏维论脑部外伤》吗?

医生:是的,这本书我详读过好几遍。

律师用同样的语气,不断询问证人是否读过其他“虚构”的作品,而医生总是回答“仔细研究过”或“在图书馆翻阅过”,最后,律师知道医生已经察觉到这个圈套,话锋一转,以嘲讽的语调问医生是否读过《论脊椎和脊髓伤害》(该主题真正的经典作品)。这次医生却大笑回答说:“我从来没有听过这本书,我想您也没有吧。”

整个演出达到了高潮。汉密尔顿医生随即出庭为辩方作证,他对陪审团解释说,原告证人宣称熟读过的医学作品,其实是他虚构的。

案例 5-9-6 河南张某峰受贿案[(2018)豫07刑终81号]

涉案车辆的价格鉴定结果明显偏低,辩护人阅卷时发现“评估依据”中引用的法条存在失效的情况,即鉴定过程和方法不符合相关专业的规范要求,通过发问予以揭示。

问:请问你在取得资格证书之前是否接受法律培训?

答:是。

---

① 参见[美]托马斯·A. 马沃特:《庭审制胜》,中国人民大学出版社2012年版,第319~320页,并由笔者结合云南普某伟案改编。

② [美]弗朗西斯·韦尔曼:《辩护的艺术》,中国商业出版社2009年版,第82页。

问:你是否掌握车辆价格鉴定的法律知识?

答:掌握。

问:你是否知道你“评估依据”中引用的两部规范已经失效,被新的法条替代?

答:知道。

问:那你是否在庭前出具的《补充情况说明》中对此说明了?

答:没有。

案例5-9-7 某受贿案

检方指控被告人通过低价购买房屋的方式变相受贿,涉案房屋的市场价格成为争议焦点,房屋价格鉴定报告成为定罪量刑的重要证据。辩护律师成功申请到鉴定人出庭后,做了认真准备,如通过阅卷和查询获得发问对象的身份情况、教育背景、工作经历、职业、与案件的关联等信息;根据鉴定报告列举的鉴定技术文件,提前理解鉴定方法、原理、流程,有无可替代鉴定方法等;提前设计发问清单及回答预判,对无法预判的做多重预案。

问:你一年大概会出具多少份价格认定报告?

答:200份左右。

问:其中涉及不动产的价格认定占多少比例?

答:占的比例较小。

问:别墅在你鉴定的不动产价格中,占多少比例?

答:非常少。

问:辩护人通过公开走访,在涉案别墅交易前后半年间,至少9套与涉案别墅同一小区的相近房型别墅在销售,且销售价格有的高于、有的低于涉案别墅。这情况你知道吗?

答:我不清楚。

问:对于通过公开途径都能查到的房源交易信息,你作为房产价格鉴定专业人士,为什么反而不知情?

答:我无法回答。

问:相邻小区这两套参照别墅的建造年份你知道吗?

答:我不知道。

问:房屋的建造年份是否会对房屋价格产生影响?

答:会的。

问:你是否知道涉案别墅在被告人购买前,曾经还有过一个买家?

答:我不知道。

问:涉案别墅既然是你价格认定的对象,你为什么对它的交易历史都不清楚?

答:我无法回答。

上述发问表明,鉴定人对于不动产尤其是别墅的价格鉴定的经验甚少,鉴定人对于参照物别墅的建造年份和涉案别墅的交易历史均不知道,而这两点恰恰是影响价格的重要因素,且鉴定人在同一小区明显具有大量类似房源的情况下舍近求远,故意选择相邻小区的高价别墅作为参照,其专业性和责任心均存疑。①

十、针对鉴定意见的庭外辩护

鉴定意见往往是定案的关键证据,辩护人必须通过一切合法的手段质疑鉴定意见,包括庭外辩护。如果法院能客观公正地审查鉴定意见,其实也不用辩护人庭外辩护。但个别案件中法院会无视鉴定意见存在的问题,采信明显违法、不客观的鉴定意见,辩护人只能通过庭外辩护的方式,使鉴定意见失去证据能力,让法院无法采信鉴定意见,或者大大削减鉴定意见的证明力。

庭外辩护的主要方法包括:寻找专家对鉴定意见提出专家意见,对鉴定人和鉴定机构进行投诉,甚至针对故意出具虚假鉴定意见等涉嫌犯罪行为刑事报案。

针对鉴定人和鉴定机构的违法,当事人和辩护人可以向司法鉴定机构住所地县级以上司法行政机关投诉。《司法鉴定程序通则》第9条规定:“司法鉴定机构和司法鉴定人进行司法鉴定活动应当依法接受监督。对于有违反有关法律、法规、规章规定行为的,由司法行政机关依法给予相应的行政处罚;对于有违反司法鉴定行业规范行为的,由司法鉴定协会给予相应的行业处分。”第10条规定:“司法鉴定机构应当加强对司法鉴定人执业活动的管理和监督。司法鉴定人违反本通则规定的,司法鉴定机构应当予以纠正。”《司法鉴定执业活动投诉处理办法》第10条规定:“公民、法人和非法人组织认为司法鉴定机构或者司法鉴定人在执业活动中有下列违法违规情形的,可以向司法鉴定机构住所地或者司法鉴定人执业机构住所地的县级以上司法行政机关投诉:(一)司法鉴定机构组织未取得《司法鉴定人执业

---

① 虞思明:《刑事辩护庭审发问技巧》,载 https://mp.weixin.qq.com/s/KErfe1cXJzk95ZovWW0J_g,2022年6月1日最后访问。

证》的人员违规从事司法鉴定业务的;(二)超出登记的业务范围或者执业类别从事司法鉴定活动的;(三)司法鉴定机构无正当理由拒绝接受司法鉴定委托的;(四)司法鉴定人私自接受司法鉴定委托的;(五)违反司法鉴定收费管理规定的;(六)违反司法鉴定程序规则从事司法鉴定活动的;(七)支付回扣、介绍费以及进行虚假宣传等不正当行为的;(八)因不负责任给当事人合法权益造成损失的;(九)司法鉴定人经人民法院通知,无正当理由拒绝出庭作证的;(十)司法鉴定人故意做虚假鉴定的;(十一)其他违反司法鉴定管理规定的行为。"第 25 条规定:"司法行政机关受理投诉的,应当自作出投诉受理决定之日起六十日内作出处理决定;情况复杂,不能在规定期限内作出处理的,经本机关负责人批准,可以适当延长办理期限,但延长期限不得超过三十日,并应当将延长的时间和理由书面告知投诉人。"

司法行政机关受理投诉,经查实,对被投诉人做出处理的,无论行政处罚还是训诫、整顿,都相当于确认被投诉人在相关司法鉴定中有违规行为,都会直接影响鉴定意见的证据能力和证明力。司法行政机关对投诉事项的调查结果,根据《司法鉴定执业活动投诉处理办法》第 24 条,包括如下情况:"(一)被投诉人有应当给予行政处罚的违法违规行为的,依法给予行政处罚或者移送有处罚权的司法行政机关依法给予行政处罚;(二)被投诉人违法违规情节轻微,没有造成危害后果,依法可以不予行政处罚的,应当给予批评教育、训诫、通报、责令限期整改等处理;(三)投诉事项查证不实或者无法查实的,对被投诉人不作处理,并向投诉人说明情况。涉嫌违反职业道德、执业纪律和行业自律规范的,移交有关司法鉴定协会调查处理;涉嫌犯罪的,移送司法机关依法追究刑事责任。"

例如,我们办理的内蒙古姜某龙非法占有农用地、诈骗罪[(2016)内 04 刑终 40 号]中,投诉鉴定人导致其被停业,鉴定意见的证明力大大削弱;又如,芜湖谢某卿等63 人诈骗案[(2018)皖0222 刑初130 号]中,经反复投诉,鉴定机构被撤销,鉴定意见直接被排除。可见,庭外进攻鉴定意见,一旦成功,能达到釜底抽薪的效果。

目前的司法鉴定仅涉及四大类,四大类以外的鉴定意见,需向相关的主管机关投诉。例如,针对司法会计鉴定、审计报告,可向中国注册会计师协会、财政厅等部门投诉。

鉴定人故意作虚假鉴定的,可能构成出具虚假报告罪、伪证罪等,辩护人可要求司法行政机关移送司法机关依法追究刑事责任,甚至直接刑事报案。

案例

案例 5－10－1　芜湖谢某卿等 63 人诈骗案[（2018）皖 0222 刑初 130 号]

本案中，繁昌县公安局委托繁昌县价格认证中心作出《关于对字画、瓷器、玉器、景泰蓝等工艺品现实价值的价格认定结论书》，分别对涉案的 419 件藏品进行了价格鉴定。一审宣判前，一批新律师介入后，对杭州市价格鉴定专家委员会奢侈品价格鉴定中心进行投诉，并到杭州报案。2019 年 7 月 16 日，杭州市民政局调查发现，该鉴定机构仅是杭州市价格鉴定专家委员会的内设部门，而不是分支机构。因违反《社会团体登记管理条例》，杭州市民政局对其上级单位杭州市价格协会作出了警告处分并责令整改的行政处罚决定书。此前的 5 月 13 日，杭州市价格协会已撤销杭州市价格鉴定专家委员会奢侈品价格鉴定中心，并要求其停止一切对外活动。鉴定机构被撤销，鉴定意见当然被排除。经努力辩护，繁昌法院一审宣告 42 人无罪。

案例 5－10－2　内蒙古姜某龙非法占用农用地、诈骗案[（2016）内 04 刑终 40 号]

本案中，辩护人认为鉴定意见存在较多问题，故辩护人为姜某龙家属撰写了控告信，并于 2016 年 2 月 10 日陪同家属到内蒙古自治区司法厅、呼和浩特市司法局投诉。呼和浩特市司法局鉴定科经调查，出具文件："司法鉴定人严重不负责任，现已向自治区司法厅提出了处罚建议。"遗憾的是法院仍未采纳该鉴定意见，但控告信不失为一种辩护手段。

十一、常见鉴定意见的质证要点

鉴定种类繁多，涉及专业知识不尽相同，相关的国家标准、行业标准、科学技术规范也各异。在对鉴定意见进行质证时，除了针对鉴定意见的合法性、关联性、鉴定检材客观性、鉴定程序和方法是否符合规范、鉴定意见的形式要件是否完备、鉴定意见是否与其他证据相互印证等一般问题外，还需要考虑鉴定意见特有的标准和规范，进行有针对性的质证。作为示范，本部分列举法医鉴定、枪弹痕迹鉴定、动物物种鉴定、会计鉴定这四类鉴定意见的质证要点，声像资料的鉴定见本书第七章。

（一）法医鉴定

法医鉴定是对涉及尸体、活体以及与人体上的各种物质相关的问题进行科学检验、分析、鉴别和判断,以取得死亡原因、伤害程度、凶器种类、血型分析等结论性意见。法医鉴定是司法鉴定的重要类型,已形成一门高度专业、涉及内容广泛的学科,具体分为法医病理学鉴定、法医临床学鉴定、法医精神病学鉴定、法医物证学鉴定、法医毒物分析鉴定,每一子类也涉及很多内容。例如,法医学临床鉴定包括法医学人体损伤程度鉴定、人体残疾等级鉴定、人体功能评定、性侵犯与性别鉴定、炸伤、诈病、造作伤鉴定、医疗损害鉴定、骨龄鉴定等。其中法医学人体损伤程度鉴定,是依据相关标准规定的各类致伤因素所致人身损害的等级划分,对损伤严重程度进行鉴定。

凡涉及人身的刑事案件,如故意杀人案件、故意伤害案件、人身类寻衅滋事案件、药品食品类致人伤亡的案件、强奸案、涉及刑事责任能力的案件等,通常都有法医鉴定。法医鉴定对于罪与非罪、轻罪与重罪的判断,具有关键性影响。例如,死亡时间推断对于排除被告人是否具有作案时间具有关键作用,而这一问题是世界性难题,目前尚无可靠的推断方法能对死亡时间做精准推断,因此辩护空间很大。特别是鉴定过程中,鉴定人水平、经验、尸检临场记录差误、鉴定程序和规范性欠缺、死者个体差异、环境、全案其他证据等种种因素,导致死亡时间推断准确度较低,辩护人可以进攻的点很多,必要时还可以申请调取原始尸体检验记录等法医工作内档。

因此,法医鉴定的质证通常都是争议焦点和定罪关键,具体质证要点应区分不同类型的鉴定,可简单概括为四方面。

1. 鉴定主体是否合法

司法鉴定机构及鉴定人的鉴定资质、鉴定范围、鉴定能力,是否应当回避,鉴定人行为是否规范等,是首先要审查的事项。本部分涉及的一般问题可参照前文,此处主要讨论法医鉴定的特殊问题。

对于法医鉴定,还需要考察司法鉴定机构的业务范围、仪器、设备、检测室等,鉴定人具体的专业资质能力,如鉴定人具体属于哪一类鉴定领域,学历、资历、研究成果,具体鉴定意见中反映鉴定人知识、能力情况等。

例如,某鉴定意见的结论为:解剖见气管内膜有出血点,双肺水肿,胃内无污水,其死因符合干性溺死。这就直接暴露了鉴定人不懂基本常识,因为肺水肿状不可能是干性溺死。

2. 检材的鉴真

法医鉴定中,检材的来源、提取、保管、送检过程是否合法,极为关键。例如,物证的取得与保管链直接决定了罪与非罪,美国的辛普森案中血液样本被污染正是辛普森脱罪的关键因素。法医人体损伤鉴定中,要着重审查被害人的伤情照片、病历、检验报告、诊断书、医院拍摄与伤情相关的 CT 片、X 光片等。如果送检材料来源不明,鉴定对象与送检材料不一致,送检材料与案件无关,缺少材料,伪造材料,鉴定意见依法不能作为定案根据。

3. 鉴定程序是否合法

委托要求是案件中需要解决的专门性问题。辩护人首先应当审查委托要求是否恰当、准确。以命案为例,侦查机关往往笼统地委托鉴定死亡原因,但辩护人需要进行分解,是诱因、间接原因还是直接原因,致伤物、致伤方式、致命伤与非致命伤,死亡时间、机制、方式以及生前伤与死后伤等。例如,某人被注射头孢拉定发生过敏性休克死亡,鉴定意见认为死亡原因是过敏性休克,意义不大,委托要求至少应该包括过敏性休克的具体诱因,是合并用药、过敏性体质还是其他。

委托鉴定需全面提供材料。以人体损伤程度鉴定为例,需提供的材料包括:(1)检材及样本资料清单;(2)符合鉴定数量、质量要求的检材和样本,并列出清单,对检材、样本及附送资料逐一登记,注明其名称、数量、性状、来源、收取、保全方法以及应予鉴定的确切要求;(3)案情介绍资料;(4)被鉴定人的基本情况;(5)轻重伤鉴定所需的原始门诊或住院病历记录、X 光片、断层扫描(CT)片、心脑电图等;(6)重新鉴定或复核鉴定的,须提供前一次或前几次的鉴定书及其附件。鉴定如果缺少必要材料,可能被否定。

法医鉴定有时间要求。以人体损伤程度鉴定为例,鉴定期限根据不同情况有所不同。以原发性损伤为主要鉴定依据的,伤后即可进行鉴定;以损伤所致的并发症为主要鉴定依据的,在伤情稳定后进行鉴定;以容貌损害或者组织器官功能障碍为主要鉴定依据的,在损伤 90 日后进行鉴定;疑难、复杂的损伤,在临床治疗终结或者伤情稳定后进行鉴定;疑难复杂、一时不能确定的损伤,尽量在 1 年之内完成鉴定;鉴定以损伤后果为依据的应在临床医疗终结后检验,原则上在损伤后 3 ~ 6 个月进行。

相关法律依据如下:《人体损伤程度鉴定标准》第 4.2.1 条规定:"以原发性损伤为主要鉴定依据的,伤后即可进行鉴定;以损伤所致的并发症为主要鉴定依据的,在伤情稳定后进行鉴定。"第 4.2.2 条规定:"以容貌损害或者组织器官功能障碍为主要鉴定依据的,在损伤 90 日后进行鉴定。"第 4.2.3 条规定:"疑难复杂、一时不能确定的损伤,要尽量在 1 年之内完成鉴定。"《法医临床鉴定规范》第 3.2.2 条规定:"鉴定以损伤后果为依据的应在临床医疗终结后检验,原则上在损伤后 3 ~ 6

个月进行。”

4.关联性审查,特别是因果关系审查

当鉴定出伤亡原因时,辩护人需要审查被告人的行为与伤亡结果是否存在关联性,是否具有因果关系。很多时候,伤亡的事实、伤情等级未必与案件有关联,未必是被告人的行为所导致的。

例如,被害人死亡可能不是被先前的车撞死的,而是后车碾压的;可能不是被告人所杀,而是另有真凶;可能不是被告人下药毒死的,而可能是被害人误食毒药的。被害人受伤的部位有可能此前就有旧伤,也可能被害人在案发后再一次受伤,从而导致伤情加重、伤情等级升高。

一起案件的鉴定意见认为,互殴中一方打倒对方致其重度颅脑损伤,救治无效死亡。法医学专家辅助人审查认为:动态的撕扯过程,头颈部缓冲作用下,非特殊训练者拳击头部,几乎不可能造成重度颅脑损伤。因头皮无损伤,颅骨有骨折,颅腔内脑组织有挫裂伤,特点为外轻内重,表明损伤系减速运动而非加速运动所致,故该颅脑损伤属于坠跌伤。

一起案件的鉴定意见认定失血性休克死亡,但经审查系死者双腿骨折后在山里被冻死的,死者苦笑面容、斗拳状、反常性脱衣等现象即可证明。

一起案件的鉴定意见为撞击造成心脏震荡性猝死,但经审查系司机心脏病发作,刹车失灵而撞到了另一辆车上。

一起案件的鉴定意见认为被害人系腹部被刀刺,肠管破裂,大血管破裂失血性休克死亡,但经审查系医院只缝合了破裂的肠管,遗漏腹膜后破裂的大血管,而导致失血性休克死亡。

故意伤害类案件中,拳击、脚踹等徒手击打最为常见,往往发生掌骨骨折、踝关节扭伤,因此鉴定意见中出现的此类损伤可能属于攻击性损伤,即殴打他人时形成的损伤。拳击他人,反作用力由掌骨远端向掌骨基底部传递,在到达腕关节处用力最集中,易造成第二至第五掌骨骨折或者腕掌关节脱位。击打的作用力方向与前臂轴向一致时,第二至第五掌骨基底部呈斜行骨折,击打对方时拳体与前臂呈轴向旋转时,第二至第五掌骨呈螺旋形骨折。上述骨折多为线性骨折。脚踢踹时,常因体位不当、用力过猛而造成内踝或外踝扭伤,同时伴有撕脱性骨折,均为复合型骨折。辩护人应细致审查全部材料,有疑问时向专家请教。

例如,一起互殴案件中某人受伤,经医院诊断为“左三踝骨折”,后鉴定为轻伤一级。辩护人经询问嫌疑人、查阅案卷、研究监控,对受伤经过进行重建,仔细鉴别骨折类型,对损伤机制与体表损伤等情况与案情是否对照分析,发现该损伤系典型的攻击性损伤,最后公安机关撤销案件。

辩护人应当综合全案证据进行质证,必要性时可以申请对伤亡后果与行为人的行为之间是否存在因果关系进行鉴定,以便于查证具体是何原因造成的。

辩护人还应当重点审查鉴定过程和方法是否符合专业规范。法医鉴定对鉴定过程、方法、标准有高要求,有较多规范。辩护人应收集相关规范,进行对比研究,必要时应请教专家,或委托有专门知识的人出具专家意见。

最后,辩护人应当进行综合审查,特别是分析鉴定意见与其他证据是否矛盾,是否相互印证。

案例

案例 5-11-1　郭某玲故意伤害案

尸体检验鉴定书证明,死者系单刃锐器作用于左大腿根部前侧致股动脉离断、股静脉破裂死亡,股动脉虽离断,但毕竟深藏肌理且有裤子遮挡,非与被害人近身接触不会沾染上血迹,对郭某玲裤子的鉴定报告证明其裤子上并无血迹,而身上不该有血迹的李某杰身上沾染了大量的血迹。

被隐匿的公安部(2010)6944号物证鉴定书证明,李某杰裤子上的血迹来自死者的可能性大于99.99999%,而郭某玲的衣服、裤子均未检出死者血迹。申诉代理人认为,该鉴定书足以证明真凶可能另有他人,很可能就是李某杰,但该关键证据在原一审、二审阶段被刻意隐匿。而李某杰是案发时身上唯一有血的人,孙某丹、李某卫均证明,李某杰案发时所穿上衣有血迹。但李某杰先将该血衣放于李某卫处,后又与其父取走销毁。李某杰这一毁灭证据的行为,也表明其有重大作案嫌疑。

案例 5-11-2　王某国等故意伤害案

辩护人认为,本案关键证据(亳)公(DNA)鉴字[2016]284号《法医物证鉴定书》载明的受理时间为2016年5月17日,出具时间为2016年6月8日。但主检法医师何某飞的鉴定人资格证书显示,其资格有效期至2016年1月9日,鉴定时其资质已过期。鉴定意见不能作为定案根据。

该鉴定书系对数十份血迹、毛发等进行鉴定、比对的关键证据，如该证据依法不能作为定案根据，将无法证实“嫌疑人车辆内血迹与被害人一致”“夏某离开现场后用毛巾擦手”“被害人现场血迹”等事实，证据链存在重大缺口。定案根据存在程序严重违法的，应当不予核准死刑。

案例 5-11-3 赵某、赵某金故意杀人案

辩护人认为，本案没有任何客观证据指向二被告人，作案动机、凶器来源、移尸目的等诸多问题存在很大疑问。

法医鉴定、现场侦探和技术证明表明，受害人赵某之妻周某娥身中数刀，动脉破裂并导致死亡，并且曾经与凶手激烈搏斗过，但赵某身上没有搏斗伤痕，另外赵某一直穿在身上的衣服、拖鞋经过科学鉴定无血迹，无指纹。

杀人的凶器来源不明，且凶器上没有提取到赵某的血迹或者指纹。1994 年 4 月 28 日，法院与公安的座谈笔录显示：“刀柄送省鉴定后，发现有指纹线条，没有完整指纹。”

案例 5-11-4 李某前故意杀人案

2001 年，李某前因“杀妻灭子，分尸、焚尸”被判死缓。他一直坚持申诉，后启动再审，辩护人作无罪辩护。辩护人具体辩护观点如下：

1. 关于血迹形成原因，贵州省公安厅(2003)黔公刑技字第 116 号鉴定书认为，血迹系在外力作用下溅于纸箱表面。

再审阶段，辩护人委托有专门知识的人对鉴定意见提出专家意见：通过公安机关现场勘查照片中的李某前家从衣柜前的地板上、衣柜前的纸箱侧面、纸箱的底部、纸箱碎片上的血迹性状分析，应为谢某明生前开放性伤口的活动性出血，谢某明有可能是大出血死亡，且上述血迹性状不符合死亡 18 小时后分尸形成的结果。

即对于李某前家发现的血迹究竟是杀人时形成的喷溅血迹，还是被害人死亡 18 个小时后分尸时外力作用形成的血迹，无法得出唯一结论，现有证据无法排除被害人死因系大出血的可能性。

2. 关于李某前家和孟某红家的血迹鉴定。侦查机关在李某前家发现“喷溅血迹”。贵州省公安厅(2003)黔公刑技法物字第 072 号《刑事科学技术鉴定书》的鉴

定结论是:分尸现场(李某前家)血痕与304房间内血痕是同一人所留的概率为99.998%,且此人与谢某明父母有遗传关系的概率为99.93%。因此,可以确定谢某明的尸体曾出现在孟某红所居住的304房间。

结合孟某红的部分有罪供述,可以确定,孟某红曾独自将尸块从李某前家搬到304室。

至于李某前家墙壁、纸箱上的点状血迹,并不明显,且被用刀刮过,李某前没有发现并不异常,而且2001年3月19日后为寻找妻子下落或换锁,李某前哥哥、朋友、同事均曾来过李某前家中,众人都没有发现墙上点状血迹或其他异常。因此,在李某前家中发现血迹,不仅不能证明李某前有罪或者作案嫌疑,反而可以证明李某前不是真凶。

第一,如果李某前进行了分尸并清理现场,他有充足的时间去清理现场,不可能遗漏现场的血迹。目前我们看到的现场,显然是在真凶极其匆忙的情况下清理现场才可能形成,真凶清理了大部分血迹,而对纸箱底部、墙壁少量残留的点状血迹因时间紧迫、匆忙而未发现,来不及清理。第二,众人都没有发现的血迹,不能苛求李某前就能发现。第三,我们不能一方面假设李某前颇有心智,一边分尸一边却同时给谢某明亲友打电话伪造谢某明失踪假象,另一方面却认为李某前粗心大意到不清理干净现场就去报案,让朋友们到分尸现场做客,这显然不合常理。

李某前多次供述分尸后曾用家里拖把清理现场血迹,但为什么侦查机关没有提取拖把进行鉴定,抑或是检验后未发现人血?李某前有罪供述中称自己杀人、分尸时所穿衣物、鞋就是讯问时所穿衣物、鞋,未丢弃、焚毁,但公安机关明确李某前所穿衣、裤、鞋均未检出人血。与此形成鲜明对比的是,孟某红供述自己分尸后就将带有血迹的衣物焚毁、丢弃。

3. 关于分尸工具,辩护人委托有专门知识的人出具的专家意见显示:“将尸体分成6段,需要相当的时间和合适的工具。现场提取的2把菜刀,1把有柄,1把无柄,刃面均无残缺破损。如果使用该菜刀实施分尸,较为困难,因砍击骨骼,应当发生刃面卷曲、破损,因此现场提取的菜刀不像是分尸工具。”

李某前有罪供述中,一面说是在厨房里拿来菜刀分尸,另一面又说用孟某红带来的砍刀肢解尸体。孟某红则坚称是李某前用菜刀分的尸。但李某前家的菜刀上却未检出人血,而且如果菜刀是分尸工具,李某前为什么不扔掉分尸工具,仍然留在家里,难道是想继续使用吗?这与日常生活忌俗相悖,也违背鉴定意见,所谓李某前家的菜刀是否是分尸工具严重存疑,所谓分尸工具是菜刀还是砍刀,工具的来源、去向,均无法查明。

综上,孟某红有重大作案嫌疑,大量证据指向孟某红才是本案真凶。虽然孟某红如何进入李某前家,如何杀人,如何分尸,如何清理的现场,用的什么杀人、分尸工具,是否有同伙等事实均无法查清,但完全无法排除孟某红是本案真凶的重大合理怀疑。

案例5-11-5 陕西反杀案/西安王某故意伤害案[(2018)陕刑终243号]

一审判决书认定"王某持啤酒瓶故意捅刺被害人李某致其死亡",但辩护人认为,事实不清,证据不足,具体观点如下:

1. 李某前胸的伤何时、如何形成,一审没有查清

尸体检验鉴定书显示,李某死亡的致命伤为胸部左侧一弧形创口,该创口经左胸壁进入胸腔,刺破心包伤及心脏,致失血性休克死亡。这一创口是何时造成、如何形成,一审判决并没有明确。本案尸体上创口、破口情况见表5-11-1。

表5-11-1 本案尸体上创口、破口情况

单位:处

	破口	前胸	后背
红色羽绒服破口	4	3	1
线衣破口	4	2	2
身体创口		3处皮下出血,2个创口	1个创口

依尸体检验鉴定书及尸检照片,李某当时外穿红色羽绒服,内穿白色线衣,前胸受伤5处,有2次致羽绒服和线衣破口,在前胸留下创口,致命伤为其中1次。但监控视频显示,王某和李某两人20时36分36秒倒地前,王某对于李某前胸的捅刺动作只有20时36分20秒的两次。李某前胸5处伤是从何而来、如何形成的,尤其致命伤是何时、如何形成的,一审没有查清。认定是王某所刺,证据不足。

2. 致命伤为摔倒后造成的,而非摔倒前造成的

辩方提交的《法医学书证审查意见书》指出,王某的致命伤是倒地时被啤酒瓶意外抵压造成的。这与案件事实相吻合。

第一,案发于12月10日,正处冬季,据《现场勘查笔录》记载,当日气温仅3摄

氏度,李某刚从外面进来,穿着较厚的红色羽绒度和线衣,羽绒服内有棉絮夹层,用破损的玻璃瓶口刺破该羽绒服和线衣很不容易,需要非常大的力量。

第二,监控视频显示,王某防卫时,地面撒了很多啤酒,两人脚步都不稳,李某3次脚滑,王某也有1次脚滑,这种情况下王某无法使出太大力气。视频中王某的捅刺行为也显得不稳。当时李某不断运动、躲闪,两人之间的实际距离较远,这也使王某的捅刺显得无力。两人倒地之前,并没有看到王某2次捅刺后,李某出现血液喷溅或滴落的现象,两人倒地之后,视频能看到李某露出腰腹部,而此时并没有血迹渗出。因此,王某的2次捅刺并不是造成心包破裂的原因。

第三,《勘验检查提取痕迹、物品登记表》显示,提取到破碎啤酒瓶1个,破碎啤酒瓶口共8个,哪一个是凶器不确定,凶器上有没有王某的指纹,一审没有查清。

第四,二人摔倒后,王某倒在李某身上,两人短兵相接,啤酒瓶有可能无意间戳到李某。啤酒瓶有可能是王某持有的,也有可能是李某持有的,还有可能本来就在地上。王某身材较高,在重力作用下,摔倒时力量较大,有可能使啤酒瓶扎破羽绒服、线衣、肋骨直至心包。

第五,李某致命伤右缘不齐,左缘齐整,创壁欠光滑,且深入腹腔。《法医学书证审查意见书》说明,这符合身体静止状态下圆弧形刺器抵压形成。李、王二人站立打斗时,二人都不断移动,这与"静止状态下"造成不符。摔倒后,两人身体相对位移较小,更符合"静止状态下"的条件。

第六,视频显示,李、王二人摔倒后,监控拍到的李某腰腹部画面没有显示出血迹,李某起身后,腰腹部有了血迹。这印证李某胸部的致命伤,不是王某2次捅刺形成的,而是两人摔倒之后形成。

3. 摔倒后形成的致命伤,不排除意外事件的可能性

第一,视频显示,倒地后再无打斗,王某没有再捅刺李某。王某此前供述也认可其捅刺过李某2次,供述稳定。一审庭审,辩护人问"倒地后你有刺他没有?"王某肯定地回答"没有"。监控视频显示,倒地前王某的确只有2次捅刺行为,倒地后因视频的视野有限,并无打斗画面,王某也没有抬手捅刺李某的动作。以上证据相互印证,应当认定倒地后王某没有捅刺过李某。

第二,致命伤有可能来自李某自身。现场提取的2个破碎啤酒瓶上检测出李某的血迹,但没有检测出王某的血迹。但王某的手之前已受伤出血,因此导致李某致命伤的酒瓶很有可能不在王某手中,而在李某手中,也有可能就在地上。王某仅仅对这一结果的发生提供了一个摔倒时的挤压力,而且是摔倒时意外产生的,王某并

非想有意挤压。

第三,摔倒并扎伤李某的责任不应归责于王某,因为其没有认识因素和意志因素,不存在故意和过失。王某近视800度,散光200度,监控视频显示,王某的眼镜于20时36分30秒被李某打落,在当时酒吧昏暗的灯光下,丢失眼镜的王某无异于一个盲人,完全凭着模糊的画面,下意识地防卫反击。当二人倒下时,李某顺势抓住了王某的头发和衣领,摔倒后的王某一直被迫处于低头的状态,根本看不到李某的上半身和酒瓶。设身处地地想想,这种情况下,王某对于摔倒时自己手中的啤酒瓶、李某手中的酒瓶、或地上的酒瓶会碰到什么是无法预测的,因为他根本就看不到,也无法精确地注意到进而避开,他仅仅是在李某摔倒时被牵扯、随重力摔倒。而摔倒后的王某仅仅是前后左右来回挣扎,试图摆脱李某的撕扯。所以,王某在摔倒的刹那,不可能认识到哪里的酒瓶会扎到李某。

4. 多种原因共同致李某死亡,受伤和死亡之间的因果关系被打断

《尸体检验鉴定书》指出,李某系失血性休克死亡,即失血过多而亡。李某的死是多因一果,至少包括受伤和得不到及时救治两个原因。监控显示20时37分11秒,王某从地面站起来,至迟到此时李某已经受伤。20时37分21秒,李某从地上站起,此时李某动作流利顺畅,表明此时流血不多,伤情并不太严重。20时37分33秒李某走到门口蹲着,20时39分22秒倒在地上,20时49分17秒被医务人员用担架抬走。从王某站起到李某被抬走之间的12分钟左右时间,正是给李某包扎止血的黄金时间,但没有任何人给李某紧急包扎止血,这是导致死亡的重要原因。

第一,唐氏兄弟阻拦王某及时救助李某。监控视频显示,王某试图靠近李某查看情况,被靠近李某的唐氏兄弟推搡开。王某2018年3月28日的供述也证实,“我过去想看一下那人是什么情况,但被他的朋友拦下,那人说不让我管,还说人不会有事的。我不放心就拨打了‘120’电话”。检察员说王某意图救治只有王某的单方陈述,不可信。并非如此,唐某1的证言:“我看见打李某的那小伙有些慌张,我让那小伙不要慌,说人没事”,印证了王某的说法。而且,王某是学医的,他对血迹的敏感程度超过一般人,并多次拨打“120”召唤急救,这个事实,他没有必要说谎。

王某想救治,但不能救治,不能将李某的死完全归责于他。王某的眼镜早已经被打飞,就算后来找回眼镜,眼镜也已经损坏,且在20时43分07秒,刚找回的眼镜就被唐某1折断,高度近视的他在昏暗的酒吧内也无法看清李某的伤情。而因唐氏兄弟的阻拦,王某一直未能近距离查看李某的伤情。

第二,唐氏兄弟不救助李某。唐氏兄弟陪同李某在吃饭时大量饮酒并来酒吧

再次饮酒,在王、李二人打斗时不劝阻,反而阻拦苗某劝阻。从监控视频看,在李某蹲和躺在门口时,距离李某最近的就是唐氏兄弟,但他们两人没有给李某止血,一直在抽烟和玩手机,反而阻挡王某救助,他们对于李某的死亡有一定的责任。

第三,医务人员到场后没有及时救治是李某死亡的重要原因。查阅《外科学》等著作可见,大出血可使伤员迅速陷入休克,甚至死亡,须及时止血。其指明急救程序分五步,第一步为查看生命体征,第二步就是对生命体征的重要改变迅速作出反应,包括紧急止血。监控显示20时47分44秒,医务人员来到李某身边,没有救治反而离开;20时48分40秒,医务人员再次来到李某身旁,没有及时止血包扎,反而将李某抬上担架,于20时49分17秒离开。医务人员到场后,面对严重出血的病人,不选择当场及时止血,反而选择不顾流血的危急情况,用担架抬走。错误的救治方式导致李某在医务人员到场后还是没办法及时得到救治,是李某死亡的重要原因。

检察员认为,李某的死因不用多说,甚至包扎止血的问题没有必要提,毫无意义。辩护人反驳,李某死于失血性休克,如果得到及时止血,有可能不会死亡。检察员又说,李某系心包破裂,止血止不住心包。辩护人反驳:“难道伤及心脏,现代医学就毫无救治的可能吗？我们不否认李某心包破裂,但如果及时止血,及时输血,及时救治,能不能保住李某的生命？谁能排除这样的合理怀疑？”

5. 凶器没有查明,也无法查明

《公安机关刑事案件现场勘验检查规则》第52条规定:“现场勘验、检查中发现与犯罪有关的痕迹、物品,应当固定、提取。提取现场痕迹、物品,应当分别提取,分开包装,统一编号,注明提取的地点、部位、日期,提取的数量、名称、方法和提取人。对特殊检材,应当采取相应的方法提取和包装,防止损坏或者污染。”本案《勘验检查提取痕迹、物品登记表》显示,从现场提取了1个破碎啤酒瓶,8个破碎啤酒瓶口。但没有看到编号,也没有看到标记,现场拍摄的图,细目照片也不清楚。侦查机关提取物证严重不规范导致本案作案工具无法查明。

(1)现场有两个类似的作案工具,极易混淆,一个在四号桌西北沙发上,一个四号桌附近地面上。

(2)侦查机关混淆了“破碎啤酒瓶”与“破碎啤酒瓶口”,一审也没有查明,凶器到底是“破碎啤酒瓶”还是“破碎啤酒瓶口”。

第一,《勘验检查提取痕迹、物品登记表》显示:提取到“破碎啤酒瓶”1个,即沙发上的;第二,四号桌附近地面上,有一个与凶器极其相似的,应当也是“破碎啤酒瓶”的物品,但《登记表》将其登记为“破碎啤酒瓶口”;第三,庭前会议时,检察官出示了无法鉴定指纹的情况说明,该说明上有一处人为修改,即作案凶器“破碎啤酒瓶口”,但“口”字被人为用笔划掉了。这说明,侦查机关都已经混淆了“破碎啤酒瓶”与“破碎啤酒瓶口”。

(3)送检不规范,物证同一性无法保证。DNA鉴定显示,送检1个破碎啤酒瓶,1个破碎啤酒瓶口,但没有附图。鉴定的破碎啤酒瓶,破碎啤酒瓶口分别是哪个?是什么样子?是不是提取的物证?无法确定。王某指认了沙发上的啤酒瓶,但现场还有一个啤酒瓶,是否破碎看不清楚,送鉴定的是哪一个?是王某指认的?还是地上那一个?

提取物证没有编号标记,鉴定物证没有附图,导致鉴定的是不是提取的,是不是王某指认的,同一性完全无法保证。

检察员认为,结合现场视频,王某的供述、指认,本案作案工具是一定的,就是沙发上的啤酒瓶。现在没有条件进行指纹鉴定,就算鉴定也意义不大,因为啤酒瓶多人接触过,李某、王某、服务员等。检察员还说本案是他办过这么多案件,证据最充分、内心最确信的一个。

辩护人反驳:检察员的观点是错误的,本案李某死亡,致命伤是不是王某所致是本案关键的事实问题,必须查清。视频中看到王某捅刺李某,但上述分析足以证明,李某的致命伤并不确定是王某捅刺形成,而很可能是李某自伤,或地上的啤酒瓶导致的——至少无法排除上述合理怀疑。但李某的致命伤形成于摔倒之后应当是客观事实,从存疑有利于被告人的角度解释,应当在《刑法》上将致命伤视为摔倒后的意外事件造成。在此情况下,如果连作案工具都不明确,检察员又如何内心确信李某的致命伤就是王某捅刺而成?认定案件事实得靠证据,而非想象和推断。

案例5-11-6 苏纪某、苏晓某故意杀人案

检方指控,2017年11月1日,被告人苏纪某、苏晓某因捕鱼与被害人苏某春发生争吵,苏纪某与苏晓某商量教训苏某春,苏晓某同意并将船划到苏某春的船边,苏纪某趁苏某春不备,持木棍击打苏某春头枕部,致其重型颅脑损伤死亡。

本案辩护人坚持作无罪辩护。若要定罪:作案时间,必须要在两被告人离开涉案水域之前;作案手段,必须是在水上一击致命。具体辩护观点如下:

1. 尸体检验鉴定书及补充说明不具有合法性和客观性,依法应补充鉴定或重新鉴定

2017年11月20日,沂南县公安局刑事科学技术室针对苏某春的死因出具了尸体检验鉴定书,并先后于2018年7月4日、9月26日、2020年6月30日三次出具补充说明。这些作为本案唯一的司法鉴定意见,配合了侦查人员的"需求",却疑点、违法点众多,且鉴定书落款时间与两被告人在看守所的第一份认罪的讯问录音录像是同一天,不能排除鉴定人员按照侦查人员指示出具意见。

(1)鉴定机构的技术水平不足以胜任该重大疑难案件的鉴定工作。对一份死亡原因鉴定意见,竟然由不同鉴定人员(此前为陈某刚、孟某伟,后改为高某),先后出具三次内容不同的补充说明。

(2)高某和聂某华没有在尸检鉴定书落款处签字,不是本案的司法鉴定人员,且尸检时不具有法医资质,无权对尸体检验鉴定程序拍摄照片,更无权以个人名义向法庭提供照片、出具说明。2020年6月30日《补充说明》,高某不是鉴定人却签字,做鉴定的孟某伟却未签字。

(3)沂南县公安局刑事科学技术室不具备法医鉴定资格,山东省质量技术监督局颁发鉴定资格证书没有法律依据。且2020年6月30日《补充说明》显示,其2018年6月11日才通过山东省质量技术监督局资质认定。

(4)自侦自鉴,违反回避制度。侦查人员陈某刚参与了2017年11月14日现场勘验,又担任鉴定人。

(5)鉴定依据错误,其中第三项应为《机械性损伤尸体检验》(GA/T 168—1997),而不是(GA/T 168—1996)。

(6)剥夺被告人申请重新鉴定的权利。

2. 作案手段

鉴定结论是"苏某春系被他人用棍棒类钝器打击枕部致重型颅脑损伤死亡"。两被告人所称杨木棍,密度较稀松,致伤力有限,完全不可能在摇晃的船上一击致命。而鉴定书又未对尸表头部的其他伤情作出专业分析,包括:右上、下唇黏膜可见片状皮下淤血7.2厘米×1.5厘米;右颌下及下唇有7厘米×6厘米皮下出血;左颞部肌肉出血2.5厘米×2厘米;右下颌及右耳前皮下出血伴肌肉出血3厘米×4厘米;右侧颞肌前部有肌肉出血5厘米×4厘米。

从现场勘验所附照片来判断,这些伤情明显不是自然形成的,即苏某春生前遭到过除棍棒类器具之外的其他伤害——其死亡不是一根杨木棍导致的一击致命。

3. 死亡时间

法医鉴定意见缺乏对死亡时间的推断。鉴定机构于2018年7月4日出具《补充说明》,委托鉴定要求仅为“死亡原因”,也完全没有任何分析说理过程,鉴定过程和方法不符合相关专业的规范要求。且《补充说明》不具备法律效力,因为“死亡时间”事项依法不属于可以补正的事项。

原审推定死亡时间的依据是“胃内充满食物,内有肉块、蒜黄、青椒等有形成分”,结论是“符合在最后一餐后1小时左右”。但死者胃内容物的照片、尸检过程中的录像严重缺失,不足为信。原鉴定书所附照片(第一张),文字是“胃内空虚”。2020年6月30日的照片,沂南县公安局刑事科学技术室出具说明,称该照片“标注错误,应为喉室、气管”。鉴定称胃内食物充足,但照片却标注胃内空虚,还提供喉室、气管的照片。二审期间检方又提供一张照片,也看不出“肉块、蒜黄、青椒等有形成分”。后提供的照片来源不明,不能确定来自苏某春的尸体。公安机关未提供尸检过程的全部照片和同步录音录像,违反《公安机关执法细则》“公安机关在进行尸体解剖、开棺检验、死因鉴定时,应当进行全程录音录像,商请人民检察院派员到场,并邀请与案件无关的第三方或者死者家属聘请的律师到场见证”的规定。

既然要通过解剖消化器官内的容物来推定死亡时间,却未解剖十二指肠和大肠,违反公安部《法医学尸体解剖》(GA/T 147—1997)(胃和十二指肠的取出与检查),司法部《法医学尸体解剖规范·2015》(剖开胃及全部肠管,对其内容物进行检查)相关技术规范。

案例5-11-7 徐州周某投毒案[(2013)苏刑三终字第0044号]

原审裁判认定:周某因家庭成员之间的生活琐事嫉恨其姐周某春,为报复周某春,故意用农药杀害周某春3岁的儿子胡某豪。申诉代理人认为,周某没有杀人动机,没有作案时间,缺少关键的周某指纹等生物信息等客观证据,无法形成证据链,涉案农药来源存疑,瓶中残留的高效氯氟氰菊酯农药根本不可能致被害人胡某豪死亡,农药从喂服到发作的时间极短,违背常识,农药的存放场所存疑,原审遗漏了众多检测物。本案两次退回补充侦查,均要求会同法医对扣押的农药有效成分含量、人体摄入致死量进行说明,但至今未作出说明。为了说明瓶中残留的高效氯氟氰菊酯农药根本不可能致被害人胡某豪死亡,申诉代理人委托法医出具专家意见。

1.死者胃容物中检测到来源不明且不属于案发现场的农药成分。

《法医学尸体检验鉴定书》载明,“死者胡某豪胃内容物中检出氯氟氰菊酯、特丁硫磷成分”。《物证鉴定报告》载明,死者心血中检测出氯氟氰菊酯的含量为:

6.63μg/ml，特丁磷的含量为：1.19μg/ml，胃容物中检测出氯氟氰菊酯、特丁磷，但含量未检测。

氯氟氰菊酯、特丁硫磷是两种完全不同的农药。氯氟氰菊酯为低毒类菊酯农药，常常为乳剂、悬浮剂等液体状；特丁磷为高毒有机磷类农药，一般为颗粒状。虽然在农业中，农民常常会将多种农药混合使用，但周某玲2012年3月27日笔录称，家中没有鼠药，只有一瓶在青山泉镇购买的打玉米青虫用的白色塑料瓶装农药。周某家中其他人也证实，从未购买过其他农药。

2012年3月26日的《现场勘验检查笔录》显示，提取到标有"蚜螨神雕""高效氯氟氰菊酯""剂型乳剂""北京金禾农生物科技有限公司""500ml"等字样的白色塑料瓶。

案发后，周某春从市面上购买了同款"高效氯氟氰菊酯"农药，并送往徐州市产品质量监督检验中心进行检测。经鉴定，该农药不含特丁硫磷。

显然，周某玲所购买的是不含特丁硫磷的高效氯氟氰菊酯乳剂，其和家人也从未购买粉末状的特丁硫磷，更未将特丁硫磷粉末与高效氯氟氰菊酯乳剂混同使用，因此被害人胡某豪胃中的特丁硫磷来源不明。

2. 涉案农药瓶中残留的高效氯氟氰菊酯农药，其剂量根本不可能致被害人胡某豪死亡。

周某春2012年3月29日笔录称，其母袁某凤威胁自杀时，其看到白色塑料瓶的农药只剩一点点底了。周某玲2012年3月27日笔录称，其购买的农药还剩一点点，瓶子高15～16厘米，而药水当时还有4～5厘米高。

《现场勘验检查笔录》虽提取了白色塑料瓶，但未对瓶中高效氯氟氰菊酯的余量进行测量、说明。

实践中大量案例证实，即便误服高效氯氟氰菊酯，也不会导致生命危险。如有52岁男性患者，因家庭矛盾口服高效氟氯氰菊酯150毫升，3小时后送入当地医院后获救；33岁女患者，因误服高效氯氰菊酯乳油180毫升，昏迷3小时后送医获救；59岁男患者，因口服高效氟氯氰菊酯50毫升，约26小时送医后获救；48岁女性患者，因与家人不和睦发生争吵后，自服高效氯氟氢菊酯300毫升，送医后获救；63岁患者，因口服2.5%高效三氟氯氰菊酯250毫升后意识不清4天，后送医获救……

虽未能检索到孩童服用高效三氟氯氰菊酯的致死量，但文献显示大鼠经口半数致死剂量LD50为316毫克/千克，急性经皮半数致死剂量LD50大于2000毫克/千克。

尸检报告未载明胡某豪的体重，按正常男性3岁孩童11.4~22.13千克体重计算，要导致胡某豪死亡，至少需要3602~6993.08毫克的高效三氟氯氰菊酯。

按市面上通常所见5%浓度的高效三氟氯氰菊酯估算，500毫升的5%高效三氟氯氰菊酯瓶中约有25克的高效三氟氯氰菊酯，而胡某豪至少要喝72~138毫升的农药，才有死亡的可能性。

显然，在案残余的少量高效三氟氯氰菊酯农药根本不可能致被害人胡某豪死亡。

3. 被害人从被喂服农药到发作的时间极短，违背常识。

周某改的笔录证实，其从楼上到客厅后就发现胡某豪出现了嘴很青、眼睛瞪得很圆、吐白沫、拉稀等症状。

事实上，普通人误服这两种毒药发作时间不一定。症状的产生跟摄毒途径（经口腔、呼吸道还是经皮肤）、摄毒剂量、摄毒时间（接触多久）、个体差异（自己本身对毒物的敏感性）等均有关系。而毒药发作的时间，一般还需结合死者尸检结果来推算。一般来说，服用毒药极短的时间内发作并死亡，非常值得推敲。因为毒药吃下去还要经吸收才会产生毒性作用，而毒药对肠胃的刺激不能马上致死。

特丁硫磷是剧毒农药，半数致死剂量有文献报道是1毫克/千克。据学者研究，特丁硫磷中毒至少发生在食后0.5~1小时，而“中毒后胃内食物消化、排空发生延缓”等情形，还可能延缓毒药的发作。① 高效三氟氯氰菊酯作为低毒农药，虽未检索到其发作时间，但也不会出现服用后马上发作的可能。此外，辽宁徐克法医专家辅助人服务中心出具的评鉴意见书显示：原审判决中出现对死者胃内黏膜腐蚀糜烂的原因和认识不清问题，本案中的两种农药并不具有腐蚀性，也不具有“秒杀”“分杀”的毒性作用；依据死者胡某鑫胃内残留食物、农药，从含量看与食入排空需要3小时不符，分析为特丁硫磷农药毒性作用具有影响胃功能的特点，提示为农药进入体内有一定的时间，分析为距离死亡时间2小时以上。

综上，原审认定周某喂服农药后，胡某豪即出现症状，明显违背常识，故投毒的时间错误。

被害人胡某豪原来没有午觉习惯，但中毒当天困乏，其可能是高效氯氟氰菊酯所致，而急性发作的时候大小便失禁，是特丁硫磷的主要表现。

袁某凤2012年3月26日笔录称，胡某豪在院子里玩，一直玩到12时，才和家

① 霍起森等：《特丁磷中毒死亡1例》，载《中国法医学杂志》2011年第3期。

人吃了午饭；之后其和周某一起做煎饼，胡某豪一个人玩；下午2时，袁某凤给胡某豪洗澡；洗澡后，胡某豪才睡下。

结合前述毒品发作时间，不排除胡某豪是在中午12时、下午1时期间在奶箱里找到近似的饮品，误将农药当饮品喝下，并误接触了特丁硫磷的合理怀疑。而现场勘验笔录证实，装有高效三氟氯氰菊酯的白色塑料瓶“呈倾倒状态，瓶区朝西”，这也说明该塑料瓶有被动过的可能迹象。

4. 原审遗漏了众多检测物，导致案件事实不清。

(1) 未对被害人胡某豪的排泄物进行检测。周某供述、在场多位证人证言、现场勘验笔录、照片及示意图均显示有受害人粪便。如被害人粪便中检测出有毒成分，可以证实被害人摄入毒物的时间远远早于原审认定周某“投毒”的时间。

(2) 未对被害人胡某豪的皮肤、呕吐物、衣物进行检测。涉案的两种毒物（高效氯氟氰菊酯、特丁硫磷）均是可以从皮肤、呼吸道摄入，故不排除被害人胡某豪从其他地方接触毒物并死亡的可能性。

周某及在场多位证人都能证实，被害人胡某豪口吐白沫，而按照原审认定的喂服方法，在给3岁儿童灌药过程中，在没有汤勺喂送，直接对着嘴巴倒的情况下，难免会有农药流出、滴落或飞溅。故如周某真的实施了原审认定的投毒行为，则肯定能从血液、呕吐物、衣物检测出毒物。

(3) 未检测现场勘查获得的农药的浓度，致使未查清农药是否达到致死量。

5. 农药瓶上提取到任何与周某有关的指纹等生物信息。

原审认定，周某在短时间内取出农药瓶、拧开瓶盖、灌下农药，又匆忙拧上瓶盖丢入楼梯下面。而在周某的姐姐周某改发现胡某豪哭泣后，周某和周某改一起照看胡某豪，并在周某父亲周某玲回家后，与周某玲一同将胡某豪送至医院。案发当日下午4时，周某春报警；下午4时26分，办案人员对现场实施封闭保护。

结合原审裁判认定的周某仓促的“作案手法”与“作案时间”，周某反复接触农药瓶肯定会在农药瓶上留下指纹，且根本没有时间来擦拭农药瓶上残留的指纹。2013年5月22日，侦查机关出具《情况说明》，称在案发现场发现的“蚜螨神雕”字样的白色塑料瓶提取三枚残缺指纹，均不具备鉴定条件。

未在农药瓶上提取到任何与周某有关的指纹等生物信息，即除了周某所称在办案机关被“刑讯逼供”所得的供述外，本案没有证据证明其实际接触了农药瓶。因此，全案证据链明显断裂，直接证明认定周某为凶手的证据严重不足，不能排除误食或他杀的合理怀疑。

而且,在案多人证言证实,案发前周某的父母周某玲与袁某凤发生矛盾,袁某凤手握农药瓶,表示要自杀,后被阻拦。袁某凤笔录称,其将农药藏在了楼梯间,此后未在使用;周某玲笔录也称,其也将农药藏在了楼梯间,并且搁到最里面的床腿跟前了,此后未再使用。此外,正常人手握农药瓶,一般会五指环握,这样才能握得稳。在多人都表示触摸过该农药瓶的情况下,该《情况说明》称,仅发现三枚残缺指纹,是完全不合理的。

案例 5-11-8 陈某柱、葛某林等涉黑案

阜阳市公安局刑事科学技术研究所公(法临)鉴字[2018]349 号法医学文证审查意见书显示:"徐某辰因外伤致硬膜外血肿,不伴神经系统症状体征,按照《人体损失程度鉴定标准》第 5.1.3 条 e 项之规定,其损失程度为轻伤一级。"

但该意见书未区分"硬膜外血肿"与"慢性硬膜外血肿",只有后者才构成轻伤一级,而徐某辰恰恰不是"慢性硬膜外血肿"。申诉代理人观点如下:

1. 在案证据充分证明徐某辰未形成"慢性颅内血肿"。

徐某辰于 2015 年 2 月 24 日案发当晚第一时间到阜阳市肿瘤医院住院,病历显示,其入院时即被诊断"左侧颞部硬膜外血肿"。但此时的血肿显然属于急性或特急性硬膜外血肿,而不属于"慢性颅内血肿"。因为"慢性颅内血肿"一般在损伤后 3 周以上才会出现症状,这是该症状的发病机制所决定的,刚受到外伤时不可能形成"慢性颅内血肿"。

徐某辰病历所载"出院时情况",既没有说徐某辰出院时仍然存在"左侧颞部硬膜外血肿",也没有说存在"慢性颅内血肿",只是记载:"患者诉头痛、头晕好转,无恶心、呕吐。查体:神志清楚、精神一般,营养可;言语清晰,对答切题,查体合作。枕头颈部未见明显外伤,压痛阳性,双侧瞳孔等大等圆,直径约 3.0mm,对光反射灵敏;口唇无紫绀,颈软,肢体活动可,双侧巴氏征阴性。"该诊断显然不符合司法部司法鉴定管理局组织编写的《〈人体损伤程度鉴定标准〉适用指南》对"慢性颅内血肿"的描述:"头痛较为明显,部分有痴呆、淡漠和智力迟钝等精神症状,少数可有偏瘫、失语和癫痫等。"因此,徐某辰病历足以证明徐北辰未患有"慢性颅内血肿"。

鉴定意见所依据的三份医学影像资料中,第一份 CT 电子资料(放射号:93013)检查结论为"左侧颞部硬膜外血肿",拍摄时间 2015 年 2 月 24 日。第二份 CT 电子资料(放射号:93058)检查结论为"右侧半卵圆中心腔梗",拍摄时间 2015 年 2 月 25

日。第三份是徐某辰复查时的MRI电子资料(放射号:25646),显示“左侧颞部硬膜外血肿已吸收”。现有证据只能证明徐某辰案发后第一时间出现了急性硬膜外血肿,经过十余天治疗,徐某辰在2015年3月5日出院时,急性血肿已经被吸收,所谓“慢性颅内血肿”根本没有任何证据证明。

2. 鉴定意见未区分“硬膜外血肿”与“慢性硬膜外血肿”,而只有在“慢性硬膜外血肿”情况下才属于轻伤。

《人体损失程度鉴定标准》第5.1.3条e项所规定的“脑挫(裂)伤;颅内出血;慢性颅内血肿;外伤性硬脑膜下积液”中并无“硬膜外血肿”,唯有“慢性颅内血肿”,但两者存在显著区别。

辩护人查询专业资料得知,颅内血肿分为:硬脑膜外血肿、硬脑膜下血肿及脑内血肿等。其中硬膜外血肿又分为:慢性硬膜外血肿(较少见,系指伤后3周以上形成血肿者,一般认为血肿开始有钙化现象可作为慢性血肿的诊断依据);亚急性硬膜外血肿(外伤3日至3周内出现临床症状及体征的硬膜外血肿);急性硬膜外血肿(外伤后3小时至3日内形成);特急性血肿(伤后3小时内即出现的颅内血肿)。并非所有颅内血肿都构成轻伤一级,唯有出现“慢性颅内血肿”时才构成轻伤一级。公安部和司法部两部门对《人体损伤程度鉴定标准》所作权威解释均明确对“慢性颅内血肿”进行了解释。

公安部刑事侦查局《人体损伤程度鉴定标准释义》对“慢性颅内血肿”的界定是:“损伤造成颅内出血积聚在颅内形成血肿,一般损伤后3周以上出现症状,常见的是慢性硬膜下血肿。一般是由于脑皮质通向静脉窦的桥静脉撕裂所致。血肿常发生于额、顶、颞半球凸面,积血量可达100~300ml。血肿液多为棕褐色,少数有少量新鲜出血或血凝块,也可全为陈旧性血块。临床表现以颅内压增高为主,头痛较为明显,部分有痴呆、淡漠和智力迟钝等精神症状,少数可有偏瘫、失语和癫痫等。慢性硬脑膜下血肿多见于中老年,主要由于其脑血管硬化使血管弹性减弱,当头部受到较轻外力或头部受到剧烈晃动时,即可造成颅内小血管破裂,由于出血量少,损伤当时无明显症状、体征,影像学检查不易被发现。随着伤后时间的延长,出血量的增多,症状、体征逐渐加重。”

司法部司法鉴定管理局组织编写的《〈人体损伤程度鉴定标准〉适用指南》对“慢性颅内血肿”的定义是:“损伤造成颅内出血积聚在颅内形成血肿,一般损伤后3周以上出现症状。常见的是慢性硬膜下血肿。一般是由于脑皮质通向静脉窦的桥静脉撕裂所致。血肿常发生于额、顶、颞半球凸面,积血量可达100~300ml。血肿液多为棕褐色,少数有少量新鲜出血或血凝块,也可全为陈旧性血块。临床表现以颅内压增高为主,头痛较为明显,部分有痴呆、淡漠和智力迟钝等精神症状,少数可有偏瘫、失语和癫痫等。”

因此,唯有在徐某辰存在“慢性颅内血肿”的情况下,才能被鉴定为轻伤一级,仅有“左侧颞部硬膜外血肿”不能鉴定出轻伤一级。

综上,本应专业、独立的鉴定机构竟然分不清“硬膜外血肿”与“慢性硬膜外血肿”的区别,为了配合指控犯罪,故意伪造徐某辰轻伤一级的证据,造成葛某林等人被错误追究该起案件的严重后果,涉嫌严重渎职犯罪或者伪证罪。

案例5-11-9 江西温某萍故意杀人案

辩护人认为,本案法医鉴定书存在以下疑点:

(1)温某萍供述其在植保服务部将邓某波摔倒在地,邓某波拼命挣扎。法医鉴定书记载死者(邓某波)颜面部明显肿胀,两眼周及颧部青紫,躯干部、四肢多处软组织损伤,右手有11处表皮剥脱,及左右大腿有多处表皮剥脱。可见,被害人死前有较激烈的搏斗或挣扎。然而,勘验笔录记载除了事主邓某强介绍发现长沙发向卷闸门方向移位,有三个新鲜擦洗痕迹外,植保服务部其他一切正常。办案人员也没有提取到表皮等任何生物检材。

(2)温某萍供述移尸之后,回到植保服务部,用卫生纸擦掉地上的血迹,将擦血的纸团抛在木屋边的垃圾堆里。然而,物证检验报告得出结论:植保所技术服务部办公室地面上可疑斑迹不是人血,与本案其他证据结合证明第一现场认定错误。

(3)温某萍供述其在植保技术服务部杀死被害人邓某波后,将被害人的上衣包括胸罩往上推,吮吸、捏摸被害人的乳房和乳头,用手指捅了被害人的阴部,然后移尸至实验田。而《勘验笔录》和《法医学鉴定书》记载:被害人邓某波的三件上衣被上推至乳房水平(白色胸罩扣子完整且扣好,说明胸罩是正常穿戴的);裤子前侧褪至腹股沟,后侧退至臀部。尸体脚端南面有一条黑色西裤,前侧拉链拉开,已翻面,西裤正反面均有黑色粗颗粒状泥沙黏附。显然,被害人的西裤是在藏尸现场被脱下的,猥亵行为发生于实验田中的藏尸现场。被害人所穿衣裤处的位置在移尸前后保持不变,携带被害人脱下的西裤移尸,显然不符合常理。

(4)温某萍供述其发现被害人不动了,击打被害人脸部和太阳穴,想弄醒被害人。根据法医鉴定报告,死者颜面部明显肿胀,两眼周及颧部青紫肿胀,局部头皮下及颞肌内出血，为钝性暴力作用所致，可能是拳头击打造成。显然，被害人头面部遭受了比较重的暴力打击。按常理，为了弄醒被害人，不可能使用如此重的击打行为。从尸检情况分析，被害人头部的伤痕应当是在被扼颈昏死之前被击打形成的。

（二）枪弹痕迹鉴定

枪弹痕迹鉴定，是指对与枪支、弹药有关的痕迹物证进行的鉴认识别活动。枪弹痕迹鉴定通常由公安机关内设的鉴定机构出具，质证要点主要集中在七个方面。

1. 鉴定机构及鉴定人是否经过备案登记

虽然公安机关内设的鉴定机构与社会鉴定机构分开管理，但根据“两高三部”《关于做好司法鉴定机构和司法鉴定人备案登记工作的通知》，枪弹痕迹鉴定机构同样需要备案登记并公告。

2. 实验室、授权签字人是否符合规定

枪弹痕迹检验实验室必须取得 CMA 认证，授权签字人也必须是被认可的授权签字人。实验室和授权签字人是否符合规定，可从中国计量网的实验室认可信息查询入口[①]进行查询。如果实验室未经 CMA 认证，授权签字人也并非认可的授权签字人，则鉴定程序违法，鉴定意见不得作为定案根据。

3. 检材同一性能否保证

《法庭科学枪弹痕迹检验鉴定文书编写规范》（GA/T935—2011）第 5.2.4 条要求，送检物证材料应说明物证的来源、数量，并按照先现场后样本的顺序进行编号，检材的编号应具有唯一性。但几乎所有的枪支案件，都难以做到这一点。我们办理的 8 起涉枪案件中，枪支弹药的扣押、提取、封存均存在明显问题。

例如，刘某蔚走私武器案/少年网购仿真枪判无期案［（2016）闽刑再 8 号］中，涉案枪形物勘验、检查、提取、扣押都没有任何笔录，扣押时间是在开箱后第 26 天，涉案枪形物何时、何地、在场有何人的情况下被扣押，一无所知。扣押物品是否为 8 月 4 日开箱的枪形物、是否为贴标签的枪形物，无法确定。见证人信息不知，资格存疑。扣押清单上，没有保管人签名。对比扣押与鉴定，枪形物标签位置有明显变化。购买清单载明的枪支数量、型号、动力分类与被告人供述、鉴定意见书、照片存在不一致情况。购物清单显示的价格与最后总价不一致等。

---

① 参见《中国计量网》之“实验室认可信息查询入口”，载 http://www.chinajl.com.cn/zizhijiancha/55873.html，2022 年 6 月 1 日最后访问。

深圳翟某武案中，现场照片拍摄到枪形物，但《提取痕迹、物证登记表》没有任何涉案枪形物及配件登记在册，该表显示提取的物品，未附照片，未见分开包装。该表没有物品持有人签字，见证人王某东、于某身份不明。2017 年 9 月 18 日，深圳市检察院补充侦查提纲第 11 点，要求侦查机关补充扣押物品对应的提取笔录。此后补充的《提取笔录》时间倒签为 2017 年 2 月 18 日。搜查笔录未见当事人签字，也没有《扣押物品、文件清单》的交收情况。《扣押清单》未对枪形物及配件分别编号，见证人陈某为辅警。

广州罗某阳非法买卖、邮寄枪支案[(2019)粤 01 刑初 1578 号]中，勘验检查现场没有分别对快递箱进行拍照，也没有编号标记，就将快递箱拿走。从慧峰物流、鑫兴鹏物流、嘉豪虔诚物流拿走的分别是哪些快递箱不明，无法区分，每个箱子里有无枪形物及其数量也无从得知。

4. 检材抽样是否合法

公安部物证鉴定中心《枪支、枪弹及零部件物证检验的抽样方案》规定，对一定数量的某种检材，应由鉴定机构，根据科学统计方法作出统计抽样，来确定一批检材中的极限质量和不合格品数。其第 5 条规定："一般来说，首次检验采用表 1 中极限质量为 5% 的方案进行抽样。"很多涉及枪支配件的鉴定，在抽样时有可能违反上述规定。

5. 是否超范围鉴定

实践中有两种情况特别值得注意：一是痕迹鉴定专家鉴定某物品是否枪支，属超范围鉴定。《公安机关鉴定机构登记管理办法》第 12 条规定，痕迹检验鉴定，包括手印、足迹、工具、枪弹痕迹、车辆痕迹和号码、玻璃制品、纺织品、锁具和钥匙、牲畜蹄迹、整体分离痕迹和其他特殊痕迹物证的检验鉴定。根据《法庭科学枪械射击弹头痕迹检验规范》(GB/T29348—2012)、《法庭科学枪械射击弹壳痕迹检验规范》(GB/T29347—2012)、《法庭开学枪弹痕迹检验鉴定文书编写规范》(GA/T935—2011)以及刑事鉴定科学的通行定义，枪弹痕迹包括枪痕、弹痕和射击残留物痕迹三大类。枪弹痕迹鉴定是通过枪弹射击留下的痕迹来识别弹种、枪种。由此可知，枪弹痕迹鉴定是通过弹头、弹壳痕迹去判别涉案枪、弹属于何种枪、弹，并不包括判断某物品是否属于枪支。"何种枪弹"与"是否为枪支"，是两种完全不同的判断。

二是鉴定意见中对枪支散件折算，属超范围鉴定。根据《枪支散件检验方法》，检验意见表述只有 3 种方式：(1)该检材属于枪支配件；(2)该检材不属于枪支散件；(3)无法确定该检材是否属于枪支散件。枪支散件是否折算、如何折算是法官裁判事项,而非鉴定机构的鉴定事项。但有些鉴定意见却对枪支散件直接进行折算,属于超范围鉴定。

6. 鉴定依据是否公开

鉴定依据应当是公开的规定、文件、标准或规范。有的鉴定意见依据的检验方法并非公安部《枪支性能的检验方法》,而是某省、市公安局内部鉴定机构的检验方法。例如,我们办理的北京房山枪案中,依据的《枪支性能的检验方法》(FSSBPSB - JF - 09 - HJ - 2014)系鉴定机构内部文件,未经公开,也无法从公开渠道获得,属于尚未公布的规定。辩护人可申请信息公开,以确定该检验方法是否为内部规定。如依据为内部规定,未经公布的标准,不得作为鉴定依据。

7. 鉴定方法是否合法

例如,枪弹发射次数是否合规。《法庭科学枪口比动能测速仪法测试规程》要求,在正常情况下,发射 3 发为一组,取速度最大者计算比动能数据;仅有单发测试条件的可以单发测试。

采用实物对比法,是否具备对比基础。《公安机关涉案枪支弹药性能鉴定工作规定》第 3 点第 5 项规定,对比对象应当为"制式枪支""专用散件"。气瓶变真枪案中,鉴定人将同案气枪的气瓶作为对比对象进行实物对比鉴定,对比对象不符合"制式枪支""专用散件"的要求。

案例

案例 5 - 11 - 10 气瓶变真枪案[(2018)豫 09 刑终 301 号]

媒体称该案为气瓶变真枪案。一审胡某夫妻两人分别被判有期徒刑 14 年、13 年。我们介入辩护后,分别改判为有期徒刑 5 年、3 年。辩护人提出,濮阳市公安局物证鉴定所的鉴定书关于 309 个气瓶的鉴定意见存在诸多问题,不能作为定案的根据。具体辩护观点如下:

1. 检材来源不明,同一性无法保证。

扣押清单上没有保管人,11 天后才送检,没有任何物证交接清单,物证由谁保管,如何交接,鉴定的气瓶是不是扣押的气瓶,无从查证,同一性无法保证。

2. 涉案气瓶属于民用市场上可合法任意购买的机械产品,也未被改造,不是《枪支散件的检验方法》规定的检验对象,不属于枪支散件。

《枪支散件的检验方法》第 3 条规定,“待检验的枪支散件一般包括:枪管、机匣、闭锁机构、击发机构、供弹机构、退壳机构、发射机构等。疑似枪支散件一般应与枪支密切相关,不包括民用市场上可合法任意购买且未经过改造的机械或电子产品。”因此,涉案气瓶并不是《枪支散件的检验方法》规定的检材对象。如果送检,根据《枪支散件的检验方法》第 6.2 条的规定,“经过检验,不符合认定条件的检材,在排除其枪支零部件功能的条件下,检验意见表述为:该检材不属于枪支散件”。

3. 受理检材数量不明,鉴定意见自相矛盾。

鉴定意见绪论称“检材数量为高压气瓶若干”;鉴定附件照片显示“送检 5 个气瓶,1 个消音器”;鉴定意见尾部声明“本鉴定意见仅对受理的检材和样本有效”。

辩护人多次当庭询问鉴定人,到底受理多少检材。鉴定人先说 6 个,后说 5 个,最后说是 309 个。先说看到了 309 个气瓶的照片,都能看到气瓶本身,有的有塑料包装,有的没有塑料包装,根据照片一个一个数了,共 309 个。辩护人不断追问,鉴定人最后称记不清是否看过照片,每年做的鉴定很多,可能和其他案件混淆了。

鉴定人所谓看到 309 个气瓶,与检察员出示的气瓶是带有纸盒且没有开封完全矛盾,可以确定其记忆有误。因此,鉴定人实际受理检材实物为气瓶 5 个,其他 304 个可能为照片,而对于照片是否存在,没有任何证据证明。

因此,鉴定仅能对受理的 5 个气瓶实物有效。“将 309 个气瓶认定为 10 套不成套气枪散件”是错误的,且自相矛盾。

4. 抽样数量严重不客观。

公安部物证鉴定中心《枪支、枪弹及零部件物证检验的抽样方案》规定,对一定数量的某种检材,应由鉴定机构,根据科学统计方法作出统计抽样,来确定一批检材中的极限质量和不合格品数。其第 5 条规定:“一般来说,首次检验采用表 1 中极限质量为 5% 的方案进行抽样。”本案鉴定完全违反上述规定,具体理由如下:

第一,本案送检气瓶,是由侦查人员“抽取部分样品”送检的,并非鉴定机构按规定抽样。

第二,胡某当庭表示,气瓶有因为质量问题退货的情况。搜查录像中,王某平也提到有做错的瓶子,不能用。可见,并非所有的气瓶都是合格达标可用的气瓶。但鉴定完全没有考虑不合格率,认为 309 个气瓶全部是合格产品,严重不客观。

第三,抽样数量不符合《抽样方案》的规定。根据该方案,首次检验一般要考虑 5% 的不合格率随机抽取样本鉴定。根据表 1 的抽样方案,309 个气瓶,考虑 5% 的不合格率,应当随机选择 50 个样品进行鉴定。考虑 31.5% 的不合格率,最少也应当随机抽取20个来鉴定。而送检照片显示,侦查机关送检了5个气瓶1个消音器。5个气瓶,不到309个气瓶的2%,抽检数量严重不客观。

5.鉴定采取实物对比法,但对比对象不具备对比条件,无法得出意见。

第一,刘某飞的气枪不是“制式枪支”,气枪上的气瓶也不是“专用散件”。根据《公安机关涉案枪支弹药性能鉴定工作规定》第3点第5项,对比对象应当为“制式枪支”“专用散件”。刘某飞的气枪显然不是“制式枪支”。

公安部物证鉴定中心《枪支散件的检验方法》第5.4.1条对“专用性”进行了定义:将送检疑似枪支散件与枪支实物对应部位的散件进行比对,在外形结构、尺寸、材质类别一致,且能基本实现互换的条件下,如满足其在枪支上与3个以上(含3个)机件或与2种以上(含2个)机件间有相互作用,则认为其具有枪支散件的专用性。鉴定人出庭当庭陈述,气瓶只能与与阀门这一个机件之间相互作用。因此,气瓶并不具备专用性,不是“专用散件”。

第二,即便按照《枪支散件检验方法》,与刘某飞气枪上的气瓶比对,因对刘某飞气枪上气瓶的属性一无所知,不具备对比条件,无法对比。

鉴定意见粗糙,主文仅两页纸,没有按要求进行检验和拍照,违反了《枪支散件检验方法》的明确规定。鉴定人当庭陈述,没有将涉案气瓶安装到刘某飞的气枪上进行射击实验,因为没有必要;称对刘某飞气枪上的气瓶和涉案气瓶都进行了测量,但鉴定文书中没有任何记载。鉴定人得出涉案气瓶和刘某飞气枪上的气瓶功能具有一致性,只是看了一眼就下结论,不专业、不客观。

6.鉴定意见无权,也不能鉴定配件折算的结果,且折算错误。

第一,超越职权鉴定。根据《枪支散件检验方法》,检验意见表述只有3种方式:(1)该检材属于枪支配件;(2)该检材不属于枪支散件;(3)无法确定该检材是否属于枪支散件。除此之外,没有其他表述。涉枪支、弹药类案件的鉴定,鉴定内容仅为判断待检验物品的性质,即是什么。鉴定意见的鉴定要求是,送检的气瓶是否认定为《枪支管理法》所指枪支或配件。也就是说,本案鉴定,就是鉴定气瓶是否为枪支散件,而枪支散件是否折算,如何折算是法官裁判事项,绝非鉴定机构的鉴定事项。但鉴定意见的表述却是,送检的气瓶认定为10套不成套的气枪散件。辩护人就此向鉴定人发问,鉴定人明确表示鉴定意见确实超前一步,印证了该超越职权鉴定的客观事实。

第二,超越职权的鉴定意见,意见也错了。鉴定意见将“309个气瓶认定为10套不成套气枪散件”。根据最高法《关于审理非法制造、买卖、运输枪支、弹药、爆炸物等刑事案件具体应用法律若干问题的解释》第7条,“非成套枪支散件以每三十件为一成套枪支散件计”,鉴定人当庭表示,鉴定意见中的“不成套”与上述解释第7条中的“非成套”意思相同。那么,按照最高法《关于审理非法制造、买卖、运输枪支、弹药、爆炸物等刑事案件具体应用法律若干问题的解释》,“10套不成套气枪散件”只能折算为“1/3成套枪支散件”。

7. 所有鉴定无一进行复核程序。

《公安机关涉案枪支弹药性能鉴定工作规定》第4条鉴定程序规定,“对枪支弹药的鉴定需经过鉴定、复核两个步骤,并应当由不同的人员分别进行。复核人应当按照鉴定操作流程的全过程进行复核,防止发生错误鉴定”。但本案所有鉴定,无一进行复核。鉴定人称,本案鉴定由另一位鉴定人全程陪同参与实施鉴定。这样的方式不是复核。

根据2012年《最高法院刑诉解释》第85条的规定,鉴定意见具有下列情形之一的,不得作为定案的根据:“……(三)送检材料、样本来源不明,或者因污染不具备鉴定条件的;(四)鉴定对象与送检材料、样本不一致的;(五)鉴定程序违反规定的;(六)鉴定过程和方法不符合相关专业的规范要求的。”鉴定意见是涉枪类案件定罪量刑的关键证据,本案鉴定的检验对象不明,鉴定程序、鉴定方法、抽样方案、鉴定意见都违反相关规定和专业规范,不得作为定案的根据。

案例5-11-11 朱某辰涉嫌非法制造、买卖枪支案[(2020)京0111刑初815号]

朱某辰被指控非法制造、买卖15支枪状物,量刑建议10年以上有期徒刑。一审开庭后,肖之娥律师紧急介入,扎实的证据辩护被法院采纳,一审判4年半有期徒刑。朱某辰上诉,检察院抗诉。2022年4月10日北京二中院驳回抗诉,维持原判。辩护人关于鉴定意见的质证起了关键作用。具体辩护观点如下:

1. 鉴定检材的同一性无法保证。

《法庭科学枪弹痕迹检验鉴定文书编写规范》(GA/T 935—2011)第5.2.4条要求,送检物证材料应说明物证的来源、数量,并按照先现场后样本的顺序进行编号,检材的编号应具有唯一性。本案3份鉴定意见附图,没有一支枪状物上有现场编号的标记。没有现场标记,所鉴定枪状物保管链条断裂,同一性无法保证。

2. 153号鉴定意见系根据《治安管理处罚法》相关规定作出的鉴定意见,未经转化,不得直接作为刑事证据。

按照《刑事诉讼法》司法解释起草小组的理解:"物证、书证、视听资料、电子数据等证据材料"在刑事诉讼中可以作为证据使用,对其中的"等",原则上应作等内解释,即通常只限于物证、书证、视听资料、电子数据,不包括鉴定意见、勘验、检查笔录;但是,根据案件具体情况,进入刑事诉讼程序后,如已不具备重新鉴定、勘验、检查的条件,且有证据证明行政机关进行的鉴定、勘验、检查程序合法,相关证据能与其他证据相印证,确有必要作"等外"解释的,则可以个案处理。① 可见,行政鉴定不能直接作为刑事证据。本案鉴定存在诸多问题,刑事鉴定意见尚不能作为定案根据,行政鉴定意见更不能作为定案的根据。

3. 鉴定人超范围鉴定。

两名鉴定人登记的鉴定项目为痕迹鉴定。《公安机关鉴定机构登记管理办法》第 12 条规定,痕迹检验鉴定包括手印、足迹、工具、枪弹痕迹、车辆痕迹和号码、玻璃制品、纺织品、锁具和钥匙、牲畜蹄迹、整体分离痕迹和其他特殊痕迹物证的检验鉴定。根据《法庭科学枪械射击弹头痕迹检验规范》(GB/T 29348—2012)、《法庭科学枪械射击弹壳痕迹检验规范》(GB/T 29347—2012)、《法庭开学枪弹痕迹检验鉴定文书编写规范》(GA/T 935—2011)以及刑事鉴定科学的通行定义,枪弹痕迹包括枪痕、弹痕和射击残留物痕迹三大类。枪弹痕迹鉴定是通过枪弹射击留下的痕迹来识别弹种、枪种。故枪弹痕迹鉴定是通过弹头、弹壳痕迹去判别涉案枪、弹属于何种枪弹,并不包括判断某物品是否属于枪支。何种枪弹与是否枪支,显然是两种完全不同的判断。事实上,实弹射击并使用测速仪测试枪口速度,根本无须任何痕迹鉴定技术。因此,由痕迹鉴定机构的痕迹鉴定专家来鉴定某物品是否枪支,应属无效的、超范围的鉴定。

4.《枪支性能的检验方法》(FSSBPSB - JF - 09 - HJ - 2014),系鉴定机构内部文件,未经公开,也无法从公开渠道获得,属于尚未公布的规定。

2017 年《行政处罚法》第 4 条第 3 款规定:"对违法行为给予行政处罚的规定必须公布;未经公布的,不得作为行政处罚的依据。"刑罚比行政处罚更重,更应适用公开的标准。辩护人已向北京市公安局申请信息公开,无论是否依申请公开,未经公布的标准,不得作为鉴定依据。

5. 测试射击次数不知。

《法庭科学枪口比动能测速仪法测试规程》要求,在正常情况下,发射 3 发为一

① 刑诉解释起草小组:《〈刑事诉讼法解释〉理解与适用》(上),载《人民司法》2021 年第 7 期。

组,取速度最大者计算比动能数据;仅有单发测试条件的可以单发测试。本案鉴定,一组发射几发,鉴定意见没有提及。

根据《最高法院刑诉解释》第 98 条,鉴定意见具有下列情形之一的,不得作为定案的根据:鉴定机构不具备法定资质,或者鉴定事项超出该鉴定机构业务范围、技术条件的;送检材料、样本来源不明,或者因污染不具备鉴定条件的;鉴定过程和方法不符合相关专业的规范要求的。因此,本案鉴定意见不得作为定案根据。

(三)动物物种鉴定

动物物种鉴定,是指采用形态学、生物化学、分子生物学等检验技术,对野生动物及其产品进行分类地位(科、属、种)的认定。动物物种鉴定通常由某些动物研究机构作出,质证要点主要包括六个方面。

1. 鉴定机构和鉴定人是否有资质

动物物种鉴定机构,有的拥有鉴定机构资格证书,有的没有。我们辩护过的案件中,国家林业局森林公安司法鉴定中心具备鉴定资质,而在多起案件中出具鉴定意见的华南某动物物种鉴定中心,并无司法鉴定资质。

2. 送检动物来源是否清楚,能否被鉴真

鉴定检材的鉴真,要从案件勘验、检查、搜查、扣押、辨认、送检程序分析是否存在违法,检材是否被污染,送检动物或照片与涉案动物是否具备同一性。

3. 是否送检野生动物实物

根据《司法鉴定程序通则》第 23 条以及《林业行业标准》之《野生动物及其产品的物种鉴定规范》第 3.3 条之规定,司法鉴定人进行鉴定,应当依下列顺序遵守和采用该专业领域的技术标准、技术规范和技术方法:(1)国家标准;(2)行业标准和技术规范;(3)该专业领域多数专家认可的技术方法。按照行业标准,物种鉴定应当采用形态学、生物化学、分子生物学等检验技术,对野生动物及其产品进行分类地位(科、属、种)的认定。《野生动物及其产品的物种鉴定规范》第 3.4 条明确规定,检材应当是由委托单位(人)提供的、工作物种鉴定的野生动物及其产品。因此,动物物种鉴定,应当送检动物实物而非照片。送检照片,违反国家标准、行业标准。

4. 鉴定人是否具备专业知识

鉴定人应当具有所需鉴定问题的专业知识。深圳鹦鹉案中,华南某动物物种鉴定中心鉴定人胡某佳的专业是昆虫学,其动物学助理研究员资格,是广东省科学院昆虫研究助理研究员资格评审委员会评审通过的,并不具有对鸟类进行鉴定的专业知识。另一位鉴定人阳某,任职于广东省昆虫研究所,主要从事动物遗传学、动物养殖研究,也不具备鸟类鉴定专业知识。且两位鉴定人都不是列入名册的司法鉴定人。

5. 鉴定方法是否专业

(1)形态学鉴定对比文献是否权威。

动物物种鉴定多采用形态学方法鉴定。进行形态学鉴定,需要列明对比的文献资料。如深圳鹦鹉案中,鉴定意见的参考文献是维基百科英文版,并非科学的文献资料。且对比发现,鉴定意见部分内容抄录自百度百科,无法排除涉案鹦鹉的鉴定特征描述抄袭自百度百科的合理怀疑。无论维基百科还是百度百科,均属任何人都可以参与词条的编辑、修改,达不到形态鉴定所需对比文献的标准。

(2)分子生物学鉴定,是否有实物检材。

如金华鹦鹉案中,某鉴定中心出具鉴定意见称采取分子生物学方法进行鉴定。但公安机关的送检清单,侦查人员当庭证言均表明,公安机关五次送检都是通过邮件方式发送鹦鹉照片,并未提供鹦鹉活体,而鉴定意见中所列活体,只是对鹦鹉扣押状态的记载。该案不能排除凭照片进行 DNA 鉴定的合理怀疑。

6. 鉴定意见是否与其他证据矛盾

如深圳鹦鹉案中,鉴定意见明确涉案绿颊锥尾鹦鹉均为人工变异种。二审中,深圳市检察院询问其所聘请的有专门知识的人黄某,黄某认为涉案鹦鹉不是人工变异种,理由是这些鹦鹉并未发生基因突变,而变异是指基因发生了明显变化。鉴定人和有专门知识的人观点直接矛盾。

案例

案例 5-11-12 深圳鹦鹉案[(2017)粤 03 刑终 1098 号]

辩护人认为,本案鉴定意见存在严重违法:鉴定机构、鉴定人没有鉴定资质;涉案鹦鹉至少三次被污染,来源不明;没有检验过程;鉴定方法不科学。整个鉴定意见,就是将送检鹦鹉的外形特征进行描述,且极有可能是直接抄袭百度百科内容,没有附任何依据即得出鹦鹉的种类。如此毫不负责的鉴定意见,任何人通过查阅资料,甚至简单地利用百度等搜索引擎,都可以得出这样一份所谓的鉴定意见,根本不需要专业性。这种不具备专业性的鉴定意见,不得作为定案的根据。具体观点如下：

1. 鉴定机构不具有司法鉴定资质。

全国人民代表大会常务委员会《关于司法鉴定管理问题的决定》第2条规定："国家对从事下列司法鉴定业务的鉴定人和鉴定机构实行登记管理制度：(一)法医类鉴定；(二)物证类鉴定；(三)声像资料鉴定；(四)根据诉讼需要由国务院司法行政部门商最高人民法院、最高人民检察院确定的其他应当对鉴定人和鉴定机构实行登记管理的鉴定事项。法律对前款规定事项的鉴定人和鉴定机构的管理另有规定的，从其规定。"第3条规定："国务院司法行政部门主管全国鉴定人和鉴定机构的登记管理工作。省级人民政府司法行政部门依照本决定的规定，负责对鉴定人和鉴定机构的登记、名册编制和公告。"第6条规定，"申请从事司法鉴定业务的个人、法人或者其他组织，由省级人民政府司法行政部门审核，对符合条件的予以登记，编入鉴定人和鉴定机构名册并公告"。第9条规定，"在诉讼中，对本决定第二条所规定的鉴定事项发生争议，需要鉴定的，应当委托列入鉴定人名册的鉴定人进行鉴定。鉴定人从事司法鉴定业务，由所在的鉴定机构统一接受委托"。《司法鉴定机构登记管理办法》第5条规定："全国实行统一的司法鉴定机构及司法鉴定人审核登记、名册编制和名册公告制度。"该鉴定中心没有《司法鉴定许可证》，也不在广东省司法鉴定机构名录中，其不属于登记在册的鉴定机构。

广东省林业厅依据《广东省野生动物保护管理条例》第6条的规定以"批复"的形式许可鉴定机构为野生动物物种鉴定机构，但林业厅并非法定的司法鉴定机构登记管理部门，其无权审批设立司法鉴定机构。鉴定机构至多仅有行政鉴定资格，而无司法鉴定机构资质。《司法鉴定机构登记管理办法》第22条第1款规定："《司法鉴定许可证》是司法鉴定机构的执业凭证，司法鉴定机构必须持有省级司法行政机关准予登记的决定及《司法鉴定许可证》，方可依法开展司法鉴定活动。"第3款规定："《司法鉴定许可证》使用期限为五年，自颁发之日起计算。"根据上述规定，登记在案的司法鉴定机构的《司法鉴定许可证》也只能使用5年，到期后要延续。而鉴定机构获得的批复是2006年3月1日下发的，至今已经11年多，11年没有再审核。鉴定机构依托广东省昆虫研究所(暨华南濒危动物研究所)于2006年年初建立，自建立以来，出具了不少司法鉴定书。辩护人查阅裁判文书，2007年就有当事人和辩护人质疑其鉴定资质，参见(2007)穗中法刑二初字第50号，至今已逾10年，质疑不断。在不断的质疑中，该鉴定中心仍然没有登记在广东省司法鉴定机构名录中，说明其根本不符合条件，没有资格。其出具的鉴定意见，因鉴定主体不具备法定的鉴定资质而无效,依法不能作为定案的根据。

2. 鉴定人不具备法定资质和鉴定能力。

鉴定人并非登记在册的司法鉴定人,也没有《司法鉴定人执业证》。《广东省司法厅关于〈司法鉴定人登记管理办法〉的实施细则》第21条规定:"司法部统一监制的《司法鉴定人执业证》,是司法鉴定人的执业凭证。《司法鉴定人执业证》有效期限自颁发之日起计算,终止期限应当和劳动合同一致,但最长不得超过五年。"没有《司法鉴定人执业证》,如何评判鉴定人是否有资格执业?

鉴定人仅有广东省人社厅评定的职称证明,该证明只是在申请《司法鉴定人执业证》时需要提交的材料之一,根本无法替代《司法鉴定人执业证》,鉴定人不具备法定资质和鉴定能力。而且,鉴定人胡某佳仅具有助理研究员职称,职称极低,特别是专业不对口,评审其职称的机构为"广东省科学院昆虫研究助理研究员资格评审委员会",表明其专业为昆虫研究,因而不具备鸟类鉴定的能力。而检方对南京森林警察学院黄某的询问表明,国家林业局林业分局司法鉴定中心是具备司法鉴定资质的机构。

3. 送检样本至少被污染三次,来源不明。

(1)从谢某福处提取的10只涉案鹦鹉至少三次被污染。

①原始:谢某福处照片显示,超过10只鸟(包括鹦鹉)分装在三层蓝色铁架内。

②第一次污染:涉案鹦鹉被转移至未知地点,变成仅10只鹦鹉被分装在6个笼子里,每个笼子数量不一,该10只鹦鹉从何而来,无法确认。

③第二次污染:鸟笼编号,没有对鹦鹉编号,无法排除污染可能。

④第三次污染:深圳市野生动物救护中心,不排除被污染的可能。

请看深圳市野生动物救护中心工作人员曾某燎的笔录:

"问:你们没有将鹦鹉按照案件的来源进行混养?

"答:我们是根据科学规范进行救护的。在我们的观念里,来到这里的是野生动物,而不只是物证……所以,我们是把各种鹦鹉分为三类来养护的。

"问:那你们能确认这些鹦鹉汇总哪些是来源于王某案件吗?

"答:不能。我们都是将鹦鹉分类混养的。"

可见,所有送到深圳市野生动物救护中心的鹦鹉,都会被分类混养。而涉案10只鹦鹉,2016年5月11日被森林分局送至深圳野生动物救护中心,5月12日送检,在深圳市野生动物救护中心停留过,根据曾某燎的笔录,不排除这段期间涉案鹦鹉被分类混养的可能,极有可能被污染。

“如果有些鹦鹉身体上带有诸如脚环这样的标志,你们能够进一步确认这些鹦鹉的来源吗?”曾某燎回答,“不可以……不能为了确认这些所谓的来源而以伤害它们的身体为代价”。这说明,该中心不可能为鉴定人提供鹦鹉的来源。

⑤鉴定意见中照片所示鹦鹉早已无法明确来源。

在被污染三次的情况下,涉案鹦鹉再送去鉴定,已经没有任何意义。且未对鹦鹉进行编号、标记,仅在提取时对鸟笼做了编号,而鉴定时鸟笼上的编号又不见。故鉴定的鹦鹉和勘验提取的鹦鹉是否同一,早已无法确定。

可见,送检的10只鹦鹉,在5月12日送检前,5月10日提取后不知寄存何处,5月11日又被森林分局送至深圳野生动物救护中心,时间跨度1天,地点多次变化:田福水族馆—无名地点—深圳市野生动物救护中心,涉案10只鹦鹉至少被污染三次,所谓送检鹦鹉是否从谢某福处提取无法确定,即来源不明。

(2)从王某处提取的45只涉案鹦鹉至少被污染三次。

①原始:王某处照片并不能清楚地显示涉案鹦鹉的具体数量、特征。

②第一次污染:涉案鹦鹉被转移至未知地点,该转移过程没有任何记录,不排除污染可能。

③第二次污染:让王某辨认照片,鸟笼有了编号,但何时、何人编号无从得知,不排除污染可能。

④第三次污染:深圳市野生动物救护中心。

深圳市野生动物救护中心工作人员曾某燎笔录证实,所有送去救护中心的鹦鹉会被分类混养。涉案45只鹦鹉,5月18日被森林分局送至深圳野生动物救护中心,5月19日送检,在深圳市野生动物救护中心停留过,根据曾某燎的笔录,不排除这段期间涉案鹦鹉被分类混养的可能,极有可能被污染。

⑤鉴定意见中照片所示鹦鹉早已无法明确来源。

鉴定时与王某辨认时相比,鸟笼减少一个,从25只变为24只,且鸟笼中数量也有所变化,标记也发生明显修改,证实涉案45只鹦鹉极有可能被污染。

综上,送检45只鹦鹉5月19日送检前,5月17日提取后不知寄存何处,5月18日又被森林分局送至深圳野生动物救护中心,时间跨度1天,地点多次变化:王某处—无名地点—深圳市野生动物救护中心——是否被送往鉴定机构不清楚,涉案45只鹦鹉至少被污染三次,所谓送检鹦鹉是否从王某处提取已无法确定,即来源不明。

4.送检材料仅进行特征分类,且使用多重标准,分类依据不明。

鉴定意见的检验过程应当写明鉴定的实施过程和科学依据，包括检材处理、鉴定程序、所用技术方法、技术标准和技术规范等内容。根据深圳市公安局森林分局出具的情况说明，本案245号鉴定是广州的鉴定人赶到深圳看动物之后做出的，涉案鹦鹉并未送到广州去，那检材是如何处理的，是拍照还是拍视频，还是鉴定人当场进行比对记录？256号鉴定根本没有提到鉴定人赶到深圳看动物，所谓鉴定的图片，是否是鉴定人自己采集的都值得怀疑，而侦查机关提取物证时拍摄的鹦鹉照片和鉴定意见上的鹦鹉照片对比，部分照片的角度、构图、内容几乎完全一致，不排除鉴定人直接利用侦查人员所拍照片的可能。此外，本案的所谓鉴定过程就只是描述了材料特征，鉴定人将送检鹦鹉根据动物的形态特征进行分类，但该分类又明显采取了多重标准，依据不明。

245号鉴定报告将10只送检鹦鹉分为三类：其中第一类动物7只，7只又分为3种，分别为1、2、4只，均只是描述了羽毛的颜色；第二类动物1只，除描述羽毛颜色之外，还描述了鹦鹉的眼睛外部一圈、鸟喙、虹膜的特征；第三类动物2只，2只外观一样，描述了体型、羽毛颜色、眼周特征、嘴黑色。且鉴定报告不使用专业名词“鸟喙”而称为“嘴”，极不专业。

可见，鉴定报告中动物的形态特征显然不只包含鸟类羽毛颜色，至少还包括了体型、鸟喙、眼周特征等情况。但从鉴定报告分类可见，鉴定人将送检鸟类进行分类明显采取了多重标准，第一类动物只描述了羽毛颜色，并且7只有3种颜色，为何放为一类？7只体型、鸟喙、眼周特征因根本没有描述，是否相同无从得知。第二、三类又增加了体型、鸟喙、眼周特征等情况。

256号鉴定报告，材料特征只是列举了分类鸟笼的编号，根本没有描述特征，即没有检验过程。

5. 鉴定方法严重不科学。

245号、256号鉴定意见均采用形态学方法鉴定。形态学方法鉴定是对动物的形态特征采用观察、测量、比较、核对、分析等手段，根据动物特有形态特征的组合，结合文献资料作出鉴定的一种方法。常用的形态性状主要包括各种可量可数性状，如头长、体长、尾长、角长，初级飞羽、各类牙齿、甲片或鳞片的数量等，还包括身体各部分的特征及颜色，如面盘、肉冠、眉纹及角、尾、足、蹼等；被毛、臀斑的颜色及大小等。形态学鉴定多根据这些性状，与已有的文献资料进行比对、分析，最后综合得出鉴定结论。经过人类长期认知事物的积累以及科学家的研究，目前形成了比较完备的图鉴、志书、检索系统以及诸多类群的研究资料。

本案两份鉴定意见得出鉴定结论为:送检鹦鹉为绿颊椎尾鹦鹉人工变异种、和尚鹦鹉、非洲灰鹦鹉。绿颊椎尾鹦鹉人工变异种多种多样,鉴定人是否比对了原始种绿颊椎尾鹦鹉,是否比对了绿颊椎尾鹦鹉人工变异种?人工变异种的小太阳鹦鹉仅在外观上就大大有别于野生的绿颊锥尾鹦鹉,而在未作DNA检验的情况下,鉴定人如何能够单凭形态外观便做出"人工变异种"的结论?

和尚鹦鹉、非洲灰鹦鹉又是以什么作为资料进行比对分析,鉴定意见没有任何显示。连依据的鉴定资料,图鉴、志书、检索系统都没有。本案鉴定人没有任何鉴定依据,凭空得出鉴定意见,严重不负责任,不能采纳为定案的根据。

二审期间,检察院补充了证据,鉴定中心出具了情况说明,补充了鉴定依据,还要求法官采纳鉴定意见。辩护人认为,这更加证明本案鉴定不可采信。鉴定依据之一是维基百科,这只能通过使用技术手段绕过IP封锁等"翻墙"获取,基于"非法手段"获取信息得出的结论,是否合法?

辩护人提供《CITES辨识图鉴:鸟类》等证据表明,鉴定的鹦鹉与标准图谱的鹦鹉形态相差甚远。如第256号鉴定报告描述的9只和尚鹦鹉的形态特征为"上体绿色,额部灰棕色,枕部绿色,脸颊灰白色;胸部浅灰色,上腹部淡黄绿色,有白色条纹,下体橄榄黄色;初级飞羽淡蓝色;尾巴长逐渐变细,上尾绿色,中央尾羽蓝绿松石色,下尾覆羽基部是灰蓝色;喙橘红色,虹膜深褐色。"未见标志性特征腹部红色。将涉案9只鹦鹉鉴定为和尚鹦鹉,明显错误。

6. 鉴定意见形式不符合规范。

《司法鉴定文书规范》第6条规定:"司法鉴定文书的封面应当写明司法鉴定机构的名称、司法鉴定文书的类别和司法鉴定许可证号;封二应当写明声明、司法鉴定机构的地址和联系电话。"第7条规定:"司法鉴定文书正文应当符合下列规范和要求:……(三)基本情况:写明委托人、委托鉴定事项、受理日期、鉴定材料、鉴定日期、鉴定地点、在场人员、被鉴定人等内容……(九)落款:由司法鉴定人签名或者盖章,并写明司法鉴定人的执业证号,同时加盖司法鉴定机构的司法鉴定专用章,并注明文书制作日期等……"第12条规定:"司法鉴定文书应当同时加盖司法鉴定机构的司法鉴定专用章红印和钢印两种印模。司法鉴定文书正文标题下方编号处应当加盖司法鉴定机构的司法鉴定专用章钢印;司法鉴定文书各页之间应当加盖司法鉴定机构的司法鉴定专用章红印,作为骑缝章;司法鉴定文书制作日期处应当加盖司法鉴定机构的司法鉴定专用章红印。"

本案鉴定意见,显然不符合上述规范:鉴定地点不明确,在场人员不清楚,鉴定意见落款没有写明司法鉴定人的执业证号,没有加盖司法鉴定机构的司法鉴定专用章,没有注明文书制作日期,没有加盖任何司法鉴定专用章钢印等。

本案中,辩护人对鉴定报告提出强烈异议,专家否定鉴定报告中人工变异种的重要结论,鉴定人坚持原来的结论,并建议可以重新鉴定和复检,此种情形下最公正的做法只能是重新鉴定。但王某的鹦鹉找不到了,部分已经死了,根本无法重新鉴定。因此,该鉴定意见不能采纳,本案定罪缺乏关键证据。

案例 5-11-13　金华鹦鹉案

辩护人认为,本案鉴定意见有以下几个问题:

1. 鉴定机构存在以照片作为检材出具 DNA 分子鉴定报告的合理怀疑。

鉴定意见表明鉴定人员采用了分子生物学鉴定的方法,"分别取 48-53 号检材的羽根组织若干作为实验样品","提取每份实验样品中的基因组 DNA",并得出结论"6 份实验杨平的序列均与和尚鹦鹉的序列同源性达到 99%",进而认定 48-53 号鹦鹉为和尚鹦鹉。但公安机关送检清单,侦查人员当庭证言均表明,公安机关五次送检都是通过邮件方式发送鹦鹉照片,未提供鹦鹉活体,而鉴定意见书中所列活体,只是对鹦鹉扣押状态的记载。全案证据未见送检鹦鹉活体或羽毛的任何记录。稍有常识的人都知道,DNA 鉴定需要进行生物取样、测序等基本工作,根本无法通过照片进行 DNA 鉴定,鉴定人员存在捏造检材、提供虚假分子实验结果,出具虚假鉴定意见的重大嫌疑,不仅其出具鉴定意见非法,其行为更是涉嫌犯罪。

依《司法鉴定程序通则》《野生动物及其产品的物种鉴定规范》,检材应当是由委托单位(人)提供的、工作物种鉴定的野生动物及其产品。鉴定人员援引为分类依据的《不能作为宠物养的常见珍贵濒危动物图鉴》第一作者周用武,也在其学术文章《动物物种鉴定的非 DNA 方法评述》中明确指出:"运用此类方法(形态鉴定法)通常可以对活体或者比较完整的尸体、毛皮或骨骼以及具有特殊形状的检材作出较为准确的鉴定。"如前所述。本案公安机关送检检材均为照片,鉴定机构以照片为检材进行物种鉴定,明显违反野生动物及其产品的物种鉴定规范,违背国家标准、行业标准和学术标准。

2. 鉴定的照片来源不明、不清晰、不完整。

根据《司法鉴定程序通则》第 12、15 条,委托人应该提供真实、完整、充分的鉴定材料，并对鉴定材料的真实性、合法性负责，司法鉴定机构发现鉴定材料不真实、不完整、不充分或者取得方式不合法的，不得受理。《野生动物及其产品的物种鉴定规范》第5.2条亦规定，对于“形态特征完整、物种特征鲜明的检材，采用宏观形态学方法进行检验鉴定”。退一万步讲，即使鉴定机构采用形态学方法，基于照片进行鹦鹉种属鉴定，送检照片也必须保证来源真实，内容完整、充分、清晰，足以呈现鹦鹉的形态学指标。但在案证据以及庭审情况表明，公安机关扣押的鹦鹉已经多人多次转移、检材污染情况严重。

鉴定机构作出的五份鉴定意见书中委托事项均采用“涉案”鹦鹉的表述，但鉴定机构并未核对检材，完整记录鉴定材料的名称、种类、数量、性状、保存状况、收到时间等信息，其来源真实性无法保证。同时，侦查机关提供的照片很多为模糊、不完整照片，鉴定机构不仅未要求补充，还直接根据连肉眼都难以辨别鹦鹉颜色、特征的模糊、局部、不完整的照片，出具了描述鹦鹉颜色、特征、品种、保护级别的鉴定意见。其鉴定意见之合法性、科学性、真实性均存疑。

3. 鉴定过程不规范，鉴定方法和依据不科学。

《司法鉴定程序通则》第27条规定，司法鉴定人应当对鉴定过程进行实时记录并签名。记录可以采取笔记、录音、录像、拍照等方式。记录应当载明主要的鉴定方法和过程，检查、检验、检测结果，以及仪器设备使用情况等。记录的内容应当真实、客观、准确、完整、清晰，记录的文本资料、音像资料等应当存入鉴定档案。《司法鉴定文书规范》第7条第5项规定，鉴定意见的检验过程应当写明鉴定的实施过程和科学依据，包括检材处理、鉴定程序、所用技术方法、技术标准和技术规范等内容；第7项规定，分析说明应写明根据鉴定材料和检验结果形成鉴定意见的分析、鉴别和判断的过程。引用的资料应当注明出处。

鉴定机构出具的鉴定意见书仅简单对送检鹦鹉根据动物的形态特征进行描述，然后罗列引用资料，进行分类，后根据此类依据直接得出鉴定结论，明显不规范、不完整、不科学。首先，鉴定机构在进行鉴定时，时而选择形态学方法和分子生物学方法，时而仅选择形态学方法，方法选择随意，未阐释选择理由。其次，在进行形态学鉴定时，直接将周用武等著的《不能作为宠物养的常见珍贵濒危动物图鉴》和蔡锦文著的《世界鹦鹉图鉴》作为依据，未对其是否构成专业领域认可的标准进行说明。事实上，国内外有诸多关于鹦鹉更加权威的专业图鉴、文献。最后，鉴定人员在鉴定过程中，没有对观察、测量、比较、核对、分析等手段进行详细描述，仅简单描述鹦鹉颜色就直接得出鉴定结论，相当草率。据此，鉴定机构出具鉴定过程严重不规范,方法和依据选择明显不科学,鉴定意见不可靠。

（四）司法会计鉴定

经济犯罪等财产类犯罪通常都有司法会计鉴定或审计报告,并且是认定犯罪金额的关键证据,此类案件有时也因金额大小影响是否构成犯罪、级别管辖。司法会计鉴定,是指在诉讼活动中,由具有专业知识的人员,对案件中涉及的财务会计资料及相关资料进行检验,对需要解决的财务会计问题进行鉴别判断,并提供意见。审计报告属于鉴证业务。根据《中国注册会计师鉴证业务基本准则》的规定,鉴证业务是指注册会计师对鉴证对象信息提出结论,以增强除责任方之外的预期使用者对鉴证对象信息信任程度的业务。鉴证一般只作为参考报告。但司法实践中审计报告有时也被作为鉴定意见进行审查,因而审计报告与司法会计鉴定的质证要点也类似,本节一并阐述。

1. 鉴定机构、鉴定人是否有资质

2018 年 12 月 5 日司法部发布《关于严格依法做好司法鉴定人和司法鉴定机构登记工作的通知》后,司法行政机关不再登记包括司法会计鉴定在内的“四大类”外的司法鉴定执业类别,并对已经登记的“四大类”外司法鉴定人鉴定资格予以注销登记。此前的司法会计鉴定,必须要求由登记在册的鉴定机构和鉴定人进行。此后的司法会计鉴定,主要看出具报告的会计师事务所是否有执业证书,鉴定人是否具有中国注册会计师资格和执业资格,出具的司法会计鉴定报告是否超出其营业执照的业务范围。

2. 委托鉴定事项是否明确、中立

《司法鉴定程序通则》第 18 条第 3 款规定:“委托人不得要求或者暗示司法鉴定机构、司法鉴定人按其意图或者特定目的提供鉴定意见。”《人民检察院刑事诉讼规则》第 219 条规定:“人民检察院应当为鉴定人提供必要条件,及时向鉴定人送交有关检材和对比样本等原始材料,介绍与鉴定有关的情况,并明确提出要求鉴定解决的问题,但是不得暗示或者强迫鉴定人作出某种鉴定意见。”《公安机关办理刑事案件程序规定》第 249 条规定:“公安机关应当为鉴定人进行鉴定提供必要的条件,及时向鉴定人送交有关检材和对比样本等原始材料,介绍与鉴定有关的情况,并且明确提出要求鉴定解决的问题。禁止暗示或者强迫鉴定人作出某种鉴定意见。”

司法会计鉴定旨在解决财务会计的专门性问题。但实践中有时会出现鉴定要求不明确,或带有暗示性质的鉴定要求。例如,鉴定事项为“对某公司 2020 年账目进行鉴定”“对某公司银行流水进行鉴定”等，属鉴定要求不明确，没有提出需要解决的财务会计专门性问题，容易造成鉴定人随意出具鉴定意见的情况。又如，鉴定事项为“对张某贪污案的涉案金额进行鉴定”“对李某非法吸收公众存款的数额进行鉴定”“对王某职务侵占的数额进行鉴定”等，均明显带有暗示性质，缺乏中立性，属于委托事项不中立。

3. 是否按要求进行司法会计鉴定，而非“以审代鉴”“以鉴证代鉴定”

委托单位出具《鉴定聘请书》，要求进行司法会计鉴定，而鉴定机构出具的文书为《审计报告》或《鉴证报告》的，即属于“以审代鉴”“以鉴证代鉴定”。还有的案件，虽文书标题为《司法会计鉴定》，但却按审计规范进行审计，本质上也是审计报告，属于“以审代鉴”。

审计报告与司法会计鉴定差异巨大，两者在执业主体资质，材料的来源、构成、完整性、充分性要求，技术方法，目的，类型，发表意见的范围等多方面明显不同。《中国注册会计师审计准则》适用于审计，但不适用于司法会计鉴定。对审计过程中执行函证、存货监盘、询问、审计抽样、审计调查等符合审计法律或准则，但不符合诉讼法律或司法鉴定程序的审计报告，或者因审计证据不完整、不充分出具保留意见的审计报告，以及无法表示意见的审计报告，均不能作为司法会计鉴定使用。

注册会计师鉴证与会计鉴定虽然检查验证的对象都包括财务会计资料及相关证据材料，但两者也有很大的不同。注册会计师鉴证是指注册会计师对鉴证对象信息提出结论，以增强除责任方之外的预期使用者对鉴证对象信息信任的程度。鉴证需要的材料，可以由委托方和被鉴证单位提供，也可以由注册会计师自行获取，而司法鉴定需要的材料，必须由委托方提供。注册会计师鉴证需要的材料，可以是充分的，也可以是适当的，《中国注册会计师鉴证业务基本准则》对“适当”没有作出定义，完全是基于注册会计师个人职业判断；而司法会计鉴定需要的材料，在“质”上要求是真实、完整、合法的，在“量”上要求是充分的，才能达到鉴定的法定条件。就鉴证报告而言，注册会计师可以出具保留结论、无法提出结论、无保留结论、否定结论的鉴证报告。但就会计鉴定而言，结论必须是确定性的，对于限定性的鉴定意见，必须对附加条件作出判断后才可以使用。

4. 检材是否符合会计鉴定要求

(1)检材来源是否合法。

《司法鉴定程序通则》第 12 条规定，委托人委托鉴定的，应当向司法鉴定机构提供真实、完整、充分的鉴定材料，并对鉴定材料的真实性、合法性负责。因此，会计鉴定的材料必须由委托方提供，鉴定人不得自行获取鉴定材料。如果存在鉴定人自行获取检材的情况，辩护人可提出检材来源不合法。

有时鉴定人可在委托人在场的情况下参与提取检材。但这需要有明确的法律授权，如《人民检察院司法会计工作细则（试行）》第 7 条规定，司法会计人员参加勘验检查、搜查、扣押、调取证据的，应当在案件承办人员的主持下，按照相关规定进行。

例如，潍坊陈某亭高利转贷案中，《专项审计报告》的鉴定检材不充分、不合法。一方面，鉴定意见的检材由利害方公司单方面提供，陈某亭因被羁押无法提供相关证据，检材的真实性、完整性无法核实；另一方面，鉴定意见依据言词证据等非财务会计资料做出，严重违反了《人民检察院司法会计工作细则（试行）》第 24 条的规定。

（2）检材是否可靠。

司法会计鉴定依据的材料是会计凭证、会计账簿、会计报表等财务会计资料。有的鉴定将统计台账作为检材，这属于鉴定检材不可靠，因为统计台账是统计资料，并非财务会计资料，统计是否客观、正确，无法核查。

有的鉴定仅依据电子账簿作出鉴定意见，没有全面的纸质会计账簿及会计凭证进行对照。电子账簿作为电子证据，其稳定性、客观性不同于其他证据。电子证据必须结合其他证据才具有证明效力，仅以电子证据作为司法鉴定的依据，则该鉴定结论缺乏客观性、准确性。

（3）检材种类是否符合会计鉴定规范。

实践中不少会计鉴定将“笔录”“供述”“陈述”作为检材。但这是违法的，言词证据不得作为司法会计鉴定的检材。

《司法鉴定执业分类规定》第 9 条将司法会计鉴定界定为：运用司法会计学的原理和方法，通过检查、计算、验证和鉴证对会计凭证、会计账簿、会计报表和其他会计资料等财务状况进行鉴定。《人民检察院司法会计工作细则（试行）》第 24 条规定，制作鉴定文书须遵守以下规定：鉴定意见不得依据犯罪嫌疑人供述、被害人陈述、证人证言等非财务会计资料形成。言词证据不是财务会计资料，司法会计鉴定规范明确不能将言词证据作为检材，更不能依据言词证据得出鉴定意见。因为言词证据有可能来自刑讯逼供、威胁、诱供、指供，有可能自相矛盾或与其他证据矛盾，言词证据是否合法、客观、真实，须经法庭确认。因此，证人证言、被害人陈述、犯罪嫌疑人被告人供述和辩解不得作为司法会计鉴定的检材。

“框架协议”“销售合同”“发票”也常见于鉴定意见，但这也并非财务会计资料，其真实性也需经法庭确认。根据上述规定，这些也不能作为司法会计鉴定的检材。

(4)检材是否完备。

《司法鉴定程序通则》第15条规定，发现鉴定材料不真实、不完整、不充分或者取得方式不合法的，司法鉴定机构不得受理鉴定委托。《人民检察院司法会计工作细则(试行)》第20条规定，送检材料不足，无法补充的，应当终止鉴定。因此，若鉴定意见中出现“财务会计资料不全”“因缺乏……推定……”“因缺乏……可能是……”等表述，则属于鉴定意见检材不完整，鉴定意见系推测而来。

5.会计鉴定的形式是否合法

文书的标题应当规范，内容应当全面。司法鉴定意见书的规范格式，包括封面、扉页、正文部分，正文应包括以下七个部分组成：(1)基本情况(含委托人、委托事项、受理日期、鉴定材料)；(2)基本案情；(3)资料摘要；(4)鉴定过程；(5)分析说明；(6)鉴定意见；(7)附件。

两名鉴定人均应实际参与鉴定，并签名盖章。《司法鉴定程序通则》第19条规定，“司法鉴定机构对同一鉴定事项，应当指定或者选择二名司法鉴定人进行鉴定”。《人民检察院鉴定规则(试行)》第14条规定，“鉴定机构接受鉴定委托后，应当指派两名以上鉴定人共同进行鉴定”。《公安机关鉴定规则》第31条第2款规定：“鉴定的实施，应当由两名以上具有本专业鉴定资格的鉴定人负责。”

6.鉴定方法、标准是否符合专业规范

(1)抽样不能作为司法会计鉴定方法。

根据《人民检察院司法会计工作细则(试行)》第9条的规定，司法会计鉴定范围广。必须对完整的财务账目进行梳理、核对，不能仅就部分财务凭证进行抽样鉴定。

(2)调查法不得作为司法会计鉴定方法。

根据《人民检察院司法会计工作细则(试行)》第7条的规定，在案件承办人员的主持下，司法会计人员可以按照规定进行调取证据等，询问当事人和证人，进一步了解案件情况，但是司法会计人员没有独立的调查取证权。

(3)鉴定标准应当一致。

我们办理的一起非法经营案中，某鉴定机构针对相同的鉴定事项，鉴定人对发出存货销售成本计价分别使用先进先出法、加权平均法。同案中使用不同的会计标准,显然对当事人不公平。

7. 是否超范围鉴定

司法会计鉴定有其范围。例如,《人民检察院司法会计工作细则(试行)》第9条规定:"司法会计鉴定范围:(一)资产历史成本的确认;(二)资产应结存额及结存差异的确认;(三)财务往来账项的确认;(四)经营损益、投资损益的确认;(五)会计处理方法及结果的确认;(六)其他需要通过检验分析财务会计资料确认的财务会计问题。"

实践中,司法会计鉴定超范围鉴定的情况不少,主要有如下5种情况:

(1)对发票真假作出认定。

(2)对检材真实性作出认定,如鉴定中出现"伪造""虚假"的断言。

(3)对财务收支与生产经营的关联性作出认定,如"因未签订合同,故张某不能报销相应款项,相关金额不计入成本"。

(4)对法律问题作出认定,如对款项性质作出认定,公款还是集体资金;对行为人的行为性质作出认定,是否"挪用""侵占""诈骗""侵吞";对行为人的主观故意作出认定,是否"隐匿""隐瞒""恶意"等。

(5)对非货币资产损失额作出鉴定。

8. 鉴定意见是否明确、独立

司法会计鉴定意见结论要明确、唯一,不能出现"可能""推断""估计"等模棱两可的表述。

鉴定意见应当客观、独立。如果鉴定意见以其他单位出具的验资报告、审计报告作为检材,鉴定人没有对财务会计资料亲历检验,将自己的鉴定意见建立在其他单位出具的结论性意见基础之上,缺乏客观性、独立性。

案例

案例5-11-14 黄某新诈骗案[(2013)古刑初字第274号]

古田法院认为,审计报告不是司法会计鉴定,依法不能作为案件的鉴定结论,而且没有考虑被告人黄某新偷漏纳税部分和实际补贴情况,没有结合证人证言和申报审批材料,不能客观地反映案件的真实情况。

案例5-11-15 汪某等人贪污、职务侵占、挪用公款案[(2018)川07刑终35号]

绵阳中院认为,本案收集的书证主要来自从西明村会计蒋某甲家里及办公场所扣押的账本、单据;侦查机关将上述书证查扣带走时未出具扣押清单,存在程序违法情况,事后出具的情况说明及侦查人员到庭所作解释仍难以补正上述程序重大瑕疵问题。据此,鉴定意见本身虽不属于非法证据,但不宜作为定案依据。

案例5-11-16 高某、李某非法吸收公众存款案[(2017)黑0110刑初232号]

香坊法院认为,黑龙江广名司法鉴定所[2017]年第4110号鉴定意见,鉴定依据仅有公安机关从被扣押的君辉公司财务人员使用的电脑及U盘内所提取的电子账簿,未有全面的相关纸质会计账簿及会计凭证作对照。电子账簿属于电子证据,其稳定性、客观性不同于其他证据。电子证据必须结合其他证据才具有证明效力,仅以电子证据作为司法鉴定的依据,则该鉴定结论缺乏客观性、准确性。

案例5-11-17 付某非法吸收公众存款案[(2017)粤0106刑初343号]

天河法院认为,鉴定报告仅以在涉案公司查获的"广州工程统计表"认定付某吸收的投资款金额,未提供其他证据予以佐证,付某对上述投资款金额均予以否认,故公诉机关的该节指控证据不足,不予支持。

案例5-11-18 田某某非法吸收公众存款案[(2014)南刑初字第218号]

南关法院认为,审计报告的审计依据为被害人询问笔录、自述材料、情况介绍、投资情况统计表,没有相关书证佐证,其审计结果不客观,不予采信。广东诚安信司法会计鉴定所出具的《报告书》记载了田某某的业绩提成及实发工资,但未提供计算依据,不能证明田某某的违法所得,不予采信。

案例5-11-19 焦某等违法发放贷款案

辩护人提出,有关"形成坏债的可能性"事实的司法鉴定,存在巨野县公安局委托鉴定程序违法、鉴定机构与鉴定人无鉴定资质、检材来源不明等问题,根据《最高法院刑诉解释》第97条,该鉴定意见不得作为定案根据。具体辩护意见如下:

经查询《国家司法鉴定人和司法鉴定机构名册(山东省)》(2017年度),并没有案涉菏泽某会计师事务所及相关从业人员,不符合《司法鉴定机构登记管理办法》有关鉴定主体应属省级司法行政机构登记在册的规定。同时,2018年司法部对"四类外"司法鉴定机构清理之前,司法会计鉴定属于省级司法行政机关管理,而非山东高院管理项目。菏泽某会计师事务所补充提供的《山东高院综合类鉴定名录》(2018年9月)不能证明其在2017年8月21日出具鉴定报告时具有鉴定资质。

根据菏泽某会计师事务所补充提供的鉴定人赵某某注册会计师执业资格证年度检验登记一栏可知,赵某某在2016年、2017年两年内并未通过山东省注册会计师协会的年检并加盖年检合格专用章。故其出具本案鉴定报告时,并不具备注册会计师的执业资质。

鉴定材料来源不明,严重违法。该鉴定报告称鉴定材料系"会计凭证",但其2021年9月3日补充提交的情况说明称检材包含"会计凭证及相关财务资料"。同时,鉴定报告称"该公司2011年的期初余额无明细账,导致2013年的期末余额明细表可能与实际情况不一致""该公司银行存款为负数",与基本的财会常识相悖。《鉴定报告书》种种"漏洞"足以证明其鉴定材料来源不明,且相关检材未附卷,严重违反司法会计鉴定以及审计工作相关规定。

鉴定过程及鉴定意见不客观、不合法。本案鉴定意见违背委托鉴定范围及客观事实,对涉案公司2011~2013年度负债及盈利情况进行审计,与原审计报告的审计范围2010~2012年度相出入。涉案贷款于2014年12月29日、2016年3月31日原贷款收回后重新发放,说明该公司当时具备偿还贷款的能力。且即使该公司高负债率情况属实,也不能直接认定其"形成坏债风险大",这种主观结论违背司法鉴定的客观性。

鉴定既没有鉴定委托书、鉴定方法,也没有司法鉴定专用章以及司法鉴定人和复核人盖章签名。

案例5-11-20　南通崔某平行贿罪、诈骗案

辩护人认为,作为指控关键的两份审计报告,不应作为定案的根据。具体辩护意见如下:

南通新某某联合会计师事务所(以下简称新某某)及注册会计师徐某婷、沈某在2020年8月15日出具通"249号审计报告"、2020年8月26日"022号审计说明"过程中,存在严重违反《注册会计师法》《中国注册会计师独立审计准则》《国家审计准则》《中华人民共和国刑事诉讼法》《司法鉴定程序通则》的情形,不应该作为定案的根据

1. 收件人并没有委托审计,委托人不明。

《中国注册会计师审计准则第1501号——对财务报表形成审计意见和出具审计报告》第23条规定:"审计报告应当按照审计业务约定的要求载明收件人。"审计报告的收件人一般为审计业务的委托人。249号审计报告收件人为"南通市监察委",但未见南通市监察委的委托书。而022号审计说明明确表示该专项审计报告系出于崔某平的委托和确认。如果是崔某平委托,收件人为何是"南通市监察委"?

2. 检材明显不足,违法受理鉴定,违法出具审计报告。

该案需要鉴定的是原济南某信医药有限公司(以下简称济南某信)2009年的净利润,时隔11年,在没有完整的财务会计资料的情况下,根本无法进行司法会计鉴定。《司法鉴定程序通则》第15条规定:"具有下列情形之一的鉴定委托,司法鉴定机构不得受理:……(二)发现鉴定材料不真实、不完整、不充分或者取得方式不合法的……"新某某本不应受理该鉴定,为规避检材不足的问题,以审代鉴,违法出具审计报告。

3. 审计证据来源不明。

审计报告并未单独列明审计证据,报告中分散显示审计证据如下:"原济南某信提供的结转主营业务成本记账凭证""公司提供的业务进销存管理系统进销数据、财务核算系统的成本核算数据""2010年股权转让事宜进行审计评估时济南某信提供的2009年末存款明细表""2013年7月12日审计署《关于华某山东医药有限公司合作经营模式以及对2009年度财务状况的影响》事项调查取证单""当年度采购发票""重新开具的销售发票""经查阅济南某信相关记账凭证"。

审计报告称上述审计证据均来自原济南某信,但审计报告未见新某某及注册会计师徐某婷、沈某通过任何函证、询问获取审计证据的情况。原济南某信也从未向新某某提供过任何资料。审计证据来源不明。

4. 审计证据不充分、适当,不符合1301号审计准则。

《中国注册会计师审计准则第1301号——审计证据》第9条规定:"注册会计师的目标是,通过恰当的方式设计和实施审计程序,获取充分、适当的审计证据,以

得出合理的结论，作为形成审计意见的基础。”第10条规定：“注册会计师应当根据具体情况设计和实施恰当的审计程序，以获取充分、适当的审计证据。”1301号准则要求注册会计师获取充分、适当的审计证据。审计证据包括构成财务报表基础的会计记录所含有的信息和从其他来源获取的信息。支票、电子资金转账记录、发票和合同；总分类账、明细分类账、会计分录以及对财务报表予以调整但未在账簿中反映的其他分录；支持成本分配、计算、调节和披露的手工计算表和电子数据表等均为会计记录。

纵览249号审计报告、022号审计说明的审计证据，仅有成本记账凭证、电子数据系统的数据。尤其022号审计说明附录中，南通市公安局的情况说明显示，经审计署企业司薛某处长查阅华某集团法定代表人经济责任审计项目中华某山东医药有限公司审计项目存档资料，未查询到涉及济南某信2009年业务二部等合作经营部门的业务状况的审计档案。审计署、南通市公安局都未能调取到相关审计档案的情况下，新某某更不可能获取完整、可靠的2009年的审计档案。审计证据严重不充分、不适当，新某某及注册会计师徐某婷、沈某违反1301号审计准则，未形成充分适当的审计证据，缺乏提出审计意见基础的情况下，出具的审计结果不合理、严重失实。

5. 违反1231号、1230号、1312号审计准则，未获取相关、可靠的审计证据。

《中国注册会计师审计准则第1231号——针对评估的重大错报风险采取的应对措施》第10条规定：“在设计和实施控制测试时，注册会计师应当：……将询问与其他审计程序结合使用，以获取有关控制运行有效性的审计证据……”第19条规定：“注册会计师应当考虑是否将函证程序用作实质性程序。”

《中国注册会计师审计准则第1312号——函证》第10条规定：“在使用函证程序时，注册会计师的目标是，设计和实施函证程序，以获取相关、可靠的审计证据。”

《中国注册会计师审计准则第1301号——审计证据》第3条第5项规定：“通常情况下，注册会计师以函证方式直接从被询证者获取的审计证据，比被审计单位内部生成的审计证据更可靠。”

因此，注册会计师应当确定是否有必要实施询问、函证程序以获取认定层次相关、可靠的审计证据。本案审计证据本身来源不明，且审计证据仅包括间接获取、内部生成、不完整、碎片化的极少数会计记录，此种情形下注册会计师应当通过询问、函证、实地考察等方式从获取认定层次相关、可靠的审计证据。但新某某及注册会计师徐某婷、沈某未通过任何询问、函证等程序或方式，获取任何审计证据，在未形成充分适当的审计证据，缺乏提出审计意见基础的情况下，作出审计报告违反审计准则。

6. 审计证据不一致，未修改或追加任何审计程序，违反1301号审计准则，违背独立审慎、高度职业怀疑、勤勉尽责的职业道德。

《中国注册会计师审计准则第1301号——审计证据》第15条规定，“如果存在下列情形之一，注册会计师应当确定需要修改或追加哪些审计程序予以解决，并考虑存在的情形对审计其他方面的影响：（一）从某一来源获取的审计证据与从另一来源获取的不一致；（二）注册会计师对用作审计证据的信息的可靠性存有疑虑”。

纵览249号审计报告、022号审计说明的审计证据，仅有成本记账凭证、电子数据系统的数据、新某某计算的数据。审计证据均为其他来源获取的（非外部独立来源）、推论得出的、口头形式的、电子形式的1301号审计准则规定的相对不可靠证据。而审计证据之间存在矛盾。例如，新某某认为业务进销存管理系统进销数据与财务核算系统的成本转接数据不一致，直接根据自己认为的“现有证据”及进销存管理系统查询结果作出审计意见；再如，仅根据济南某信的口头说明，在未与会计报表、交易凭证等书面证据核对的情况下，采用按库存余额倒推计算成本的方法计算主营业务成本。现有审计证据不一致、未被审计单位阻挠的情况下，新某某及注册会计师徐某婷、沈某能为而不为，未获取更可靠、客观的证据，也没有追加任何审计程序，主观臆断地出具审计意见，不仅违反审计准则，也违背独立审慎、高度职业怀疑、勤勉尽责的审计人员职业道德。

7. 主观臆断、忽略会计准则的变化，计算结果失实，审计结果不客观。

（1）主观臆断，审计结果不客观。

首先，计算结果作为推论证据，新某某及注册会计师徐某婷、沈某将多项自行计算的结果作为得出审计意见的关键审计证据，但审计报告中并未体现任何计算表、分析表等计算过程，且多处主观臆断。例如，在业务进销管理系统中未能查询到的药品，新某某及注册会计师徐某婷、沈某直接根据获取到的当年度采购发票采购金额计算成本，审计证据是否充分？采购发票是否完整？是否有相关日记账、入库单、总账等佐证？是否询问过仓管、出纳等？是否给银行发过询证函？是否向前任审计事务所了解情况？这些疑问审计报告均未体现。

（2）忽略会计准则变化，计算结果失实。

审计报告明确指出，“净利润的调整事项系根据现有材料，依据相关会计准则的要求和规定对原有的会计计量和确认进行的调整”。新某某及注册会计师徐某婷、沈某是依据新会计准则还是旧会计准则调整,并未言明。财政部于2014年以来,新增、修订了多项会计准则,其中包括第39号公允价值计量;第30号财务报表列报(包括资产负债表、利润表、所有者权益变动表);第2号长期股权投资;第16号政府补助;第42号准则持有待售的非流动性资产、处置组和终止经营。这些准则均涉及本案数据的计算,尤其是公允价值的计量与存货的账面价值、固定资产的处置、主营业务成本等均相关。该次审计报告是对2009年的会计处理作出调整,2009年的会计处理是否符合当年的会计准则,新某某及注册会计师徐某婷、沈某并未查明,也并未提到会计准则的改变对此次审计计算依据的影响。

8. 审计程序不符合审计准则,审计过程违规。

(1)识别出审计结果与其他信息不一致,未增加、修改审计程序,未实施任何调查措施,违反1313号审计准则。

《中国注册会计师审计准则第1313号——分析程序》第7条规定:"如果按照本准则的规定实施分析程序,识别出与其他相关信息不一致的波动或关系,或与预期值差异重大的波动或关系,注册会计师应当采取下列措施调查这些差异:(一)询问管理层,并针对管理层的答复获取适当的审计证据;(二)根据具体情况在必要时实施其他审计程序。"

本案审计与其他两次审计结果差异巨大,与客观事实相悖,新某某及注册会计师徐某婷、沈某对此明知,应当采取措施调查差异产生的原因,但未采取任何措施,违反1313号审计准则,直接出具与其他信息严重不一致的审计报告。

(2)"跨期确认"应当设计但未设计任何审计程序。

审计报告认为原济南某信跨期确认2008年度销售毛利729.98万元,跨期确认2009年度销售毛利238.29万元,两者相抵减,因跨期确认销售导致增加了2009年销售毛利491.68万元。

根据审计准则的规定,跨期确认需要进行销售收入的截止测试、对销售实施截止测试等一系列测试,检查发票开具日期或者收款日期、记账日期、发货日期是否归属于同一适当会计期间。跨期调整需要设计审计程序进行确认,但新某某及注册会计师徐某婷、沈某没有设计任何相关审计程序,也没有做任何测试。新某某及注册会计师徐某婷、沈某如何得出2008年度、2009年度的跨期收入金额?将两年度跨期收入相互抵减,得出2009年销售毛利增加金额,完全没有依据,不符合审计程序。

(3)固定资产审计未设计任何审计程序,得出固定资产处置未列损益,明显失实。

根据审计准则的相关规定，确定固定资产及其累计折旧在会计报表上的披露是否恰当需要设计关于固定资产的审计程序，该审计程序至少要包括：获取或编制当年固定资产及其累计折旧分类汇总表，复核加计数是否正确，并与明细账和总账的余额核对；检查固定资产的凭证手续；检查有关所有权证明文件，确定固定资产是否归被接受赠与单位所有；检查赠与固定资产的相关证明文件，交付车辆的时间，并检查其会计处理是否正确；了解并确认固定资产折旧政策，计算复核本年度折旧的计提是否正确；检查涉及固定资产购置约定的资本性支出；等等。

审计报告得出济南某信2009年捐赠山东省某医院救护车一辆，小汽车五辆，资产已处置但账面未列入损益科目进行核算，扣除减计提的累积折旧，虚增济南某信2009年净利润148.34万元。审计报告应当设计固定资产审计程序未设计，也未体现任何核验工作，得出上述固定资产处置未列损益的结论，明显失实。

9. 未保持勤勉尽责义务，审计结果背离基本事实。

(1)遗漏重要审计证据，审计结果存在严重偏见。

《共同发展山东地区医药市场的合作协议》为该审计必需的重要审计证据，协议约定管理层持股15%。华某集团《关于对投资者关系与法律事务小组审核意见书》[(2011)华药会审字第57号]也为该审计的重要证据，其中明确“此次整合属于履行合作协议的行为”。这两份关键审计证据新某某均未调取。没有关键审计证据，直接将非等比例增资认为是非法获利，新某某出具的022号审计说明背离基本事实。

等比例增资系股东的基本权利，同股同权，不仅崔某平按照每股3元的价格增资，北药集团亦是按照每股3元的价格增资。根据《中国注册会计师审计准则第1101号——注册会计师的总体目标和审计工作的基本要求》第16条，“职业判断是指，在审计准则、财务报告编制基础和职业道德要求的框架下，注册会计师综合运用相关知识、技能和经验，作出适合审计业务具体情况、有根据的行动决策”。江某未考虑股东等比例增资的基本权利，将崔某平等人增资额全部认定为违法获利，存在明显偏见，不符合审计准则规定的保持职业判断的要求。

(2)审计报告与其他三份审计报告差异巨大，明显错误。

该案在卷两份审计报告：济南某信委托山东天某泰会计师事务所出具的2009年年度审计报告鲁天某泰审字(2010)第1141号显示：济南中心实现销售25.26亿元，利润总额7495.45万元，实现净利润5504.23万元。2010年北药以济南某信的财务资料为基础，委托华某会计师事务所对济南某信2009年的利润进行审计，出具

(2010年)华会查字A第(227)号审计报告,认定济南某信2009年的利润为55,016,029.48元,即5501万元。此外,2013年,审计署对华某公司进行了审计,卷内无附材料,但推定认可北药2009年以20元每股并购济南某信一事。

以上三次审计结果相差不大,但与249号审计报告差异巨大,早年的审计并未发现虚增利润,而249号审计报告却认定济南某信虚增利润4034.49万元,全盘否定以前三份审计报告,明显不客观。

(3)检察院也仅摘取部分内容,足见审计报告严重失实、不专业。

249号审计报告认为:原济南某信2009年度利润总额5328.98万元,虚增净利润共计4034.49万元。但检方在起诉书中明确:虚增2009年净利润人民币1812.43万元,并未全部认定审计报告的虚增金额。

249号审计报告认为有5种虚增方式,包括:少结转销售成本;未足额计提少缴纳的职工社会保险;已发生的返利未列销售费用;资产处置损失未列损益;少计提坏账准备。而检察院认为虚增方式有2种,分别为:少结转销售成本(虚增存货结余金额、不冲抵挂靠部门应收款);已产生的返利未列销售费用。检察院并不认可审计报告所认为的其他三种(未足额计提少缴纳的职工社会保险、资产处置损失未列损益、少计提坏账准备)虚增净利润的方式。

检察院对249号审计报告的审计金额、虚增利润的方式,均持否定意见,仅采纳部分意见。可见,审计报告不客观、不专业、与事实不符。

10. 审计报告的形式不符合1501号审计准则。

(1)没有1501号准则要求的应当包括的基本要素。

《中国注册会计师审计准则第1501号——对财务报表形成审计意见和出具审计报告》第21条规定:"审计报告应当包括下列要素:(一)标题;(二)收件人;(三)审计意见;(四)形成审计意见的基础;(五)管理层对财务报表的责任;(六)注册会计师对财务报表审计的责任;(七)按照相关法律法规的要求报告的事项(如适用);(八)注册会计师的签名和盖章;(九)会计师事务所的名称、地址和盖章;(十)报告日期。"

249号审计报告和022号审计说明,都没有审计意见、形成审计意见的基础、管理层对财务报表的责任、注册会计师对财务报表审计的责任,这4项审计报告应当包括的基本要素。

(2)022号审计说明没有注册会计师签名和盖章。

财政部《关于注册会计师在审计报告上签名盖章有关问题的通知》(财会

〔2001〕1035 号）第 2 条规定："审计报告应当由两名具备相关业务资格的注册会计师签名盖章并经会计师事务所盖章方为有效。"《中国注册会计师审计准则第 1501 号——对财务报表形成审计意见和出具审计报告》第 39 条规定："审计报告应当由项目合伙人和另一名负责该项目的注册会计师签名和盖章。"022 号专项审计说明，没有任何注册会计师的签名或盖章。

第六章
勘验、检查、辨认、侦查实验等笔录

本章针对勘验、检查、辨认、侦查实验等侦查活动形成的笔录证据及相关照片、视频、绘图寻找辩点。勘验、检查、辨认与实物证据的收集密切相关,勘验、检查、辨认程序形成的相关记录、笔录等,是审查程序是否合法的重要证据。对这些证据的有效质证,可以直接推翻物证、书证等实物证据的同一性、合法性、真实性,进而影响证据采信、事实认定甚至案件结果。

辨认不仅涉及对物品、场所的辨认,还涉及对人的辨认。侦查实验作为一种犯罪现场模拟,有严格的程序和适用条件限制,辩护人可从中挖掘出很多辩点。另外,辩护人亦可进行模拟实验,重建犯罪现场,以此推动法、检进行侦查实验或削弱控方侦查实验笔录的证明力。

一、勘验、检查笔录的审查

勘验、检查是侦查人员运用科学技术手段,对与犯罪有关的场所、物品、人身、尸体等进行勘查、检验的侦查活动,旨在为侦查破案、刑事诉讼提供线索和证据。侦查人员对现场原貌或有关情况形成的工作记录、笔录,直接反映了勘验、检查的全过程。辩护人通过全面、细致地审查勘验、检查笔录,以及相关的照片、视频、绘图等,有时能发现勘验、检查过程存在的问题,找到案件的突破口。

(一)勘验、检查是否合法

勘验、检查的合法性体现于勘验、检查的全过程,包括主体合法、范围合法、程序合法等。

1. 应当由侦查人员持证进行

勘验、检查应当由侦查人员进行,必要时可以有专门知识的人参与。《刑事诉讼法》第128条规定:“侦查人员对于与犯罪有关的场所、物品、人身、尸体应当进行勘验或者检查。在必要的时候,可以指派或者聘请具有专门知识的人,在侦查人员的主持下进行勘验、检查。”《公安机关刑事案件现场勘验检查规则》第6条第1款规定:“刑事案件现场勘验、检查由公安机关组织现场勘验、检查人员实施。必要时,可以指派或者聘请具有专门知识的人,在侦查人员的组织下进行勘验、检查。”《人民检察院刑事诉讼规则》第196条规定:“检察人员对于与犯罪有关的场所、物品、人身、尸体应当进行勘验或者检查。必要时,可以指派检察技术人员或者聘请其他具有专门知识的人,在检察人员的主持下进行勘验、检查。”例如,涉放射性物质现场的勘验,盗掘古文化遗址、古墓葬罪现场的勘查等,就需要有专门知识的人在侦查人员主持下进行。

勘验、检查不得少于二人。《公安机关办理刑事案件程序规定》第215条、《公安机关刑事案件现场勘验检查规则》第24条第1款均有明确规定。

勘验、检查必须持证进行。《刑事诉讼法》第130条规定:“侦查人员执行勘验、检查,必须持有人民检察院或者公安机关的证明文件。”

实践中,不乏无证勘验、检查,一人勘验、检查,辅警参与或主导勘验、检查的情况。辩护人要详细审查勘验、检查笔录与勘查证,核查参与勘验、检查人员的情况。

例如,杜某某故意伤害案[(2018)川13刑终63号]中,侦查人员庞某当庭说明案发当天他没到现场出警,现场勘验笔录却记录,在庞某的指挥下,对案发现场进行了勘验,该笔录不具有真实性,不能作为定案依据。

肖某阳失火案[(2018)赣0732刑初40号]中,法院认为,执行勘查的侦查员徐某没有取得刑事犯罪现场勘查证。见证人东村乡林业工作站范某兵、护林员肖某,与案件侦办单位兴国县森林公安局有关联,不宜作为见证人。因此,现场勘验笔录不能作为定案的根据。

2. 侦查人员应当具备勘验、检查资质

《公安机关刑事案件现场勘验检查规则》第6条第2款规定:“公安机关现场勘验、检查人员是指公安机关及其派出机构经过现场勘验、检查专业培训考试,取得现场勘验、检查资格的侦查人员。”第28条规定:“执行现场勘验、检查任务的人员,应当持有《刑事案件现场勘查证》。《刑事案件现场勘查证》由公安部统一样式,省级公安机关统一制发。”若实际勘验、检查的侦查人员没有取得勘验、检查资格,没有持有《刑事案件现场勘查证》,则属于勘验、检查主体不合法,辩护人可就勘验、检查笔录的合法性、专业性提出异议。

《人民检察院刑事诉讼规则》第 196 条、《监察法》第 26 条规定,检察人员、监察委调查人员可以直接进行勘验、检查,有技术性要求的,可以指派技术人员或者聘请其他具有专门知识的人,在检察人员、调查人员的主持下进行勘验、检查。

例如,刘某贪污案[(2013)祁刑初字第 102 号]中,法院认为退耕办作出的勘验报告无勘验单位盖章,也无相关勘验人员的资质证明,且勘验结果超出林业部门原设计面积,对该勘验报告不予采纳。

3. 见证人应适格

见证人必须与案件无关,需要见证勘验、检查过程,还要在勘验、检查笔录上现场签字。《公安机关刑事案件现场勘验检查规则》第 24 条第 2 款规定:"勘验、检查现场时,应当邀请一至二名与案件无关的公民作见证人。由于客观原因无法由符合条件的人员担任见证人的,应当在笔录材料中注明情况,并对相关活动进行录像。"《公安机关办理刑事案件程序规定》第 194 条第 1、3 款规定,"公安机关开展勘验、检查、搜查、辨认、查封、扣押等侦查活动,应当邀请有关公民作为见证人","确因客观原因无法由符合条件的人员担任见证人的,应当对有关侦查活动进行全程录音录像,并在笔录中注明有关情况"。《人民检察院刑事诉讼规则》第 197 条第 1 款规定:"勘验时,人民检察院应当邀请两名与案件无关的见证人在场。"

《最高法院刑诉解释》第 80 条第 1 款、《公安机关办理刑事案件程序规定》第 194 条第 2 款规定了不得担任侦查活动见证人的情形,包括:(1)生理上、精神上有缺陷或者年幼,不具有相应辨别能力或者不能正确表达的人;(2)与案件有利害关系,可能影响案件公正处理的人;(3)行使勘验、检查、搜查、扣押、组织辨认等监察调查、刑事诉讼职权的公安、监察、司法机关的工作人员或者其聘用的人员。

很多案件中,勘验、检查、搜查、扣押的见证人是公安机关工作人员、辅警,甚至是办案人员。这需要辩护人仔细审查全案其他证据,核查有无相关工作人员、办案人员担任见证人的情况。《最高法院刑诉解释》第 80 条第 2 款提示:"对见证人是否属于前款规定的人员,人民法院可以通过相关笔录载明的见证人的姓名、身份证件种类及号码、联系方式以及常住人口信息登记表等材料进行审查。"

例如,田某非法持有毒品案[(2015)渝五中法刑终字第 00388 号]中,法院认为,《搜查笔录》的见证人陈某系派出所协勤人员,该搜查行为违反了公安、司法机关的工作人员或者其聘用的人员不能作为刑事诉讼活动见证人的刚性规定,《搜查笔录》不能作为定案的证据。

4. 人身检查应当符合规定

勘验、检查的范围,《刑事诉讼法》第 128 条规定为“与犯罪有关的场所、物品、人身、尸体”。其中,对人身、尸体的勘验、检查,需要符合一定的条件,检查不当也可能引发冲突。

人身检查在侦查过程中十分常见,但并非没有条件限制,必须为了侦查犯罪的需要才可以进行人身检查。《刑事诉讼法》第 132 条规定:“为了确定被害人、犯罪嫌疑人的某些特征、伤害情况或者生理状态,可以对人身进行检查,可以提取指纹信息,采集血液、尿液等生物样本。犯罪嫌疑人如果拒绝检查,侦查人员认为必要的时候,可以强制检查。检查妇女的身体,应当由女工作人员或者医师进行。”

《公安机关办理刑事案件程序规定》第 217 条规定:“为了确定被害人、犯罪嫌疑人的某些特征、伤害情况或者生理状态,可以对人身进行检查,依法提取、采集肖像、指纹等人体生物识别信息,采集血液、尿液等生物样本。被害人死亡的,应当通过被害人近亲属辨认、提取生物样本鉴定等方式确定被害人身份。犯罪嫌疑人拒绝检查、提取、采集的,侦查人员认为必要的时候,经办案部门负责人批准,可以强制检查、提取、采集。检查妇女的身体,应当由女工作人员或者医师进行。检查的情况应当制作笔录,由参加检查的侦查人员、检查人员、被检查人员和见证人签名。被检查人员拒绝签名的,侦查人员应当在笔录中注明。”《公安机关刑事案件现场勘验检查规则》第 34 条有类似规定。

人身检查不得采用损害被检查人生命、健康或者贬低其名誉、人格的方法,应当保护被检查人的个人隐私。尽管只有《人民检察院刑事诉讼规则》第 199 条对此有明确规定,但公安机关进行的人身检查也应当参照这一规则执行。《人民检察院刑事诉讼规则》第 199 条规定:“为了确定被害人、犯罪嫌疑人的某些特征、伤害情况或者生理状态,人民检察院可以对其人身进行检查,可以提取指纹信息,采集血液、尿液等生物样本。必要时,可以指派、聘请法医或者医师进行人身检查。采集血液等生物样本应当由医师进行。犯罪嫌疑人如果拒绝检查,检察人员认为必要时可以强制检查。检查妇女的身体,应当由女工作人员或者医师进行。人身检查不得采用损害被检查人生命、健康或者贬低其名誉、人格的方法。在人身检查过程中知悉的被检查人的个人隐私,检察人员应当予以保密。”

检查妇女的身体,应当由女工作人员进行。《刑事诉讼法》第 132 条第 3 款、《公安机关办理刑事案件程序规定》第 217 条第 3 款、《公安机关刑事案件现场勘验检查规则》第 34 条第 2 款均规定,检查妇女的身体,应当由女工作人员或者医师进行。实践中，强奸、猥亵类案件，对女被害人的人身检查，常有男民警参与，属违法检查，对应的笔录不得作为定案的根据。

5. 解剖尸体应当符合规定

根据《刑事诉讼法》的规定，尸体解剖应当符合以下条件：第一，只有对于死因不明的尸体，为了确定死因，才能进行解剖；第二，必须经过县级以上公安机关负责人批准；第三，必须通知死者家属到场。如果并非死因不明，或者未经县级以上公安机关负责人批准，或者未通知死者家属到场，甚至同意，则解剖尸体不合法。

具体的法律依据如下，《刑事诉讼法》第 131 条规定："对于死因不明的尸体，公安机关有权决定解剖，并且通知死者家属到场。"《公安机关办理刑事案件程序规定》第 218 条规定："为了确定死因，经县级以上公安机关负责人批准，可以解剖尸体，并且通知死者家属到场，让其在解剖尸体通知书上签名。死者家属无正当理由拒不到场或者拒绝签名的，侦查人员应当在解剖尸体通知书上注明。对身份不明的尸体，无法通知死者家属的，应当在笔录中注明。"《人民检察院刑事诉讼规则》第 198 条规定："人民检察院解剖死因不明的尸体，应当通知死者家属到场，并让其在解剖通知书上签名或者盖章。死者家属无正当理由拒不到场或者拒绝签名、盖章的，不影响解剖的进行，但是应当在解剖通知书上记明。对于身份不明的尸体，无法通知死者家属的，应当记明笔录。"《公安机关办理刑事案件程序规定》第 219 条规定："对已查明死因，没有继续保存必要的尸体，应当通知家属领回处理，对于无法通知或者通知后家属拒绝领回的，经县级以上公安机关负责人批准，可以及时处理。"

尸体的解剖和处理在实践中都容易引起争议，尤其是羁押中死亡的案件，一些被害人家属明确不同意解剖，不同意处理尸体。此时，辩护律师应当代表死者家属依法提出诉求，要求查明死因，追求真相，同时也可借此依法为家属在辩护中争取更大的利益。

6. 勘验、检查应当及时进行

刑事案件现场勘验、检查的目的在于发现、固定、提取与犯罪有关的痕迹、物证及其他信息，存储现场信息资料。因此，勘验、检查应当及时，以防相关证据灭失或现场被破坏。《公安机关刑事案件现场勘验检查规则》第 4 条明确规定："公安机关对具备勘验、检查条件的刑事案件现场，应当及时进行勘验、检查。"《公安机关办理刑事案件程序规定》第 214 条规定："发案地派出所、巡警等部门应当妥善保护犯罪现场和证据，控制犯罪嫌疑人，并立即报告公安机关主管部门。执行勘查的侦查人员接到通知后，应当立即赶赴现场；勘查现场，应当持有刑事犯罪现场勘查证。”

如果侦查人员未立即赶赴现场，不及时勘验、检查，现场可能会遭到破坏，相关证据有可能灭失，导致无法取证或取得的证据无法反映案件事实，进而相关证据不被采信。

例如，鄢某平故意毁坏财物案[（2017）湘1322刑初534号]中，公安机关未及时对现场进行勘验，无现场勘验笔录，两辆车被砸前的毁损情况未查，鉴定机构鉴定时的现场勘验系案发后第三天作出，勘验时的车辆毁损部位是否全部是鄢某平此次犯罪时砸坏的部位存疑。法院认为，价格鉴定没有考虑到车辆来源、实际价格以及车辆被砸前的损坏情况，亦未考虑被砸车辆原有损坏程度的折旧费用，其损失认定不客观、不科学，不能作为定案的证据。

于某甲、于某乙等故意毁坏财物、故意伤害案[（2014）连刑二终字第00032号]中，法院认为，侦查机关在案发当日未及时对现场进行勘验检查，也未对现场财物进行清点，案发后第三日，赣榆县价格认证中心工作人员与侦查人员对案发现场被毁坏物品进行清点、拍照，并作出《关于服装等的价格鉴证结论书》。鉴定意见对出票机、计算器、电脑等物品作出的是原物价格认定，对物品的毁坏程度和实际损失并未进行鉴定，对该部分鉴定意见不予采信。原审认定该部分物品损失共计9164元的事实不清，证据不足，三人不构成故意毁坏财物罪，二审改判无罪。

滕某某故意伤害案[（2016）黑0833刑初23号]中，现场勘查时间是在近15年后，现场状况早已破坏，难以保持，勘查笔录无法证实案发现场当时的情况，制作勘查笔录时亦无见证人在场签名，勘查笔录不能作为定案的根据。

胡某失火罪案[（2015）穗中法刑一终字第191号]中，法院认为，现场勘查笔录是在案发后第七天才制作的，该现场不是原始现场。勘查笔录仅反映山火极有可能是上诉人胡某甲的果园引起，不能得出山火是因上诉人胡某甲引发的唯一结论。

（二）审查勘验、检查笔录的内容

《刑事诉讼法》第133条规定：“勘验、检查的情况应当写成笔录，由参加勘验、检查的人和见证人签名或者盖章。”《最高法院刑诉解释》第102条规定：“对勘验、检查笔录应当着重审查以下内容：（一）勘验、检查是否依法进行，笔录制作是否符合法律、有关规定，勘验、检查人员和见证人是否签名或者盖章；（二）勘验、检查笔录是否记录了提起勘验、检查的事由，勘验、检查的时间、地点，在场人员、现场方位、周围环境等，现场的物品、人身、尸体等的位置、特征等情况，以及勘验、检查的过程；文字记录与实物或者绘图、照片、录像是否相符；现场、物品、痕迹等是否伪造、有无破坏;人身特征、伤害情况、生理状态有无伪装或者变化等;(三)补充进行勘验、检查的,是否说明了再次勘验、检查的缘由,前后勘验、检查的情况是否矛盾。”第103条规定:“勘验、检查笔录存在明显不符合法律、有关规定的情形,不能作出合理解释的,不得作为定案的根据。”辩护人应根据上述法条对勘验、检查笔录进行全面、细致的分析,本书重点强调以下要点。

1. 是否现场制作

《公安机关刑事案件现场勘验检查规则》第51条规定:“现场绘图、现场照相、录像、现场勘验笔录等现场勘验、检查的原始资料应当妥善保存。现场勘验、检查原始记录可以用纸质形式或者电子形式记录,现场勘验、检查人员、见证人应当在现场签字确认,以电子形式记录的可以使用电子签名。”该条明确要求,勘验、检查笔录应当现场制作、相关人员现场签字。实践中,大量存在后补勘验、检查笔录,相关人员在空白笔录上签字、代签字或事后补签字的情况。

例如,冯某1、冯某2故意伤害案[(2017)冀0207刑初56号]中,法院不予采信勘查笔录,理由是:经见证人出庭说明见证经过,公诉机关对勘验人员进行询问,对勘验过程进行了调查,该现场勘验笔录由勘查人员李某在现场勘查后完成,在制作程序中确有瑕疵,且提取的物证亦未全部移送,没有全面反映案发现场整体情况,现场勘查笔录因此存在重大瑕疵。

2. 记载是否全面

勘验、检查笔录作为勘验、检查活动全过程的记录,记载的信息应当全面、完整。《最高法院刑诉解释》第102条规定,对勘验、检查笔录应当着重审查,“勘验、检查笔录是否记录了提起勘验、检查的事由,勘验、检查的时间、地点,在场人员、现场方位、周围环境等,现场的物品、人身、尸体等的位置、特征等情况,以及勘验、检查的过程;文字记录与实物或者绘图、照片、录像是否相符;现场、物品、痕迹等是否伪造、有无破坏;人身特征、伤害情况、生理状态有无伪装或者变化等”。倘若勘验、检查笔录记载的信息不全面、不完整,有可能导致勘验、检查笔录不被采信。

《公安机关刑事案件现场勘验检查规则》第43条规定:“现场勘验检查工作记录应当客观、全面、详细、准确、规范,能够作为核查现场或者恢复现场原状的依据。”第42条规定:“现场勘验、检查结束后,应当及时将现场信息录入‘全国公安机关现场勘验信息系统’并制作《现场勘验检查工作记录》。其中,对命案现场信息应当在勘查结束后七个工作日内录入,对其他现场信息应当在勘查结束后五个工作日内录入。《现场勘验检查工作记录》包括现场勘验笔录、现场图、现场照片、现场录像和现场录音。”第 44 条规定：“现场勘验笔录正文需要载明现场勘验过程及结果，包括与犯罪有关的痕迹和物品的名称、位置、数量、性状、分布等情况，尸体的位置、衣着、姿势、血迹分布、性状和数量以及提取痕迹、物证情况等。”第 45 条规定：“对现场进行多次勘验、检查的，在制作首次现场勘验检查工作记录后，逐次制作补充勘验检查工作记录。”

例如，王某某非法毁坏国家重点保护植物案［（2019）黑 7526 刑初 17 号］中，法院认为，现场勘验笔录记述简单，只能反映现场位置，没有对涉案的珍贵树种在现场的位置、数量的记载，笔录中未对现场是否拍照、摄像进行记录；现场勘验照片只能反映 2 株树木，与起诉书指控的 47 株不一致；现场勘验照片不能与勘验笔录相互印证，扣押的涉案物证没有附相关笔录，其来源不合法。公安机关的侦查勘验是获取涉案物证的关键，勘验笔录记载不详尽，对后续的工作造成不利后果，故对现场勘验笔录不予确认。

3. 相关人员是否签名

《刑事诉讼法》第 133 条、《公安机关刑事案件现场勘验检查规则》第 51 条、《公安机关办理刑事案件程序规定》第 216 条均规定，现场勘验检查笔录应当由参加勘验、检查的人和见证人签名或者盖章。实践中，勘验、检查笔录缺少签名、代签名、补签名的情况十分常见。签名或盖章出现问题，说明勘验、检查的真实性、合法性值得怀疑，辩护人可申请法院传唤相关人员出庭说明情况。

相关人员没有签字的情况很多，但侦查机关往往会以情况说明的方式进行解释，法院经常会认为这只是瑕疵，可以补救。辩护人可以视案件情况坚持认为相关证据不具可采性。有时，法院也会直接拒绝采信证据。

例如，张某社寻衅滋事案［（2017）冀 0582 刑初 181 号］中，法院认为，现场勘验笔录只有一名侦查人员签名，不能作为定案的证据。

在勘验、检查笔录上签名的侦查人员没有参与勘验、检查或者没有全程参与勘验、检查的情况在实践中也时有发生。辩护人要仔细审查勘验、检查录像，对比勘查证上的照片，以确认相关人员是否参与勘验、检查。

例如，朱某辰非法买卖枪支案［（2020）京 0111 刑初 815 号］中，音像资料卷检查录像光盘中，房山区拱辰街道隆某小区 401 室检查录像，视频第 3 分 48 秒，携带记录仪警官接听电话：“喂，那个艳来在吗？那个，跟艳来说在柜子，搁手机柜子中间那一层。然后，里头有补侦材料，里头有一工作说明，杨某光的一个工作说明，就给一个工作说明拿过去就行。让艳来联系一下李某鹏，问问他杨某光的案子给检察院的谁？"视频第 6 分 10 秒，携带记录仪警官接听电话，"喂，让他回去吧，行，你跟艳来说一声，让艳来劝劝他。我还没回去呢，你让艳来劝劝他。让他上东边那屋找他去"。据此可以判断，检查笔录上的检查人员某艳来警官并不在检查现场。由此也可推定，本案其他两个地方的检查，某艳来警官极有可能也没有参加。检查程序并非由具有执法权限的检查人员进行，在检查笔录上签名的某艳来警官并未参与检查程序，检查程序严重违法。

4. 现场图、现场照片、现场录像等是否符合规定

根据《公安机关办理刑事案件程序规定》第 216 条、《公安机关刑事案件现场勘验检查规则》第 24 条第 3 款、《人民检察院刑事诉讼规则》第 197 条第 2 款之规定，勘验、检查现场，应当拍摄现场照片，绘制现场图，制作笔录，由参加勘查的人和见证人签名。对重大案件的现场勘查，应当录像。例如，《人民检察院刑事诉讼规则》第 197 条第 2 款规定："勘查现场，应当拍摄现场照片。勘查的情况应当写明笔录并制作现场图，由参加勘查的人和见证人签名。勘查重大案件的现场，应当录像。"

所有刑事案件的现场勘验、检查都必须拍摄现场照片，绘制现场图。是否需要录音录像，仅对重大案件作出了要求。是否属于重大案件，辩护人可提出意见。如认为属于重大案件，现场勘验、检查应当录音录像。应当录音录像没有录，现场勘验、检查程序的合法性、真实性无法保证，相关证据不得作为定案的根据。

《公安机关刑事案件现场勘验检查规则》第 47 ~ 49 条，《公安机关执法细则》第 18 - 06 条制作《现场勘验检查工作记录》、信息录入，对现场图、现场照相和录像有明确要求。

(1)现场图的绘制要求。

《公安机关刑事案件现场勘验检查规则》第 46 条规定："现场勘验、检查人员应当制作现场力位图、现场平面示意图，并根据现场情况选择制作现场平面比例图、现场平面展开图、现场立体图和现场剖面图等。"第 47 条规定："绘制现场图应当符合以下基本要求：(一)标明案件名称，案件发现时间、案发地点；(二)完整反映现场的位置、范围；(三)准确反映与犯罪活动有关的主要物体，标明尸体、主要痕迹、主要物证、作案工具等具体位置；(四)文字说明简明、准确；(五)布局合理，重点突出，画面整洁，标识规范；(六)现场图注明方向、图例、绘图单位、绘图日期和绘图人。"

许多案件的现场图绘制不符合要求。例如，深圳鹦鹉案[(2017)粤 03 刑终 1098 号]中，水族馆《现场勘验笔录》所附照片中，在花卉市场现场勘查时，仅有一张三层蓝色铁架放置许多鸟笼的照片，之后的照片已非现场；而 10 只鹦鹉分别被装在

5 个鸟笼中拍照，现场图对鹦鹉的原始状态、所在部位、形状、大小及相互之间的关系未拍照记录。

（2）现场照相和录像要求。

《公安机关刑事案件现场勘验检查规则》第 48 条规定："现场照相和录像包括方位、概貌、重点部位和细目四种。"第 49 条规定："现场照相和录像应当符合以下基本要求：（一）影像清晰、主题突出、层次分明、色彩真实；（二）清晰、准确记录现场方位、周围环境及原始状态，记录痕迹、物证所在部位、形状、大小及其相互之间的关系；（三）细目照相、录像应当放置比例尺；（四）现场照片需有文字说明。"

许多案件的现场照相和录像不符合要求。例如，气瓶变真枪案[（2018）豫 09 刑终 301 号]中，二审出庭检察员补充了搜查录像，共 11 个视频文件，但仅在 0029 视频文件中看到 2 个气瓶：00：04，侦查人员从一个纸盒中拿出一个气瓶，拆掉塑料包装；04：12，侦查人员再拿出一个盒子，拆开是气瓶，王某平说，"那边是坏的，做坏的，不够长的，废瓶"，侦查人员说，"大的有大的用途，小的有小的用途"，王某平又说"他那个是做错了"。除此之外，搜查录像再无任何气瓶出现。该录像明显不符合现场录像应当符合的要求。

5. 是否与其他证据矛盾

《公安机关刑事案件现场勘验检查规则》第 50 条规定："现场绘图、现场照相、录像、现场勘验笔录应当相互吻合。"勘验、检查笔录与其他证据的矛盾，应当综合全案进行判断，此处我们提供几个判断方向。

（1）两次或多次勘验、检查笔录相互矛盾。

两次或多次勘验、检查的，笔录之间有可能出现矛盾，辩护人可申请重新勘验、检查。例如，唐某甲、唐某乙故意伤害案[（2015）泸刑终字第 13 号]中，法院认为，2012 年 12 月 24 日 20 时 33 分至 40 分，泸州市公安局纳溪区分局对唐某甲与雷某某发生纠纷的地点进行勘验后形成了两份内容不一致的勘验笔录。该两份笔录的客观性均无法确认，故不予采纳。

（2）勘验、检查的时间与案发、报案、立案时间矛盾

如果仔细阅卷，有可能发现勘验、检查的时间与案发、报案、立案时间相矛盾，这方面的矛盾很多。例如，俞某英故意伤害案[（2016）冀 0722 刑初 71 号]中，报警案件登记表记载报警时间、受案登记表记载接报时间均为 16 时 10 分。勘验笔录记载的起止时间为 16 时 0 分至 10 分，勘验时间早于报警时间。勘验笔录记载"经调查"，但涉案人员郭某、宋某、俞某英第一次接受调查的时间都晚于勘验时间。由于

勘验时间与报案时间相矛盾,勘验笔录中的“经调查”无事实依据,且该勘验不是针对受伤部位,勘验笔录只是记录事发现场的相关情况,故该勘验笔录不能作为证据使用。

深圳翟某武枪案中,受案登记表显示接报时间为21时53分,勘验笔录显示勘验起止时间为19时25分至22时7分。侦查人员对509房勘验检查时,本案并未立案,报案人甚至都没报案。

广州罗某阳非法买卖、邮寄枪支案[(2019)粤01刑初1578号]中,现场勘验笔录系勘验结束后制作,侦查人员只勘验了一个地方,却在勘验笔录中记录了两天到四个地方提取快递箱和枪形物的情况。勘验笔录违反一勘一笔录的原则。

(3)勘验笔录与现场图、现场录像、提取笔录、扣押笔录等不一致。

如果仔细阅卷,有可能发现勘验笔录与现场图、现场录像、提取笔录、扣押笔录等不一致,这方面的不一致很多。例如,叶某治走私、贩卖、运输、制造毒品案[(2018)粤刑终637号]中,公安机关提供的现场勘查笔录、搜查笔录、DNA检验鉴定意见等证实,现场2个烟灰缸内提取的15枚烟头中的1枚与叶某治血样的基因分型一致。上述证据可证实叶某治到过制造毒品现场。二审法院认为,有叶某治DNA基因分型的烟头来源不明。首先,现场勘查笔录记载的情况与现场勘查照片反映的现场情况不符。其次,现场提取烟头的数量不明,且不能得到合理解释。最后,检出叶某治DNA的烟头在哪个烟灰缸提取不清楚,现场勘查笔录及提取笔录均未对此载明。因本案现场勘查是对制毒现场和叶某治家同时进行,不排除DNA物证被污染或搞混的可能性确实存在。故根据留有DNA生物痕迹的烟头证实叶某治到过制造毒品现场的证据并不确实,缺乏客观性。一审判处其15年有期徒刑,二审改判无罪。

(三)重新勘验、检查及复验、复查

辩护人可以申请重新勘验、检查。根据《刑事诉讼法》第197、204条,《最高法院刑诉解释》第228、238条,申请重新勘验、检查是被告人法定的诉讼权利。

《刑事诉讼法》第197条第1款规定:“法庭审理过程中,当事人和辩护人、诉讼代理人有权申请通知新的证人到庭,调取新的物证,申请重新鉴定或者勘验。”第204条规定:“在法庭审判过程中,遇有下列情形之一,影响审判进行的,可以延期审理:(一)需要通知新的证人到庭,调取新的物证,重新鉴定或者勘验的;(二)检察人员发现提起公诉的案件需要补充侦查,提出建议的;(三)由于申请回避而不能进行审判的。”《最高法院刑诉解释》第228条规定了庭前会议可以申请重新鉴定或者勘验;第238条第2项规定,审判长告知的诉讼权利有,“可以提出证据,申请通知新的证人到庭、调取新的证据,申请重新鉴定或者勘验”。

检察院认为需要复验、复查的,可以要求公安机关复验、复查,也可以自行复验、复查。《刑事诉讼法》第134条规定:“人民检察院审查案件的时候,对公安机关的勘验、检查,认为需要复验、复查时,可以要求公安机关复验、复查,并且可以派检察人员参加。”《人民检察院刑事诉讼规则》第335条规定:“人民检察院审查案件时,对监察机关或者公安机关的勘验、检查,认为需要复验、复查的,应当要求其复验、复查,人民检察院可以派员参加;也可以自行复验、复查,商请监察机关或者公安机关派员参加,必要时也可以指派检察技术人员或者聘请其他有专门知识的人参加。”

《公安机关办理刑事案件程序规定》第220条规定:“公安机关进行勘验、检查后,人民检察院要求复验、复查的,公安机关应当进行复验、复查,并可以通知人民检察院派员参加。”根据该规定,辩护人可以申请检察院派员参加复验、复查;必要时亦可以控辩双方平等为由申请辩护人参加复验、复查。

重新勘验、检查及复验、复查一般是为了弥补勘验、检查的疏漏,或补正勘验、检查笔录出现的问题。因此,应当注意复验、复查的原因,注意前后两次勘验、检查笔录的异同。

例如,杨某甲故意伤害案[(2014)巨刑初字第16号]中,就勘验、检查笔录部分的证据,公诉机关仅提交和出示了补充现场平面示意图、杨某伟被伤害案补充现场照片,其上无勘验人、拍照人,没有相应的勘验、检查笔录;没有说明补充勘验、检查的原因,未提交和出示原始的勘验、检查所形成的证据;所标注的中心现场不能与其他证据相印证。故该证据不能作为定案的根据;且补充现场照片系杨某伟被伤害案,不能证明与本案的关联性,不能作为定案的根据。

案例

案例6-1-1 刘某力交通肇事案[(2019)藏2421刑初3号]

那曲色尼法院一审认为:道路交通事故现场勘查笔录及道路交通事故现场图的现场勘查人员及绘图员均为扎某,当事人或见证人签名均为刘某力,但扎某在(2018)藏2421刑初10号案件的庭审中陈述自己并未到现场进行勘查,且现场勘查时刘某力已送伤者前往医院救治,根本不在现场。公诉机关向法庭提交的现场勘查视频资料和证人扎某的询问笔录,均证实扎某并未在现场进行勘查及绘图。因此,现场勘查的实际人员与道路交通事故现场勘查笔录中的勘查人员不一致,同时,在扎某未参与现场勘查的情况下,其所绘制的道路交通事故现场图无法客观真实地反映事故现场。该组证据已经无法补正且当事人也无法作出合理说明,故法院对这组证据予以排除。

案例6－1－2 盛某海、张某文等故意毁坏财物案[(2017)皖0122刑初124号]

关于控方提供的现场勘验、检查笔录能否作为本案证据使用的问题,肥东县法院认为:

首先,公安机关于2016年1月17日13时接被害人陈某1电话报警后即指派民警赶到现场,对现场进行了勘验、检查,由于没有见证人到场见证,制作的勘验、检查笔录只有勘验、检查人员和被害人签名,上述勘验、检查程序明显不符合《刑事诉讼法》第131条"勘验、检查的情况应当写成笔录,由参加勘验、检查的人和见证人签名或盖章"以及2012年《公安机关办理刑事案件程序规定》第210条"公安机关对案件现场进行勘查不得少于二人。勘查现场时,应当邀请与案件无关的公民作为见证人"之规定,无法体现或保证公安机关勘验、检查活动的客观、公正,该勘验、检查笔录存在重大瑕疵。

其次,控方提供了公安机关出具的情况说明,称周边村民以不便参与陈某1与盛业海两家的纠纷为由,不愿作为见证人到现场见证勘验的过程,以致邀请见证人未果。《最高法院刑诉解释》第67条第1款规定:"下列人员不得担任刑事诉讼活动的见证人:(一)生理上、精神上有缺陷或者年幼,不具有相应辨别能力或者不能正确表达的人;(二)与案件有利害关系,可能影响案件公正处理的人;(三)行使勘验、检查、搜查、扣押等刑事诉讼职权的公安、司法机关的工作人员或者其聘用的人员。"从规定中不难看出,具有见证人资格的人范围非常广泛,并非仅限于案发现场的周边群众,譬如可以邀请当地基层组织的有关人员到场见证。本案案发现场位于本县店埠镇境内而非偏远地区,勘验时间亦非深夜,并非客观原因无法邀请到由符合条件的人员担任见证人。即便因客观原因无见证人到场见证,也应当对相关活动进行录像,控方作出的解释显然不合常理。

最后,本案的案发现场已不复存在,亦无补正可能。

综上,根据《最高法院刑诉解释》第89条"勘验、检查笔录存在明显不符合法律、有关规定的情形，不能作出合理解释或者说明的，不得作为定案的根据”的规定，控方提供的勘验、检查笔录不能作为定案的根据。

关联案件张某涛故意毁坏财物案[(2017)皖0122字第125号]，法院也认为，控方提供的勘验、检查笔录不能作为定案的根据。这两起案例，法院宣告被告人无罪。

此外，吴某、程某安等寻衅滋事案[(2017)皖0122刑初440号]、汤某菊寻衅滋事案[(2017)皖0122刑初461号]，肥东县法院也以类似理由没有将勘验、检查笔录作为定案的根据。

案例6-1-3　益某某故意伤害案[(2019)豫1122刑初205号]

法院认为，2012年《最高法院刑诉解释》第67条第2款规定：“由于客观原因无法由符合条件的人员担任见证人的，应当在笔录材料中注明情况，并对相关活动进行录像。”第89条规定：“勘验、检查笔录存在明显不符合法律、有关规定的情形，不能作出合理解释或者说明的，不得作为定案的根据。”根据上述规定，侦查机关在没有见证人的情况下对案发现场进行勘验并无法提供勘验活动的录像资料，属明显不符合法律规定的情形且侦查机关未能作出合理解释。

案例6-1-4　深圳鹦鹉案[(2017)粤03刑终1098号]

辩护人认为，该案《搜查笔录》载明的见证人为徐某，签字人为程某锐。但徐某不仅出现在《搜查笔录》中，还出现在多份辨认笔录中，身份存疑，无处可查，无法确定其能否担任见证人。程某锐在《广东省野生物动物及其产品接收专用收据》签字，是公安局森林分局的工作人员，不能担任见证人。

案例6-1-5　气瓶变真枪案[(2018)豫09刑终301号]

辩护人认为，该案309个气瓶的搜查笔录仅有一名侦查人员签字，无法确定执行搜查的侦查人员是否为二人以上，违反了2012年《公安机关办理刑事案件程序规定》第218条、《公安机关执法细则》第19-03条实施搜查等规定。

案例 6-1-6　深圳翟某武枪案

辩护人认为,该案审查起诉阶段,检察院退回补充侦查,明确要求侦查机关补充扣押物品对应的提取笔录。公安机关补充的《提取笔录》时间倒签为 2017 年 2 月 18 日,且显示从现场提取多项物品。辩护人提出,该提取笔录因时间严重滞后、倒签日期而不具真实性,且相关物品并没有出现在《提取痕迹、物证登记表》中,故不能作为定案的根据。

案例 6-1-7　广西黄某忠、邓某群等故意杀人案

申诉代理人认为,现场勘验情况、物证检验结果证明存在女性嫌疑人作案的可能。《黄某环被杀害现场勘查笔录》记载,在尸体的西北面距离尸体头部 95 厘米处有一不规则的石灰石块,石块上沾有毛发和血迹;尸体的正北方距尸体 60 厘米(往北)有一处大片状血迹。《黄某环被杀害尸体检验报告》记载,黄某环右手拇指掌侧沾有一根毛发,发长 6.2 厘米。原审裁判认定,该石块是本案凶器。"黄某华乘黄某环不备之机,用石头猛砸黄某环的头部一下……邓某群亦擒住黄某环的脚,并用石头猛击其胸部、头部各一次。"

侦察(侦查)机关将从现场提取的物证:(1)现场地面血迹;(2)现场沾有血迹、毛发石头一块;(3)死者黄某环的血迹;(4)死者手中毛发一根,进行检验。检验结果为:(1)黄某环的血型为 O 型;(2)现场地面上的血迹为 O 型人血,石块上的血型为 O 型人血;(3)黄某环手中的毛发长 6 厘米,为黑色直毛发,具有人毛发特征,其血型为 O 型;(4)现场石块上的毛发选择 7 根做检验,均具有人毛发特征,均为黑色直毛发,但长短、粗细不一,长度分别为 9 厘米、6 厘米、5 厘米、3.5 厘米、3.5 厘米、3.2 厘米、3 厘米。血型均为 O 型。侦查机关还将上述除现场地面血迹之外的检材提交进行复核检验,其他结论均一致,对于现场石块上的毛发,则选择性检验五根,均为直毛发,长度分别为 3.5 厘米、3.8 厘米、5 厘米、7.6 厘米、2.8 厘米,均为"O"型人毛发。从黄某环手中提取毛发的长度为 6 厘米,而从石头上提取的毛发,有的甚至长达 9 厘米、7.6 厘米。

根据《黄某环被杀害尸体检验报告》的记载,黄某环的头发仅长 1~3.5 厘米。黄某忠及邓某群当时的头发也很短,发长不超过 3 厘米,那么黄某环手中及石块上粘的头发,极有可能是真正凶手的毛发,根据头发长度,极有可能是一名女性。原审

裁判认定三名男性作案与物证鉴定结论矛盾。

检验报告的结论,仅能证明现场提取的毛发及血液与被害人血型一致,但是无法证明是黄某忠、邓某群作案。根据黄某忠及邓某群所写的材料,本案侦查阶段,侦查人员不止一次提取了两人的血液及毛发样本,但在案证据并没有任何关于两人血液和毛发同现场血迹、毛发比对的鉴定结论。不排除侦查机关明显隐瞒二人无罪证据的嫌疑。此外,石头上提取到其他人毛发,说明该石块很可能也曾打击过凶手的头部,即真正的凶手头部应当有伤痕,但黄某忠和邓某群头部都没有任何伤痕。

二、辨认笔录的审查

辨认是办案人员为查明案情,让被害人、证人或者犯罪嫌疑人对与犯罪有关的物品、文件、尸体、场所或者犯罪嫌疑人进行辨别确认的活动。《公安机关办理刑事案件程序规定》第 258 条规定:"为了查明案情,在必要的时候,侦查人员可以让被害人、证人或者犯罪嫌疑人对与犯罪有关的物品、文件、尸体、场所或者犯罪嫌疑人进行辨认。"《人民检察院刑事诉讼规则》第 223 条有类似规定。

关于辨认笔录的审查,重点关注以下法条,《最高法院刑诉解释》第 104 条规定:"对辨认笔录应当着重审查辨认的过程、方法,以及辨认笔录的制作是否符合有关规定。"第 105 条规定:"辨认笔录具有下列情形之一的,不得作为定案的根据:(一)辨认不是在调查人员、侦查人员主持下进行的;(二)辨认前使辨认人见到辨认对象的;(三)辨认活动没有个别进行的;(四)辨认对象没有混杂在具有类似特征的其他对象中,或者供辨认的对象数量不符合规定的;(五)辨认中给辨认人明显暗示或者明显有指认嫌疑的;(六)违反有关规定,不能确定辨认笔录真实性的其他情形。"

(一)辨认的过程、方法是否合法

1. 辨认的组织者是否合法

《公安机关办理刑事案件程序规定》第 259 条第 1 款规定:"辨认应当在侦查人员的主持下进行。主持辨认的侦查人员不得少于二人。"《人民检察院刑事诉讼规则》第 224 条前半句规定:"辨认应当在检察人员的主持下进行,执行辨认的人员不得少于二人。"可见,辨认应当在侦查人员、检察人员、调查人员的主持下进行,执行辨认的人不得少于二人。《最高法院刑诉解释》第 105 条第 1 项明确规定,辨认不是在调查人员、侦查人员主持下进行的,辨认笔录不得作为定案的根据。

2. 辨认人是否具备辨认能力

如辨认人不具备辨认能力，辨认笔录不得作为定案的根据。例如，龚某辉开设赌场案[(2014)益赫刑一初字第372号]中，法院认为，被告人龚某辉患有眼疾，视力极差，法院当庭要求其重新辨认胡某文，其不能准确辨认，故法院对公诉机关提供的龚某辉辨认出胡某文的辨认笔录不予认定。

3. 是否个别进行

《公安机关办理刑事案件程序规定》第259条第2款规定："几名辨认人对同一辨认对象进行辨认时，应当由辨认人个别进行。"《人民检察院刑事诉讼规则》第225条规定："几名辨认人对同一被辨认对象进行辨认时，应当由每名辨认人单独进行。必要时，可以有见证人在场。"因此，辨认应当个别进行。如辨认活动没有个别进行，根据《最高法院刑诉解释》第105条第3项，辨认笔录不得作为定案的根据。

例如，王某达、王某友非法经营案[(2015)北刑二终字第105号]中，二审出庭检察员认为，王某达、王某友、梁某的现场辨认笔录证明，此三人在同一时间、相同的侦查员、同一见证人见证的情况下一起辨认案发现场，公安机关未能作出合理解释，该辨认笔录不应作为证据使用。法院采纳了检察员的意见。

4. 辨认对象是否混杂，数量是否符合规定

《公安机关办理刑事案件程序规定》第260条规定："辨认时，应当将辨认对象混杂在特征相类似的其他对象中，不得在辨认前向辨认人展示辨认对象及其影像资料，不得给辨认人任何暗示。辨认犯罪嫌疑人时，被辨认的人数不得少于七人；对犯罪嫌疑人照片进行辨认的，不得少于十人的照片。辨认物品时，混杂的同类物品不得少于五件；对物品的照片进行辨认的，不得少于十个物品的照片。对场所、尸体等特定辨认对象进行辨认，或者辨认人能够准确描述物品独有特征的，陪衬物不受数量的限制。"《人民检察院刑事诉讼规则》第226条第1～3款规定："辨认时，应当将辨认对象混杂在其他对象中。不得在辨认前向辨认人展示辨认对象及其影像资料，不得给辨认人任何暗示。辨认犯罪嫌疑人时，被辨认的人数不得少于七人，照片不得少于十张。辨认物品时，同类物品不得少于五件，照片不得少于五张。"

如果辨认对象没有混杂，辨认对象数量不符合规定，根据《最高法院刑诉解释》第105条第4项，辨认笔录不得作为定案的根据。

例如，刘某走私废物案[(2017)陕01刑初155号]中，法院认为，在组织辨认过程中，既未将需要辨认的物证照片与其他照片混合进行混合辨认，又无除侦查人员以外的无利害关系的见证人见证，导致辨认笔录的制作不符合刑事诉讼法的要求、

辨认对象不符合数量标准、给辨认人有明显指认嫌疑的情形存在，失去了合法证据的证明效力。

赖某抢劫案[(2013)渝一中法刑终字第00317号]中，法院认为，辨认时间与供述矛盾，2012年11月26日赖某的供述显示，当天赖某对该照片进行了辨认，而照片上显示赖某是前一天进行的辨认，且侦查人员将该照片出示给赖某辨认时，没有将其混杂在特征相类似的其他对象中，故辨认程序不合法，辨认笔录不能作为定案的根据。

5. 辨认前辨认人是否见到辨认对象

《人民检察院刑事诉讼规则》第224条后半句规定："在辨认前，应当向辨认人详细询问被辨认对象的具体特征，避免辨认人见到被辨认对象，并应当告知辨认人有意作虚假辨认应负的法律责任。"如果辨认前辨认人见到辨认对象，根据《最高法院刑诉解释》第105条第2项，辨认笔录不得作为定案的根据。

例如，张某甲抢劫案[(2014)中中法刑二终字第81号]中，被害人陈述反映，侦查人员有对被害人进行提示的嫌疑，且让其事先看到辨认对象。中山市检察院对侦查人员陈某乙、梁某乙、谢某某等人进行询问，上述侦查人员反映的辨认笔录制作过程与被害人邵某甲陈述的先让被害人辨认真人，再进行照片混杂辨认的过程和细节一致，反映了辨认笔录的取证程序不合法。法院认为，辨认笔录的提取过程违法，应予排除。

刘某故意伤害案[(2018)冀0208刑初258号]中，法院认为，孟某、宋某、王某、孙某的辨认笔录违反法律规定，不得作为定案的根据：(1)2017年2月9日的询问录像显示，办案民警让孟某、宋某、王某三人在一起询问，并让他们观看2017年2月3日、8日的出警录音录像，边问边让他们看，让他们指认谁是殴打孟某的人，录像上已经看到被告人刘某本人，也就是说，在辨认前，辨认人已经见到被辨认人。(2)辨认笔录中的见证人李某明是高丽铺派出所的聘用人员。(3)高丽铺派出所的出警经过及说明可以证明，辨认人孙某不在事发现场，孙某的辨认笔录是虚假的。

6. 有无指认、明显暗示或有指认嫌疑

指认和不当暗示，直接影响辨认结果的真实性。如有指认、明显暗示或有指认嫌疑的，根据《最高法院刑诉解释》第105条第5项，辨认笔录不得作为定案的根据。

例如，刘某某抢夺案[(2014)揭中法刑二终字第41号]中，法院认为，证人张某某虽然有对刘某某作出辨认指证，但在法院和揭阳市检察院联合调查时，张某某承认第一次辨认时公安人员有对其进行提示，其实际上无法辨认出犯罪嫌疑人，故对其辨认笔录依法应予排除。

刘某放火案[(2016)京0119刑初157号]中，首先，现场辨认笔录虽有见证人签字，但现场录像中未显示见证人。其次，现场辨认过程中，民警有诱导、指引辨认情况(如民警让刘某看卷等)。最后，见证人贾某玉系公安机关辅警，且其证言称其随民警去过尚某苑小区，但具体什么事不知道，有时其也不下车，不靠近现场。这说明现场辨认违反刑事诉讼法的相关规定，不符合法定程序；且民警有诱导、指引辨认情况，可能严重影响司法公正，亦未能作出合理解释，法院予以排除。

(二)审查是否制作辨认笔录

《公安机关办理刑事案件程序规定》第262条规定："对辨认经过和结果，应当制作辨认笔录，由侦查人员、辨认人、见证人签名。必要时，应当对辨认过程进行录音录像。"可见，辨认经过和结果应当形成辨认笔录。但很多案件侦查人员并未制作辨认笔录，或者用讯问笔录、情况说明代替辨认笔录，或者仅有辨认图片及被辨认人的信息。辨认过程没有形成辨认笔录，辨认程序违法，相关证据不能作为定案的根据。

例如，张某1寻衅滋事案[(2018)内0421刑初98号]中，被害人张某某2015年11月19日进行辨认的证据，因未形成辨认笔录，仅有被辨认人照片列表和被辨认人身份情况说明，无法审查辨认的过程、方法，故法院对其证明效力不予确认。张某某2017年5月8日对刘某进行辨认形成的辨认笔录，因辨认的照片仅有9张，供辨认的对象数量不符合规定，不能作为定案的根据。

(三)审查辨认笔录的内容

1. 相关人员是否签名

辨认笔录应当由侦查人员、辨认人、见证人签名。如相关人员没有签名，辨认过程的真实性、合法性无法确认。如没有侦查人员签名，则不能保证辨认是在侦查人员的主持下进行的。《公安机关办理刑事案件程序规定》第262条规定："对辨认经过和结果，应当制作辨认笔录，由侦查人员、辨认人、见证人签名。必要时，应当对辨认过程进行录音录像。"

例如，陈某云非法持有毒品案[(2014)惠中法刑一终字第29号]中，上诉人一直供述407房内缴获的毒品为他人所有，虽然在2011年11月3日毒品辨认照片上承认毒品是其持有的，但辨认照片上没有侦查人员签名，辨认过程没有形成笔录，无法证实该辨认是在侦查人员主持下进行的，该辨认照片不能作为定案的根据。由于公安机关现场勘验不及时，导致现场勘验照片未能客观、真实地反映案发现场装有毒品的挎包情况。

2. 见证人是否合格

《公安机关办理刑事案件程序规定》第 262 条规定，辨认应当邀请见证人在场见证。审查规则同上文的勘验、检查笔录审查规则。

例如，吴某冬抢劫、盗窃案[(2017)皖 10 刑终 82 号]中，关于物证砍刀能否作为定案根据：(1)侦查机关制作的吴某冬指认砍刀藏匿地点的指认笔录，见证人为侦查机关工作人员，指认过程不符合法定程序；(2)证人吴某 2 对砍刀的显著特征进行了描述，如刀是红色的把、刀身有七孔，但此类特征并非独有特征，具有此类特征的刀并非只有一把，且该砍刀也非特定物，而系同类物；(3)本案中仅对吴某 2 制作了询问笔录，并让其对砍刀图片进行辨认，但辨认过程既未制作辨认笔录，也无侦查人员、见证人签名，不符合办案规程；(4)侦查机关仅将一把砍刀的图片让吴某 2 辨认，该辨认过程显然不符合辨认规程，且有给辨认人明显暗示的嫌疑。综上，该砍刀的收集程序不符合法律规定，且辨认过程严重不符合法律规定，该砍刀是否与本案存在关联存疑，原审未将该砍刀作为定案的根据正确。

3. 与其他证据是否矛盾

证据审查通常都要全案审查，发现证据之间是否有矛盾。如辨认笔录与其他证据存在矛盾，无法印证，辨认笔录的真实性无法确认。

例如，刘某故意伤害案[(2018)冀 0208 刑初 258 号]中，证人孙某辨认被告人刘某的辨认笔录，辨认在场人李某明系办案单位聘任的临时工作人员，该辨认笔录依法不能作为证据使用。且孙某的证言中，并没有证实刘某打伤孟某的内容，却在 2017 年 12 月 1 日对刘某予以辨认。该辨认笔录与证言缺乏关联性。

案例

案例 6-2-1 姚某甲、姚某乙等盗伐林木案[(2017)苏 1291 刑初 122 号]

法院认为：姚某丙、凌某在庭审中陈述公安机关组织辨认时距砍伐时间长达 5 个月之久，且高速公路两侧意杨树已被全部砍伐，记不清所砍树木的具体位置，故随意指认 22 个意杨树桩供泰兴市公安局民警和林业局工作人员编号和测量根径，两被告人同时辨认违反了 2012 年《公安机关办理刑事案件程序规定》第 250 条第 2 款“几名辨认人对同一辨认对象进行辨认时，应当由辨认人个别进行”及 2012 年

《最高法院刑诉解释》第 90 条第 2 款“辨认笔录具有下列情形之一的，不得作为定案的根据：……（三）辨认活动没有个别进行的……”的规定，公诉机关据以认定立木蓄积的辨认笔录不能作为定案依据。

案例 6－2－2　文某林赌博案[（2017）赣 0733 刑初 50 号]

公诉机关当庭出示的证人文某 6、董某、曾某 2、曾某 5、邹某 1、谢某 1、陈某 1 辨认笔录，法院认为：根据《死刑证据规定》第 30 条第 1 款之规定，侦查机关组织的辨认，存在下列情形之一的，应当严格审查，不能确定其真实性的，辨认结果不能作为定案的根据：……（三）辨认人的辨认活动没有个别进行的……（五）辨认中给辨认人明显暗示或者明显有指认嫌疑的。上述证人的辨认笔录均未进行个别辨认，且辨认照片均为现场抓获的参赌人员的入所照片，照片给参与辨认的证人以明显暗示，故辨认笔录因不符合法定辨认程序，法院不予采信。

三、侦查实验笔录的审查

侦查实验是为了查明与案件有关的某一事件或事实在某种情况下能否发生、如何发生而模拟案件原有条件，将该事件或事实用实验加以重演或重现的活动。侦查实验笔录是对侦查实验过程和结果形成的书面记录，一般附有照片或录像。《最高法院刑诉解释》第 106 条规定：“对侦查实验笔录应当着重审查实验的过程、方法，以及笔录的制作是否符合有关规定。”

（一）程序是否合法

侦查实验必须经过批准。侦查实验未经公安机关负责人、检察长批准，侦查实验情况没有形成笔录，参加实验的人没有签名或盖章，侦查实验可能造成危险、侮辱人格或者有伤风化四种情形均属侦查实验程序违法。

《刑事诉讼法》第 135 条规定：“为了查明案情，在必要的时候，经公安机关负责人批准，可以进行侦查实验。侦查实验的情况应当写成笔录，由参加实验的人签名或者盖章。侦查实验，禁止一切足以造成危险、侮辱人格或者有伤风化的行为。”《人民检察院刑事诉讼规则》第 200 条规定：“为了查明案情，必要时经检察长批准，可以进行侦查实验。侦查实验，禁止一切足以造成危险、侮辱人格或者有伤风化的行为。”《公安机关办理刑事案件程序规定》第 221 条规定：“为了查明案情，在必要的时候，经县级以上公安机关负责人批准，可以进行侦查实验。进行侦查实验，应当全程录音录像，并制作侦查实验笔录，由参加实验的人签名。进行侦查实验，禁止一切足以造成危险、侮辱人格或者有伤风化的行为。”

例如，陈某危险驾驶案［(2018)川07刑终346号］中，法院认为，一审时辩护人已提出血样无低温保存的证据，但江油市检察院并未补正，二审中出具江油市公安局交通警察大队关于抽取、编号、保存、送检血样的记录表格，据该表格中时间节点、人员信息、血管编号等信息的核实，系侦查实验的情况，不是上诉人陈某的血液保管的情况说明。侦查实验须得到公安机关负责人批准，还应当写成笔录，由参加实验的人签名或者盖章，本案侦查实验不符合法律规定，对其结论不予采信。

(二)侦查实验是否具有关联性

侦查实验的目的在于重现与案件有关的事实，有时侦查实验毫无必要。在此情况下，辩护人可以提出侦查实验无必要，与案件没有关联性，或达不到证明目的，不应作为定案的根据。

例如，陈某旭、王某发、王某等非法买卖枪支案［(2020)川1922刑初73号］中，侦查人员用被告人陈某旭持有的猎枪，使用陈某自制的子弹射杀公鸡，致公鸡死亡。法院认为，该侦查实验仅能证明被告人陈某旭持有的枪支及其子弹具有杀伤力，不能据此认定被告人王某发、王某持有的枪支一定能够击发且具有同等杀伤力，更不能依据侦查实验结果认定这两人持有的枪支系刑法意义上的枪支。

任某某扰乱无线电通信管理秩序案［(2019)陕10刑终108号］中，侦查人员根据办案经验知道后台数据可以更改，进行了侦查实验，侦查实验虽表明“伪基站”的后台数据可以人为更改，但不能证明被告人更改了数据，被告人在侦查过程中自始至终没有提到其更改后台数据，亦无其他证据证明被告人更改过数据。该案进行侦查实验实无必要，侦查实验笔录没有关联性。

丁某某非法制造爆炸物案［(2016)云05刑终57号］中，2016年3月2日，保山市公安机关做了一次侦查实验：从丁某某制造的16袋硝酸铵炸药疑似物中随机提取一份实验材料，通过实验操作人员正确操作，该硝酸铵炸药疑似物发生爆炸，是爆炸物的原材料。对此次侦查实验，控辩双方并无争议，法院予以确认，但该侦查实验证实涉案混合物是“爆炸物的原材料”，而不是“爆炸物”。

根据《人民检察院刑事诉讼规则》第201条，侦查实验，必要时可以聘请有关专业人员参加，也可以要求犯罪嫌疑人、被害人、证人参加。

(三)侦查实验与事件发生时的条件是否存在明显差异

侦查实验是一种特殊的侦查措施，是实验性地演示与案件相关事实、事件的发生可能性及过程。因此,必须确保侦查实验的各项条件与案发的条件相同,如时间、地点、光线、风向等,才能确保侦查实验结论的客观性和科学性。

辩护人可以提出,侦查实验的条件与事件发生时的条件有明显差异,不应作为定案的根据。《最高法院刑诉解释》第107条规定:“侦查实验的条件与事件发生时的条件有明显差异,或者存在影响实验结论科学性的其他情形的,侦查实验笔录不得作为定案的根据。”

例如,曾某某、陈某某故意杀人案[(2012)潭中刑初字第27号]中,法院认为,侦查实验是依据曾某某供述的路线及作案方式进行,而曾某某供述的路线与侦查机关提取到周某某左脚鞋子的位置矛盾,作案方式及过程无法真实模拟,故该侦查实验缺乏客观基础,不具有客观性,法院不予采信。

曹某卫故意伤害案[(2018)晋1125刑初163号]中,法院认为,侦查实验结论不明确、不唯一,且因侦查实验条件与案发时的现场条件有差异,亦不能有效证明曹某卫故意伤害高某某的事实。

莫某川故意伤害案[(2017)桂1221刑初94号]中,法院认为,侦查实验笔录是在案发近两年后作出,且现场已进行局部重新装修,无法还原案发时现场的灯光情况,且未能明确被害人的致命伤在何处形成,故对该笔录不作为证据使用。

宗某某故意毁坏财物案[(2014)鄂五峰刑初字第00105号]中,法院认为,侦查实验在程序性、客观性方面存在瑕疵,与事故发生时肇事货车实际行驶过程和车况条件存在明显差异,故侦查实验笔录不能作为定案的证据。

(四)辩方模拟实验

侦查机关没有进行或拒绝辩护人进行侦查实验的申请,或拒绝辩护人主张因侦查实验不科学而申请重新进行时,辩护人可以自行组织模拟实验。辩方模拟实验有时可以推动法院、检察院或侦查机关进行侦查实验,或削弱控方侦查实验的证明力,有时也会直接被法院采信。

例如,王某琼、张某等侵犯公民个人信息案[(2018)辽0191刑初418号]中,辩护人通过随机抽取涉案信息的方式进行侦查实验,能够证实公诉机关指控的涉案信息存在重复计算的情况,公诉机关对此也予以认可。但鉴于数据海量,无法精准认定重复计算的条数,但侦查实验所得结论(重复率)是客观的,将侦查实验所得结论推定适用于全部数据在总数中予以扣除,亦具有合理性,并充分体现出保障被告人合法权益的公平理念。

案例

案例 6－3－1　董某丽运输毒品、非法运输毒品原植物种子案[(2018)云刑终902号]

法院认定,2019年2月21日,侦查机关将原送云南省农业科学院经济作物研究所用于植物属性鉴定提取的17份罂粟壳(含籽)检材取回后,重新做去籽后的侦查实验,得出罂粟壳所占比重平均值为60.36%。二审法院经审查该份侦查实验笔录及情况说明,发现对应的49－58编号检材中有4份检材超过原提取检材的重量70克,检材已受到污染,剩余的6份检材和21－27编号的7份检材取样重量不统一,用作同等值去籽率侦查实验结论不客观,侦查机关在取证程序上存在重大瑕疵,故对该份侦查实验笔录不作为证据使用。

案例 6－3－2　刘某放火案[(2016)京0119刑初157号]

法院认定,据刘某供述,其所点车辆的位置是车轱辘下前挡泥板,靠车门这边。下边比较薄,是塑料的,没有损坏,点着后就直接往上着了。而侦查实验录像显示:侦查员在一汽车右前轮前上方选择了一块向外翘起的叶子板内衬,用打火机点叶子板内衬的尖角部,约14秒时,叶子板内衬被点燃。后燃烧的油滴在车轱辘上,继续燃烧。法院认为,该侦查实验的条件与事件发生时的条件有明显差异,不能作为定案的依据。

案例 6－3－3　张某生产、销售伪劣农药、兽药、化肥、种子案[(2016)内07刑终68号]

一审法院认为,牙克石市公安局的两次侦查实验分别在2011年6月案发后的2013年和2014年进行,存在影响实验结论科学性的情形。二审法院认为,这两份侦查实验的条件与事件发生时的条件有明显差异,不能作为定罪依据。

案例 6－3－4　张某峰等故意伤害、盗窃案[(2015)牡监刑再终字第 3 号]

法院认为,2012 年 4 月 20 日公安机关的侦查实验,根据 2011 年 1 月 14 日的扣押物品清单选择实验对象,因该扣押清单不能作为证据采用,其记录的木材又不能排除是隋某胜从绥阳买来转卖给杨某彬等其他可能性,故侦查实验依据错误,实验方法也不科学,不能以此实验结论确定涉案木材数量。

案例 6－3－5　程某、程某某抢劫案[(2013)遂刑初字第 386 号]

法院认为:因该侦查实验的时间段、参与实验人员的心态、电动车行驶路线、速度等条件与本案案发时间段、被害人、犯罪嫌疑人的心态、电动车行驶路线、速度存在明显差异,该侦查实验不能客观地反映本案发生过程,不能作为定案的根据。

第七章
视听资料、电子数据

视听资料、电子数据并列为《刑事诉讼法》规定的八种法定证据种类之一，均是伴随技术发展而出现的新证据类型。视听资料是通过磁带录音机、录像机、胶卷相机等模拟录音录像设备形成，以模拟信号存储于介质的声音、图像和活动画面。电子数据是以电子方式记录，以数字信号存储于介质的数据，通常包括网页、博客、微博客、朋友圈、手机短信、电子邮件、网上聊天记录、用户注册信息、电子交易信息、文档、计算机程序等。

视听资料、电子数据属于实物证据，但与传统的物证、书证表现形式不同，要通过特定的方式打开，变为可视可读的形式，具有占用空间少、传送和运输方便等特点，且伴随科技发展而不断更新。它们与书证、言词证据类似，都是以具体的内容来证明案件事实，但内容的呈现形式不同，可重现，需审查内容往往海量，且因非纸质的存在方式，视听资料、电子数据易也易被损坏、覆盖、灭失，易被伪造、修改和编辑。

视听资料、电子数据产生于犯罪实施过程之中，一般在刑事诉讼程序启动之前。侦查、调查机关立案后为了收集、固定和保全证据而制作的录音、录像等，一般不是视听资料、电子数据。询问证人、询问被害人、讯问犯罪嫌疑人的录音、录像，分别属于证人证言、被害人陈述、犯罪嫌疑人的供述与辩解；勘验、检查中的录像，属于勘验、检查笔录的组成部分。只有相关资料用于证明讯问、询问、勘验、检查程序等是否合法时，才属于视听资料、电子数据。

视听资料与电子数据两种证据形式密切相关，两者都可以重复呈现内容，都可以存储于磁性介质中，都要借助其他设备才能展现其记载的内容，都可以复制出副本，都可且容易进行伪造、修改和编辑。这就决定了视听资料与电子数据在审查判断上极为相似。例如，合法性审查，两者都应证明其来源是否合法，能否说明其形成时间、地点、制作人、制作过程及设备情况，是否为原件，能否说明无法调取原件的原因、复制件的制作过程及原件存放地点，制作人、原件持有人是否签名盖章，复制件的制作、储存、保管、鉴定等程序是否合法等。真实性审查，视听资料及电子数据的内容是否真实，有无剪裁、拼凑、篡改、添加等伪造情形，能否与其他证据相互印证，真实性有疑问的是否进行了鉴定，鉴定是否合法、真实等。关联性审查，视听资料及电子数据的内容能否证明案件事实。相比视频资料，对电子数据的审查要求更高。《最高法院刑诉解释》将两者的审查判断放在一节，故本书也将两者放在一章阐述。

一、视听资料

视听资料，指借助电磁、光电、电子计算机设备等技术手段，以录音带、录像带、硬盘等记载和再现的声音、图像、视频等资料。视听资料的审查，首先要鉴别哪些属于视听资料。如前所述，光盘存储的同步讯问录像是被告人陈述和辩解，而非视听资料，搜查、勘验、检查、扣押、辨认等录像亦非视听资料。视听资料记录的是与案件事实有关的声音、图像、视频，如索贿录音、监控记录的盗窃视频等。

视频资料的审查判断，应细致对比《最高法院刑诉解释》第108、109条之规定。第108条规定："对视听资料应当着重审查以下内容：(一)是否附有提取过程的说明，来源是否合法；(二)是否为原件，有无复制及复制份数；是复制件的，是否附有无法调取原件的原因、复制件制作过程和原件存放地点的说明，制作人、原视听资料持有人是否签名；(三)制作过程中是否存在威胁、引诱当事人等违反法律、有关规定的情形；(四)是否写明制作人、持有人的身份，制作的时间、地点、条件和方法；(五)内容和制作过程是否真实，有无剪辑、增加、删改等情形；(六)内容与案件事实有无关联。对视听资料有疑问的，应当进行鉴定。"第109条规定："视听资料具有下列情形之一的，不得作为定案的根据：(一)系篡改、伪造或者无法确定真伪的；(二)制作、取得的时间、地点、方式等有疑问，不能作出合理解释的。"

(一)合法性审查

对视听资料的合法性审查，首先要审查其来源和收集方式是否合法。视听资料的收集与物证、书证类似，一般由国家机关收集，或者由诉讼参与人即犯罪嫌疑人、被告人及家属、辩护人、诉讼代理人、被害人收集提交。诉讼参与人收集和提交视听资料，并无特别的规定和限制。国家机关收集视听资料有三种方式：(1)现场勘验、检查；(2)搜查；(3)向证据持有者调取。对这三种来源和收集方式，法律和司法解释都规定了具体的程序和方法，以确保证据的来源和收集规范、合法。

1. 来源是否合法

《最高法院刑诉解释》第 108 条第 1 款第 1 项规定，对视听资料应当着重审查“是否附有提取过程的说明，来源是否合法”。视听资料的来源多为三种：

第一，监控系统记录的视听资料。监控可以分为两类：一类是国家机关监控设备记录的视听资料，如天网系统记录的视频，民警执法记录仪记录的视频；另一类是其他监控系统记录的视听资料，如商场、银行、超市、酒吧、酒店、家庭监控记录的视频。

第二，证人对案发过程拍摄的视频，录制的录音。

第三，被告人录制的视频、录音。有的被告人在作案过程中会无意留下证据，如与同案犯、证人、家属及相关人员的电话录音。有的被告人会主动记录犯罪过程，如强奸案件被告人录制强奸过程的视频。

视听资料的收集，有的是侦查机关通过勘验、检查，搜查程序收集，有的需要侦查机关调取，有的是相关人员自行主动提交。侦查人员收集的视听资料，到底从何处而来，采取何种方式收集，必要时需向法庭说明。例如，陈某政盗窃案[（2020）粤19 刑终 1228 号]中，法院认为，公诉机关未提交证据证明通话录音的来源，对通话录音不予采信。

通过技术调查、侦查措施获取的证据，如控制下交付所形成的视听资料，还需要按照技术调查、侦查证据的审查要求，提交审批文件等。

视听资料的收集、提取与物证、书证类似，需要审查勘验、检查，搜查，调取程序以及视听资料的提取、扣押是否合法，如执行程序的人员、见证人、相关笔录制作是否合法等，第二章物证、书证部分已详细阐述，本章不再展开。

2. 制作过程是否合法

因视听资料存储于特定的介质，如电脑硬盘、录音笔，收集时必须先从介质中将视听资料提取出来，同时保留原始介质，不损坏和修改原始介质。

视听资料的提取和制作过程，必须遵守法律和相关技术规范，否则无法排除视听资料被删改、编辑的可能性，最终导致法院不能将其采信为定案根据。视听资料被删改、编辑的原因多样，可能是制作方式不符合技术要求而导致视听资料损坏或提取不完整，也可能是故意删改、编辑，甚至违法制作。视听资料的制作过程不合法，直接影响其合法性和真实性。

《最高法院刑诉解释》第 108 条第 1 款规定：“对视听资料应当着重审查以下内容：……（三）制作过程中是否存在威胁、引诱当事人等违反法律、有关规定的情形；

(四)是否写明制作人、持有人的身份,制作的时间、地点、条件和方法……”

因此,如视听资料的制作者威胁、引诱被告人、被害人、证人等配合录制视频,该视听资料不具有合法性。侦查人员从监控系统、录音笔、手机、电脑等中提取视听资料,应当制作提取笔录,并在提取笔录中注明何时、何地、何种情况下、以何种方法制作。采取技术调查、侦查方式获取的视听资料,应当符合《最高法院刑诉解释》第118条第2款的要求:“移送采用技术调查、侦查措施收集的视听资料、电子数据的,应当制作新的存储介质,并附制作说明,写明原始证据材料、原始存储介质的存放地点等信息,由制作人签名,并加盖单位印章。”

(二)视听资料的排除

视听资料不具有合法性的,应当排除。《最高法院刑诉解释》第109条又专门强调了视听资料不得作为定案根据的两种情形:“视听资料具有下列情形之一的,不得作为定案的根据:(一)系篡改、伪造或者无法确定真伪的;(二)制作、取得的时间、地点、方式等有疑问,不能作出合理解释的。”

第一,篡改、伪造或者无法确定真伪。如果确认视听资料系经过篡改、伪造,则视听资料不具备合法性和真实性,不得作为定案的根据。视听资料无法确认真伪,是法院对视听资料的真实性产生了合理怀疑,控方未确实充分地证明视听资料为真实,视听资料也不得作为定案的根据。辩护人需要提出视听资料遭到篡改、伪造或者无法确定真伪的理由或依据。

第二,制作、取得的时间、地点、方式等有疑问,不能作出合理解释。这是一条可补正的排除规则,如对视听资料制作、取得有疑问,经过补正,仍可作为定案的根据。无法补正或合理解释,不得作为定案根据。有时侦查机关进行了补正或合理解释,但辩护人认为不成立,补正不到位,解释不合理,对视听资料的制作、取得的时间、地点、方式等仍有合理怀疑,应坚持提出该视听资料不得作为定案的根据。

例如,王某胜、张某东寻衅滋事案[(2019)辽323刑初第273号]中,法院认为:公诉机关提供的录音光盘(被害人鲁某提供),经审查,录音并非双方对话的完整记录,文件名显示的时间系案发前一天,不能排除被告人及其辩护人对录音光盘提出的合理怀疑,故不予采信。

杨某贩卖毒品案[(2016)川1302刑初字第364号]中,法院认为:公诉机关所举视频资料,因未依法制作视听资料的提取、制作笔录,不能反映视频资料有无剪接、原件存于何处、不能提供原件的原因、是否与原件一致等,以致难以识别视听资料的真伪及与本案的关联性,且视频资料的内容明显与侦查机关所做说明不符,故法院对视频资料不予采信。

《公安机关办理刑事案件程序规定》第 71 条第 2 款规定:“收集物证、书证、视听资料、电子数据违反法定程序,可能严重影响司法公正的,应当予以补正或者作出合理解释;不能补正或者作出合理解释的,对该证据应当予以排除。”对于该条款确立的裁量性排除规则,“可能严重影响司法公正的”,可参照《最高法院刑诉解释》第 126 条之规定,“应当综合考虑收集证据违反法定程序以及所造成后果的严重程度等情况”。虽然实践中鲜见法院依此规定排除物证、书证、视听资料、电子数据的案例,但辩护人可结合案件事实和证据进行解释。

(三)真实性审查

视听资料一般是客观情况的如实记录。但有时因设备性能、拍摄角度、光线、距离等原因,记录的视听资料可能会出现分辨率低、模糊、没有声音、声音嘈杂等问题,最终导致该视听资料不能客观反映案件事实。

视听资料不具有真实性,通常由两个原因导致:第一,视听资料是相关人员被威胁、引诱、欺骗等情况下录制的。这种情况下,视听资料内容本身反映的并不是真实的案件事实,故需要通过调查相关人员是否遭到威胁、引诱、欺骗来判断。第二,视听资料已经存在,但被人为删改。有的是被相关人员删改,有的是被侦查人员等删改,如监控录像的关键画面被删除,现场视频被剪辑,录音被剪辑、修改等。

第一种情况并不多见,第二种情况,只要避免视听资料被编辑、删改,通常可保证其真实性。因此,辩护人主要从是否为视听资料原件,以及复制过程中是否遭到编辑、删改来审查。

1. 是否为原件

视听资料与物证、书证一样,适用最佳证据规则,即视听资料应当为原件。不具备调取原件条件的,才可以调取复制件。例如,《人民检察院刑事诉讼规则》第 209 第 2、3 款规定:“调取书证、视听资料应当调取原件。取得原件确有困难或者因保密需要不能调取原件的,可以调取副本或者复制件。调取书证、视听资料的副本、复制件和物证的照片、录像的,应当书面记明不能调取原件、原物的原因,制作过程和原件、原物存放地点,并由制作人员和原书证、视听资料、物证持有人签名或者盖章。”

实践中,辩护人查阅的视听资料几乎全是复制件。庭审出示的视听资料也基本上都是复制件,少有案件当庭拿出原始存储设备播放视听资料原件的情形。一方面,原始存储设备手机、相机、电脑等,因扣押时间较长而没电,无法开机,台式电脑不便拿到法庭;另一方面,原始储存介质属于证人、被害人的,他们不愿提交原始存储设备。

辩护人要综合全案情况,区分对待。如果确属案件关键证据,且不能排除编辑、删改可能性的,应坚持调取和出示原始介质,通过播放原始介质中的内容进行质证。必要时,也可以同意使用复制件,但复制件必须符合法律规定。视听资料调取复制件的,侦查机关应当说明为何无法调取原件,原件存放在何处,如何复制,复制几份,由谁复制,并由制作人、原件持有人签名或盖章。

法律依据:《最高法院刑诉解释》第 108 条第 1 款第 2 项规定,对视听资料应当着重审查,"是否为原件,有无复制及复制份数;是复制件的,是否附有无法调取原件的原因、复制件制作过程和原件存放地点的说明,制作人、原视听资料持有人是否签名"。《人民检察院刑事诉讼规则》第 209 条第 3 款规定:"调取书证、视听资料的副本、复制件和物证的照片、录像的,应当书面记明不能调取原件、原物的原因,制作过程和原件、原物存放地点,并由制作人员和原书证、视听资料、物证持有人签名或者盖章。"

《公安机关办理刑事案件程序规定》第 67 条规定:"物证的照片、录像或者复制品,书证的副本、复制件,视听资料、电子数据的复制件,应当附有关制作过程及原件、原物存放处的文字说明,并由制作人和物品持有人或者物品持有单位有关人员签名。"

2. 是否遭到剪辑、增加、删改

视听资料复制件的制作过程规范,一般可以保证视听资料的真实性。但如果视听资料本身就是被剪辑、增加、删改过的,复制过程再规范,视听资料也不具备真实性。因此,《最高法院刑诉解释》第 108 条规定,对视听资料应当着重审查"内容和制作过程是否真实,有无剪辑、增加、删改等情形"。

辩护人应当全面细致审查视听资料的文件属性、视听资料播放画面、时间、流畅度、与相关证据的矛盾等,研究其是否存在被剪辑、增加、删改的可能性。我们办理重庆孔某文受贿案等案件时,就发现了视听资料被调包、修改的重大问题。必要时,辩护人可以申请对视听资料进行完整性、真实性等方面的鉴定。

(四)关联性审查

关联性审查是任何证据审查都要关注的内容,即视听资料的内容与案件待证事实有无关联。辩护人需要针对指控,结合全案证据,对视听资料的关联性进行审查。

例如，任某宣故意伤害案［(2021)鄂1022刑初150号］中，法院认为：辩护人口头申请调取侦查机关的执法记录视频，拟证明江某是否倒地及任某宣是否用劈柴击打江某。本院向侦查机关依法调取视频三段，经当庭质证，该视听资料只能证明民警到案发现场后的情形，与待证事实没有关联性，故不予采信。

于某某诈骗案［(2016)辽0781刑初96号］中，法院认为：公诉机关出示的于某某家属提供的其与任某某通话记录光盘，欲证明龙某某在车上拿走15,000元，因该光盘无法确认通话的人是任某某，且任某某在公安机关的证言证实其不记得龙某某在车上是否拿过钱。即使于某某确实给付龙某某15,000元，也不影响对于某某诈骗数额的认定，只是赃款去向问题，故对该光盘不予采信。

周某亮、宋某好盗窃罪案［(2021)皖0422刑初184号］中，法院认为：两条署名为“青莲视频”的监控录像与第一条监控录像拍摄视角不同，且被偷走的狗亦不是被害人所称的重约70斤的黑色狗，无法证明与第一起指控事实的关联性，故对这两条视听资料不予采信。

为了判断视听资料是否与案件事实有关，必要时需有文字材料及相关说明。《最高法院刑诉解释》第115条规定：“对视听资料、电子数据，还应当审查是否移送文字抄清材料以及对绰号、暗语、俗语、方言等不易理解内容的说明。未移送的，必要时，可以要求人民检察院移送。”我们往往会提交录音录像的文字整理版，并标明重点内容及对应在录音录像中的准确时间点。

（五）视听资料的鉴定

《最高法院刑诉解释》第108条第2款规定：“对视听资料有疑问的，应当进行鉴定。”被告人和辩护人对视听资料的真实性、完整性有异议，可以申请法院鉴定。实践中常见的视听资料鉴定包括：对视频、录音是否遭到剪辑、删改进行鉴定，对被删除的视听资料进行恢复，对录音进行声纹比对等。

例如，刘某耀强奸案［(2017)吉0113刑初144号］中，被害人宓某提交与刘某耀的录音，被告人提出异议。侦查机关出具情况说明称：因为录音是在手机通话时形成的，进行声音比对仍需要通过原录音手机进行重复录音，然后进行比对，通过其他手机录音进行比对，因为手机的不同，导致声音有变化，不能准确地进行比对，办案民警立即联系被害人宓某，要求其提供案发后自己和刘某耀通话时的电话，但宓某陈述原手机已丢失，无法提供。因此，针对“宓某提供和嫌疑人刘某耀通话录音”光盘需要做声音比对的技术工作无法进行。法院认为：因录音无法做鉴定，不能证实录音内容系被告人与宓某的通话录音，故该录音不予采信。

根据《声像资料司法鉴定执业分类规定》第 3 条，视听资料的鉴定包括录音鉴定和图像鉴定。解决的专门性问题包括：录音和图像（录像/视频、照片/图片）的真实性、同一性、相似性、所反映的内容等鉴定。本书对司法鉴定进行了专章论述，在此简要描述视听资料鉴定作为一类特殊鉴定的审查重点。

1. 鉴定资质

视听资料鉴定属于四大类鉴定中声像资料鉴定中的一种。鉴定人、鉴定机构均应具备相应资质，即必须经过司法行政机关的登记管理。鉴定机构、鉴定人没有法定资质，鉴定意见不得作为定案的根据。《最高法院刑诉解释》第 98 条规定："鉴定意见具有下列情形之一的，不得作为定案的根据：（一）鉴定机构不具备法定资质，或者鉴定事项超出该鉴定机构业务范围、技术条件的；（二）鉴定人不具备法定资质，不具有相关专业技术或者职称，或者违反回避规定的……"

2. 是否超范围鉴定

视听资料鉴定是否超范围，首先要明确鉴定委托事项属于哪一类鉴定。《声像资料司法鉴定执业分类规定》第 4 条第 2 款规定："录音鉴定包括录音处理、录音真实性鉴定、录音同一性鉴定、录音内容分析、录音作品相似性鉴定等。"第 10 条第 2 款规定："图像鉴定包括图像处理、图像真实性鉴定、图像同一性鉴定、图像内容分析、图像作品相似性鉴定、特种照相检验等。"根据上述规定，录音鉴定有六大类，明确鉴定属于哪一类后，对委托事项、鉴定事项以及鉴定机构和鉴定人登记的鉴定事项与录音鉴定、图像鉴定的具体内容进行审查。例如，录音鉴定，委托事项为"对录音进行降噪"，属于"录音处理"，若鉴定意见对录音是否真实进行了鉴定，给出了录音是否真实的结论，即属超范围鉴定。又如，图像鉴定，委托事项为"判断检材是否原始图像"，属于"图像真实性鉴定"，则鉴定意见不能对图像进行处理，得出图像处理相关的结论，否则属超范围鉴定。

（1）录音鉴定的类型。

录音处理，依《声像资料司法鉴定执业分类规定》第 5 条的规定，"包括依据录音处理方法，对检材录音进行降噪、增强等清晰化处理，以改善听觉或声谱质量"。

录音真实性鉴定，依《声像资料司法鉴定执业分类规定》第 6 条的规定，"包括依据录音原始性鉴定方法，判断检材录音是否为原始录音；依据录音完整性鉴定方法，判断检材录音是否经过剪辑处理"。

录音同一性鉴定，依《声像资料司法鉴定执业分类规定》第 7 条的规定，"包括依据语音同一性鉴定方法，判断检材与样本之间或检材之间的语音是否同一；参照语音同一性鉴定方法，判断检材与样本之间或检材之间的其他声音是否同一”。

录音内容分析，依《声像资料司法鉴定执业分类规定》第 8 条的规定，“包括依据录音内容辨听方法，结合录音处理和录音同一性鉴定结果，综合分析辨识并整理检材录音所反映的相关内容；依据说话人的口头言语特征，分析说话人的地域、性别、年龄、文化程度、职业等属性”。

录音作品相似性鉴定，依《声像资料司法鉴定执业分类规定》第 9 条的规定，“包括综合运用录音内容分析、录音同一性鉴定等鉴定技术，通过检材与样本之间或检材之间录音作品的比较检验综合判断是否来源于同一个作品或相似程度”。

（2）图像鉴定的类型。

图像处理，依《声像资料司法鉴定执业分类规定》第 11 条的规定，“包括依据图像处理方法，对检材图像进行降噪、增强、还原等清晰化处理，以改善视觉效果”。

图像真实性鉴定，依《声像资料司法鉴定执业分类规定》第 12 条的规定，“包括依据图像原始性鉴定方法，判断检材图像是否为原始图像；依据图像完整性鉴定方法，判断检材图像是否经过剪辑处理”。

图像同一性鉴定，依《声像资料司法鉴定执业分类规定》第 13 条的规定，“包括依据人像同一性鉴定方法，判断检材与样本之间或检材之间记载的人像是否同一；依据物像同一性鉴定方法，判断检材与样本之间或检材之间记载的物体是否同一”。

图像内容分析，依《声像资料司法鉴定执业分类规定》第 14 条的规定，“包括依据图像内容分析方法，结合图像处理和图像同一性鉴定结果，综合判断检材图像所记载的人、物的状态和变化情况及事件发展过程，如案事件图像中的人物行为和事件过程、交通事故图像中的交通参与者行为及涉案车辆速度、火灾现场图像中的起火部位及火灾过程等”。

图像作品相似性鉴定，依《声像资料司法鉴定执业分类规定》第 15 条的规定，“包括综合运用图像内容分析、图像同一性鉴定等鉴定技术，通过检材与样本之间或检材之间图像作品的比较检验综合判断是否来源于同一个作品或相似程度”。

特种照相检验，依《声像资料司法鉴定执业分类规定》第 16 条的规定，“运用特种照相技术，包括红外照相、紫外照相、光致发光照相和光谱成像等技术对物证进行照相检验”。

3. 鉴定方法和过程是否符合规范

任何鉴定的鉴定方法和过程都必须符合相关规范。声像资料鉴定，首先应当符合《声像资料鉴定通用规范》(SF/T 0119—2021)的要求。该规范涉及声像资料鉴定的受理程序、检验鉴定程序、送检材料流转程序、结果报告程序、检验记录程序、档案管理程序及出庭程序。

具体到每一类别的鉴定,又有具体的标准和规范。鉴定涉及哪一类,辩护人应检索相关技术规范,与鉴定方法、步骤进行对比,审查鉴定意见是否按规范进行,是否出错。

录音鉴定的规范,包括《法庭科学降噪及语音增强技术规范》(GA/T 1431—2017)、《法庭科学录音的真实性检验技术规范》(GA/T 1430—2017)、《录音真实性鉴定技术规范》(SF/T 0120—2021)、《录音内容辨听技术规范》(SF/T 0121—2021)等。

图像鉴定的规范,包括《法庭科学视频资料连续性检验鉴定规范》(GA/T 1199—2014)、《法庭科学录像设备鉴定技术规范》(GA/T 1950—2021)、《视频中人像检验技术规范》(GA/T 1023—2013)、《法庭科学视频中人像动态特征检验 技术规范》(GA/T 1502—2018)、《视频图像真实性检验技术规范》(GA/T 1022—2013)、《图像真实性鉴别技术规范图像 JPEG 压缩检测》(GA/T 919—2010)、《图像真实性鉴别技术规范图像真实性评价》(GA/T 916—2010)、《图像真实性鉴别技术规范图像 CFA 插值检测》(GA/T 918—2010)、《图像真实性鉴别技术规范图像重采样检测》(GA/T 917—2010)、《录像真实性鉴定技术规范》(SF/T 0123—2021)、《录像过程分析技术规范》(SF/T 0124—2021)、《人像鉴定技术规范》(SF/T 0125—2021)、《人像鉴定中人脸识别技术检验规范》(SF/T 0106—2021)、《物像鉴定技术规范》(SF/T 0126—2021)等。

案例

案例 7-1-1 李某 1、刘某盗窃案[(2016)顺 1302 刑初字 90 号]

法院认为:对三次盗窃公诉机关所举视听资料,经播放发现,视听资料剪接为二分钟左右的片段,其中指向刘某盗窃江霖酒店的视频资料连时间戳都没有。视听资料的制作说明,没有记明复制件与原件是否一致,没有原件持有人、见证人签字等。本院按照 2012 年《最高法院刑诉解释》第 92 条"对视听资料应当着重审查的内容",2012 年《公安机关办理刑事案件程序规定》第 63 条"物证的照片、录像或者复制品，书证的副本、复制件，视听资料、电子数据的复制件，应当附有关制作过程及原件、原物存放处的文字说明，并由制作人和物品持有人或者物品持有单位有关人员签名”的规定，要求公诉机关补正，公诉机关未在期限内补正，以致无法核实视频资料的真伪，故对该证据材料不予采信。

案例7-1-2 杨某乙敲诈勒索案［（2016）粤0402刑初12号］

关于被害人余某提供的U盘录音能否作为证据使用，法院认为：被害人余某在侦查阶段及庭审均陈述涉案U盘经过剪辑、删改，并非原件，且原始载体已不存在，香洲分局案件审查大队出具的情况说明证实对余某提供的U盘所存内容是否经过剪辑、删改无法作出鉴定。2012年《刑事诉讼法》第48条第3款规定，“证据必须经过查证属实，才能作为定案的根据”。2012年《最高法院刑诉解释》第92条第1款第2、5项规定，对视听资料应当着重审查“是否为原件，有无复制及复制份数；是复制件的，是否附有无法调取原件的原因、复制件制作过程和原件存放地点的说明，制作人、原视听资料持有人是否签名或者盖章”，“内容和制作过程是否真实，有无剪辑、增加、删改等情形”，第2款规定，“对视听资料有疑问的，应当进行鉴定”，涉案U盘不能作为定案依据。

案例7-1-3 孙某超等非法吸收公众存款案［（2017）京0105刑初1048号］

法院认为：公安机关从紫金华宝公司电脑提取数据的光盘及记载的内容不得作为定案的根据。2012年《刑事诉讼法》第126、131条规定，侦查人员对与犯罪有关的物品应当进行勘验或检查。勘验、检查的情况应当写成笔录，由参加勘验、检查的人和见证人签名或盖章。依2012年《最高法院刑诉解释》第94条规定，视听资料、电子数据制作、取得的时间、地点、方式等有疑问，不能提供必要证明或作出合理解释的，不得作为定案的根据。公诉机关出示的含有从紫金华宝公司电脑提取材料的光盘没有相应的勘验、提取笔录。对此，公诉机关未作出合理解释亦未出示勘验、提取的同步录音、录像，法院无法辨别收集程序是否符合法律规定，故该光盘及其所记载的材料不得作为定案的根据。

案例7-1-4 王某龙贪污案[(2016)甘11刑终139号]

法院认为:通话录音只是二人通话的一部分,明显缺乏完整性,无法确定通话的真实内容。且未提取录音原始介质,侦查机关的提取说明与录音提取过程不一致。录音鉴定过程中亦未调取原始介质,只对王某提供的录音资料进行了鉴定。通话录音及对录音的鉴定意见均不能作为定案证据。

案例7-1-5 龙某盗窃案[(2017)粤2072刑初1459号]

法院认为:《图像鉴定意见书》的鉴定结论显示,2016年4月23日黎某1被盗窃案、2016年11月15日周某1被盗窃案、2016年11月16日罗某1被盗窃案现场监控录像中,作案A男子及B男子分别与被告人龙某及证人黄某是同一人人像,但佛山市南海区法院(2016)粤0605刑初1191号刑事判决书及佛山市南海区看守所出具的刑满释放证明书证实,黄某于2016年8月6日刑满释放,可见黄某在2016年4月23日黎某1被盗窃案中并无作案时间,上述鉴定结论与查明的事实相矛盾,故对《图像鉴定意见书》不予采信。

案例7-1-6 陈某诬告陷害案[(2014)冀刑再终字第11号]

公诉机关指控陈某上传举报视频到互联网,诬告陷害河北某银行领导。公诉机关提供的证据有:陈某接受采访的证据、某网站下载的举报视频。公诉机关的指控是:陈某将举报视频上传到互联网,侵犯了被举报人的合法权利。辩护人认为,公诉机关提供的证据不具有关联性,无法证实其指控内容。证据的关联性,指的是证据有助于证明其所表达的主张。但无论是接受采访,还是网络上的视频,都无法证明是陈某上传了这些视频,陈某手中并无原采访视频,视频是从记者手中流出的。因此,公诉机关的证据不具有关联性,不应被采纳。

案例7-1-7 刘某蔚走私武器案/少年网购仿真枪判无期案[(2016)闽刑再8号]

刘某蔚被判无期徒刑之后,申诉律师介入代理申诉,后启动再审。经细致阅卷,申诉律师发现了物证勘验、检查违法的颠覆式证据——16个开箱视频文件的修改时间系2014年1月10日，而此时不满18岁的刘某蔚根本没有网购仿真枪。本案开箱时间为2014年8月4日，开箱视频文件的最后修改日期却是7个月前，侦查人员涉嫌栽赃、造假。

16个片段的视频，最短的只有7秒，整个视频断断续续，不完整、不连贯。视频不排除被编辑、修改的可能。除了修改时间的重大疑点之外，开箱视频也无法得出从643号箱中拿出的饮水机里装了24支枪形物的结论。视频没有从643号箱拿出饮水机的完整过程，没有打开饮水机的过程，没有将24支枪形物一支一支从饮水机中拿出的过程，无法清楚地知道该饮水机里装了哪些物品。

庭审播放了几段开箱视频，申诉律师同步说明了侦查机关收集证据的随意和违法。

视频MOV039：仓库，现场人员，全是便衣，没有一个穿制服。录制视频时，643号箱子已打开，一台饮水机已打开，从打开的饮水机中拿出2支长枪形物。该视频得出的结论：打开的643号木箱，打开的饮水机，里面装的全是长枪形物，而与刘某蔚相关的是短枪形物20支，长枪形物4支，另一台饮水机没有打开。

视频MOV040：场景转到海关办公室，饮水机已打开，枪形物绝大部分被取出，穿制服的女工作人员从打开的饮水机中拿出最后几把短枪形物；没有看到箱号643；枪形物多数有盒子，能否装盒放回饮水机存疑。在场人员说有21支，后说还有一支，即该饮水机中只有22支，工作人员始终未提到24支，而刘某蔚购24支。枪形物被拆开，经过组装。

视频MOV041、MOV042、MOV043：工作人员清点枪形物，说到21、22、20、11、15、35，没有一次提到24。

视频MOV044、MOV045、MOV046、MOV047：工作人员清点、组装长枪形物，能连贯地看到木箱，上写昆明，也能看到饮水机从木箱中拿出，工作人员打开饮水机后，能看到枪形物如何装在饮水机中，长枪形物均有塑料泡沫包装，工作人员拆掉泡沫，组装枪形物。而前一台饮水机，没有看到从643号木箱中拿出饮水机，打开饮水机，枪形物如何装在饮水机里，又如何从饮水机中逐一拿出。

视频MOV048到MOV054：再次转换场景，两台饮水机中所有的枪形物都被放到地上，依次排开。不同案件的物证放在一起，不能排除混同的合理怀疑。

开箱视频属勘验、检查录像，但完全不符合法定要求。作为视听资料，开箱视频既没有按视听资料提取要求取证，也没有提供存储视频的原始介质录像机，更没有提交录像机时间设置、事后未修改的证据，以及时间未修改的鉴定意见，甚至连情况说明都没有提供。根据2012年《最高法院刑诉解释》第94条，经审查无法确定真伪的,制作、取得的时间、地点、方式等有疑问,不能提供必要证明或者作出合理解释的,视听资料不得作为定案的根据。

案例7-1-8　重庆孔某文受贿案[(2017)渝0115刑初35号]

辩护人观看孔某文之妻陈某银的询问录音录像时,发现录像存在编辑、剪辑、删减的可能性,故申请鉴定其完整性和真实性。询问陈某银的录音录像存在的异常情况有:一是格式与四名被告人讯问录音录像的格式不同,可用普通播放器播放,而四名被告人的录像必须使用专业播放器;二是名为"合成画面",而四名被告人的录像文件名为自动生成;三是创建、修改时间异常,修改时间延后为7月6日,而其他人录像的创建时间与修改时间相同。

案例7-1-9　陕西反杀案/王某涉嫌故意伤害案[(2018)陕刑终243号]

辩护人通过对酒吧监控视频的细致分析,从关联性角度提出,如果王某没有还手,很可能会被李某正在进行的、现实的、紧迫的不法侵害伤害甚至杀死。具体辩护观点如下:

1. 李某的不法侵害是正在进行的、现实的、紧迫的。

20时32分30秒李某抓起3号台桌上的圆形陶瓷烟灰缸逞凶滋事,至20时37分25秒李某站起来往门口走,这不到5分钟的视频,以李某行凶、王某开始防卫(20时36分13秒)为节点,分为防卫前和防卫中两阶段。综合监控视频、证人证言、被告人供述,辩护人我对双方的行为和语言进行一个直观的比较。

(1)防卫前:20时32分30秒至20时36分13秒,李某逞凶滋事,王某认怂求情。防卫前的对比见表7-1-1。

表7-1-1　防卫前的对比

李某方: 李某、唐某1(衣浅色)、唐某2(衣深色)	王某方: 王某、苗某
行为 (1)李某拿起3号台桌的烟灰缸,将台桌往前推,从台桌右侧第1次逼近王某,唐某1左手从后背抓住李某羽绒服,右手拦住李某拿着烟灰缸的右手,将李某挡在他左后方(32分38秒)。	行为 (1)王某没有任何反应。

续表

李某方： 李某、唐某1（衣浅色）、唐某2（衣深色）	王某方： 王某、苗某
(2)李某将烟灰缸砸向王某(32分39秒)。	(2)烟灰缸砸向王某，王某没有反应。
(3)李某从唐某1左后方走到他右边，与他并排站在苗某和王某近处，李某还想上前第2次逼近王某，唐某1右手拦李某(32分43秒)。	(3)李某还想上前，唐某1阻拦时，王某起身，顺手拿起啤酒瓶(32分45秒)，被苗某、唐某1、王某1拦下(32分49秒)，苗某拿走王某的啤酒瓶。 这期间，王某没有任何行为，站着。
(4)唐某2拿起一个啤酒瓶，朝王某打了一下，后被服务员夺下酒瓶(32分51秒)。	(4)王某第2次拿起啤酒瓶欲防卫(33分57秒)，被苗某和唐某1拦下不动。
(5)李某推倒1号台桌，第1次推翻1号台桌的两个椅子(33分4秒)，第2次推倒王某和苗某面前(苗某之前坐的)椅子。 (6)李某第3次掀翻两个椅子(33分30秒)，唐某2右手抓着王某衣领，左手推搡王某(33分35秒)，后换左手抓着王某衣领，右手将苗某一把拉过来，也抓住衣领(33分57秒)。	(5)苗某将从王某手里拿过来的啤酒瓶给了唐某2(34分50秒)。 (6)王某赔笑求情(34分57秒)。 王某赔笑求情。 王某一直赔笑求情。
(7)李某第1次拿起啤酒瓶欲打王某(34分5秒)，唐某2拦下。 (8)唐氏兄弟将王某、苗某挡住，李某第2次拿起啤酒瓶逼近王某(34分40秒)，被唐某2推开。 (9)李某将手中的啤酒瓶用力摔在地上，继续叫嚣，右手不断比画(35分59秒)。	(7)王某站着不动，苗某劝阻，连续3次将李某拿着啤酒瓶的右手推开(35分13秒)。 (8)王某后退，双手阻挡，仍赔笑求情(35分18秒)。 (9)苗某欲夺下李某右手的啤酒瓶，很大力的夺，夺不下来(35分19秒)。
(10)李某第3次左手拿起啤酒瓶，逼近王某(35分6秒)，左手用啤酒瓶戳向王某胸前，同时把王某往后推(35分9秒)，右手举起向后比画。 (11)李某第4次右手举起啤酒瓶挥舞，欲打王某(35分12秒)。	(10)李某举起啤酒瓶时，苗某被迫后退(35分24秒)。 (11)苗某被迫再次后退并躲闪(35分38秒)。

续表

李某方： 李某、唐某1（衣浅色）、唐某2（衣深色）	王某方： 王某、苗某
(12)李某左手朝王某脖子掐捏，王某后退并双手阻挡(35分18秒)。	(12)王某多次右手拍李某左胳膊求情(35分47秒)。
(13)李某不让苗某夺下啤酒瓶，第5次举起啤酒瓶(35分24秒)。	王某赔笑求情。
(14)李某使劲推苗某，后左手指着苗某，右手第6次举起啤酒瓶欲打苗某(35分38秒)。	王某一直赔笑求情。
(15)李某连续7次甩开王某求和的手，推搡，对王某指指点点。	
(16)李某左手食指指着王某的鼻子，右手第7次举起啤酒瓶欲打王某(36分13秒)，后自行放下。	
(17)李某左手突然使劲击打王某颈部(36分16秒)，王某后退一步。	
语言 1. 你在哪瞪锤子哩！ （王某17/12/10、18/1/30证言） 2. 红衣服小伙拿了个啤酒递给白衣服小伙，说了些让对方砸自己类的话，具体什么话我没听清，白衣服小伙接过酒瓶没有砸红衣服小伙，脸上笑着和对方说话。（王某18/1/30证言） 3. 李某拿一个瓶子递给那小伙，让那小伙朝他头上砸。（唐某117/12/12证言） 4. 你看啥呢？（陈某17/12/10证言） 5. 把你打了咋了？你提个酒瓶干啥？ （王某17/12/11、12/12笔录） 6. 又递给我一个说"一个不够再给你一个"。 （王某17/12/12笔录） 7. 王某事后回忆，李某不停辱骂其家人。 8. 苗某当庭陈述，李某骂王某"日你妈"。	语言 1. 印象中我说过，出来都玩哩为高兴，没有必要弄的不开心。（苗某17/12/11证言） 2. 我们都是出来耍的，你把我也没有打成啥，咱们都各耍各的。（王某17/12/11笔录） 3. 我给他回话叫他"雷哥"，但他让我闭嘴不要说话，说他把我打了能咋，把我再打一下能咋。（王某17/12/11笔录）

综合分析,李某在这期间有十大行为:①砸烟灰缸;②辱骂王某,5次用手指着王某的脸;③掀翻桌子、椅子;④给王某递酒瓶;⑤用力摔碎啤酒瓶;⑥推搡王某、苗某,2次吓退苗某;⑦连续7次甩开王某求情的手;⑧手抓王某衣领;⑨掐捏王某脖子,王某后退并双手阻挡;⑩7次举起啤酒瓶欲打王某一方,用力打击王某脖颈。语言上:王某防卫前3分多钟,李某多次声称要伤害甚至"弄死"王某,5次指着王某的脸,侮辱性警告,辱骂王某家人。

而王某防卫前一直都是在李某先有行为或语言之后的忍让,明显是受到恐惧和威胁,妥协认怂,息事宁人。防卫前的近1分半钟,王某一直赔笑求情,妥协认怂。即使李某不断甩开王某求情的手,王某还是继续求情。王某全过程2次拿起啤酒瓶都事出有因,均是受到李某一方威胁、挑衅后的应急性防卫行为。第一次是李某砸了烟灰缸,再次逼近王某时;第二次是李某持续挑衅并恶语相向。但王某2次拿起啤酒瓶都被马上阻拦,随即自愿放下,平和忍让。苗某3次推开李某握着啤酒瓶的手,使劲想夺下李某手里的啤酒瓶,甚至躲闪李某的打击行为。

检察员认为李某的行为是轻微的暴力,这是不客观的。李某长时间持续地威胁、欺凌,在王某屈服的情况下仍不依不饶,逞强挑衅,气势汹汹,要伤害王某的意图明显,对王某实施暴力伤害行为的危险迫在眉睫,故意伤害行为随时现实化。苗某连续3次推开李某举着啤酒瓶的手,如果不是认为有危险,为什么要推开?李某2次举起啤酒瓶要打苗某,2次吓退了苗某,其中一次苗某还有躲闪的动作,彻底逼退苗某。李某多次举啤酒瓶,甚至左手打击王某脖颈。随着事态发展,接下来李某会怎么样,会造成什么样的损害后果难以预料。王某的人身安全处于现实的、急迫的和严重的危险之下。

(2)防卫过程:20时36分13秒至20时37分11秒,李某突袭行凶,王某被迫防卫。防卫过程的对比见表7-1-2。

表 7－1－2　防卫过程的对比

<table>
<tr><th>人物</th><th>李某</th><th>王某</th></tr>
<tr><td rowspan="4">行为和语言</td><td colspan="2">倒地前</td></tr>
<tr><td>(1)李某打王某头部 1 下，酒瓶飞出，啤酒洒到地上，李某滑倒。
(2)李某打王某，两人同时滑到半蹲，李某没站稳，多滑一下，同时王某第 6 次打在李某背部。
(3)李某打掉王某眼镜。
(4)之后李某叫嚣“你还敢打我，我把你弄死去”(王某 17/12/12 供述)。
(5)李某踩到垃圾桶里出来的塑料袋，撞到跌倒的椅子，抓着王某一并摔倒在地。</td><td>(1)王某被李某左手突然猛打一下脖颈后，用啤酒瓶打李某 5 次(李某滑倒时打了第 2 次，李某滑倒后打第 3 次，李某站起来时打了第 4 次，第 5 次没有打到)。
(2)王某眼镜被李某打掉后，有 2 次捅刺动作。
(3)王某第 2 次捅刺行为结束(36 分 30 秒)到两人摔倒(36 分 35 秒)，很明显王某没有再防卫的行为，反而有意避开啤酒瓶。</td></tr>
<tr><td colspan="2">倒地后</td></tr>
<tr><td>(1)倒地之后监控拍摄不到，没有再看到打斗画面，李某死死拽着王某头发。
(2)李某松手后，王某站起来，李某随后站起来走向门口，腰腹部有血迹。</td><td>(1)没有看到王某手、胳膊有任何行为。
(2)李某、王某二人倒地前，李某腰腹部还没有看到血迹。不是倒地前那 2 次捅刺造成的致命伤。</td></tr>
</table>

综合分析：

①为保护自己不受伤害，王某不得不进行防卫。王某是因前期反复认怂求情，李某仍咄咄逼人，突然一击，王某极度恐惧，生命面临威胁而被迫防卫。

②两人倒地前，打斗的全过程仅 18 秒，李某先打，双方均出手。王某打李某 5 次，后又打 1 次，均打在头部、肩部、背部。李某打掉王某眼镜后，高度近视的王某有 2 次捅刺动作。

③两人倒地后，监控拍到的李某腰腹部画面没有显示有血迹，李某起身后，腰腹部有了血迹。致命伤不是王某 2 次捅刺形成，而是两人倒地之后形成。两人倒地后监控画面有限，没有再看到打斗画面，只见李某死死拽着王某的头发不放。李某的致命伤在倒地之后如何形成，监控视频没有直接答案。

2. 王某除了防卫，没有其他选择

(1)孤立无援。李某吓退了苗某、其他顾客和店员；李某还有唐氏兄弟两个帮手；只待酒瓶挥下，王某可能没命，王某的性命实际上处于李某的控制之下。

(2)认怂求情失败,无法通过和平手段阻止李某。防卫前的时间不到4分钟,王某近1分半钟都在求情,笑脸相迎,点头哈腰,十次伸手表示友好,希望饶恕,但李某的威胁、侵害一直升级。苗某劝阻,2次被李某用酒瓶打他的动作吓退。

(3)王某无法向他人求援。从监控视频看,在王某还手之前,苗某和唐氏兄弟都已从画面消失,画面内只留下王某、李某两人,当苗某回到争执的地方想帮王某时,却被唐氏兄弟控制,不允许上前劝阻。王某1等人证言证明,争执发生后,服务员都离开大厅躲进了操作间,虽然其证明当时酒吧有十余位客人,但从监控视频看到,在争执不断激化的过程中,顾客都散开、采取"明哲保身"的做法,不愿卷入争执。面对李某的步步紧逼,设身处地,王某可以向谁求援?

(4)王某没法逃跑:①王某第一次到酒吧,不熟悉酒吧的情况。②王某眼睛高度近视,且喝了酒,晚上黑灯瞎火的状况下逃跑不容易。③根据侦查人员绘制的酒吧内部示意图,如果王某要从酒吧大厅跑到门口,需要穿过凌乱的桌椅沙发、躲开李某和唐氏兄弟三人的围堵、再穿过狭窄的过道。王某想跑出酒吧并不容易。④从酒吧方位图可见,酒吧并非在大道路边,而是在一个狭窄的巷子内,从酒吧通过巷子跑到宽阔的大道必经这一小巷,逃跑的难度很大。⑤从侦查机关对大道拍摄的图片看,该道路上车流稀少,就算跑出酒吧,王某也难以获得交通工具从而摆脱李某、唐氏兄弟三人的围追堵截。⑥李某一方是三个有一定社会经验的成年人,人数占优,李某更是当地有名的小混混,曾因寻衅滋事被行政处罚过,他们在深夜里围追堵截的经验远比刚出学校的王某丰富。现实状况下,王某无法逃跑。

(5)王某也没办法向公权力机关求援。现场没有警察,李某步步紧逼下,王某也来不及打电话报警。当时能救王某的,只有王某自己。

如果不想自己被伤或被杀,奋起还手是唯一的手段。如果王某不防卫,当晚死的很可能就是王某,今天法庭审判的可能就是李某故意杀人案。

案例7-1-10 内蒙古杜某贪污、挪用公款案

辩护人指出,本案有若干录音证据。这些录音为相关人员此前的对话。

本案还有更多录音证据、短信等电子数据,但杜某的录音笔、手机、电脑中的录音和短信等数据尽遭删除。此后进行了两次数据恢复,"恢复"一词即表明数据被人为删除。许多重要数据仍未恢复。

对杜某案的核心证据载体录音笔和手机,二审法院委托进行二次数据恢复鉴

定。但本次恢复的数据内容、被删除文件数量和文件哈希值(校验码)与在案杜某电脑里的《录音笔文件备份》不符、与2012年内蒙慧眼司法鉴定所鉴定的数据不符。第一,恢复文件的数量不同。2012年鉴定对录音笔3月20日以后数据恢复了12条已删除文件,而本次鉴定只恢复了7条。第二,文件哈希值不同。对于同一段正常存储的录音,除人为破坏数据外,哈希值是恒定的,但两次鉴定的哈希值完全不同,说明本次鉴定提取的设备数据很可能改变。第三,电脑档案已有的数据,此次鉴定却没有。

重审一审,公诉人白某军当庭承认,审查起诉阶段,他从杜某电脑拷贝了三个录音文件到U盘,U盘文件转移到办公电脑,但U盘丢了,办公电脑坏了。

另外,关键证人既不做声纹对比,又拒绝出庭作证。

案例7-1-11 长沙健身房开庭打人案/胡某等人扰乱法庭秩序案[(2016)湘0104刑初326号]

辩护人指出,控方举示冲突一方刘某江私自录制的录音,但其手机出现了两段录音,同样的内容却一段比另一段多25秒。且录音根本无法证明到底是谁动手打人,谁先动手,谁打了谁,打的程度,最多证明双方发生了争执。

辩护人多次强烈要求公、检、法调取A424室监控视频、走廊录像、法警执法记录仪录像等客观证据。但最终得到回复没有可提供的录像。

二、电子数据

随着信息技术和数字经济的发展,电子数据在信息时代刑事案件中的重要性将越来越突出。电子数据是案件发生过程中形成,以数字化形式存储、处理、传输,能够证明案件事实的数据。常见的电子数据包括:网页、朋友圈、贴吧等网络平台发布的信息;手机短信、电子邮件、微信等网络应用服务的通信信息;用户注册信息、身份认证信息、电子交易记录、通信记录、登录日志等信息;文档、图片、音视频、数字证书、计算机程序等电子文件。以数字化形式记载的证人证言、被害人陈述以及犯罪嫌疑人、被告人供述和辩解等证据,不属于电子数据。

关于电子数据审查的依据和规范包括:2005年公安部出台《计算机犯罪现场勘验与电子证据检查规则》;2009年最高检出台《人民检察院电子证据鉴定程序规则

(试行)》;2014 年“两高”与公安部联合发布《关于办理网络犯罪案件适用刑事诉讼程序若干问题的意见》(已失效);2016 年“两高”出台《电子数据规定》,对电子数据的收集提取、审查判断进行了全面规范,并将完整性校验作为电子数据的鉴真方法之一;2018 年最高院《关于互联网法院审理案件若干问题的规定》,将可信时间戳、数字签名、完整性/哈希值校验、区块链存证等技术手段作为互联网法院审理案件中电子数据鉴真的重要方法。2019 年《电子数据取证规则》,细化了电子数据的取证规则。2021 年《人民检察院办理网络犯罪案件规定》,将完整性校验、数字签名、数字证书作为电子数据鉴真的重要方法。2021 年《人民法院在线诉讼规则》将区块链存证作为在线诉讼中电子数据的鉴真方法,规定了其规范效力、审查方法等内容。《最高法院刑诉解释》对电子数据的审查判断,从收集提取是否合法、真实性、完整性以及电子数据的排除角度,在此前规范基础上进行的修改和增加,进一步完善了电子数据的审查规则。

(一)电子数据的鉴真

电子数据具有虚拟性、脆弱性、易变性、系统性、可分离性、海量性等特点,在收集、提取、封存、保管、鉴定、展示过程中稍有不慎就可能发生变化,任一环节出现问题或瑕疵都有可能影响电子数据的真实性、完整性。因此,电子数据的鉴真就极为关键。电子数据鉴真的对象可分为两类:一是电子数据的存储介质,如硬盘、光盘、存储卡;二是从原始存储介质中提取的电子数据。

实物证据包括视听资料、电子数据的鉴真,主要采取独特性确认和保管链验证的方法。但由于电子数据的证据形态、取证模式与传统实物证据存在较大差异,传统实物证据鉴真的独特性确认和保管链验证尚不足以保证电子数据的合法性和真实性。例如,电子数据的收集需制作取证笔录、见证人见证、同步录像等,但这些并不能确保电子数据的同一性和真实性。因此,电子数据的鉴真需要发展更多方法,包括技术性方法,法律规则也将不断完善。

司法解释规定的电子数据鉴真的技术性方法,有可信时间戳、数字签名、完整性校验、区块链存证等。前两者属于独特性确认,后两者属于保管链验证。(1)可信时间戳。申请人将收集的电子数据上传至时间戳服务中心(TSA),中心计算哈希值后进行数字签名,生成可信时间戳认证书,由此锁定电子数据在哈希值生成时的状态。电子数据是否保持完整性,可借助时间戳服务中心的逆向解码来验证。(2)数字签名。采取非对称加密技术生成公钥和私钥,对发送数据信息进行数字签名,接受方可以使用验证算法来核实。非对称加密技术可以保障数据的完整性、可靠性和身份可认证性。数字签名是交易类电子数据鉴真的重要方法。(3)完整性校验。电子数据若缺乏完整性,意味着可能存在增减或修改等情况,真实性便无法得到保障。电子数据的完整性是真实性的前提,往往采用完整性校验方法,即哈希值校验。任何一条电子数据,有且仅有唯一的哈希值,哈希值具有唯一性、确定性和不可逆性。若电子数据发生增减或修改,其哈希值也会发生变化。(4)区块链存证。基于区块链去中心化、分布式存储等特点,上链数据不可篡改,可溯源,真实有效。

《关于互联网法院审理案件若干问题的规定》第 11 条第 2 款、《人民法院在线诉讼规则》第 16 条均规定,采用数字签名、可信时间戳、哈希值校验、区块链存证等技术手段收集固定的电子数据具有“推定真实”的效力。此时证明责任就转移至相对方,由相对方提供否定证据真实性的证据。2019 年最高院《关于民事诉讼证据的若干规定》第 94 条规定了电子数据“推定真实”的情形,第 1 款第 2 项也规定了附有数字签名或采用类似安全保障技术认证的电子数据。实物证据鉴真旨在解决证据资格问题,有学者建议采取优势证据标准,辩护人一般应坚持控方应达到排除合理怀疑的证明标准。

电子数据收集、提取的方法有五种,可分为一体收集(电子数据连同其原始存储介质一并收集)、单独提取(仅收集电子数据而不扣押原始存储介质)、转化收集(通过打印、拍照或录像等方法固定电子数据承载的证据信息)三类。五种方法、三种类型的鉴真方式有所不同,但都可采取存储介质外观、完整性校验等方法确认其独特性,并从收集、提取、封存、保管、鉴定到当庭出示全过程,通过笔录、见证人、录像、保管、移交、鉴定制度等保管链证明来确定其同一性。

违反鉴真规则所收集的电子数据,包括非法证据和瑕疵证据两类。非法证据应当排除;瑕疵证据可予补正,不能补正的,也不得作为定案的根据。鉴真主要是解决证据的形式真实性问题,但法官往往更重视电子数据实质上的真实性和证明力问题,因此,尽管电子数据收集程序不合法,会影响其真实性,但法官可能对瑕疵证据过度宽容。

本节可与第二章实物证据的鉴真一并阅读。

(二)合法性审查的一般要求

本书主要是实务指引,故我们仍按司法解释的逻辑提炼电子数据的质证要点,首先是电子数据的合法性,主要应从对其收集、提取程序是否合法进行判断。

《最高法院刑诉解释》第 112 条规定:“对收集、提取电子数据是否合法,应当着重审查以下内容:(一)收集、提取电子数据是否由二名以上调查人员、侦查人员进行,取证方法是否符合相关技术标准;(二)收集、提取电子数据,是否附有笔录、清单,并经调查人员、侦查人员、电子数据持有人、提供人、见证人签名或者盖章;没有签名或者盖章的,是否注明原因;对电子数据的类别、文件格式等是否注明清楚;(三)是否依照有关规定由符合条件的人员担任见证人,是否对相关活动进行录像;(四)采用技术调查、侦查措施收集、提取电子数据的,是否依法经过严格的批准手续;(五)进行电子数据检查的,检查程序是否符合有关规定。”

上述规范非常宽泛,因电子数据收集、提取的措施、方法有五种,每一种都有不同的要求和规定。《电子数据取证规则》第 7 条规定:“收集、提取电子数据,可以根据案情需要采取以下一种或者几种措施、方法:(一)扣押、封存原始存储介质;(二)现场提取电子数据;(三)网络在线提取电子数据;(四)冻结电子数据;(五)调取电子数据。”五种收集、提取电子数据的措施和方法,每一种都有其特定的程序合法性要求。因此,对收集、提取电子数据是否合法,首先要判断电子数据是通过哪种方法收集而来,才能有针对性地进行审查。

依据现有规则,电子数据的取证,首先应当采取扣押封存原始存储介质的方式,无法扣押封存原始存储介质的,提取电子数据,无法扣押封存原始存储介质也无法提取的,可以通过拍照、打印、录像等方式固定电子数据。可见,电子数据取证,以扣押封存原始存储介质为原则,以提取电子数据为例外,以拍照、打印、录像等方式固定为补充。

收集、提取电子数据必须符合法律规定的要求,才能保障电子数据的合法性。一般要求包括:两名以上侦查人员进行,依法制作笔录、清单,由符合要求的人见证。五种收集、提取电子数据方法又各有更具体的要求。

1. 是否由两名以上侦查人员进行

侦查人员收集任何证据一般都要求两名以上侦查人员进行,这是侦查人员相互监督、保障侦查行为合法性的底线要求。《电子数据取证规则》第 6 条规定:“收集、提取电子数据,应当由二名以上侦查人员进行。必要时,可以指派或者聘请专业技术人员在侦查人员主持下进行收集、提取电子数据。”《电子数据规定》第 7 条也规定:“收集、提取电子数据,应当由二名以上侦查人员进行。取证方法应当符合相关技术标准。”电子数据因其特殊性,理论上应当由具备专业知识的侦查人员进行收集、提取。

2. 是否制作笔录、清单

收集、提取电子数据,应当制作笔录,记录案由、对象、内容、收集、提取电子数据的时间、地点、方法、过程，并附电子数据清单，注明类别、文件格式、完整性校验值等。笔录、清单应当由侦查人员、电子数据持有人（提供人）签名或者盖章。电子数据持有人（提供人）无法签名或者拒绝签名的，应当在笔录中注明，由见证人签名或者盖章。有条件的，应当对相关活动进行录像。《电子数据规定》第 14 条等对此有明确规定。

3. 是否有见证人

收集、提取电子数据，应当有人见证；见证人应当符合条件；由于客观原因无法由符合条件的人员担任见证人的，应当在笔录中注明情况，并对相关活动进行录像；针对同一现场多个计算机信息系统收集、提取电子数据的，可以由一名见证人见证。《电子数据规定》第 15 条等对此有明确规定。

（三）五种收集、提取电子数据方法的具体要求

收集、提取电子数据有五种方法，除应当符合上文提到的两名以上侦查人员收集，制作笔录、清单，见证人到场见证的一般规范之外，每种收集方法还有一些特别、具体的要求。

1. 扣押、封存原始存储介质

以扣押、封存原始存储介质收集电子数据，并不要求提取其中内容，只要求依法扣押、封存介质，如电脑、手机、平板电脑、光盘、磁盘、硬盘、储存卡。扣押之后，可能通过鉴定的方式提取电子数据或由侦查人员进行电子数据检查，这属于其他程序。

《人民检察院办理网络犯罪案件规定》第 34 条规定，“原始存储介质被扣押封存的，注重从以下方面审查扣押封存过程是否规范：（一）是否记录原始存储介质的品牌、型号、容量、序列号、识别码、用户标识等外观信息，是否与实物一一对应；（二）是否封存或者计算完整性校验值，封存前后是否拍摄被封存原始存储介质的照片，照片是否清晰反映封口或者张贴封条处的状况；（三）是否由取证人员、见证人、持有人（提供人）签名或者盖章”。

（1）是否原始存储介质

如前所述，电子数据属于实物证据，适用最佳证据规则。是否原始存储介质，直接影响到电子数据的真实性。《最高法院刑诉解释》第 110 条第 1 项规定，对电子数据是否真实，应当着重审查，“是否移送原始存储介质；在原始存储介质无法封存、不便移动时，有无说明原因，并注明收集、提取过程及原始存储介质的存放地点或者电子数据的来源等情况”。

电子数据提取的相关规范，也要求扣押、封存原始存储介质。例如，《电子数据规定》第 8 条第 1 款规定："收集、提取电子数据，能够扣押电子数据原始存储介质的，应当扣押、封存原始存储介质，并制作笔录，记录原始存储介质的封存状态。"《电子数据取证规则》第 10 条规定："在侦查活动中发现的可以证明犯罪嫌疑人有罪或者无罪、罪轻或者罪重的电子数据，能够扣押原始存储介质的，应当扣押、封存原始存储介质，并制作笔录，记录原始存储介质的封存状态。勘验、检查与电子数据有关的犯罪现场时，应当按照有关规范处置相关设备，扣押、封存原始存储介质。"

(2)是否按要求封存

对扣押的原始存储介质，必须进行封存。封存有三方面的要求，可简要概括为：不解封无法启动，拍摄封存前后对比照片，断信号断电源。按要求封存的目的在于，避免电子数据在封存状态下被修改、破坏，导致电子数据发生变化，影响电子数据的合法性、真实性和完整性。

《电子数据取证规则》第 11 条规定："对扣押的原始存储介质，应当按照以下要求封存：(一)保证在不解除封存状态的情况下，无法使用或者启动被封存的原始存储介质，必要时，具备数据信息存储功能的电子设备和硬盘、存储卡等内部存储介质可以分别封存；(二)封存前后应当拍摄被封存原始存储介质的照片。照片应当反映原始存储介质封存前后的状况，清晰反映封口或者张贴封条处的状况；必要时，照片还要清晰反映电子设备的内部存储介质细节；(三)封存手机等具有无线通信功能的原始存储介质，应当采取信号屏蔽、信号阻断或者切断电源等措施。"

《电子数据规定》第 8 条第 2 款规定："封存电子数据原始存储介质，应当保证在不解除封存状态的情况下，无法增加、删除、修改电子数据。封存前后应当拍摄被封存原始存储介质的照片，清晰反映封口或者张贴封条处的状况。"第 3 款规定："封存手机等具有无线通信功能的存储介质，应当采取信号屏蔽、信号阻断或者切断电源等措施。"

(3)是否制作笔录、清单，内容是否符合要求

扣押电子数据，应当制作扣押笔录和清单。扣押清单应当明确、清晰，具体要求详见《电子数据取证规则》第 12 条："对扣押的原始存储介质，应当会同在场见证人和原始存储介质持有人(提供人)查点清楚，当场开列《扣押清单》一式三份，写明原始存储介质名称、编号、数量、特征及其来源等，由侦查人员、持有人(提供人)和见证人签名或者盖章，一份交给持有人(提供人)，一份交给公安机关保管人员，一份附卷备查。"

扣押笔录应当记录必要的内容及特殊情况，具体要求详见这两条规定：《电子数据取证规则》第 13 条规定："对无法确定原始存储介质持有人（提供人）或者原始存储介质持有人（提供人）无法签名、盖章或者拒绝签名、盖章的，应当在有关笔录中注明，由见证人签名或者盖章。由于客观原因无法由符合条件的人员担任见证人的，应当在有关笔录中注明情况，并对扣押原始存储介质的过程全程录像。"第 15 条规定："扣押原始存储介质时，可以向相关人员了解、收集并在有关笔录中注明以下情况：（一）原始存储介质及应用系统管理情况，网络拓扑与系统架构情况，是否由多人使用及管理，管理及使用人员的身份情况；（二）原始存储介质及应用系统管理的用户名、密码情况；（三）原始存储介质的数据备份情况，有无加密磁盘、容器，有无自毁功能，有无其它移动存储介质，是否进行过备份，备份数据的存储位置等情况；（四）其他相关的内容。"

2. 现场提取电子数据

电子数据以扣押、封存原始存储介质为原则，因特定情形无法扣押原始存储介质的情况下，可以现场提取电子数据。现场提取电子数据有很多要求，如应当保护电子设备、遵守相关规定、制作笔录。提取程序必须规范，才能确保被提取电子数据的真实性、完整性。

《人民检察院办理网络犯罪案件规定》第 36 条规定："提取原始存储介质中的数据内容并予以固定的，注重审查以下内容：（一）是否记录原始存储介质的品牌、型号、容量、序列号、识别码、用户标识等外观信息，是否记录原始存储介质的存放位置、使用人、保管人；（二）所提取数据内容的原始存储路径，提取的工具、方法、过程等信息，是否一并提取相关的附属信息、关联痕迹、系统环境等信息；（三）是否计算完整性校验值；（四）是否由取证人员、见证人、持有人（提供人）签名或者盖章。"

（1）是否属于现场提取电子数据的情形。

只有具备特定情形，无法扣押原始存储介质的情况下，才可以现场提取电子数据。例如，原始存储介质体积太大，不便封存；不现场提取可能导致电子数据灭失；关机封存没有密码无法提取等。如条件允许可以扣押时，应及时扣押封存原始存储介质。《电子数据取证规则》第 16 条第 2 款对此有明确规定："无法扣押原始存储介质的情形消失后，应当及时扣押、封存原始存储介质。"

无法扣押原始存储介质，可以提取电子数据的具体情形包括：原始存储介质不便封存的；提取计算机内存数据、网络传输数据等不是存储在存储介质上的电子数据的；原始存储介质位于境外的；案件情况紧急，不立即提取电子数据可能会造成电子数据灭失或者其他严重后果的;关闭电子设备会导致重要信息系统停止服务的;需通过现场提取电子数据排查可疑存储介质的;正在运行的计算机信息系统功能或者应用程序关闭后,没有密码无法提取的等情况。

《电子数据规定》第9条第1款规定:“具有下列情形之一,无法扣押原始存储介质的,可以提取电子数据,但应当在笔录中注明不能扣押原始存储介质的原因、原始存储介质的存放地点或者电子数据的来源等情况,并计算电子数据的完整性校验值:(一)原始存储介质不便封存的;(二)提取计算机内存数据、网络传输数据等不是存储在存储介质上的电子数据的;(三)原始存储介质位于境外的;(四)其他无法扣押原始存储介质的情形。”

《电子数据取证规则》第16条第1款规定:“具有下列无法扣押原始存储介质情形之一的,可以现场提取电子数据:(一)原始存储介质不便封存的;(二)提取计算机内存数据、网络传输数据等不是存储在存储介质上的电子数据的;(三)案件情况紧急,不立即提取电子数据可能会造成电子数据灭失或者其他严重后果的;(四)关闭电子设备会导致重要信息系统停止服务的;(五)需通过现场提取电子数据排查可疑存储介质的;(六)正在运行的计算机信息系统功能或者应用程序关闭后,没有密码无法提取的;(七)其他无法扣押原始存储介质的情形。”

上述法条均有兜底条款,侦查机关有最终解释权,这导致实践中出现一些明明可以扣押原始存储介质而不扣押的情况。因此出现没有扣押原始存储介质,提取电子数据不全面等而无法证明案件事实的情况,再次扣押时电子数据可能发生改变。

(2)是否采取了保护措施,且按规定提取。

现场提取电子数据要采取保护措施、按规定提取,目的是避免电子数据在提取之前或提取过程中发生变化,被修改、破坏或灭失,导致电子数据不真实、不完整甚至无法获取的情况。

《电子数据取证规则》第17条规定:“现场提取电子数据可以采取以下措施保护相关电子设备:(一)及时将犯罪嫌疑人或者其他相关人员与电子设备分离;(二)在未确定是否易丢失数据的情况下,不能关闭正在运行状态的电子设备;(三)对现场计算机信息系统可能被远程控制的,应当及时采取信号屏蔽、信号阻断、断开网络连接等措施;(四)保护电源;(五)有必要采取的其他保护措施。”第18条规定:“现场提取电子数据,应当遵守以下规定:(一)不得将提取的数据存储在原始存储介质中;(二)不得在目标系统中安装新的应用程序。如果因为特殊原因,需要在目标系统中安装新的应用程序的，应当在笔录中记录所安装的程序及目的；（三）应当在有关笔录中详细、准确记录实施的操作。”

（3）是否制作笔录、清单，内容是否符合要求。

笔录、清单可以确定电子数据的来源、事由、目的，提取电子数据的时间、方法、完整性校验值等。《电子数据取证规则》第 21 条还规定：“由于客观原因无法由符合条件的人员担任见证人的，应当在《电子数据现场提取笔录》中注明情况，并全程录像，对录像文件应当计算完整性校验值并记入笔录。”笔录、清单、录像是电子数据提取过程的全记录。

《电子数据取证规则》第 19 条规定：“现场提取电子数据，应当制作《电子数据现场提取笔录》，注明电子数据的来源、事由和目的、对象、提取电子数据的时间、地点、方法、过程、不能扣押原始存储介质的原因、原始存储介质的存放地点，并附《电子数据提取固定清单》，注明类别、文件格式、完整性校验值等，由侦查人员、电子数据持有人（提供人）签名或者盖章；电子数据持有人（提供人）无法签名或者拒绝签名的，应当在笔录中注明，由见证人签名或者盖章。”第 20 条规定：“对提取的电子数据可以进行数据压缩，并在笔录中注明相应的方法和压缩后文件的完整性校验值。”

（4）电子数据无法一次性现场提取的，是否做好封存处理。

很多原因导致电子数据可能无法一次性完成提取，而需要二次甚至多次提取。因无法扣押原始存储介质，故需封存和保管原始存储介质，否则再次提取电子数据的真实性无法保证。

《电子数据取证规则》第 22 条规定：“对无法扣押的原始存储介质且无法一次性完成电子数据提取的，经登记、拍照或者录像后，可以封存后交其持有人（提供人）保管，并且开具《登记保存清单》一式两份，由侦查人员、持有人（提供人）和见证人签名或者盖章，一份交给持有人（提供人），另一份连同照片或者录像资料附卷备查。持有人（提供人）应当妥善保管，不得转移、变卖、毁损，不得解除封存状态，不得未经办案部门批准接入网络，不得对其中可能用作证据的电子数据增加、删除、修改。必要时，应当保持计算机信息系统处于开机状态。对登记保存的原始存储介质，应当在七日以内作出处理决定，逾期不作出处理决定的，视为自动解除。经查明确实与案件无关的，应当在三日以内解除。”

3. 网络在线提取电子数据

《人民检察院办理网络犯罪案件规定》第 37 条规定：“对于在线提取的电子数据，注重审查以下内容：（一）是否记录反映电子数据来源的网络地址、存储路径或者数据提取时的进入步骤等;(二)是否记录远程计算机信息系统的访问方式、电子数据的提取日期和时间、提取的工具、方法等信息,是否一并提取相关的附属信息、关联痕迹、系统环境等信息;(三)是否计算完整性校验值;(四)是否由取证人员、见证人、持有人(提供人)签名或者盖章。对可能无法重复提取或者可能出现变化的电子数据,是否随案移送反映提取过程的拍照、录像、截屏等材料。"

(1)是否属于网络在线提取电子数据的情形。

首先要判断该电子数据是否可以用网络在线提取的方式收集。网络在线提取大致包括三种情况:原始存储介质位于境外,远程计算机信息系统上的电子数据,公开发布的电子数据。此三种情况之外,应当选择其他提取方式。

法律依据如下:《电子数据规定》第9条第2款规定:"对于原始存储介质位于境外或者远程计算机信息系统上的电子数据,可以通过网络在线提取。"《电子数据取证规则》第23条规定:"对公开发布的电子数据、境内远程计算机信息系统上的电子数据,可以通过网络在线提取。"

(2)是否计算完整性校验值、录像、截图。

《电子数据取证规则》第24条规定:"网络在线提取应当计算电子数据的完整性校验值;必要时,可以提取有关电子签名认证证书、数字签名、注册信息等关联性信息。"第25条规定:"网络在线提取时,对可能无法重复提取或者可能会出现变化的电子数据,应当采用录像、拍照、截获计算机屏幕内容等方式记录以下信息:(一)远程计算机信息系统的访问方式;(二)提取的日期和时间;(三)提取使用的工具和方法;(四)电子数据的网络地址、存储路径或者数据提取时的进入步骤等;(五)计算完整性校验值的过程和结果。"

计算完整性校验值,可以防止电子数据被篡改或破坏。对于无法重复提取或可能会出现变化的电子数据,采用录像、拍照、截获计算机屏幕内容等方式记录相关信息,目的在于通过记录提取过程及方法,保证提取电子数据的真实性。

(3)是否制作笔录、清单,内容是否符合要求。

《电子数据取证规则》第26条规定:"网络在线提取电子数据应当在有关笔录中注明电子数据的来源、事由和目的、对象,提取电子数据的时间、地点、方法、过程,不能扣押原始存储介质的原因,并附《电子数据提取固定清单》,注明类别、文件格式、完整性校验值等,由侦查人员签名或者盖章。"

(4)网络远程勘验。

网络远程勘验是在线提取电子数据的特殊情况。简言之,案件或证据情况需要进一步查明时可以远程勘验。《电子数据取证规则》第27条规定:“网络在线提取时需要进一步查明下列情形之一的,应当对远程计算机信息系统进行网络远程勘验:(一)需要分析、判断提取的电子数据范围的;(二)需要展示或者描述电子数据内容或者状态的;(三)需要在远程计算机信息系统中安装新的应用程序的;(四)需要通过勘验行为让远程计算机信息系统生成新的除正常运行数据外电子数据的;(五)需要收集远程计算机信息系统状态信息、系统架构、内部系统关系、文件目录结构、系统工作方式等电子数据相关信息的;(六)其他网络在线提取时需要进一步查明有关情况的情形。”《电子数据规定》第9条第3款规定:“为进一步查明有关情况,必要时,可以对远程计算机信息系统进行网络远程勘验。进行网络远程勘验,需要采取技术侦查措施的,应当依法经过严格的批准手续。”

远程勘验要符合勘验的相关程序,如适用情形,是否制作笔录、是否有见证人见证、特殊案件是否全程录像等。《电子数据取证规则》第28条规定:“网络远程勘验由办理案件的县级公安机关负责。上级公安机关对下级公安机关刑事案件网络远程勘验提供技术支援。对于案情重大、现场复杂的案件,上级公安机关认为有必要时,可以直接组织指挥网络远程勘验。”

是否制作笔录,内容是否符合要求。《电子数据取证规则》第31条第1款规定:“远程勘验结束后,应当及时制作《远程勘验笔录》,详细记录远程勘验有关情况以及勘验照片、截获的屏幕截图等内容。由侦查人员和见证人签名或者盖章。”第32条规定:“《远程勘验笔录》应当客观、全面、详细、准确、规范,能够作为还原远程计算机信息系统原始情况的依据,符合法定的证据要求。对计算机信息系统进行多次远程勘验的,在制作首次《远程勘验笔录》后,逐次制作补充《远程勘验笔录》。”第35条规定:“网络在线提取、远程勘验使用代理服务器、点对点传输软件、下载加速软件等网络工具的,应当在《网络在线提取笔录》或者《远程勘验笔录》中注明采用的相关软件名称和版本号。”

提取电子数据的,是否制作清单。远程勘验并不都会提取电子数据,如为了分析、判断提取的电子数据范围的,不需要提取电子数据。对于需要收集远程计算机信息系统状态信息、系统架构、内部系统关系、文件目录结构、系统工作方式等电子数据相关信息的,则需要提取电子数据。《电子数据取证规则》第31条第2款规定:“远程勘验并且提取电子数据的,应当按照本规则第二十六条的规定,在《远程勘验笔录》注明有关情况,并附《电子数据提取固定清单》。”远程勘验且提取电子数据的,应当按要求制作《电子数据提取固定清单》。

特殊情况、特定案件,远程勘验需要录像。(1)网络远程勘验没有见证人的,应当对勘验过程进行录像。《电子数据取证规则》第30条规定:"网络远程勘验应当由符合条件的人员作为见证人。由于客观原因无法由符合条件的人员担任见证人的,应当在《远程勘验笔录》中注明情况,并按照本规则第二十五条的规定录像,录像可以采用屏幕录像或者录像机录像等方式,录像文件应当计算完整性校验值并记入笔录。"(2)五种特定犯罪的案件,应当对勘验过程进行录像。第34条规定:"对以下犯罪案件,网络在线提取、远程勘验过程应当全程同步录像:(一)严重危害国家安全、公共安全的案件;(二)电子数据是罪与非罪、是否判处无期徒刑、死刑等定罪量刑关键证据的案件;(三)社会影响较大的案件;(四)犯罪嫌疑人可能被判处五年有期徒刑以上刑罚的案件;(五)其他需要全程同步录像的重大案件。"

4. 冻结电子数据

冻结电子数据,是通过技术手段对电子数据进行固定,使电子数据处于不能被随意改动的状态。这与冻结存款、股票,资金不能流动、股票不能交易是同样的道理。实践中冻结较多的是云系统中存储的电子数据。这种数据一般因数据太多、无法或很难提取等因素,而采取冻结的方式。冻结电子数据是否合法,主要通过对冻结电子数据的情形、批准机关、案外人的协助等方面进行审查。

《人民检察院办理网络犯罪案件规定》第38条规定,"对冻结的电子数据,注重审查以下内容:(一)冻结手续是否符合规定;(二)冻结的电子数据是否与案件事实相关;(三)冻结期限是否即将到期、有无必要继续冻结或者解除;(四)冻结期间电子数据是否被增加、删除、修改等"。

(1)可以冻结电子数据的情形。

冻结电子数据的情形主要包括:数据量大,无法或者不便提取的;提取时间长,可能造成电子数据被篡改或者灭失的;通过网络应用可以更为直观地展示电子数据的等。

《电子数据规定》第11条规定:"具有下列情形之一的,经县级以上公安机关负责人或者检察长批准,可以对电子数据进行冻结:(一)数据量大,无法或者不便提取的;(二)提取时间长,可能造成电子数据被篡改或者灭失的;(三)通过网络应用可以更为直观地展示电子数据的;(四)其他需要冻结的情形。"《电子数据取证规则》第36条有类似规定。

(2)冻结电子数据的批准及冻结期限。

冻结电子数据应当经过县级以上公安机关负责人或者检察长的批准。冻结电子数据的期限为6个月，每次续冻期限最长不得超过6个月。逾期不办理继续冻结手续的，视为自动解除。

《电子数据规定》第11条还规定了“县级以上公安机关负责人或者检察长批准”这一程序要件。

《电子数据取证规则》第37条规定：“冻结电子数据，应当经县级以上公安机关负责人批准，制作《协助冻结电子数据通知书》，注明冻结电子数据的网络应用账号等信息，送交电子数据持有人、网络服务提供者或者有关部门协助办理。”第38条规定：“不需要继续冻结电子数据时，应当经县级以上公安机关负责人批准，在三日以内制作《解除冻结电子数据通知书》，通知电子数据持有人、网络服务提供者或者有关部门执行。”第39条规定：“冻结电子数据的期限为六个月。有特殊原因需要延长期限的，公安机关应当在冻结期限届满前办理继续冻结手续。每次续冻期限最长不得超过六个月。继续冻结的，应当按照本规则第三十七条的规定重新办理冻结手续。逾期不办理继续冻结手续的，视为自动解除。”

（3）冻结电子数据的方法。

冻结电子数据的方法包括：计算电子数据的完整性校验值，锁定网络应用账号，采取写保护措施等。

《电子数据规定》第12条第2款规定：“冻结电子数据，应当采取以下一种或者几种方法：（一）计算电子数据的完整性校验值；（二）锁定网络应用账号；（三）其他防止增加、删除、修改电子数据的措施。”《电子数据取证规则》第40条规定：“冻结电子数据，应当采取以下一种或者几种方法：（一）计算电子数据的完整性校验值；（二）锁定网络应用账号；（三）采取写保护措施；（四）其他防止增加、删除、修改电子数据的措施。”

（4）案外人协助。

需要冻结的电子数据，如云系统中存储的数据，由第三方托管机构存储。侦查机关要冻结，由第三方托管机构进行协助。《电子数据规定》第12条第1款规定：“冻结电子数据，应当制作协助冻结通知书，注明冻结电子数据的网络应用账号等信息，送交电子数据持有人、网络服务提供者或者有关部门协助办理。解除冻结的，应当在三日内制作协助解除冻结通知书，送交电子数据持有人、网络服务提供者或者有关部门协助办理。”

5. 调取电子数据

因电子数据由个人或单位持有的，侦查机关可向其依法调取。调取电子数据是否合法主要需审查调取程序是否合法，如是否制作调取证据通知书，被调取人是否按要求提供电子数据，被调取的电子数据是否妥善保护。《人民检察院办理网络犯罪案件规定》第39条规定："对调取的电子数据，注重审查以下内容：（一）调取证据通知书是否注明所调取的电子数据的相关信息；（二）被调取单位、个人是否在通知书回执上签名或者盖章；（三）被调取单位、个人拒绝签名、盖章的，是否予以说明；（四）是否计算完整性校验值或者以其他方法保证电子数据的完整性。"

《电子数据规定》第13条规定："调取电子数据，应当制作调取证据通知书，注明需要调取电子数据的相关信息，通知电子数据持有人、网络服务提供者或者有关部门执行。"

《电子数据取证规则》第41条第1款规定："公安机关向有关单位和个人调取电子数据，应当经办案部门负责人批准，开具《调取证据通知书》，注明需要调取电子数据的相关信息，通知电子数据持有人、网络服务提供者或者有关部门执行。被调取单位、个人应当在通知书回执上签名或者盖章，并附完整性校验值等保护电子数据完整性方法的说明，被调取单位、个人拒绝盖章、签名或者附说明的，公安机关应当注明。必要时，应当采用录音或者录像等方式固定证据内容及取证过程。"

6. 采取打印、拍照或者录像方式固定电子数据是否合法

电子数据通常都按上述五种方法收集、提取，但当没有或无法扣押原始存储介质，或无法提取电子数据时，可以选择通过打印、拍照或者录像等方式固定相关证据。此时，如何审查通过打印、拍照或者录像方式固定相关证据的合法性？

（1）是否属于可以通过打印、拍照或者录像方式固定相关证据的情形。

《电子数据规定》第10条规定："由于客观原因无法或者不宜依据第八条、第九条的规定收集、提取电子数据的，可以采取打印、拍照或者录像等方式固定相关证据，并在笔录中说明原因。"

可见，采用打印、拍照或者录像方式固定相关证据的条件是，由于客观原因无法或者不宜扣押原始存储介质，或提取电子数据。辩护人可以根据案件需要质疑这种取证方式，因为极少会出现因客观原因无法或者不宜扣押原始存储介质，或无法提取电子数据的情况；而且，能够扣押原始存储介质的，应当扣押；能够提取电子数据的，应当提取。

对于此种情形，《电子数据取证规则》第8条进行了详细的规定："具有下列情形之一的，可以采取打印、拍照或者录像等方式固定相关证据：（一）无法扣押原始

存储介质并且无法提取电子数据的；（二）存在电子数据自毁功能或装置，需要及时固定相关证据的；（三）需现场展示、查看相关电子数据的。根据前款第二、三项的规定采取打印、拍照或者录像等方式固定相关证据后，能够扣押原始存储介质的，应当扣押原始存储介质；不能扣押原始存储介质但能够提取电子数据的，应当提取电子数据。”

（2）是否制作笔录、清单。

笔录需要说明，为何无法扣押原始存储介质、无法提取电子数据，电子数据的存储位置，原始存储介质的特征等。《电子数据取证规则》第 9 条规定：“采取打印、拍照或者录像方式固定相关证据的，应当清晰反映电子数据的内容，并在相关笔录中注明采取打印、拍照或者录像等方式固定相关证据的原因，电子数据的存储位置、原始存储介质特征和所在位置等情况，由侦查人员、电子数据持有人（提供人）签名或者盖章；电子数据持有人（提供人）无法签名或者拒绝签名的，应当在笔录中注明，由见证人签名或者盖章。”

（四）电子数据检查

对扣押的原始存储介质或者提取的电子数据，进行数据恢复、破解、搜索、统计、比对等，称为电子数据检查。检查的目的在于进一步发现和提取与案件相关的线索和证据。电子数据检查要求严格，因为稍有不慎可能会改变甚至破坏电子数据。

《人民检察院办理网络犯罪案件规定》第 40 条规定：“对电子数据进行检查、侦查实验，注重审查以下内容：（一）是否记录检查过程、检查结果和其他需要记录的内容，并由检查人员签名或者盖章；（二）是否记录侦查实验的条件、过程和结果，并由参加侦查实验的人员签名或者盖章；（三）检查、侦查实验使用的电子设备、网络环境等是否与发案现场一致或者基本一致；（四）是否使用拍照、录像、录音、通信数据采集等一种或者多种方式客观记录检查、侦查实验过程。”

（1）是否由具备专业技术的侦查人员进行。

《电子数据取证规则》第 44 条规定：“电子数据检查，应当由二名以上具有专业技术的侦查人员进行。必要时，可以指派或者聘请有专门知识的人参加。”

（2）是否符合检查原则。

对电子数据存储介质拆封过程应当进行录像，有条件的应当检查电子数据备份，无法使用写保护设备且无法制作备份的，应当对检查过程进行录像。

《电子数据规定》第 16 条第 2 款规定：“电子数据检查，应当对电子数据存储介质拆封过程进行录像，并将电子数据存储介质通过写保护设备接入到检查设备进行检查;有条件的,应当制作电子数据备份,对备份进行检查;无法使用写保护设备且无法制作备份的,应当注明原因,并对相关活动进行录像。"

《电子数据取证规则》第 47 条规定:"检查电子数据应当遵循以下原则:(一)通过写保护设备接入到检查设备进行检查,或者制作电子数据备份、对备份进行检查;(二)无法使用写保护设备且无法制作备份的,应当注明原因,并全程录像;(三)检查前解除封存、检查后重新封存前后应当拍摄被封存原始存储介质的照片,清晰反映封口或者张贴封条处的状况;(四)检查具有无线通信功能的原始存储介质,应当采取信号屏蔽、信号阻断或者切断电源等措施保护电子数据的完整性。"第 46 条规定:"电子数据检查应当保护在公安机关内部移交过程中电子数据的完整性。移交时,应当办理移交手续,并按照以下方式核对电子数据:(一)核对其完整性校验值是否正确;(二)核对封存的照片与当前封存的状态是否一致。对于移交时电子数据完整性校验值不正确、原始存储介质封存状态不一致或者未封存可能影响证据真实性、完整性的,检查人员应当在有关笔录中注明。"

(3)是否制作笔录。

笔录是对检查过程的记录,应当记录检查方法、过程和结果等内容,并由有关人员签名或者盖章。提取电子数据的,还应当制作《电子数据提取固定清单》。

《电子数据规定》第 16 条第 2 款规定,电子数据检查应当制作笔录,注明检查方法、过程和结果,由有关人员签名或者盖章。

《电子数据取证规则》第 48 条规定:"检查电子数据,应当制作《电子数据检查笔录》,记录以下内容:(一)基本情况。包括检查的起止时间,指挥人员、检查人员的姓名、职务,检查的对象,检查的目的等;(二)检查过程。包括检查过程使用的工具,检查的方法与步骤等;(三)检查结果。包括通过检查发现的案件线索、电子数据、等相关信息。(四)其他需要记录的内容。"第 49 条规定:"电子数据检查时需要提取电子数据的,应当制作《电子数据提取固定清单》,记录该电子数据的来源、提取方法和完整性校验值。"

(4)是否符合相关技术标准。

《电子数据取证规则》第 45 条规定:"电子数据检查应当符合相关技术标准。"电子数据相关的技术标准很多,复制、写保护、搜索、恢复等都需要遵循技术标准,如《电子数据存储介质复制工具要求及检测方法》(GA/T 754—2008)、《电子数据存储介质写保护设备检测方法》(GA/T 755—2008)、《电子物证数据搜索检验技术规范》(GA/T 825—2009)、《电子物证数据恢复检验技术规范》(GA/T 826—2009)、

《电子物证文件一致性检验技术规范》(GA/T 827—2009)等。审查电子数据检查是否符合相关技术标准,要了解侦查机关使用了何种检验措施,再有针对性地判断是否符合标准,必要时可引入专家协助。

(五)电子数据侦查实验与技术侦查

1. 电子数据侦查实验

当需要判断或验证一些事实或现象在特定条件下能否发生时,需要进行侦查实验。电子数据的侦查实验,围绕电子数据展开,是侦查实验的一种。对电子数据侦查实验的审查,除了要符合侦查实验的一般要求外,还有一些特殊要求,如要对原始存储介质采取保护措施等。审查内容,参见《人民检察院办理网络犯罪案件规定》第40条、《电子数据取证规则》第52~54条等。

(1)电子数据侦查实验的情形。

《电子数据取证规则》第51条规定:“电子数据侦查实验的任务包括:(一)验证一定条件下电子设备发生的某种异常或者电子数据发生的某种变化;(二)验证在一定时间内能否完成对电子数据的某种操作行为;(三)验证在某种条件下使用特定软件、硬件能否完成某种特定行为、造成特定后果;(四)确定一定条件下某种计算机信息系统应用或者网络行为能否修改、删除特定的电子数据;(五)其他需要验证的情况。”

该条款实际上归纳了需要进行电子数据侦查实验的常见情况,如验证一定条件下电子设备发生的某种异常或者电子数据发生的某种变化。

(2)是否经过批准。

《电子数据取证规则》第50条规定:“为了查明案情,必要时,经县级以上公安机关负责人批准可以进行电子数据侦查实验。”

(3)电子数据侦查实验的要求。

《电子数据取证规则》第52条规定:“电子数据侦查实验应当符合以下要求:(一)应当采取技术措施保护原始存储介质数据的完整性;(二)有条件的,电子数据侦查实验应当进行二次以上;(三)侦查实验使用的电子设备、网络环境等应当与发案现场一致或者基本一致;必要时,可以采用相关技术方法对相关环境进行模拟或者进行对照实验;(四)禁止可能泄露公民信息或者影响非实验环境计算机信息系统正常运行的行为。”

(4)是否客观记录实验过程。

《电子数据取证规则》第53条规定:“进行电子数据侦查实验,应当使用拍照、录像、录音、通信数据采集等一种或多种方式客观记录实验过程。”第 54 条规定：“进行电子数据侦查实验，应当制作《电子数据侦查实验笔录》，记录侦查实验的条件、过程和结果，并由参加侦查实验的人员签名或者盖章。”

2. 通过技术侦查措施收集、提取电子数据

通过技术侦查措施收集、提取电子数据，应当符合双重规范：一方面，必须按照技术侦查的要求经过严格批准程序；另一方面，要严格遵守收集、提取电子数据的规范。

《最高法院刑诉解释》第 118 条第 2 款规定：“移送采用技术调查、侦查措施收集的视听资料、电子数据的，应当制作新的存储介质，并附制作说明，写明原始证据材料、原始存储介质的存放地点等信息，由制作人签名，并加盖单位印章。”

《电子数据取证规则》第 33 条第 2 款规定：“采用技术侦查措施收集电子数据的，应当严格依照有关规定办理批准手续。收集的电子数据在诉讼中作为证据使用时，应当依照刑事诉讼法第一百五十四条规定执行。”

（六）电子数据的排除

非法的电子数据应当排除，不得作为定案的根据。电子数据的排除，类似于书证和物证，包括两种情况：一是因严重违法而被强制性排除，二是瑕疵证据无法补正或无法合理解释而不作为定案的根据。

1. 强制性排除

电子数据收集、提取违法严重的，不是瑕疵，不能补正或做合理解释，而必须强制排除。例如，电子数据系篡改、伪造或无法确定真伪的，必须排除。《最高法院刑诉解释》第 114 条有明确规定：“电子数据具有下列情形之一的，不得作为定案的根据：（一）系篡改、伪造或者无法确定真伪的；（二）有增加、删除、修改等情形，影响电子数据真实性的；（三）其他无法保证电子数据真实性的情形。”

2. 瑕疵证据无法补正或合理解释

收集、提取程序仅存在轻微的程序瑕疵，才能予以补正或作出合理解释。《最高法院刑诉解释》第 113 条明确规定：“电子数据的收集、提取程序有下列瑕疵，经补正或者作出合理解释的，可以采用；不能补正或者作出合理解释的，不得作为定案的根据：（一）未以封存状态移送的；（二）笔录或者清单上没有调查人员或者侦查人员、电子数据持有人、提供人、见证人签名或者盖章的；（三）对电子数据的名称、类别、格式等注明不清的；（四）有其他瑕疵的。”此处，兜底条款也应当解释为与其他三项具有相当性。

进而，审查能否达到补正或合理解释的目的。并非一纸情况说明就可以补正所有问题，辩护人可综合案件事实及相关证据提出意见。

（七）真实性审查

电子数据的真实性，首先建立在电子数据取证程序合法的基础上。如果取证程序不合法，电子数据的真实性往往难以保障。通常情况下，只要取证不合法，就应当直接排除，或不得作为定案的根据，根本不需要审查真实性问题。

如果电子数据取证程序合法，通常能够保证电子数据的真实性，但也存在例外情况，因此还需要进行真实性审查。真实性审查的重点包括：是否移送原始存储介质，或作出合理解释；是否具有数字签名等特殊标识；收集、提取过程可否重现；有增加、删除、修改等情形的能否合理说明；完整性是否可以保证等。

《最高法院刑诉解释》第 110 条规定："对电子数据是否真实，应当着重审查以下内容：（一）是否移送原始存储介质；在原始存储介质无法封存、不便移动时，有无说明原因，并注明收集、提取过程及原始存储介质的存放地点或者电子数据的来源等情况；（二）是否具有数字签名、数字证书等特殊标识；（三）收集、提取的过程是否可以重现；（四）如有增加、删除、修改等情形的，是否附有说明；（五）完整性是否可以保证。"《电子数据规定》第 22 条的规定完全相同。

取证程序是否合法，辩护人通常能自己作出判断，但真实性审查往往需要借助专业知识，因为拥有计算机专业知识的人更容易提出实质性意见，故必要时可寻求计算机专家的帮助。

（八）完整性审查

电子数据的完整性是真实性的重要方面，如果电子数据不完整，其真实性往往难以保证。辩护人需要审查：电子数据是否完整，是否增加、缺失或修改，增加、缺失或修改了哪些内容，是有意为之还是技术原因导致，增加、缺失或修改后对电子数据真实性的影响等。

电子数据是否完整，应当根据保护电子数据完整性的方法进行审查，大致包括三方面：第一，审查电子数据收集、提取的过程；第二，对比电子数据完整性校验值；第三，冻结后访问日志是否变化。

《最高法院刑诉解释》第 111 条规定："对电子数据是否完整，应当根据保护电子数据完整性的相应方法进行审查、验证：（一）审查原始存储介质的扣押、封存状态；（二）审查电子数据的收集、提取过程，查看录像；（三）比对电子数据完整性校验值；（四）与备份的电子数据进行比较；（五）审查冻结后的访问操作日志；（六）其他方法。”《电子数据规定》第5条、《人民检察院办理网络犯罪案件规定》第31条有类似规定。

电子数据的鉴真部分，有电子数据完整性的相关论述，可参照阅读。

（九）关联性审查

任何证据都要审查关联性问题，电子数据的关联性一般通过三方面来审查：

第一，原始存储介质与被告人是否有关。《电子数据规定》第25条第2款规定：“认定犯罪嫌疑人、被告人与存储介质的关联性，可以通过核查相关证人证言以及犯罪嫌疑人、被告人供述和辩解等进行综合判断。”

第二，被告人的网络身份是否与现实身份一致。《电子数据规定》第25条第1款规定：“认定犯罪嫌疑人、被告人的网络身份与现实身份的同一性，可以通过核查相关IP地址、网络活动记录、上网终端归属、相关证人证言以及犯罪嫌疑人、被告人供述和辩解等进行综合判断。”

第三，电子数据内容是否与案件事实有关。例如，一起传销案件，侦查机关提取了大量电子数据后进行司法会计鉴定，以证明某期间相关当事人的涉案金额。但电子数据记录的内容并非涉案期间，而是涉案前的数据，显然与指控无关。

为了判断电子数据是否与案件事实有关，必要时需要文字材料及相关说明。《最高法院刑诉解释》第115条规定：“对视听资料、电子数据，还应当审查是否移送文字抄清材料以及对绰号、暗语、俗语、方言等不易理解内容的说明。未移送的，必要时，可以要求人民检察院移送。”我们往往会提交电子数据的图文版，并标明重点内容及对应在电子数据中的准确位置。

（十）电子数据的鉴定

电子数据鉴定是指鉴定人运用计算机方面等专门知识与技术，对电子数据的存在性、真实性、功能性、相似性等专门性问题进行检验、分析、鉴别和判断并提供鉴定意见的活动。电子数据鉴定包括电子数据存在性鉴定、真实性鉴定、功能性鉴定、相似性鉴定等。

本书对司法鉴定进行了专章论述，此处简要描述电子数据鉴定作为一类特殊鉴定的质证重点：

1. 鉴定资质

电子数据鉴定是声像资料鉴定的一种。同样，鉴定人、鉴定机构均应具备相应资质，辩护人可从省司法厅官网、司法部国家司法鉴定机构、鉴定人名录中查询，还应确认鉴定人是否属于相关专业。不具备法定资质，鉴定意见不得作为定案的根据。

《最高法院刑诉解释》第 98 条规定:“鉴定意见具有下列情形之一的,不得作为定案的根据:(一)鉴定机构不具备法定资质,或者鉴定事项超出该鉴定机构业务范围、技术条件的;(二)鉴定人不具备法定资质,不具有相关专业技术或者职称,或者违反回避规定的……”

2. 检材是否合法

检材是所有鉴定意见均需重点审查的内容,而电子数据因具有易变性、易篡改性等特点,更需仔细审查。电子数据鉴定检材是否合法包括两个方面:检材收集程序违法,检材不真实;检材合法但检材与收集的电子数据不一致。

(1)电子数据收集程序违法,检材不真实。

电子数据收集、提取是否合法直接决定了电子数据是否真实,如收集程序违法,电子数据不真实,基于不真实的检材作出鉴定,显然不能作为定案根据。《最高法院刑诉解释》第 98 条第 3 项规定,“送检材料、样本来源不明,或者因污染不具备鉴定条件的”,鉴定意见不得作为定案的根据。

为了保障检材真实,委托人应按要求提交材料。《人民检察院电子证据鉴定程序规则(试行)》第 5 条规定:“进行电子证据鉴定,委托单位应当提交以下材料:……(三)检材及有关检材的各种记录材料(接受、收集、调取或扣押工作记录,使用和封存记录;检材是复制件的,还应有复制工作记录);(四)委托说明(包括检材的来源、真实完整、合法取得、固定及封存状况等)……”

(2)鉴定数据与送检数据不一致。

电子数据在移送过程中容易出现问题,拷贝、传输都可能导致电子数据发生变化。侦查机关送检往往用电子数据的备份,鉴定机构在备份的基础上再备份鉴定,出问题的可能性更大。送检电子数据的原始存储介质,如果操作不当,也可能导致电子数据发生变化,如在 Wi－Fi 环境下可能接收新的数据。因此,辩护人应当细致地审查:送检的电子数据是否为收集、提取的电子数据,鉴定的电子数据是否为送检的电子数据。

鉴定的电子数据与送检数据是否一致,一般可以通过计算完整性校验值来审查。必要时,辩护人可以引入专家来辅助审查。

《最高法院刑诉解释》第 98 条第 4 项规定,“鉴定对象与送检材料、样本不一致的”,鉴定意见不得作为定案的根据。

3. 是否超范围鉴定

《声像资料司法鉴定执业分类规定》对电子数据鉴定有明确的分类:

（1）电子数据的存在性鉴定，依《声像资料司法鉴定执业分类规定》第 18 条的规定，“包括电子数据的提取、固定与恢复及电子数据的形成与关联分析。其中电子数据的提取、固定与恢复包括对存储介质（硬盘、光盘、优盘、磁带、存储卡、存储芯片等）和电子设备（手机、平板电脑、可穿戴设备、考勤机、车载系统等）中电子数据的提取、固定与恢复，以及对公开发布的或经所有权人授权的网络数据的提取和固定；电子数据的形成与关联分析包括对计算机信息系统的数据生成、用户操作、内容关联等进行分析”。

（2）电子数据真实性鉴定，依《声像资料司法鉴定执业分类规定》第 19 条的规定，“包括对特定形式的电子数据，如电子邮件、即时通信、电子文档、数据库数据等的真实性或修改情况进行鉴定；依据相应验证算法对特定形式的电子签章，如电子签名、电子印章等进行验证”。

（3）电子数据功能性鉴定，依《声像资料司法鉴定执业分类规定》第 20 条的规定，“包括对软件、电子设备、计算机信息系统和破坏性程序的功能进行鉴定”。

（4）电子数据相似性鉴定，依《声像资料司法鉴定执业分类规定》第 21 条的规定，“包括对软件（含代码）、数据库、电子文档等的相似程度进行鉴定；对集成电路布图设计的相似程度进行鉴定”。

是否超范围鉴定，应比对委托事项、鉴定事项与四类鉴定的具体内容。如委托存在性鉴定，委托鉴定机构提取存储介质中的电子数据，但鉴定意见作出了电子数据是否真实或修改的真实性鉴定，即属超范围鉴定。

4. 鉴定过程和方法是否符合规范

电子数据鉴定往往会用到多种鉴定方法。鉴定意见书应说明所使用的鉴定方法，辩护人应当审查：声称使用的鉴定方法是否适当；是否真实地使用某种鉴定方法；使用某种鉴定方法是否符合技术规范；鉴定意见文本涉及提取、复制、搜索、检测、检验、恢复等关键词，是否符合相关鉴定方法等。

鉴定方法涉及鉴定标准，电子数据鉴定的技术标准有国家标准（GB）、公共安全行业标准（GA）、司法部技术标准（SF）等，数量很多。

国家标准，如《电子物证数据恢复检验规程》（GB/T 29360—2012）、《电子物证文件一致性检验规程》（GB/T 29361—2012）、《电子物证数据搜索检验规程》（GB/T 29362—2012）等。

公共安全行业标准，如《数字化设备证据数据发现提取固定方法》（GA/T 756—2008）、《移动终端取证检验方法》（GA/T 1770—2014）、《电子证据数据现场获取通用方法》(GA/T 1774—2014)、《电子数据存储介质复制工具要求及检测方法》(GA/T 754—2008)、《电子数据存储介质写保护设备检测方法》(GA/T 755—2008)、《程序功能检验方法》(GA/T 757—2008)、《电子物证数据搜索检验技术规范》(GA/T 825—2009)、《电子物证数据恢复检验技术规范》(GA/T 826—2009)、《电子物证文件一致性检验技术规范》(GA/T 827—2009)、《电子物证软件一致性检验技术规范》(GA/T 829—2009)、《电子物证软件功能检验技术规范》(GA/T 828—2009)、《电子数据法庭科学鉴定通用方法》(GA/T 976—2012)、《法庭科学电子物证手机检验技术规范》(GA/T 1069—2013)、《法庭科学计算机开关机时间检验技术规范》(GA/T 1070—2013)、《软件相似性检验技术方法》(GA/T 1775—2014)、《芯片相似性比对检验方法》(GA/T 1771—2014)、《法庭科学电子物证 Windows 操作系统日志检验技术规范》(GA/T 1071—2013)、《电子邮件检验技术方法》(GA/T 1772—2014)、《即时通讯记录检验技术方法》(GA/T 1773—2014)、《网页浏览器历史数据检验技术方法》(GA/T 1776—2014)等。

司法部技术标准,如《电子数据司法鉴定通用实施规范》(SF/Z JD0400001—2014)、《电子数据复制设备鉴定实施规范》(SF/Z JD0401001—2014)、《电子邮件鉴定实施规范》(SF/Z JD0402001—2014)、《手机电子数据提取操作规范》(SF/Z JD0401002—2015)、《即时通讯记录检验操作规范》(SF/Z JD0402003—2015)、《电子数据司法鉴定通用实施规范》(SF/Z JD0400001—2014)、《电子数据复制设备鉴定实施规范》(SF/Z JD0401001—2014)等。

《最高法院刑诉解释》第 98 条第 6 项规定,“鉴定过程和方法不符合相关专业的规范要求的”,鉴定意见不得作为定案的根据。如电子数据鉴定方法不符合上述标准,鉴定意见不得作为定案的根据。涉及专业问题,辩护人必要时可向专家求助。

案例

案例 7-2-1 吴某团、吴某同贩卖、运输毒品,吴某明非法持有毒品案[(2015)南铁中刑终字第 3 号]

法院认为:根据公安部《计算机犯罪现场勘验与电子证据检查规则》第 9 条的规定,电子证据检查,应当遵循办案人员与检查人员分离的原则。固定和封存电子证据的目的是保护电子证据的完整性、真实性和原始性。第 13 条第 2 项规定,封存前后应当拍摄被封存电子设备和存储媒介的照片并制作《封存电子证据清单》，照片应当从各个角度反映设备封存前后的状况，清晰反映封口或张贴封条处的状况。第31、32条规定，在检查原始电子设备结束后，应当及时制作《电子证据检查工作记录》(由《电子证据检查笔录》《提取电子数据清单》《封存电子证据清单》《原始证据使用记录》等内容构成)。公安机关所提供的手机取证报告未严格按照上述相关规定进行取证，对取证的手机未进行封存并且制作笔录，无法保证所提取证据的真实性。

案例7-2-2 王某甲、王某才等开设赌场、故意伤害案[(2015)浙温刑终字第495号]

原判认定各被告人开设赌场的投注总额，系根据公安机关采用技术侦查手段获取的手机短信记录反映的返水金额，结合被告人王某才等人关于返水比例为总投注额2%的供述而计算出来的。手机短信记录作为电子数据，应符合法律规定的要求，对制作、取得的时间、地点、方式不能提供必要证明或合理解释的，不能作为定案的根据。在案证据无法证实该手机短信记录的来源、取证程序及方式，一审、二审法院均已出具公函要求侦查机关提供相关证据，公安机关亦未提供相关证据。因此，手机短信记录、投注金额汇总表的真实性不能确定，不能作为证据使用，原判认定的投注总额缺乏证据证实，不予认定。

案例7-2-3 龙某彪猥亵儿童案[(2020)京02刑终276号]

根据2012年《最高法院刑诉解释》第94条，经审查无法确定真伪的电子数据，不得作为定案的根据。本案中，微信聊天记录截图系张某向公安机关提交，其中的聊天记录等内容属于电子数据，在未对上述微信聊天记录截图中的内容所对应的原始存储介质数据进行审查的情况下，无法确定其真伪，上述微信聊天记录截图不应作为定案的根据。

案例7-2-4 郑某某、王某某重婚案[(2018)晋0427刑初40号]

法院认为：对于将网上聊天记录作为证据提交法庭的，应将原始存储介质移送；在原始存储介质无法封存、不便移动或者依法应当由有关部门保管、处理、返还时，提取、复制电子数据应由二人进行，要保证电子数据的完整性，要有提取、复制过程及原始存储介质存放地点的文字说明和签名；电子数据内容要真实，无删除、修改、增加等情形；与案件事实有关联的电子数据要全面收集。人民法院对视听资料、电子数据如经审查无法确定真伪的；制作、取得的时间、地点、方式等有疑问，不能提供必要证明或者作出合理解释的，不得作为定案的根据。该证据不符合上述规定，法院经审查无法确定其真伪，不予采信。

案例 7-2-5　叶某开设赌场案[（2016）浙 0302 刑初 42 号]

法院认为：根据刑事诉讼证据规则，提取、复制电子数据应由二人以上进行，而涉案微信聊天记录系由经办民警一人提取、整理、汇总，因此制作的聊天记录 Excel 汇总表不符合法定程序，公安机关亦无法提供原始存储手机中的上述聊天记录予以证明，故该 Excel 汇总表不得作为定案的根据。

案例 7-2-6　祁某沙、韩某军、马某寿等敲诈勒索、开设赌场案[（2019）青 2523 刑初 17 号]

法院认为：被告人马某寿 HUAWEILON - ALOO 手机未被公安机关扣押、封存，依据《电子数据规定》第 8 条、第 27 条的规定，侦查机关未将应当扣押封存的手机进行扣押并以封存状态移送，亦不能补正或作出合理解释，侦查机关在该手机上提取的相关电子数据不得作为定案的根据。

案例 7-2-7　熊某伟非法经营案[（2020）粤 2071 刑初 872 号]

法院认为，《电子数据规定》第 27 条规定："电子数据的收集、提取程序有下列瑕疵，经补正或者作出合理解释的，可以采用；不能补正或者作出合理解释的，不得作为定案的根据：（一）未以封存状态移送的；（二）笔录或者清单上没有侦查人员、电子数据持有人（提供人）、见证人签名或者盖章的；（三）对电子数据的名称、类别、格式等注明不清的；（四）有其他瑕疵的。"本案中，侦查机关向财付通支付科技有限公司发出山公调证字[2019]28101 号调取证据通知书，依法向其调取 y135××××415 等 4 个微信账号的主体信息及交易流水，但对应的调取证据清单上持有人一栏为空，且没有对需要调取的电子数据的类别、格式进行详细注明，侦查机关出具的办案说明对该证据瑕疵亦没有作出合理解释或者补正，故电子数据来源存疑，不能作为本案定案依据。

案例7-2-8 刘某根贩卖、运输毒品案[(2015)赣刑三终字第21号]

法院认为：电话记录清单无调取证据手续，电子数据存储介质，制作时间和制作人签名，电子数据持有人或单位的签名、盖章，笔注“刘某根157……6699手机话单”也没有笔注人签名或笔注单位盖章。证据形式要件不合法，取证程序的合法性和内容的真实性没有经手单位和经手人盖章或签字确认，依法不得作为定案的根据。

案例7-2-9 北京李某琪诈骗案[(2018)京0102刑初721号]

本案存在三份鉴定意见，其中两份鉴定意见为北京信诺司法鉴定所京信[2016]司鉴字第158号、[2018]司鉴字第1560号鉴定意见，涉及被告人李某琪的手机。一份北京信诺司法鉴定所[2018]司鉴字第1561号鉴定意见，涉及被害人张某月的手机。辩护人提出，三份鉴定意见均存在严重问题，不能作为定案根据。具体辩护意见如下：

(1)李某琪手机的两份鉴定意见。

本案存在大量聊天记录，而鉴定只是对手机内容进行了提取，至于内容如何形成，微信聊天记录是自己聊的，还是迁移进去的，并不清楚。鉴定人在法庭上也证实，微信聊天记录的迁移非常容易，无须手机越狱即可完成。此外，第一份与第二份鉴定时间间隔达两年，第二次鉴定中出现了来源不明且在第一次鉴定中未出现过的“微信分身版”，无法确定该应用是谁安装，何时安装，案发前就存在还是案发后他人安装。第二份鉴定意见也没有鉴定聊天记录是否存在篡改的情况。

第一，没有依法扣押、封存李某琪的手机，所鉴定的手机来源不明。

第二，手机如何保管、送检，一无所知，同一性无法保证。

第三，鉴定前、鉴定当日手机都在被使用、删除信息，检材被污染。2016年5月11日送鉴定前，手机就被使用、被删除相关信息；2016年5月11日还有人使用手机、删除信息；2016年5月16日鉴定过程中，手机还有被使用的痕迹。

第四，2016年4月20日，有人登录李某琪的微信，2016年10月28日、30日、31日，还有人登录李某琪的微信。

第五，第二次鉴定，鉴定人应当回避没有回避。《司法鉴定程序通则》第20条第2款规定："司法鉴定人曾经参加过同一鉴定事项鉴定的，或者曾经作为专家提供过咨询意见的，或者曾被聘请为有专门知识的人参与过同一鉴定事项法庭质证的，应当回避。"本案两次对李某琪手机鉴定均由同样的鉴定人完成，根据上述规定，第二次鉴定应当回避。

第六，鉴定过程和方法不符合专业规范要求，应当屏蔽信号没有屏蔽，不应改变送检检验对象的数据，但手机数据明显被改变。

第七，鉴定意见与其他证据矛盾。微信分身版出现袁某琦等其他四个账号，但这些账号在腾讯都没有留下登录日志。李某琪手机鉴定提取的聊天记录与张某月手机鉴定提取的聊天记录存在巨大差异。如3月24日同一时间段内，李某琪手机鉴定只提取到1112条聊天记录，张某月手机鉴定提取2115条聊天记录，比李某琪手机鉴定提取内容多了至少1000条，其中绝大多数是李某琪发出的内容，但李某琪手机中并没有对应内容。3月24日17:53:21至3月25日20:28:42，张某月手机共1424条聊天内容，李某琪手机中一条都没有。再如，张某月与袁某琦的聊天记录，2016年2月16日18:21:31至2016年3月21日16:03:09，这段时间，张某月手机比李某琪手机多了至少1005条内容。

(2)张某月手机的鉴定意见。

张某月手机一直没有扣押在案，案发2年7个月后才提取手机进行鉴定。而张某月在2018年11月1日的询问笔录中也明确提到，删除了手机中的内容，换了两次手机，聊天记录迁移了两次。尤其是，张某月手机鉴定提取的聊天记录和李某琪手机提取的聊天记录，与案件有关的内容，存在巨大差异。因此，电子数据的真实性无法确定，根据《电子数据规定》第28条的规定，鉴定意见不得作为定案的根据。

案例7-2-10 唐山李某敏、刘某丽敲诈勒索、重婚案[(2017)冀0283刑初396号]

辩护人认为，根据某县公安局网安大队的情况说明，本案电子证据系某县公安局刑警某中队委托他们远程勘验而来。远程勘验电子证据有严格的程序，本案远程勘验违反了《计算机犯罪现场勘验与电子证据检查规则》，取得的截图不能作为定案依据。具体辩护意见如下：

(1)远程勘验人员是否有资质,无从得知。

《计算机犯罪现场勘验与电子证据检查规则》第6条规定:“执行计算机犯罪现场勘验与电子证据检查任务的人员,应当具备计算机现场勘验与电子证据检查的专业知识和技能。”本案只有情况说明和截图,何人勘验、姓名是什么都不知道,无从查验是否具备计算机现场勘验与电子证据检查的专业知识和技能。

(2)没有计算目标网站内容的完整性校验值,没有制作《固定电子证据清单》。

《计算机犯罪现场勘验与电子证据检查规则》第22条规定:“远程勘验过程中提取的目标系统状态信息、目标网站内容以及勘验过程中生成的其它电子数据,应当计算其完整性校验值并制作《固定电子证据清单》。”

(3)没有任何方式记录远程勘验过程中提取、生成电子证据的关键步骤。

《计算机犯罪现场勘验与电子证据检查规则》第23条规定:“应当采用录像、照相、截获计算机屏幕内容等方式记录远程勘验过程中提取、生成电子证据等关键步骤。”本案远程勘验只有几个截图,没有任何提取、生成该网页截图的关键步骤。

(4)没有《远程勘验笔录》。

《计算机犯罪现场勘验与电子证据检查规则》第36条规定:“《远程勘验笔录》的内容一般包括:(一)基本情况。包括勘验的起止时间,指挥人员、勘验人员的姓名、职务,勘验的对象,勘验的目的等;(二)勘验过程。包括勘验使用的工具,勘验的方法与步骤,提取和固定数据的方法等;(三)勘验结果。包括通过勘验发现的案件线索,目标系统的状况,目标网站的内容等。”

本案只有勘验结果,没有笔录,勘验的基本情况,如勘验的起止时间,指挥人员、勘验人员的姓名、职务,勘验的对象,勘验的目的不知,勘验过程,包括勘验使用的工具,勘验的方法与步骤,提取和固定数据的方法等一概不知。

(5)没有《远程勘验工作记录》,只有截获的屏幕截图。

《计算机犯罪现场勘验与电子证据检查规则》第24条规定:“远程勘验结束后,应当及时制作《远程勘验工作记录》。《远程勘验工作记录》由《远程勘验笔录》、《固定电子证据清单》、《勘验检查照片记录表》以及截获的屏幕截图等内容组成。”本案没有《远程勘验工作记录》,也没有包含《远程勘验笔录》《固定电子证据清单》《勘验检查照片记录表》,只有勘验截获的网页。

(6)违反2012年《最高法院刑诉解释》第93条。

勘验检查人员是否有资质、是否二人进行勘验检查不知,没有进行电子数据的完整性计算,没有提取过程。收集程序、方式没有记录,无法确定是否符合有关技术规范,没有勘验检查笔录、清单,没有勘验检查人员签字。电子数据有疑问,但没有进行鉴定。电子数据的制作、取得的时间、地点、方式等有疑问,没有提供必要证明或者作出合理解释。

因此,该电子数据取证程序严重违法,不能作为定案依据。

案例 7-2-11　许昌李某远等诈骗案[(2019)豫10刑终352号]

辩护人认为,侦查机关对李某远的手机、电脑的扣押程序违法,导致手机和电脑来源不明,同一性无法保证,进而以此提取的电子数据真实性、完整性、原始性均无法保证。具体辩护意见如下:

(1)扣押清单造假。

侦查人员郭某、卢某龙出庭,均表示未到现场进行扣押,但李某远物品的《扣押清单》有卢某龙签字,张某孟物品的《扣押清单》有郭某、卢某龙两人签字,可见扣押清单系伪造而来。

(2)没有扣押笔录,扣押程序违法。

《公安机关办理刑事案件程序规定》第224条第2款规定:"查封、扣押的情况应当制作笔录,由侦查人员、持有人和见证人签名。对于无法确定持有人或者持有人拒绝签名的,侦查人员应当在笔录中注明。"卷中没有扣押笔录,侦查人员郭某、卢某龙出庭也均表示没有制作扣押笔录。

(3)没有保管人,无法排除侦查人员自行保管的可能。

《公安机关执法细则》(2016年)第9-01条"扣押"规定:当场开列《扣押物品、文件清单》一式三份,一份交给持有人,一份交给公安机关保管人员,一份存入诉讼卷。《公安机关刑事案件现场勘验检查规则》第57条规定,"《扣押清单》一式三份,一份交物品、文件持有人,一份交公安机关保管人员,一份附卷备查"。第62条规定:"对于现场提取的痕迹、物品和扣押的物品、文件,应当按照有关规定建档管理,存放于专门场所,由专人负责,严格执行存取登记制度,严禁侦查人员自行保管。"扣押清单上并没有保管人,不知道是谁保管,不能排除侦查人员自行保管的可能,侦查人员自行保管是被明令禁止的。无法保证物证的同一性。

(4)见证人身份不明,无法确定是否具备见证人资格。

《最高法院刑诉解释》(2012年)第67条规定:"下列人员不得担任刑事诉讼活动的见证人:(一)生理上、精神上有缺陷或者年幼,不具有相应辨别能力或者不能正确表达的人;(二)与案件有利害关系,可能影响案件公正处理的人;(三)行使勘验、检查、搜查、扣押等刑事诉讼职权的公安、司法机关的工作人员或者其聘用的人员。"李某远物品《扣押清单》的见证人为刘某远,身份不明,无法确定其是否符合见证人资格。

(5)应当记录原始存储介质的封存状态,而没有记录。

《电子数据规定》第8条规定:"收集、提取电子数据,能够扣押电子数据原始存储介质的,应当扣押、封存原始存储介质,并制作笔录,记录原始存储介质的封存状态。封存电子数据原始存储介质,应当保证在不解除封存状态的情况下,无法增加、删除、修改电子数据。封存前后应当拍摄被封存原始存储介质的照片,清晰反映封口或者张贴封条处的状况。封存手机等具有无线通信功能的存储介质,应当采取信号屏蔽、信号阻断或者切断电源等措施。"但本案中侦查机关没有记录原始存储介质的封存状态。

(6)扣押电子证据存储媒介应当拍照、录像,没有拍照、录像。

《公安机关现场执法视音频记录工作规定》第4条规定,"对于以下现场执法活动,公安机关应当进行现场执法视音频记录:……(四)办理行政、刑事案件进行现场勘验、检查、搜查、扣押、辨认、扣留"。

《公安机关执法细则》(2016年)第7-03条电子证据的固定与封存规定:"2.封存的方法。(2)封存前后应当拍摄被封存电子设备和存储媒介的照片并制作《封存电子证据清单》,照片应当从各个角度反映设备封存前后的状况,清晰反映封口或张贴封条处的状况。"第7-04条现场勘验检查规定,"2.录像。对现场状况以及提取数据、封存物品文件的过程,在线分析的关键步骤应当录像,录像带应当编号封存。3.照相。在现场拍摄的照片应当统一编号制作《勘验检查照片记录表》。"

根据上述规定,扣押存储电子证据的李某远的手机和电脑,应当拍照和录像,以保证电子证据的完整性、真实性和原始性。但本案没有拍照、录像,连封存的照片都没有。

(7)《扣押清单》对手机、电脑的特征注明不详。

《最高法院刑诉解释》(2012年)第73条规定:"物证、书证的收集程序、方式有下列瑕疵,经补正或者作出合理解释的,可以采用:(一)勘验、检查、搜查、提取笔录或者扣押清单上没有侦查人员、物品持有人、见证人签名,或者对物品的名称、特征、数量、质量等注明不详的……"李某远的电脑仅标注为"黑色联想电脑主机,其他品牌显示器",但本案扣押了大量电脑,没有看到电脑进行封存、编号、标记,来源不明，同一性无法保证。

(8)李某远没有对电脑进行辨认，独特性无法保证，送检的是否为李某远电脑，无法确定。

案例7-2-12 陈某贩卖毒品案，占某、詹某等非法控制计算机信息系统案①

陈某贩卖毒品案中，公安机关从被告人处扣押手机后提取涉案电子数据，制作了勘验检查笔录，但该笔录没有持有人、见证人签章，也没有记载提取过程和内容，取证过程没有录像，也没有计算电子数据完整性校验值。法院认为，该电子数据取证程序存在重大瑕疵，且不能作出合理解释，故对该电子数据予以排除。

占某、詹某等非法控制计算机信息系统案中，占某辩护人提出，电子数据勘验检查笔录没有见证人签名且电子数据取证过程未全程录像，电子数据的真实性存疑。法院经审理后认为：因该案涉及异地办案，侦查人员众多，电子数据取证过程虽无见证人签名和全程录像，但已以截图形式保存，能客观反映勘验提取电子数据的真实性，被告人詹某也认可软件源代码存储在相关存储介质中的事实；并且，涉案电子数据均有完整性校验值，内容比对一致，电子数据具有完整性，故该电子数据可以作为定案依据。

这两个案例中，涉案电子数据因是否计算了完整性校验值而得到了不同的认定结果。

案例7-2-13 雷某与聂某民间借贷纠纷案、王某与杨某民间借贷纠纷案②

雷某与聂某民间借贷纠纷案中，法院认为：雷某虽向法院提交了借贷宝App的借款操作流程、用户注册信息、借出协议、转账记录等电子数据，但借出协议并无双方电子签名，无法证实出借人、借款人身份是否真实，故驳回原告的诉讼请求。

王某与杨某民间借贷纠纷案中，王某向法院提供了其与证人高某微信账号W的聊天记录；高某确认微信账号W系其本人账号，但否认此聊天信息系其本人发出，不认可聊天记录的真实性，并提出可能是王某盗用了微信账号或使用“微信生成器”类软件生成聊天记录。鉴定意见认为，该微信聊天记录截图不符合常见“微

---

① 谢登科：《电子数据的技术性鉴真》，载《法学研究》2022年第2期。

② 谢登科：《电子数据的技术性鉴真》，载《法学研究》2022年第2期。

信生成器”所生成图片的特征，该截图未见剪辑修改痕迹。杨某认为，该鉴定意见仅能证明微信聊天记录未造假，但不能证明相关聊天信息系高某所发。法院经审理后认为：高某作为微信账号 W 的电子签名人，该账号对外发出电子数据应视为高某的行为及意思表示；若高某发现其微信账号无法正常登录使用，应意识到可能被他人盗号并应积极采取措施预防可能发生的风险，但高某作为电子签名人未提供证据证明其账号被王某盗用，故对该电子数据予以采信。

案例 7-2-14 金某涉嫌破坏计算机信息系统案[(2022)京01 刑终 140 号]

辩护人认为，本案系某度公司员工内部违规操作事件，并未造成严重后果。金某涉案行为显著轻微，危害不大，不构成犯罪。涉案篡改、删除数据库的事实，法院没有查清，据以认定被害单位经济损失的鉴定意见程序违法严重，且鉴定费用中除现场数据提取恢复费用外均非必要费用，不应全部认定为金某涉案行为造成的经济损失。律师咨询有专门知识的人对电子数据、鉴定意见等出具了咨询意见。具体辩护意见如下：

（一）某度公司委托对涉案可视化平台项目系统进行司法鉴定无必要，委托司法鉴定所提取、恢复被删除数据无必要

根据某度公司出具的《报案材料》《数据库删除数据操作日志情况说明》以及中海义信司法鉴定所出具的[2020]鉴第 DZ-3236 号《司法鉴定意见书》可知，最晚在 2020 年 8 月 14 日，某度公司商业质量效能部即发现，ff. baidu-int. com 平台数据库近期频繁被篡改，并报请某度安全部协助修复。关于涉案删除行为对系统的影响，金某在 2021 年 3 月 9 日第一次讯问笔录中称：“我每次对数据库进行删改，都会造成可视化项目不能正常的使用，公司就会花一些时间进行修复，修复好后我再次删改造成项目再次不能正常使用，这几次删改造成项目不能正常使用的时长大约 24 小时左右”，由此说明，某度公司内部员工就可以修复涉案系统，并且修复后即可正常使用。此观点亦可从某度公司商业质量效能部高级工程师赵某杰询问笔录得到印证，“他(金某)的行为在一段时间内影响了我们正常的开展工作”。

某度公司使用的数据库为 MySQL(关系型数据库管理系统)，该数据库是一个完善的数据库软件，自带可靠、易用的恢复数据功能。MySQL 5.7 文档第 1296 页，7.5.1 节“Point-in-Time Recovery Using Binary Log”中描述了如何使用日志文件(送检文件中的 mysql-bin. 000011-mysql-bin. 000019 文件)恢复数据。数据恢

复操作仅需一行操作。

因此,某度公司可以轻易恢复被删除的数据,这一客观事实也与某度公司出具的关于其公司工程师花费7个工时、977.625元工时费的情况说明相印证。

在某度公司委托鉴定前的3个月内,金某实施删除数据等涉案行为已经完全被修复,涉案可视化项目系统也在持续正常运行。中海义信司法鉴定所出具的《司法鉴定意见书》亦未鉴定出金某涉案操作对涉案可视化项目系统造成任何长期不利后果,这也印证了涉案系统早在委托鉴定之前已被修复,恢复正常使用。

在计算机领域,委托第三方对涉案数据进行提取、恢复的必要条件应当是涉案系统不能正常运行,且公司内部人员无法修复。显然,某度公司涉案可视化项目系统在委托鉴定之前已被修复,且某度公司自身具有修复数据的实力,不存在将数据送去第三方修复的可能性及必要性。从"《司法鉴定意见书》一、基本情况:委托事项"中也可判断,某度公司委托鉴定的目的并不在于修复涉案可视化项目系统,而仅是恢复被删除的数据,被删除的数据是否恢复与涉案系统是否正常运行无关。

(二)金某删除数据的行为对涉案可视化平台项目系统运行影响轻微

根据《司法鉴定意见书》附件3证据光盘(编号:ZUYX－2020－DZ－3236－A－1)中Excel文件《删除前数据恢复结果》及log文件《truncate_mysql－bin》可知,受影响的数据均为不重要的日志信息:

fcts_bugfix,fcts_bugfixcard,fcts_bugfixowner为一组信息,记录了某度公司各个产品的问题修复信息,包括问题描述、修复方法、修复人账号等。这三个表共享相同的编号(均为950－986),且fcts_bugfix第二列与fcts_bugfixcard第四列内容完全一致,均为问题描述。由fcts_bugfixcard第三列可知,表中信息源于icafe. baidu. com或newicafe. baidu. com,即这三个表是原数据的复制产物,被删除影响轻微。

fcts_create_release_branch_log与fcts_task_autoremove_log是涉案平台运行中自动记录的不重要信息。其内容存在大量重复,且表中信息属于对已发生操作的记录,删除后对已发生的操作无影响,对平台运行无影响。

coverage_record记录了某度公司一些产品的覆盖率,即一个产品的代码中被测试过的比例有多少。产品的源代码并未保存在涉案系统中,覆盖率亦在产品所属处产生,涉案系统中的覆盖率信息相当于是一份复制文件,故被删除后也不会造成严重后果。

gitcommit_record,branch_info为代码管理软件的日志。被设定为只读后,所造成的影响仅限于内部员工不能将本地修改的代码更新到服务器端,且很容易被发现,发现后很容易被修复。受影响期间,代码仍然保存在员工的电脑上,故该操作不会造成严重后果。

(三)金某涉案行为并未达到“后果严重”程度

一审判决书认定“金某违反国家规定,对计算机信息系统中存储的数据进行删除、修改操作,后果严重”。根据《刑法》第286条及“两高”《关于办理危害计算机信息系统安全刑事案件应用法律若干问题的解释》第4条等相关规定可知,破坏计算机信息系统罪规定的“后果严重”具体表现为五点:(1)造成10台以上计算机信息系统的主要软件或者硬件不能正常运行的;(2)对20台以上计算机信息系统中存储、处理或者传输的数据进行删除、修改、增加操作的;(3)违法所得5000元以上或者造成经济损失1万元以上的;(4)造成为100台以上计算机信息系统提供域名解析、身份认证、计费等基础服务或者为1万以上用户提供服务的计算机信息系统不能正常运行累计1小时以上的;(5)造成其他严重后果的。金某涉案行为并未造成前述(1)、(2)、(4)、(5)项之后果,对于金某涉案行为是否造成前述(3)项之后果,即是否使其违法所得5000元以上或者造成某度公司经济损失1万元以上,是本案金某是否构罪的争议焦点。

根据对金某涉案行为的计算机规范分析,其涉案行为未达到司法解释规定的“后果严重”程度。一审判决书认定金某构罪的原因为,某度公司委托司法鉴定所对被删除数据进行提取、恢复费用为16,300元,但某度公司委托鉴定与金某涉案行为并无直接因果关系,且某度公司并无委托鉴定的必要性。根据某度公司出具的情况说明可知,案发后某度公司立即对平台相关数据进行了检查修复,工程师工时费仅为977.625元。

由此可知,涉案系统在案发后短时间内即被某度公司修复,且恢复正常运行,案发约3个月后委托鉴定系某度公司的自主行为,与金某涉案行为无关,委托行为所产生的费用不是金某涉案行为所导致,不应当将其认定为金某涉案行为所导致的法律后果,更不应当将其认定为金某是否构罪定罪、量刑标准。金某涉案行为并未造成某度公司涉案项目系统严重损坏的后果。

(四)咨询结论

涉案可视化平台项目系统为某度公司部门内部工作系统,并非商用系统。某度公司在案发后立即对涉案系统进行了检查、修复,且持续稳定运营,后续委托司法鉴定所提取、恢复被删除数据完全不具有必须性。金某涉案行为仅删除部分日志项,属于可立即修复范围,对涉案可视化平台项目系统造成影响轻微。

某度公司检查恢复涉案系统必要费用仅为工程师工时费用977.625元，其委托司法鉴定所而产生费用并不属于法律规定的直接经济损失或为恢复数据、功能而支出的必要费用。金某涉案行为未达到司法解释规定的"后果严重"。

案例7-2-15　海门计算机案/张某破坏计算机信息系统案［（2018）苏0684刑初664号］

起诉书指控，因为DDoS攻击，造成11台计算机信息系统不能正常运行。DDoS攻击对计算机软件和硬件并没有实际的破坏，不可能造成计算机系统的主要软件或者硬件不能正常运行，起诉书适用法律错误。

关于事实问题，本案是能够也必须用客观证据证明的，但没有充分证据证明唐某平实施了全部会员提交的DDoS攻击行为，更没有充分证据证明作为犯罪构成要件的"后果严重"之存在。因此，张某、粤某公司及其他三位购买者应该宣告无罪。以下为证据辩护部分，涉及电子数据等，可作为计算机案件辩护的参考。

一、本案证据严重不足，没有充分证据证明DDoS攻击行为已经实施

从粤某公司购买DDoS服务到目标网站被攻击之间共有四个环节：

①购买DDoS服务并提交攻击目标→②唐某平获取攻击目标后登录str3ssed.me网站提交DDoS攻击任务→③str3ssed.me网站对目标实施DDoS攻击→④被攻击目标遭到唐某平提交的DDoS攻击且攻击成功。

要想证明粤某公司构成犯罪，必须证明上述每一个关键环节都全部实施了，且这4个环节本来都存在大量客观证据，可以且必须通过客观证据证明。但所有环节，均无充分证据予以证实。

（一）环节①中，关于究竟是谁购买DDoS服务，谁提交攻击目标，证据并不确实充分

庭审中，粤某公司的诉讼代表人陈述非常清楚，公司对此毫不知情，没有开会讨论过，没有谁决定过，也没有谁以购买DDoS服务为由找他报销，案发之后，公司才知道此事。

关于购买DDoS服务，张某的支付宝账号支付过，陈某的支付宝也支付过，且张某辩称有几次支付钱款是陈某直接让他扫码支付，称用于购买网络优化工具，但具体是什么，他并不知情。

关于账号1716025××××在59DDoS网站提交攻击目标，只能证明是尾号4200的用户提交了攻击目标，到底是张某提交还是陈某提交，因张某与陈某均否认，结合陈某懂技术、买黑卡、教张某等行为可以推断，主要任务应当是陈某操作。

（二）环节②中，小灵猴公司即唐某平，并没有全部实施DDoS攻击任务

唐某平、肖某、王某供述证实，2018年4月以前，www.59DDoS.com不能自动进行攻击，必须在会员提交攻击任务后，唐某平手动去str3ssed.me网站操作。法庭调查表明，唐某平并没有全部执行会员提交的攻击任务。

1. 本案鉴定意见存在严重问题，公诉人对辩护人的质疑并无进行有效回应，不能作为定案依据。

第一，鉴定的委托事项之一是"对scy.087.com.cn的功能进行分析，该网站是否具备对其他网络设备进行DDoS流量攻击的功能，上述流量攻击是否对被攻击目标具有破坏性。"但起诉书指控的是，粤某公司于2018年1月，在59DDoS网站注册会员并充值，提交攻击任务，对相关公司网站IP进行DDoS攻击。鉴定意见恰恰没有对59DDoS网站进行鉴定。

第二，鉴定意见第4点，从上述网站"DDoS攻击管理"页面检出攻击历史记录共274条。但这274条中，没有一个是尾号4200的用户提交的IP或网址。

第三，鉴定意见不明确。鉴定意见第5点称，从"用户操作记录"页面检出用户操作记录1414条，"用户操作记录"是什么？是攻击记录，还是提交记录？第6点称检出1233条任务记录，什么是任务记录？是接受任务，执行任务，还是攻击任务记录？

第四，鉴定称scy.087.com.cn网站具备向指定IP或域名的计算机发起DDoS流量攻击的功能与能力，对被攻击目标具有破坏性。这一意见与唐某平、王某的供述完全矛盾，2018年4月之前，该网站根本没有攻击能力。鉴定意见称有攻击功能与能力的时间点是何时？

第五，电子数据很容易编辑修改，但本案检材的同一性无法保证，鉴定的是不是扣押封存的检材，是否遭到编辑删改，没有任何证据证明。

2. 唐某平当庭陈述，www.59DDoS.com 2018年4月之前没有攻击功能，此前的攻击任务，在他方便的时候，才会手动输入str3ssed.me网站，对目标IP进行攻击。可见，即便会员提交了攻击任务，账户费用被扣除，也存在唐某平不全部执行的情况。

唐某平庭前也曾供述，曾经有过接受会员充值以及提交任务但实际未实施攻

击的情况。唐某平供述称“2017 年 5 月就开始了,虽然当时开始接受会员充值,但是我当时没找到发动 DDoS 攻击的平台,没办法完成会员提交的任务”“如果在2017 年 9 月底之前提交任务使用了,费用就从他的账户上扣掉了,我也没有帮他发动 DDoS 攻击”“所以一开始虽然我没有帮会员进行 DDoS 攻击,但是我还利用会员需要发动 DDoS 攻击来吸引会员充值。扣费的问题我当时确实没考虑好,没有帮会员发动网络攻击,我却把攻击的费用扣掉了,这个确实是我不对,是我欺骗了人家”“59DDoS 网站可以增加会员攻击任务并执行攻击任务是 2017 年 9 月左右,之前会员的充值都是没办法执行的,也就是 9 月之前只有付费没有任务执行。也就是 5 月到 8 月会员付费是没有攻击任务执行,因为我没有可以执行攻击任务的平台网站,具体收费以充值记录为准,但是我会在 59DDoS 攻击平台上显示攻击已执行,这些就是骗骗会员的。”

3. 肖某庭前供述证明,并非所有会员提交的攻击任务都会执行。肖某 2018 年 4 月 27 日的讯问笔录提到“唐某平还和我说,如果网址 PING 出很多 IP 地址,我们就不添加到空白处,这个攻击任务就放弃不执行了”“执行攻击后会导致网站瘫痪,因为唐某平在执行攻击之前会检测这个网站,如果有用才会攻击,没有效果就不攻击。”肖某当庭供述也印证了这一点。

4. 接受平台发送会员提交攻击任务短信的手机持有人是肖某和唐某平二人,肖某庭前供述证明,她并没有将其接收到的所有任务都准确无误、毫无遗漏地告诉唐某平。且还完全存在肖某告知了唐某平但唐某平因疏忽或工作繁忙等原因而没有实施的合理怀疑。侦查人员问唐某平:“如果肖某在外面接到攻击任务,怎么办?”唐某平答:“肖某会视而不见。”又问:“既然肖某不会跟你说,那你是如何增加攻击任务的?”唐某平答:“看不到就算了。”又问:“肖某出去之后,是否还会收到任务攻击短信?”答:“如果我忘记修改手机号码,她就会收到手机短信,但是她会视而不见。”

5. 唐某平存在虚假供述的动机。如果唐某平承认接受会员任务而不实际执行,则不仅仅会涉嫌破坏计算机信息系统罪,而且还涉嫌诈骗罪,出于趋利避害的心理,唐某平有可能虚假供述称全部执行了会员提交的攻击任务。

6. 现有证据不足以证明唐某平购买了 DDoS 服务。无论是 str3ssed. me 网站还是 critical - boot 网站,均需要用比特币充值,唐某平供述是找一个叫支付宝名为“姚瑶”的购买后“姚瑶”帮其充值,但侦查机关出具的情况说明称“比特币的卖家姚瑶经多方查找尚未找到”,意即无法查证唐某平是否购买了 DDDoS 攻击网站的服务。

7. 唐某平、王某均证实，59DDoS 网站，仅仅是用户提交攻击任务、用户充值的平台，而不是实施 DDoS 攻击的平台，由 59DDoS 网站生成的套餐任务管理文档，不能证明唐某平实际操作了相关攻击任务，顶多证明会员提交了攻击任务。

8. 李某洋曾指责唐某平未执行攻击任务。

9. 刘某龙案中，以攻击目标 IP47.96.13.219 为例，套餐任务管理文档中显示，2月26日，刘某龙等（用户名 1536066××××）提交了11次任务，但当天被害人没有收到阿里云服务器通知“被攻击”的短信。而同样的 IP 地址，2月3日，刘某龙等提交了11次套餐任务，被害人却收到了2条被攻击通知短信。这证明存在刘某龙提交了攻击任务，但唐某平没有执行任务的情况。

10. 套餐任务管理文档中的状态“已完成”，不能证明唐某平已执行用户1716025××××提交的任务。scy.087.com.cn 远程勘验笔录所记录的“套餐任务管理文档”是基于 scy.087.com.cn 网站形成的，并不是真正实施 DDoS 攻击的网站所形成的，而仅仅是087网站中的用户操作记录以及网站程序设定给用户看到的状态的记录。用户在网站提交任务后，便会形成用户操作记录和套餐任务管理文档。但在2018年4月以前，59ddos 仅仅是接受会员任务的平台，不具有 DDoS 攻击功能，唐某平为了“欺骗”会员，使之误以为该网站有 DDoS 攻击功能，才在网站中设定了用户提交任务后的6分钟内会由“刷新中”变为“已完成”的程序。庭审已经查明，要想真正完成 DDoS 攻击，还需要唐某平在收到网站的通知短信后手动操作，加之唐某平有时不在电脑前或有其他拖延操作等原因，这一时间必然远超过6分钟。因此，套餐任务管理文档中的状态一栏，是程序自动设定的结果，而不是唐某平真实攻击的结果，不能证明唐某平已执行会员提交的任务。

关于唐某平的涉案金额，公诉人说：“2017年5月底开始收取会员费用，2017年9月底唐某平开始接受任务去境外网站攻击，期间金额的认定，唐某平表示会员充值后若提交任务，会显示虚假的攻击已完成，若等到9月提交任务，其还是会帮助攻击的……从有利于嫌疑人的角度出发，金额无法认定的情况下，对5~9月期间的收款仍认为 DDoS 攻击为目的，不再另定诈骗罪。”这说明公诉人认可唐某平不完全提交攻击任务的这一客观事实。既然如此，恰恰印证辩护人的主张，小灵猴公司即唐某平并没有全部实施 DDoS 攻击任务。

（三）环节③中，没有证据证明唐某平提交的 DDoS 攻击任务全部实施

鉴定意见称“网站 scy.087.com.cn 具备向指定 IP 或域名的计算机发起 DDoS 流量攻击的功能与能力”，上文已论述，59DDoS 网站在2018年4月前仅是一个收

集会员任务信息的平台,4月以后王某才帮唐某平将critical－boot网站攻击端口接入该网站,因此鉴定意见所鉴定的结果只能反映2018年4月之后087网站的功能,而不能反映之前的。而且鉴定意见至多能说明critical－boot网站有攻击功能,但2018年4月以前,唐某平使用的DDoS攻击网站是str3ssed. me网站,而非critical－boot,因此鉴定意见不能证明str3ssed. me网站具有攻击性。

控方也没有任何证据能够证明,str3ssed. me网站在唐某平提交了攻击指令后就实际执行了指令。侦查机关《情况说明》提到,str3ssed. me网站服务器位于境外,无法调取网站镜像文件进行相关数据分析,只能远程勘验,且勘验发现该网站不保存日志,无法调取到以前的日志记录。因此,没有任何证据能够证明该网站实施了唐某平提交的DDoS攻击任务。

二、不存在作为犯罪构成要件的"后果严重"

环节④,远无充分证据证明。起诉书指控粤某公司共造成11台计算机信息系统不能正常运行(起诉意见书为10台),如前所述,指控适用的法律错误,应适用前述第4项的规定。但即便按照第1项的规定,也没有充分证据证明存在"后果严重"。第一,11台计算机信息系统受到攻击的证据严重不足;第二,11台计算机信息系统不能正常运行完全没有证据证明;第三,即便11台计算机信息系统受到攻击且不能正常运行,也不一定是唐某平DDoS攻击所致。

虽然弘连司鉴[2018]计鉴字第411号鉴定意见中,1716025××××手机号在scy. 087. com. cn(www. 59DDoS. com)网站的攻击记录所显示的被攻击网站或IP有14个。但其中www. 318edu. com的IP地址是39. 104. 53. 209,www. aolingaokao. com的IP地址是121. 42. 120. 88,www. yb027. com的IP地址是121. 199. 250. 170,因此实际上至多是11个目标网站。

目标网站受到了DDoS攻击的证据存在以下五个特点:

(一)除4份不具可采性的客观证据外,没有任何客观证据证明遭到DDoS攻击且不能正常运行

11个目标网站或IP曾受DDoS攻击且因此导致网站无法正常运行,没有任何客观证据予以证明。特别是本案完全可以通过调取网站访问记录、网站服务器的访问日志等客观证据,多位被害人陈述有条件调取相关客观证据,但侦查机关不调取客观证据。虽然部分被害人提交了4份电子数据,但均不具可采性。

1. "www. whlexuejiaoyu. com"的管理公司武汉乐某公司皮某炼提供的聊天记录

该聊天记录只是复印件,且严重违反了电子数据的收集、提取程序。最高人民

法院、最高人民检察院、公安部《电子数据规定》第8条第1款规定,收集、提取电子数据,能够扣押电子数据原始存储介质的,应当扣押、封存原始存储介质,并制作笔录,记录原始存储介质的封存状态。该证据不仅违反该款,也不存在第10条规定的情形——“由于客观原因无法或者不宜依据第八条、第九条的规定收集、提取电子数据的”;即便存在也应当采取“打印、拍照或者录像等方式”固定相关证据,并在笔录中说明原因。

2012年《最高法院刑诉解释》第93条要求对电子数据着重审查“是否随原始存储介质移送;在原始存储介质无法封存、不便移动或者依法应当由有关部门保管、处理、返还时,提取、复制电子数据是否由二人以上进行,是否足以保证电子数据的完整性,有无提取、复制过程及原始存储介质存放地点的文字说明和签名”。根据该解释第94条的规定,经审查无法确定真伪的电子数据,不得作为定案的根据。

退一万步,即便该聊天记录属实,也只能证明其公司网站曾受过DDoS攻击,但是否是唐某平实施的攻击,没有证据证明。而聊天记录恰恰证明,2017年9~10月也存在被攻击的情况,但1716025××××的注册时间是2017年的11月中下旬,完全不可能在9~10月去攻击乐某公司的网站。

2. 北京易某云公司刘某提供的阿里云通知短信截图和服务器流量图

这两份电子数据均为复制件,如前所述,违反了电子数据的收集、提取程序,无法确定真实性,不得作为定案根据。即便属实,短信内容也无法印证DDoS攻击的时间,谁实施的攻击,服务器流量图也不能证明受到了DDoS攻击。

3. “www.aolingaokao.com”的管理公司武汉奥某司法人陈某安提供的“网站流量访问图”

该证据不仅是复印件,而且是武汉奥某公司自行制作、自己盖章的图表,图表内容没有任何来源,内容完全无法证实。即便是依据该图表,也仅仅能证明2018年1月,其公司网站已用流量为1.96G,不能证明受到了DDoS攻击。该图表还显示其公司网站的流量标准值为15G,因此1.96G的流量不可能导致其网站无法访问。而且陈庆安多次强调1月是招生旺季,很多考生会点击其网站,既然如此,相比较2018年2月的流量759.13M,1月1.96G的流量并不异常。因此,该图表无法印证该网站曾遭受过DDoS攻击。

(二)只有被害人陈述,不能证明网站受到了DDoS攻击且有影响

证明网站或服务器受到DDoS攻击影响,实际上只有被害人陈述这一孤证,孤证不能定案。

第一,被告人与被害人存在严重利害关系。8个被害人陈述证明相应网站遭到攻击且产生影响,但他们的公司与粤某公司是竞争关系,与张某、与粤某公司有严重利害关系,其陈述的真实性存疑。

第二,被害人自己都称不知道是否受到攻击,影响多大。例如:“www.027yk.com”的管理公司武汉邦某公司的员工杨某陈述中明确提到“我也不确定这种异常的访问情况是否和大流量的DDoS攻击是否有关系”;“www.yb027.com”的管理公司武汉文某公司的张某令明确表示“具体详细情况,我自己也不太清楚”,且其没有提供公司营业执照,该被害人是否是公司员工,是否具备被害人资格存疑。

(三)1个网站是否遭到攻击,根本没有任何证据证明

公诉人在法庭辩论时说:“网络犯罪有其特殊性等,结合已收集的被害人陈述及其他相应的客观证据等证据,完全可以作出综合认定,不需要对被害人全部进行取证。”这一说法运用在本案中,完全违背证据裁判的原则。根据起诉书适用的《计算机解释》第4条第1款第1项,就粤某公司涉及的所谓11台计算机,除了被害人陈述,还有什么证据证明攻击后果?法律法规是规定了可以根据电子数据、书证等证据综合认定,但仅有的4个电子数据,来源不明,真伪不知,取证严重违反电子数据取证规则。

“hb529.shop.liebiao.com”是否受到过DDoS攻击,甚至没有被害人陈述。没有任何证据证明这个网站受到了DDoS攻击。

(四)至少还有3个网站或IP根本不可能被DDoS攻击

粤某公司不可能攻击与其毫无竞争关系的两个位于北京的IP服务器。北京易某公司负责人刘某称,其公司IP为139.129.230.210和118.190.40.71的两个服务器2018年1月曾遭到DDoS攻击。现有证据无法证明粤某公司有何动机和理由攻击两个物理地址为北京的IP服务器。

唐某平和肖某庭前及当庭供述均表明具有两个及以上的IP地址的网站,因无法确定攻击目标而不会发动攻击。张某与陈某的聊天记录表明攻击美国的服务器没有效果。而该公司李某提到,网站放到了美国的服务器。辩护人通过网站“站长之家”PING检测(http://ping.chinaz.com)后发现,www.kedayikao.com响应IP的归属地都在美国,与李某的陈述印证。

(五)即便网站确实受到影响,也不一定是唐某平DDoS攻击所致

网站服务质量降低的原因很多,DDoS攻击只是一个原因,网站自身的容量,一段时间内访问人数的剧烈增加,甚至没交网费、断网、电脑故障、电脑设置错误、临时

停电、民工挖断电缆、雷电袭击,都会导致网站无法访问。要证明被攻击的网站是因为被 DDoS 攻击而服务质量降低,必须排除其他所有可能导致网站服务质量降低的因素,得出唯一结论。显然,这是各被害人都无法确定的事实,起诉书是如何排除其他所有因素而确定是 DDoS 攻击所致,而且还是唐某平发动 DDoS 攻击所致?

公诉人说:"正因为张某查看攻击效果,且有效果的情况下才会多次长期提交任务,根据一般经验,只有花钱有效果才会乐于继续花钱,张某 2018 年 3 月又再次充值 200 元的事实进一步证明了攻击的效果。"这一论证逻辑完全错误。第一,李某洋曾指责唐某平,DDoS 攻击没有效果。第二,花钱和效果完全是两回事。当庭打个比方,花钱请了律师就一定有效果吗?律师没有效果就不找律师吗?

综上,要证明 11 台计算机信息系统不能正常运行,必须要有客观证据,否则根本不能证明。但控方却没有一份有证明力的客观证据,有的甚至没有证据,有的则仅有被害人陈述这一孤证,根本不足以认定 11 台计算机信息系统遭受到了 DDoS 攻击影响。退一万步,即便有证据证明受到了 DDoS 攻击,也没有证据证明这些 DDoS 攻击是唐某平所致,被害人所称的 DDoS 攻击完全有可能是其他人实施的 DDoS 攻击。再退一万步,即便强行依据被害人陈述认定网站受到了 DDoS 攻击,至少 hb529. shop. liebiao. com、www. kedayikao. com(武汉世某公司)、139. 129. 230. 210、118. 190. 40. 71(北京易某公司)这 4 个网址和 IP 不应认定,受攻击的计算机信息系统数量不符合"十台以上"。

第八章
技术调查、侦查证据

技术调查、侦查措施，是指调查机关或侦查机关为了侦破特定案件，根据有关规定，经过严格审批，采取的记录监控、行踪监控、通信监控、场所监控等特定的、秘密的技术手段。自 2012 年《刑事诉讼法》首次规定了技术侦查措施以来，经过近 10 年的发展，技术调查、侦查措施的规范不断具体、明确。技术调查、侦查是一种有效的侦查措施，但也极易侵犯公民权利。因此，法律对技术调查、侦查的实施有严格要求。《最高法院刑诉解释》第 4 章第 8 节对技术调查、侦查证据的审查与认定进行了专节规定。

一、技术调查、侦查证据的合法性审查

技术调查、侦查措施的实施应当受到严格限制，必须遵循四项原则：一是必要性，只有必要时才可以实施技术调查、侦查措施，不能无限扩大技术调查、侦查措施的适用。二是专用性，采取技术调查、侦查措施收集的材料不得他用，应当严格依照有关规定存放，只能用于对犯罪的侦查、起诉和审判，不得用于其他用途。三是保密性，采取技术调查、侦查措施中知悉的国家秘密、商业秘密和个人隐私，应当保密，所获取的与案件无关的材料，应当及时销毁。四是保护性，采取技术调查、侦查措施收集的材料可能产生危及有关人员的人身安全等严重后果的，要采取保护措施，秘密侦查的，不得诱使他人犯罪，不得采用可能危害公共安全或者发生重大人身危险的方法。以上四项原则的细化，在《刑事诉讼法》等法律法规中随处可见，旨在保证技术调查、侦查措施的合法实施。依据《刑事诉讼法》的规定，不合法的技术调查、侦查证据应当排除。

（一）适用范围

根据《刑事诉讼法》第150条，《人民检察院刑事诉讼规则》第227、228条，《公安机关办理刑事案件程序规定》第263条，《监察法》第28条，技术调查、侦查措施适用的案件范围包括：

1. 危害国家安全犯罪、恐怖活动犯罪、黑社会性质的组织犯罪、重大毒品犯罪案件；

2. 故意杀人、故意伤害致人重伤或者死亡、强奸、抢劫、绑架、放火、爆炸、投放危险物质等严重暴力犯罪案件；

3. 集团性、系列性、跨区域性重大犯罪案件；

4. 利用电信、计算机网络、寄递渠道等实施的重大犯罪案件，以及针对计算机网络实施的重大犯罪案件；

5. 其他严重危害社会的犯罪案件，依法可能判处7年以上有期徒刑的；

6. 检察院侦查的，利用职权实施的严重侵犯公民人身权利的重大犯罪案件；

7. 监察机关调查的，涉嫌重大贪污贿赂等职务犯罪案件；

8. 追捕被通缉或者批准、决定逮捕的在逃的犯罪嫌疑人、被告人，可以采取追捕所必需的技术侦查措施。

上述八种适用技术调查、侦查措施的案件，并非都以涉及罪名来规范，规定看似具体，实则范围并不清晰和明确，甚至可以说非常宽泛。例如，是否构成“严重暴力犯罪案件”“重大犯罪案件”，解释权在侦查机关，能否适用技术调查、侦查措施，均由侦查机关自行决定；“可能判处七年以上有期徒刑的”，是指宣告刑，范围极广，使绝大多数犯罪均进入适用范围之内。实践中，一些侦查机关为了破案，会大幅放宽技术调查、侦查措施的适用条件。

因此，律师在侦查阶段介入案件的，应当主动向侦查机关核实是否会启动技术调查、侦查措施。如认为适用范围错误，应当及时提出异议。审查起诉、审判阶段阅卷后，辩护人发现案件不属于可以适用技术调查、侦查措施的范围，应当提出异议，要求排除相关证据。

同时，也应当注意不同法律依据之间的区别。《刑事诉讼法》第150条规定：“公安机关在立案后，对于危害国家安全犯罪、恐怖活动犯罪、黑社会性质的组织犯罪、重大毒品犯罪或者其他严重危害社会的犯罪案件，根据侦查犯罪的需要，经过严格的批准手续，可以采取技术侦查措施。人民检察院在立案后，对于利用职权实施的严重侵犯公民人身权利的重大犯罪案件，根据侦查犯罪的需要，经过严格的批准手续,可以采取技术侦查措施,按照规定交有关机关执行。追捕被通缉或者批准、决定逮捕的在逃的犯罪嫌疑人、被告人,经过批准,可以采取追捕所必需的技术侦查措施。”

《人民检察院刑事诉讼规则》第 227 条规定:“人民检察院在立案后,对于利用职权实施的严重侵犯公民人身权利的重大犯罪案件,经过严格的批准手续,可以采取技术侦查措施,交有关机关执行。”第 228 条规定:“人民检察院办理直接受理侦查的案件,需要追捕被通缉或者决定逮捕的在逃犯罪嫌疑人、被告人的,经过批准,可以采取追捕所必需的技术侦查措施,不受本规则第二百二十七条规定的案件范围的限制。”

《公安机关办理刑事案件程序规定》第 263 条规定:“公安机关在立案后,根据侦查犯罪的需要,可以对下列严重危害社会的犯罪案件采取技术侦查措施:(一)危害国家安全犯罪、恐怖活动犯罪、黑社会性质的组织犯罪、重大毒品犯罪案件;(二)故意杀人、故意伤害致人重伤或者死亡、强奸、抢劫、绑架、放火、爆炸、投放危险物质等严重暴力犯罪案件;(三)集团性、系列性、跨区域性重大犯罪案件;(四)利用电信、计算机网络、寄递渠道等实施的重大犯罪案件,以及针对计算机网络实施的重大犯罪案件;(五)其他严重危害社会的犯罪案件,依法可能判处七年以上有期徒刑的。公安机关追捕被通缉或者批准、决定逮捕的在逃的犯罪嫌疑人、被告人,可以采取追捕所必需的技术侦查措施。”

《监察法》第 28 条第 1 款规定:“监察机关调查涉嫌重大贪污贿赂等职务犯罪,根据需要,经过严格的批准手续,可以采取技术调查措施,按照规定交有关机关执行。”

(二)适用对象

《公安机关办理刑事案件程序规定》第 264 条第 2 款规定:“技术侦查措施的适用对象是犯罪嫌疑人、被告人以及与犯罪活动直接关联的人员。”《最高法院刑诉解释》第 119 条第 3 项规定,“采取技术调查、侦查措施的种类、适用对象和期限是否按照批准决定载明的内容执行”,是着重审查的内容。技术侦查措施决定书会载明适用对象。技术调查、侦查措施须严格按照法律规定或批准适用对象执行,不得超出适用对象的范围,否则辩护人可以提出技术调查、侦查措施违法,由此收集的证据予以排除。

(三)适用时间

何时能适用技术调查、侦查措施,是技术调查、侦查措施收集的证据合法性审查的重要方面。根据《刑事诉讼法》第 150 条、《人民检察院刑事诉讼规则》第 227 条、《公安机关办理刑事案件程序规定》第 263 条，检察机关、公安机关立案后，如有需要，可以实施技术侦查措施。《人民检察院刑事诉讼规则》第 169 条、《公安机关办理刑事案件程序规定》第 174 条第 2 款均明确规定，调查核实过程中不得采取技术侦查措施。可见，技术侦查应当在刑事立案后实施。检察机关、公安机关进行调查核实阶段，即初查阶段，尚未刑事立案，不得采取技术侦查措施。

因此，《最高法院刑诉解释》第 119 条第 2 项规定，对采取技术调查、侦查措施收集的证据材料，还应当着重审查以下内容："……技术侦查措施是否在刑事立案后，经过严格的批准手续……"

（四）审批程序

审批程序分两种情况：一是技术侦查措施，由设区的市一级以上公安机关负责人批准；二是隐匿身份实施侦查和控制下交付，经县级以上公安机关负责人决定，可以实施。前一情形规定于《公安机关办理刑事案件程序规定》第 265 条："需要采取技术侦查措施的，应当制作呈请采取技术侦查措施报告书，报设区的市一级以上公安机关负责人批准，制作采取技术侦查措施决定书。"后一情形规定于第 271、272 条："为了查明案情，在必要的时候，经县级以上公安机关负责人决定，可以由侦查人员或者公安机关指定的其他人员隐匿身份实施侦查。""对涉及给付毒品等违禁品或者财物的犯罪活动，为查明参与该项犯罪的人员和犯罪事实，根据侦查需要，经县级以上公安机关负责人决定，可以实施控制下交付。"

关于技术侦查措施的实施要求，《刑事诉讼法》第 152 条第 1、2 款规定："采取技术侦查措施，必须严格按照批准的措施种类、适用对象和期限执行。侦查人员对采取技术侦查措施过程中知悉的国家秘密、商业秘密和个人隐私，应当保密；对采取技术侦查措施获取的与案件无关的材料，必须及时销毁。"《公安机关办理刑事案件程序规定》第 267 条规定："采取技术侦查措施，必须严格按照批准的措施种类、适用对象和期限执行。在有效期限内，需要变更技术侦查措施种类或者适用对象的，应当按照本规定第二百六十五条规定重新办理批准手续。"

（五）执行主体

根据《刑事诉讼法》第 150 条第 2 款、《监察法》第 28 条、《人民检察院刑事诉讼规则》第 227 条，检察院、监察委对是否实施技术调查、侦查措施有决定权，但应当交有关机关执行。如交给公安机关执行的，根据《公安机关办理刑事案件程序规定》第 265 条第 2 款的规定，应当经过设区的市一级以上公安机关按照规定办理相关手续后，交负责技术侦查的部门执行，并将执行情况通知人民检察院等部门。

公安机关实施技术侦查措施的，根据《公安机关办理刑事案件程序规定》第 264 条，由设区的市一级以上公安机关负责技术侦查的部门实施；隐匿身份实施侦查，根据 271 条，可以由侦查人员或者公安机关指定的其他人员进行。

根据《最高法院刑诉解释》第 119 条第 2 项，技术调查、侦查措施的执行机关不合法，属违法收集证据的情形，辩护人可提出相关证据不能作为定案的根据。

（六）适用期限

根据《刑事诉讼法》第 151 条、《监察法》第 28 条、《人民检察院刑事诉讼规则》第 229 条、《公安机关办理刑事案件程序规定》第 266 条，技术调查、侦查批准决定自签发之日起 3 个月以内有效。

《刑事诉讼法》第 151 条规定："批准决定应当根据侦查犯罪的需要，确定采取技术侦查措施的种类和适用对象。批准决定自签发之日起三个月以内有效。对于不需要继续采取技术侦查措施的，应当及时解除；对于复杂、疑难案件，期限届满仍有必要继续采取技术侦查措施的，经过批准，有效期可以延长，每次不得超过三个月。"

《监察法》第 28 条第 2 款规定："批准决定应当明确采取技术调查措施的种类和适用对象，自签发之日起三个月以内有效；对于复杂、疑难案件，期限届满仍有必要继续采取技术调查措施的，经过批准，有效期可以延长，每次不得超过三个月。对于不需要继续采取技术调查措施的，应当及时解除。"

《人民检察院刑事诉讼规则》第 229 条规定："人民检察院采取技术侦查措施应当根据侦查犯罪的需要，确定采取技术侦查措施的种类和适用对象，按照有关规定报请批准。批准决定自签发之日起三个月以内有效。对于不需要继续采取技术侦查措施的，应当及时解除；对于复杂、疑难案件，期限届满仍有必要继续采取技术侦查措施的，应当在期限届满前十日以内制作呈请延长技术侦查措施期限报告书，写明延长的期限及理由，经过原批准机关批准，有效期可以延长，每次不得超过三个月。采取技术侦查措施收集的材料作为证据使用的，批准采取技术侦查措施的法律文书应当附卷，辩护律师可以依法查阅、摘抄、复制。"

《公安机关办理刑事案件程序规定》第 266 条规定："批准采取技术侦查措施的决定自签发之日起三个月以内有效。在有效期限内，对不需要继续采取技术侦查措施的，办案部门应当立即书面通知负责技术侦查的部门解除技术侦查措施；负责技术侦查的部门认为需要解除技术侦查措施的，报批准机关负责人批准，制作解除技术侦查措施决定书,并及时通知办案部门。对复杂、疑难案件,采取技术侦查措施的有效期限届满仍需要继续采取技术侦查措施的,经负责技术侦查的部门审核后,报批准机关负责人批准,制作延长技术侦查措施期限决定书。批准延长期限,每次不得超过三个月。有效期限届满,负责技术侦查的部门应当立即解除技术侦查措施。”

根据上述法律的规定,有效期内不需要继续采取技术调查、侦查措施的,应当及时解除。解除方式有两种:一是办案部门书面通知负责技术调查、侦查的部门解除;二是负责技术调查、侦查的部门认为需要解除,报批准机关负责人批准,制作解除技术调查、侦查措施决定书,通知办案部门。

对于复杂、疑难案件,期限届满仍有必要继续采取技术调查、侦查措施的,经过批准,延长技术调查、侦查措施期限决定书,可以延长,每次不得超过三个月。

根据《最高法院刑诉解释》第 119 条第 3 项,应当着重审查技术调查措施的期限是否按照批准决定载明的内容执行。如果技术调查、侦查措施超过适用期限,属违法行为,辩护人可提出收集的证据不能作为定案的根据。

(七)非法技术侦查所获取的证据,应当排除

《刑事诉讼法》规定了技术侦查措施,对适用范围、适用对象、适用期限、措施种类等做了严格限定。《公安机关办理刑事案件程序规定》进一步做了细化。实践中,未经批准而适用技术侦查措施是主要的违法情形。但办案机关往往以涉密为由拒绝随案移送相关材料,检察院和法院经常拒绝调取。如有线索,辩护人应坚持调取相关证据。侦查机关违反技术侦查的程序规定所获取的证据,可能影响司法公正的,属于非法证据,应当予以排除,否则技术侦查措施滥用将对司法公正和人权保障造成严重负面影响。毒品犯罪中,技术侦查所获取的证据较多,是此类案件辩护重点之一。

《刑事诉讼法》第 153 条第 1 款规定:“为了查明案情,在必要的时候,经公安机关负责人决定,可以由有关人员隐匿其身份实施侦查。但是,不得诱使他人犯罪,不得采用可能危害公共安全或者发生重大人身危险的方法。”因此,倘若侦查机关诱使他人犯罪,采用可能危害公共安全或者发生重大人身危险的方法,辩护人可以主张相关证据应当排除。

二、技术调查、侦查证据的移送、举证与质证

侦查、调查机关在采取技术调查、侦查手段获取证据后,应当全面移送相关的

文书、证据材料。审判时,法院应要求对相关证据当庭举证或庭外核实,方可采纳为定案根据。

（一）全面移送

《最高法院刑诉解释》第 118 条第 1 款规定:“移送技术调查、侦查证据材料的,应当附采取技术调查、侦查措施的法律文书、技术调查、侦查证据材料清单和有关说明材料。”移送技术调查、侦查证据材料,应当全面移送,包括移送审批文书、证据清单和有关说明材料。如果移送证据不全面,辩护人可以申请调取相关材料,要求全面移送,否则可提出异议,如无批准文书,表明实施技术调查、侦查不具合法性。

全面移送是法庭审查事项,不以辩护人申请调取证据材料为前提。《最高法院刑诉解释》第 122 条明确规定:“人民法院认为应当移送的技术调查、侦查证据材料未随案移送的,应当通知人民检察院在指定时间内移送。人民检察院未移送的,人民法院应当根据在案证据对案件事实作出认定。”

对于技术调查、侦查措施中收集的视听资料、电子数据,不要求提供原始存储介质。《最高法院刑诉解释》第 118 条第 2 款规定:“移送采用技术调查、侦查措施收集的视听资料、电子数据的,应当制作新的存储介质,并附制作说明,写明原始证据材料、原始存储介质的存放地点等信息,由制作人签名,并加盖单位印章。”但辩护人提出合理怀疑的,可以申请调取原始存储介质。

辩护人质证时,还要审查检察人员的说明材料是否符合要求。《人民检察院刑事诉讼规则》第 230 条第 1 款规定:“采取技术侦查措施收集的物证、书证及其他证据材料,检察人员应当制作相应的说明材料,写明获取证据的时间、地点、数量、特征以及采取技术侦查措施的批准机关、种类等,并签名和盖章。”

（二）当庭举证与庭外核实

《刑事诉讼法》第 154 条规定,技术侦查措施收集的材料在刑事诉讼中可以作为证据使用,“如果使用该证据可能危及有关人员的人身安全,或者可能产生其他严重后果的,应当采取不暴露有关人员身份、技术方法等保护措施,必要的时候,可以由审判人员在庭外对证据进行核实”。《最高法院刑诉解释》第 116 条规定:“依法采取技术调查、侦查措施收集的材料在刑事诉讼中可以作为证据使用。采取技术调查、侦查措施收集的材料,作为证据使用的,应当随案移送。”第 120 条规定:“采取技术调查、侦查措施收集的证据材料,应当经过当庭出示、辨认、质证等法庭调查程序查证。当庭调查技术调查、侦查证据材料可能危及有关人员的人身安全,或者可能产生其他严重后果的,法庭应当采取不暴露有关人员身份和技术调查、侦查措施使用的技术设备、技术方法等保护措施。必要时,审判人员可以在庭外对证据进行核实。”

技术调查、侦查措施收集的证据材料,以当庭出示为原则、庭外核实为例外。未经当庭举证质证,辩护人可以提出异议。例如,周某成等3人贩卖、运输毒品案[(2017)湘刑终133号],经查,公安机关通过技术侦查搜集的证据没有经过庭审质证,不能作为定案依据。

当然,法律和司法解释毕竟规定了“必要时,审判人员可以在庭外对证据进行核实”。如果法庭决定有必要庭外核实,辩护人应据理力争,提出没有必要庭外核实。如法庭最终决定庭外核实的,辩护人、检察官必须到场,被告人也可以要求到场核实。

当庭调查的,辩护人应争取传唤侦查人员出庭作证,通过发问,揭示技术调查、侦查措施的不合法,并提出由此收集的证据不得作为定案的根据。

关于技术调查、侦查证据的质证,特别应注意如下法律规定:

《最高法院刑诉解释》第119条规定:“对采取技术调查、侦查措施收集的证据材料,除根据相关证据材料所属的证据种类,依照本章第二节至第七节的相应规定进行审查外,还应当着重审查以下内容:(一)技术调查、侦查措施所针对的案件是否符合法律规定;(二)技术调查措施是否经过严格的批准手续,按照规定交有关机关执行;技术侦查措施是否在刑事立案后,经过严格的批准手续;(三)采取技术调查、侦查措施的种类、适用对象和期限是否按照批准决定载明的内容执行;(四)采取技术调查、侦查措施收集的证据材料与其他证据是否矛盾;存在矛盾的,能否得到合理解释。”

三、技术调查、侦查证据的真实性审查

技术调查、侦查证据的关联性,律师可根据案件的具体情况进行辩护。技术调查、侦查证据的真实性是辩护人审查证据的一个重点,技术调查、侦查证据若不具有真实性,当然不得作为定案的根据。实践中,有些技术调查、侦查证据,如毒品案件,涉及暗号、暗语的,需要侦查人员进行翻译,翻译是否为真,必要时也需要向相关人员核实。采取监听措施的,辩护人如对被监听者身份有疑问,可以申请进行声纹比对,以确定被监听者与相关人员同一。

例如,李某印非法持有毒品案[(2015)二中刑初字第476号]中,法院认为,由于公诉机关未提交批准采取技术侦查措施的法律文书,也未提供证明该工作说明

所述通话录音中涉及的人员系本案被告人的证据，故法院不予采信。

李某、张某强走私、贩卖、运输、制造毒品案[(2016)粤刑终758号]中，法院认为，本案声纹鉴定书的检材是侦查机关使用技术侦查措施获取的，但由于该检材没有移交法庭核实，不能作为定案的依据。

案例

案例8-3-1　叶某、王某诈骗案[(2017)粤0904刑初683号]

法院认为，侦查部门除出具说明并加盖单位印章外，无侦查人员签名；未提供任何技术侦查部门及措施的审批手续，也未附有技术侦查部门出具的涉案手机曾使用号码的提取程序、技术标准及内容清单的电子证据提取笔录，并经技术人员签名，侦查说明不符合法定的证据形式，也无法确定说明中的手机号码是否曾为被扣押手机使用，不具有证据的客观真实性及关联性。

案例8-3-2　宋某涛、秦某贤走私、贩卖、运输、制造毒品案[(2016)粤08刑初22号]

法院认为，公安机关已提供监听录音的鉴定意见作为证据使用，监听录音的存在并非秘密，目前没有证据证实本案存在监听录音不宜作为证据使用的上述排除性情况。鉴于侦查机关拒不提供采取技术侦查措施的审批文件、拒不提交通话录音进行当庭质证，公诉机关当庭提交的4份《声纹鉴定书》不得作为定案依据。

案例8-3-3　纳某某日走私、贩卖、运输、制造毒品案[(2014)成刑初字第188号]

法院认为，侦查机关按照法定程序收集的与指控事实存在客观联系的电话监听录音，与其他证据矛盾，且被告人否认内容的真实性，此时控方应当提供声纹鉴定予以证明。声纹鉴定是审查声音资料客观真实性以及与当事人关联性的重要手段。公诉人当庭申请补充声纹鉴定这一证据，但补充侦查期限届满后声纹鉴定并未进行，由此导致电话录音因真实性存疑，故不能作为定案证据。

案例8-3-4 李某印非法持有毒品案[(2015)二中刑初字第476号]

检察院指控李某印2014年5月5日携带毒品自安徽省临泉县乘坐长途客运汽车来京,在丰台区丽泽桥长途汽车站附近下车,后被民警抓获。抓捕过程中,李某印将随身携带的毒品丢弃,后被起获。辩护人提出,预审总队出具的有关李某印通话录音内容的工作说明不具有合法性、真实性。法院认为,该工作说明反映了公安机关系采取技术侦查措施收集通话录音的情况,由于公诉机关未提交批准采取技术侦查措施的法律文书,也未提交证明该工作说明所述通话录音中涉及人员系被告人的证据,故不予采信。

案例8-3-5 李某敏贩卖毒品案[(2015)红刑初字第0318号]

法院认为,《全国部分法院审理毒品犯罪案件工作座谈会纪要》(《大连会议纪要》)规定:"行为人本没有实施毒品犯罪的主观意图,而是在特情诱惑和促成下形成犯意进而实施毒品犯罪的属于犯意引诱,对因犯意引诱实施毒品犯罪的被告人根据罪刑相适应的原则应当依法从轻处罚,无论涉案毒品数量多大,都不应该判处死刑立即执行。"《大连会议纪要》制定于2008年,而2012年修订后的《刑事诉讼法》第151条第1款规定,"为了查明案情,在必要的时候,经公安机关负责人决定,可以由有关人员隐匿其身份实施侦查。但是,不得诱使他人犯罪,不得采用可能危害公共安全或者发生重大人身危险的方法"。同年实施的《公安机关办理刑事案件程序规定》第262条第2款规定:"隐匿身份实施侦查时,不得使用促使他人产生犯罪意图的方法诱使他人犯罪,不得采用可能危害公共安全或者发生重大人身危险的方法。"结合本案情节,"犯意引诱"的规定已具有滞后性,本案在量刑中予以矫正。

案例8-3-6 吴某团、吴某同贩卖、运输毒品,吴某明非法持有毒品案[(2015)南铁中刑终字第3号]

检察院抗诉认为,一审法院以公安机关没有证据证明技术侦查资料转换后会暴露有关人员身份为由,不对公安机关收集的与本案有关的技术侦查资料及信息进行庭外核实的理由不充分。法院没有经过庭外核实,就将技术侦查的资料及信息等不作为定案根据,属证据采信有错误,影响公正判决,程序严重违法。

二审法院认为,根据2012年《关于实施刑事诉讼法若干问题的规定》第20条的规定,2012年《刑事诉讼法》第149条规定,批准决定应当根据侦查犯罪的需要,确定采取技术侦查措施的种类和适用对象。采取技术侦查措施收集的材料作为证据使用的,批准采取技术侦查措施的法律文书应当附卷,辩护律师可以依法查阅、摘抄、复制,在审判过程中可以向法庭出示。根据2012年《最高法院刑诉解释》第107条的规定,采取技术侦查措施收集的证据材料,经当庭出示、辨认、质证等法庭调查程序查证属实的,才能作为定案的根据。使用前款规定的证据可能危及有关人员的人身安全,或者可能产生其他严重后果的,法庭应当采取不暴露有关人员身份、技术方法等保护措施,必要时,审判人员可以在庭外核实。本院在审理过程中,向支持抗诉的检察机关提出了庭外核查的建议,并以控、辩、审三方参加的庭审质证的方式进行庭外核查,但支持抗诉的检察机关和公安机关未能配合完成庭外核查工作。故公安机关的手机取证报告存在的问题未能通过庭外核查技术侦查资料得到解决,不能作为定案依据。综上,抗诉机关的抗诉意见本院不予采纳。

第九章
非法证据排除

非法证据排除是以审判为中心的刑事诉讼制度改革的重点和难点。近年来，非法证据排除规则不断完善，对于遏制刑讯逼供，防范冤假错案，促进司法公正，保障人权具有重要意义。

2010年《死刑证据规定》和《排除非法证据规定》首次对非法证据排除规则作了专门规定。2012年修订的《刑事诉讼法》将非法证据排除规则以法律的形式确立。2017年《严格排除非法证据规定》进一步界定了非法言词证据的范围，明确了重复自白应当排除，强调了非法证据排除的及时性和侦查监督的同步性等问题。2018年《排除非法证据规程》重点针对实践中非法证据排除存在的启动难、证明难、认定难、排除难等问题，明确了庭前程序和庭审环节对证据合法性争议的处理程序，为司法实践提供了更为明确的指引。2021年《最高法院刑诉解释》吸收了上述规定的相关规则，如第124条增加了重复性供述的排除；第133、134条明确了取证合法性的调查程序等。

非法证据排除是实质辩护、有效辩护、进攻型辩护的关键。如果案件中存在非法证据，辩护人应当视案件具体情况，提出并坚持排非申请。每个案件都有关键辩点，如存在非法证据，辩护人应将其作为关键辩点之一。但非法证据排除也是辩护难点，容易引发对抗，辩护人在收集违法取证线索、申请调取讯问同步录音录像、控告刑讯者等辩护工作中须适度且谨慎。

侦查、调查人员刑讯逼供涉嫌犯罪的，必要时可以控告。《关于渎职侵权犯罪案件立案标准的规定》第2条第3款规定了刑讯逼供案应当予以立案的情形："1. 以殴打、捆绑、违法使用械具等恶劣手段逼取口供的；2. 以较长时间冻、饿、晒、烤等手段逼取口供，严重损害犯罪嫌疑人、被告人身体健康的；3. 刑讯逼供造成犯罪嫌疑人、被告人轻伤、重伤、死亡的;4. 刑讯逼供,情节严重,导致犯罪嫌疑人、被告人自杀、自残造成重伤、死亡,或者精神失常的;5. 刑讯逼供,造成错案的;6. 刑讯逼供3人次以上的;7. 纵容、授意、指使、强迫他人刑讯逼供,具有上述情形之一的;8. 其他刑讯逼供应予追究刑事责任的情形。”

本章可分为四部分:非法证据的概念和性质(一至五);非法证据排除申请的提出(六、七);排除非法证据调查程序(八至十一);同步录音录像问题的全面应对策略(十二至十六)。

一、非法证据不限于言词证据

《刑事诉讼法》规定的八种证据种类,都有可能是非法证据。辩护人应当熟悉每一类证据在何种情况下应当被认定为非法证据,进而根据案件情况决定是否提出排除非法证据的申请。

非法证据排除规则适用的对象是非法证据,包括采用刑讯逼供等非法方法收集的言词证据,以及违反法定程序收集的物证、书证等客观证据。

前者构成非法证据并无争议。《最高法院刑诉解释》第123条规定:“采用下列非法方法收集的被告人供述,应当予以排除:(一)采用殴打、违法使用戒具等暴力方法或者变相肉刑的恶劣手段,使被告人遭受难以忍受的痛苦而违背意愿作出的供述;(二)采用以暴力或者严重损害本人及其近亲属合法权益等相威胁的方法,使被告人遭受难以忍受的痛苦而违背意愿作出的供述;(三)采用非法拘禁等非法限制人身自由的方法收集的被告人供述。”第125条规定:“采用暴力、威胁以及非法限制人身自由等非法方法收集的证人证言、被害人陈述,应当予以排除。”

后者是否构成非法证据则存在争议。实践中,有观点认为,申请排除非法证据仅针对言词证据,这种观点是错误的。根据《刑事诉讼法》第56条、《最高法院刑诉解释》第126条、《人民检察院刑事诉讼规则》第70条、《公安机关办理刑事案件程序规定》第71条、《排除非法证据规程》第3条等规定,应当排除的非法证据不限于犯罪嫌疑人、被告人供述、证人证言、被害人陈述,也包括物证,书证,鉴定意见,勘验、检查、辨认、侦查实验等笔录,视听资料,电子数据。

《刑事诉讼法》第56条第1款明确规定:“采用刑讯逼供等非法方法收集的犯罪嫌疑人、被告人供述和采用暴力、威胁等非法方法收集的证人证言、被害人陈述,应当予以排除。收集物证、书证不符合法定程序,可能严重影响司法公正的,应当予以补正或者作出合理解释;不能补正或者作出合理解释的,对该证据应当予以排除。”

《最高法院刑诉解释》在“非法证据排除”一节第126条特别规定:“收集物证、书证不符合法定程序,可能严重影响司法公正的,应当予以补正或者作出合理解释;不能补正或者作出合理解释的,对该证据应当予以排除。认定‘可能严重影响司法公正’,应当综合考虑收集证据违反法定程序以及所造成后果的严重程度等情况。”

《人民检察院刑事诉讼规则》第70条第1款规定:“收集物证、书证不符合法定程序,可能严重影响司法公正的,人民检察院应当及时要求公安机关补正或者作出书面解释;不能补正或者无法作出合理解释的,对该证据应当予以排除。”

《公安机关办理刑事案件程序规定》第71条第2款规定:“收集物证、书证、视听资料、电子数据违反法定程序,可能严重影响司法公正的,应当予以补正或者作出合理解释;不能补正或者作出合理解释的,对该证据应当予以排除。”

《排除非法证据规程》第3条规定:“采用非法搜查、扣押等违反法定程序的方法收集物证、书证,可能严重影响司法公正的,应当予以补正或者作出合理解释;不能补正或者作出合理解释的,对有关证据应当予以排除。”

《严格排除非法证据规定》第7条、《关于推进以审判为中心的刑事诉讼制度改革的意见》第4条、《关于全面推进以审判为中心的刑事诉讼制度改革的实施意见》第21条、《关于切实履行检察职能防止和纠正冤假错案的若干意见》第13条等也有类似规定。

案例

案例9-1-1 周辉集资诈骗案(检例第40号)

在本案审查起诉阶段,辩护人向衢州市检察院提出非法证据排除申请。检察机关审查后发现,涉案证据存在以下瑕疵:公安机关向部分证人取证时存在取证地点不符合《刑事诉讼法》规定以及个别辨认笔录缺乏见证人等情况。为此,检察机关要求公安机关予以补正或作出合理解释。公安机关作出情况说明:证人从外地赶来,经证人本人同意,取证在宾馆进行。关于此项情况说明,检察机关审查后予以采信。对于缺乏见证人的个别辨认笔录,检察机关审查后予以排除。该案审查起诉阶段,即排除了个别辨认笔录。

案例 9-1-2　刘某贩卖毒品案[(2017)川 0525 刑初 224 号]

法院认为:关于在被告人刘某老房子搜查出的毒品的扣押清单、称重记录、送检取样笔录等证据,因被告人刘某未在场、故未签名确认,侦查人员在毒品的提取、扣押、称量、取样等程序上存在重大瑕疵,可能严重影响司法公正,该瑕疵不能加以补正,亦无法作出合理解释,且在相关毒品包装物上也未检出被告人的 DNA 分型,故对以上瑕疵证据,依法予以排除。

二、何为以非法方法获取言词证据

非法手段获取言词证据的方式多种多样,如刑讯逼供、威胁、引诱、欺骗、非法拘禁和其他非法方法等。实践中,直接肉刑趋于减少,变相肉刑和精神折磨较多,非法取证仍相当普遍。

《刑事诉讼法》第 52 条规定,"严禁刑讯逼供和以威胁、引诱、欺骗以及其他非法方法收集证据,不得强迫任何人证实自己有罪"。第 56 条规定,"采用刑讯逼供等非法方法收集的犯罪嫌疑人、被告人供述和采用暴力、威胁等非法方法收集的证人证言、被害人陈述,应当予以排除"。

《最高法院刑诉解释》第 123 条规定:"采用下列非法方法收集的被告人供述,应当予以排除:(一)采用殴打、违法使用戒具等暴力方法或者变相肉刑的恶劣手段,使被告人遭受难以忍受的痛苦而违背意愿作出的供述;(二)采用以暴力或者严重损害本人及其近亲属合法权益等相威胁的方法,使被告人遭受难以忍受的痛苦而违背意愿作出的供述;(三)采用非法拘禁等非法限制人身自由的方法收集的被告人供述。"第 125 条规定:"采用暴力、威胁以及非法限制人身自由等非法方法收集的证人证言、被害人陈述,应当予以排除。"

(一)刑讯逼供

刑讯逼供是法治之"癌",必须坚决反对。近年来,直接的肉刑相比 10 年前、20 年前、30 年前有所减少,但仍难以彻底消灭,尤其是涉及职务犯罪、受害者死亡、涉黑涉恶等特定类型案件中。由刑讯逼供获得的证据属于非法证据,应当予以排除,这一点毫无争议,本书就不赘述,仅以我们代理申诉的某故意杀人案为例,展示常见刑讯逼供行为。

该案中,被告一、被告二均遭受残酷的刑讯逼供、指供、诱供。1990 年 8 月某日,侦查人员将被告一带走至某派出所会议室,锁在办公室长椅上,不让睡觉、不给饭吃。随后的十余天内,侦查人员反铐被告一双手导致其手腕的肉烂成环口,用椅子砸,用脚踢,用电棒电被告一的身体,包括头部、腰部、生殖器。为了使其供述和物证及其他被告人供述一致,侦查人员还通过放其他人的录音,以及互相对话的方式,诱导被告一供述,被告一按照侦查人员的诱导,不断修正自己的供述。被告一在侦查阶段未结束就开始翻供,明确说明刑讯逼供的人员、地点、线索及讯问过程。但原审法院未进行调查,仍将两人被刑讯得来的有罪供述作为定罪证据。

有的检察官、法官认为,对于被告人、证人、被害人的言词证据,只有"打"才算是刑讯逼供、非法取证——该观点明显错误。非法手段形式多样,不止刑讯逼供,刑讯逼供也不止"打"这一种方式。

刑讯逼供包括肉刑和变相肉刑。肉刑是直接施加于犯罪嫌疑人、证人或被害人身体,使其产生剧烈疼痛的暴力方法。变相肉刑是未积极地对嫌疑人、证人或被害人的肉体直接施加暴力,而是通过间接的方式使其遭受肉体折磨,常见方式如冻、饿、晒、烤、疲劳审讯、长时间保持固定姿势等。

最高检《关于渎职侵权犯罪案件立案标准的规定》将殴打、捆绑、违法使用械具等恶劣手段逼取口供,较长时间冻、饿、晒、烤等手段逼取口供,严重损害犯罪嫌疑人、被告人身体健康的行为,规定为刑讯逼供。《关于建立健全防范刑事冤假错案工作机制的意见》第 8 条也规定,冻、饿、晒、烤、疲劳审讯等方法收集的被告人供述,应当排除。由此可见,暴力殴打、捆绑、违法使用械具、冻、饿、晒、烤、疲劳审讯,实践中出现的坐高凳子、久站、久蹲等都属于刑讯逼供。

法律并未对疲劳审讯进行明确的规定,但按照常识及相关判例,可以确立一定的标准。这一标准通常由两个因素来决定:审讯时间的长短和是否夜间审讯。审讯时间持续较长,应当认定为疲劳审讯。裴显鼎等法官认为:"如何认定疲劳审讯,可由司法机关结合具体案件中被告人的体质和健康情况综合把握,一般标准可以掌握在连续讯问 12 小时,最长不宜超过 18 小时。"①夜间审讯,尤其是凌晨长时间审讯的,也应当认定为疲劳审讯。是否存在疲劳审讯,辩护人可基于提讯提解证、讯问笔录记录的时间、同步录音录像等材料进行分析,也可从同步录音录像中观察被讯问人的生理、精神状态,来发现疲劳审讯的线索。

例如,曹某明非法持有毒品案[(2013)湛中法刑二初字第 43 号]中,辩护人提

① 裴显鼎主编:《非法证据排除程序适用指南》,法律出版社 2018 年版,第 9 页。

出，曹某明的有罪供述发生于 2013 年 5 月 23 日 3 时 10 分至 4 时 2 分，之前供述发生于 2013 年 5 月 22 日 22 时 21 分至 23 时 5 分，系侦查机关剥夺曹某明正常睡眠时间的情况下，采用疲劳审讯的非法方法收集的供述，应予排除。一审湛江中院认为辩护人该意见于法有据，予以采纳。

又如，韩某亮、李某华寻衅滋事案［（2014）东刑初字第 43 号］中，李某华辩称其 2013 年 3 月 15 日前，连续 7 天受到侦查机关疲劳审讯，并提供了葛某、张某两名证人。一审东海法院认为，公诉机关提供的证据不能否定李某华的辩解意见，现有证据能证实李某华当时确实有连续多天不在监室的情况，故对李某华该辩解意见予以采信，李某华 2013 年 3 月 15 日、16 日的供述不作为证据使用。

（二）以暴力或者严重损害本人及其近亲属合法权益等相威胁

《最高法院刑诉解释》第 123 条规定："采用下列非法方法收集的被告人供述，应当予以排除：……（二）采用以暴力或者严重损害本人及其近亲属合法权益等相威胁的方法，使被告人遭受难以忍受的痛苦而违背意愿作出的供述。"《严格排除非法证据规定》第 3 条、《排除非法证据规程》第 1 条、《人民检察院刑事诉讼规则》第 67 条第 2 项有类似规定。

我们办理案件中遇到过许多这种情况，例如，威胁对嫌疑人使用暴力；揭露或威胁揭露嫌疑人隐私、痛苦往事；恐吓患病的嫌疑人不给治疗；威胁要抓捕嫌疑人怀孕的妻子；威胁对嫌疑人近亲属采取强制措施等。

例如，重庆孔某文受贿案［（2017）渝 0115 刑初 35 号］中，侦查机关威胁孔某文的妻子陈某银，称要通过学校扣押其女儿的毕业证和学位证、搜查其女儿的宿舍、要当着全校师生的面将其女儿带走，陈某银无法忍受而被迫妥协。

又如，戚某等违法发放贷款、违规出具金融票证案［（2018）鲁 0321 刑初 160 号］中，第四被告人刘某某被采取强制措施时，正逢妻子怀孕待产，侦查人员利用其被羁押，担心妻子、小孩无人照料的心理，欺骗刘某某如按指定的内容供述就变更强制措施为取保候审，加之侦查人员不断提示、引诱，刘某某违心做了虚假供述。公诉人撤回刘某尚 2016 年 3 月 4 日的笔录，恰恰说明侦查过程可能存在违法情形。

（三）非法拘禁等非法限制人身自由的方法

《最高法院刑诉解释》第 123 条规定，"采用下列非法方法收集的被告人供述，应当予以排除：……（三）采用非法拘禁等非法限制人身自由的方法收集的被告人供述"。《人民检察院刑事诉讼规则》第 67 条第 3 项、《严格排除非法证据规定》第 4 条、《排除非法证据规程》第 1 条第 3 项有同样的规定。可见，以非法拘禁等非法限制人身自由的方法收集的言词证据,无须以"肉体上或精神上剧烈疼痛或痛苦"为条件,便可直接强制排除。

有些检察官和法官认为,没有超过 24 小时,不是非法拘禁;无证采取强制措施后及时补了手续,也不属于非法拘禁;强制措施超过法定期限后仍然羁押,也不属于该条款规定的非法拘禁等非法限制人身自由的方法——这些观点都是错误的。

非法方法收集证据限制的是非法的方法和行为,非法拘禁等非法限制人身自由是一种行为,只要侦查人员在没有合法依据的前提下实施了该行为,该行为就已经成立。至于是否超过 24 小时,以及事后是否补充手续等做法,是在判断已实施的非法行为如何定性、是否构成犯罪、如何处理的问题。只要侦查人员在没有合法手续的情况下就限制嫌疑人的人身自由,并在限制人身自由期间获取了言词证据,就是以非法拘禁等非法限制人身自由的方法收集证据,所收集的证据就必须强制性排除。

(四)威胁、引诱、欺骗

《刑事诉讼法》第 52 条、《人民检察院刑事诉讼规则》第 176 条、《公安机关办理刑事案件程序规定》第 8 条等都明确规定,严禁刑讯逼供和以威胁、引诱、欺骗以及其他非法方法收集证据。法律对"威胁、引诱、欺骗"的取证方法作出了明确的禁止性规定。因此,以"威胁、引诱、欺骗"的方式获取的证据,也是非法证据。

以严重损害嫌疑人合法权益相威胁、威胁使用暴力方法收集的供述,已被明确规定为非法证据,应当排除。上文提到,实践中还有以揭露或威胁揭露嫌疑人隐私、痛苦往事,恐吓患病的嫌疑人不给治疗,威胁将嫌疑人涉案告知病重父母等情形,亦属威胁。

实践中有的法院以"威胁、引诱、欺骗"是侦查策略为由不启动排非程序,或即使启动了也不排除,这是不合法的。尽管威胁、引诱、欺骗可能是侦查策略,但侦查策略应当合法,法律对威胁、引诱、欺骗作出禁止性规定,由此获得的证据应当排除。

有的法院认为"威胁、引诱、欺骗"的程度较轻,而不启动排非程序,或即使启动了也不排除。这也是没有法律根据的,法条没有区分"威胁、引诱、欺骗"的程度,而控辩双方很可能会对程度的轻重有不同意见,事实上无法区分。因此,只能依照法条"一刀切"。

引诱、欺骗的表现多种多样,例如,宣称只要指控同案人,就可以取保候审;向犯罪嫌疑人许诺减轻、免除处罚或者作出不起诉决定;对吸毒人员称认罪就提供毒品;谎称嫌疑人怀孕的妻子难产,安危不知,认罪可见面;等等。

（五）其他非法方法

《刑事诉讼法》第 52 条、《人民检察院刑事诉讼规则》第 4 款均规定，严禁刑讯逼供和以威胁、引诱、欺骗以及其他非法方法收集证据。以“其他非法方法”作为排除非法证据情形的兜底，是《刑事诉讼法》的一个重要发展。

其他非法方法各式各样，实践中出现最多的，是侮辱或羞辱性行为。例如，谩骂；不让上厕所；不让洗澡，或洗澡时进行观看和点评；以“身体检查”为名，脱光嫌疑人的衣服等。

我们办理的案件中，出现过强制犯罪嫌疑人或被告服药的情况。福建一起涉黑案件中，犯罪嫌疑人被强迫服用不明药物，疑似精神控制类药物，可能导致嫌疑人精神错乱、崩溃，出现幻觉，任人摆布。

媒体曾报道过两种和警犬有关的特色讯问方法：一种叫“鬼洗脸”，即把人关进特制的笼子里，露出头部，让警犬舔脸；另一种叫“与狼共舞”，即给人带上数十斤的脚镣、手铐后，和警犬关在一起。这样的讯问方式，既存在威胁也是侮辱。

例如，戚某等违法发放贷款、违规出具金融票证案［（2018）鲁 0321 刑初 160 号］中，戚某、赵某、刘某尚皆提出侦查违法，要求排除非法证据。戚某当庭指控东某集团与公安勾结，找一农家院对她本人、李某、田某连等本案相关人员违法监视居住。东某集团员工对戚某进行看管，白天女的看，晚上男的看，睡觉没有门，上厕所得到看管的男员工房间，也没有门隔离。

案例

案例 9－2－1　王玉雷故意杀人案（检例第 27 号）

2014 年 3 月 18 日，顺平县检察院办案人员首次提审王玉雷时发现，其右臂被石膏固定、活动吃力，询问该伤情原因时，王玉雷极力回避，虽然对杀人行为予以供认，但供述内容无法排除疑点。顺平县检察院驻所检察室人员发现王玉雷胳膊打了绷带并进行询问时，王玉雷自称是骨折旧伤复发。监所检察部门认为公安机关可能存在违法提讯情况，遂通报顺平县检察院侦查监督部门，提示在批捕过程中予以关注。鉴于王玉雷伤情可疑，顺平县检察院办案人员向检察长进行汇报，检察长在阅卷后，亲自到看守所提审，并对讯问过程进行全程录音录像。经过耐心细致的思想疏导，王玉雷消除顾虑，推翻了在公安机关所作的全部有罪供述，称被害人王某被杀不是其所为,其有罪供述系被非法取证。2014 年 3 月 22 日,顺平县检察院检察委员会研究认为,王玉雷有罪供述系采用非法手段取得,属于非法言词证据,依法应当予以排除。在排除王玉雷有罪供述后,其他在案证据不能证实王玉雷实施了犯罪行为,因此不予批捕,无罪释放。6 天后,该案真凶被抓获。

案例 9-2-2 甘某彬徇私枉法案[(2015)安市刑终字第 7 号]

辩护人提出,对证人焦某智连续询问 14 小时 51 分钟明显违法,其证言应当排除。二审安顺中院认为,检察院 2014 年 6 月 19 日 10 时 24 分至 23 时 7 分对证人焦某智所作的提取证据询问笔录,持续询问时间超过 12 小时,根据《人民检察院刑事诉讼规则》之规定,询问证人,不得采用羁押、刑讯、威胁、引诱、欺骗以及其他非法方法获取证言,合议庭对该证据依法予以排除。

案例 9-2-3 马某涉嫌挪用公款、行贿案

马某陈述,检察官直接对其实施刑讯逼供,手段有:暴打,打耳光,长时间固定坐姿,不让睡觉,威胁、侮辱、诱供,多次以死亡相威胁。2016 年 6 月 23 日,侦查人员将马某外提,马某被蒙上头套,带到野外,遭到拳打脚踢,拿钝器对其腿后猛击,后又用方钢滚压,最后拿出事先准备好的笔录让其签字。2016 年 8 月 23 日,侦查人员关掉监控,在看守所用冰冻矿泉水瓶暴打马某。

辩护人指出,本案除刑讯逼供外,还存在非法拘禁。2016 年 6 月 18 日,马某被检察官带走时,侦查机关尚未办理任何强制措施手续,直到 6 月 24 日马某才被刑事拘留。6 月 18 日到 24 日,显然属于非法拘禁。

被告人与辩护人就刑讯逼供和非法拘禁进行长期控告,后省检察机关出具初核报告,称没有刑讯逼供,6 月 18 日带走马某是检察官以纪委身份办案。该初核报告明显不公正,没有对马某进行身体检查,马某同监室多位犯人证实其身上有伤,一句话就把检察官变成纪委的人。审判时,法庭进行了排除非法证据调查,最后排除了马某的五份供述。

案例9-2-4 廖某、黄某京、黄某通盗窃、掩饰、隐瞒犯罪所得、犯罪所得收益案[(2017)粤08刑终8号]

二审湛江中院认为,廖某、黄某京从被拘传至送到看守所羁押的时间超过48小时,超过法定期限,对非法拘禁期间取得的证据均属于非法证据;侦查人员主要选择在深夜时段对三名上诉人进行讯问,不排除通过疲劳讯问的方式取得三名上诉人口供的可能性;侦查人员在对黄某通讯问时不排除存在诱供、预先制作好笔录再进行讯问等非法取证的情形;廖某、黄某通的入所体检表反映其二人身体上有伤,虽然黄某通在体检表上签名确认自己身上的伤是在抓捕中造成的,但他在之后的供述中予以否认,而附案证据不能证实廖某、黄某通身上的伤是因抗拒抓捕造成的,故不排除侦查人员对其刑讯逼供的可能性。鉴于不排除侦查机关在侦查前期存在非法取证的情形,故对侦查机关在此期间取得的三名上诉人的有罪供述以及制作的同步录音录像等视听资料、对相关现场照片的指认和同案人之间互相辨认照片等材料因来源不真实、不合法,法院不予采信。

案例9-2-5 龚某强受贿案①

青云谱检察院指控龚某强收受贿赂18万元,经一审、二审发回重审,重审一审,二审改判龚某强无罪。

南昌中院认为:(1)侦查机关以传唤证人为由,将龚某强从其住处强行带至办案地点调查,至本案立案时止,上诉人被实际强行滞留时间长达52小时,超出法律规定的传唤时间,侦查机关没有提供相应的证据证实在此期间取得的上诉人供述系合法取得的证据,不能排除非法取证的可能性。一审法院认定侦查机关在此期间对龚某强所作笔录应予以排除,符合法律规定。(2)龚某强的自书材料《关于与陈某亚经济往来的情况汇报》及悔过书,源于被强行滞留期间;其于2011年8月19日在江西省长征医院的供述,系前期两份被排除供述的延续,依法均应予以排除。(3)龚某强2011年8月24日在江西省长征医院的供述,没有相关线索及材料证实非法取证的可能,应予以采信,但该供述的讯问人员仍系被排除供述中的讯问人

① 《龚某强受贿案——司法实践中对在非法滞留期间的自书材料以及"重复性供述"如何采信》,载裴显鼎主编:《非法证据排除程序适用指南》(第2版),法律出版社2018年版,第165~177页。

员，故其作为证据的证明力较弱，需结合其他证据予以充分印证。

该判例排除了龚某强被非法滞留即被非法拘禁期间的供述，还排除了重复性供述，对未排除的重复性供述，认为需要结合其他证据予以印证，而其他证据无法印证，最终以事实不清、证据不足为由，改判龚某强无罪。

案例 9－2－6　郑祖文贪污、受贿、滥用职权案（《刑事审判参考》第 1140 号案例）

被告人及其辩护人提出被告人承认收受贿款的有罪供述是在侦查人员威胁、引诱的情形下作出的，应予排除。郑祖文被讯问时年近 70 岁，因个人原因导致女儿女婿被抓，这对其心理必然起到强烈的胁迫作用，迫使他为保住一家老小而做出牺牲，违背意愿作出有罪供述。这种以针对被告人本人及其亲属的重大不利相威胁，产生的精神强制力达到了严重程度，极大可能导致被告人精神痛苦并违背意志进行供述。郑祖文辩解，侦查人员还承诺供认后即取保。这种引诱与威胁相配合加强了胁迫的作用。

侦查机关认为讯问虽然存在一定的威胁、欺骗，但没有严重侵犯被告人的基本权利，不能因为审讯策略而排除其有罪供述；且被告人在侦查阶段尚有多次有罪供述是合法取得的，供述内容与证人证言能相互印证，应予采信。

广州中院认为，公诉机关未能提出有罪供述系合法取得的相关证据，故相关有罪供述依法应当排除。综合全案，在无其他证据佐证的情况下，公诉机关指控郑祖文犯受贿罪的证据不足。

后广州市检察院提出抗诉，广东省检察院支持抗诉。广东高院经审理认为，郑祖文的辩解有讯问笔录、某市检察院反贪局出具的《情况说明》、某市检察院对郑某某、陈某某的询问笔录相印证，具有较强的合理性。侦查机关没有充分的证据排除郑祖文承认受贿的供述存在被威胁、引诱的合理怀疑，不能采信为定案依据。广东高院裁定驳回抗诉，维持原判。

案例 9－2－7　福清林某等组织、领导黑社会性质组织案［（2017）闽 0181 刑初 1342 号］

辩护人指出，本案多名被告人提出，曾被带至看守所“六排”进行特审。第三被告人林某被打后送到医院急救，黄某某称被吊 72 小时，另有多位被告人提出曾被威胁带至“六排”进行“特审”，甚至有被告人指出侦查人员录制了“特审”时劝其认命、认罪的视频。办案人员还以被告人亲属的安危相威胁，逼迫被告人签署不真实的笔录。

该案第一被告人案发前具有人大代表身份，但侦查机关对其指定居所监视居住未经人大常委会许可，后法院排除了林某某具有人大代表身份期间所作供述。

第一、二被告人在福清市有固定居所，两人均不涉及“危害国家安全、恐怖活动、重大贿赂犯罪”三类犯罪，依法不能指定居所监视居住，且指居未经上一级公安机关批准。指定的居所完全不具备正常的生活、休息条件。第二被告人在某基地106房间被监视居住108天，处在0.6平方米的地方一个月，身体不得自由活动，后扩大到3～4平方米；108天未出房间，见不到太阳，不让刷牙；全天24小时有办案人员开灯陪护，经常半夜以“睡觉姿势不对”等理由叫醒；强迫服用不明药物；108天后，从75公斤瘦到55公斤。

案例9－2－8 李某受贿案①

辩护人指出，本案中，侦查人员用威胁、辱骂的方式，不断指供、诱供，最后得到预期的犯罪嫌疑人供述。侦查人员掌握了李某和一女性发生不正当性关系的视频，进而以在李某原单位散布、告知其妻子进行威胁。侦查人员说：“现在留给你李某的时间不多了，如果再不交代，领导马上就签搜查令，公开搜查你家、办公室、你妻子的办公室、弟弟的家和公司、老母亲的家。市、县两级纪委、检察院、当地派出所、社区干部、群众代表参加搜查，电视曝光。你以后还要做人吗？你非要把你八九十岁的老母亲逼死吗？”“你再不交代，我们就把你老婆弄进来关押审讯。你老婆那么善良又有癌症，难道你要逼死你老婆吗？”同时，拿当地原副县长吴某某夫妻法庭受审的照片给李某看。

李某提出了明确的非法取证的线索，且经辩护人查看录像，以录像进行了锁定。

同步录音录像中，侦查人员对李某多次进行言语侮辱，人身攻击，例如，对其大叫“畜生”“强奸犯”，且多次威胁李某，例如，“不讲是吧，把你老婆、儿子抓进来，钱总有去向的。”“不讲给你判无期、对抗判死刑。”“你还说现金没有收，你这说你死定了。”“领导都听我们的，法院也是看我们材料的，你这个样子有好处吗？”“我们这里

① 本案为笔者代理的案件。此处对被告提供的相关情况及辩护人意见进行介绍，以介绍非法获取证据的方法。

有6个月,你不讲,你能熬过6个月,你有水平了。”“再不讲下午必须把你老婆抓进来(多次重复)”。

侦查人员反复对李某进行诱供指供,说“云某大厦边上”“人家来之前给你联系,是否知道你在不在”“收谁的好处,你想想谁在你手上发财了,你想想”“有过程的,打电话,过来又打电话,又出来接”。诱供到最后,李某甚至说:“她讲多少,我就承认多少”。所谓行贿地点“云某大厦边上”,就是指供而来。

李某被迫在侦查人员不断提示下违背意愿做了虚假供述。李某迫于压力答应配合后,侦查人员以提示受贿数额、受贿时间、受贿地点、请托事由的方式指供。李某供述受贿十几万元、几十万元时,被断然威胁和辱骂。当李某把数额加到一百万元时,侦查人员仍说不对。侦查人员继续通过提问受贿时间,暗示每年送一百万元共送了3年。李某把数额加到200万元,侦查人员便表扬李某,但仍说不对,要求李某继续回忆。最后,李某尝试性地说300万元时,办案人员便不再继续追问,而写入笔录。

三、排除供述的特定情形

关于非法获取供述的排除,辩护人还要注意重复性供述、同案被告人供述、自书供述以及监委收集证据的排除等情形。

(一)重复性供述的排除

侦查人员经常先采用刑讯逼供、威胁等非法方法迫使犯罪嫌疑人供述,待嫌疑人屈服后,再进行多次讯问,不断固定犯罪嫌疑人的供述。因此,侦查阶段就会形成多份供述,若只排除最初的几份供述,无济于事。

《最高法院刑诉解释》第124条规定:“采用刑讯逼供方法使被告人作出供述,之后被告人受该刑讯逼供行为影响而作出的与该供述相同的重复性供述,应当一并排除,但下列情形除外:(一)调查、侦查期间,监察机关、侦查机关根据控告、举报或者自己发现等,确认或者不能排除以非法方法收集证据而更换调查、侦查人员,其他调查、侦查人员再次讯问时告知有关权利和认罪的法律后果,被告人自愿供述的;(二)审查逮捕、审查起诉和审判期间,检察人员、审判人员讯问时告知诉讼权利和认罪的法律后果,被告人自愿供述的。”

辩护人有充分的法律依据提出排除重复性供述。根据《最高法院刑诉解释》第124条、《排除非法证据规程》第1条第2款、《严格排除非法证据规定》第5条、《人民检察院刑事诉讼规则》第68条,采用刑讯逼供方法使被告人作出供述,之后被告人受该刑讯逼供行为影响而作出的与该供述相同的重复性供述,应当一并排除。

因为刑讯逼供、威胁给嫌疑人心理造成的威慑仍然存在,嫌疑人仍会被迫继续作不真实的供述,故应排除重复性供述。

上述法条同时规定了两种例外情形:第一,侦查期间,因排除非法证据而更换侦查人员,其他侦查人员再次讯问时再次告知诉讼权利和认罪的法律后果,犯罪嫌疑人自愿供述的。第二,审查逮捕、审查起诉和审判期间,检察人员、审判人员讯问时告知诉讼权利和认罪的法律后果,犯罪嫌疑人、被告人自愿供述的。对此,辩护人需要证明上述两种例外情形不存在,或者即使存在,嫌疑人、被告人因刑讯逼供所遭受的心理威慑仍未消失。

重复性供述排除的核心在于判断"刑讯逼供的影响是否消失",供述是否自愿。嫌疑人翻供,一番威胁之后又翻回来,再翻回去的情形很多,有的甚至延续到审判阶段。如何判断"刑讯逼供的影响是否消失"? 应当从常人的角度,从有利于嫌疑人的角度来观察。嫌疑人处于被羁押状态,孤立无援,先前刑讯逼供造成的恐惧和心理影响往往极大,有人甚至会因此患上恐惧症。因此,只要刑讯逼供的可能性还存在,或检察官介入后仍持侦查人员类似的态度,或审查起诉阶段、甚至审判阶段侦查人员还随意入所提审,均应理解为刑讯逼供的影响没有消失。只要刑讯逼供的影响没有消失的,就应当排除重复性供述。

(二)同案被告人供述的排除

实践中对此问题处理不一。有不少法官和检察官,甚至同案被告人的辩护人都认为,在同案被告人及其辩护人没有提出排除其供述的前提下,其他被告人和辩护人不能提出排除其供述的申请。这种观点明显错误。

第一,同案被告人供述也是被告人供述。排除非法证据规则并没有限制只能申请排除被告人本人的供述,不能申请排除同案被告人供述。同案被告人及其辩护人是否申请排除其供述,并不影响其他被告人和辩护人提出排除非法证据申请。同案被告人供述属于被告人供述还是证人证言,有不同意见,但无论属于被告人供述还是证人证言,都在非法证据排除的范围,只要有线索和材料,即可提出排除申请。

第二,对被告人定罪量刑有关的证据,有非法取证情况的,被告人和辩护人都有权申请排除。只要同案被告人的供述与被告人本人相关,被告人和辩护人就可以申请排除,尤其是不利于被告人时,更是如此。除非公诉人不将此作为指控证据,或法庭不将此作为认定有罪的证据。考虑排除非法证据时,法庭甚至不需要考察该证据的关联性,因为防止非法取证是公共利益,法庭不应明知非法取证而予以纵容,不应放纵违法甚至犯罪。

第三,同案被告人及其辩护人没有申请排除其供述,并不代表该同案被告人没有遭到刑讯逼供等非法取证。只要其他被告人及其辩护人能提出排除同案被告人供述的线索和证据,就有权申请排除非法证据。至于同案被告人是否认可遭到非法取证,应当在法庭调查阶段由检察院证明取证合法,同案被告人否认,可以作为检方证明取证合法的证据之一。

因此,不能因为同案被告人及其辩护人不提排除非法证据的申请,就剥夺其他被告人和辩护人申请排除非法证据的权利。但在同案被告人及其辩护人不提出非法证据排除申请的情况下,其他人很难取得其具体遭到何种非法取证的线索和材料,遇到这种情况,辩护人可以尝试在发问阶段向同案被告人发问。如果发问过程中发现有非法取证的线索,可以立即提出排除非法证据的申请。

(三)自书供述的排除

关于自书供述,《刑事诉讼法》第 122 条规定,“犯罪嫌疑人请求自行书写供述的,应当准许。必要的时候,侦查人员也可以要犯罪嫌疑人亲笔书写供词”。《人民检察院刑事诉讼规则》第 189 条、《公安机关办理刑事案件程序规定》第 207 条规定,犯罪嫌疑人请求自行书写供述的,办案人员应当准许。必要时,办案人员也可以要求犯罪嫌疑人亲笔书写供述。犯罪嫌疑人应当在亲笔供述的末页签名或者盖章,并捺指印,注明书写日期。办案人员收到后,应当在首页右上方写明“于某年某月某日收到”,并签名。

实践中自书供述的运用非常普遍,贪污、贿赂等职务犯罪案件尤其多。多数案件自书供述的目的是遏制翻供,规避讯问程序的限制。自书供述中的非法取证十分常见,并且大多数情况下没有录像,排除非法证据困难,能排除非法证据的屈指可数。但自书供述仍属犯罪嫌疑人供述,必须符合供述取证合法性的要求,对于非法的自书供述,也可以申请排除非法证据。

(四)监察委收集证据的排除

监察委办理的案件,留置期间律师无法会见,这意味着整个侦查阶段实际上都无法排除非法证据,而审查起诉和审判阶段的排除非法证据也可能会成为一项空洞的权利。但留置期间获取的非法证据也应当排除。《监察法》第 33 条规定,“以非法方法收集的证据应当依法予以排除”,第 40 条规定,“严禁以威胁、引诱、欺骗及其他非法方式收集证据,严禁侮辱、打骂、虐待、体罚或者变相体罚被调查人和涉案人员”。在案件移送审查起诉后,监察委办理的案件也要适用《刑事诉讼法》的规定,辩护人可以申请非法证据排除,申请调取留置期间的同步录音录像。

个别检察院和法院可能无法或不敢排除监察委的非法证据,不敢调取同步录音录像。辩护人因此需要穷尽辩护手段,综合运用申诉、控告手段,依法向监察委领导、上级或更高层级的监察委和党委反映监察委违法办案、非法取证等情况。辩护人申请排除非法证据和调取证据,可以作为量刑辩护的筹码。

案例

案例 9-3-1　阮某山非法生产、买卖、运输制毒物品、走私制毒物品案[(2018)桂 0681 刑初 247 号]

阮某山在庭前会议中提出其遭受刑讯逼供,申请排除其在侦查机关作的前三次供述。辩护人提出无法排除阮某山遭到刑讯逼供和诱供的可能性,同意阮某山的排除非法证据申请,并申请调取在侦查期间公安机关收集的有关阮某山脸部受伤前的视频材料,申请证人何某出庭作证。

公诉机关在庭前会议中撤回阮某山第一、二次供述,并提交了阮某山入所体检表及照片,证实阮某山的右脸、额头、肘部、背部等处有伤痕。

东兴法院认为,阮某山在侦查机关的第三次供述无法排除受非法取证影响而作出的与第一、二次的重复性供述,应当排除。

案例 9-3-2　廖某兵犯贩卖毒品案[(2015)宜刑终字第 275 号]

上诉人廖某兵及其辩护人提出非法证据排除的申请,宜宾中院审查后,依法启动非法证据排除程序。庭审中,检察机关当庭播放了讯问同步录音录像,侦查人员亦出庭说明情况。经查,(1)讯问同步录音录像显示,廖某兵在接受公安机关讯问作第一次供述时,侦查人员的措辞用语确有不当之处,且无核对笔录过程;(2)廖某兵能够提供被刑讯逼供的线索;(3)看守所收押照片及廖某兵在其家中的指认照片,均显示廖某兵身上确有伤情,而公安机关解释廖某兵的伤情系天气原因所致,显然不合常理。故法院认为,廖某兵在侦查机关的第一次供述确有可能系违背意愿而作出,对该次供述以及此后向同一讯问人所作的重复性供述均依法排除。此外,廖某兵指认高县庆符镇东升家园小区车中查获毒品的指认照片因制作时间不详,无其本人或见证人签字,且无承办民警签字,亦无公安机关印章,法院对该证据也予以排除。

案例 9-3-3 曾某龙盗窃案[(2018)川 07 刑终 137 号]

曾某龙及其辩护人申请排除非法证据。一审法庭调查时,公诉机关出示的被告人庭前有罪供述笔录及辨认笔录、照片等证实,公安机关 2017 年 3 月 31 日凌晨 1 时许将曾某龙抓获归案,15 时 30 分至 47 分带其至其家中起获赃物,17 时 20 分至 51 分带其对作案现场进行辨认,其间侦查人员未对其进行讯问,直至当日 18 时 16 分至 20 时 31 分才对其进行讯问,上述期间,无保障其饮食和休息的时间的相关证据;次日凌晨 1 时许,曾某龙被看守所收押时,头部受伤、全身多处软组织挫伤,并于同日出所就医,有到案经过、伤情检查登记表、病历资料等证据证实,公诉机关仅以侦查人员出庭证言及公安机关出具的关于曾某龙抗拒抓捕而自残的情况说明,不能排除存在以非法方法收集证据的情形,故对其 2017 年 3 月 31 日第一次有罪供述,应予以排除。同时,参与抓捕的侦查人员、三次讯问人员均存在重合,且后两次讯问时未告知相关诉讼权利和认罪的法律后果,与该供述相同的重复性供述,全部予以排除。故法院对庭前曾某龙有罪供述和辩解依法予以排除,不作为判决依据。但在审查起诉期间,曾某龙在检察人员讯问时依法告知其相关诉讼权利和义务后,其所作有罪供述系基于自愿,予以采纳。

案例 9-3-4 秦某燊盗窃案[(2017)桂 0305 刑初 40 号]

七星法院认为,秦某燊 2016 年 5 月 16 日、17 日分别在桂林市公安局七星分局办案中心讯问室、桂林市第二看守所的二次供述,讯问人员违反法定程序收集证据,其合法性存疑。秦某燊又分别于 2016 年 5 月 24 日、25 日、30 日,6 月 17 日、20 日在桂林市第二看守所向同一单位民警做了五次供述,第一次供述无法排除外提期间存在非法取证可能,其后数次供述属重复性供述,均应当作为非法证据予以排除。

案例 9-3-5 雍某魁故意杀人案[(2015)吉刑三终字第 13 号]

一审通化中院认为,雍某魁因购物同被害人白某某发生争执,遂对被害人怀恨在心,持斧子报复杀害被害人,判处死缓。二审吉林高院以原审判决认定雍某魁杀人的事实不清,证据不足,改判无罪。

从审讯录像可见,雍某魁脸上有伤痕,讯问期间曾吞腰带卡子欲自杀。一审法院以不排除刑讯逼供的可能,排除了雍某魁在侦查机关所做的 8 份有罪供述。审查起诉阶段,雍某魁作出了与刑讯逼供所作供述内容基本一致的供述。雍某魁庭审辩称不知道公安机关与检察机关有区别,所以在检察机关称“在公安机关没有受到刑讯逼供,供述属实”。辩护人认为应当排除审查起诉阶段的重复性供述。二审出庭检察员认为,在雍某魁侦查阶段有罪供述已经排除的前提下,其在公诉机关的有罪供述的证明力明显下降,应以客观证据为主。

二审法院认为,雍某魁在检察机关审查起诉阶段作了有罪供述,并不能排除该证据的有效性,只是该供述的证明力下降。对本案的审理应本着“疑罪从无”的证据规则进行裁判,最终改判无罪。

案例9-3-6 陆某非法持有毒品案①

陆某及其辩护人提出,陆某在侦查阶段的认罪供述是刑讯逼供所得,应当作为非法证据予以排除。无锡高新技术产业开发区法院认为,陆某2013年2月19日被抓获至2月26日进入无锡市第一看守所,有多份证据证明陆某有眼睛青紫、面部肿胀的情形,陆某在入看守所体检时及公诉机关提审时均对此进行了反映。而公诉机关仅提供陆某所写的说明、公安机关的情况说明证明公安机关无非法取证行为,未能提供同步录音录像等证据。根据现有证据及线索,不能排除公安机关存在以非法方法收集证据情形,故对陆某在公安机关所作的供述笔录予以排除。对于陆某接受公诉机关讯问时所作的三份有罪供述,由于其在审判前所作的供述具有连贯性,其在公安机关的供述不能排除以非法方法取得的可能性,加之陆某当庭否认犯罪事实,并提出其在接受公诉机关讯问时怕打击报复,没有仔细核对笔录,鉴于公诉机关的讯问程序并不足以确保供述的合法性,且陆某在接受公诉机关讯问时未形成多次稳定供述,其当庭又否认犯罪事实,故陆某审判前的所有供述都予以排除。

案例9-3-7 吉林王某忠涉嫌民事枉法裁判案②

王某忠亲笔书写的三份悔过书,系公诉机关据以指控其犯罪的关键证据。辩

---

① 戴长林、罗国良、刘静坤:《中国非法证据排除制度原理 · 案例 · 适用》,法律出版社2017年版,第308~314页。

② 载http://wenshu.court.gov.cn/website/wenshu/181107ANFZ0B某SK4/inde某.html? docId=45bdbdbfacdb47f8bfa2a87400fc041d,2022年6月1日最后访问。

护人提出,悔过书系非法证据,应当排除。第一,悔过书是侦查人员将其带离审讯室,没有同步录音录像的情况下形成的。根据《排除非法证据规程》第26条、《关于建立健全防范刑事冤假错案工作机制的意见》第8条的规定,没有全程录像,属于当然排除的范围。第二,通过威胁、引诱取得的供述,应当排除。王某忠辩解,悔过书是在其迷迷糊糊、神志不清楚的情况下,在侦查人员的威逼引诱下,按照侦查人员的口述书写的。这也就是为什么悔过书中存在明显的法律常识性错误,作为资深法官的王某忠不可能犯这些错误,印证了悔过书是在他人指导下写成的。悔过书不仅应当排除,本身也不能证明王某忠犯罪,其只是表示对"案件可能有问题"而后悔,未认罪、未承认接受请托、未承认因接受请托实施了枉法裁判的行为。

四、严重违反法定程序的非法证据,应当排除

除了通过刑讯逼供非法获取的言词证据,在规定的办案场所外讯问取得的供述、未依法对讯问进行全程录音录像取得的供述、违法适用指定居所监视居住所取得的供述、违反法定程序获取的实物证据、未经立案获取的证据等严重违反法定程序的非法证据也应当排除。

(一)规定的办案场所外讯问取得的供述,应当排除

为确保犯罪嫌疑人、被告人供述的自愿性和合法性,《刑事诉讼法》规定应在规定的办案场所讯问。实践中存在嫌疑人被外提,供述不是在规定的办案场所形成的情况。

对此,《刑事诉讼法》第118条第2款明确规定:"犯罪嫌疑人被送交看守所羁押以后,侦查人员对其进行讯问,应当在看守所内进行。"中央政法委《关于切实防止冤假错案的规定》第1条规定:"讯问犯罪嫌疑人、被告人,除情况紧急必须现场讯问外,应当在规定的办案场所进行;犯罪嫌疑人被送交看守所羁押后,讯问应当在看守所讯问室进行并全程同步录音或者录像。"《关于进一步加强和改进刑事执法办案工作切实防止发生冤假错案的通知》第2条规定:"将犯罪嫌疑人带到公安机关后,要按照规定流程先对其进行人身安全检查、信息采集和涉案财物、随身非涉案财物保管,之后在办案区讯问室依法及时开展讯问;犯罪嫌疑人被拘留、逮捕后,要依法及时送看守所羁押,并在看守所讯问室内讯问,讯问过程要全程录音或录像。"

《关于建立健全防范刑事冤假错案工作机制的意见》第8条规定:"除情况紧急必须现场讯问以外,在规定的办案场所外讯问取得的供述,未依法对讯问进行全程

录音录像取得的供述,以及不能排除以非法方法取得的供述,应当排除。"《排除非法证据规程》第 26 条第 3 项规定,"侦查机关除紧急情况外没有在规定的办案场所讯问,现有证据不能排除以非法方法收集证据的",应当排除有关证据。相比前者,后者增加了条件:"现有证据不能排除以非法方法收集证据的"。从有利于被告人的原则出发,应当适用《关于建立健全防范刑事冤假错案工作机制的意见》第 8 条之规定,在规定的办案场所外讯问取得的供述,凡非情况紧急必须现场讯问,一律排除。

(二)未依法对讯问进行全程录音录像取得的供述,应当排除

同步录音录像制度是保障讯问合法性的重要措施,有利于规范讯问人员的行为,防止其通过刑讯逼供等非法方法获取言词证据。《关于建立健全防范刑事冤假错案工作机制的意见》第 8 条规定,未依法对讯问进行全程录音录像取得的供述,应当排除。正如前文所述,这一规定是刚性的,没有讨价还价的余地:凡未依法对讯问进行全程录音录像取得的供述,一律排除,即依法应当对讯问进行全程录音录像,没有做到的,推定存在非法取证情形。

《中央政法委关于切实防止冤假错案的规定》第 1 条规定,"讯问犯罪嫌疑人、被告人,除情况紧急必须现场讯问外,应当在规定的办案场所进行;犯罪嫌疑人被送交看守所羁押后,讯问应当在看守所讯问室进行并全程同步录音或者录像"。这一条款也是刚性的,只要犯罪嫌疑人被送交看守所后,讯问就应当在看守所讯问室进行并全程同步录音录像。《关于进一步加强和改进刑事执法办案工作切实防止发生冤假错案的通知》第 2 条也规定:"犯罪嫌疑人被拘留、逮捕后,要依法及时送看守所羁押,并在看守所讯问室内讯问,讯问过程要全程录音或录像。"

《刑事诉讼法》第 123 条,《公安机关办理刑事案件程序规定》第 208 条,《公安机关讯问犯罪嫌疑人录音录像工作规定》第 4、5、6 条规定了应当对讯问过程进行录音录像的案件和情形。概括起来包括三类:

一是特定案件:可能判处无期徒刑、死刑的案件;致人重伤、死亡的严重危害公共安全犯罪、严重侵犯公民人身权利犯罪案件;黑社会性质组织犯罪案件,包括组织、领导黑社会性质组织,入境发展黑社会性质组织,包庇、纵容黑社会性质组织等犯罪案件;严重毒品犯罪案件,包括走私、贩卖、运输、制造毒品,非法持有毒品数量大的,包庇走私、贩卖、运输、制造毒品的犯罪分子情节严重的,走私、非法买卖制毒物品数量大的犯罪案件;其他故意犯罪案件,可能判处 10 年以上有期徒刑的。

二是特定情形:犯罪嫌疑人是盲、聋、哑人,未成年人或者尚未完全丧失辨认或

者控制自己行为能力的精神病人,以及不通晓当地通用的语言文字的;犯罪嫌疑人反侦查能力较强或者供述不稳定,翻供可能性较大的;犯罪嫌疑人作无罪辩解和辩护人可能作无罪辩护的;犯罪嫌疑人、被害人、证人对案件事实、证据存在较大分歧的;共同犯罪中难以区分犯罪嫌疑人相关责任的;引发信访、舆论炒作风险较大的;社会影响重大、舆论关注度高的;其他重大、疑难、复杂情形。

三是特定方式:在看守所讯问犯罪嫌疑人;通过网络视频等方式远程讯问犯罪嫌疑人。

对于这三类案件和情形,如果没有同步录音录像,或者检方拒不移交同步录音录像,均属于应当录音录像没有录音录像。辩护人可以根据《排除非法证据规程》第22、26条,提出排除非法证据的申请,要求排除相关笔录。

需要特别说明的是,“可能判处无期徒刑、死刑的案件”,是指法定刑包含无期、死刑,而非最终的宣告刑为无期徒刑或死刑的案件。这类条款只能是指法定刑,因为宣告刑是不确定的,故意伤害致人死亡的行为可能判处死刑,但实际上存在从宣告无罪到判处死刑之间的任何可能。有些法条对此有明确规定。例如,《公安机关办理刑事案件程序规定》第208条第2款明确规定,“可能判处无期徒刑、死刑的案件”,是指应当适用的法定刑或者量刑档次包含无期徒刑、死刑的案件。“两高”《关于办理职务犯罪案件认定自首、立功等量刑情节若干问题的意见》第2条第5款规定,“可能被判处无期徒刑以上刑罚,是指根据犯罪行为的事实、情节可能判处无期徒刑以上刑罚”,“因被判刑人有法定情节经依法从轻、减轻处罚后判处有期徒刑的,应当认定为重大立功”。可见,该条款规定的是犯罪成立时的事实、情节可能判处的刑罚,即法定刑,而不包括犯罪成立后的自首、立功、退赃等。

同步录音录像规范的侦查行为,在侦查之初就应当明确是否录像,而不可能等到审判时再倒推是否应当录像。只要犯罪事实、情节按照法定刑可能判处无期徒刑,就应当对讯问的全过程进行录音录像。

《排除非法证据规程》第26条规定,“……(二)应当对讯问过程录音录像的案件没有提供讯问录音录像,或者讯问录音录像存在选择性录制、剪接、删改等情形,现有证据不能排除以非法方法收集证据的;(三)侦查机关除紧急情况外没有在规定的办案场所讯问,现有证据不能排除以非法方法收集证据的;(四)驻看守所检察人员在重大案件侦查终结前未对讯问合法性进行核查,或者未对核查过程同步录音录像,或者录音录像存在选择性录制、剪接、删改等情形,现有证据不能排除以非法方法收集证据的……”,对有关证据应当予以排除。

（三）违法适用指定居所监视居住所取得的供述，应当排除

自2012年修订的《刑事诉讼法》引入“指定居所监视居住”强制措施之始，该强制措施就受到法学界的激烈批评，主要原因是指定居所监视居住名义上为更轻缓的强制措施，但实际上却让犯罪嫌疑人彻底与外界隔绝，也缺少看守所系统的监督，致使犯罪嫌疑人的合法权利无法得到充分的保障，承受了更强、更持久的压力，刑讯逼供更加易发。实践中，个别侦查机关违法适用指定居所监视居住强制措施，是为了便利刑讯逼供、威胁、指供和诱供。辩护人发现违法适用指居，应当揭露其违法之处，并进行控告，促使尽早依法变更强制措施，并努力排除指居期间所取得的供述。

关于指定居所监视居住期间获取供述的排除非法证据，应当注意以下问题：

其一，指定居所监视居住的适用条件。《刑事诉讼法》第75条规定，适用指定居所监视居住措施的只有两种情形：第一，涉嫌危害国家安全犯罪、恐怖活动犯罪，在住处执行可能有碍侦查；第二，犯罪嫌疑人、被告人在当地无固定住所。对于第一种情形，必须经过上一级公安机关批准才可以在指定的居所执行。其他案件和情形，不能适用该强制措施。

其二，指定居所监视居住不得在羁押场所、专门的办案场所执行。《刑事诉讼法》第75条对此有明确的规定。《人民检察院刑事诉讼规则》第116条第4款规定：“采取指定居所监视居住，不得在看守所、拘留所、监狱等羁押、监管场所以及留置室、讯问室等专门的办案场所、办公区域执行。”《公安机关办理刑事案件程序规定》第112条第3款规定：“公安机关不得在羁押场所、专门的办案场所或者办公场所执行监视居住。”

其三，指定的居所应当符合正常的生活、休息条件。《人民检察院刑事诉讼规则》第116条第3款、《公安机关办理刑事案件程序规定》第112条第2款均明确规定：“指定的居所”应当符合下列条件：“（一）具备正常的生活、休息条件；（二）便于监视、管理；（三）保证安全。”实践中，会出现将羁押场所、办案场所或者变相的办案场所作为指定居所的情况，而这样的场所，往往窗户都没有，24小时开灯，不见阳光，嫌疑人或证人被关在小房间内，被人24小时近距离轮班看守。

其四，即使没有关于录音录像的强制性规定，辩护人也可以申请调取指定监视居住房间的24小时全程同步录音录像。如果被告人提出指居期间遭受刑讯逼供等非法取证的线索，检方有录像而不提供，应适用证明妨碍规则，作出对控方不利的推定。

辩护人还可以通过审查指定监视居住点的“值班登记表”，审查侦查人员一天24小时轮班出入指定监视居住点的时间，嫌疑人出入指定监视居住点的时间，办案人员出入指定监视居住点的时间，分析嫌疑人是否遭受疲劳审讯。

为了及时变更指定居所监视居住的强制措施，辩护人亦可以在“固定住处”上做文章。《人民检察院刑事诉讼规则》第116条第2款规定：“固定住处是指犯罪嫌疑人在办案机关所在地的市、县内工作、生活的合法居所。”《公安机关办理刑事案件程序规定》第112条第1款规定：“固定住处，是指被监视居住人在办案机关所在的市、县内生活的合法住处；指定的居所，是指公安机关根据案件情况，在办案机关所在的市、县内为被监视居住人指定的生活居所。”我们曾经安排犯罪嫌疑人家属在办案地租房，以犯罪嫌疑人在办案机关所在地有合法居所为理由，要求变更强制措施为“监视居住”。

(四)违反法定程序获取的实物证据，可能严重影响司法公正，不能补正或者作出合理解释的，应当排除

书证、物证、视听资料和电子数据之载体都属于实物证据，实物证据的收集和提取应当符合法定程序。如果严重违反法定程序，辩护人也可以申请排除非法证据。无论法院是否启动对实物证据的排非程序，都不影响辩护人在庭审中就证据的合法性发表意见。

《刑事诉讼法》及其司法解释规定了实物证据的排除规则，但几乎都以“可能严重影响司法公正”为前提，且给予“补正或合理解释”的机会，只有无法补正或作出合理解释的，才能排除。如《刑事诉讼法》第56条规定：“收集物证、书证不符合法定程序，可能严重影响司法公正的，应当予以补正或者作出合理解释；不能补正或者作出合理解释的，对该证据应当予以排除。”《排除非法证据规程》第3条规定：“采用非法搜查、扣押等违反法定程序的方法收集物证、书证，可能严重影响司法公正的，应当予以补正或者作出合理解释；不能补正或者作出合理解释的，对有关证据应当予以排除。”这样就将排除证据的自由裁量权交给了法院。而当然，补正或合理解释是非常容易的，法院也一般都不会排除实物证据。

何为“可能严重影响司法公正”？根据《最高法院刑诉解释》第126条第2款，应当综合考虑收集物证、书证违反法定程序以及所造成后果的严重程度等情况。也就是说，法院在决定是否排除时，通常考虑三个因素：第一，侦查人员违反法定程序的严重程度；第二，非法取证造成的后果；第三，侦查机关如何补正。除合法性外，还可以进攻的是实物证据的客观性问题，如电子数据大多就涉及客观性问题。

《刑事诉讼法》及司法解释对物证、书证、视听资料、电子数据的收集提取程序有严格规定。《电子数据规定》及《电子数据取证规则》对电子数据的取证进一步细化。《公安机关刑事案件现场勘验检查规则》详细规定了刑事案件勘验检查的程序。《司法鉴定程序通则》详细规定了司法鉴定的程序。还有其他法律法规、行业规范等对实物证据的收集程序作有细化规定。辩护人可根据相关法律规定,结合案件证据收集和提取的具体情况,提出侦查机关违反法定程序收集证据的具体表现、证据和法律依据。本书其他部分对物证、书证、视听资料、电子数据等客观证据的审查有全面分析,本章不再赘述。

(五)没有立案取得的证据,应当排除

立案是实施侦查行为的前提;没有立案,侦查机关收集的一切证据均属非法证据,应予排除。没有立案,此后的审查起诉、提起公诉、审判都失去了合法性,所有的程序都严重违法。辩护人办理案件时,若发现没有立案手续,应当指出程序的严重违法,并提出非法证据排除。

侦查机关办理案件过程中,对于存在多起事实、多个罪名的案件,有时只立一案,而不对后续调查涉及的罪名立案,便进行拉网式调查。关于是否需要重新立案,应当以是否为"同一事实"为判断依据。在"同一事实"的前提下,法律评价变化,属于对法律问题的判断,而启动侦查的条件是"事实问题",而非法律判断问题。因此,"同一事实"的情况下,增加新罪名或变更罪名并不需要重新立案。

"同一事实"指要件事实。要判断调查新发现的行为、时间、地点或其他细节在个案中是否属于要件事实,如果不是要件事实,则不属于"同一事实"的范畴;如果是要件事实,则属于"新的事实"。在"新的事实"情况下,须重新立案。

有的检察官会提出,侦查机关可以对人立案、对事立案,对事立案可以延伸到任何与此案相关联的人,对人立案可以延伸到任何与此人相关联的事。这种说法仅在特定情况下可以成立,如对"王某被诈骗案"立案侦查,这种对事立案可以有所延伸。但如果立案决定书非常明确,只对一人一罪立案,如对"李某涉嫌诈骗罪"立案侦查,这种情况下就不能延伸。如果再侦查李某与诈骗罪毫无关联的重婚罪、李某企业的虚开增值税发票罪,则属于应当立案没有立案即进行侦查的情形。

实践中存在"王某涉嫌诈骗罪等""王某等涉嫌诈骗罪"立案调查的情况,对"等"字可以扩张解释。但这样立案毕竟是不严谨的,仍然可以指出立案程序的违法。立案应当人、事清楚,这样才能限制侦查权,保障人权并实现程序正义。

例如,马某涉嫌挪用公款、行贿案中,立案决定书只对马某涉嫌行贿罪一案立案侦查,并没有对马某涉嫌挪用公款罪立案侦查。辩护人在庭审和辩护词中均提出没有立案取得的证据是不合法的,该罪名无论程序上还是实体上均不能成立。辩护人也将李某某、刘某某涉嫌敲诈勒索、重婚案宣告无罪的判决书提交法院,要求参照该判例,认定挪用公款罪不成立。

案例

案例9-4-1 李某某等诈骗案[(2019)豫10刑终352号]

李某某反映,2017年9月4日侦查人员违法将其从看守所外提至公安局办公室,拉上窗帘,使用恐吓、辱骂、扇耳光、打背铐、让其下跪、用腿夹头,强行从背后将铐着的双手上提等暴力手段,并威胁让其喝尿、收拾其在公安机关工作的父亲等方式进行非法取证,让其辨认电子数据。辩护人于2018年5月29日会见时,发现其手腕上的伤痕还未消退。卷宗照片也可以看出其蹲在地上的房间系办公室而非看守所。根据《刑事诉讼法》第118条、《公安机关办理刑事案件程序规定》第198条及《关于建立健全防范刑事冤假错案工作机制的意见》第8条规定,犯罪嫌疑人被送交看守所羁押后,侦查人员对其讯问,应当在看守所内进行。在规定的办案场所之外获得的供述,未依法对讯问进行全程录音录像取得的供述,以及不能排除以非法方法取得的供述,应当排除。因此,辩护人认为,2017年9月4日李某某在公安局办公室对电子数据的辨认及相关供述应当排除。

案例9-4-2 冯某顺故意伤害案[(2014)海南一中刑初字第105号]

海南一中院认为,除冯某顺审判前有罪供述外,缺乏其他直接证据加以印证,而冯某顺审判前有罪供述不排除系采用非法方法获取,不能作为定案的根据。在案证据之间不能形成锁链,也不能排除合理怀疑,不足以认定冯某顺实施了犯罪行为,宣告冯某顺无罪。

第一,侦查机关存在违反规定在看守所之外的地点讯问被告人,并将冯某顺在看守所外羁押过夜,其间取得的3份有罪供述违反法定程序。《一证通》、证人林某、林某宁等人的证言、冯某顺供述等证据证实,冯某顺于2012年8月1日10时20分被提讯,8月2日17时15分还押,其间在万宁市公安局审讯室形成了3次有罪供述。

第二,冯某顺在做有罪供述前,存在被限制睡眠的情形,其在看守所长达数天只被允许每天睡眠2小时。

第三,侦查机关提讯被告人后,存在8小时的空白时间,没有任何侦查活动记录和说明。侦查机关2012年8月1日10时20分提解冯某顺离所,同日18时15分讯问冯某顺前,没有任何侦查活动的书面记录。侦查人员称2012年8月1日第二次对冯某顺进行测谎,但在案没有当日测谎的证据,测谎专家出具的测谎结果的时间为2012年7月30日。相关证据存在矛盾,侦查机关没能对提讯冯某顺后长时间羁押做出合理解释。

第四,虽然冯某顺在看守所接受侦查机关和检察机关讯问时仍作了有罪供述,但是侦查机关违反法定程序,在看守所外过夜羁押、审讯被告人,并在之前数日内限制被告人的睡眠时间,客观上已经对被告人的生理、心理施加了压力,且被告人一直处于万宁市公安局监管之下,被告人冯某顺关于其在看守所接受侦查机关和检察机关讯问时仍被迫承认有罪的辩解具有合理性。

鉴于侦查机关在取证过程中,存在违反羁押和审讯被告人的有关规定之情形,且违反规定长达数日限制被告人的睡眠时间,足以使被告人做出违背其意志的供述。同时,对冯某顺审判前供述取得的合法性,公诉机关也未能提供确实、充分的证据加以证明。因此,冯某顺审判前有罪供述依法不能作为定案的根据。

案例9-4-3　赵某、杜某亮等制造、贩卖毒品案[(2018)豫09刑初33号]

辩护人认为,起诉书应当列明随案移送的光盘及数量,但没有列明。一审法官在辩护人阅卷时,也没有告知有光盘,更没有提供光盘给辩护人查阅。一审庭后,辩护人查阅了光盘,发现被告人讯问录像存在很多问题:第一,大部分讯问录像没有声音,有损坏或编辑、修改可能;第二,10月6日录像显示,侦查人员明显存在指供、不如实记录的情况,笔录与录像有实质性差异;第三,10月18日录像不完整;在卷其他7份讯问笔录没有同步录像。辩护人据此提出非法证据排除申请。

案例9-4-4　郭某某等27人诈骗案

辩护人申请排除郭某某两份有罪供述,理由之一是应当录像没有录像。

第一,讯问郭某某应当对讯问过程进行录音录像。根据《刑法》第266条等规定，郭某某涉案金额5848万余元，属于“诈骗公私财物，数额特别巨大或者有其他特别严重情节的，处十年以上有期徒刑或者无期徒刑，并处罚金或者没收财产”的情形。《公安机关讯问犯罪嫌疑人录音录像工作规定》《排除非法证据规程》等明确规定，对讯问过程要全程录音或录像。中央政法委《关于切实防止冤假错案的规定》第1条、《关于进一步加强和改进刑事执法办案工作切实防止发生冤假错案的通知》第2条、《公安机关讯问犯罪嫌疑人录音录像工作规定》第5条均规定，在看守所讯问应当对讯问过程进行录音录像。

第二，应当对讯问过程录音录像没有提供录音录像，笔录应当排除。《关于建立健全防范刑事冤假错案工作机制的意见》第8条规定，除情况紧急必须现场讯问以外，在规定的办案场所外讯问取得的供述，未依法对讯问进行全程录音录像取得的供述，以及不能排除以非法方法取得的供述，应当排除。

经辩护人申请，公诉人没有向法庭移交录像。庭前会议后，因控辩双方没有达成一致意见，法庭启动了非法证据排除程序。

案例9-4-5 王某华贩卖、运输毒品案[(2015)冀刑二终字第16号]

河北高院认为：王某华两次供认犯罪的笔录均系在被送看守所羁押之前所作，送交看守所之后即推翻原供述，称所供系刑讯逼供形成；依照法律规定王某华可能判处无期徒刑以上刑罚，讯问时应当进行同步录音录像，虽然侦查人员出具证明证实依法取证，但未对讯问过程进行录音或录像，故其在被羁押之前的供述不应作为定案的证据。

案例9-4-6 李某松强奸案①

泉州丰泽检察院指控李某松犯强奸罪，一审丰泽法院认定李某松犯强奸罪判处有期徒刑3年6个月，李某松上诉，泉州中院发回重审，丰泽法院重审后再次以强奸罪判处同样刑期。李某松再次上诉，泉州中院以全案证据无法形成完整的证据锁链，达不到确实、充分的证明标准，改判李某松无罪。

---

① 戴长林、罗国良、刘静坤：《中国非法证据排除制度原理·案例·适用》，法律出版社2017年版，第281~287页。

李某松提出遭到刑讯逼供,丰泽法院没有排除李某松的供述。重审二审期间,李某松继续提出排除非法证据。泉州中院认为:李某松在侦查阶段所做的三次有罪供述均系在侦查机关办案中心讯问所得,其在被刑拘送交看守所后随即翻供否认作案;李某松在做第一份有罪供述时,侦查人员对讯问进行录音录像,但该份供述笔录时长为2小时11分钟,而讯问录音录像时长仅为15分钟左右且未体现讯问时间,违反了法律规定的“录音或者录像应当全程进行,保持完整性”的要求,且办案单位对此所作的两次解释前后矛盾,无法作出合理解释;二审庭审中检察人员提供的李某松在原一审起诉期间的手腕伤照片显示,李某松在接受侦查机关讯问后两个月之余手腕部仍有铐痕,故不能排除以非法方法收集被告人供述的情形,对李某松在侦查阶段所作的有罪供述应当予以排除,不能作为定案的根据。

侦查人员在侦查期间对被害人陈某某所作的笔录,部分存在诱导的情形,原审法院据此对被害人的该部分陈述予以排除,仅采纳被害人在起诉期间所作的陈述。

该判例确认:第一,认为录音录像不具备完整性,不能排除以非法方法收集的被告人供述,应当予以排除;第二,采用诱导方式取得的被害人陈述,且与其他证据矛盾的,予以排除。

案例9-4-7 泸州李某妨害作证案

本案不属于涉嫌危害国家安全犯罪、恐怖活动犯罪、特别重大贿赂犯罪,不属于在住处执行可能有碍侦查的情形,且李某在泸州市区有固定居所,即使监视居住,也应当在其固定住所执行。辩护人第一时间建议李某亲属在叙永县城租房,即使监视居住,也应在其亲属租住的房屋内执行。辩护人认为,公安局在纪委设于叙永县环保局的“双规室”对李某进行指居,明显违法。该“双规室”不仅是标准的专门办案场所,也不具备正常的生活、休息条件,全天24小时被监视,房间不透光、不通风,不能在室内自由行走,不能使用通信设备、电脑、纸笔,睡觉、洗澡、上厕所、会见律师等一切活动均在看管人的监视之下。辩护人介入本案后陆续提出各项申请和控告,从会见受阻到顺利会见,到侦查人员为李某提供水果,允许家属与李某见面,第31天李某便获得自由,到其亲属租住的房屋内执行监视居住。

案例9-4-8 李某琪诈骗案[(2018)京02刑终128号]

辩护人认为,本案的关键证据,系被害人张某某提交的电子数据,包括移动硬盘、微信聊天记录打印件、支付宝转账记录截图、微信转账及红包截图、手机短信截图。这些电子数据的提取和收集严重违反法定程序。具体辩护观点如下:

第一,该电子数据不是侦查人员收集,取证主体违法。这违反了《电子数据规定》第7条、《电子数据取证规则》第6条,"收集、提取电子数据,应当由二名以上侦查人员进行。取证方法应当符合相关技术标准",及2012年《最高法院刑诉解释》第93条。

第二,该电子数据没有随原始介质移送。这违反了《电子数据规定》第8条:"收集、提取电子数据,能够扣押电子数据原始存储介质的,应当扣押、封存原始存储介质,并制作笔录,记录原始存储介质的封存状态。封存电子数据原始存储介质,应当保证在不解除封存状态的情况下,无法增加、删除、修改电子数据。封存前后应当拍摄被封存原始存储介质的照片,清晰反映封口或者张贴封条处的状况。封存手机等具有无线通信功能的存储介质,应当采取信号屏蔽、信号阻断或者切断电源等措施。"同时,这也违反了《电子数据取证规则》第10条、第11条的类似规定。

第三,侦查人员没有收集、提取电子数据,没有任何电子数据提取过程的证据,违反《电子数据规定》第14条及第15条的规定。第14条规定:"收集、提取电子数据,应当制作笔录,记录案由、对象、内容、收集、提取电子数据的时间、地点、方法、过程,并附电子数据清单,注明类别、文件格式、完整性校验值等,由侦查人员、电子数据持有人(提供人)签名或者盖章;电子数据持有人(提供人)无法签名或者拒绝签名的,应当在笔录中注明,由见证人签名或者盖章。有条件的,应当对相关活动进行录像。"第15条规定:"收集、提取电子数据,应当根据刑事诉讼法的规定,由符合条件的人员担任见证人。由于客观原因无法由符合条件的人员担任见证人的,应当在笔录中注明情况,并对相关活动进行录像。针对同一现场多个计算机信息系统收集、提取电子数据的,可以由一名见证人见证。"同时,这也违反了《电子数据取证规则》第18~21条的类似规定。

第四,收集程序、方式违反《手机电子数据提取操作规范》(SF/Z JD0401002—2015)以及《即时通讯记录检验操作规范》(SF/Z JD0402003—2015)。

由于电子数据的收集、提取严重违反法定程序,导致电子数据的完整性、真实性无法保证,张某某提交的电子数据人为删除、编辑的痕迹明显。但该电子数据作为关键证据,导致原一审重判,严重影响司法公正,且至今没有也无法补正或作出合理解释,应当排除。

案例 9-4-9 王某斌以危险方法危害公共安全案①

朝阳区检察院指控王某斌酒后驾车发生事故引发多车相撞,涉嫌以危险方法危害公共安全罪。案件的争议焦点之一是:王某斌是否酒后驾车。公诉机关提供的两份鉴定意见认定王某斌血液中存在酒精成分,王某斌坚称其事发前并未饮酒,并提供了相关证人证言和书证,且辩称在其接受急诊抢救期间,医院使用酒精对其伤口进行了处理,以致血样污染。公安机关称在勘察完现场后,民警立即赶往医院,在民警监督下由医护人员抽取了王某斌的血液,但不能提供明确、具体的时间及操作人员。

朝阳区法院认为,由于证人证言、消费小票均不能证明王某斌在事发之前就餐时饮酒,且公安机关无法明确取血的时间点及相关细节,导致证据产生及保管链条遭到破坏,并且对此既成事实无法进行合理补正,故不能排除因处置不当使检材血液自源头遭到污染的可能性,基于此产生的鉴定意见存在一定的瑕疵。法院认为,鉴定检材的真实性和同一性是鉴定意见转化为定案根据的前提条件。在被用作鉴定检材的实物证据本身来源不明、提取经过没有记载、保管链条存在脱漏的情况下,后期针对该检材所作的司法鉴定是没有意义的,相关鉴定意见亦应当依法予以排除。

案例 9-4-10 唐山李某敏、刘某丽敲诈勒索、重婚案[(2017)冀 0283 刑初 396 号]

公诉机关指控重婚犯罪,案卷中没有滦县公安局的立案手续;指控敲诈勒索罪,只有对李某敏的立案手续,没有对刘某丽的立案手续。案件经过侦查、审查起诉、一审、二审、发回重审,再指定管辖,重审开庭时辩护人提出没有立案。这相当于法院在审理"不存在"的案件。立案是管辖和刑事侦查的前提,没有侦查就没有公

① 裴显鼎主编:《非法证据排除程序适用指南》(第 2 版),法律出版社 2018 年版,第 73 ~ 78 页。

诉,更没有审判。立案是实施侦查行为的合法依据,没有立案,侦查机关收集的一切证据均属非法证据,应予排除,不能作为指控犯罪的证据。

重审一审由迁安法院审理,法院采纳辩护人的意见:“重婚罪,因侦查机关未对二被告人刑事立案,所取得的证据不具有合法性,故二被告人不构成重婚罪。”这堪称程序辩护的重大胜利,也许是目前绝无仅有的判例。这份无罪判决重申的规则应当得到推广,一些涉及数罪的案件便可能因此无罪,并将进一步规范侦查机关依法办案。

案例 9-4-11 吉林辽源杨某军等寻衅滋事、窝藏案[(2017)吉0402刑初175号]

公诉机关指控杨某军窝藏犯罪,案卷中没有辽源市公安局的立案手续。辩护人当庭提出,根据《人民检察院刑事诉讼规则(试行)》第363条第6项之规定,审查移送起诉的案件,应当查明“侦查的各种法律手续和诉讼文书是否完备”,检察院没有审查,导致本案违法起诉到法院。检察院的正确做法是当庭撤诉。公诉人回应,前一天注意到这起指控没有立案的情况,已通知公安机关补正。辩护人认为,这一做法是错上加错。没有立案,所有的程序和证据都是违法的,无法补正。

2012年《最高法院刑诉解释》第180条第8项明确规定,对提起公诉的案件,人民法院应当在收到起诉和案卷、证据后,指定审判人员审查“侦查、审查起诉程序的各种法律手续和诉讼文书是否齐全”,本起指控没有退回检察院,还组织开庭审理,合议庭有重大责任。没有立案取得的证据不具有合法性,不应采纳。

案例 9-4-12 王某受贿案[(2014)黔高刑二终字第7号]

上诉人王某提出:“未进行全程录音录像的讯问笔录系非法证据,应依法予以排除,所进行的两次录音录像有记录不实的情形也属违法,应当排除”。王某的辩护人提出,“一审开庭前的讯问笔录,应依法予以排除”。

二审贵州高院认为:侦查机关在立案之前对王某所作的调查笔录,不符合《刑事诉讼法》第50条关于证据种类的规定,不属于证据。只有在侦查机关立案后,犯罪嫌疑人所作的供述才能作为证据,才能在庭审中进行质证。侦查机关在立案后对王某的讯问笔录,没有同步录音录像的2011年4月21日1份、4月22日11份、4月28日1份、4月29日1份、5月4日1份,不符合最高检《讯问职务犯罪嫌疑人实行全程同步录音录像的规定(试行)》第2条"每次讯问犯罪嫌疑人时,应当对讯问全过程实施不间断的录音录像"的规定,不能作为定案的根据。

该判例排除非法证据部分具有指导意义。第一,法院排除立案之前侦查机关所做的调查笔录,实际上是肯定了立案之前取得的嫌疑人供述不具合法性,立案之后取得的嫌疑人供述才具有合法性,才能作为证据使用。第二,法院仅以没有同步录音录像为由排除了相关供述。

五、辩方证据不适用排除非法证据规则

辩方证据需要合法性审查,但不适用非法证据排除规则,法庭不能以辩方证据不具合法性而启动非法证据排除程序或不允许在法庭出示,也不能仅以辩方证据不具有合法性为由不予采纳,应当综合审查判断。

第一,非法证据排除规则的立法目的是限制侦查人员违法取证。仅此一点,便足以表明辩方证据不适用非法证据排除规则。公权力十分强大,排除控方非法证据是为了限制公权、保障人权、防止冤假错案;被追诉者在刑事诉讼中非常弱小,排除辩方证据有可能制造冤假错案。如果以非法为由将辩方证据排除在法庭之外,会直接损害刑事诉讼的人权保障功能,违反非法证据排除规则设置的目的。因此,对于辩方证据不能设置非法证据排除规则进行"入门性"检验。

第二,从法律条文来看,非法证据排除规则的适用对象是公、检、法人员。《刑事诉讼法》第52条规定,"审判人员、检察人员、侦查人员必须依照法定程序,收集能够证实犯罪嫌疑人、被告人有罪或者无罪、犯罪情节轻重的各种证据。严禁刑讯逼供和以威胁、引诱、欺骗以及其他非法方法收集证据,不得强迫任何人证实自己有罪"。第59条规定,"在对证据收集的合法性进行法庭调查的过程中,人民检察院应当对证据收集的合法性加以证明"。法律明文规定,排除非法证据调查中证明取证合法性的主体是检察院,而没有规定辩方证据的排除。

第三,虽然《排除非法证据规定》第13条规定,举证方应当证明未到庭证人、被害人的书面证言/陈述的合法性,参照该规定进行调查,但只是参照,并不需要事先申请排除非法证据,不需要启动排除非法证据调查程序,也不能排除辩方证据进入法庭举证质证。考虑到庭审效率,更没必要针对辩方证据启动排除非法证据调查程序。而且,2012年《最高法院刑诉解释》,2017年《严格排除非法证据规定》、《排除非法证据规程》以及2018年修正的《刑事诉讼法》,2021年《最高法院刑诉解释》都没有吸收这一条的规定。

第四，有人认为辩方证据适用排除非法证据的实体性规则（何种情况应当排除非法证据），不适用程序性规则（排除非法证据的程序）。但两类规则并非割裂的，如果辩方证据适用非法证据排除规则，就应当通过非法证据排除调查程序，启动排除非法证据调查后，予以排除，而不能选择性适用实体性规则却不适用程序性规则。而且，排除非法证据的程序性规则明确规定，证明取证合法性的证明责任在检察院，因此根本没有任何依据启动对辩方证据取证合法性的调查。

第五，辩护人、被告人及家属等私人违法取证的成本很高，且有《刑法》的严厉规制，如辩护人毁灭证据、伪造证据、妨害作证罪，打击报复证人罪，帮助毁灭、伪造证据罪等，没有必要通过非法证据排除规则来规制。如辩护人取证涉嫌违法犯罪，可依法追究。

第六，辩护人、被告人及家属取证是公民求生本能和辩护权利的一部分。辩方证据通常是能够证明被告人无罪、罪轻的证据，是避免冤枉无辜的底线。强大的公权力应当允许个人通过私力救济的方式，最大限度地自证清白。在被告人有证据自证清白的情况下，若公权力以违法取证为由直接排除辩方证据，与民众的朴素正义观不符，有违常识、常理、常情，判决将难以获得社会认同。

如在一起杀人案，侦查机关隐匿了被告人无罪的鉴定意见，被告人亲属得知后潜入公安局，撬开保险柜，盗出这一证明被告人无罪的关键证据，提交法庭，法庭能以违法取证、该证据系非法证据为由直接排除，最后还认定被告人有罪、判处死刑吗？实践中就有类似案件，侦查机关隐匿了被告人衣服上并无被害人血迹、第三人衣服恰恰有被害人血迹的《物证检验报告》，导致被告人被判死缓。

判断辩方证据的合法性，很多时候需要与控方（包括被害人）隐藏证据的程度进行比较。如上所述，若侦查机关隐匿无罪证据而被告人家属盗取的，应属可容忍的私力救济。手段的不合法不代表证据的不合法，更不应导致相应辩方证据作为非法证据被排除在法庭之外。不得不通过私力救济获取证据，恰恰是因为公、检、法人员违反了《刑事诉讼法》第 52 条规定的客观公正义务、第 53 条忠实于事实真相的义务，以及第 54 条伪造、隐匿或毁灭证据须受法律追究。

第七，辩方证据不适用非法证据排除规则，但仍需接受合法性审查，即在举证质证时解决证据的合法性问题。控方可以主张证据不具合法性、建议法庭不予采纳，法庭可以进行法益权衡和综合判断。例如，对于偷拍偷录获取的证明被告人没有犯罪行为的被害人陈述，应当认为具备合法性；而通过暴力殴打威逼方式获得的证明被告人没有犯罪行为的被害人陈述，则应当认定不具合法性。

非法证据排除规则旨在将非法证据排除在法庭之外,不允许提交法庭进行举证质证。进入法庭的证据并不一定具有合法性,控辩双方依然可以对证据的合法性发表质证意见。某份证据是非法证据应当予以排除,某份证据不具有合法性建议法庭不予采纳,两者不同,不能混淆。

证据能否作为定案根据,需要由法庭审查证据的真实性、合法性和关联性,结合其他证据综合判断。证据合法性不足的,真实性也往往值得怀疑。例如,对于被告人亲属通过暴力方式获取的证人证言,第一种情形下,该证人证言与其他证据相互印证,证明真凶并非被告人,而另有其人。若法庭以不具有合法性为由排除该证言,则有可能冤枉被告人,放纵真凶,造成冤假错案。第二种情形下,该证人证言与其他证据矛盾,不真实,则法庭可以其不具真实性为由不予采纳。而被告人亲属的暴力取证行为,若构成犯罪,可依法追究刑事责任。

案例

案例 9-5-1 常某贤等非法经营案[(2015)鄂汉江中刑终字第 00006 号]

辩护人出示一大批证据,包括:"钓鱼"栽赃的证据;伪造立案,非法入侵以及大量电子数据早于立案的证据;QQ"萤光鱼"系侦查人员郑某使用的证据;侦查人员郑某妻子、亲属 QQ 聊天记录,证实 QQ"萤光鱼"系侦查人员郑某使用;进货凭证与一审认定数据库相矛盾的证据;相关商标的证据等。常某贤系计算机高才生,大量电子证据系其通过技术手段收集。

公诉人认为,辩方证据收集手段不合法,属于非法证据,应当予以排除。辩护人反驳:《刑事诉讼法》第 50 条规定,"可以用于证明案件事实的材料,都是证据。"非法证据排除程序,只针对侦查人员收集的证据,并不针对辩护人、被告人提交的证据。刑事诉讼涉及公民的自由和生命,保护人权的法益远超过对隐私权保护的法益。比方说,侦查机关隐匿故意杀人案件关键的鉴定意见,被告人亲属潜入公安局撬开保险箱盗取的该份证据,能证明血迹与被告人无关,法院难道不予采纳而要判被告人死刑?即使涉及他人隐私,公开才有可能涉嫌侵犯隐私权,但常某贤并没有公开,仅提交法庭作为证据使用,应该被允许,应该采信,并证明被告人无罪。

本案历经一审、二审、发回重审,最后检察院撤诉,公安撤案,返还了扣押的巨额财产和资金。

六、排除非法证据申请的提出

申请排除非法言词证据，应当指明排除具体哪几份笔录，并提供非法取证的线索和材料。“线索”指内容具体、指向明确的涉嫌非法取证的人员、时间、地点、方式等，“材料”指能够反映非法取证的伤情照片、体检记录、医院病历、讯问笔录、同步录音录像、同监室人员的证言等。申请排除实物证据，应当指明排除哪些实物证据，以及其收集和提取严重违反法定程序之处。

（一）申请排除非法言词证据

辩护人的调查取证能力有限，很难取得刑讯逼供的证据线索，但可以努力从如下方面收集相关材料和线索，并及时申请法院调取证据。

第一，被告人亲口陈述或亲笔书写的刑讯逼供等非法取证的具体线索和材料。会见过程中，辩护人要了解是否存在非法取证情况。对于明确认识到自己遭到非法取证，且要求排除非法证据的被告人，辩护人要详细记录其陈述，明确非法取证的人员、时间、地点、方式等，并告知其可以书写关于非法取证的材料并向法院提出非法证据排除的申请。

有的被告人不了解是否遭受了非法取证，或出于害怕，或认为律师无用，没有或不敢向辩护人陈述非法取证情况，辩护人应向其介绍非法证据排除的法律规定，并注意观察，询问其身体状况和精神状态，发现可能非法取证的细节。如有，应当详细询问并记录。

当存在非法取证时，辩护人应当告知被告人申请非法证据排除的利弊。不申请排除非法证据，坦白、自首等从轻、减轻量刑情节一般会被认定，有利于量刑，但可能失去召开庭前会议的机会，有罪供述一般都会作为定罪证据；一审不提出，二审提出时法院可能不会审查。通过庭前会议、公开开庭申请排除非法证据，可以将侦查机关非法取证的情况披露出来，排除非法证据可以成为辩护的抓手，成为控辩、辩审协商的重要筹码，但也可能导致坦白、自首等从轻、减轻量刑情节不被认定；法院可能不启动排除非法证据调查，或即便启动排除非法证据调查，通常也很难排除非法证据。

告知风险利弊之后，若被告人坚持不提出排除非法证据申请，辩护人应尊重被告人的选择。被告人申请排除非法证据的，辩护人应当就排除非法证据申请的提出时间、排除非法证据的线索和理由、排除非法证据调查程序的进行与被告人充分沟通。以上相关情况，如有必要，可形成会见笔录交被告人签字、捺印。

第二,被告人身上有伤的,应当对被告人的伤情等进行拍照、录像取证,了解就医情况和相关证据。如果无法携带手机或拍照设备,可要求驻所检察官、看守所、办案机关立即拍照取证、调查并进行伤情鉴定。

申请检察监督是这一阶段的重要手段。《人民检察院刑事诉讼规则》第 72 条规定:"当事人及其辩护人或者值班律师、诉讼代理人报案、控告、举报侦查人员采用刑讯逼供等非法方法收集证据,并提供涉嫌非法取证的人员、时间、地点、方式和内容等材料或者线索的,人民检察院应当受理并进行审查。"最高检《关于适用〈关于办理死刑案件审查判断证据若干问题的规定〉和〈关于办理刑事案件排除非法证据若干问题的规定〉的指导意见》第 13 条规定,检察人员"发现犯罪嫌疑人有伤情的,应当及时对伤势的成因和程度进行必要的调查和鉴定。"

第三,同监室内的人获得自由后,可向他们取证。取证应当严格按照规范进行。我们在办理黑龙江马某案时,就在某酒店,由三位律师对马某同监室的人进行取证。

第四,研究讯问笔录、批准采取强制措施或侦查措施的法律文书、提讯提解证、出入所登记表、出入指定监视居住点登记表、值班登记表、体检记录等材料,有可能发现刑讯逼供、疲劳审讯的线索。例如,拘留嫌疑人后是否及时送看守所;讯问时间是否过长,是否夜间凌晨讯问;是否有被外提审讯的情况;提讯证记载的指认现场时间长短,有无以指认现场名义外提审讯;提讯证记载的提讯时间和讯问笔录时间是否一致;提讯证证实有提讯,但公诉机关没有移送相应讯问笔录的,应当申请移送相关笔录;提讯证上的人员是否和侦查人员一致,是否存在代签名情况等。

这些证据随案移送的很少,辩护人应当尽早申请调取。通常情况下,公诉人会将这些材料作为取证合法性的证据,在辩方申请排除非法证据之后移交法庭。辩护人详细查阅研究后,可以补充排除非法证据的线索和理由。

第五,同步录音录像是最重要的线索和材料。如果没有随案移送,或者没有全部移送,辩护人应当申请调取侦查期间全部讯问录音录像,指定居所监视居住期间所有同步录音录像。还应当争取复制同步录音录像;如法院不同意复制,可以要求带助理观看;应当细致观看同步录音录像,注意可能遭到编辑、删改的细节。对录音录像中出现的非法取证行为进行记录,与被告人供述进行比对,整理成文,必要时整理同步录音录像文字稿,归纳违法审讯的详情。

第六,看守所的监控视频。检察院拒不移交全部同步录音录像时、同步录音录像不完整时,可以申请调取看守所的监控视频。侦查人员、检察人员、法官提审犯罪嫌疑人、被告人时,有时会说出无罪或罪轻的话,或做出相关行为,此种情形也可以申请调取看守所相关的监控视频。由于这些视频保管时间通常在半年内,申请书要写明可以通过技术手段恢复。

第七,申请侦查人员、讯问时其他在场人员、证人、鉴定人、专家辅助人等出庭作证。

每个案件都有自身的特点,非法取证也有不同的特点,辩护人应当结合案件的具体情况,收集相关材料、线索,或申请法院调取相关证据。

(二)申请排除非法实物证据

对非法实物证据的排除,线索和材料通常比言词证据更有限,且排除要求更高,侦查机关又往往出具各种情况说明试图补正或作出合理解释,检、法往往倾向于信任侦查机关,而尽可能不排除实物证据,因此,非法实物证据更难排除。但即使如此,辩护人仍应尽力争取。

《刑事诉讼法》第 56 条、《最高法院刑诉解释》第 126 条、《排除非法证据规程》第 3 条、《排除非法证据规定》第 14 条、《严格排除非法证据规定》第 7 条等均规定,收集物证、书证不符合法定程序,可能严重影响司法公正的,应当予以补正或者作出合理解释;不能补正或者作出合理解释的,对该证据应当予以排除。申请排除非法实物证据,需要结合法条对案情、证据以及违法取证的线索和材料进行综合分析、判断和论证。

第一,对照法律规定,详细描述"收集物证、书证不符合法定程序"的情形。《刑事诉讼法》《最高法院刑诉解释》《公安机关办理刑事案件程序规定》《人民检察院刑事诉讼规则》等对侦查机关收集物证、书证的程序都有明确规定,搜查、扣押、提取等措施都有具体的程序要求。违反法定程序,就会导致证据的合法性面临挑战。

第二,充分说明"可能严重影响司法公正"的理由。《最高法院刑诉解释》第 126 条第 2 款规定,"可能严重影响司法公正",应当综合考虑收集物证、书证违反法定程序以及所造成后果的严重程度等情况。物证、书证是实物证据、客观证据,通常是定罪量刑的重要证据,违法收集证据本身就已经影响到司法公正,违法收集也可能会导致物证的同一性无法得到保障从而产生冤案,还可能侵犯公民的健康权、隐私权、通信秘密权等基本权利。

第三,明确说明不能"补正或者作出合理解释"的理由。对于非法实物证据,允许补正或者作出合理解释,不能补正或作出合理解释的才会被排除。辩护人要结合案件具体情况，说明根本不可能补正，或无法作出合理解释。例如，毒品犯罪案件中，侦查人员违反法定程序收集毒品疑似物，送鉴定的毒品疑似物与扣押、称重、取样的毒品疑似物明显不同，因毒品疑似物已经灭失，无法补正，也无法合理解释。又如故意杀人案件中，仅收集到一根嫌疑人的头发，但送检的头发与现场收集到的粗细、长度不一，显然无法补正，也无法合理解释。

（三）公诉人以"被告人认罪又提出排除非法证据，是以排除非法证据为由否认犯罪"，进而反对排除非法证据，如何应对

一些罪轻辩护案件中，也存在非法取证且被告人申请排除非法证据的情形。公诉人可能会提出，被告人已认罪，又提出排除非法证据申请，是以排除非法证据为由否认犯罪。因其已经认罪，没有必要启动排除非法证据，如启动排除非法证据，将建议法庭不予认定自首、认罪态度好等从轻、减轻情节。辩护人可按如下方式应对：

第一，申请排除非法证据是被告人的法定权利，任何人无权剥夺。若被告人坚持要求排除非法证据，辩护人应尽早提出，充分阐明排除非法证据的理由、线索和材料。虽然被告人认罪，但如存在非法取证的情况，也应当依法启动排除非法证据程序。排除非法证据不仅是为了排除非法证据，也是还被告人一个公道，让他有机会向法庭陈情和控诉，还能抑制司法实践中非法取证的现象。

第二，打击犯罪与保障人权并不矛盾，公诉机关同时肩负着打击犯罪、保障人权、监督侦查人员依法取证、保障法律正确实施的职责。申请排除非法证据，是被告人依法行使权利，也是对抑制非法取证的公共利益之维护，公诉人应当给予充分的尊重和理解，且有义务保障被告人行使权利。

申请排除非法证据与认罪认罚并不矛盾。虽然申请排除言词证据，启动排除非法证据，最终排除了庭前供述，但因被告人当庭认罪，也可以其当庭供述为准，对认罪认罚并无影响。有时被告人要求排除实物证据，一旦实物证据被排除，可能出现证据不足的情况，辩护人可据此选择做证据不足的无罪辩护。被告人仍然可以认罪认罚，辩护人则可以利用排除非法证据的程序利益，争取更低的量刑；即便达不到无罪的结果，量刑往往也会有较大幅度的降低。是否申请排除非法证据，是否撤回排除非法证据申请，也可以作为与公诉人谈判的筹码。

案例

案例 9-6-1 漳州郑某江、谢某平、郑某茂等组织、领导黑社会性质组织案[(2017)闽0623刑更12号]

辩护人会见郑某茂时发现其身上有伤,对其进行拍照取证,并多次要求检察院及法院进行伤情鉴定,检法均无任何答复。二审庭审中,辩护人多次举手要求对郑某茂进行验伤,审判长视而不见,辩护人无奈之下高举郑某茂双腿遭受严重刑讯致伤的大照片,争取到发言机会后,辩护人对构成严重渎职行为的检察员和合议庭成员申请回避。审判长驳回申请后,公诉人以看守所证明、同监室人员证明以及医生证明其并未受伤为由,不同意验伤。郑某茂当庭展示,阴部被打出大大的疝气,卷起裤腿,脚上伤痕累累。随后公诉人又以启动排除非法证据程序才能验伤为由拒绝,辩护人当即反对,验伤和排除非法证据是两个独立的程序,而且验伤是排除非法证据的前提。

此案中,要求伤情鉴定成为解决案件的关键。在辩护人和上诉人共同坚持下,通过伤情鉴定这一关键的辩点,最终在发回重审后促使案件得到妥善解决。

案例 9-6-2 李某伪造证据、妨害作证案

李某涉嫌诱导、唆使重庆"黑老大"龚某模作伪证一案曾引发广泛讨论。2009年12月,因龚某模检举李某教唆其编造"被刑讯逼供"的虚假口供,李某被以涉嫌辩护人伪造证据、妨害作证罪批捕。庭审中,李某首先提出五点申请:第一,对龚某模进行伤情鉴定,以确定是否受到刑讯逼供;第二,起诉书列明的证人无一出庭,应出庭接受质证;第三,调取看守所的录像、录音,依次判别是否唆使和诱导龚某模;第四,本案是龚某模案的衍生案件,应延期至龚某模系列案定论之后再审;第五,申请异地审理。上述申请均被审判长当庭驳回。辩护人对龚某模发问时,要求其说明手腕伤痕来源,在龚答复伤痕是在2009年4月旅游时弄伤后,辩护人申请当庭对龚手腕伤痕进行查看;经审判长同意,辩护人当庭查看并发现龚手腕有明显痕迹和色素沉淀,要求对其进行伤情鉴定。

案例 9-6-3　左某刚、陈某宣、杨某庆故意杀人案

辩护人指出,早在 2010 年 11 月 26 日检察机关讯问时,左某刚就披露受到刑讯逼供。后在 2011 年 1 月 10 日阜阳中院庭审,2011 年 9 月 28 日检察机关讯问,2012 年 9 月 12 日阜阳中院一审第二次庭审,2013 年 8 月 15 日安徽高院二审庭审,2019 年 4 月 11 日安徽省检提审,以及无罪获释后,左某刚均表示曾受到残酷的刑讯:被外提,用白孝布缠住胳膊,挂到老虎凳上,挂了几十个小时,一个人拖着左脚,一个人踩着膝盖,用拳击打其脸部。左某刚对刑讯逼供的描述与 2010 年 9 月 27 日《在押人员入所健康检查表》相印证。该表显示:左某刚双下肢软组织肿胀,行走状况是跛行。

陈某宣称,其于 2010 年 7 月 29 日被抓,31 日 9 时 25 分讯问结束后才被送看守所,其间遭受了刑讯逼供。陈某宣的《在押人员入所健康检查表》是 2010 年 7 月 31 日作出,与其被抓后未及时送看的说法相印证。

陈某宣在 2010 年 11 月 26 日检察机关讯问时称反绑凳子三四天,针扎指头,戴头套。2011 年 1 月 10 日阜阳中院庭审供述,被吊三天,针扎,打。2012 年 9 月 12 日阜阳中院庭审供述,被吊、针扎、绳勒、诱供,他们让我怎么讲我就怎么讲。2013 年 3 月 19 日安徽高院提审供述,被用绳勒、用针扎指甲、左胳膊。

陈某宣对刑讯逼供的描述与 2010 年 7 月 31 日《在押人员入所健康检查表》相符。该表显示:陈某宣左上肢、左下肢、膝关节、左足背、皮肤等有伤。

张某亚 2016 年 9 月 7 日笔录显示,问当时陈某宣有没有被刑讯的可能,答,“我感觉他应该被刑讯了,他自己说被公安打了,几天几夜没睡觉”。张某亚 2016 年 12 月 27 日笔录,问陈某宣入所有什么异常,答,“他入所时精神状态不好,他说被公安机关打狠了,两三天没睡觉。”问有没有看到身上有伤痕?答,“我看他指甲缝里有印子”。

2010 年 8 月 24 日,杨某庆从上海被带回颍上,并未立即送看守所关押,而是被带到刑警大队讯问,做了 2 份有罪供述。第二次讯问结束于 8 月 25 日 18 时 10 分,之后才送看守所,《在押人员入所健康检查表》也系 8 月 25 日作出,在看守所外杨某庆讯问近一天。且体检显示杨某庆有伤。

杨某庆第五次有罪供述是 10 月 13 日,外提,在刑警队讯问,指认现场,录像显示,杨某庆的右腿拖行,走路步态异常,印证了刑讯逼供的存在。杨某庆之所以能辨认案发现场,系因其家在案发现场附近,周某尸体被发现后,其曾去案发现场看过。

审查起诉阶段,2010 年 11 月 26 日杨某庆推翻全部有罪供述。11 月 29 日,原

侦查人员违法在审查起诉阶段进行讯问后,杨某庆因恐惧外提又认罪。随后12月3日,检察人员做了笔录,这是杨某庆在审查起诉阶段的唯一一次有罪供述。

进入审判阶段,杨某庆均否认杀人,控诉遭受了残酷的刑讯逼供和指供诱供,并表示办案人员曾将陈某宣的笔录交给其看,还威胁,“陈某宣也只坚持了4天4夜”,要看杨某庆能坚持多久。

辩护人认为,认定左某刚、陈某宣、杨某庆故意杀人的事实,主要是依据三人在侦查阶段的有罪供述。除此之外,无任何证据能证实故意杀人。但三人的有罪供述系刑讯逼供所致,依法应予以排除,不得作为定案根据。

七、申请排除非法证据的时间

(一)只要发现是非法证据,可以随时申请排除非法证据

有的检察官、法官认为,排除非法证据申请必须在一审开庭前提出,一审庭审提出,甚至一审没有提出、二审提出,均不予审查。这是错误的。

《最高法院刑诉解释》第128条和《排除非法证据规程》第9条规定,法院在送达起诉书副本时应当告知被告人有权申请排除非法证据,且应当在开庭审理前提出,但在庭审期间才发现相关线索或者材料的除外。《最高法刑诉解释》第132条及《排除非法证据规程》第17条规定,可以在庭审中说明理由,提出排除非法证据,法院审查后认为有疑问的,应当进行调查。《排除非法证据规定》第5条规定,法庭辩论结束前,被告人及其辩护人提出被告人审判前供述是非法取得的,法庭也应当进行调查。《排除非法证据规程》第29、30条,《最高法院刑诉解释》第138条规定,二审可以提出排除非法证据申请,一定条件下二审法院应当审查。

理论上,由于存在非法证据的“线索”或证据并非一定在一审开庭前就能发现,故只要发现是非法证据,就可以随时提出。因此,排除非法证据申请可以在庭前会议提出,可以在一审庭审中提出,二审也可以提出,甚至再审程序中仍可以提出。当然,被告人和辩护人应尽早提出,不仅为提高诉讼效率,也有利于维护被告人的合法权益。但被告人及其辩护人如果撤回排除非法证据的申请,如果没有新的线索或材料,不得再次对有关证据提出排除申请。

(二)二审程序中申请排除非法证据

二审可以提出排除非法证据的申请,但二审法院的审查有一定的条件。

《排除非法证据规程》第30条规定,“被告人及其辩护人在第一审程序中未提出排除非法证据的申请,在第二审程序中提出申请,有下列情形之一的,第二审人

民法院应当审查:(一)第一审人民法院没有依法告知被告人申请排除非法证据的权利的;(二)被告人及其辩护人在第一审庭审后发现涉嫌非法取证的相关线索或者材料的"。《最高法院刑诉解释》第138条规定,"具有下列情形之一的,第二审人民法院应当对证据收集的合法性进行审查,并根据刑事诉讼法和本解释的有关规定作出处理:(一)第一审人民法院对当事人及其辩护人、诉讼代理人排除非法证据的申请没有审查,且以该证据作为定案根据的;(二)人民检察院或者被告人、自诉人及其法定代理人不服第一审人民法院作出的有关证据收集合法性的调查结论,提出抗诉、上诉的;(三)当事人及其辩护人、诉讼代理人在第一审结束后才发现相关线索或者材料,申请人民法院排除非法证据的"。

除了上述司法解释明确规定的条件外,实践中法院通常还接受如下理由:一审时辩护人没有提出排除非法证据的申请,二审变更辩护人,新的辩护人提出排除非法证据申请;二审期间发现涉嫌非法取证的线索和材料。

辩护人在二审程序中提出排除非法证据申请的,可以申请调取相关证据,应当建议召开庭前会议,听取控辩双方的意见。一旦庭前会议进行了这样的程序,且控辩双方没有达成一致意见,则应当启动排除非法证据调查程序。

案例

案例9-7-1　福清林某等组织、领导黑社会性质组织案[(2017)闽0181刑初1342号]

检察院未主动将同步录音录像随案移送法院,法院也未依职权调取,并驳回辩护人的调取申请,并驳回被告人及辩护人的排除非法证据申请。

庭审中,辩护人就证据的合法性发表意见:第一,证据合法性的问题始终存在,即使法庭作出不予排除非法证据的决定,二审乃至审判监督程序仍可提出排除非法证据的申请;第二,法庭决定不排除非法证据,是仅就取证的合法性作出暂时性决定,而取证的合法性与证据的合法性属于两个不完全相同的概念,辩护人仍有权就证据的合法性发表意见;第三,辩护人有权就证据的真实性发表意见,刑讯逼供的事实与证据的真实性相关。

案例 9-7-2 金某鹏贪污、受贿案[(2013)抚中刑二终字第 00246 号]

该案经一审、二审、重审一审、再上诉,最终以受贿罪判处金某鹏有期徒刑 10 年。金某鹏及其辩护人一直申请排除非法证据,两次一审均未排除。重审二审时,辩护人再次申请排除非法证据,以刑讯逼供为由要求排除金某鹏侦查阶段的 15 份交代材料和 18 份有罪供述,并提交了其妻子的证明材料。该材料证实 2012 年 2 月 21 日晚张姓侦查人员与家属联系的情形,还提供线索称金某鹏同事均知道金某鹏被带走的具体时间,以证实检察机关没有出示任何法律手续,将金某鹏非法羁押 63 小时。

本案重审二审启动了排除非法证据调查程序。法院认为:鉴于公诉机关不能举证证明金某鹏在顺城区检察院讯问室接受调查期间被告人供述取得的合法性,对侦查机关在该期间取得的被告人供述予以排除。金某鹏被送至看守所羁押期间作出的供述及在庭审中的供述,能够排除存在以非法方法收集证据的情形,应结合相关证据对事实予以认定。

八、排除非法证据调查程序的启动

排除非法证据调查程序的启动有两种方式:被告人、辩护人提出申请和法院依职权启动。实践中,被告人申请启动的占绝大多数,法院依职权启动的极少。当被告人、辩护人申请排除非法证据时,法院有时会驳回辩方的申请。

被告人、辩护人申请排除非法证据,通常会揭露侦查人员的非法取证,这会被不愿意将违法行为公之于众的司法机关认定为过于"敏感"。也因此,在排除非法证据调查程序中,控辩、辩审之间可能发生不同程度的对抗。如果没有调取、查阅到同步录音录像,也可能引发对抗。庭前会议不公开进行,排除非法证据调查则要公开开庭。

《排除非法证据规程》出台以前,检察院、法院为了避免公开开庭时出现不可控因素,倾向于在庭前会议中对排除非法证据问题进行详细调查,并以庭前会议报告的形式解决排除非法证据问题,导致实践中真正启动排除非法证据调查程序的案件不多。原因是 2017 年《严格排除非法证据规定》第 26 条赋予了法官自由裁量权,控辩双方在庭前会议中对证据收集的合法性没有达成一致意见,如法院对证据收集的合法性没有疑问,可以决定不再进行调查。这一自由裁量权可能被滥用,《排除非法证据规程》因此作了刚性规定:只要未达成一致,就应当启动排除非法证据调查程序。但遗憾的是,2021 年《最高法院刑诉解释》并没有吸收《排除非法证据规程》的规定,《最高法院刑诉解释》第 133 条延续了 2017 年《严格排除非法证据规定》的规定。

（一）庭前提出排除非法证据申请,庭前会议上控辩双方没有达成一致意见,法院应当启动排除非法证据调查程序

《排除非法证据规程》第 15 条第 2 款明确规定,“控辩双方在庭前会议中对证据收集的合法性未达成一致意见,人民法院应当在庭审中进行调查”。因此,被告人和辩护人在开庭前提出排除非法证据的,应当启动排非调查,法院违法的除外。

（二）庭审中提出排除非法证据申请的,应当说明理由

《最高法院刑诉解释》第 132 条规定,“当事人及其辩护人、诉讼代理人在开庭审理前未申请排除非法证据,在庭审过程中提出申请的,应当说明理由。人民法院经审查,对证据收集的合法性有疑问的,应当进行调查;没有疑问的,驳回申请”。

《排除非法证据规程》第 17 条规定:“被告人及其辩护人在开庭审理前未申请排除非法证据,在庭审过程中提出申请的,应当说明理由。人民法院经审查,对证据收集的合法性有疑问的,应当进行调查;没有疑问的,应当驳回申请。人民法院驳回排除非法证据的申请后,被告人及其辩护人没有新的线索或者材料,以相同理由再次提出申请的,人民法院不再审查。”

上述法条对庭审中能否启动排除非法证据,给了法官较大的自由裁量权,以法庭对证据收集的合法性有疑问为前提。之所以如此规定,主要是出于提高庭审效率的考虑,为了保证庭审的集中和顺利进行。庭前较长时间没有提出排除非法证据,有可能是没有非法取证的线索和材料,当庭发现新线索和材料的机会有限,或是被告人、辩护人怠于行使权利。因此,庭审中提出排除非法证据的,法庭往往不会审查,或审查后不会启动排除非法证据调查程序,而要求辩护人在质证阶段就证据的合法性发表质证意见。

因此,排除非法证据申请要尽早提出,以顺利启动排除非法证据调查程序。开庭审理中提出排除非法证据,最常见的情况是当庭发现非法取证的线索和材料而申请排除非法证据。在此情况下,辩护人应当坚持要求法院对此进行审查并依法启动排除非法证据调查程序。为促进法院启动排除非法证据调查程序,辩护人应从如下方面入手:

第一，详细说明当庭提出排除非法证据申请的理由和法律依据。

第二，对排除非法证据申请不审查并将证据作为定案依据的，不启动排除非法证据调查的，对排除非法证据决定不服的，均可作为上诉理由。

第三，不审查排除非法证据申请，并将非法证据作为定案根据，可能影响公正审判的，二审可以发回重审。不依法启动排除非法证据调查程序，侵犯了被告人和辩护人的排除非法证据权利，属于剥夺或者限制当事人的法定诉讼权利的情形，可能影响公正审判，将导致二审发回重审。

第四，对侵犯被告人和辩护人排除非法证据权利的，可以对合议庭法官进行投诉、控告。

（三）排除非法证据调查以先行当庭调查为原则

排除非法证据调查应当先行当庭调查；为防止庭审过分迟延，对被申请排除的证据和其他犯罪事实没有关联等情形，可以在法庭调查结束前进行调查。《最高法院刑诉解释》第 134 条规定："庭审期间，法庭决定对证据收集的合法性进行调查的，应当先行当庭调查。但为防止庭审过分迟延，也可以在法庭调查结束前调查。"《排除非法证据规程》第 18 条、《严格排除非法证据规定》第 30 条也有类似规定。可见，排除非法证据调查以先行当庭调查为原则，以法庭调查结束前调查为例外。

辩护人可以要求和建议法庭先行当庭调查，在案件进入实体审理以前，对是否排除非法证据作出结论。先解决证据合法性的问题，再进行实体审理，这样才有利于实体审理的顺利推进。

法庭调查结束前进行排除非法证据调查的，会分散庭审焦点，且"对被申请排除的证据和其他犯罪事实没有关联等情形"的判断，控辩双方往往会展开辩论。若法院坚持不先行调查，留到法庭调查结束前一并调查，通常排除非法证据调查程序会简化，无实质作用，有时还会导致辩审冲突。先行调查的立法目的是防止庭审延迟，但如此一来事实上反而不利于庭审的顺利进行。

在法庭调查结束前进行排除非法证据调查的案件，有时会出现合议庭没有时间评议，无法作出决定，没有当庭作出是否排除非法证据决定的情况下，却允许公诉人先行出示证据，并要求辩护人质证的情况。其说辞是庭后一并评议作出决定，这显然是违法的。《排除非法证据规程》第 18 条第 2 款规定："在对证据收集合法性的法庭调查程序结束前，不得对有关证据宣读、质证。"

案例

案例 9-8-1 俄某某各运输毒品案[(2015)昆铁中刑初字第60号]

被告人供述是指控的主要证据,辩护人提出被告人供述的收集不具有合法性,但未申请排除非法证据。

法庭通过对证据的审查,发现讯问程序存在问题,影响俄某某各供述的合法性和客观性,故依职权决定对证据收集的合法性进行调查。法院认为:第一,俄某某各系彝族,不通晓汉语,从公安机关制作的讯问笔录来看,公安机关讯问时未明确向其告知可以聘请翻译的诉讼权利,也未为其聘请翻译。第二,从公安机关提供的初次讯问录音录像来看,侦查人员问俄某某各:"怎么了? 毒瘾犯了?"其回答:"嗯",并表现出很难受的样子,但侦查人员仍然继续对其进行讯问,这种做法可以被视为采用迫使被告人违背意愿供述的非法方法收集证据的情形。第三,讯问录音录像还反映出,侦查人员多次使用诱导性语言,但在讯问笔录中未进行完整记录,讯问笔录大段进行归纳,掺杂了侦查人员的主观因素,讯问笔录的客观性值得质疑。

公诉机关当庭提供了相关证据材料,但不能证明证据收集的合法性,在被告人供述可能被法院排除、其他证据不足以证明被告人有罪的情况下,公诉机关撤回起诉。

该案例系法院依职权启动证据收集合法性调查程序,实践中不多见。更加难能可贵的是法院还认为,侦查人员发现嫌疑人毒瘾发作还继续讯问,属于采用迫使嫌疑人违背意愿供述的非法方法收集证据的情形。

九、排除非法证据法庭调查程序

(一)辩护人如何说明排除非法证据申请及相关线索、材料

决定进行排除非法证据法庭调查的,法院、检察院一般希望简化,但辩护人不能简化。除要求排除非法证据外,被告人、辩护人还有必要将侦查人员的违法暴露在公开的庭审中,将排除非法证据作为辩护的进攻武器。

因此,被告人和辩护人向法庭陈述排除非法证据的线索、材料和理由,应当尽可能详细。根据《排除非法证据规程》第5条,"线索"是指内容具体、指向明确的涉嫌非法取证的人员、时间、地点、方式等,"材料"是指能够反映非法取证的伤情照片、体检记录、医院病历、讯问笔录、同步录音录像或者同监室人员的证言等。

对于言词证据的排除，被告人和辩护人应当详细向法庭说明非法取证的情况，包括时间、地点、人物、方式，对被告人或证人造成的痛苦、伤害或影响。被告人身体留有伤痕的，可以向法庭和旁听群众展示。例如，某案中，一位被告人当庭卷起裤腿，展示腿上的伤痕，脱下裤子，展示被打而导致的巨大疝气。

对于非法实物证据的排除，辩护人要详细阐述侦查人员违法取证的具体情况，违反了哪些法定程序，如何严重影响司法公正，又为何无法补正，并阐明法律依据。

（二）公诉人当庭提交证明证据收集合法性的证据，如何应对

申请排除非法证据通常都会召开庭前会议，公诉人通常会在庭前会议上或在庭前会议之后，提供证明收集证据合法性的证据材料。《庭前会议规程》第 18 条还规定，召开庭前会议前，人民检察院应当将全部证据材料移送人民法院。因此，开庭审理前，辩护人可以查阅检方移送的新证据。

有时公诉人当庭提交证明证据收集合法性的证据，对于这样的证据突袭，辩护人应当提出异议，要求公诉人说明证据突袭的理由。《最高法院刑诉解释》第 272 条规定，“公诉人申请出示开庭前未移送或者提交人民法院的证据，辩护方提出异议的，审判长应当要求公诉人说明理由；理由成立并确有出示必要的，应当准许。辩护方提出需要对新的证据作辩护准备的，法庭可以宣布休庭，并确定准备辩护的时间”。

公诉人陈述理由之后，要分析公诉人的动机以及该证据的具体情况，再决定如何应对。

第一，如确属庭前不久才调取到，没来得及提前移送，证据明显无关紧要，无法证明取证合法性的，为了庭审效率，可以建议法庭休庭，辩护人与被告人充分沟通，准备辩护之后，再当庭发表质证意见。

第二，如公诉人早就调取到，故意不提前移送法院，故意为难被告人和辩护人，故意拖延庭审，导致控辩对抗的，无论何种证据，辩护人都可以坚决要求休庭，待充分准备后再行开庭，并郑重指出，是公诉人的原因导致庭审中断。

第三，如果是法院向检察院调取的证据材料，根据《最高法院刑诉解释》第 275 条，检察院应当在收到调取证据材料决定书后 3 日内移交。这种情况检察院延迟到当庭提交的，是违法行为，辩护人除要求休庭外，还可以要求法庭对公诉人进行训诫、申请公诉人回避及庭外对公诉人进行控告。

第四，如当庭提交的是讯问同步录音录像、鉴定意见等需要耗时观看、咨询专家、细致研究的证据，辩护人应当要求休庭，查阅录像，细致分析鉴定意见、咨询专家

之后，再行开庭。

第五，若是违反法定程序收集的证据，如两次补充侦查之外取得的证据，应反对公诉人出示，建议其撤回。

第六，作为建议休庭的配合，辩护人可以针对公诉人当庭提交的证据，根据《刑事诉讼法》第 204 条、《最高法院刑诉解释》第 273 条，申请通知新的证人到庭，调取新的证据，申请重新鉴定或者勘验，建议延期审理。

（三）对公诉人提交的证明证据收集合法性的证据如何质证

各类案件虽有不同，但公诉人提交证明取证合法的证据大同小异，一般包括讯问笔录、入所体检记录、提讯提解证、情况说明、采取强制措施的法律文书、同步录音录像等。对于这些证据，可在提出如下意见的基础上，结合个案展开。

1. 讯问笔录

讯问笔录通常会有侦查人员问是否非法取证、被告人回答没有的内容，有的还有被告人亲笔书写的“我没有受到刑讯逼供，以上内容我看过，和我说的相符”这类内容。公诉人会出示这样的笔录，尤其是笔录有被告人修改痕迹的，据此说明侦查人员没有刑讯逼供、威胁引诱等非法取证行为。公诉人可能还会出示驻所检察人员在侦查终结前对讯问合法性制作的核查笔录。

首先，被告人通常会先行质证，因此庭前应和被告人充分沟通，了解此种情况的原因，让被告人在庭审中进行说明，为何在有非法取证的情况下说没有遭到非法取证。对于核查笔录，也应当先行让被告人解释。其次，这样的供述本身就是被告人和辩护人申请排除的对象，需要证明的是没有非法取证，公诉人把待证事实作为证据举证，犯了循环论证的逻辑错误。最后，讯问是否违法，同步录音录像是最客观的，应当提交录像核查。

2. 入所体检记录

首先，入所体检记录通常不会记载与伤害相关的内容，但这并不代表没有非法取证。其次，入所体检记录只能证明被告人进入看守所时没有受伤，不代表其此前没有被非法取证。再次，非法取证的方式和手段很多，并非只有暴力造成外伤一种，造成内伤、利用精神折磨法等方式非法取证，并不会留下外伤。如被指定居所监视居住，其间遭到严重疲劳审讯、不让睡觉、不让吃饭、不让喝水、威胁引诱、轻微殴打、拔胡子眉毛、长时间久站久坐等，都不会留下外伤，入所体检表并不会显示这些内容。最后，如被告人明明有伤，入所体检记录没有记载的，辩护人可以出示被告人的伤情照片等，也可申请调取看守所监控录像。

3. 提讯提解证

首先需要明确的是，提讯提解证只能证明侦查人员提讯的情况，并不能证明取证合法。其次，应详细查看提讯提解证，一些提讯提解证中会有侦查人员审讯时间过长、有提讯登记却没有移送笔录的情况。这恰恰可以成为辩护人质疑的问题，一方面印证侦查人员轮番审讯，疲劳审讯，另一方面可以当庭要求调取没有移送的讯问笔录。

4. 情况说明

情况说明通常是侦查人员制作的，内容为其在讯问过程中没有违法或非法取证的自我辩解。

首先，情况说明实质上只是一种自我辩解，本质上就是自己说自己没有非法取证，仅有情况说明，显然不能单独作为取证合法性的根据。

其次，八种法定证据种类中并没有情况说明这种类型，情况说明既非书证也不是证人证言。要作为证据，需要经过转化，可以转化为询问笔录，按照询问证人的规范和要求进行转化。

再次，应当注意情况说明的形式。《最高法院刑诉解释》第135条第3款规定："公诉人提交的取证过程合法的说明材料，应当经有关调查人员、侦查人员签名，并加盖单位印章。未经签名或者盖章的，不得作为证据使用。上述说明材料不能单独作为证明取证过程合法的根据。"因此，侦查机关要盖章，侦查人员要签字，缺一不可，否则不得作为证据使用。

最后，《排除非法证据规程》第20条明确规定，"不得以侦查人员签名并加盖公章的说明材料替代侦查人员出庭"。既然公诉人可以提交侦查人员签字的情况说明，为什么不提请法庭通知其出庭作证？难道出庭作证说明取证合法不是更有力吗？

5. 采取强制措施的法律文书

首先，注意采取强制措施的时间和送看守所的时间间隔，如超过了24小时，尤其时间过长，恰恰无法排除刑讯逼供、非法取证的合理怀疑。其次，指定居所监视居住通常都是违法的。指定居所监视居住仅适用于涉嫌危害国家安全犯罪、恐怖活动犯罪；至于犯罪嫌疑人、被告人在当地无固定住所，大多是侦查机关违法适用强制措施的借口。辩护人还要核查，指定居所监视居住是否在羁押场所执行，是否保障了正常的生活、休息条件等。

6. 同步录音录像

辩护人应提前观看同步录音录像，可以要求在法庭上播放特定时段的录像，说明侦查人员的违法之处。同步录音录像的全面应对策略,后文将专门研讨。

除上述证据外,我们还遇到过公诉人出示看守所值班民警的询问笔录,看守所讯问椅的照片及国家标准,依法外提的证据等,辩护人要结合全案证据,根据个案具体情况,综合分析后质证。

实践中常有笔录记载的讯问时间之外的刑讯或变相刑讯,如指定居所监视居住期间,正式讯问之前在其他房间被先行疲劳审讯、威胁引诱,从看守所叫出去威胁写悔过书等。公诉人出示的所有证据都与被告人提出的非法取证线索无关,即公诉人需要证明待证事实 A,但提交的证据都意图证明待证事实 B,故公诉人不能证明取证的合法性。

公诉人经常会认为被告人、辩护人不能证明侦查机关以非法方法收集证据,这明显犯了常识性错误。对取证合法性应当由检察院承担证明责任,检察院不能证明取证合法,即应排除非法证据。根据《刑事诉讼法》第 60 条,排除非法证据具体包括两种情形:一是确认以非法方法收集证据;二是不能排除存在以非法方法收集证据情形。两种情形都应该排除非法证据。《排除非法证据规程》第 6 条第 2 款也明确规定:"人民检察院未提供证据,或者提供的证据不能证明证据收集的合法性,经过法庭审理,确认或者不能排除以非法方法收集证据情形的,对有关证据应当予以排除。"

(四)公诉人反对"辩护人申请侦查人员或其他人员出庭说明情况",如何应对

申请排除非法证据,辩护人通常可以申请侦查人员出庭。但实践中侦查人员出庭的情况非常少见,主要原因是公诉人反对,法院不同意。无论如何,辩护人应当尽可能坚持:

第一,应详细说明侦查人员存在的非法取证行为,明确传唤出庭要查明的问题,可以结合排除非法证据申请书加以展开,引用法条,充分说明传唤出庭的必要性。

第二,公诉人要证明证据收集合法,原本就应当提请法庭通知侦查人员出庭说明情况,且不得以侦查人员签名并加盖公章的说明材料替代侦查人员出庭。既然侦查人员可以出具情况说明,为何不能出庭?

第三,辩护人在各阶段都应坚持要求侦查人员出庭。庭内庭外,庭前庭后,都应向法庭强烈的要求。

第四,具体分析公诉人反对的理由,侦查人员不出庭的理由,有针对性地进行

反驳。如以侦查人员患病为由不同意出庭作证的，辩护人可要求法庭依《法庭调查规程》第14条的规定，通过视频、庭外核证等方式让证人作证。如出于侦查人员安全考虑，可以采取不暴露外貌、真实声音等出庭作证措施。

如法庭已通知侦查人员出庭，侦查人员无正当理由拒绝出庭，后果则是不能排除非法取证的合理怀疑，有关证据应当予以排除。《排除非法证据规程》第23条明确规定，“经人民法院通知，侦查人员不出庭说明情况，不能排除以非法方法收集证据情形的，对有关证据应当予以排除”。

虽然“以审判为中心”的诉讼制度改革正逐步推进，但证人出庭难、侦查人员出庭难上难的问题依然存在，需要法律人不断努力克服，以个案推动法治。

案例

案例9-9-1 芜湖谢某卿等63人诈骗案[(2018)皖0222刑初130号]

本案一审即将宣判前，新加入了一批辩护人。新辩护人在庭外针对鉴定意见和鉴定机构进行了了解并发现问题，导致杭州市价格鉴定专家委员会奢侈品价格鉴定中心被撤销，鉴定意见不能作为定案的根据。同时，辩护人提交了大量新证据，继续要求排除非法证据，多次要求再次开庭。检察院后期也补充了新的鉴定意见。因控辩双方都提交了新证据，繁昌法院组织第二次开庭。

第二次开庭时，公诉人当庭证据突袭，举示了证明侦查机关取证合法的证据。多位辩护人提出反对，要求公诉人说明理由。证据调取时间显示，相关证据早已固定且调取，为何公诉人拖延至当庭提交？根据2012年《最高法院刑诉解释》第221条的规定，对公诉人当庭提交的证据，辩护人提出休庭进行辩护准备。

案例9-9-2 福清林某等组织、领导黑社会性质组织案[(2017)闽0181刑初1342号]

辩护人指出，一审程序中，公安机关向法院“借”提讯证提审多位被告人，因此取得的相关笔录违法而应当排除。公、检、法办案人员提审被告人，应当持有工作证件以及各自机关的提讯证。提讯证是提审在押人员必要的法律手续，法院无权外借。

同时，经查阅提讯证、核对案卷笔录发现，数百份被告人供述被隐匿，案卷中有提讯记录却无讯问笔录。辩护人申请调取这些被隐匿的笔录。

案例9-9-3　李某受贿案①

枣庄中院认为，李某侦查阶段的8次供述中7次对指控的犯罪事实作了详细的有罪供述，检察机关为证明取证的合法性，向原审法庭提供了4次同步录音录像，但不是全程同步录音录像，有分段，且录制的时间、地点、讯问人员，内容与讯问笔录记载的时间、地点、讯问人员、内容不一致。检察机关虽然就存在的上述问题出具了办案说明，证明该问题系当时技术人员不能熟练操作录音录像设备、录音录像设备故障及后期部分录制内容数据损毁所致，但该办案说明不能对上述存在的证据问题作出合理解释。

侦查机关在对李某拘留后的第一次讯问笔录，记载的讯问开始时间已超过了拘留后的24小时，故侦查机关取证程序违法。该份讯问笔录记载的讯问地点也是不真实的。检察机关对此未能作出合理解释。另有两份讯问笔录没有讯问人员和记录人员签名，检察机关亦未能补正或作出合理解释。

虽然李某入看守所的健康检查笔录显示无体表外伤，但只能证明侦查机关没有采用刑讯逼供致李某体表受伤而取证的情形，对于是否存在其他非法方法取证情形上不能排除合理怀疑。检察机关不能提供确实、充分的证据证明李某在侦查阶段供述的合法性，且部分讯问笔录取证程序违法或不符合证据形式要求，检察机关亦不能补正或者作出合理解释。故李某在侦查阶段的供述应当作为非法证据予以排除，不能作为定案的根据。

案例9-9-4　湖南刘某柏等组织、领导黑社会性质组织案

辩护人坚持申请侦查人员出庭接受质询。法官当庭出示了一份《书面说明》，系被申请的侦查人员所写，称“现有证据已经足以证明取证的合法性，因此自己没必要出庭”。对于侦查人员自我认定取证合法，代替了控辩双方的举证质证和法庭审查的做法，被告人及其家属、辩护人提出了异议。

---

① 裴显鼎主编：《非法证据排除程序适用指南》（第2版），法律出版社2018年版，第178～181页。

案例 9-9-5 刘某斌律师涉嫌妨害作证案

2010 年,云南律师刘某斌代理一起民事案件时,被当地政法委组成的"联合调查组"认定为犯罪,被检察院以涉嫌妨害作证罪逮捕,一审、二审均判有罪。刘某斌刑满出狱后不断申诉,盐津法院 2015 年再审此案,控辩双方在庭前会议进行证据交换时达成共识:凡是本案中以联合调查组名义直接取得的证人证言,均按非法证据予以排除。原审认定刘某斌构成妨害作证罪的证据,主要是证人证言。最终,法院以事实不清、证据不足,宣告刘某斌无罪。

十、辩护人如何利用证据规则进行说理

排除非法证据调查程序中,控辩双方往往争论激烈。不仅法庭辩论阶段会进行辩论,举证质证阶段也同样可以进行辩论。所有的争点和辩论,都应当充分利用证据规则。此处简述一些共通的问题,本书导论部分也以福清案中的十个证据法常识为例说明了证据规则的运用。

(一)证明责任

《刑事诉讼法》第 59 条规定,"在对证据收集的合法性进行法庭调查的过程中,人民检察院应当对证据收集的合法性加以证明"。只要被告人和辩护人提出了非法取证的线索和材料,而检察院无法证明取证合法,该证据就应当被作为非法证据排除。这正是非法证据排除规则的关键所在。

1. 不得要求被告人和辩护人承担证明责任

检察人员经常会提出,被告人和辩护人不能证明侦查机关非法取证。这是不理解证据合法性证明责任分配的表现,辩护人可依法条和法理进行反驳。有的案件中,法院也会以被告人及其辩护人提供的证据不足以证明侦查过程中存在刑讯逼供为由,驳回排除非法证据申请,同样属于要求辩方承担刑讯逼供的证明责任,这是完全错误的。

2. 检方证明取证合法的证明责任不能转嫁给当事人

实践中,存在检察院让证人出庭说明侦查机关对自己的取证合法的情形。能由证人或被告人自己来证实侦查人员对自己的取证是否合法吗?当然不能。让证人或被告人自己来证明对自己的取证合法,违反了证明责任分配规则,改变了举证责任主体,逻辑上出现了错误。按同样的逻辑,难道证人或被告人说对自己的取证不合法便可认定为不合法吗?取证合法性的证明主体是检方,需要检方证明,而不

能转嫁证明责任，由当事人证明对自己的取证合法。

3. 根据证明责任分配规则，排除非法证据包括两类情形

《排除非法证据规程》第 26 条将排除非法证据的情形具体列举为五项：(1)确认以非法方法收集证据的；(2)应当对讯问过程录音录像的案件没有提供讯问录音录像，或者讯问录音录像存在选择性录制、剪接、删改等情形，现有证据不能排除以非法方法收集证据的；(3)侦查机关除紧急情况外没有在规定的办案场所讯问，现有证据不能排除以非法方法收集证据的；(4)驻看守所检察人员在重大案件侦查终结前未对讯问合法性进行核查，或者未对核查过程同步录音录像，或者录音录像存在选择性录制、剪接、删改等情形，现有证据不能排除以非法方法收集证据的；(5)其他不能排除存在以非法方法收集证据的。这五项可以分为两类：

第一，一旦确认存在以非法方法收集证据的情况，相关证据就应该排除。确认非法取证的情形通常包括三种情况：其一，被告人及其辩护人提供的线索或材料直接证明办案人员刑讯逼供，如刑讯逼供形成的血衣，入所体检表证明被告人体表有伤；其二，办案人员直接承认刑讯逼供；其三，检察院承认办案人员刑讯逼供并主动提出或同意排除相关证据。

第二，不能排除存在以非法方法收集证据的，也应当排除相关证据。对此，《最高法院刑诉解释》《排除非法证据规程》《严格排除非法证据规定》等均有明确规定。《最高法院刑诉解释》第 137 条规定："法庭对证据收集的合法性进行调查后，确认或者不能排除存在刑事诉讼法第五十六条规定的以非法方法收集证据情形的，对有关证据应当排除。"《排除非法证据规程》第 6 条第 2 款规定："人民检察院未提供证据，或者提供的证据不能证明证据收集的合法性，经过法庭审理，确认或者不能排除以非法方法收集证据情形的，对有关证据应当予以排除。"《严格排除非法证据规定》第 34 条规定，"检察院未提供证据或者提供的证据不能证明证据收集的合法性，不能排除存在本规定所规定的以非法方法收集证据情形的，对有关证据应当予以排除"。辩护人在排非调查中，可援引上述规定，说明具体案件中无法排除存在非法取证情形的具体情况，要求法院依法排除非法证据。

（二）直接证据

有的案件，直到排除非法证据调查程序，甚至到二审，检察院都坚决不提交讯问同步录音录像；有的案件则只提交部分讯问录音录像；有的案件提交了全部讯问录音录像，但不提供指居期间的所有同步录音录像，或不提供检察院与纪委联合办案期间的所有同步录音录像，或不提供监察委调查的同步录音录像。

辩护人应当坚持要求提交所有同步录音录像。因为同步录音录像是能够证明是否存在刑讯逼供、威胁、引诱等非法取证行为最客观、最直接的证据。涉及排除非法供述，检察机关应当提供同步录音录像，不提供视为隐匿证据。

《关于全面推进以审判为中心的刑事诉讼制度改革的实施意见》第 24 条、《排除非法证据规程》第 22 条均明确规定，法庭对证据收集的合法性进行调查的，应当重视对讯问过程录音录像的审查，并且“讯问笔录记载的内容与讯问录音录像存在实质性差异的，以讯问录音录像为准”。法律规定明确要求法庭对证据收集的合法性进行调查的，应当重视对讯问过程录音录像的审查，但辩护人申请排除的笔录对应的录像，检察院拒绝移交法院，如何让法庭审查录音录像？

对于只提交部分讯问录音录像的，辩护人可以主张，检察院至少应当移交被告人和辩护人提出刑讯逼供或非法取证的时间对应的同步录音录像，以证明该时段没有非法取证。

（三）证明妨碍

根据证明妨碍规则，拥有证据的一方拒绝提供证据的，推定对方的主张成立，“隐匿证据者应承担不利于他的推定”。换言之，检察院不提供证据，只能进行不利于检察院的推定，推定辩方的主张成立，即侦查人员取证不合法。

《关于建立健全防范刑事冤假错案工作机制的意见》第 8 条规定，“除情况紧急必须现场讯问以外，在规定的办案场所外讯问取得的供述，未依法对讯问进行全程录音录像取得的供述，以及不能排除以非法方法取得的供述，应当排除”。《排除非法证据规程》第 26 条也规定，“经法庭审理，具有下列情形之一的，对有关证据应当予以排除……对于应当对讯问过程录音录像的案件没有提供讯问录音录像”。因此，检察院拒不提供同步录音录像的供述或笔录，应当全部排除。

（四）证明对象和证明目的

笔录记载讯问之外的非法取证，如何反驳公诉人？侦查人员有时不在笔录记载的讯问过程中实施刑讯逼供，而在正式讯问之前，通过刑讯逼供等非法方法让犯罪嫌疑人或证人屈服，预先演练笔录内容，直到基本符合侦查人员想要的答案，才开始制作笔录，录制讯问同步录音录像。此时制作的笔录，被讯问或询问者都比较配合，同步录音录像中不会出现明显的刑讯逼供行为，甚至威胁都不会出现。因此，被告人及其辩护人提出排除非法证据，事实和理由绝大多数是在笔录形成时间之外，侦查人员有刑讯逼供等行为。笔录形成时，一般不容易找到侦查人员非法取证的线索。这是辩方的弱点，也是检察官习惯攻击之处。

但辩方并非无所作为，因为如果确有刑讯逼供之行为检方一般不会也无法提供笔录时间之外的同步录音录像或其他证据，来证明这段时间没有刑讯逼供。

辩护人可以提出，对于被告人和辩护人提出的笔录记载以外的时间遭到刑讯逼供，检察院所出示的同步讯问录像、提讯提解证、入所登记表、体检记录都无法证明被告人、辩护人主张的刑讯逼供不存在。

例如，被告人及辩护人提出在指定居所监视居住的房间被刑讯逼供，但检察院却出示了被告人在讯问室的同步录音录像。这只能证明被告人在讯问室内没有被刑讯逼供，而不能证明被告人没有在指居的房间内被刑讯逼供，而且指居的房间均有监控视频，控方可以提供却不提供，不能排除存在刑讯逼供。

又如，被告人及辩护人提出被告人被疲劳审讯，几天几夜没有睡觉，但检察院却出示被告人入所体检表。这只能证明被告人在进入看守所时没有外伤，而不能证明被疲劳审讯、剥夺睡眠的情况。

证据收集合法性的证明责任全部由检察院承担，如检察院不能提供充分、有效的证据排除辩护人提出的刑讯逼供的线索或者材料所形成的合理怀疑，即达不到证明取证合法的目的，应当承担举证不能的法律后果，相关非法证据应予排除。

（五）证明标准

有人提出应区别对待刑事案件中实体与程序事项的证明标准。这种区分不合法，也不合理。与指控犯罪一样，检方证明取证合法也必须达到确实、充分的证明标准。《排除非法证据规定》第 11 条明确规定："对被告人审判前供述的合法性，公诉人不提供证据加以证明，或者已提供的证据不够确实、充分的，该供述不能作为定案的根据。"《庭前会议规程》第 14 条第 3 款、《排除非法证据规程》第 15 条第 2 款也规定，排非调查庭审举证、质证可以简化，但前提是，"公诉人提供的相关证据材料确实、充分，能够排除非法取证情形，且没有新的线索或者材料表明可能存在非法取证的"。

何为证据确实、充分？《刑事诉讼法》第 55 条第 2 款规定的条件为："（一）定罪量刑的事实都有证据证明；（二）据以定案的证据均经法定程序查证属实；（三）综合全案证据，对所认定事实已排除合理怀疑。"即检察院提出的证明证据合法性的证据，一是应当经法定程序查证属实，二是综合全部证据，能够排除证据系非法的合理怀疑。

案例

案例 9－10－1 重庆孔某文受贿案

辩护人指出，侦查人员以抓捕孔某文妻子陈某银、女儿进行威胁，且陈某某控诉遭到刑讯逼供。

辩护人提交证人樊某的录音证据，申请排除樊某的证言。检察院得知情况后，把樊某叫到检察院问话，后提交樊某的新笔录和同步录音录像到法庭。公诉人试图以这些事后补证的证人证言，否定辩方收集到的证人承认遭到威胁的录音，却拒不提供先前的同步录音录像。

辩护人认为，公诉人的做法是错误的。取证合法性，不受后来证言或供述的影响，而应该以取证当时的合法性作为判断标准，而且应当以客观证据为依据，即由先前的同步录音录像来证明是否合法，因为事后补证的证人证言很容易受到干扰，而同步录音录像是客观的。

案例 9－10－2 廖某故意杀人案［（2012）内中刑初字第 201 号］

廖某被判故意杀人罪获刑 12 年后，上诉至内江中院，称其因被公安机关刑讯逼供而作有罪供述，进看守所时头上、手上均有伤。出庭检察员出示看守所入所体检表、刑警大队情况说明等证据，证明无刑讯逼供行为。内江中院认为，廖某的有罪供述因不能排除系通过刑讯逼供获取的合理怀疑，依法应予排除。理由有四：一是无同步录音录像等证明力强的证据证明无刑讯逼供行为；二是重案中队关于廖某辩称被刑讯逼供的情况说明和检察院函，证实讯问的合法性缺乏应有佐证；三是市中区人民医院健康检查表是 2011 年 8 月 1 日出具，而重案中队的讯问次日才开始，此表不能证明廖某被讯问后的情况；四是重案中队的情况说明承认廖某在讯问中头部、手部受伤，但内江市看守所入所体检表未反映廖某的伤情，且该表无医生签名，客观性存在重大疑问。后内江中院撤销一审判决，改判 8 年。

十一、宣布排除非法证据调查结论

（一）法庭作出是否排除有关证据的决定前，不得对有关证据宣读、质证

排除非法证据调查的目的在于解决证据资格问题，即相关证据能否出现在法

庭进行举证质证。《排除非法证据规程》第 18 条第 2 款规定:“在对证据收集合法性的法庭调查程序结束前,不得对有关证据宣读、质证。”第 25 条规定:“人民法院对证据收集的合法性进行调查后,应当当庭作出是否排除有关证据的决定。必要时,可以宣布休庭,由合议庭评议或者提交审判委员会讨论,再次开庭时宣布决定。”《严格排除非法证据规定》第 33 条规定与《排除非法证据规程》第 25 条基本一致。可见,无论先行调查还是在法庭调查结束前一并调查,法庭对证据收集的合法性进行调查后,均应作出是否排除有关证据的决定。在法庭作出是否排除有关证据的决定前,不得对有关证据宣读、质证。

先行排除非法证据调查,在宣布排除非法证据决定前,申请排除的证据一般不会先举证质证。但在法庭调查结束前进行排除非法证据调查,有时法庭无法或不愿当庭作出排除非法证据调查的决定,可能允许公诉人出示证据,并要求被告人和辩护人质证,称庭审结束后一并评议。有时法庭推进庭审的决心还很坚决。对此,辩护人应当指出合议庭违法,如果法庭最后决定排除该非法证据,而非法证据却在法庭举示,且经过控辩双方举证质证,明显违反法律规定。辩护人应当要求书记员记录在案,一审违反法定程序,可作为上诉理由。

(二)对排除非法证据调查决定不服,如何应对

法院启动排非调查后没有排除非法证据,被告人和辩护人可提出异议,并要求记录在案。这一点是为后续的法庭审理和二审程序做准备。因为根据法律规定,后续的审理仍可就证据的合法性问题进行质证,二审时也可以就此进行有限的救济。

《排除非法证据规程》第 29 条规定,被告人及其法定代理人提出上诉,“对第一审人民法院有关证据收集合法性的审查、调查结论提出异议的,第二审人民法院应当审查”。第 33 条规定:“第一审人民法院对被告人及其辩护人排除非法证据的申请未予审查,并以有关证据作为定案的根据,可能影响公正审判的,第二审人民法院应当裁定撤销原判,发回原审人民法院重新审判。”第 34 条规定:“第一审人民法院对依法应当排除的非法证据未予排除的,第二审人民法院可以依法排除相关证据。”

即使法院决定不排除非法证据,被告人和辩护人在庭审时仍可以就证据的合法性发表意见,还可以针对法庭的违法行为,依法向有关部门进行控告,还可依据《关于人民法院接受人民代表大会及其常务委员会监督的若干意见》第 7 条“人大及其常委会……通过法定监督程序要求人民法院审查的,人民法院应当认真进行

审查;对确属错判的案件,应当按照法定审判监督程序予以纠正”的规定向人大反映情况。如果非法证据排除是案件唯一的关键问题,被告人及家属可以采取一切合法手段维权,坚决要求调取同步讯问录像等证据,传唤证人出庭作证等。但辩护人自身应当注意风险,服从法庭指挥,遵守法庭秩序。

(三)排除非法证据程序结束后,仍可就证据的合法性问题提出异议

有些案件不启动排除非法证据程序,或启动排除非法证据程序,进行了法庭调查和辩论,但法院最后决定不排除非法证据。庭审中,检方举示相关证据后,被告人、辩护人发表质证意见,就证据的合法性进行质证时,法庭辩论阶段就非法取证的程序性问题发表辩护意见时,有时会被法官、检察官打断,甚至以没有排除非法证据为由,不允许被告人、辩护人就证据的合法性发表意见。这一做法是错误的。

质证是控辩双方围绕证据的真实性、关联性、合法性等进行质疑和反驳,就证据能力、证据的证明力以及在全案中的作用发表意见。合法性是质证的重点,即便进行了排除非法证据调查,没有排除非法证据,只要被告人和辩护人对证据的合法性有异议,仍然可以质证。排除非法证据程序是先行确定某项证据的证据资格或者说证据能力,非法证据没有排除,只是法庭确认了该证据具备证据资格,可以出示、质证。但这并不等于证据的合法性得到了最终确认,辩护人仍然可以质疑其合法性,而且后期还可能出现排除非法证据的线索和材料,甚至二审还可以继续申请排除非法证据。因此,辩护人可以坚持就证据的合法性进行质疑。

辩护包括程序辩护和实体辩护,非法取证、刑讯逼供是严重的程序违法,是程序辩护的重要一环。没有排除非法证据,不等于侦查过程中不存在违法。

案例

案例 9-11-1 周某等黑社会性质组织案

根据本案被告人陈述,本案存在严重的刑讯逼供,多人陈述曾因无法忍受刑讯而试图自杀,甚至有人自杀过好几次。一审庭审中,数十名被告人用十几天时间控诉刑讯逼供,检方也当庭承认,不排除警方非法取证的可能。一审认为,“无证据证明警方刑讯逼供”,未排除任何一份控方证据。对此,二审辩护人进行了长期的控告。

十二、检察院不提供同步录音录像如何应对

实践中,有些检察院坚决不提交录音、录像,如我们办理的重庆孔某文受贿案,

检方开始一直不提交录音录像，后来挤牙膏式地一次次移交部分录音录像。对此种情形，辩护人可充分说理，反复申请法院调取同步录音录像，反驳检察人员拒不提交的观点，也可以庭外对检察人员进行控告。

第一，同步录音录像是检察院证明取证合法性的关键证据，也是辩护人发现并提出排除非法证据申请的核心证据。无论依据法理还是法律规定，在存在同步录音录像的情况下，检方均应提供。

第二，根据《严格排除非法证据规定》第 22 条的规定，犯罪嫌疑人、被告人及其辩护人申请调取收集但未提交的讯问录音录像、体检记录等证据材料，法院、检察院经审查认为，“申请调取的证据材料与证明证据收集的合法性有联系的，应当予以调取”。《排除非法证据规程》第 21 条第 2 款有同样规定。根据这些规定，只要申请调取证据材料与取证合法性有关的，就必须调取。

第三，《排除非法证据规程》第 22 条规定，法庭对证据收集的合法性进行调查的，应当重视对讯问录音录像的审查，并且列明了应重点审查的四项内容。该规定既强调了同步录音录像的重要性、必要性，同时也说明同步录音录像必须提交法庭审查，否则法院将无法结合同步录音录像审查讯问笔录，该法条便会落空。

《排除非法证据规程》第 22 条详细规定如下：“法庭对证据收集的合法性进行调查的，应当重视对讯问录音录像的审查，重点审查以下内容：(一)讯问录音录像是否依法制作。对于可能判处无期徒刑、死刑的案件或者其他重大犯罪案件，是否对讯问过程进行录音录像；(二)讯问录音录像是否完整。是否对每一次讯问过程录音录像，录音录像是否全程不间断进行，是否有选择性录制、剪接、删改等情形；(三)讯问录音录像是否同步制作。录音录像是否自讯问开始时制作，至犯罪嫌疑人核对讯问笔录、签字确认后结束；讯问笔录记载的起止时间是否与讯问录音录像反映的起止时间一致；(四)讯问录音录像与讯问笔录的内容是否存在差异。对与定罪量刑有关的内容，讯问笔录记载的内容与讯问录音录像是否存在实质性差异，存在实质性差异的，以讯问录音录像为准。”

第四，《庭前会议规程》第 16 条第 1 款规定，被告人及其辩护人书面申请调取公安机关、检察院未随案移送的证明被告人无罪或者罪轻的证据材料，并提供相关线索或者材料的，“人民法院应当调取，并通知人民检察院在收到调取决定书后三日内移交”。而讯问同步录音录像是公诉机关审查起诉时必须调取收集的证据材料，对于这一可能证明被告人无罪或罪轻的证据材料，辩护人书面申请调取并提供相关线索或者材料的，法院应当调取，检察院应当移交。

第五，最高检《关于适用〈关于办理死刑案件审查判断证据若干问题的规定〉和〈关于办理刑事案件排除非法证据若干问题的规定〉的指导意见》第23条规定，被告人及其辩护人提供了相关证据或者线索，法庭经审查对被告人审判前供述取得的合法性有疑问的，公诉人应当向法庭提供讯问笔录、出入看守所的健康检查记录、看守管教人员的谈话记录以及侦查机关（部门）对讯问过程合法性的说明，讯问过程有录音录像的，应当提供。

根据《人民检察院刑事诉讼规则》第57条第1款第10、11项，辩护人认为公检法及其工作人员，“没有正当理由不同意辩护律师收集、调取证据或者通知证人出庭作证的申请，或者不答复、不说明理由的”，“未依法提交证明犯罪嫌疑人、被告人无罪或者罪轻的证据材料的”，可以向检察院提出控告。

《关于完善人民检察院司法责任制的若干意见》第27条规定：“当事人举报投诉检察官违法办案，律师申诉、控告检察官阻碍其依法行使诉讼权利，或有迹象表明检察官违法办案的，检察长可以要求检察官报告办案情况。检察长认为确有必要的，可以更换承办案件的检察官，并将相关情况记录在案。”

案例

案例9－12－1 左某刚、陈某宣、杨某庆故意杀人案

辩护人指出，左某刚被提审多次，在案仅有一份讯问录像。录像未注明时间，无法证实是否为2010年9月25日至27日之间形成的。录像不完整，没有左某刚看讯问笔录和签字的过程，未显示侦查人员，讯问人员与左某刚没有物理隔离。录像显示讯问室为软包，明显不同于当庭播放视频所显示的讯问室，恰恰证明是左某刚所描述的特讯室。辩护人要求各方共同对颍上县看守所进行现场勘验。

2010年陈某宣被提讯5次，分别是7月31日、8月2日、8月24日、9月27日、10月18日。但案卷中只有7月31日、8月24日的讯问笔录，其余三次没有，7月31日前看守所外的笔录也未能入卷。

陈某宣共有三份有罪供述，但讯问录像全部时间只有2分48秒，比其接受讯问的任何一次时间都短，明显不完整。而且，讯问笔录不是现场记录的，录像显示，办案人员在讯问前已准备好相关笔录。录像中未见办案人员准备空白纸，办案人员做自我介绍，显然刚刚开始讯问。录像存在，却被剪掉后面的部分，辩护人认为是隐

匿相关录像。

杨某庆共有六次有罪供述，但仅有一份录像，且只有一段，并被剪辑，不完整。录像只有22分钟，比任何一次讯问笔录的时间都短。录像中，杨某庆非常疲倦，全程没有任何表情。据杨某庆反映，讯问时是先把笔录写好，再进行录像。这些线索和证据均表明侦查机关进行了非法取证。

辩护人认为，被告人提出了明确的刑讯逼供线索，但检察机关无法提供相关同步录像，应当认定检察机关未能证明证据的合法性。

十三、检察院拒不提供、法院拒不调取全部讯问笔录，如何应对

检察院经常选择性地提交部分讯问笔录作为指控证据，尤其是存在刑讯逼供、威胁等非法取证情形的案件。未移送法院的讯问笔录有可能全面反映被告人由不认罪到违心认罪的全过程，通过讯问笔录的前后对比，也能发现供述之间的矛盾、供述内容与客观事实不符等情况，从而证明取证程序的非法性，笔录内容的不真实性。

有关讯问笔录的质证，请认真对比《公安机关执法细则》第26－06条制作《讯问笔录》："1. 讯问犯罪嫌疑人，应当制作《讯问笔录》。2. 记录时，对于提问和回答应用'问：'、'答：'表示。不得使用其他符号表示，每句问话和答话均应另起一行，独立记录为一段。3. 侦查人员应当将问话和犯罪嫌疑人的供述、辩解，对讯问人出示、使用证据的过程，犯罪嫌疑人的态度、表情如实地记录清楚。4.《讯问笔录》应当使用第一人称记录，保持原意，抓住重点，详略得当，字迹清楚，易于辨认，准确、完整、客观地反映讯问的活动情况。对代称、隐语、黑话、简称等应当提问澄清，记明准确含义。5.《讯问笔录》应当当场制作，不得事前、事后制作。6.《讯问笔录》应当交犯罪嫌疑人核对或者向其宣读。如记录有遗漏或者差错，应当允许犯罪嫌疑人补充或者更正，并捺指印。笔录经犯罪嫌疑人核对无误后，应当由其在笔录上逐页签名、捺指印，并在末页紧接讯问内容的地方写明'以上笔录我看过（或向我宣读过），和我说的相符'。拒绝签名、捺指印的，侦查人员应当在笔录末尾注明。7. 讯问未成年犯罪嫌疑人的，《讯问笔录》应当交未成年犯罪嫌疑人、到场的法定代理人或者其他人员阅读或者向其宣读；对笔录内容有异议的，应当核实清楚，确有错误或者遗漏的，应当准予更正或者补充。8.《讯问笔录》上所列项目，应当按规定填写齐全。对讯问过程进行录音、录像的，应当在《讯问笔录》中注明。讯问人员、记录人员应当在《讯问笔录》首页签名，翻译人员、讯问时在场的其他人员应当在《讯问

笔录》末尾签名,不得由他人替代。翻译人员还应当注明工作单位和职业。9. 所有《讯问笔录》按照讯问的时间顺序编号,侦查终结时存入诉讼卷。

辩护人可以通过比对提讯提解证,查看提讯证对应的讯问笔录是否缺失,可以询问被告人,让其回忆接受讯问的时间和次数,和笔录进行比对,还可以从讯问笔录所记载的序号判断笔录是否有缺失。有了这些线索,申请调取讯问笔录就更容易得到支持。

关于提讯证,请注意《看守所条例》第 19 条规定,“提讯人犯时,必须持有提讯证或者提票。提讯人员不得少于二人。不符合前款规定的,看守所应当拒绝提讯”。第 20 条规定,“提讯人员讯问人犯完毕,应当立即将人犯交给值班看守人员收押,并收回提讯证或者提票”。

检察院还经常不移交审查批准逮捕笔录,审查起诉笔录,辩护人也可以申请调取。

案例

案例 9-13-1 **福清林某等组织、领导黑社会性质组织案[(2017)闽 0181 刑初 1342 号]**

辩护人经查阅提讯证、核对案卷笔录发现,本案大量被告人供述被隐匿,案卷中存在大量有提讯记录却无讯问笔录的情况,如韩某某 7 份、陈某某 7 份、林某 9 份、林某某 10 份、金某某 11 份、黄某某 24 份等。辩护人多次向法院以口头或书面的形式申请调取上述被隐匿的笔录。公诉人当庭称:讯问笔录缺失系办案人员对被告人批评教育所致。但根据《公安机关执法细则》第 13-06 条,讯问犯罪嫌疑人,应当制作讯问笔录。辩护人认为,讯问笔录的缺失充分能说明本案在讯问过程中存在重大违法。且笔录缺失的时间段,恰恰是被告人反映被刑讯逼供的时间段。

十四、申请法院调取侦查机关、检察院已收集未移交的证据材料,被法院或检察院拒绝,如何应对

1. 根据法律规定,检察院应当移送全部证据材料

《庭前会议规程》第 18 条、中央政法委《关于切实防止冤假错案的规定》第 2 条、最高检《关于切实履行检察职能防止和纠正冤假错案的若干意见》第 10 条都规

定,检察院应当移送全部案卷材料,包括无罪、罪轻的证据材料。因此,移送全部证据材料是检察院的义务,无罪、罪轻的证据检察院没有移送的,法院应当要求检察院移送。

2. 如法院拒绝调取未移交的证据材料,辩护人应当坚持申请调取

第一,再次提出调取证据的申请。首先,提供更具体的证据线索,说明证据客观存在,且有必要调取。其次,列明详细的法律依据及后果。《刑事诉讼法》及相关司法解释明确规定,辩护人有权申请调取包括侦查机关、检察院收集能够证明被告人无罪或罪轻的证据。《人民检察院刑事诉讼规则》第 360 条规定:"人民检察院对于犯罪嫌疑人、被告人或者证人等翻供、翻证的材料以及对犯罪嫌疑人、被告人有利的其他证据材料,应当移送人民法院。"第 399 条规定:"在法庭审理中,公诉人应当客观、全面、公正地向法庭出示与定罪、量刑有关的证明被告人有罪、罪重或者罪轻的证据。"公诉机关必须出示、提交包括证明被告人无罪、罪轻的全部证据。《刑事诉讼法》第 54 条规定,任何人不得隐匿证据,如拒不提供,隐匿证据,则涉嫌违法犯罪。

第二,进行控告。根据《人民检察院刑事诉讼规则》第 57 条,当发生违法限制辩护律师收集、核实有关证据材料,没有正当理由不同意辩护律师提出的收集、调取证据或者不答复、不说明理由,未依法提交证明犯罪嫌疑人、被告人无罪或者罪轻的证据材料等情况时,辩护人可以向同级或者上一级检察院申诉或者控告,检察院应当在受理后 10 日以内进行审查并纠正。

根据《关于依法保障律师执业权利的规定》第 41 条,律师认为办案机关及其工作人员明显违反法律规定,阻碍律师依法履行辩护、代理职责,侵犯律师执业权利的,可以向该办案机关或者其上一级机关投诉。律师要求当面反映情况的,应当当面听取律师的意见。根据该规定第 42 条,律师认为办案机关及其工作人员对律师依法提出的申请,不接收、不答复、依法应当许可律师提出的申请,未许可阻碍律师依法行使诉讼权利的,可以向同级或者上一级检察院申诉、控告,检察院应当在受理后十日以内进行审查,并将处理情况书面答复律师。

第三,申请律师协会、司法行政机关维权。根据《关于依法保障律师执业权利的规定》第 44 条,律师可以向执业律师事务所所在地的市级司法行政机关、所属的律师协会申请维护执业权利。情况紧急的,可以向事发地的司法行政机关、律师协会申请维护执业权利。事发地的司法行政机关、律师协会应当给予协助。

3. 法院同意调取，要求检察院移交，但检察院拒绝移交的，辩护人应当坚持并控告。

第一，提出书面意见，要求检察院 3 日内移交证据。根据法律规定，法院决定调取证据，检察院没有裁量的余地，无权拒绝，且必须无条件 3 日内移交。

《最高法院刑诉解释》第 275 条规定："人民法院向人民检察院调取需要调查核实的证据材料，或者根据被告人、辩护人的申请，向人民检察院调取在调查、侦查、审查起诉期间收集的有关被告人无罪或者罪轻的证据材料，应当通知人民检察院在收到调取证据材料决定书后三日以内移交。"

《法庭调查规程》第 41 条规定："人民法院向人民检察院调取需要调查核实的证据材料，或者根据被告人及其辩护人的申请，向人民检察院调取在侦查、审查起诉期间收集的有关被告人无罪或者罪轻的证据材料，应当通知人民检察院在收到调取证据材料决定书后三日内移交。"

《人民检察院刑事诉讼规则》第 360 条规定："人民检察院对于犯罪嫌疑人、被告人或者证人等翻供、翻证的材料以及对犯罪嫌疑人、被告人有利的其他证据材料，应当移送人民法院。"第 414 条规定："在法庭审理过程中，合议庭对证据有疑问或者人民法院根据辩护人、被告人的申请，向人民检察院调取在侦查、审查起诉中收集的有关被告人无罪或者罪轻的证据材料的，人民检察院应当自收到人民法院要求调取证据材料决定书后三日以内移交。"

《中央政法委关于切实防止冤假错案的规定》第 2 条规定："二、侦查机关移交案件时，应当移交证明犯罪嫌疑人、被告人有罪或者无罪、犯罪情节轻重的全部证据。严禁隐匿证据、人为制造证据。"

《关于进一步严格依法办案确保办理死刑案件质量的意见》第 33 条规定，"人民法院向人民检察院调取相关证据时，人民检察院应当在三日以内提交"。

《关于切实履行检察职能防止和纠正冤假错案的若干意见》第 10 条规定，"在提起公诉时，应当移送全部在案证据材料"。

第二，如果检察院坚持不移交，属于《人民检察院刑事诉讼规则》第 57 条第 11 项规定的，"未依法提交证明犯罪嫌疑人、被告人无罪或者罪轻的证据材料"，阻碍被害人和辩护人行使诉讼权利，是严重不客观公正的表现。根据《关于完善人民检察院司法责任制的若干意见》第 34 条第 5 项，检察人员故意"违反规定限制诉讼参与人行使诉讼权利，造成严重后果或恶劣影响的"，应当承担司法责任。辩护人可分析案件本身的具体情况，向同级或上级检察院投诉和控告，也可申请律师协会、司法行政机关维权。

《人民检察院刑事诉讼规则》第58条规定："辩护人、诉讼代理人认为其依法行使诉讼权利受到阻碍向人民检察院申诉或者控告的，人民检察院应当及时受理并调查核实，在十日以内办结并书面答复。情况属实的，通知有关机关或者本院有关部门、下级人民检察院予以纠正。"

案例

案例9-14-1　重庆孔某文受贿案[(2017)渝0115刑初35号]

本案中，法院决定调取证据，并书面通知检察院移交。但检察院书面回函，拒绝移交证据。辩护人当庭提出，检察院公然违法，不服从法院指挥，藐视司法权威，庭后提交了如下《检察院应当立即移交证据的法律意见》：

长某法院已作出书面决定，调取可能证明孔某文无罪的部分证据。但检察院拒不提交，对抗司法权威，明显违法，相关人员涉嫌隐匿证据。为维护司法权威，检察院必须立即纠正错误，将证据移交法院。

一、法律依据

根据法律规定(参见上文)，法院决定调取证据，检察院没有选择，没有裁量权，无权拒绝，而应当无条件3日内移交。

二、检察院拒不移交证据，藐视司法权威，严重违法

2018年7月18日检察院回函长某区法院，称只移送樊某、李图某、李雄某被采取强制措施情况的相关法律文书。对于法院调取的其他证据，检察院则不提供或无法提供。检察院不移交证据，是不服从法院决定、藐视司法权威、拒绝查明事实真相、隐匿证据的严重违法行为。

1. 检察院回函称，关于樊某、李图某、李雄某、陈某、黄某、甘某某的讯问笔录对应的同步录音录像，是证明笔录合法性的证据材料，上述人员未对笔录合法性提出异议，被告人和辩护人对上述证人证言是否系非法取得没有提出相关线索或材料。且辩护人提出的樊某笔录材料真实性的问题，其也已补充提交樊某的笔录材料予以证实，故某不应提供。该说法明显错误，不移交严重违法。

第一，法院已书面决定调取，检察院应当立即无条件移交。

第二，同步录音录像是孔某文案件的案卷材料，不仅是证明笔录合法性的证据

材料,也是证明案件事实的证据,检察院本就应当依法移交。

第三,同步录音录像无论公诉人是否作为证据使用,都不影响辩护人作为证据使用,辩护人很可能从同步录像中找到辩方证据。

第四,辩护人申请排除樊某的所有笔录,法庭也已决定启动对樊某证言的非法证据排除程序。但检察院不但没有提交全部录音录像,反而在辩护人提交樊某翻供的证据后,又将樊某叫去讯问,涉嫌强迫其再次翻供,重复原来笔录并制作同步录音录像。不提交先前笔录对应的同步录音录像,而提交补强笔录的录像,无法证明先前取证行为的合法性。

2. 关于重庆市人民检察院某分院2016年5月对被告人孔某文审查逮捕的讯问笔录,长某区检察院称“未收集在案,无法提供”。

检察院有调取证据、核实证据的权力和责任,即便该逮捕笔录不在检察院。因法院书面决定调取,检察院也应当依法调取后移交法院。

3. 关于检察院审查起诉阶段,2016年8月25日提讯孔某文的笔录,长某区检察院称“是否移交法院,由我院决定”。

第一,法院决定调取证据,检察院没有选择,应当无条件移交。

第二,孔某文审查起诉时翻供,该笔录是证明孔某文无罪的证据。检察院拒绝移交,明显是隐匿证据,拒绝事实真相。

4. 关于孔某文在本案侦查阶段写给陈某某的所有信件、孔某文手机及办公室座机相关时段通话记录,检察院称“未收集在案,无法提供”。

这些信件能证明侦查人员有无违法串供,孔某文写给陈某某的信真实存在,由检察院持有并保管,应当立即移交。已经调取到的孔某文和陈某某的同步录音录像显示,本案侦查阶段,检察院办案人员要求孔某文给陈某某写信,孔某文也要求写信给陈某某,陈某某也提到要将孔某文写给她的信带回去。法院已经决定调取,检察院也应当无条件立即移交法院。

孔某文手机及办公室座机相关时段通话记录,能够证明孔某文无罪,法院认为需要调查核实,检察院也应当依法调取后立即移交法院。

综上,长某区检察院对某某法院书面调取证据的答复严重违法,应当立即纠正违法,将法院书面要求调取的证据悉数移交法院。

十五、同步录音录像如何有效观看及播放

同步录音录像非常关键,应当尽可能复制,细致观看,有的内容要反复观看。如

果重点内容有模糊不清的，可以请技术人员对录像进行加精、加大声音等技术处理。《最高法院刑诉解释》的修订，导致法院基本不再让辩护人复制同步录音录像，这种情况下辩护人可申请多位助理到法院观看。因为工作量非常大，多位助理的参与是必需的。我们在多起案件中均组织了十多位助理观看录像。观看及播放同步录音录像，应注意以下事项：

第一，对照笔录，从头至尾认真仔细地观看，录音录像的开头、结尾部分须细致观看，要确认是否完整，即被讯问人从进入讯问室开始，离开结束；录音录像的起止时间、与光盘标注是否一致，与笔录的起止时间是否一致；是否遗漏了某些时间段；讯问人员是否一致；笔录内容是否与同步录音录像一致，尤其是涉及定罪的关键问题；是否存在先审后录、审录分离等问题。

请注意讯问的法律规则。《公安机关讯问犯罪嫌疑人录音录像工作规定》第 3 条规定："对讯问过程进行录音录像，应当对每一次讯问全程不间断进行，保持完整性，不得选择性地录制，不得剪接、删改。"第 10 条规定："录音录像应当自讯问开始时开始，至犯罪嫌疑人核对讯问笔录、签字捺指印后结束。讯问笔录记载的起止时间应当与讯问录音录像资料反映的起止时间一致。"第 11 条规定："对讯问过程进行录音录像，应当对侦查人员、犯罪嫌疑人、其他在场人员、讯问场景和计时装置、温度计显示的信息进行全面摄录，图像应当显示犯罪嫌疑人正面中景。有条件的地方，可以通过画中画技术同步显示侦查人员正面画面。讯问过程中出示证据和犯罪嫌疑人辨认证据、核对笔录、签字捺指印的过程应当在画面中予以反映。"第 12 条规定："讯问录音录像的图像应当清晰稳定，话音应当清楚可辨，能够真实反映讯问现场的原貌，全面记录讯问过程，并同步显示日期和 24 小时制时间信息。"第 13 条规定："在制作讯问笔录时，侦查人员可以对犯罪嫌疑人的供述进行概括，但涉及犯罪的时间、地点、作案手段、作案工具、被害人情况、主观心态等案件关键事实的，讯问笔录记载的内容应当与讯问录音录像资料记录的犯罪嫌疑人供述一致。"

第二，会见时细致询问被告人非法取证的情况，可能的违法点，从而确定观看同步录音录像的重点。

第三，注意录音录像是否遭到编辑，如卡顿、跳秒、间断、声音与口型不一致、录像格式发生变化、最后修改时间发生变化等。如有，可申请法院进行鉴定。

第四，注意录音录像中是否有殴打、威胁、引诱、欺骗等非法方法进行讯问的具体情况，被讯问人是否有伤，身体是否有特殊情况。如有，应当详细记录威胁、引诱、欺骗的语言、动作、内容，伤情的情况，讯问人员的姓名或特点；载明哪一个光盘，具体时间段。

第五，注意被讯问人的特殊表现，可能传递特殊意义的表情、动作、眼神、手势、语言；讯问人员的姓名或特点；载明哪一个光盘，具体时间段。

第六，对指定居所监视居住期间的同步录音录像，除上述要点外，还需注意：指定的居所是否具备正常的生活、休息条件，是否有窗户及开窗通风状况，采光情况，指定的居所是否是专门的办案场所，该场所的具体特点；是否保障被讯问人正常吃饭、睡觉、是否侵犯隐私权等。

第七，注意笔录有无经被询问人或被讯问人核实、确认，是否留足时间确认笔录，文盲的，是否宣读确认。

第八，庭审播放应当有针对性，主要就侦查机关违法之处，对辩方有利之处进行播放。录像重要片断的播放，应当在公开开庭时进行，拒绝在非公开举行的庭前会议上播放。

观看同步录音录像，须留意法律对被告人供述和辩解、讯问录音录像应当着重审查的内容。《最高法院刑诉解释》第 93 条规定："对被告人供述和辩解应当着重审查以下内容：（一）讯问的时间、地点，讯问人的身份、人数以及讯问方式等是否符合法律、有关规定；（二）讯问笔录的制作、修改是否符合法律、有关规定，是否注明讯问的具体起止时间和地点，首次讯问时是否告知被告人有关权利和法律规定，被告人是否核对确认；（三）讯问未成年被告人时，是否通知其法定代理人或者合适成年人到场，有关人员是否到场；（四）讯问女性未成年被告人时，是否有女性工作人员在场；（五）有无以刑讯逼供等非法方法收集被告人供述的情形；（六）被告人的供述是否前后一致，有无反复以及出现反复的原因；（七）被告人的供述和辩解是否全部随案移送；（八）被告人的辩解内容是否符合案情和常理，有无矛盾；（九）被告人的供述和辩解与同案被告人的供述和辩解以及其他证据能否相互印证，有无矛盾；存在矛盾的，能否得到合理解释。必要时，可以结合现场执法音视频记录、讯问录音录像、被告人进出看守所的健康检查记录、笔录等，对被告人的供述和辩解进行审查。"

《死刑证据规定》第 18 条规定："对被告人供述和辩解应当着重审查以下内容：（一）讯问的时间、地点、讯问人的身份等是否符合法律及有关规定，讯问被告人的侦查人员是否不少于二人，讯问被告人是否个别进行等。（二）讯问笔录的制作、修改是否符合法律及有关规定，讯问笔录是否注明讯问的起止时间和讯问地点，首次讯问时是否告知被告人申请回避、聘请律师等诉讼权利，被告人是否核对确认并签名（盖章）、捺指印，是否有不少于二人的讯问人签名等。（三）讯问聋哑人、少数民族人员、外国人时是否提供了通晓聋、哑手势的人员或者翻译人员，讯问未成年同案被告人时，是否通知了其法定代理人到场，其法定代理人是否在场。（四）被告人的供述有无以刑讯逼供等非法手段获取的情形，必要时可以调取被告人进出看守所的健康检查记录、笔录。（五）被告人的供述是否前后一致，有无反复以及出现反复的原因；被告人的所有供述和辩解是否均已收集入卷；应当入卷的供述和辩解没有入卷的，是否出具了相关说明。（六）被告人的辩解内容是否符合案情和常理，有无矛盾。（七）被告人的供述和辩解与同案被告人的供述和辩解以及其他证据能否相互印证，有无矛盾。对于上述内容，侦查机关随案移送有录音录像资料的，应当结合相关录音录像资料进行审查。”

《排除非法证据规程》第 22 条规定，法庭“应当重视对讯问录音录像的审查，重点审查以下内容：（一）讯问录音录像是否依法制作。对于可能判处无期徒刑、死刑的案件或者其他重大犯罪案件，是否对讯问过程进行录音录像；（二）讯问录音录像是否完整。是否对每一次讯问过程录音录像，录音录像是否全程不间断进行，是否有选择性录制、剪接、删改等情形；（三）讯问录音录像是否同步制作。录音录像是否自讯问开始时制作，至犯罪嫌疑人核对讯问笔录、签字确认后结束；讯问笔录记载的起止时间是否与讯问录音录像反映的起止时间一致；（四）讯问录音录像与讯问笔录的内容是否存在差异。对与定罪量刑有关的内容，讯问笔录记载的内容与讯问录音录像是否存在实质性差异，存在实质性差异的，以讯问录音录像为准。”第 26 条第 2、4 项规定了同步录音录像相关的证据排除情形：“应当对讯问过程录音录像的案件没有提供讯问录音录像，或者讯问录音录像存在选择性录制、剪接、删改等情形，现有证据不能排除以非法方法收集证据的”，“驻看守所检察人员在重大案件侦查终结前未对讯问合法性进行核查，或者未对核查过程同步录音录像，或者录音录像存在选择性录制、剪接、删改等情形，现有证据不能排除以非法方法收集证据的”，对有关证据应当予以排除。

《关于全面推进以审判为中心的刑事诉讼制度改革的实施意见》第 24 条规定，“法庭对证据收集的合法性进行调查的，应当重视对讯问过程录音录像的审查。讯问笔录记载的内容与讯问录音录像存在实质性差异的，以讯问录音录像为准。对于法律规定应当对讯问过程录音录像的案件，公诉人没有提供讯问录音录像，或者讯问录音录像存在选择性录制、剪接、删改等情形，现有证据不能排除以非法方法收集证据情形的，对有关供述应当予以排除”。

案例

案例9-15-1 湖州李某华受贿案[(2017)浙05刑终72号]

辩护人和助理花了一个月时间查看了所有同步录音录像,整理了12万字的材料,并基于审讯录像概括了其认为的讯问的九大违法行为:

(1)指供诱供,置嫌疑人的辩解于不顾,不予记载。

(2)以嫌疑人体弱多病的家人相威胁,提到"儿子"67次,提到"老婆""妻子"183次,提到"家人"51次,提到"老母亲"14次,检察员以搜查李某某位于安吉的居所为要挟达30次。

(3)大肆辱骂,指居期间,检察员大拍桌子多达132次,敲桌子多达5次,大声吼多达68次,"大声呵斥"多达125次(辱骂部分略)。

(4)提到"监控"多达19次,却隐匿能澄清真相的关键证据。

(5)以隐私、名誉相威胁。

(6)讯问地点严重违法,多人多组轮番疲劳审讯。

(7)隐匿嫌疑人在纪委提讯期间的无罪辩解。

(8)严重疲劳审讯,笔录和《监视居住休息情况登记表》不如实记录。

(9)干预司法。

案例9-15-2 重庆孔某文受贿案[(2017)渝0115刑初35号]

辩护人观看证人陈某银的录像时,发现6月19日录像极有可能经过编辑、修改:

第一,格式不同。6月19日录像的格式为"WPL"与其他日期录像的格式"ASF"不同。第二,播放器不同。6月19日录像可以用普通播放器播放,而全案其他全部录像则要用专业播放器播放。第三,文件命名不同。6月19日录像名称为"合成画面",而全案其他录像都是自动生成的名称。第四,时长特殊。全案其他录像,时间可以长达10多个小时,而6月19日录像仅70分钟,被截成了2段,形成了2个文件。第五,最后修改时间异常。其他录像都是讯问当日创建和修改,6月19日录像的最后修改时间却是7月6日。而装有6月19日录像光盘的信封,上面记录的首次密封时间为6月19日11时10分,但没有录制人签字,明显与录像属性显示7月6日最后修改不同。

辩护人基于以上理由提出6月19日录像极有可能遭到编辑删改，申请法院鉴定。法院同意鉴定，委托西南政法大学司法鉴定中心进行鉴定，并通知辩护人会同鉴定机构到讯问录像的录制地去现场勘查。鉴定结果虽然是6月19日录像没有经过编辑删改，但上述内容给了我们针对录像等证据是否经过编辑的思路。

十六、对实践中存在的一些公诉人关于同步录音录像观点的商榷

实践中一些检察官关于同步录音录像的观点值得商榷。下文将逐一说明。

（一）“同步录音录像资料并非当然需要移送人民法院”的观点值得商榷

《国家公诉人出庭指南》一书中“同步录音录像资料并非当然需要移送人民法院”的观点，我们认为值得商榷。具体可见《庭前会议指引》一书相关论述。[①]

（二）“同步录音录像一般不属于证据材料”的观点值得商榷

《国家公诉人出庭指南》中写道：

目前理论界，对于同步录音录像资料是否属于证据，属于何种证据还存在一定的争议。有的将同步录音录像归于视听资料，有的将同步录音录像归于被告人供述，有的认为同步录音录像不是证明案件事实的材料，只是证明侦查程序合法性的材料。

笔者认为，同步录音录像材料一般不属于证据材料，仅在特定情况下可作为有限的证据材料使用。

首先，根据《刑事诉讼法》第48条的规定：“可以用于证明案件事实的材料，都是证据。”由此可见，《刑事诉讼法》列举的八类证据首先需要能够证明案件事实，而同步录音录像难以归于八类证据内。在司法实践中，犯罪嫌疑人、被告人供述和辩解些以讯问笔录为载体，且经犯罪嫌疑人、被告人阅读并签字确认，表明犯罪嫌疑人、被告人通过自己的供述和辩解对案件事实进行的描述，即其本人证明案件事实的情况，具有证据效力。同步录音录像只是客观记录了犯罪嫌疑人、被告人接受讯问的对话情况，其言语表达的内容是否是犯罪嫌疑人、被告人最终真实的意思表示并未经其本人确认，无法达到证明案件事实的效果。如在一个数小时的讯问中，犯罪嫌疑人既表示很愧疚，又表示很愤怒的情绪，我们仅凭同步录音录像有可能难以判定其到底是认罪还是不认罪。而以书面形式的讯问笔录经犯罪嫌疑人、被告人

---

① 徐昕、肖之娥：《庭前会议指引》（第2版），法律出版社2021年版，第178～181页。

的确认，能比较准确地表明其基本立场。

其次，从讯问全程同步录音录像制度的引入背景来看，同步录音录像的使用主要是为了证明侦查活动的合法性，这一点也可以将同步录音录像与视听资料进行区分。证据意义上的视听资料应是指通过录音、录像、电子计算机及其他电磁方式记录储存的信息来证明有关事实的材料。同步录音录像的作用主要不是证明待证事实发生时的情况，而是通过以声音、图像为载体，对侦查机关收集证据的方法和状态予以固定，其作用主要是为了证明取证行为的合法性，而不是证明案件事实本身。因此，同步录音录像也不是视听资料。

最后，从最高人民法院、最高人民检察院的司法解释以及公安部的行政规章来看，同步录音录像也不具有证据的资格。第一，从《最高人民法院关于适用〈中华人民共和国刑事诉讼法〉的解释》第 180 条及第 80 条的规定来看，人民法院并未要人民检察院在开庭前必须移送被告人接受讯问的同步录音录像，仅是在必要时以调取讯问过程的录音录像，对被告人供述的合法性进行审查。第二，《人民检察院刑事诉讼规则（试行）》（以下简称《规则》）未要求公安机关立案侦查的案件必须移送同步录音录像资料，也未规定移送法院的证据材料中应包含讯问同步录音录像。《规则》第 73 条规定，人民检察院可以调取公安机关讯问犯罪嫌疑人的录音、录像，对证据收集的合法性以及犯罪嫌疑人、被告人供述的真实性进行审查。《规则》第 74 条规定，当被告人及其辩护人提出审前供述系非法取得，并提供相关线索或者材料的，人民检察院可以将讯问录音、录像连同案卷材料一并移送人民法院。第三，《公安机关办理刑事案件程序规定》也未将讯问录音录像作为应当移送检察机关审查起诉的证据材料。由此可见，“两高”司法解释及公安部规章均未将同步录音录像认定为证据材料。

因此，笔者认为，同步录音录像不具有独立的证据资格，因此不属于需要移送法院的证据材料，因此也不存在需要查阅、复制的问题。

当然，笔者也承认，同步录音录像在某些特定场合，可以作为有限的证据材料予以使用，但应限于以下两个场合。

一是用以证明证据的合法性问题。在现行控辩式的庭审模式下，检察机关不仅要用证据证明犯罪成立，还要证明证据收集程序上的合法性，讯问同步录音录像资料作为证明办案机关取证程序合法性的证据有在法庭上出示、质证的可能性和必要性。因此，《刑事诉讼法》并未强制规定检察机关应当有向法院移交同步录音录像资料的义务，而是规定在审前供述合法性受到质疑的情况下，可以移交上述材料以证明控方证据的程序合法性。从保护人权的角度，在审前供述合法性问题受到质疑的情况下，公诉机关承担了证明取证合法性的责任。相关法律和司法解释也规定，公诉人可以选择通过移交或当庭出示同步录音录像以证明侦查取供、取证程序合法。

二是在某些情况下，用以证明被告人供述内容是否客观，即用以查明被告人书面的供述和辩解是否与同步录音录像反映的内容存在重大差异，书面供述和辩解是否真实反映了被告人的供述情况。

在上述两个场合，还需考虑同步录音录像的移交及出示方式，即移交全部还是部分的同步录音录像材料，有无全部出示必要，以及如何防范可能因此产生的泄密及保护个人隐私问题。侦查机关在讯问过程中，一般会围绕被告人所参与犯罪的情况进行讯问，但讯问内容有可能虽与本案无关，但涉及国家秘密、其他案件事实或犯罪线索，也可能涉及他人隐私。如果出示全部的同步录音录像资料，可能会导致泄密和侵害个人隐私的情况发生。全部同步录音录像出示会拖延庭审节奏，不利于案件快速审理。有的案件全部同步录音录像达数百小时，不加选择地全部播放，既无必要，也会严重影响审理活动的正常进行。

检察机关还要加强与审判机关的沟通，加强同步录音录像移交后的管理，杜绝泄密问题的发生。对于被告人、辩护人提供线索的可能存在争议的侦查活动，可以在庭前，通过在法院组织下控辩双方在场以共同观看同步录音录像资料的形式，确定审前供述的合法性是否因涉嫌非法取证而应予以排除，以节约实际庭审的司法资源。另外，由于同步录音录像资料不属于证据材料，因此不应允许辩方复制同步录音录像资料。①

第一，该书认为："同步录音录像无法达到证明案件事实的效果，而以书面形式的讯问笔录能比较准确地表明其基本立场。"我们认为，讯问同步录音录像全面、完整地，客观翔实地记录了侦查人员的讯问和被讯问人的回答，不会产生记录的误差。而讯问笔录是侦查人员制作的单方记录，会因记录者归纳总结、主观倾向、记录速度等因素而发生偏差。讯问笔录是静态的，难以呈现是否存在刑讯逼供、指供诱供等非法方法取证的情形，而讯问录音录像是动态的，原封不动地记录了讯问全过

---

① 彭东主编、最高人民检察院公诉厅编：《国家公诉人出庭指南》，法律出版社 2013 年版，第 39 ~ 41 页。

程。同步录音录像能真实地重现讯问过程，不仅能记录陈述的内容，还能够展现问答双方的特定情境和特定含义，以及陈述者的表情、动作，显然比讯问笔录更加完整、真实、客观。

第二，该书认为同步录音录像不是证明案件事实的证据。我们认为根据现行法律规定，该观点值得商榷。《刑事诉讼法》第 50 条第 1 款明确规定："可以用于证明案件事实的材料，都是证据。"作为被告人供述或辩解，录音录像和书面笔录是不同载体，都记录陈述者所陈述的内容，且录音录像比笔录更加完整、真实、客观，当然可以用来证明案件事实，当然是证据。《刑事诉讼法》及司法解释等有大量规定，律师有申请法院调取证据的权利，很多同步录音录像能证明被告人无罪或罪轻，当然也是证据。而在最高法"三项规程"颁行后，检察院起诉时就应当将同步录音录像移交法院作为证据。

第三，我们认为，讯问或询问笔录经常与同步录音录像不一致的，应当以讯问录音录像为准。《关于全面推进以审判为中心的刑事诉讼制度改革的实施意见》第 24 条规定："法庭对证据收集的合法性进行调查的，应当重视对讯问过程录音录像的审查。讯问笔录记载的内容与讯问录音录像存在实质性差异的，以讯问录音录像为准。"《排除非法证据规程》第 22 条第 4 项规定，法庭对证据收集的合法性进行调查的，应当重视对讯问录音录像的审查，重点审查讯问录音录像与讯问笔录的内容是否存在差异。对与定罪量刑有关的内容，讯问笔录记载的内容与讯问录音录像是否存在实质性差异，存在实质性差异的，以讯问录音录像为准。《法庭调查规程》第 50 条第 2 款规定："法庭应当结合讯问录音录像对讯问笔录进行全面审查。讯问笔录记载的内容与讯问录音录像存在实质性差异的，以讯问录音录像为准。"可见，讯问录音录像当然是证据，而且是比笔录更优先的定罪量刑的证据，属于最优证据。

第四，当同步录音录像的内容用来证明被告人供述的案件事实时，其实质是被告人供述的视听资料，且比笔录更全面、直接，故优于笔录；当同步录音录像的内容或删节、剪切、不同步等用来证明对被告人的非法取证时，其就是作为证明非法证据的直接证据，属视听资料。因此，根据证明对象的不同，同步录音录像具有不同的证据形态，正如欠条既可能是书证也可能是物证一样，这种具有多重证据形态的证据，可以从多个侧面证明案件事实，是证明案件事实的重要证据，绝对不可能不是证据。

案例

案例 9-16-1　王某某民事枉法裁判案

本案一审据以定罪的核心证据是王某某三份供述和悔过书。二审法院允许辩护人复制同步录音录像，辩护人详细观看，形成了近10万字的文字稿。辩护人发现，讯问笔录记载的内容与同步录音录像不一致，笔录的"认罪"部分均为侦查人员伪造。录像还显示，被告人受到疲劳审讯，侦查人员对王某某进行呵斥，且存在王某某没有核对笔录便签字的情况。该案指定到通化中院审理后，法院组织控辩双方召开庭前会议，庭前会议上，检方提出也观看了同步录像，确有记录不一致的情况。控辩双方即达成一致，王某某的供述和辩解以同步录音录像为准。

本案中的悔过书系非法证据，也应当排除。第一，悔过书是侦查人员将其带离审讯室，没有同步录音录像的情况下形成的。根据《排除非法证据规程》第26条、《关于建立健全防范刑事冤假错案工作机制的意见》第8条的规定，没有全程录像，属于当然排除的范围。第二，通过威胁引诱取得的供述，应当排除。王某某辩解，悔过书是在其迷迷糊糊、神志不清楚的情况下，在侦查人员的威逼引诱下，按照侦查人员的口述书写的。这也就是为什么悔过书中存在明显的法律常识性错误，作为资深法官的王某某不可能犯这些错误，也印证了悔过书是在他人指导下写成的。悔过书不仅应当排除，本身也不能证明王某某犯罪，其只是表示对"案件可能有问题"感到后悔，未认罪、未承认接受请托、未承认因接受请托实施了枉法裁判的行为。

第十章
证据的综合审查与运用

证据的综合审查与运用,包含了审查和运用两个环节,“审查”主要指对证据进行判断,“运用”则是综合使用全案证据对案件事实进行认定,但两者也不必做明确的界分。证据是对客观事物的反映,每一项证据只是认识案件事实的一个方面,必须综合全案证据进行审查判断,最后运用于认定事实,定罪量刑。刑事案件中,证据之间往往有内在联系,共同指向同一待证事实,合法、真实且相互之间不存在无法排除的矛盾和无法解释的疑问的,才能作为定案的根据。如果不综合全案证据进行评判,则有可能出现认识偏差。

证据的审查与运用是一种认识活动,应当遵循认识论原理。司法人员对案件事实的认识是客观在主观中的反映,这种认识具有相对性、有限性,不可能百分之百正确。因此,人们在证据基础上对案件事实的认定可以称为“司法真实”,不同于“客观真实”。正因如此,古今中外,错案都不可避免。尽管如此,人们还是根据认知经验总结了一些认识规律,逐渐形成一系列证据规则。努力遵循法律规定的证据规则,便有可能最大程度避免司法中的错误认识,同时也可保障程序正义。

中国尚无证据法典,刑事证据规则主要分散于《刑事诉讼法》《最高法院刑诉解释》等法律和司法解释之中。例如,《刑事诉讼法》第 51 条、第 59 条规定了证明责任,第 55 条第 2 款规定了证明标准。《最高法院刑诉解释》第四章第十节专节规定了“证据的综合审查与运用”,共 8 条:第 139 条证据真实性与证明力的审查判断规则,第 140 条间接证据定案规则,第 141 条口供补强规则,第 142 条到案经过的审查,第 143 条特殊言词证据的印证规则,第 144 条自首、坦白、立功的认定,第 145 条累犯的认定,第 146 条刑事责任年龄的认定。本章结合法条与法理,将重点讨论证明责任、证明标准、间接证据定案规则、印证规则、口供补强规则等涉及的问题。

一、证明责任

证明责任,指诉讼一方承担提出证据证明案件待证事实的法律义务,其实质是无法举证或举证难以证明的情况下承担败诉的风险。刑事诉讼中,证明被告人有罪的责任由控诉方承担,被告人不负证明责任。如果公诉机关无法证明指控的犯罪,法院应当作出无罪判决。这也正是作为法治基石的无罪推定原则的要求。无罪推定,即不能让被告人自证其罪。《刑事诉讼法》第 51 条明确规定:"公诉案件中被告人有罪的举证责任由人民检察院承担,自诉案件中被告人有罪的举证责任由自诉人承担。"

例如,黄某权故意毁坏财物案[(2018)粤 1521 刑初 144 号]中,法院认为:附带民事诉讼原告人戴某、梁某等没有提供证据证明其所主张误工费系黄某权的犯罪行为所造成的直接损失,应承担举证不能的证明责任。

刑事案件的事实大致可分为犯罪事实、量刑事实、程序事实、涉案财物处理的事实四类,除免证事实、推定外,公诉机关对这四类事实均应承担证明责任。

公诉机关也要承担取证合法性的证明责任。《刑事诉讼法》第 59 条规定,"在对证据收集的合法性进行法庭调查的过程中,人民检察院应当对证据收集的合法性加以证明"。

申请排除非法证据和排除非法证据法庭调查程序中,公诉人经常声称,"被告人没有证据证明侦查机关取证违法"。这就属于典型的没有分清证明责任的分配。排除非法证据程序中,被告人和辩护人只需提供非法取证的材料或线索,而无须证明侦查机关取证违法。实践中还存在检察院让证人或被告人当庭说明侦查机关对自己的取证是合法的。这相当于将公诉机关的证明责任倒置给证人或被告人。

只要被告人和辩护人提出了非法取证的线索和材料,检察院未提供证据证明证据收集的合法性,或者提供的证据不能证明证据收集的合法性,经法庭审理,确认或者不能排除以非法方法收集证据情形的,有关证据就应当排除。

对于某些特殊的刑事政策,《刑法》有时明确规定例外情况下被告人承担证明责任。例如,《刑法》第 395 条第 1 款规定的巨额财产来源不明罪,控方证明被告人的巨额财产与实际收入不符之后,证明责任倒置为被告人应证明收入有合法来源;第 282 条第 2 款规定的非法持有国家绝密、机密文件、资料、物品罪,控方只需证明被告人非法持有相关物品,被告人有说明其来源与用途的证明责任。

例如,李某受贿案[(2013)内东刑初字第 153 号]中,法院认为:本案中,被告人李某已提供其财产来源情况且具体明确，应由公诉机关承担证明责任，法院多次函告公诉机关予以核实，但至庭审结束，公诉机关未予查证核实并提供证据。故法院认定，指控李某有巨额财产来源不明的事实证据不足，指控事实不能成立。

根据证明责任分配的原理，主张积极事实的一方应承担证明责任。因此，被告人主张积极的事实时也负有证明该事实的责任。例如，被告人提出正当防卫、紧急避险、自救行为等免责事由，应当承担证明相关事实的证明责任。

案例

案例 10-1-1 唐山李某敏、刘某丽敲诈勒索、重婚案[(2017)冀 0283 刑初 396 号]

辩护人认为，检方未证明敲诈勒索罪的构成要件。

敲诈勒索罪指以非法占有为目的，对被害人使用威胁或要挟、恫吓的方法，强行索要公私财物的行为。所谓威胁、要挟、恫吓，是指对公私财物的所有者、管理者以恶言相告，给予精神上的强制，使被害人足以产生恐惧感或压迫感，并使被害人基于这种恐惧感不得不交付财物。本案中研山铁矿、响嘡镇政府不可能产生恐惧心理，更不会基于恐惧心理交付财物，不可能成为敲诈勒索罪的犯罪对象。

敲诈勒索罪中的威胁或要挟是指："对公私财物的所有者、保管者给予精神上的强制，造成其心理上一定程度的恐惧，以致不敢反抗的方法。如果威胁要挟行为并没有使对方产生恐惧，对方也不是基于恐惧而交付财产，则不可能构成敲诈勒索罪，两者之间没有直接的因果关系。"①

研山铁矿、响嘡镇政府不是自然人，而是法人，其人格系拟制的，不可能基于心理强制而产生恐惧心理。

实名举报、网上发帖的行为不会让研山铁矿产生恐惧心理。当时，研山铁矿已开工投产，只要举报的是真实信息，就能带来积极影响，帮助企业合法生产，及时处理违法行为，避免因违法行为而招致更严重的法律后果，最终促进企业和社会的良性运转。即便研山铁矿个别领导思想觉悟低下而不能理解公民的合法监督，也只是其个人思想水平问题，顶多属于因不能正确认识公民监督而产生的维护公司的

---

① 参见赵秉志主编：《侵犯财产罪疑难问题司法对策》，吉林人民出版社 2000 年版，第 395 页。

工作压力感而已，与敲诈勒索罪所必需的因胁迫产生的恐惧感无关。

依据宪法和法律，政府绝无成为敲诈勒索罪犯罪对象之可能。对官员贪腐的举报是公民行使宪法所规定的检举控告权的体现，即使李某敏的实名举报客观上给个别官员带来了压力，这种压力也是宪法和法律所鼓励的，绝不属于敲诈勒索罪所涉的恐惧心理。若真有个别官员因李某敏的实名举报产生了心理恐惧，则更能证明举报的合法性，最终葛某、宋某亮等人被调查处理就是李某敏举报合法、有功的证明。至于镇政府和研山铁矿相互配合、积极解决被告人合法的拆迁款问题，只是政府工作压力所致，绝非政府的心理恐惧所致。因为支付款项的是政府而不是官员个人，支付的款项系拆迁款而非官员个人给的封口费。这种工作压力或称服务意识完全不同于因被威胁、要挟、恫吓产生的压迫感和恐惧感。

综上，检方没有也无法证明本案中研山铁矿、响嘡镇政府产生恐惧心理，并基于恐惧心理交付财物。

案例 10－1－2 王某以危险方法危害公共安全案［（2012）朝刑初字第 128 号］

法院认为：公诉机关应对检材来源的可靠性、检材提取程序的规范性以及检材保管链条的完整性承担证明责任。根据被告人供述及证人证言能够相互印证的部分，采血的时间点可以认定为入院急诊时至行截肢手术之前，但具体时间、操作细节及责任人员均无法确定，故根据现有证据无法排除因处置不当导致检材受到污染的可能性，对此瑕疵目前亦无法进行合理补正，基于此产生的鉴定意见均应予排除。故对于公诉机关指控王某酒后驾车一节，法院不予认定。

案例 10－1－3 熊某故意杀人案［（2016）辽 1224 刑再 3 号］

昌图法院一审以故意杀人罪判处熊某 8 年有期徒刑，判决生效后，熊某提出申诉。铁岭检察院向铁岭法院提出抗诉，认为原审判决对熊某不应适用酌情从轻处罚情节，而应在 10 年以上有期徒刑幅度内量刑。

抗诉机关提出，熊某某签订赔偿协议存在隐瞒和欺诈，将本不属于自己的房屋赔偿给被害人李某某，导致原案判决后赔偿协议不能履行，被害人不再谅解熊某某。昌图法院据以酌情从轻处罚的证据不确实、不充分，直接导致量刑不当。

昌图法院再审认为：由于案发后被告人近亲属与被害人自行达成赔偿协议，被害人对被告人表示谅解。被告人近亲属在该协议成立后已将协议所涉房屋交付被害人,2017 年 3 月 17 日,被告人近亲属将协议所涉房屋变更登记于被害人李某某之夫的父母名下。抗诉机关应对其抗诉理由所依事实负证明责任,抗诉机关提供的证据材料不充分,抗诉理由不能成立。

案例 10-1-4 王某走私、贩卖、运输、制造毒品案[(2017)川 1302 刑初 521 号]

关于被告人王某是否"于 2017 年 9 月 1 日因涉嫌犯贩卖毒品罪被抓获,当日因吸毒被行政拘留 5 日,期限由 2017 年 9 月 1 日至 2017 年 9 月 6 日止",法院认为,该事实含有如下要素:(1)蓬安县公安局对王某作出了行政处罚决定书;(2)蓬安县公安局向王某宣告(送达)行政处罚决定书;(3)蓬安县公安局将王某移送行政拘留所执行;(4)王某所受行政处罚在蓬安县行政拘留所执行完毕。但公诉机关仅举出一份行政处罚决定书,该决定书下面行政相对人签字处没有王某签字,该证据仅能证明蓬安县公安局作出行政处罚决定这一事实要素。在其他重要的事实要素没有得到证明的情况下,认定被告人已受到 5 日行政拘留,将面临极高的错误判定风险,这是刑事审判应当避免的。并且,行政拘留决定书称王某吸食毒品,没有诸如尿液、血液检测等结论支持。如果认定王某没有受到行政拘留,其被羁押期间可折抵刑期,属于对被告人有利的事实,也应当按照事实不清的利益归于被告人(公诉机关承担对被告人不利事实的证明责任)的原则处理。

案例 10-1-5 陈某鸣挪用资金案[(2019)赣 0281 刑初 122 号]

乐平检察院指控陈某鸣犯职务侵占罪,金额为 122.1 万元。乐平法院一审认定陈某鸣犯挪用资金罪,判处有期徒刑 3 年。检察院抗诉,认为定性错误,量刑畸轻。陈某鸣上诉。二审发回重审后,检察院变更起诉,变更罪名为挪用资金罪,量刑建议 2 年 4 个月。乐平法院判处陈某鸣犯挪用资金罪,判处 2 年 4 个月有期徒刑。

该案一审判决对犯罪金额的认定、定性进行了详细阐述。

(一)关于犯罪金额

控方指控犯罪数额为 122.1 万元,其中 60 万元用于归还袁某的借款,剩余 62.1 万元被其挪用。法院认为,陈某鸣客观上没有清退 122.1 万元装修保证金,但不能清退的 122.1 万元并不当然等于挪用犯罪数额,公诉机关仍要承担被告人将 122.1

万元挪归个人使用或借贷给他人的证明责任。

经查,陈某鸣挪用了57万元用于归还袁某借款,该事实被告人曾做过多次稳定供述称归还了袁某57万元,证人袁某的证言可以部分印证,同时陈某鸣的九江银行、工商银行流水信息、收条等证据亦可予以印证,可认定被告人挪用57万元归还他人借款。

剩余65.1万元款项被挪用的去向、用途等,控方并没有直接证据予以证实,而被告人仅认可其中的14万元用于个人,其余款项均用于红威物业乐平分公司的经营。控方提供的间接证据有竑瑞公司已支付的各项费用及后期垫付的相关费用说明,控方认为,结合被告人提供的2015年、2016年收支统计资料,竑瑞公司在2016年1月26日之前已支付124万余元,足以满足红威乐平分公司1～6月的经营所需,如果被告人合理、合法地使用该款,完全无须挪用保证金;退补后补充到陈某鸣用以存取保证金的九江银行流水,显示该账户有多次向他人转账及取现的记录,据此推定被告人挪用了65.1万元保证金归个人使用。

法院认为,认定被告人有罪的证明责任始终在控方,控方认为竑瑞公司支付的款项完全满足红威物业乐平分公司经营所需,控方应提供能够证实该公司经营状况的基础证据,收入与支出统计系辩方证据,控方将其作为对被告人不利的判断依据,需补强证明该"收入与支出"证据的客观真实性;虽然陈某鸣的九江银行流水信息中有该账户多次向他人转账及取现的记录,但该记录仅能证实该账户内资金发生变动的事实,在转账、取现用途不明,收款事由、收款对象身份均未经核实的情况下,认定转账、取现的款项均系陈某鸣挪归个人使用,系推定事实,且根据辩方提供的流水账目,以及7～9月物业费尚未支付的实情,不能排除陈某鸣九江银行账户还有其他使用者以及账户上资金可能用于分公司开支的可能性。综上,控方指控65.1万元被陈某鸣挪用,证据不能达到确实、充分,亦不能排除被告人将此款挪用于公司经营的合理怀疑。被告人自认挪用了14万元用于个人,结合其银行流水反映出的资金去向,可认定被告人挪用14万元用于个人。

综上,法院认定挪用资金金额为71万元。

(二)被告人构成挪用资金罪

职务侵占罪是单位工作人员利用职务上的便利,将本单位财物非法占为已有,挪用资金罪是单位工作人员利用职务上的便利,挪用单位资金归个人使用或者借贷给他人。挪用资金罪的客观行为表现是挪作他用,主观上是愿意归还,职务侵占罪的客观表现是占为己有,一般会采取侵吞、欺骗、窃取等不法手段,主观目的在于非法取得财物的所有权,不具有归还的意图。

从客观行为来看,本案中,红威物业乐平分公司收取的装修保证金本应进入对公账户保管,但被告人指令将款项存入其九江银行个人账户,后由该九江银行账户转至其工商银行个人账户,由其随意支配用来归还擅自对外担保的债务、消费或转账给他人,其行为符合挪用资金罪的犯罪特征,该挪用行为不能体现出占为己有。

从主观目的上看,被告人提供的收入与支出统计材料可以看出,被告人对2016年的收入与支出进行了统计与预估,作出了按比例清退保证金的计划,被告人对继续经营瑞启花园的物业管理是有期待的,主观上也有以经营收入归还保证金的意愿;2018年1月18日在公安机关传唤被告人询问谈话之时,被告人仍然表示等算清楚后准备还掉,故其主观上还有归还的意愿。

综观本案的整个案发过程,被告人在收取、挪用保证金过程中始终没有欺骗、侵吞、窃取等行为,对款项的使用也没有挥霍、携款潜逃等表现,案发后亦未有遮掩、隐瞒挪用保证金的实际情况,而是在挪用行为事发之后,通过三方协议明确约定归还的期限,后虽然换掉手机号码,导致公安机关及业主无法与其联系,系因客观上没有归还能力而逃避处罚,难以认定被告人主观上产生非法占有的故意,故其仅构成挪用资金罪。

二、证明标准

在司法证明中,不仅需要明确证明责任的分配,还需要确定证明到何种程度可以认定案件事实的存在,这就引出了证明标准问题。

(一)刑事诉讼证明标准

证明标准,是承担证明责任的一方运用证据证明案件事实所要达到的程度。民事诉讼、行政诉讼的证明标准是"优势证据规则",刑事诉讼的证明标准是证据确实、充分。2012年之前,"证据确实、充分",只有原则性规定,实践中操作起来有难度。2012年修正的《刑事诉讼法》有所进步,明确了"证据确实、充分"的三个具体要求,其核心就是排除合理怀疑。为了简单清楚地说明问题,可以不准确地通过比例来描述,排除合理怀疑的证明标准要求证明程度达到99%,而优势证据的证明标准只要求证明程度达到51%。

《刑事诉讼法》第162条规定,"公安机关侦查终结的案件,应当做到犯罪事实清楚,证据确实、充分,并且写出起诉意见书,连同案卷材料、证据一并移送同级人民检察院审查决定;同时将案件移送情况告知犯罪嫌疑人及其辩护律师"。第176条规定:“人民检察院认为犯罪嫌疑人的犯罪事实已经查清,证据确实、充分,依法应当追究刑事责任的,应当作出起诉决定,按照审判管辖的规定,向人民法院提起公诉,并将案卷材料、证据移送人民法院。”第200条第1项规定:“在被告人最后陈述后,审判长宣布休庭,合议庭进行评议,根据已经查明的事实、证据和有关的法律规定,分别作出以下判决:(一)案件事实清楚,证据确实、充分,依据法律认定被告人有罪的,应当作出有罪判决。”《最高法院刑诉解释》第72条第2款规定:“认定被告人有罪和对被告人从重处罚,适用证据确实、充分的证明标准。”

在死刑案件中,证明标准的表达有所不同,可以概括为:排除一切合理怀疑。“两高三部”《死刑证据规定》就有“排除一切合理怀疑”、得出“唯一结论”的表达。第33条第1款第4项规定,“依据间接证据认定的案件事实,结论是唯一的,足以排除一切合理怀疑”。第5条第2款第5项规定,证据确实、充分是指“根据证据认定案件事实的过程符合逻辑和经验规则,由证据得出的结论为唯一结论”。但实质上,排除合理怀疑,就是要排除一切合理怀疑,两者并无本质的区别。

2012年修订的《刑事诉讼法》在《死刑证据规定》之后,未就证明标准作出差别化规定,而仅规定为“排除合理怀疑”,应与上述理解一致。《最高法院刑诉解释》第140条第4项也规定,“根据证据认定案件事实足以排除合理怀疑,结论具有唯一性”,也强调了结论的唯一性。

(二)证据确实、充分的条件

《刑事诉讼法》第55条第2款明确规定,“证据确实、充分,应当符合以下条件:(一)定罪量刑的事实都有证据证明;(二)据以定案的证据均经法定程序查证属实;(三)综合全案证据,对所认定事实已排除合理怀疑。”

《死刑证据规定》第5条第2款规定,“证据确实、充分是指:(一)定罪量刑的事实都有证据证明;(二)每一个定案的证据均已经法定程序查证属实;(三)证据与证据之间、证据与案件事实之间不存在矛盾或者矛盾得以合理排除;(四)共同犯罪案件中,被告人的地位、作用均已查清;(五)根据证据认定案件事实的过程符合逻辑和经验规则,由证据得出的结论为唯一结论。”相比《刑事诉讼法》第55条第2款,死刑案件的证明标准强调了“由证据得出的结论为唯一结论”。

1. 定罪量刑的事实都有证据证明

何为定罪量刑的事实,《最高法院刑诉解释》第72条进行了详细列举,“应当运用证据证明的案件事实包括:(一)被告人、被害人的身份;(二)被指控的犯罪是否存在;(三)被指控的犯罪是否为被告人所实施;(四)被告人有无刑事责任能力,有无罪过,实施犯罪的动机、目的;(五)实施犯罪的时间、地点、手段、后果以及案件起因等;(六)是否系共同犯罪或者犯罪事实存在关联,以及被告人在犯罪中的地位、作用;(七)被告人有无从重、从轻、减轻、免除处罚情节;(八)有关涉案财物处理的事实;(九)有关附带民事诉讼的事实;(十)有关管辖、回避、延期审理等的程序事实;(十一)与定罪量刑有关的其他事实。"

《死刑证据规定》第5条第3款规定,"办理死刑案件,对于以下事实的证明必须达到证据确实、充分:(一)被指控的犯罪事实的发生;(二)被告人实施了犯罪行为与被告人实施犯罪行为的时间、地点、手段、后果以及其他情节;(三)影响被告人定罪的身份情况;(四)被告人有刑事责任能力;(五)被告人的罪过;(六)是否共同犯罪及被告人在共同犯罪中的地位、作用;(七)对被告人从重处罚的事实。"

辩护人可以对起诉书指控的犯罪事实逐一拆解,每一事实、每一环节或者说起诉书上的每一个字都需要证据证明。如果某一事实缺少证据证明,就不能认定该事实,如果某一环节的事实缺少证据证明,则可能整个证据链断裂,指控的犯罪事实无法达到证据确实、充分的证明标准。

2. 据以定案的证据均经法定程序查证属实

定案的证据,必须经"法定程序""查证属实"。"法定程序"指《刑事诉讼法》规定的证据收集、举证质证等程序,大概包括两大方面:

第一,证据要具备证据能力,证据的收集应当具备合法性,非法证据应当排除,不得出示在法庭。例如,《排除非法证据规程》第18条第2款规定:"在对证据收集合法性的法庭调查程序结束前,不得对有关证据宣读、质证。"

第二,证据必须当庭出示。《最高法院刑诉解释》第71条规定:"证据未经当庭出示、辨认、质证等法庭调查程序查证属实,不得作为定案的根据。"第120条规定:"采取技术调查、侦查措施收集的证据材料,应当经过当庭出示、辨认、质证等法庭调查程序查证。"

作为例外,特定情况下可以庭外核实证据,但必须予以严格限制。《最高法院刑诉解释》第120条第2款规定:"当庭调查技术调查、侦查证据材料可能危及有关人员的人身安全,或者可能产生其他严重后果的,法庭应当采取不暴露有关人员身份和技术调查、侦查措施使用的技术设备、技术方法等保护措施。必要时,审判人员可以在庭外对证据进行核实。"第271条第2款规定:"对公诉人、当事人及其法定代理人、辩护人、诉讼代理人补充的和审判人员庭外调查核实取得的证据,应当经过当庭质证才能作为定案的根据。但是,对不影响定罪量刑的非关键证据、有利于被告人的量刑证据以及认定被告人有犯罪前科的裁判文书等证据，经庭外征求意见，控辩双方没有异议的除外。”

“查证属实”是对证据真实性的要求。证据是否真实，既要针对一项证据本身进行审查，也要与全案其他证据对比进行综合审查。

3. 综合全案证据，对所认定事实已排除合理怀疑

何为排除合理怀疑？《死刑证据规定》第5条第2款第3、5项提供了一个解释：“证据与证据之间、证据与案件事实之间不存在矛盾或者矛盾得以合理排除”，“根据证据认定案件事实的过程符合逻辑和经验规则，由证据得出的结论为唯一结论”。《最高法院刑诉解释》第140条第2~5项也提供了类似的解释：“（二）证据之间相互印证，不存在无法排除的矛盾和无法解释的疑问；（三）全案证据形成完整的证据链；（四）根据证据认定案件事实足以排除合理怀疑，结论具有唯一性；（五）运用证据进行的推理符合逻辑和经验。”

最高人民检察院张军检察长认为：“死刑案件应该做到排除一切合理怀疑……只有在没有任何可能性不是他，没有任何可能性是别人，这个时候才能够判处一个人死刑，即必须达到百分之百的完全确信。”①

何为合理怀疑？一般的理解是，怀疑符合常理，并有根据，如初步证据的支持。例如，广西黄某忠、邓某群等故意杀人案中，杀人现场留有长发，说明有女性在场，不排除他人作案可能，不能得出被告人杀人的唯一结论。但怀疑是否合理，控辩双方对此几乎永远不可能达成一致，控方总是倾向于认为辩方提出的怀疑不合理。

有人认为，要求证据体系完全排他，只能得出唯一结论，是不现实的。但剥夺公民生命和自由的刑事案件，必须排除任何其他可能性，“由证据得出的结论为唯一结论”，而不能放松证明标准。“由证据得出的结论为唯一结论”，既是死刑案件的专门要求，也是无罪推定原则的应有之义。

（三）“一对一”证据分析

“一对一”证据在实践中较为常见，可作为证明标准运用的范例。“一对一”证据是案件的指控方与被告人之间各执一词、相持不下，且没有其他证据或至多只有一些不能形成完整证据链条的间接证据的情况，主要表现为言词证据的“一对一”。例如，行贿受贿、强奸、猥亵、盗窃等类型的案件，一般发生在较为隐蔽或私密的空

---

① 张军、姜伟、田文昌：《新控辩审三人谈》，北京大学出版社2014年版，第137页。

间，或相对空旷、人烟稀少的地方，案发现场没有监控，也没有目击证人，很容易出现证据“一对一”的情况。

在证据形成“一对一”的情形下，如何认定案件事实，是司法实践的难题。但从刑事诉讼证明标准的角度出发，从存疑有利于被告人、排除合理怀疑以及无罪推定的角度来看，问题其实不难解决，因为“一对一”证据的情况下，一方言词证据为真的概率只有50%，连优势证据的证明标准都达不到，遑论排除合理怀疑？因此，这种情况下可以直接认定某项犯罪事实的不存在。

以受贿案为例，行贿人作为证人指控送钱，且办案机关往往以对其不起诉或另案处理（实际上不处理）为条件；被告人先前供述收钱，后以非法取证为由翻供。如果只有行贿人证明行贿的证言，被告人又坚决否认，这种情况实质上也属于孤证。孤证远达不到刑事诉讼证明标准，无法确实、充分地证明犯罪，无法排除合理怀疑地证明犯罪，不能定案。如果孤证可以定案，每一个人头上都将悬挂一把“达摩克利斯之剑”。

例如，谢某抢劫案[（2014）滨刑初字第31号]中，法院认为：根据“一对一”证据情况下“事实存疑有利于被告人”之原则，法庭认定被告人关于其系基于其他原因进入被害人住处，并非基于实施“抢劫等犯罪目的”进入被害人住处的辩解具有合理性，法院予以采纳。

朱某、叶某甲等招摇撞骗案[（2010）杭下刑初字第119号]中，法院认为：检方指控黄某、叶某乙骗得被害人何某丙1万元的事实，证供不一，且为“一对一”证据。综合现有在案证据，并根据有利于被告人原则，对检察机关指控的该事实不予认定。

闭某国盗窃案[（2017）粤0605刑初2779号]中，法院认为：只有郑某陈述其除了现金外还被盗了足金项链、戒指，并无其他证据佐证，而闭某国当庭辩解其在203房只盗得现金，并未盗得项链和戒指。关于被盗物品有无项链和戒指，现有证据属于“一对一”证据，结合“疑点利益归于被告人”的原则，指控郑某被盗的财物包括足金项链和足金戒指的证据并不充分，法院不予确认。

在犯罪金额、违禁品数量认定时出现“一对一”证据情形时，司法实践通常以二者重合部分来认定数额。例如，陈某某盗窃案[（2014）佛南法刑初字第440号]中，法院认为：被盗铜料的数量，只有被害人陈述反映为1.8吨，并无其他证据予以佐证，而被告人供述其只盗窃了300多千克，故关于被盗铜料的数量，现有证据属于“一对一”证据，结合“疑点利益归于被告人”的原则，法院对被告人供述的盗窃铜料的数量予以采信。

邓某经诈骗案[(2014)中一法刑二初字第474号]中,法院认为:现有证据均仅有被告人邓某经的供述与证人陈某某的证言或被害人袁某甲的陈述等“一对一”证据能够直接证明,而付款人陈某某、袁某甲陈述的交款金额分别与收款人邓某经的供述不一,故依照“有利于被告人”原则,就低认定诈骗数额。

案例

案例10-2-1　夏某交通肇事案[(2015)铅刑初字第177号]

本案判决书对证据的审查认定、对案件事实的认定、对控辩双方意见的采纳驳斥均进行了详细说明。以下系该判决书关于案件定性分析的部分内容。

关于被告人夏某在倒车过程中是否存在二次碾压,夏某是构成故意杀人罪还是交通肇事罪的问题。

法院认为:

1. 本案现有证据不能证实被告人夏某在倒车过程中对被害人乐某2腹部实施过碾压。认定理由如下:

(1)本案中,没有能够证实被告人夏某对被害人乐某2次碾压和夏某驾驶的重型货车从乐某2腹部碾压过的证据。

(2)证人乐某1(乐某2的妹妹)证实在事故现场看到姐姐的“肚子上有点瘀青凹进去,皮肤是完好的”;证人石某(医生石某即经治医师)证实被害人“腹部表面上看有擦伤”,由此可以判定被害人乐某2腹部没有受到碾压。因为,如果被害人乐某2腹部受到重型货车的碾压,必然造成被害人乐某2腹部严重毁损。乐某2腹部只有瘀青、擦伤,则说明乐某2腹部没有受到重型货车碾压。因此,陈某辉关于其母乐某2腹部受到重型货车碾压一说,不符合事物发生的客观规律,法院不能采信。

2. 根据本案现有证据不能认定被告人夏某在倒车过程中有二次故意碾压。主要理由如下:

(1)根据被告人夏某在侦查机关只供述碾压到被害人的左手臂,没有关于乐某2腹部的瘀青、擦伤情况的供述,不能认定乐某2腹部的瘀青、擦伤是夏某在倒车过程中实施二次故意碾压所致。理由如下:一是现场勘查照片显示被害人乐某2腹部伤痕当时被上衣遮挡,被告人夏某供述交通肇事后下车只看到被害人左手臂被碾压粉碎,而没有供述看到被害人左胸腹部受伤的情况,该供述符合案发时夏某因为没有掀开乐某2看不见其左胸腹部受伤情况的客观情境;二是从逻辑上分析,被告人夏某没有看到乐某2腹部受伤不等于乐某2腹部没有受到挤压。因为夏某没有关于乐某2腹部的瘀青、擦伤情况的供述与夏某在倒车过程中故意实施二次碾压之间不是矛盾对立关系。所以,被害人近亲属近某认为夏某没有关于乐某2腹部受伤情况的供述,作出乐某2腹部伤不是夏某在第一次事故发生时所致,而是在倒车过程中故意实施二次碾压造成的推理,既不符合逻辑推理的规则,也不真实客观,法院不予采信。

(2)现场照片说明肇事车辆轮胎已明显向后与被害人乐某2分开了一定距离,并非当时处于肇事碾压的接触状态,肇事车停止状态时轮胎与乐某2有一定距离,足以说明夏某倒车的目的是将肇事车移离被害人的身体,而不是故意实施碾压。如果是夏某在倒车过程中实施故意碾压,即必定会严重碾压到乐某2腹部,肇事车辆轮胎也必定与乐某2腹部距离更加紧密,而不是处于分离状态。

(3)徐某关于案发时乐某2与肇事车辆轮胎是处于挤压接触状态的证言能够证明现场照片所显示的肇事车辆轮胎与被害人乐某2已分开一定距离是夏某倒车的结果。乐某2腹部有淤青伤痕,说明夏某在倒车前肇事车辆轮胎已经与乐某2腹部发生过挤压,轮胎与乐某2腹部距离十分紧密。在轮胎与乐某2腹部已经实际发生挤压情况下,如果夏某再故意实施进一步碾压,必然造成乐某2腹部碾压致身体严重毁损的结果。事实上乐某2腹部只有淤青伤痕,这一事实说明夏某倒车的目的是将肇事车辆的轮胎移离被害人乐某2,因此陈某辉及其委托诉讼代理人关于夏某在倒车过程中对乐某2施二次碾压,根据乐某2腹部只有淤青伤痕的情况,即可以断定客观上不可能发生。

(4)侦查机关在事发现场反复进行的倒车模拟侦查实验结果表明:即便肇事车辆在紧急制动停车后立即倒车,肇事车辆的轮胎没有惯性向前移动。因此,陈某辉关于被告人夏某的倒车行为会惯性前移导致被害人乐某2腹部受伤的推测意见,因与现场模拟侦查实验结果不符,缺乏事实和证据依据,法院不予采信。

综上,被告人夏某的供述、徐某证言、现场照片、侦查实验四份证据能够相互印证被告人夏某肇事后发生过下车查看被害人后,再上车倒车将肇事车轮胎移离被害人乐某2的事实。

3. 本案现有证据不能证明被告人夏某因保险额度不够,在倒车过程中对被害人乐某2二次碾压意图杀人的主观故意。理由如下:

(1)本案现有证据只能证明被告人夏某在该起交通事故中碾压被害人乐某2，挤压至左胸腹部的事实，没有二次碾压，所以陈某辉关于夏某二次碾压意图杀人的主观故意的推定，因为没有事实依据，理由不能成立。

(2)被告人夏某只投保了交通强制保险，没有投保商业保险不等于具有故意杀人的主观故意。从没有投保商业保险这一事实不能必然推理出被告人夏某具有通过倒车实施二次碾压杀人的主观故意。在没有确实、充分的证据证明被告人夏某有故意杀人的主观目的外，仅仅根据没有投保商业保险的事实，不能作出被告人夏某故意杀人的认定。所以，陈某辉仅仅根据被告人夏某没有投保商业保险这一事实推定夏某在倒车过程中有对被害人乐某2二次碾压故意杀人的主观故意，不符合逻辑推理规则，法院不予采信。

(3)在案证据证实被告人夏某案发后立即停车，查看现场后倒车，将车移离被害人身体，在现场拨打了“120”急救电话和“122”报警电话，按照“120”急救电话工作人员的提示拨打电话给铅山广慈医院江某，要求赶紧救人，以上事实说明夏某没有故意杀人的主观故意。

综上，陈某辉用“可能”“或者”“不能排除”等方式作出被告人夏某在倒车过程中对被害人乐某2二次碾压故意杀人的推理和猜测，根据2012年《刑事诉讼法》第53条和2012年《最高法院刑诉解释》第64条关于定罪量刑的事实都必须有证据证明，据以定案的证据均必须经法定程序查证属实，认定犯罪事实的证据要确实、充分的法律规定，缺乏事实和法律依据，理由不能成立，法院依法不能采纳。公诉机关关于现有证据不能证明被告人夏某存在二次碾压的公诉意见和被告人夏某及其辩护人关于被告人夏某不存在二次碾压，不构成故意杀人罪的辩解意见，理由成立，法院予以支持。公诉机关及被告人夏某及其辩护人朱剑端关于被告人夏某构成交通肇事罪的意见成立。

案例10-2-2 薄某峰故意伤害案[(2017)晋09刑终171号]

本案经过两次发回重审，一审法院认定薄某峰犯故意伤害罪，免予刑事处罚。忻州中院二审改判薄某峰无罪。

忻州中院认为：综合本案查明的事实、证据，结合控辩双方意见，本案的争议焦点为段俊某倒地致伤是否系薄某峰造成。对此分析评判如下：

首先，在案的全部证据材料中，证实事发当时薄某峰与段俊某发生争吵至段俊某倒地受伤的证据除被害人陈述、被告人供述及证人证言外，再无其他证据。对于段俊某倒地的原因，当事双方各执一词：薄某峰始终供述段俊某第二次用头撞其时，其顺势转身后，段俊某倒地。段俊某则称薄某峰用双手朝头部将其摁倒在地致其受伤。经审查，在案的证人证言均未提及薄某峰对段俊某主动实施上述伤害行为的内容，故段俊某的陈述与查明的事实不符。五台县人民法院认定薄某峰在顺势一闪的同时用手一甩将段俊某摔倒在地，主要依据的是证人刘某1的证言。经查，证人刘某1在侦查阶段共做过两次证言，其中，在2014年3月27日询问笔录中，刘某1称：段俊某最后一次朝薄某峰身上撞去，薄某峰顺势一闪，用手一甩，段俊某便倒在了地上。在2014年4月29日第二次询问笔录中，刘某1亦有过相同陈述。但同时刘某1表示，对于薄某峰闪身时有无用手推或者拉过段的身体并使段跌倒，其没有看清，并称"段用头撞薄时，薄将身子闪了下，段才跌倒在地的"。对此，法院认为，本案中只有刘某1的证言中提及薄某峰"用手一甩将段俊某摔倒在地"，但刘某1在数次描述段俊某倒地的事实上所做的陈述自相矛盾，且无其他证据予以印证，全案证据在证实薄某峰有故意伤害行为的事实上不能形成完整的证明体系。故原判认定薄某峰故意伤害致段俊某轻伤，事实不清，证据不足。

其次，诸多证据显示，本案的事发时间是2014年3月26日19时许。段俊某在五台县第一人民医院的入院记录显示的入院时间及记录时间均为2014年3月26日20时38分，该记录同时显示，患者本人陈述现病史：于4+小时前不慎致伤胸背部致胸闷气促，腰部疼痛难忍，当时神情，未做任何治疗，症状未缓解，遂来我院就诊，急诊以"胸背部外伤"收住入院。从入院记录时间推算，段俊某胸背部致伤时间为当日16时许，与查明的事发时间前后矛盾。在致伤时间及原因上，现有证据之间不能相互印证，存在无法排除的矛盾和无法解释的疑问。

五台法院认定薄某峰犯故意伤害罪的另一原因是事发时薄某峰说过想打段俊某的话。根据主客观相统一的原则，任何犯罪都是在主观罪过支配下实施的行为，行为人主观罪过产生后在客观上表现为特定行为对社会产生危害性，而危害行为则成为检验行为人主观罪过的标准之一。根据本案二审查明的事实，薄某峰在整个事发过程中没有对段俊某实施主动的攻击性行为，而是面对段俊某的顶撞进行躲闪，具有被动性和防卫性。故上诉人薄某峰在事发时所说想打段俊某的话，本质上具有逞强斗狠的性质，不能据此认定薄某峰主观上存在伤害他人的故意。

法院认为，故意伤害罪是指行为人故意非法损害他人身体健康的行为。本案中上诉人薄某峰主观上没有伤害他人的故意。客观上，在案证据对于证实薄某峰用手一甩将段俊某摔倒致伤无法形成完整、缜密的证据链条，对一审判决所认定的事实不足以排除合理怀疑，指控证据没有达到确实、充分的要求，对上诉人薄某峰应当依法宣告无罪。

案例10-2-3　阜阳葛某田诈骗、敲诈勒索案

辩护人提交了一份辩方证据，以打破控方的证据链，证明恒某天地工程施工期间未发生过"堵门"事件。

恒某天地项目系褚某江公司与安徽某霞置业公司联合开发，后者2020年4月16日出具的《证明》记载："我公司于2007年2月27日与某阳市某华置业有限公司签订联合开发(2005)-18地块合作协议，我方作为某华公司唯一合伙人，在该项目整个施工期间，从未听说过有人围堵项目大门事件，从未听说有人敲诈项目十万元一事。"该证言可信度极大。褚某江若真被敲诈勒索，应与自己的合伙人商议解决，费用也应由合作双方共同承担，而不应由褚某江个人承担，而某霞置业公司从未听说过该事。

案例10-2-4　卡某木故意伤害案[(2017)新0121刑初7号]

法院认为，公诉机关指控被告人有罪的证据，应当能够相互印证并形成完整的证据链。本案的焦点问题在于被告人史某左眼所受的伤是否有确实、充分的证据证明是被告人殴打行为所致。

公诉机关提供的证据有被害人的报案材料和陈述，证人鲁某、卡某1(被告人的哥哥)、塔某、哈某、加某、阿某1的证言、卡某2的证言。

法院认定：

1. 被害人从侦查阶段到审查起诉阶段，供述虽有所不一致，但大致相同。但被害人在报案材料中没有明确表示自己的左眼伤是由卡某木造成的，而只是说一个人打伤了自己的眼睛和鼻子。在公安机关询问笔录中表示，当天第一次见被告人，对被告人家里的人不清楚，案发当时为23时左右，被害人与证人鲁某被手铐铐在一起，一群人先将被害人与鲁某推倒，继而拳打脚踢。从人受到攻击时的应急反应，被害人明确断定是卡某木致伤其左眼。与当时的环境、受攻击时的状态、参与殴打人员的人数均有矛盾之处，不能排除合理怀疑。

2. 对证人鲁某的证言,法院认为,当时鲁某和受害人被用一个手铐铐在一起,根据已查明的事实,受害人和证人先是被推,之后受到一群牧民的殴打。5月上旬,案发时23时30分许,案发现场米东区玉希布早村,路边没有路灯。案发当天执勤的民警卡某2、方某军、陈某等证人的《自述材料》中表示当时天黑,现场混乱,一群人一拥而上殴打了受害人和铐在一起的鲁某。在场的执勤民警无法看清楚具体谁打伤了受害人眼部的情况下,鲁某在受到殴打、现场混乱的情况下其证言与被害人史某一样不能排除合理怀疑。

3. 通过对证人卡某1于2016年5月14日15~18时进行讯问的同步录像得知,被询问时其明确表示文化程度为小学五年级,不会书写汉语。根据2012年《刑事诉讼法》第9条第1款,"各民族公民都有用本民族语言文字进行诉讼的权利。人民法院、人民检察和公安机关对于不通晓当地通用的语言文字的诉讼参与人,应当为他们翻译"。通过3小时的讯问视频可得知,证人对询问过程中的简单问题,比如,"你是否有绰号?""你是否有外号?""你的文化程度?"等简单问题均不能完全理解,要通过侦查人员的进一步解释才能明白。同时,从视频可看出,证人卡某1不是自述案发过程,而是侦查人员陈述案件过程,证人只是点头表示"嗯""是的""啊""对"等一问一答方式,不排除证人卡某1对此次讯问的内容和法律后果没有清晰的认知。对证人卡某1在乌鲁木齐市第四看守所第二次讯问时提供了翻译,其明确表示不确定被告人卡某木在殴打的时候是否跟他们在一起。卡某1证明当时有他自己、被告人卡某木的爱人、自己的两个妹妹、哈某、塔某等一群人过去殴打了受害人和证人鲁某。

4. 证人塔某、哈某、加某、卡某2的证言均证明受害人史某和证人鲁某受到了一群人的殴打。被害人受到一群人殴打的情况下,根据现有的证据得出受害人眼部受伤由被告人卡某木造成的结论不具有唯一性。

根据《刑事诉讼法》关于刑事案件的证明责任,以及无罪推定、疑罪从无原则的精神和要求,本案中除了被害人和证人鲁某的证人证言以外,公诉机关提供的证据仅能证明,案发时一群人殴打被害人,但被害人在案发时如何被打,眼部究竟如何受伤,一群人当中究竟是谁造成受害人眼部的伤,均无任何证据予以证实,致使这一事实处于或然状态,无法确定,无法排除各种合理怀疑。

综上,本案证据不能达到确实、充分,不能认定被告人卡某木有罪,公诉机关指控被告人卡某木犯故意伤害罪不能成立,法院不予支持。

案例 10-2-5 广西黄某忠、邓某群等故意杀人案

辩护人认为，本案原审裁判认定被告人黄某忠、邓某群、黄某华故意杀害被害人黄某环，但现场勘验情况与物证检验结果不仅无法证明三名男性被告人作案，反而证明存在女性嫌疑人作案的可能。

《黄某环被杀害现场勘查笔录》记载，在尸体的西北面距离尸体头部95厘米处有一不规则的石灰石块，石块上沾有毛发和血迹；尸体的正北方距尸体60厘米（往北）有一处大片状血迹。《黄某环被杀害尸体检验报告》记载，黄某环右手拇指掌侧沾有一根毛发，发长6.2厘米。原审裁判认定，该石块是本案凶器。“黄某华乘黄某环不备之机，用石头猛砸黄某环的头部一下……邓某群亦擒住黄某环的脚，并用石头猛击其胸部、头部各一次。”

侦查机关将从现场提取的物证：(1)现场地面血迹；(2)现场沾有血迹、毛发石头一块；(3)死者黄某环的血迹；(4)死者手中毛发一根，进行检验。检验结果如下：(1)黄某环的血型为O型；(2)现场地面上的血迹为O型人血，石块上的血型为O型人血；(3)黄某环手中的毛发长6厘米，为黑色直毛发，具有人毛发特征，其血型为O型；(4)现场石块上的毛发选择7根做检验，均具有人毛发特征，均为黑色直毛发，但长短、粗细不一，长度分别为9厘米、6厘米、5厘米、3.5厘米、3.5厘米、3.2厘米、3厘米。血型均为O型。侦查机关还将上述除现场地面血迹之外的检材提交进行复核检验，其他结论均一致，对于现场石块上的毛发，则选择性检验五根，均为直毛发，长度分别为3.5厘米、3.8厘米、5厘米、7.6厘米、2.8厘米，均为O型人毛发。从黄某环手中提取毛发的长度为6厘米，而从石头上提取的毛发，有的甚至长达9厘米、7.6厘米。

但是，根据《黄某环被杀害尸体检验报告》的记载，黄某环的头发仅长1~3.5厘米。据了解，黄某忠及邓某群当时的头发也很短，发长不超过3厘米，那么黄某环手中及石块上粘的头发，极有可能是真正凶手的毛发，根据头发长度，极有可能是一名女性。原审裁判认定三名男性作案事实与物证鉴定结论矛盾。

检验报告的结论，仅能证明现场提取的毛发及血液与被害人血型一致，但是无法证明是黄某忠、邓某群作案。根据黄某忠及邓某群所写的材料，本案侦查阶段，侦查人员不止一次提取了两人的血液及毛发样本，但在案证据并没有任何关于两人血液和毛发同现场血迹、毛发比对的鉴定结论。不排除侦查机关明显隐瞒二人无罪证据的嫌疑。此外，石头上提取到其他人毛发，说明该石块很可能也曾打击过凶

手的头部,即真正的凶手头部应当有伤痕,但黄某忠和邓某群头部都没有任何伤痕。

三、间接证据定案规则

根据证据对案件主要事实证明关系的不同,证据可以分为直接证据和间接证据。直接证据是能够单独、直接证明案件主要事实成立或者不成立的证据。不能单独、直接证明案件主要事实,而须与其他证据联系起来才能证明案件主要事实成立与否的证据就是间接证据。

间接证据一般只能证明犯罪事实的某一片段或环节,无法证明案件主要犯罪事实存在或不存在。没有直接证据,运用间接证据也可以定案,但必须符合特定条件,且死刑案件依间接证据定案尤其要慎重。间接证据之间须相互印证,形成完整证据链,并排除合理怀疑,得出唯一结论,才能够认定案件事实。

《最高法院刑诉解释》第140条明确规定了运用间接证据定案的五个条件,五个条件必须同时符合,缺一不可——“没有直接证据,但间接证据同时符合下列条件的,可以认定被告人有罪:(一)证据已经查证属实;(二)证据之间相互印证,不存在无法排除的矛盾和无法解释的疑问;(三)全案证据形成完整的证据链;(四)根据证据认定案件事实足以排除合理怀疑,结论具有唯一性;(五)运用证据进行的推理符合逻辑和经验。”

《死刑证据规定》第33条的表达有所不同:“没有直接证据证明犯罪行为系被告人实施,但同时符合下列条件的可以认定被告人有罪:(一)据以定案的间接证据已经查证属实;(二)据以定案的间接证据之间相互印证,不存在无法排除的矛盾和无法解释的疑问;(三)据以定案的间接证据已经形成完整的证明体系;(四)依据间接证据认定的案件事实,结论是唯一的,足以排除一切合理怀疑;(五)运用间接证据进行的推理符合逻辑和经验判断。根据间接证据定案的,判处死刑应当特别慎重。”

案例

案例10-3-1 衢州张某勇贩卖毒品案[(2015)浙衢刑二终字第60号]

裁判要旨:通过间接证据之间的印证,能够形成完整的证据链,可以得出犯罪行为是被告人所为的唯一结论,即便被告人从未作过有罪供述,且没有其他直接证据在案,也应对被告人定罪处刑。

江山法院认定被告人张某勇明知是毒品而进行贩卖,构成贩卖毒品罪,判处其有期徒刑15年。张某勇以原判认定其贩卖甲基苯丙胺121.5克事实不清,证据不足为由,提出上诉。衢州中院经审理认为,在案的证人证言、物证、书证之间能够相互印证,证实张某勇贩卖甲基苯丙胺121.5克的事实,裁定驳回上诉,维持原判。

1. 在案间接证据之间的相互印证

本案中,周某勇、徐某等大量购毒者的证言证明,其购买毒品首先拨打短号为758729的手机,与一名外地人联系,后打款至尾号为7476的农业银行账户,根据对方发回的短信至藏毒地点取到毒品。相关通信客户详单、机主信息及通话、短信记录、银行账户交易明细、手机检验报告、辨认笔录等证据与上述证人证言相印证,能够证明短号为758729的手机、尾号为7476的农业银行账户用于贩卖毒品犯罪,毒品的交易价格是每克400元。而短号为758729的手机系侦查人员抓获张某勇时从其身上扣押,尾号为7476的农业银行账户由张某勇参与申请开户并与张某勇使用的号码为159××××3913的手机绑定、尾号为7476的农业银行账户中有44,050元通过网银转至以张某勇实名开户的尾号为5414的农业银行账户、张某勇从尾号为5414的农业银行账户中取款等事实,均直接指向利用短号为758729的手机和尾号为7476的农业银行账户,采用“打卡埋雷”方式贩卖毒品的人即张某勇。

2. 被告人辩解的分析

本案是完全利用间接证据定案,虽然涉案的手机及银行卡等均证明张某勇即为采用“打卡埋雷”方式在江山市实施贩卖毒品行为的人,但在作出判决之前还应当深入细致地分析被告人的辩解。关于从张某勇身上所扣押的短号为758729的手机,张某勇的辩解先后有“不知道是谁的,我没有这个手机”“来江山时,身上就有三部手机(包括短号758729手机)”“路边捡来的”“11月份在江山一处公园草丛内捡来的”“被抓前几天在须江公园大门口进去左手边的石凳处捡来的”,辩解过程前后不一,漏洞百出。张某勇在被抓获时还刻意隐藏该手机,说明张对该手机可能会成为对其定罪的证据具有明显的意识,张关于该手机不是其本人所用的辩解不能成立。

对于尾号分别为7476和5414的两张农业银行卡,张某勇归案后直至一审庭审中始终辩解该两张银行卡与其无关,且辩解其从未在江山市的农业银行自动取款机上取过款。但在案证据显示,尾号为7476的农业银行账户申请开户单上系张某勇签字并与张使用的号码为159××××3913的手机绑定,尾号为7476的农业银行账户中有44,050元通过网银转至以张某勇实名开户的尾号为5414的农业银行账户,相关视频监控资料还显示张某勇使用尾号为5414的农业银行卡在江山市自动取款机上多次取款。张某勇的一审判决之前的辩解前后矛盾,且明显不符合常理,不能推翻在案间接证据证明其贩卖毒品的事实。

3.从逻辑和情理上分析被告人提出的新辩解

现在从证据上看,尾号为7476的农业银行账户是用于收毒资是明确的,既然"阿华"委托张某勇办理该银行卡的目的是用于贩毒,就应该让张绑定"阿华"自己的电话号码而不应是张自己的号码,否则购毒者存入钱款时"阿华"无法及时掌握款项存入信息,本案所采用"打卡埋雷"的贩毒模式便无法实施。

"阿华"与张某勇已见过多次,二人较为熟悉,让张落网对"阿华"极为不利;根据张某勇的辩解,其不知道"阿华"贩毒,那么其在被抓获时刻意隐藏短号为758729手机的行为无法得到合理的解释;以自己的名义办理银行卡给陌生人使用,将承担相当大的风险,这应该是每个普通人都了解的常识,一个陌生人因贪图200元而协助张某勇以自己名义办理银行卡并给张使用可信度极小;张某勇提到"阿华"委托其办卡的时间是中秋节后,而2014年的中秋节是9月8日,但尾号为7476的农业银行账户的开户日期却是8月2日,时间上存在矛盾。

案例10-3-2 洪某银故意伤害案[(2015)杭桐刑初字第348号]

本案的争议焦点为,被害人孙某左手小臂尺骨骨折,是否由于被告人洪某银的行为造成,且证据是否达到了确实、充分的条件。根据2012年《最高法院刑诉解释》第105条,没有直接证据,但间接证据同时符合下列条件的,可以认定被告人有罪:(1)证据已查证属实;(2)证据之间相印证,不存在无法排除的矛盾和无法解释的疑问;(3)全案证据已形成完整的证明体系;(4)根据证据认定案件事实足以排除合理怀疑,结论具有唯一性;(5)运用证据进行的推理符合逻辑和经验。

结合本案,被害人孙某受伤后在医院向公安机关报警,受案登记表记录为双方打架,公安机关受理为治安案件查处;案发现场调查取证不足,案涉扁担系事后调取,其中被害人当时使用的扁担由证人提供;只有被告人洪某银体表原始记录,缺少被害人体表原始记录。公诉机关起诉指控时未明确被害人孙某左手尺骨骨折是怎样造成的,是否被告人洪某银的加害行为所造成。但根据起诉书述及的事实和公诉人在庭审中的指控,被害人孙某左手尺骨骨折推定为在水泥砖块上撞伤。这样认定，证据之间存在以下无法排除的矛盾和无法解释的疑问：(1)被害人孙某受伤时衣袖卷起，左手皮肤裸露，皮肤与致伤物直接作用，撞击在砖块上难以形成1厘米左右点状(洞)创口。被害人孙某对自己是如何受伤的，未能如实陈述或者确实无法陈述清楚，但对其皮肤上的伤口的描述是直接的、真实可信，且前后多次的陈述，包括公诉人对其询问时的陈述，均稳定一致，用"一个洞""香烟蒂头""红点"等字来描述，并与目击证人叶某2述及的"出血点只有黄豆那么点大"及孙某的医院病历、入院记录所载"左前臂肿胀明显、左前臂下段尺侧见长约1厘米创口，渗血"相印证。(2)如果孙某左手伤势是碰撞在砖块上造成，那么靠近创口的皮肤软组织或左手臂其他部位皮肤极有可能被擦伤，但在案证据，特别是医院病历均没有显示相应的表皮外伤。(3)孙某左手创口部位、尺骨断端移位方向，与其往后倒地时肢体触碰地上的砖块可能受伤的部位难以对应，也正基于此，被害人孙某为吻合印证受伤部位、创口大小，自2015年12月10日以来的多次陈述为，其欲打对方，左手向上举起时，被被告人洪某银用扁担末端打伤，还述说扁担末端扎有铁丝，被铁丝扎伤(打出一个洞)。虽然没有证据证明被告人洪某银用扁担殴打了被害人，但前述无法排除的矛盾和无法解释的疑问，照被害人这么一说，也就不存在了。

如果依公诉机关概括性认定，被告人洪某银与被害人孙某在肢体冲突过程中，导致被害人孙某左手臂轻伤二级，必须足以排除被害人孙某自己误伤的可能性，从而推定为被地面上的砖块撞伤，且该结论具有唯一性。在本案中，被告人洪某银多次相对稳定的供述与被害人孙某2014年12月8日所作的陈述、证人叶某2、叶某1的证言相印证。其中，被告人洪某银关于其肩背部、手臂、脚3处遭孙某扁担击打的供述，与民警2014年11月20日拍摄的洪某银损伤照片、洪某银医院病历、诊断证明书显示的内容相符。上述证据相关内容均指向"被害人孙某用扁担击打了被告人洪某银"，在此过程中，孙某的手可能被扁担两端某一端悬挂的铁钩子(钩头)撞击受伤，即存在被害人孙某自己误伤的可能性。

最后，桐庐县公安司法鉴定中心的桐公司鉴(伤检)字(2016)183号法医学人体损伤机制分析意见书、杭州市公安司法鉴定中心的杭公司鉴(伤检)字(2016)1115号法医学损伤程度鉴定书提供的分析为"送检扁担上的铁钩由于系软连接，在扁担挥打的过程中，处于晃动状态，接触到人自身时力量偏小"，该分析说明缺乏科学性，由此而推断出"孙某左尺骨骨折，难以由扁担上悬挂的铁钩形成"之意见，不具有可靠性。如果将该意见放到全案证据链中来考量，根据2012年《最高法院刑诉解释》第104条第3款规定，证据之间具有内在联系，共同指向同一待证事实，不存在无法排除的矛盾和无法解释的疑问的，才能作为定案的依据。上述法医意见也不能与本案其他证据形成完整的证明体系，证据之间仍然存在之前所述无法排除的矛盾和无法解释的疑问。同时，根据上述鉴定人（法医）意见，推断得出的结论，也不具有彻底的排他性或唯一性。

综上，认定被告人洪某银故意伤害犯罪的事实存疑、证据不足。根据疑罪从无原则，不能认定被告人有罪。公诉机关指控的犯罪，不能成立。辩护人请求宣告被告人洪某银无罪的辩护意见，予以采纳。被告人洪某银存在损害他人身体健康的过错，即便被害人孙某自己误伤，该损害结果的发生，属双方的混合过错造成，应根据过错大小承担相应的民事责任，根据本案事实，法院酌情确定被告人应承担的赔偿数额。附带民事诉讼原告人孙某合理合法的诉讼请求，应予支持。

案例10-3-3 代某方、朱某等诈骗罪案[（2017）鄂0984刑初286号]

法院认为：因为电信网络诈骗团伙犯罪中“诈骗行为”与“取款行为”分离的现象普遍存在，本案指控的“虎哥”“蛋总”“后来”等人实施“诈骗行为”之后指使被告人代某方持涉案信用卡实施“取款行为”的可能性客观存在，所指控的“虎哥”“蛋总”“后来”等团伙成员身份均未查实，且均未归案，即本案没有直接证据证明代某方于2017年1月16日之前参与实施该6笔诈骗犯罪事实。

2012年《最高法院刑诉解释》第105条规定：没有直接证据，但间接证据同时符合下列条件的，可以认定被告人有罪：(1)证据已经查证属实；(2)证据之间相互印证，不存在无法排除的矛盾和无法解释的疑问；(3)全案证据已经形成完整的证明体系；(4)根据证据认定案件事实足以排除合理怀疑，结论具有唯一性；(5)运用证据进行的推理符合逻辑和经验。据此，指控被告人代某方参与该6笔共计135,000元诈骗犯罪不同时具备上述五项的要求。既没有充分的证据证明被告人代某方参与了诈骗该6笔共计135,000元的犯罪事实，又没有充分的证据证明代某方为“虎哥”“蛋总”“后来”等电信网络诈骗团伙购买信用卡的犯罪事实，也没有证据证明代某方于2017年1月16日之前帮助“虎哥”“蛋总”“后来”等电信网络诈骗团伙转移该135,000元诈骗犯罪所得及套现、取现的犯罪事实，因此该135,000元不能认定为被告人代某方的犯罪数额。

四、证据相互印证规则

印证描述的是两个以上证据的相互验证关系，指两个以上的证据所包含的事实信息发生了重合或交叉，使一个证据的真实性得到其他证据的确证。证据之间相互印证，就是两个以上证据所包含的事实信息得到了相互验证。

案件事实的认定是否达到事实清楚、证据确实充分的证明标准，是否排除合理怀疑，需要运用印证规则对证据进行综合审查。单个证据证明力的审查也需要运用印证规则，《最高法院刑诉解释》对各类证据的审查判断，尤其是证人证言、被告人供述，均要求充分运用印证规则来检验真实性。

证人证言出现当庭证言与庭前证言之间相互矛盾，多份庭前证言之间相互矛盾的情况很常见。此时就需要运用印证规则来审查判断。《最高法院刑诉解释》第91条第2款规定："证人当庭证言与其庭前证言矛盾，证人能够作出合理解释，并有其他证据印证的，采信庭审证言；不能作出合理解释，而其庭前证言有其他证据印证的，可以采信其庭前证言。"《最高法院刑诉解释》第87条第8项规定，对证人证言应当着重审查："证言之间以及与其他证据之间能否相互印证，有无矛盾；存在矛盾的，能否得到合理解释"。

被告人的供述和辩解与同案被告人的供述和辩解以及其他证据能否相互印证，有无矛盾；存在矛盾的，能否得到合理解释——这是《最高法院刑诉解释》规定的对被告人供述与辩解应当着重审查的内容之一。实际上，无论被告人是否翻供，庭前供述是否反复，均需审查能否与其他证据印证。《最高法院刑诉解释》第93条第1款第9项规定，对被告人供述和辩解应当着重审查，"被告人的供述和辩解与同案被告人的供述和辩解以及其他证据能否相互印证，有无矛盾；存在矛盾的，能否得到合理解释"。第2款规定："必要时，可以结合现场执法音视频记录、讯问录音录像、被告人进出看守所的健康检查记录、笔录等，对被告人的供述和辩解进行审查。"第96条规定："审查被告人供述和辩解，应当结合控辩双方提供的所有证据以及被告人的全部供述和辩解进行。被告人庭审中翻供，但不能合理说明翻供原因或者其辩解与全案证据矛盾，而其庭前供述与其他证据相互印证的，可以采信其庭前供述。被告人庭前供述和辩解存在反复，但庭审中供认，且与其他证据相互印证的，可以采信其庭审供述；被告人庭前供述和辩解存在反复，庭审中不供认，且无其他证据与庭前供述印证的，不得采信其庭前供述。"

特殊言词证据能否采信，要充分运用印证规则，有其他证据印证的，可以采信。

《最高法院刑诉解释》第143条规定:"下列证据应当慎重使用,有其他证据印证的,可以采信:(一)生理上、精神上有缺陷,对案件事实的认知和表达存在一定困难,但尚未丧失正确认知、表达能力的被害人、证人和被告人所作的陈述、证言和供述;(二)与被告人有亲属关系或者其他密切关系的证人所作的有利于被告人的证言,或者与被告人有利害冲突的证人所作的不利于被告人的证言。"

案件主要事实的证明需要运用印证规则,体现为直接证据与其他证据之间相互印证、间接证据定案规则、被告人口供补强规则等之中。此处的印证并非只是验证某一证据的真实性,而是证据所包含的事实因为证据的相互印证而得到确信。例如,运用间接证据定案,要求"证据之间相互印证,不存在无法排除的矛盾和无法解释的疑问","全案证据形成完整的证据链"。口供补强规则见后文。

案例

案例 10-4-1 张某走私、贩卖、运输、制造毒品案[(2016)鲁1721刑初218号]

被告人张某辩称其农业银行账户中收到的汇款都是其玩游戏借别人的钱,不是苗某向其购买甲基苯丙胺的钱。辩护人提出上述证据不足以证明张某通过农行转账贩卖毒品。

2012年《刑事诉讼法》第53条规定:对一切案件的判处都要重证据,重调查研究,不轻信口供。只有被告人供述,没有其他证据的,不能认定被告人有罪和处以刑罚;没有被告人供述,证据确实、充分的,可以认定被告人有罪和处以刑罚。证据确实、充分,应当符合以下条件:(1)定罪量刑的事实都有证据证明;(2)据以定案的证据均经法定程序查证属实;(3)综合全案证据,对所认定事实已排除合理怀疑。2012年《最高法院刑诉解释》第105条规定:没有直接证据,但间接证据同时符合下列条件的,可以认定被告人有罪:(1)证据已经查证属实;(2)证据之间相互印证,不存在无法排除的矛盾和无法解释的疑问;(3)全案证据已经形成完整的证明体系;(4)根据证据认定案件事实足以排除合理怀疑,结论具有唯一性;(5)运用证据进行的推理符合逻辑和经验。

具体到本案,公诉机关对被告人张某自2015年4月至6月采用农业银行转账方式向苗某出售甲基苯丙胺11次共12克的指控,均系没有查获毒品实物的被告人既往犯罪事实,而对此类犯罪事实,只有当依法取得的被告人口供与其他证据能够相互印证,且不存在合理怀疑时,才可以依法认定。本案现有证据中:其一,被告人张某虽供认自己办理过62×××74号农业银行卡,也曾将卡号告诉了想买甲基苯丙胺的苗某,但自己从未收到过苗某汇入该账号的毒资,而该账号实际收到过从曹县汇入的款项是其玩游戏向别人借的钱。其二,苗某证言称其只对一开始从张某手里面购买甲基苯丙胺的情况和最后在2015年8月向张某购买甲基苯丙胺时的情况记忆得最清楚,其他情况回忆不起来。后来在查看了公安机关调取的张某该银行账户的交易明细后,逐笔指认出自2015年4月14日起至6月17日先后12次向张某该农行账户汇入购买甲基苯丙胺的款项共计7400元,同时称每次购买毒品前都与张某用手机发短信、通话联系。苗某关于和张某该12次毒品交易的证言实际源于公安机关调取的银行交易明细,而银行交易明细仅能证明张某的银行账户有资金流动,并不能直接证明资金的性质是否毒品交易的款项。其三,公安机关调取的苗某与张某的手机的短信、通话记录,证明苗某与张某在2015年4月14日、4月17日、4月24日、4月28日、4月29日、5月4日、5月29日、5月30日、6月1日曾互发短信、通话联系,2015年6月12日、17日无任何联系,而除上述日期外,二人的手机之间也存在多次发送短信和通话记录,比如2015年4月21日,184××××4666手机向187××××9571手机发送短信21次、通话2次等。由此可见,上述短信、通话记录仅能印证苗某与张某进行电话联系的部分事实,但不能证明两人的通话内容必然是联系毒品交易,又与苗某所证每次毒品交易前都与张某手机联系的证言相矛盾。其四,苗某根据银行交易明细中的汇款日期和金额所证明的毒品交易数量只是推测,并不确定,且不能证明具体交货地点。其五,被告人张某辩解所称来自曹县的汇款是其玩游戏向“闯的”“国的”“忠的”的借款,因相关人员查找不到,无法核实。综上,苗某证言及银行交易明细、通话记录在指控被告人张某自2015年4月14日至6月17日实施的12次贩卖毒品事实的证明方向仍属单向证明,没有得到被告人张某供述或者其他在案证据的相互印证,公诉机关提供的上述证据并不能必然得出被告人张某自2015年4月14日至6月17日实施12次贩卖甲基苯丙胺的结论,故公诉机关的该项指控证据不足,法院不予认定。

案例10-4-2 王某1强奸再审案[(2017)京刑再3号]

大兴检察院指控王某1犯猥亵儿童罪、强奸罪,大兴法院一审宣告王某1无罪。大兴检察院抗诉。北京二中院驳回抗诉,维持原判。北京市检察院提出抗诉,北京高院指令北京一中院再审,一中院再审维持无罪判决。北京市检察院再次提出抗诉,北京高院审理后再次维持无罪判决。

检察院指控王某1(继父)一次猥亵、两次强奸魏某1(继女)。北京高院再审判决书对于控辩双方争议的焦点,即指控王某1犯猥亵儿童罪、强奸罪是否达到犯罪事实清楚,证据确实、充分,评判如下:

根据2012年《刑事诉讼法》第53条的规定,对一切案件的判处都要重证据、重调查研究,不轻信口供。只有被告人供述,没有其他证据的,不能认定被告人有罪和处以刑罚;没有被告人供述,证据确实、充分的,可以认定被告人有罪和处以刑罚。证据确实、充分,应当符合以下条件:(1)定罪量刑的事实都有证据证明;(2)据以定罪的证据均经法定程序查证属实;(3)综合全案证据,对所认定事实已排除合理怀疑。

性侵害案件的证据具有特殊性,即证明犯罪是否成立的直接证据往往只有被告人供述和被害人陈述。在这种"一对一"的供证模式下,简单地采信被害人陈述或者被告人供述都是不正确的,可能会放纵犯罪或者冤枉无辜。对于被告人不供认,直接证据缺少,仅有被害人陈述作为唯一直接证据的案件,被害人陈述是否真实、能否得到其他证据的补强,就成为判定该案是否达到"证据确实、充分"的主要标准。为此,应重点审查以下证据内容,综合判断原公诉机关的指控是否成立:(1)被害人的陈述是否稳定可靠,被害人的陈述与其年龄、智力及生活经验、常理是否相符。(2)证人证言是否连续稳定、真实有效。(3)被害人陈述连续稳定的部分是否有其他证据可以相互印证,如与物证等其他客观证据、与证人证言连续稳定的部分等能否就案件基本事实相互印证。(4)证人与证人之间关于指控事实的证言是否能够相互印证,与其他证据是否能够相互印证;证人与本案利害关系人是否有密切关系等。综合全案证据,能否形成证据锁链,从而排除合理怀疑。

经查,对于指控王某1第一项犯猥亵儿童罪的证据,直接证据只有魏某1陈述,其中2013年12月8日、18日两次陈述较为详细,此外间接证据还有证人赵某(魏某1男友)、王某12(魏某1母亲)及魏某12(魏某1姐姐)的证言,三位证人在证言中均提到过魏某1向他们陈述过曾被王某1猥亵一事。法院认为:魏某1关于该起指控犯罪事实相关细节的陈述,前后存在不一致;魏某1陈述的将此次被性侵一事告诉赵某的时间及告知的内容,与赵某证言提及的知晓该起性侵的时间、内容存在不一致;王某12、魏某12证言所述的该起事实过程均系源于魏某1的陈述,内容简单无细节,同样无法有效印证魏某1陈述。

对于指控王某1第二项犯强奸罪的证据,法院认为:魏某1关于该项指控犯罪事实前后陈述缺乏连续性、稳定性;赵某证明的该项案件事实也是源于魏某1陈述,且证明的内容并不清楚,其知晓魏某1被性侵的相关细节也是概括性的,与指控的是否为同一起事实尚无法印证;王某12、魏某12对该项指控犯罪事实的感知系源于魏某1报案前的陈述,且王某12证言在时间上及具体情节上与魏某1的陈述无法印证,魏某12证言亦未具体涉及该项指控事实,均不能有效佐证魏某1的陈述。

对于指控王某1第三项犯强奸罪的证据,法院认为:魏某1两次陈述之间关于王某1性侵过程的细节存在不一致;赵某关于强奸案发过程的证言前后矛盾;魏某1陈述的案发过程与赵某的证言之间存在矛盾;魏某1当时能够自如接听电话,通话时也不呼救、无反抗迹象等,均非暴力强奸的通常状态和反应;证人赵某与魏某1存在特殊关系,赵某首次到公安机关作证也是由魏某1通知去的,亦不能完全排除二人可能存在诱导或者串通等合理怀疑。

刑事案件的证明责任由公诉机关承担,被告人无须"自证其罪",因此无罪判决的证明标准与有罪判决并不相同,只要指控证据未达到有罪判决的证明标准,只要存在被告人无罪的可能性,就表明关于有罪的证明至少未达到排除合理怀疑的要求,即应考虑认定被告人无罪。作为司法机关裁判案件,应当坚持证据裁判原则,认定案件事实,必须以证据为根据;应当坚持疑罪从无原则,认定被告人有罪,必须达到犯罪事实清楚,证据确实、充分的证明标准。人民法院作出有罪判决,对于定罪事实应当综合全案证据排除合理怀疑;定罪证据不足的案件,不能认定被告人有罪,应当作出证据不足、指控的犯罪不能成立的无罪判决,依法宣告被告人无罪,不得降格作出"留有余地"的判决。

综上,本案指控王某1犯猥亵儿童罪、强奸罪,没有达到《刑事诉讼法》所要求的犯罪事实清楚,证据确实、充分的法定证明标准。法院再审期间,检察机关虽经补充部分证据,但仍未能达到认定王某1有罪的法定证明标准。指控王某1犯猥亵儿童罪、强奸罪的事实不清,证据不足。检察机关抗诉认为本案指控犯罪事实清楚,证据确实充分的相关意见,理由不充分,不予采纳。

法院再审认为,指控王某1犯猥亵儿童罪、强奸罪的主要证据是魏某1的陈述,以及证人赵某、王某12、魏某12等人的证言。判断被害人陈述是否真实的标准,并非仅看其多次陈述的内容是否一致,而应以该陈述是否有其他证据印证,且能否排除合理怀疑为标准。经查,本案魏某1多次陈述的内容并不完全一致,且无其他证据印证,亦不能排除合理怀疑;证人王某12、魏某12等有关王某1猥亵、强奸魏某1

的证言内容均来源于魏某1的陈述,无法认定上述证人的证言印证了魏某1陈述的事实;赵某的证言与魏某1陈述之间在案发时间等案件基本事实方面存在矛盾,亦不能印证魏某1的陈述;且本案关键证人与魏某1又存在特殊关系,根据刑事诉讼法司法解释的相关规定,对有亲属关系或者其他密切关系的证人所作证言,更应当严格审查,慎重使用。虽然在案证据显示,王某1与王某12母女之间的矛盾均是生活琐事,在案证据尚不能证明王某12母女具有诬告陷害王某1的动机;王某1的供述和辩解中亦有不实之处,证人贾某、杨某等人证言及部分书证,不能完全印证王某1没有作案时间的供述,但仅据此亦不足以认定魏某1的陈述真实可信。综观全案,本案直接证据与间接证据之间、间接证据之间不能相互充分印证,指控王某1犯罪的证据没有形成完整的证据锁链,证据之间存在的矛盾亦不能得到合理解释,无法排除合理怀疑,故指控王某1犯猥亵儿童罪、强奸罪的事实不清、证据不足,不能认定王某1有罪。

五、孤证不能定案

孤证不能定案,即单个证据不能单独作为认定案件事实的根据。法院认定犯罪事实,不能根据孤立存在的证据认定被告人有罪,必须对证据本身、证据之间、证据在全案证据体系中的地位等进行全面综合审查,作出合理判断。

注意,孤证不能定案之“孤证”,针对的是有罪证据而非无罪证据,适用于对被告人不利事实的认定,而不适用于对被告人有利事实的认定。有时被告人和辩护人只需一项证据,就可能打破控方的证据链,直接证明无罪。

例如,只有被告人供述,没有其他证据,不能认定有罪。《刑事诉讼法》第55条第1款明确规定,“只有被告人供述,没有其他证据的,不能认定被告人有罪和处以刑罚”。只有证人指证,没有其他证据,同样不能认定被告人有罪。

例如,陈某景非法持有枪支案[(2016)浙0327刑初785号]中,起诉书指控:“2015年9月的一天,被告人陈某景在淘宝网上购买了气枪的零部件,后将零部件组装成气枪”的事实。被告人庭前对此确实做过多次供述,但公安机关调取的淘宝交易记录无法确认被告人2015年9月购买气枪零部件的事实,无法与其庭前供述形成印证。故该庭前供述虽然稳定,但属孤证,陈某景当庭又辩解涉案枪支系他人存放其处,供述前后矛盾且无法排除合理怀疑。根据孤证不能定案的原则,依法不能认定起诉书所指控的被告人陈某景购买零部件组装气枪的事实。

李某甲、谈某走私、贩卖、运输、制造毒品罪案[(2014)鄂孝感中刑终字第00057

号]中,抗诉机关提出一审判决对被告人贩卖毒品多人多次情节没有认定,属认定事实有误。二审法院认为:两被告人向唐某、李某乙、万某以及被告人李某甲向程某另外三次贩卖麻果、被告人谈某向聂某另外一次贩卖麻果的事实,只有购买者的证人证言证明,既没有毒品物证,也没有这些购买者吸毒的尿检,同时也没有其他能印证发生过上述贩毒犯罪的证据,被告人对此零口供。本案上述几笔均只有毒品购买者的证言,缺乏其他必要的印证证据,证据明显不足。根据孤证不能定案的原则,一审判决对上述几笔未予认定符合刑事证明标准要求,抗诉机关的抗诉理由不能成立。

当然,全案仅有孤证的极端情况实践中很少见。但公诉机关指控多起犯罪事实,某一起只有孤证的情况并不罕见。例如,叶某某受贿案[(2017)赣0281刑初417号]中,法院认为:关于收受曹某10万元贿赂金额认定的问题。在案证据仅有行贿人曹某证词称其将10万元给了叶某某,没有被告人的供述材料,亦没有其他证据加以印证,根据孤证不能定案规则,该项指控不能成立。王某生盗窃案[(2020)吉0382刑初321号]中,公诉机关指控多起盗窃事实,其中有一起法院没有认定。法院认为:指控被告人将王某1家窗户玻璃撞碎进入屋内,将100多元及柜子内的几个吊坠盗走的犯罪事实,因王某1只承认其家窗户外层玻璃被人损坏,窗户未被打开,财物未丢失,且被损坏的窗户已被换掉,并被丢弃,目前卷宗内只有被告人供述自认其进入王某1家实施盗窃,并无其他证据加以佐证,根据罪刑法定原则,结合本案案情,如认定被告人实施了犯罪行为,证据必须达到确实、充分的标准,且孤证不能定案,故对公诉机关指控被告人王某生实施了该起盗窃的犯罪事实,法院不予支持。涉黑恶案件中对年代久远案件的追诉也常有孤证。

何为孤证,需要进行实质判断。因为侦查机关往往会找到一堆证据,但有时这些证据与案件的主要事实毫无关联,真正有关联的只有一项,这种情况也属于孤证。例如,秦某松非法持有枪支案[(2011)东刑二终字第17号]中,虽有三位证人的证言,且证言各有多份,但法院认定为“孤证”。该案一审法院认定故意泄露国家秘密、受贿、非法持有枪支三个罪名,决定执行有期徒刑6年。秦某上诉,二审东营中院认为,一审法院对故意泄露国家秘密罪、受贿罪,认定事实不清、证据不足,依法不予认定。关于受贿,现有证据仅有行贿方单方证据,并无其他证据予以佐证,且三位证人与秦某松有利害关系,故现有证据不足以认定秦某松构成受贿罪。

孤证不能定案,一般针对案件的主要事实,仅孤证,不能定罪。案件事实往往是复合的、复杂的,由多部分组合而成,既有主要事实,也有一般事实。只有案件的主要事实,才与定罪量刑相关,一般事实通常对定罪量刑影响不大。因此,一般事实的孤证能否证明和认定某一事实,并非“孤证不能定案”的“定案”范畴。

实践中,只有孤证有时也会认定一般事实,如受贿财物、诈骗财物的去向,这类情况下,辩护人需要准确识别主要事实与一般事实,并根据案件的具体情况和辩护策略决定是否提出孤证不能定案的辩护意见。

案例

案例 10-5-1 福州李某凯、李某文诈骗案

检方主要以卖方的证言指控买方“平移销售、不留利润”。辩护人认为,这些证言实为孤证,明显不可信。具体辩护意见如下:

中某公司与鑫某某公司的锰矿期货合同明显需要经过中某公司董事会决议。但中某公司拒不提供或无法提供内部决策材料,更无法提供书面证据证明存在“平移销售、不留利润”的约定。本案仅有陈某灵声称他们之间有口头约定,但证言前后矛盾。陈某灵称其和李某凯协商约定有关销售模式,李某凯明确否认。此外,所有的证人证言均为传闻证据,如梁某锋、黄某渭、黄某雄、彭某斌获悉信息源于陈某灵。

传闻证据一般不具有可采性,有利害关系的更是如此。且上述证言同出一源,实质上属于孤证,孤证不能定案。

李某丽连获悉信息的途径都没任何说明。李某麟自称信息源于陈某金,但陈某金明确表示没有参与中某公司具体业务,不了解相关情况,也没有证明对此事知情并告知李某麟,可见李某麟明显在作伪证。

中某公司相关人员均与案件存在利害关系,尤其是陈某灵在公司被李某凯当众打过,且多为传闻证据,证言出现了大量虚假陈述,没有任何外部证据佐证,显然不具可信度。事实上,重大交易,空口无凭,立字为据。没有客观证据,不可能依言词证据定案。

案例 10-5-2 福建邱某祥贩卖毒品案

原审判决认定,邱某祥以赊欠部分毒资的方式买了 100 克冰毒和 1000 粒麻古,共计 59,000 元,然后将这些毒品全部卖出。申诉代理人认为,本案无客观证据佐证。

第一,本案未查清毒资。原判认定"邱某祥先行支付了部分毒资(5000元),以赊欠部分毒资的方式买了100克冰毒和1000粒麻古",而按当时价格,100克冰毒,每克360元;1000粒麻古,每粒23元,总价59,000元。巴某尔与邱某祥只有一面之缘,并非长期稳定交易,卖家怎么可能只收5000元就将市值近6万元的毒品交由邱某祥带走?更何况当时邱某祥因吸毒家庭穷困潦倒,根本没能力购买市值近6万元的100克冰毒和1000粒麻古,甚至也无能力先行支付5000元毒资,这5000元的毒资是哪里来的?与卖家约定的支付地点、支付期限、支付方式又是什么?原审判决均未查明。

第二,本案未查获毒品。除被告人供述外,无任何证据证明100克冰毒,1000粒麻古真实存在。原判认定卖家将装有冰毒和麻古的黄色手提包交给邱某祥,邱某祥独自携带毒品先行离开。这一事实,只有被告人巴某、邱某祥的供述,并无相应毒品佐证。2008年10月9日公安机关抓获邱某祥时当场缴获的毒品,只有冰毒1.21克,麻古6粒0.6克。本案既未查获100克冰毒和1000粒麻古,也未查获"装有冰毒和麻古的黄色手提包",毒品及黄色手提包在扣押物品清单、现场照片从未出现。

第三,本案未查明贩毒事实。三个最大的买家是本案最重要的证人。然而,原审对三人真实身份一无所知,此三人姓名、性别、年龄、职业、家庭住址从未查明,至今仍无此三人的任何信息,既没有讯问笔录,也未出庭作证。此三人是否真有其人,只有侦查人员清楚。此外,郭某作为邱某祥的女朋友,既未听邱某祥提及卖毒之事,也不清楚三个最大买家任何情况,更不清楚3万元多毒资去向。且邱某祥供述本案有刑讯逼供情节。

案例10-5-3 广西黄某忠、邓某群等故意杀人案

申诉代理人认为,本案排除黄某忠及邓某群的有罪供述,仅剩原审第三被告人黄某华的有罪供述,其供述为孤证,且前后共有12处矛盾。本案不能排除黄某华为隐藏女性嫌疑人而诬告黄某忠、邓某群的可能性。

(1)作案人员前后矛盾。黄某华第一次笔录说,案发当时有他、邓某群、一个黑衣人(可能是邓某群的哥哥),还有一个25岁左右的女人。后来又改口称是黄某忠、邓某群和自己三个人。

(2)商议地点前后矛盾。黄某华三次笔录说的地点均不一致,分别为街中心的

果子行、药店以及客栈门口。

(3)碰头地点前后矛盾。黄某华三次笔录说的地点均不一致,分别为一家五保户外面、报刊门市部的墙角以及百货公司大楼前面。

(4)作案工具前后矛盾。黄某华第一次笔录说,邓某群用尼龙绳绑了被害人的双脚,后又改口称不知道他们有没有带。第二次笔录说邓某群交代他捡一块石头拿着。第三次笔录则说自己在打斗过程中,随手在旁边捡了一块石头。

(5)分赃地点前后矛盾。黄某华第二次笔录说,是下来将要到坳底下左边的一家五保户房子附近,黄某华是回到街上朱某规家粉店附近拿出来数的;第三次笔录说,是在黄某忠家后面的伙房。

(6)分赃人员、金额前后矛盾。黄某华五次笔录的分赃金额均不一致。

(7)手表处理前后矛盾。一开始说邓某群直接将手表拿给黄某忠,后改口为当晚分钱的事后才给,最后改口为黄某忠向邓某群要的。

(8)搜身细节前后矛盾。第一次笔录说,穿黑衣服的人动手解开地上这个人的腰带;第二次笔录说,自己在公路旁望风;第三次笔录说,见邓某群和黄某忠已经搜了被害人的身,我也马上蹲下来参与他们的搜身。第五次笔录说,三人将被害人打死后,就开始搜他的身。

(9)穿着前后矛盾。第二次笔录说,邓某群上穿了一件淡黄色的衬衣,下穿一条高尔夫色的裤子,黄某忠上穿一件暗灰色的衣服。第三次笔录,又说老黄当晚穿了一件白色长袖衬衣。

(10)血迹位置前后矛盾。黄某华第二次笔录说,右边的衣袖沾了很多血,左下襟也沾有几滴血;第三次笔录说右衣袖、前襟下面都沾有血迹;第一次审讯记录中,说白条衬衣衣衬上沾有几滴血迹;检察院做的第一次笔录说,发现衣袖上有几滴血。

(11)清洗血迹的地点前后矛盾。黄某华第二次笔录说,拿衣服到附近的姑娘江洗刷,顺便洗了澡。第三次笔录说,本想在黄某忠家处理,但是黄某忠不让,拿回家洗。

(12)尸体位置、移动尸体前后矛盾。第一次笔录说,邓某群用绳子绑住被害人双脚,用双手拉住这个人的双脚往公路外面拉……邓某群拿双脚,穿黑衣服的人抬头,把倒在地上的人抬到大石头后面。第二次笔录,是听邓某群说,他们把人抬到了石头旁边。第三次笔录,只提及黄某忠和邓某群到石头后面看尸体,没有抬动的内容。

案例 10-5-4 聊城王某力贪污、挪用公款案[(2015)鲁刑二终字第112号]

辩护人认为,检方指控王某力贪污的直接证据,只有鑫某种业公司副董事长马某平的证言,马某平作证说王某力曾要求他抵销150万元债务,但王某力否认。

书证证实,伊某公司欠鑫某公司150万元债务,伊某公司账上还写着“借鑫某公司150万元”,鑫某公司账上也有相应记载。而且,王某力作为伊某公司董事长还给鑫某公司出具了欠条。

鑫某公司欠农业局150.1万元,该款项涉及的玉米良种项目,全由县农业局掌握实施,只是借用鑫某公司名义,系名义债权人,鑫某公司不负责项目实施,原本就不用出资,150.1万元自筹资金由农业局安排其他项目公司垫付,该垫资并非直接给鑫某种业,而是交县财政局统一监管使用。故上述两项债务并非互负债务,不具备债务抵销的法定条件。

马某良与王某力有利害关系,其证言真实性存疑。会计王某良的证词是传闻证据,也源于马某平,且无其他证据互相印证,属于孤证,不能作为定案根据。

六、口供补强规则

口供具有高度的易变性。因此,法治国家普遍对口供的证明力进行限制,不认为口供对案件事实具有独立和完全的证明力,禁止以被告人供述作为有罪判决的唯一依据,定罪量刑时要求必须有其他证据予以“补强”,是之谓“口供补强规则”。

《最高法院刑诉解释》第141条规定:“根据被告人的供述、指认提取到了隐蔽性很强的物证、书证,且被告人的供述与其他证明犯罪事实发生的证据相互印证,并排除串供、逼供、诱供等可能性的,可以认定被告人有罪。”

口供补强的目的在于通过其他证据,使口供所包含的事实信息得到验证。因为口供通常包含全部犯罪事实信息,并容易遭到非法取证,所以,对需要补强的口供和补强口供的其他证据即补强证据,都有一定的限制。

需要补强的“口供”,仅指能够直接证明案件主要事实的被告人供述,不包括被告人的辩解。

补强证据,指口供以外的“其他证据”。口供不能成为自身的补强证据,包括同步录音录像也不能成为口供的补强证据。有些“其他证据”实质源于被告人的言行,与供述具有同一性,如被告人的辨认笔录,证人转述被告人的陈述,请求被害人谅解或和解的录音,也不能对口供进行补强。

补强证据原则上也不能是同案被告人的供述。但也有例外,如毒品犯罪案件中,凭被告人和其他同案犯的口供,可以认定案件主要事实。这不仅涉及口供补强规则,也是孤证不能定案的例外。《全国法院审理毒品犯罪案件工作座谈会纪要》(已失效)曾提出,有些毒品犯罪案件,往往由于毒品、毒资等证据已不存在,导致审查证据和认定事实困难。在处理这类案件时,只有当被告人的口供与同案其他被告人供述吻合,并且完全排除诱供、逼供、串供等情形,被告人的口供与同案被告人的供述才可以作为定案的证据。仅有被告人口供与同案被告人供述作为定案证据的,对被告人判处死刑立即执行要特别慎重。

通过"先供后证"提取到的物证、书证,有的隐蔽性很强,一般不为外人所知,只有作案人才知晓的案件细节,此类证据具有很好的补强性。

案例

案例 10-6-1 四川宋某富故意杀人无罪案

2012年7月25日晚上9时左右,伍某友坐在宋某富家门外的路上,宋某富喊伍某友回家,伍某友回答说不关宋某富的事,两人因此发生了口角。第二天凌晨4时左右伍某友被发现被人杀死在距宋某富家不远的稻田缺口处。宋某富被指控为杀人凶手。

内江中院一审以故意杀人罪判处宋某富死缓后,宋某富没有上诉。内江中院报请省高院核准。但省高院死缓复核认为该案事实不清、证据不足,裁定不予核准,并发回内江中院重审。

内江中院重审一审认为:宋某富有罪供述客观性未得到充分查实,所供细节与现场勘验检查、尸体检验等不吻合。宋某富所供报复伍某丁偷了其家的鸡和钱的作案动机未得到其母亲邱某某和老队长李某乙证实;所供作案工具"硬头黄"竹棒未找到;所供作案用菜刀上未发现伍某丁血迹等相关信息;所供用"硬头黄"竹棒打了伍某丁四下,而伍某丁背部、腰上无钝器伤或棍棒伤;所供用菜刀柄底部在伍某丁头部中间连剁四下并剁进去了,而伍某丁头部右额部有两条创口,左顶部有一条创口,左枕部有一条创口,枕部有三条创口,共七条创口,二者数量、位置均不吻合;所供打击方向与伍某丁受伤位置不吻合;所供作案所穿衣裤、拖鞋均未发现伍某丁血迹等信息;现场没有发现与宋某富有关的痕迹、物品;伍某丁衣物上未检出宋某富的DNA信息。因此,宋某富有罪供述的合法性无法排除合理质疑,客观性亦无法得到应有印证,不能作为定案依据。该案仅有被告人供述而无其他证据相印证,不能认定宋某富实施了杀害伍某友的犯罪行为。因此,依法宣告宋某富无罪。

案例10-6-2 皮某盗窃案[(2017)川1024刑初117号]

关于被告人皮某盗窃刘某、胡某、邓某某晾晒在阳台上的内衣、内裤三事,均系根据皮某供述找到失主,皮某对相关地点进行了指认,公安机关也进行了勘查。虽然三人陈述失窃内衣、内裤,但皮某供述十分粗略,尤其对所盗窃物品的特点、数量不清楚。对于被盗物品的去向,皮某称将物品丢了或烧了,却未能核实。2012年《最高法院刑诉解释》第106条规定:"根据被告人的供述、指认提取到了隐蔽性很强的物证、书证,且被告人的供述与其他证明犯罪事实发生的证据相互印证,并排除串供、逼供、诱供等可能性的,可以认定被告人有罪。"本案中,未提取到任何物证、书证,更不用说隐蔽性很强的物证、书证,供述与被害人陈述等其他证明犯罪事实发生的证据无法确定能够相互印证,因此,指控前述三次盗窃行为的证据不足,法院均不支持。

七、证据的综合审查判断

证据的合法性决定证据资格,即证据能否在法庭出示。证据出示之后的审查判断,主要是针对证据的真实性、关联性或者说证明力。前文讨论的证明责任、证明标准、印证规则、补强规则、孤证不能定案等,也属证据的综合审查判断的范畴。

《最高法院刑诉解释》第139条规定:"对证据的真实性,应当综合全案证据进行审查。对证据的证明力,应当根据具体情况,从证据与案件事实的关联程度、证据之间的联系等方面进行审查判断。"

证据的合法性审查,针对单项证据即可。但综合全案证据,也有可能为合法性审查提供启示或支撑。例如,被告人供述明显与客观证据相矛盾,可以佐证被告人可能遭受了非法取证。

除了定罪证据的综合审查判断外,量刑证据、财产证据、有责性证据等也需要进行综合审查判断。例如,《最高法院刑诉解释》第142条规定了到案经过的审查:"对监察机关、侦查机关出具的被告人到案经过、抓获经过等材料,应当审查是否有出具该说明材料的办案人员、办案机关的签名、盖章。对到案经过、抓获经过或者确定被告人有重大嫌疑的根据有疑问的,应当通知人民检察院补充说明。”

第 144 条规定了自首、坦白、立功的认定:“证明被告人自首、坦白、立功的证据材料,没有加盖接受被告人投案、坦白、检举揭发等的单位的印章,或者接受人员没有签名的,不得作为定案的根据。对被告人及其辩护人提出有自首、坦白、立功的事实和理由,有关机关未予认定,或者有关机关提出被告人有自首、坦白、立功表现,但证据材料不全的,人民法院应当要求有关机关提供证明材料,或者要求有关人员作证,并结合其他证据作出认定。”

第 145 条规定了累犯的认定:“证明被告人具有累犯、毒品再犯情节等的证据材料,应当包括前罪的裁判文书、释放证明等材料;材料不全的,应当通知人民检察院提供。”

第 146 条规定了刑事责任年龄的认定:“审查被告人实施被指控的犯罪时或者审判时是否达到相应法定责任年龄,应当根据户籍证明、出生证明文件、学籍卡、人口普查登记、无利害关系人的证言等证据综合判断。证明被告人已满十二周岁、十四周岁、十六周岁、十八周岁或者不满七十五周岁的证据不足的,应当作出有利于被告人的认定。”

证据的综合审查判断,尽管有若干证据规则的制约,但从根本上需回到法官的主观判断、自由裁量和“内心确信”。因此,证据的综合审查与运用不免带有法官的主观因素。

证据的综合审查判断,还需要讲常识,合理运用经验法则。经验法则指人们从生活经验中归纳出来的关于事物因果关系或属性状态的知识。法官会借助经验法则对证据进行综合审查判断,认定事实,辩护人也可利用经验法则进行辩护。

案例

案例 10-7-1 成都郑某元诈骗案

辩护思路如下:控方的核心指控为郑某在租地协议上增加、虚构郑某富和张某为合伙人,隐瞒真相,骗取国家征地拆迁补偿款。然而,控方所提交的证据可以推得,拆迁办对租地协议上增加的合伙人是知晓的,没有陷入错误认识。

按照征地拆迁程序,拆迁办必须对被征收土地的情况进行核查,包括土地面积、地上附着物、征地损失、实际损失人等;任何一块土地被征收,补偿状况都必须登记在册。原公兴街道拆迁办主任杨某等人的证言也证实拆迁办的确在遵循拆迁审核程序。如此,郑某公开提交的六份协议,必定经过了拆迁办的严格核查,且拆迁案卷很少,一份仅两页 A4 纸的协议,极其显眼的手写签名,随手一翻就能看到,拆迁办怎么可能不知协议“添名”?且因第一次补偿过低,郑某一直上访、维权,不断找拆迁办协商,拆迁办对于郑某的情况必定更加了解。

假设拆迁办不知协议“添名”,认为协议是三人签名,那么第二次补偿时拆迁办就应与协议上签名的郑某、张某、郑某富三人签订补偿协议,而不会只与张某、郑某富签订协议。这也说明拆迁办明知协议“添名”,否则就不会只与另两位合伙人签补偿协议,而不顾郑某。

根据经验法则进行逻辑演绎,完全可以得出拆迁办明知“添名”的结论。这就是证据法上的事实推定。且公诉人也当庭认可拆迁办明知《租赁土地协议》添名。因此,仅基于控方证据,就能明确得出郑某无罪的结论。

案例 10-7-2 太原姜某东职务侵占案[(2018)晋 01 刑终 1119 号]

证据的综合运用,包括所有证据的综合运用,也包括部分证据的综合运用,某类证据的综合运用。本案是书证综合运用的范例,三组 29 份证据中任何一份,均可直接证明无罪。

本案是一起名为众某公司实为三方自然人出资投资煤矿引发的民事纠纷,最后投资人只有两人,实为邓某与姜某东的民事纠纷。姜某东作为未成立的景某煤矿公司的采矿权的实际投资人,有权转让该采矿权在紫某公司折价入股而来的 24% 股权,明显不构成犯罪。

辩护人认为,证据确实充分地证明姜某东不构成犯罪。在案证据有几个特点:

(1)所有控方证据,几乎都是无罪证据,是辩方证据。

(2)公诉人举证时,没有指出任何一份证据是证明犯罪的证据。

(3)本案是经济活动中发生的纠纷,定案关键要看客观证据,即使审查主观证据也一定要依据客观证据来综合分析。本案有大量书证、录音等客观证据,直接证明了无罪的铁的事实。这些客观证据,结合言词证据,充分证明了无罪。

(4)本案的证据可以分为两类:铁证及无关紧要的证据。除了能证实姜某东不构成犯罪的证据外,本案还有大量证据不具有关联性,如有关投资明细的证据,刑事诉讼不是算账。

(5)举例说明,以下二组证据能够充分证明姜某东无罪。不仅如此,其中任何一份,都足以证明无罪,因为指控犯罪必须形成完整、闭合的证据链,而辩护人只需打破控方证据链,若证据链一环断裂,如邓某《股东决议》同意姜对外出售股权,即可达到无罪的目标。

1. 第一组证据

本组证据证实,起诉书指控的24%股权以及包括整合后的29.6%股权权属明确,归属于自然人实际投资人姜某东及邓某。

(1)《紫某公司关于交城县景某煤矿有限公司出资人问题的函》。

该函系紫某公司发给姜某东、邓某,旨在厘清景某煤矿实际出资人不明确的问题。其制作背景是,2011年7月7日紫某公司收到邓某及邓某卫的通知,邓某代表众某公司及邓某卫代表个人向紫某集团主张整合后的股权归他二人所有。但景某煤矿实际投资人之一的姜某东明确表示其代表景某煤矿实际出资人参与整合,整合后的股权归实际出资人。投资人就股权权属出现重大分歧,整合主体企业因此向姜某东与邓某发函询问:“鉴于景某公司内部各股东关系复杂,我公司认为众某公司已经吊销,为保证紫某公司出资人身份的合法性,厘清公司股权关系,可根据景某公司实际情况将景某公司原按出资份额还原至各自然人股东名下,众某公司不再作为紫某公司的股东。”

整合主体企业明确不接受众某公司作为股东,明确提出股份归各自然人股东,并告知姜某东与邓某,可见姜某东主张自己与邓某是景某煤矿出资人、在紫某公司中直接享有股权,得到了紫某集团的认可。

(2)姜某东及邓某对《出资人问题的函》的回函。

收到上述《出资人问题的函》后,姜某东2011年7月8日(第二天)立即答复同意。邓某签字、众某公司盖章、邓某卫签字的《关于景某煤矿及众某公司相关情况的说明》如此回应:“在众某公司执照吊销后不能作为股东主体的情况下,应按众某公司法定注册的投资人和投资比例进行折算。”其态度明确了一点,即同意景某煤矿股权归属于自然人。姜某东主张按照实际出资额来分配紫某神宇股份的29.6%;邓某则提出邓某卫要10%,剩余股份按众某公司注册比例进行分配。“景某煤矿股权归属于自然人”这一合意,经邓某确认、众某公司盖章、邓某卫也签字。由此,本案不存在职务侵占罪所保护的法益,姜某东不可能构成犯罪。

(3)《紫某公司会议纪要》。

紫某集团7月26日收到回函后,7月27日立刻组织安排双方在8月1日召开出资人会议,以解决股权分配问题。2011年8月1日,紫某矿业主持会议,姜某东、邓某及代理律师王某参与会议。会议取得共识,邓某承诺,会后对其出资额与姜某东进行对账,根据对账结果落实其与姜某东在紫某公司中的股权分配。这意味着,邓某认可众某公司登记的出资比例不是真实的投资比例,众某公司不是景某煤矿的实际出资人。

(4)《授权书》。

2011年8月1日,邓某出具《授权书》:全权委托曹某琪代表其核对众某公司财务账目。同时,邓某卫指派范某卿对在众某公司的出资额进行对账。曹某琪及范某卿证言证实,二人确实找姜某东协商对账事宜。《授权书》结合两人的证言,相互印证地充分证明,邓某、邓某卫原本同意对账,同意按出资比例划分股权。这意味着,邓某认可众某公司登记的出资比例不是真实的投资比例,众某公司不是景某煤矿的实际出资人,姜某东明显不构成犯罪。

这些证据还证实,曹某琪系邓某参与煤矿资源整合的代理人,系邓某委托对账的代理人,结合曹某琪签字的客观证据《承诺书》《告知函》,可充分证明姜某东多次让曹某琪转交邓某,不存在对邓某隐瞒,急于对账,急于想将邓某的股权份额还给邓某,邓某对姜某东参与煤炭资源整合的情况完全知悉。

以上四份证据充分证实,姜某东、邓某一致认为众某公司登记的出资比例并不符合二人在景某煤矿公司中的投资比例,因而需要对账;一致认为三方投资人为景某煤矿公司的出资人,因而均认可景某煤矿公司被整合后所取得的股权由二人直接分配。这便意味着本案不存在职务侵占罪所保护的公司财物,姜某东不可能构成职务侵占罪。但后来邓某出尔反尔,发起民事诉讼,并寻求刑事手段插手经济纠纷,直接推动本案产生。

2.第二组证据

本组证据充分证实,姜某东始终认为自己是景某煤矿公司的出资人之一,并有合理根据地认为没有损害邓某的利益。

(1)《承诺书》。

2009年9月29日姜某东向紫某公司及邓某出具《承诺书》:“保证按照景某煤矿内部投资人的实际出资额进行在新组建公司的工商登记,不损害实际投资人的权益”。姜某东、陈某亮及曹某琪等签字。姜某东又于12月11日再次让曹某琪将《承诺书》转交邓某。

结合整合的相关证据,特别是整合主体负责人陈某亮的证言,可以充实证明:

姜某东是代表景某煤矿的实际投资人,即姜某东、申某建、邓某。

《承诺书》及姜某东的行为充分证明,姜某东是代持三方投资人在紫某公司中的股份,而没有据为己有的主观故意;姜某东对紫某公司及邓某代理人曹某琪明确承诺,保证景某煤矿公司内部投资人投资权益,表明其没有非法占有目的;"景某煤矿内部投资人"是指三方投资人,不可能是景某煤矿公司所谓的发起人众某公司和邓某卫,因为姜某东自始至终都不认可邓某卫出资人地位(陈某亮的证言也予以证实),且认为众某公司是"空壳"公司。

(2)《告知函》。

2009年11月6日,申某建、姜某东联名向邓某发出《告知函》,"我们要求严格按照实际出资额占有出资比例,按其比例承担责任和享有权力……请你速来太原,落实各方的实际出资额,按实际出资享有收益并承担相应责任"。曹某琪12月11日签署"收到　曹某琪"。这充分证明申某建、姜某东不认为众某公司是景某煤矿公司的出资人,而主张他们是景某煤矿公司的出资人,因而才要求邓某核对出资比例。

(3)《股东决议》《股东协议》。

2008年6月19日,邓某和姜某东签订《股东协议》:"股东甲方邓某同意股东乙方姜某东对自己所持有的众某公司33%的股份同时也是山西交城县景某煤业有限公司景某煤矿33%的股份(位于交城县水峪关镇),进行对内或对外转让。"

尤其是同日,邓某和姜某东签订《股东决议》,一致同意:"各自可对所占有的五某煤矿股份(众某物贸33%股份同时也是五某煤矿33%股份,也是景某煤矿33%的股份)对内、对外转让"。邓某2013年8月19日笔录也称:"五某煤矿更名为交城县景某煤矿有限公司……景某煤矿实际上就是原来的五某煤矿"。该决议意味着姜某东和邓某都认可三方投资人是景某煤矿公司的实际投资人,在景某煤矿公司中直接享有股份。否则二人怎么会认为各自占有景某煤矿公司的股份?

既然允许各自对外转让,姜某东根据该股东决议,对外转让属于其个人的投资权益,怎么可能犯罪?这份关键的无罪证据《股权决议》,太原市公安局竟于2017年1月19日、2019年12月6日两次中止鉴定,理由是"需补充鉴定材料无法补充"。具备姜某东、邓某签字对比原件,还需要什么补充材料?公安、检察从来没有通知需要补充材料。这个鉴定一经作出,姜某东就彻底无罪。在邓某对该《股东决议》未置可否,法院、检察院、公安机关拒不依法鉴定的情况下,该决议应做有利于被告人的认定。

诉讼代理人提出,《股东决议》无申某建签字,不生效,但无论是否生效,都可阻却姜某东的犯罪故意。同时,不需要申某建签字,这一点恰恰证明姜某东和邓某的主观上认为他们是景某煤矿公司的出资人,二人约定可对外各自转让的正是各自在景某煤矿公司中享有的投资权益,而非众某公司股权,因而才无视公司法关于优先购买权以及股东决议的规定。

诉讼代理人又称,邓某只是同意转让股份,而非处置众某公司的财物。这属于偷换概念,二人已明确表示所处分的就是各自在景某煤矿公司中的投资权益,与众某公司无涉。

(4)《财务报告》。

2004 年 12 月,三方出资人借众某公司之壳,购买五某煤矿。2005 年 8 月 2 日《众某公司财务报告》载明:截至 2005 年 7 月 31 日,邓某投入资金 290 万元,申某建 950 万元,李某平 942 万元,共计 2182 万元。

《财务报告》由公司会计刘某制作,申某建签字,截至案发,各方对真实性从无异议。如刘某反复证明:"这是账上反映的以邓某名义直接进到账上的钱,至于邓某向申某建、李某平有没有借款借多少钱我不知道,公司账上也不反映。"申某建 2013 年 9 月 6 日笔录载明:"这些报告是刘某写的。"邓某 2013 年 10 月 9 日笔录,财务报告"是刘某写的,刘某是记账的,他具体管账。我听申某建说刘某有一套完整的财务资料"。

《财务报告》是能直接体现各方出资金额的书面文件,是姜某东能用来判断权益比例的直接证据。姜某东购买了李某平、申某建等太原方、重庆方的股份,根据《财务报告》计算出自己投资份额占五某煤矿总投资的 86.7%,在紫某公司中占 25.6%。姜某东卖掉涉案 24% 股权,没有非法占有的目的,就能直接证明姜某东无罪。

(5)交政函[2009]47 号文件、交煤重组办字[2009]4 号文件。

2009 年 12 月 31 日,交城县煤矿企业兼并重组整合工作领导组办公室《关于交城县王某煤业有限公司和交城县景某煤矿有限公司实际控制人的情况说明》(交煤重组办字[2009]4 号),交城县人民政府《关于山西吕梁交城黄某沟煤业有限公司等两座煤矿重组前后产权明晰情况的说明》(交政函[2009]47 号)(三页版),均证明景某煤矿公司的实际投资控制人为姜某东。

根据梁某意、张某年、双某峰、陈某亮等人的证言,上述文件是政府根据企业申报材料做出,景某煤矿公司实际投资控制人是姜某东的说法,既来自整合方紫某公司的认识,也来自姜某东的主观认识,表明姜某东认为自己才是景某煤矿公司的实际投资人。

该证据是姜某东转让股权的政府保障。姜某东基于政府文件，作为实际投资控制人，转让属于自己的股权，完全合法。根据政府信赖利益保障原则，姜某东相信人民政府而实施的行为，不可能构成犯罪。即便姜某东事后才拿到这两份文件，这些文件也都从政府保障的角度，证明姜某东不应当构成犯罪。

以上五份证据中的任何一份，都足以证明，邓某同意“对内对外自由转让”，姜某东多次催促邓某核对出资比例，邓某再三拒绝，姜某东有权转让。邓某在达成“自由转让”及“景某煤矿股权归自然人”的情况下出尔反尔，到处控告，违背诚实守信原则，在民事诉讼中都得不到支持，更说明姜某东明显无罪。

3. 第三组证据

20 份书证充分证明，包括姜某东在内的三方投资人，自景某煤矿公司发起前，就主张是景某工贸公司(五某煤矿)的出资人，景某煤矿公司成立后，始终主张是景某煤矿公司的出资人，享有景某煤矿公司的股份，证明不符合犯罪主观方面的构成要件。

(1)《股东协议》《股东决议》。

正如前述，这两份文件充分证明，姜某东和邓某均认为姜某东是景某煤矿公司出资人。两位股东中的另一位邓某，明确书面同意各自对内、对外转让股份，怎么可能构成职务侵占罪?

(2)姜某东以景某煤矿公司出资人的身份向景某煤矿公司投资。

2008 年 12 月 24 日，太原市路某昊房地产公司向交城县煤焦领域反腐败斗争领导组办公室转账 90 万元；五台县东某建筑公司第十一分公司转账 60 万元，备注均为“代姜某东付交城县景某煤矿个资源价款”。如果姜某东不认为他自己是景某煤矿公司出资人，怎么会直接替它支付巨额资源价款?

(3)股权转让、代持协议及委托书。

2005 年 8 月 18 日，李某平与姜某东《出资转让协议》：“甲方愿将其拥有的交城县水峪贯镇‘五某’煤矿(拟定新名称为‘景泰’煤矿)所占的 3.3% 的股权(含 2004 年 12 月 30 日前按股份比例已追加的投资部分)出让给乙方。”

2007 年 12 月 20 日，姜某东给重庆方投资人张某仁出具《授权书》，授权“对我持有的山西交城景某煤矿有限公司 33% 的股权转让事宜进行洽谈处理”。

2009 年 7 月 15 日，姜某东与李某平《代持股权转让协议》，姜某东与谭某《代持股权转让协议》，10 月 6 日曹某中与姜某东《授权代持股委托书》，内容为李某平、曹某中、谭某等太原方投资人将其在众某公司及景某煤矿公司的全部股份按原实际投资额转让给姜某东。

2009年9月23日,申某建与姜某东签订《授权代持股委托书》,约定将申某建所持众某公司股权和景某煤矿公司投资总额所享有的权利交姜某东代持。9月24日,两人签订《股权及投资转让协议》:申某建将所持众某公司所有股权和已向景某煤矿公司投资所享有的全部权利转让给姜某东。

上述书证充分证明,包括姜某东在内的三方投资人均认为自己是五某煤矿、景某煤矿公司的出资人。

(4)《关于交城县景某煤矿有限公司股份转让的框架议定书》。

2008年1月26日,姜某东、申某建同富某江集团签订《关于交城县景某煤矿有限公司股份转让的框架议定书》。标题直接指明合同标的是景某煤矿公司股份,合同明确"乙方和丙方实际拥有景某煤矿有限公司各33%股份"。

(5)《整合协议》《补充协议》《承诺书》《告知函》。

2009年8月10日,姜某东以景某煤矿公司出资人的身份代表"交城县景某煤矿有限公司现所有出资人"和紫某集团、紫某公司、王文公司签订《整合协议》,提到"景某公司各出资人具体股份比例由其内部协商后确定";9月26日,又签订《补充协议》;9月29日,姜某东向参与整合的各方出具《承诺书》,承诺作为景某煤矿公司的全权代表,保证按照景某煤矿公司内部投资人的实际出资额进行在新组建公司的工商登记,不损害实际投资人权益。

姜某东参与整合谈判时,是以景某煤矿公司出资人代表的名义签订协议,《整合协议》提到"景某煤矿公司各出资人",《承诺书》郑重承诺,这充分证明姜某东不是在代表众某公司参与整合谈判,否则因他坚决不认可邓某卫出资,何来"各出资人"?这说明姜某东认为景某煤矿公司出资人不止一人,说明姜某东认为三方投资人是景某煤矿公司出资人,他是在代表三方投资人参与整合谈判,说明他是替三方投资人代持紫某公司股份。

签订《整合协议》后,2009年11月6日,申某建、姜某东联名向邓某发出《告知函》,要求速来对账,"落实各方的实际出资额,按实际出资享有收益并承担相应责任"。这也证明申某建、姜某东不认为众某公司是景某煤矿公司的出资人,而是主张三方投资人是景某煤矿公司的出资人,否则就不会要求邓某核对出资比例。

(6)《关于交城县景某煤矿有限公司采矿权转让合同》。

2009年12月31日,姜某东代表景某煤矿公司签订《关于交城县景某煤矿有限公司采矿权转让合同》,将景某煤矿公司采矿权转让给紫某公司,提到"现(景某煤矿公司)全部实际投资人全权委托姜某东代持其股份,行使其权利。(原投资人在重组新公司的股份比例按其重组前在甲方的实际投资额为依据,在新公司注册。)”这清晰地说明了姜某东是在代表三方投资人签订合同,他认为三方投资人才是景某煤矿公司出资人。

(7)《股权转让协议》。

2010年2月10日,姜某东与柳某富公司签订《股权转让协议》,约定姜某东在紫某公司中24%股权转给后者。姜某东始终主张该24%股权归其个人所有,证明姜某东认为他才是景某煤矿公司的出资人。

(8)交政函[2009]47号文件、交煤重组办字[2009]4号文件。

如前所述,这两份文件关于景某煤矿公司的实际投资控制人为姜某东的认识,来自姜某东的主观认识,也来自整合方紫某公司的认识,表明姜某东认为自己才是景某煤矿公司的实际投资人。

案例10-7-3 安徽左某刚、陈某宣、杨某庆故意杀人案

辩护人对比法医鉴定意见与相关证据,对全案证据进行综合审查。

1.周某的死亡时间

公诉机关指控三人2007年1月13日晚杀死周某,并提供数份证人证言与三被告人有罪供述加以证明,但法医鉴定意见结合其他证据结合来看,不仅无法证明2007年1月13日晚为死亡时间,还可证明周某2007年2月时可能还存活。

法医鉴定意见不能确定周某的死亡时间,两次尸检均没有鉴定出被害人死亡的具体时间。第一次尸检推断“死亡时间应在两周或三周以上,死亡时间在末次进食后2小时左右”。第二次尸检推断“死亡时间应在两周或三周以上,死亡时间在末次进食后3小时左右”。两次鉴定意见均认为周某死亡前的两到三小时曾经进食。尸检显示:“胃内有约200毫升未消化的食糜,可辨认出白菜、粉丝、肉、面食等。”

从进食时间来看,周某爷爷曾三次证言周某是在1月14日午饭后离家的,吃完午饭的时间大约是下午2时。即便周某爷爷年事已高,可能记错时间,但如果周某是吃完午饭后遇害的,则其遇害时间应为下午4~5时。而按陈某宣的有罪供述,在晚上10时找到周某;按杨某庆的有罪供述,晚上8时找到周某;按左某刚的有罪供述,晚上8、9时找到周某;按江店中学学生的说法,晚会5时30分至6时才结束。

若周某确实于2007年1月13日被三人所害，中午的午饭早已被消化，其胃内根本不可能残留“白菜、粉丝、肉、面食”。

从进食内容来看，按证人韩某英的陈述，周某1月14日晚上在其处购买“烧巴子”。“烧巴子”是阜阳特色面食，主要由优面粉、芝麻、猪板油、葱花等制成，虽与尸检认定其胃内形成面食相符，但周某胃内“粉丝”从何而来，无法解释。

证人陈某中2007年曾证实，其在2006年腊月十九(2007年2月6日)晚上还看到周某到他店里吃饭，其卖的牛肉汤，主料基本上都是一样的，就是牛肉、豆饼子、细粉、豆皮子、白菜。陈某中的牛肉汤，恰与周某胃内“白菜、粉丝、肉、面食”相符。陈某中证言称在傍晚看过周某，结合尸检对胃容物的鉴定，周某很可能是在陈某中处吃饭后死亡。因此，周某在2007年2月有可能还存活。

2. 周某死亡前是否遭受殴打

三被告人均供述有对周某拳打脚踢、杨某庆用棍子打的情节，但两次法医鉴定结论不仅存在自相矛盾，与三被告人的供述也显然不符。

(1)两次法医鉴定结论自相矛盾。被害人周某的尸体被鉴定了两次。2007年的第一次鉴定结论显示，头部、胸部、腹部及四肢均未见明显外伤；2008年第二次鉴定的鉴定结论显示，周某右侧头部皮下淤血，右额叶出血。这么明显外伤，为什么第一次没有发现，时隔一年后又发现了？法医鉴定结论没有给出合理解释。

(2)法医鉴定结论与三被告人供述不符。杨某庆说过用棍子打的情节，三被告人均供述有对周某拳打脚踢，但三人均没有说有用棍子打过周某的头部。而法医尸检显示周某颈部、头部有皮下淤血，三人殴打周某，为何在周某胸腹部及四肢未留下伤痕，而在未殴打的头部却出现了外伤?

(3)造成周某头部受伤的木棍之下落与来源存在疑问。从上述鉴定报告看，周某右侧头部有外伤，系质地较硬、表面光滑有一定接触面积的钝器造成的。显然，单凭拳头，无法形成这样的伤口，而这样的木棍只可能提前准备好，不可能随手拿到。陈某宣的供述中称，棍子是杨某庆在树林中捡到的；杨某庆供述前后矛盾，其一会称棍子是从证人石某建的车上取下来，一会儿称棍子是左某刚给的；左某刚供述中未交待棍子的来源，仅称其看见杨某庆用棍子殴打周某。而石某建否认看见三人下车前手里拿着东西，也否认车上有锛把子。从杨某庆对木棍的表述，也能判断其拿到的棍子并非锛把子。因为锛把子底部可见明显的铁块，而非单纯的木棍。综合全案证据来看，本案的作案工具极有可能是《现场勘验检查笔录》中记载的厕所粪坑中的木棍，但因办案人员的疏忽，未能提取到案。

3. 行凶过程

三被告人的供述与法医鉴定结论也存在不符。法医尸体检验记载被害人周某颈部有2条花色绳索，一条在右侧颈部打成死结，另一条在左侧颈部打成活结；尸检结论显示："上述损伤的形成可以反映出：一是由质地较硬、表面光滑、有一定接触面积的钝器形成的头部伤，二是由继索形成的颈部伤（勒颈），三是由徒手形成的颈须部肌肉出血（扼颈）。"这与三被告人供述存在矛盾。陈某宣称，左某刚从口袋中掏出两截绳子，是左某刚先用绳子勒住周某，然后其上去再勒住周某，具体打结方式记不清了；左某刚是陈某宣用绳子勒住周某，其没有勒周某；杨某庆称，左某刚用手捂周某的嘴或掐周某颈部，陈某宣勒住周某的脖子。根据尸检结论，显然至少有两人用绳子捆住周某的脖子（勒颈），一人用手徒扼颈，三人需共同实施杀害周某的行为。因此，左某刚到底是用绳子勒周某的颈部，还是用手捂周某的嘴或掐周某颈部，以及另一道绳索是何人所为的事实不清。

案例10－7－4 包头杜某英行贿案

检方指控杜某英为在招标中得到赵某月的帮助，送给赵某月200万元，辩护人提出如下反驳：

（1）中国工商银行汇款凭证摘要注明"还借款"，相比言词证据，应当认定该书证。

（2）三位证人的证言证实是借款。赵某月的司机沈某两次询问笔录证实还钱。"问：你是否知道赵某月和杜某英的经济来往关系？答：我只知道有一次赵某月让我和沈涛去给杜某英转了二百万元，说是给杜某英还的钱"。"大概是2019年年初，已经不冷了，具体时间我记不清楚了，赵某月给我打电话让我带上身份证去他的办公室。我到了以后，赵某月对我说，他之前从杜某英那里借了200万元，现在想还给杜某英，想让我以我的名义给杜某英把200万元汇过去。"任某时证实曾和赵某月一起到杜某英的家，看到赵某月向杜某英还钱。现场目击证人杜某波证实，为了让赵某月还钱，杜某英告到神华集团，并目睹任某时和赵某月到杜某英家还钱。

（3）200万元两借两还，不符合行贿受贿常识，违反经验法则。相反，符合借款以周转资金的模式，所以庭审中赵某月面对辩护人为何两借两还的提问，拒绝回答，表明其自己都认为所谓的"受贿款"却"两进两出"违反常识难以回答。

（4）杜某英在"送钱后"未去购买标书，充分证明200万元与追求利益无关。